新中国对外贸易制度变迁

XINZHONGGUO DUIWAI MAOYI ZHIDU BIANQIAN

邓敏 李娟 姚星 姜玉梅 刘媛媛 等 编著

西南财经大学出版社
四川·成都

图书在版编目(CIP)数据

新中国对外贸易制度变迁/邓敏等编著.—成都:西南财经大学出版社,2020.6
ISBN 978-7-5504-4194-1

Ⅰ.①新… Ⅱ.①邓… Ⅲ.①对外贸易—经济体制改革—研究—中国
Ⅳ.①F752

中国版本图书馆 CIP 数据核字(2019)第 244227 号

新中国对外贸易制度变迁

XINZHONGGUO DUIWAI MAOYI ZHIDU BIANQIAN

邓敏　李娟　姚星　姜玉梅　刘嫒嫒 等 编著

责任编辑:刘佳庆
封面设计:墨创文化
责任印制:朱曼丽

出版发行	西南财经大学出版社(四川省成都市光华村街 55 号)
网　　址	http://www.bookcj.com
电子邮件	bookcj@foxmail.com
邮政编码	610074
电　　话	028-87353785
照　　排	四川胜翔数码印务设计有限公司
印　　刷	四川五洲彩印有限责任公司
成品尺寸	170mm×240mm
印　　张	41.25
字　　数	912 千字
版　　次	2020 年 6 月第 1 版
印　　次	2020 年 6 月第 1 次印刷
书　　号	ISBN 978-7-5504-4194-1
定　　价	168.00 元

出版说明

文承千秋史，潮引万水东。

1949 年中华人民共和国的成立，是中国有史以来最伟大的事件，也是 20 世纪世界最伟大的事件之一，中华民族的发展开启了新的历史纪元。1978 年，在中国共产党历史上，在中华人民共和国历史上，实现了新中国成立以来具有深远意义的伟大转折，开启了改革开放和社会主义现代化的伟大征程，推动了中国特色社会主义事业的伟大飞跃。中国特色社会主义道路、理论、制度、文化，以雄辩的事实彰显了科学社会主义的鲜活生命力，社会主义的伟大旗帜始终在中国大地上高高飘扬，中华民族正以崭新姿态屹立于世界的东方！

习近平总书记指出："哲学社会科学研究要立足中国特色社会主义伟大实践，提出具有自主性、独创性的理论观点，构建中国特色学科体系、学术体系、话语体系。""70 年砥砺奋进，我们的国家发生了天翻地覆的变化。""无论是在中华民族历史上，还是在世界历史上，这都是一部感天动地的奋斗史诗。"深刻反映 70 年来党和人民的奋斗实践，深刻解读新中国 70 年历史性变革中所蕴含的内在逻辑，讲清楚历史性成就背后的中国特色社会主义道路、理论、制度、文化优势，是新时代中国哲学社会科学工作者的历史责任。

从新中国成立到改革开放之前，中国共产党领导人民进行社会主义革命和建设，探索适合中国实际情况的社会主义建设道路，虽然经历过曲折，但总体上看，全面确立了社会主义基本制度，实现了中国历史上最深刻最伟大的社会变革，取得了独创性理论成果，成就巨大，为当代中国的一切发展进步奠定了根本政治前提和制度基础，为开创中国特色社会主义提供了宝贵经验、理论准备、物质基础。改革开放以来，从开启新时期到跨入新世纪，从站上新起点到进入新时代，中国特色社会主义迎来了从创立、发展到完善的伟大飞跃，中国共产党在理论、实践、制度等方面全面推进科学社会主义进入新阶段，科学社会主义在中国焕发出强大的生机和活力。可以说，中国共产党对社会主义理想百折不挠的追求、坚持不懈的实践，以及取得的举世瞩目的成就，为5 000年的中华文明注入了新的基因，使中国由贫穷落后走上小康之路，同时也极大地影响和改变着世界历史的发展进程。

经济社会比较落后的国家在革命胜利后如何建设社会主义，是社会主义发展史上的重大历史性课题；而新中国成立70年来，中国共产党建设社会主义的实践探索，是对这一历史性课题的成功"解题"。从"出题"到"解题"，中国每时每刻都在发生变化，我们必须要在理论上跟上时代，不断认识实践规律，不断推进理论创新、制度创新，在聆听时代声音中展现出更有说服力的真理力量。

"制度是关系党和国家事业发展的根本性、全局性、稳定性、长期性问题。"中国特色社会主义制度，是当代中国发展进步的根本制度保障，集中体现了中国特色社会主义的特点和优势。我们坚持完善和发展中国特色社会主义制度，不断发挥和增强我国的制度优势，在经济、政治、文化、社会等各个领域形成一整套相互衔接、相互联系的制度体系。

时代是思想之母，实践是理论之源。在回顾中国共产党引领中国人民绘就这一幅幅波澜壮阔、气势恢宏的历史画卷的同时，如何以马克思主义为指导，有分析、有选择地吸收和借鉴新制度经济学中的合理成分，站在新的历史起点，肩负起新时代的历史使命，系统梳理新中国成立以来我国经济社会制度的发展脉络，全面探究新中国经济社会制度的演进路径，以使我们更加清醒地认识新时代中国特色社会主义的历史方位，更加自觉地增强对中国特色社会主义经济社会制度的价值认同，从而构建基于我国自身伟大实践的具有深刻解释力的中国特色社会主义经济社会制度理论体系，是一个伟大而艰巨的时代课题。对"兴学报国"90余载的西南财经大学来说，关注国计民生、破解经济现象、剖析社会迷局、贡献西财方案，本是"题中应有之义"；

对“经世济民，孜孜以求”的西财经济学人来说，能够站在学术高地，以理论和智慧主动服务国家战略，更是光荣使命，责任重大。

“成为中国高等财经教育的主要引领者、国际商科教育舞台上的有力竞争者、实现中华民族伟大复兴中国梦的重要贡献者”，这是西南财经大学在新时代的历史使命。围绕着“深化学术创新体系改革，增强服务国家发展能力”，西南财经大学第十三次党代会报告指出：“深入贯彻落实加快构建中国特色哲学社会科学的意见，瞄准学科前沿和国家重大需求，以广阔视野、创新精神大力推进学术创新，在服务国家发展中彰显西财价值。”这就要求我们，要以原创理论成果和服务国家、行业及区域重大战略需求为主线，加快推进中国特色社会主义政治经济学等理论体系建设，产出一批具有时代影响力的原创性成果，彰显西财学术影响力。

西南财经大学是教育部直属的国家“211工程”和“985工程”优势学科创新平台建设的全国重点大学，也是国家首批“双一流”建设高校，理应在构建中国特色哲学社会科学学科体系、学术体系和话语体系，深刻解读新中国70年历史性变革中所蕴含的内在逻辑，讲清楚历史性成就背后的中国特色社会主义经济制度与社会变革的关系等方面有所作为。

西南财经大学结合自身学科专业特色、优势和“双一流”建设要求，组织相关学科专业学者梳理新中国成立以来经济社会制度的变革与实践，总结过往取得的成就和经验与教训，积极探索未来的发展方向与路径，策划了这套“新中国经济社会制度变迁丛书”并成功入选“十三五”国家重点图书、音像、电子出版物出版规划（新广出发〔2016〕33号）。该套丛书包括《新中国经济制度变迁》《新中国货币政策与金融监管制度变迁》《新中国保险制度变迁》《新中国社会保险制度变迁与展望》《新中国审计制度变迁》《新中国统计制度变迁》《新中国工业企业制度变迁》《新中国财政税收制度变迁》《新中国经济法律制度变迁》《新中国对外贸易制度变迁》《新中国卫生健康制度变迁》《新中国社会治理制度变迁》《新中国行政审批制度变迁》《新中国农业经营制度变迁》《新中国人口生育制度变迁》共计15册。

西南财经大学党委和行政高度重视这套丛书的编撰和出版，要求每本书的研究、编写团队要坚持以习近平新时代中国特色社会主义思想为指导，把学习、研究、阐释当代中国马克思主义最新成果作为重中之重；要扎根中国大地，突出时代特色，树立国际视野，吸收、借鉴国外有益的理论观点和学术成果，推进知识创新、理论创新、方法创新，提升学术原创能力和水平；要立足我国改革发展实践，挖掘新材料、发现新问题、提出新观点，提炼标识性学术概念，打造具有中国特色和国际视野的学术话语体系，形成无愧于时代的当代中国学术思想和学术成果，立足自身研究领域，为推动中国经济学、管理学学科体系建设做出贡献；要坚持用中国理论阐释中国实践、用中国实践升华中国理论，推动学术理论中国化，提升中国理论的国际话语权，并推动研究成果向决策咨询和教育教学转化。

本套丛书以习近平新时代中国特色社会主义思想为指导，力求客观真实地揭示新中国经济社会制度变革的历程，多维度、广视角地描绘新中国经济社会制度演进的路径，较为全面系统地总结中国共产党带领全国各族人民为实现国家富强、民族振兴和人民幸福的“中国梦”所进行的中国特色社会主义经济社会制度变革的伟大实践和理论探索。

历史车轮滚滚向前，时代潮流浩浩汤汤。历史是营养丰沛的最好的教材，70 年来中国共产党带领中国人民走过的路，是一部感天动地的奋斗史诗，是独一无二的实践经验，也是滋养理论研究的取之不竭的现实沃土。新中国 70 年的光辉历程，“积聚了千里奔涌、万壑归流的洪荒伟力”。我们应深深饱吸这 70 年波澜壮阔的变革中所蕴藏的丰饶的学术营养，立足当下，并在 21 世纪全球经济一体化的世界格局中观照我国改革开放的深化发展，以及经济社会和谐发展的本质要求，通过对经济社会最深层次、最具价值、最本质和最急迫问题的挖掘、揭示与探索，从波澜壮阔的历史回溯中提炼学术成果，提升理论自信；我们在解析历史的同时，也是以高度负责的敬业精神，用奋进之笔在书写着一部“当代史”。

当然，本套丛书只是对新中国经济社会制度变革问题进行系统性探索的开始，我们希望并相信本套丛书能够引起更多的哲学社会科学工作者，尤其是相关经济、管理学界的学者的关注，从而推动新中国经济社会制度变迁的纵深研究，为中国特色社会主义制度变革和创新提供更多更好的理论依据和决策支持。因历史资料搜集等方面存在的差异，书中的观点和方法还有许多不完善、不成熟之处，敬请读者批评指正。

前言

新中国的对外贸易，在错综复杂的国内国际环境下艰难起步，在社会主义事业的接力探索中发展壮大。1950 年，中国的货物进出口总额只有 11.35 亿美元，占世界贸易总额的比重仅为 0.61%；1978 年，中国的货物进出口总额达到 206.38 亿美元，比 1950 年增加了 17.2 倍。2013 年，中国首次超过美国，成为世界第一货物贸易大国；2018 年，中国的服务贸易连续第五年位居世界第二。进入 2019 年，在外部环境发生深刻变化的背景下，中国的对外贸易发展依然呈现稳中提质态势。

与对外贸易的发展相伴，新中国的对外贸易制度实现了从高度集中的、内向型的贸易制度到中国特色的自由贸易制度的重大转变。

新中国成立初期，中国实行了对外贸易统制。随着社会主义改造的完成，中国建立了全国统一的社会主义对外贸易制度。这为新中国迅速掌握对外贸易的独立自主权，改变对外贸易的半殖民地半封建性质，推动对外贸易发展创新提供了重要保障。但是，随着经济发展和国内国际形势的变化，高度集中的对外贸易体制的弊端日益显现。

1978 年 12 月 18 日，中共十一届三中全会召开，中国开启了改革开放的伟大征程。随着市场在资源配置中地位的变化，随着中国特色社会主义市场经济制度的建立和完善，对外贸易的自由化程度不断提升。2017 年 10 月，在中共十九大报告中，习近平明确提出要“实行高水平的贸易和投资自由化便利化政策”。中共十九大召开以来，中国在推动形成全面开放新格局方面实施了一系列行之有效的举措。在贸易保护主义抬头，单边主义、霸凌主义给世界贸易和经济造成多重影响的环境下，这些举措不仅对中国对外贸易及经济社会的发展意义重大，对维护多边贸易体制主渠道作用、反对贸易保护主义、推动世界贸易和经济发展也意义重大。

早在2016年，习近平就明确指出："二十年前甚至十五年前，经济全球化的主要推手是美国等西方国家，今天反而是我们被认为是世界上推动贸易和投资自由化便利化的最大旗手，积极主动同西方国家形形色色的保护主义作斗争。"①实践中，中国关于改革全球经济治理体系、构建开放型世界经济的方案，取得了显著成效，得到了国际社会的高度评价。

新中国对外贸易的发展，中国对世界人民的贡献，体现了中国的风范与担当，彰显了中国特色社会主义道路、理论、制度和文化的优越性，表明中国对外贸易制度变迁不仅具有制度变迁的一般特征，更具有鲜明的中国特色。

首先，新中国的对外贸易制度是社会主义制度体系的组成部分，根本政治制度和各项基本制度是其产生、发展的制度基础和政治保障。对外贸易制度变迁的历程，蕴涵于中国社会主义制度形成与自我完善的历程之中。在经济制度层面，新中国对外贸易制度变迁与社会主义经济制度演进一脉相连，与相关领域体制机制改革创新密切相关。就对外贸易制度的体系结构而言，对外贸易战略、体制机制、法律法规及一系列政策措施构成了相互联系的有机整体。随着对外经济贸易的发展，中国日益强调进口和出口、货物贸易和服务贸易、对外贸易和引进外资及对外投资协调发展，注重相关政策的协同配合。因此，新中国的对外贸易制度变迁体现为对外贸易战略、体制机制、法律制度、政策措施的协同演化，也包括对外贸易制度与引进外资和对外投资制度的协调一致。

其次，在理论基础和思想基础方面，马克思列宁主义不仅为中国革命、建设和改革实践提供了思想武器，也为新时代中华民族的稳步前进提供了行动指南。马克思列宁主义同中国实践的结合，实现了一次又一次的飞跃，形成了毛泽东思想、邓小平理论、"三个代表"重要思想、科学发展观、习近平

① 中共中央文献研究室. 习近平关于社会主义经济建设论述摘编［M］. 北京：中央文献出版社，2017：300-301.

新时代中国特色社会主义思想。作为马克思主义中国化的理论成果，毛泽东思想对计划经济时期的对外贸易制度建设产生了决定性作用，邓小平理论、“三个代表”重要思想、科学发展观、习近平新时代中国特色社会主义思想是中国特色社会主义理论体系的重要组成部分，为改革开放不同历史阶段中国对外贸易制度的改革创新奠定了思想基础。在中国特色社会主义理论体系逐渐形成、不断发展的过程中，中国特色的对外贸易思想随之形成、不断完善。在坚持、继承、发展马克思列宁主义的基础上，毛泽东思想、中国特色社会主义理论体系及其中蕴含的中国特色对外贸易思想，为中国未来的对外贸易制度创新提供了思想基础和行动指南。

最后，基于社会主义的本质特征，中国一贯坚持平等互利的原则，强调合作共赢，共同发展。在对外贸易制度建设中，中国注重对国际规则的遵循，注重责任担当。在推动共商规则、共建机制、共迎挑战、共享发展方面，中国发挥着日益重要的作用。

新中国对外贸易制度变迁的特殊性，决定了研究新中国对外贸易制度变迁必有的遵循。为了从兼具共性探讨与个性特征研究的角度展开分析，本书坚持以中国社会主义制度为纲，中国社会主义经济制度建设为主线，按照“制度基础—理论依据—战略转型—体制改革—法律建设—政策创新”的内在逻辑，从分析新中国对外贸易制度变迁与社会主义制度体系建设的基本关系切入，进而梳理中国特色对外贸易思想的演进历程和发展创新，确立分析新中国对外贸易制度演进的理论依据，并在有机融合国际规则要求、贸易投资自由化便利化趋势等内容的基础上，探讨中国特色对外贸易战略和对外贸易体制机制的基本属性，研究中国在对外贸易法律制度及货物贸易、服务贸易、技术贸易、国际投资等领域的制度建设和依托特殊经济功能区的贸易投资制度创新，依据主动参与、推动经济全球化的精神实质，从加入世界贸易组织、实施自由贸易区战略、提出并践行“一带一路”倡议等视角，分析中国参与全球经贸治理的情况及其对贸易投资制度演进的作用，分析中国在推动全球治理体系改革、构建人类命运共同体方面的主张。

在具体内容安排上，本书共包含十四章。第一章为“新中国对外贸易的发展、改革与制度变迁研究主题”，旨在分析新中国对外贸易发展及其对中国经济社会发展和世界经济增长的贡献，进而在概述新中国对外贸易制度建立、调整和改革创新的基础上，分析对外贸易制度变迁对中国、对世界贸易及经济发展的作用路径，阐释研究新中国对外贸易制度变迁应有的视角及理论和实际意义。接下来的第二章、第三章重在分析新中国对外贸易制度变迁的制度基础和思想基础，揭示新中国对外贸易制度类型及对外贸易思想的转变，明确新中国对外贸易制度建设的原则和宗旨。其中，第二章在分析社会主义基本制度的确立和中国特色社会主义制度的形成、自我完善的基础上，从社会主义本质、中国特色社会主义道路等角度，分析中国推进对外贸易制度建设、发展对外贸易的宗旨和原则，揭示中国特色社会主义制度体系自我完善与新中国对外贸易制度演进的基本关系，进而在梳理中国特色社会主义经济制度形成、发展历程的基础上，探讨中国特色社会主义经济制度的形成、发展对改革开放时期中国对外贸易制度的阶段性特征的形成及中国对外贸易自由化发展的影响，分析中国特色社会主义自由贸易制度建设与中国特色社会主义经济制度自我完善的基本关系。第三章在分析中国特色社会主义对外贸易思想形成、发展历程的基础上，探讨马克思主义、毛泽东思想、中国特色社会主义理论体系在新中国对外贸易制度建设中的理论基础和思想基础地位，明晰中国特色社会主义对外贸易思想的基本特征，从以人民为中心的发展思想和创新协调、绿色开放、共享发展等方面，阐释对外贸易制度改革创新的宗旨、原则及对外贸易制度转型，概述中国“努力为促进世界经济增长和完善全球经济治理贡献中国智慧、中国力量”的重要意义。

第四章到第十章分析的重点是：基于新中国对外贸易制度的层次性及各层次制度之间的内在联系，从对外贸易战略、体制、法律制度及货物贸易的管理制度、促进制度和服务贸易制度、技术贸易制度层面阐释新中国对外贸易制度的演进历程，探讨贸易投资自由化便利化的趋势。其中，第四章在分析新中国对外贸易总体战略、货物贸易战略和服务贸易战略演进历程的基础上，从战略属性、战略手段、战略目标等方面探讨新中国对外贸易战略的转变与演进规律；第五章在分析新中国对外贸易体制建立、调整、改革的基础上，具体分析新中国对外贸易管理机构及其职能以及对外贸易管理手段、主体结构、体制属性等方面的转变，进而探讨对外贸易体制呈现出的与社会主义市场经济体制和国际规范要求相一致的转变；第六章在分析新中国对外贸易法律制度建设历程的基础上，具体分析《中华人民共和国对外贸易法》的修订与完善以及贸易救济法律制度的建立与发展，进而结合《中华人民共和国外商投资法》等，分析新中国对外贸易法律制度建设与营商环境优化的关系；第七章沿用世界贸易组织对货物贸易管理措施的分类体系，对新中国的货物贸易行政管理制度、海关管理制度和关税制度的演进轨迹展开分析，并从建立统一的、符合世界贸易组织规则的货物进出口行政管理制度、海关管理制度改革的贸易便利化效应、关税减让义务的严格履行等方面，分析中国的贸易自由化便利化进程；第八章首先分析新中国促进货物进出口的财税政策的调整与转变，然后在分析新中国政策性贸易金融体系演进轨迹的基础上，从对外贸易贷款与对外贸易发展、金融服务延伸与开放型经济发展等方面分析中国进出口银行的业务发展及其对贸易的促进作用，从业务领域拓展与作用路径多元、逆周期调节与对外贸易增长等方面分析中国出口信用保险公司的业务发展及其贸易促进作用，最后分析跨境贸易人民币结算的探索、试点、发展及其贸易便利化效应；第九章从新中国服务贸易制度的建立与改革、传统服务贸易制度及新兴服务贸易制度的演进与发展等方面展开分析，探讨服务贸易制度建设、服务贸易自由化及其对服务贸易发展的促进作用；第十章在阐释技术贸易的内涵与特点的基础上，简述技术贸易制度对技术贸易的影响，进而从新中国技术贸易制度的建立与创新、知识产权保护与国际技术贸易的关系及新中国知识产权保护制度的演进等方面做具体分析。

在贸易投资一体化逐渐成为推动经济全球化的重要力量，中国日益强调贸易投资协调发展、贸易投资制度协同配合的背景下，第十一章首先分析新中国引进外资及对外直接投资制度的动态演进过程，进而探讨新中国引进外资和对外投资制度改革的贸易促进目标及其演化趋势。基于试点、实验在新中国贸易投资制度演进中的作用，第十二章在分析新中国经济特区、经济技术开发区、浦东新区、滨海新区、保税区等特殊经济功能区的发展及其贸易投资制度的基础上，探讨自由贸易试验区的发展及其贸易投资制度创新，进而阐释不同地区自由贸易试验区的贸易投资制度。在前述章节从不同角度概述新中国对外贸易制度变迁与全球经济治理的相互影响的基础上，第十三章系统分析新中国参与全球经济治理的背景、历程，并在论述参与全球经济治理对中国及世界贸易投资自由化便利化的影响之后，具体分析中国加入世界贸易组织、实施自由贸易区战略、推动“一带一路”建设对中国、对世界贸易投资自由化便利化以及对构建人类命运共同体的重要作用。

综合各章的分析与探讨，第十四章以“新中国对外贸易制度变迁的效应、规律与趋势”为主题，沿着对外贸易制度的逻辑层次，从战略转型、体制转轨、法律建设及政策创新等方面，分析各层次制度的演化成果，结合关税和非关税措施方面的数据，论证中国的贸易自由化、便利化状况；从对外贸易制度改革对中国特色社会主义制度及体制机制自我完善、中国特色社会主义对外贸易思想创新发展、中国贸易强国建设、人类命运共同体构建、中国经济效率提升等方面的推动与促进，分析新中国对外贸易制度演进的成效，并结合中国出口商品结构方面的数据和GVC地位指数论证相关观点；从坚持社会主义道路、遵循社会主义制度体系建立与自我完善的变迁轨迹，遵循以开放促改革、形成对外开放与经济体制改革良性互动，服务于开放型经济发展战略，遵循贸易互利共赢、多元平衡发展规律等方面，分析新中国对外贸易制度演进的内在逻辑，并结合贸易便利化指数、营商便利度排名论证相关观点；从中国特色社会主义新时代的新要求，全球治理和世界贸易格局新趋势下的机遇与挑战，中国经济发展的内在需求等方面，探讨新时代中国对外贸易制度的发展趋势，进而分析新时代中国对外贸易制度创新发展的规律与路径。

本书以独特的视角、系统的内容、新的数据，从根本制度、基本制度和具体制度以及内因和外因、推动中国发展和世界进步的层面，剖析了新中国对外贸易制度变迁的脉络，阐释了新中国对外贸易制度演进的内在逻辑，评价了新中国对外贸易制度变迁的效应，并探索新时代背景下中国对外贸易制度的发展规律与创新趋势，以期为中国创新对外贸易制度，加快从贸易大国迈向贸易强国的进程提供有益的借鉴和建议，并为相关领域的研究提供有益的参考。

邓　敏

2019年8月

目录 MULU

第一章

新中国对外贸易的发展、改革与制度变迁研究主题

在2018年，我们隆重庆祝改革开放40周年；在2019年，我们喜迎新中国成立70周年。在这样的时间节点，回望过去，在70年的社会主义建设中，中国特色社会主义的道路探寻和制度建设铸就了中国奇迹；在40年的改革开放中，对外贸易的发展成就和制度创新开启了中国迈向贸易强国的征程。

第一节 新中国对外贸易的发展

回溯历史，新中国的对外贸易是在错综复杂的国际国内环境下、在西方国家的封锁禁运中艰难起步，在中国社会主义事业的接力探索中发展壮大的。在 1950 年，中国的货物进出口总额仅为 11. 35 亿美元，占世界贸易总额的比重只有 0. 61%；而在 1956 年，中国首次实现了贸易顺差，改变了从旧中国到新中国成立初期的贸易逆差局面；在 1978 年——改革开放元年，中国的货物进出口总额达到 206. 38 亿美元，比 1950 年增加了 17. 2 倍。① 改革开放后，中国的对外贸易逐渐进入了通向贸易大国的轨道。1988 年，改革开放十周年，中国对外贸易总额首次突破 1 000 亿美元，为 1 110. 9 亿美元，其中，货物进出口总额为 1 027. 9 亿美元，服务进出口总额为 83 亿美元；② 2013 年，改革开放 35 周年，中国首次超过美国，成为世界第一货物贸易大国；2014 年，中国服务贸易额首次突破 6 000 亿美元。截至 2018 年年底，中国的服务贸易已经连续五年位列世界第二。③

一、改革开放前中国对外贸易的发展

具体来看，在改革开放前的整个历史时期，中国的货物贸易得到了较为迅速的发展，服务贸易的发展相对缓慢。

（一）改革开放前中国货物贸易发展状况

统计数据显示，1950—1978 年，中国的货物贸易起伏波动较大，但总体保持了增长态势（见表 1-1）。

---

① 傅自应. 中国对外贸易三十年 [M]. 北京：中国财政经济出版社，2008：19.

② 数据来源：根据《2017 中国统计年鉴》数据整理。

③ 数据来源：http://data.mofcom.gov.cn/。

表 1-1　1950—1978 年中国货物贸易发展情况

年份	进出口		出口		进口		进出口差额/亿美元
	金额/亿美元	增长率/%	金额/亿美元	增长率/%	金额/亿美元	增长率/%	
1950	11.35	—	5.52	—	5.83	—	-0.31
1951	19.35	72.2	7.57	37.1	11.98	105.5	-4.41
1952	19.41	-0.7	8.23	8.7	11.18	-6.7	-2.95
1953	23.68	22	10.22	24.2	13.46	20.4	-3.24
1954	24.33	2.7	11.46	12.1	12.87	-4.4	-1.41
1955	31.45	29.3	14.12	23.2	17.33	34.7	-3.21
1956	32.08	2	16.45	16.5	15.63	-9.8	0.82
1957	31.03	-3.3	15.97	-2.9	15.06	-3.6	0.91
1958	38.71	24.8	19.81	24	18.9	25.5	0.91
1959	43.81	13.2	22.61	14.1	21.2	12.2	1.41
1960	38.09	13.1	18.56	-17.9	19.53	-7.9	-0.97
1961	29.36	22.9	14.91	-19.7	14.45	-26	0.46
1962	26.63	-9.3	14.9	-0.1	11.73	-18.8	3.17
1963	29.15	9.5	16.49	10.7	12.66	7.9	3.83
1964	34.63	18.8	19.16	16.2	15.47	22.2	3.69
1965	42.45	22.6	22.28	16.3	20.17	30.4	2.11
1966	46.14	8.7	23.66	6.2	22.48	11.5	1.18
1967	41.57	-9.9	21.35	-9.8	20.2	-10.1	1.15
1968	44.05	-2.6	21.03	-1.5	19.45	-3.7	1.58
1969	40.29	-0.5	22.04	4.8	18.25	-6.2	3.79
1970	45.86	13.8	22.6	2.5	23.26	27.5	-0.66
1971	48.41	5.6	26.36	16.6	22.05	-5.2	4.31
1972	63.01	30.2	34.43	30.6	28.58	29.6	5.85
1973	109.76	74.2	58.19	69	51.57	80.4	6.62
1974	145.68	32.7	69.49	19.4	76.19	17.7	-6.7
1975	147.5	1.2	72.64	4.5	74.86	-1.7	-2.22
1976	134.33	-8.9	68.55	-5.6	65.73	-12.1	2.77
1977	148.04	10.2	75.9	10.7	72.14	9.7	3.76
1978	206.38	39.4	97.45	28.4	108.93	51.9	-11.48

数据来源：傅自应．中国对外贸易三十年［M］．北京：中国财政经济出版社，2008．

从表中数据可见，在1950—1952年国民经济恢复时期，中国货物进出口总额从11.35亿美元上升到19.41亿美元，年均增长30.8%；在第一个五年计划时期，中国不仅扩大了货物进出口规模，而且在1956—1957年保持了贸易顺差，此后，在1958—1978年的21年间，中国共有16年实现了贸易顺差。

从货物贸易结构来看，在这段时期，中国的出口商品结构和进口商品结构都呈现出优化趋势。1950年，在中国的出口商品构成中，初级产品所占的比重高达90.3%，工业制成品仅占9.7%；到1965年，初级产品的占比降为51.2%，工业制成品的占比上升到48.8%。从进口商品构成来看，在1950年，进口中位居前三的依次是化工产品、五金矿产、机械仪器。1950—1959年，进口商品中生产资料约占91.5%，生活资料约占8.5%；到1965年，生产资料和生活资料在进口中的占比分别是66.5%和33.5%。1966—1976年，粮油食品在出口商品构成中几乎一直位列第一，只在1976年比紧随其后的纺织品略低，土畜产品则稳居第三，这三类合计在中国出口商品构成中占50%以上。不过，总体上讲，这段时期中国的出口商品结构还是有所优化，工业制成品在出口商品构成中的比重从39.9%上升到了54.5%，初级产品的占比则从60.1%降到了45.5%；同期内，在进口商品构成中，粮油食品、五金矿产、化工、机械仪器四类产品占比合计一直在70%以上。按初级产品和工业制成品分类，可以明显看出这段时期的进口商品构成与出口商品构成具有相同的升降趋势。其中，工业制成品进口占比从71%上升到了88.2%，初级产品进口占比从29%降到了11.8%。① 到1978年，中国出口商品结构中初级产品和工业制成品的占比分别是53.5%和46.5%，在进口商品结构中，工业制成品，特别是技术含量高的机械设备等生产资料居主要地位，整体而论，生产资料进口占比为81.4%。

从市场结构来看，多元化趋势是十分明显的。在20世纪50年代，中国进出口贸易的对象主要是苏联和东欧国家，对这些国家的出口贸易额分别占中国出口贸易总额的50%和16%，对这些国家的进口贸易额分别占中国进口

---

① 裴长洪. 共和国对外贸易60年［M］. 北京：人民出版社，2009：141-143.

贸易总额的60%和17%。到20世纪60年代，中国与苏联和东欧国家的贸易额急剧下降，西欧国家成为中国主要的进出口贸易伙伴。到20世纪70年代，中国的对外关系以及与美国、日本的进出口贸易得到了发展，与西欧国家的贸易继续扩大，内地与港澳地区的经贸关系不断密切，到1976—1978年，中国和分布在亚洲、欧洲、美洲、非洲、大洋洲的140多个国家和地区都具有经济贸易关系。按国家和地区的类型划分，在1978年，中国与各类国家和地区的货物贸易额在中国货物进出口总额中的比重分别是：发展中国家和地区占16.5%，工业发达国家占55.9%，中央计划经济国家占14.1%，港澳地区占13.3%，其他类别占0.2%。

（二）改革开放前中国服务贸易发展状况

相较于货物贸易，无论是从规模还是从结构来看，改革开放前中国的服务贸易发展水平都比较低，行业规模小、所涉领域有限是其突出特点。具体来看，在这段时期，中国的服务贸易主要限于运输服务贸易、旅游服务贸易、技术服务贸易和少量的金融、教育服务贸易，服务贸易对象主要包括苏联和东欧社会主义国家。

由于发展不足，加之中国在这一时期对服务贸易的统计尚不健全，除运输、银行等少数行业有不完整的统计外，其他行业的服务贸易统计处于空白状态，因此可以参考的数据十分有限。

从运输服务贸易来看，1949—1959年，中国的进出口货物主要采用铁路运输，因此铁路运输服务贸易具有较为有利的发展条件。其间，中国在1951年4月与苏联缔结了中苏铁路货物联运协定，在1954年1月参加了包括苏联、民主德国、阿尔巴尼亚等国家的国际铁路货物联运协定，该协定适用于缔约国之间在铁路方面的国际直达货物联运。1960—1966年，中国的海运增长较明显，租船运输在其中占主要地位，租船货运量占中国派船货运量的比例在70%左右。从1967年开始，中国对外贸易进出口货物运输量连续五年下降，到1972年才开始回升。此后，随着对外贸易运输需求的变化，中国的运输服务贸易有了新的发展。例如，1975年12月，中朝友谊输油管道建成；1976年，鲜活商品航空运输有所发展；1977年，多式联运、大陆桥运输等多种形式的运输有所发展；1978 年，出现了大批包机专程运输进出口货物。这些运输业务的开展，为满足中国对外贸易的运输需要创造了有利条件。

从旅游服务贸易来看，1949—1978 年，始于 20 世纪 50 年代中期的旅游服务贸易并未被列入经济事业的范畴。旅游接待在当时属政治任务，不计经济成本，接待对象限于外国友好使团及其成员、华侨和港澳同胞，接待单位与旅游主管部门为一体，接待人数很少，最多的时候一年也只有 5 万多人。

再以金融服务贸易为例。1949—1978 年，中国的金融服务贸易业务主要包括外汇汇兑及结算，从事对外金融服务贸易的主要机构是中国人民银行领导下的各大银行。在 1968 年前，中国对外贸易只能用外币结算；从 1968 年开始，内地与香港、澳门地区的贸易试用人民币计价结算，1970 年逐步扩大到英国、法国、瑞士、联邦德国等。

从运输服务贸易、旅游服务贸易、金融服务贸易的情况，可见改革开放前中国服务贸易成长缓慢，同时也展现出中国服务贸易从无到有、再到有所发展的开创历程，其意义是十分重大的。

二、改革开放以来中国对外贸易的发展

改革开放以后，中国的货物贸易逐渐进入快速发展阶段，服务贸易也得到加强并不断创出新高，在货物贸易和服务贸易的合力推动下，中国对外贸易在实现规模突破的同时，结构不断优化并实现了重要转变。

（一）中国对外贸易的规模突破

在改革开放的最初几年，中国的对外贸易规模连创新高。以货物贸易为例，1979—1981 年，中国的货物贸易额分别为 293.3 亿美元、381.4 亿美元、440.3 亿美元。在 1988 年对外贸易总额突破 1 000 亿美元之后，中国对外贸易规模的拓展速度明显加快（见表 1-2）。

从表 1-2 的数据可见，2004 年，中国的对外贸易总额突破了 10 000 亿美元，为 12 988.5 亿美元；2011 年，中国的对外贸易总额突破了 40 000 亿美元，为 40 889.6 亿美元；到 2017 年，中国的对外贸易总额高达 48 001.7 亿美元。

在对外贸易规模迅速扩大的过程中，中国的货物贸易和服务贸易规模都保持了良好的拓展态势。

表 1-2　1982—2017 年中国的对外贸易总额、货物贸易额、服务贸易额

单位：亿美元

年份	对外贸易总额	货物贸易额	服务贸易额
1982	461.1	416.1	45
1983	482.2	436.2	46
1984	592.5	535.5	57
1985	748	696	52
1986	795.5	738.5	57
1987	888.5	826.5	62
1988	1 110.9	1 027.9	83
1989	1 212.8	1 116.8	96
1990	1 275.4	1 154.4	121
1991	1 491	1 357	134
1992	1 871.3	1 655.3	216
1993	2 216	1 957	259
1994	2 723.2	2 366.2	357
1995	3 292.6	2 808.6	484
1996	3 401.8	2 898.8	503
1997	3 870.6	3 251.6	619
1998	3 756.5	3 239.5	517
1999	4 209.3	3 606.3	603
2000	5 449.9	4 742.9	707
2001	5 874.5	5 096.5	778
2002	7 126.7	6 207.7	919
2003	9 567.9	8 509.9	1 058
2004	12 988.5	11 545.5	1 443
2005	15 891.1	14 219.1	1 672
2006	19 631	17 604	2 027
2007	24 377.3	21 737.3	2 640
2008	28 839.6	25 632.6	3 207
2009	25 082.4	22 075.4	3 007

表1-2(续)

年份	对外贸易总额	货物贸易额	服务贸易额
2010	33 436	29 740	3 696
2011	40 889. 6	36 418. 6	4 471
2012	43 479. 2	38 671. 2	4 808
2013	46 941. 9	41 589. 9	5 352
2014	49 504. 3	43 015. 3	6 489
2015	46 035. 3	39 530. 3	6 505
2016	43 430. 6	36 855. 6	6 575
2017	48 001. 7	41 044. 7	6 957

资料来源：根据《2017 中国统计年鉴》与商务部网站公布的相关数据整理。

表 1-2 的数据显示，2004 年，中国的货物贸易额突破 10 000 亿美元，为 11 545. 5 亿美元；2011 年，中国的货物贸易额突破 30 000 亿美元，为 36 418. 6 亿美元；2013 年，中国的货物贸易额突破 40 000 亿美元，为 41 589. 9 亿美元。从服务贸易来看，自 2003 年服务贸易额突破 1 000 亿美元达 1 058 亿美元后，中国的服务贸易连创新高，特别是在 2014 年突破 6 000 亿美元大关后，中国的服务贸易额连续四年稳步上升，并在 2017 年达到历史最高水平，为 6 957 亿美元。

随着货物贸易和服务贸易的发展，中国货物贸易和服务贸易在对外贸易中所占的比重逐渐优化。表 1-3 显示了 1982 年以来中国货物贸易额、服务贸易额在对外贸易总额中的占比情况。从中可以看出，虽然中国的货物贸易在对外贸易中所占的比重基本保持在 80%以上，但服务贸易的占比总体呈上升趋势。

表 1-3　1982—2017 年中国货物贸易额、服务贸易额占对外贸易总额的比例

单位:%

年份	货物贸易额占比	服务贸易额占比	年份	货物贸易额占比	服务贸易额占比
1982	90. 24	9. 76	2000	87. 03	12. 97
1983	90. 46	9. 54	2001	86. 76	13. 24
1984	90. 38	9. 62	2002	87. 10	12. 90
1985	93. 05	6. 95	2003	88. 94	11. 06
1986	92. 83	7. 17	2004	88. 89	11. 11

表1-3(续)

年份	货物贸易额占比	服务贸易额占比	年份	货物贸易额占比	服务贸易额占比
1987	93.02	6.98	2005	89.48	10.52
1988	92.53	7.47	2006	89.67	10.33
1989	92.08	7.92	2007	89.17	10.83
1990	90.51	9.49	2008	88.88	11.12
1991	91.01	8.99	2009	88.01	11.99
1992	88.46	11.54	2010	88.95	11.05
1993	88.31	11.69	2011	89.07	10.93
1994	86.89	13.11	2012	88.94	11.06
1995	85.30	14.70	2013	88.60	11.40
1996	85.21	14.79	2014	86.89	13.11
1997	84.01	15.99	2015	85.87	14.13
1998	86.24	13.76	2016	84.86	15.14
1999	85.67	14.33	2017	85.51	14.49

资料来源：根据《2017 中国统计年鉴》与商务部网站公布的相关数据整理。

对外贸易规模的迅速扩大，货物贸易和服务贸易在对外贸易中所占比例的变化，加快了中国的贸易大国进程，为中国迈向贸易强国创造了重要条件。2013—2015 年，中国连年保持了世界第一货物贸易大国的地位。2016 年，中国的货物贸易有所波动，但是，在 2017 年，中国的货物贸易又重新站在了世界货物贸易排名的榜首。在 2018 年，虽然国内外形势错综复杂，中国货物贸易第一大国地位却更加巩固，全年货物进出口额达 30.51 万亿元人民币，不仅规模创历史最高水平，增速也高于美国、德国、日本等贸易大国和主要经济体平均增速，为中国自 2012 年以来的最高增幅；① 与此同时，中国的服务贸易也再创新高，进出口额达 5.2 万亿元人民币，规模继续位列世界第二，增速高于世界主要经济体，服务出口同比增长 14.6%，为 2011 年以来的服务出口最高增速。② 可见，即使在单边主义和贸易保护主义抬头的环境下，中国依然保持了对外贸易的良好发展态势，是全球贸易的主要参与者和推动者。

① 数据来源于 http://www.mofcom.gov.cn/article/ae/ai/201901/20190102829079.shtml。

② 数据来源于 http://www.mofcom.gov.cn/xwfbh//20190212.shtml。

（二）中国对外贸易结构的优化与转变

中国对外贸易的发展，不仅体现在规模的扩大，也体现在质量的提升，对此，从贸易结构的优化与转变可见一斑。

1. 货物贸易商品结构的优化与转变

统计数据显示，在 1979 年，中国的货物出口额和进口额分别是 136.6 亿美元和 157 亿美元，其中，初级产品的出口额为 73.2 亿美元，占当年货物出口额的比重为 53.59%，进口额为 44.2 亿美元，占当年货物进口额的比重为 28.2%，工业制成品的出口额为 63.38 亿美元，占当年货物出口额的比重为 46.4%，进口额为 113 亿美元，占当年货物进口额的比重为 71.97%。1979 年以后，随着初级产品和工业制成品进出口额的变化，中国货物进出口的商品结构不断优化，表现出明显的转变与升级趋势。以货物出口的商品结构为例，在改革开放的最初几年，其基本状况没有明显变化，1980 年，初级产品出口和工业制成品出口几乎各占半壁江山，占比分别为 50.3%和 49.7%，1981—1985 年，初级产品和工业制成品的出口占比都有小幅波动，但除了 1985 年工业制成品出口占比略低于初级产品出口占比外（二者分别为 49.44%和 50.56%），在其余年份，工业制成品的出口占比都高于初级产品的出口占比。1985 年以后，工业制成品的出口占比一路走高，初级产品的出口占比则相应下降，二者的差距不断扩大（见图 1-1）。

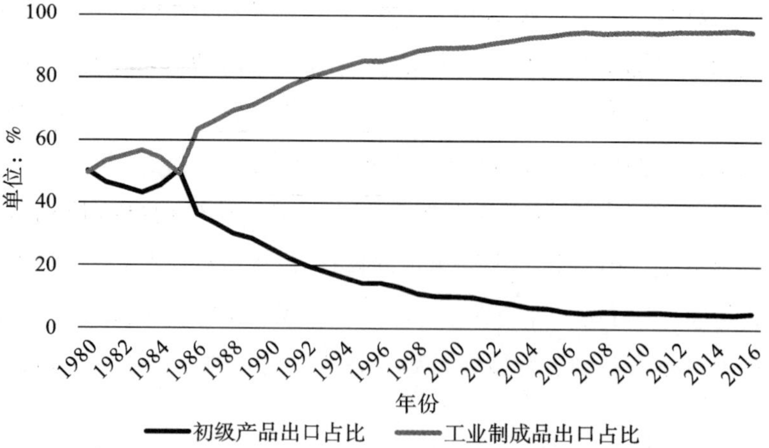

图 1-1　1980—2016 年中国货物出口商品的结构变动情况

数据来源：根据《新中国 60 年统计资料汇编》与国家统计局网站公布的相关数据整理。

图 1-1 直观地反映了 1980—2016 年中国货物出口商品结构的变动情况，从中可见，在经历 1980—1985 年初级产品出口占比与工业制成品出口占比的波动后，中国的货物出口商品结构便成功实现了以初级产品为主到以工业制成品为主的转变。在 2001 年之后，工业制成品出口占比一直保持在 90%以上，在 2016 年甚至高达 95%。

从更具体的层面分析，1978—1984 年，石油一直是中国最主要的外汇收入来源，在 1986 年，以纺织品服装出口首次超过石油出口、工业制成品出口占比首次大幅高于初级产品出口占比为标志，中国的货物出口出现了第一次大的结构性转变，在出口的商品构成中，劳动密集型产品超越资源密集型产品，居于主导地位。1989—1992 年，随着劳动密集型产品和资本及技术密集型产品出口占比不断上升、资源密集型产品出口占比迅速下降，中国出口商品结构的转变趋势更加明显。到 1992 年，劳动密集型产品出口占比为 57.6%，资本和技术密集型产品出口占比由 1983 年的 10.2%上升到 25.5%。1992—2001 年，随着劳动密集型产品出口占比逐年下降，资本和技术密集型产品出口占比逐年上升，中国逐步改变了主要依靠传统劳动密集型产品出口的局面，实现了以轻纺产品出口为主向以机电产品出口为主的转变。2001 年之后，随着机电产品和高新技术产品出口占比不断上升，中国的货物出口逐步进入以普通机电产品出口为主转向以高新技术产品为导向的阶段，货物出口商品结构升级趋势更加明显。2001—2010 年，中国机电产品出口年均增长 25.7%，高新技术产品出口占比提高到 31.2%。自 1995 年开始，机电产品连年居于中国第一大类出口商品地位，截至 2012 年年底，中国已经超越德国和美国，成为世界第一大机电产品出口国。① 从基于要素密集度划分的货物贸易种类结构来看，1995—2012 年，中国的货物出口商品结构呈现出以传统非熟练劳动密集型产品为主，逐渐转变成以高新技术机电产品和智能机器为代表的资本密集型与人力资源密集型产品为主的演进特征。②

---

① 石广生. 中国对外经济贸易改革和发展史［M］. 北京：人民出版社，2013：292-295.

② 邓敏，顾磊. 中国对外贸易概论［M］. 成都：西南财经大学出版社，2016：232.

进入2013年后，与中国世界第一货物贸易大国地位的确立、加强相伴随，中国的货物出口商品结构持续升级。在“十二五”时期，中国的出口商品结构由消费品为主向消费品和资本品并重转变，资本品出口总额比“十一五”末增长超过30%。[①] 到2017年，机电产品出口占比提高到58.38%，高新技术产品出口占比为29.49%。具有自主品牌、自主知识产权、自主营销渠道以及高技术、高附加值、高效益的产品出口增速高于传统商品。[②] 2018年，机电产品出口占比进一步上升，达到58.7%。近两年货物出口商品结构的进一步优化证明，随着《对外贸易发展“十三五”规划》的实施，新的发展目标正在逐步实现。

2. 服务贸易结构的调整与升级

新中国的服务贸易起步于20世纪80年代，虽然起步较晚但发展速度较快，特别是自“十五”时期以来，中国的服务贸易一直处于快速发展阶段，在这个过程中，中国服务贸易的领域逐步扩大，不仅运输、旅游、建筑等传统领域稳步发展，一些新兴服务贸易部门也逐步兴起。“十五”期间，中国初步形成了服务贸易全面发展的格局，通信、保险、金融、专有权使用及特许、计算机和信息服务、咨询、广告等新兴服务贸易部门开始兴起。[③] “十一五”期间，计算机、保险、金融、咨询等高附加值现代服务贸易快速起步，与现代服务贸易行业相关的服务外包迅速发展，教育、文化、中医药等中国特色服务贸易的出口体系已具雏形。[④] “十二五”期间，技术、文化、计算机和信息服务、咨询服务、金融、中医药服务等新兴领域发展加快[⑤]。与此同时，中国的服务贸易构成更加多元，不同服务行业的进出口占比不断优化。改革开放初期，中国服务进出口以旅游、运输、建筑等传统服务为主，1982年，三

① 资料来源于《对外贸易发展“十三五”规划》。
② 隆国强. 中国开放的大门越开越大 [N]. 人民日报，2019-1-17 (9).
③ 资料来源于《服务贸易发展“十一五”规划纲要》。
④ 资料来源于《服务贸易发展“十二五”规划纲要》。
⑤ 资料来源于《服务贸易发展“十三五”规划》。

大传统服务占比超过70%，其中，出口占比78.3%，进口占比64.9%。①随着服务贸易结构的优化，三大传统服务的占比逐渐降低，新兴领域服务贸易的占比相应提高。到1997年，旅游、运输、建筑进出口额占服务进出口总额的比重为66.8%，在“十一五”初期，这三者的占比为61.8%，到2010年，这三者的比重进一步调整到60.1%。相应的，2006—2010年，计算机、保险、金融、咨询等高附加值现代服务进出口额占服务进出口总额的比重从16.3%上升到19.4%；到“十二五”时期，高附加值服务进出口的快速增长进一步推动了服务贸易结构的调整与升级，2014年，金融服务、通信服务、计算机和信息服务进出口增速分别达到59.5%、24.6%、25.4%，其进出口额占服务进出口总额的比重分别为1.7%、0.7%、4.5%（见表1-4）。

表1-4 1997—2014年中国不同行业服务进出口额占服务进出口总额的比重②

单位:%

年份	运输服务	旅游服务	通信服务	建筑服务	保险服务	金融服务	计算机和信息服务	专有权利使用费和特许费	咨询服务	广告、宣传	电影、音像	其他商业服务
1997	12.1	49.3	1.1	2.4	0.7	0.1	0.3	0.2	1.4	1	0	31.3
1998	9.6	52.8	3.4	2.5	1.6	0.1	0.6	0.3	2.2	0.9	0.1	26
1999	9.2	53.9	2.3	3.8	0.8	0.4	1	0.3	1.1	0.8	0	26.4
2000	12.2	53.8	4.5	2	0.4	0.3	1.2	0.3	1.2	0.7	0	23.5
2001	14.1	54.1	0.8	2.5	0.7	0.3	1.4	0.3	2.7	0.8	0.1	22.1
2002	14.5	51.8	1.4	3.2	0.5	0.1	1.6	0.3	3.3	0.9	0.1	22.2
2003	17	37.5	1.4	2.8	0.7	0.3	2.4	0.2	4.1	1	0.1	32.5
2004	19.4	41.5	0.7	2.4	0.6	0.2	2.6	0.4	5.1	1.4	0.1	25.7
2005	20.9	39.6	0.7	3.5	0.7	0.2	2.5	0.2	7.2	1.5	0.2	22.8
2006	23	37.1	0.8	3	0.6	0.2	3.2	0.2	8.6	1.6	0.1	21.5
2007	25.7	30.6	1	4.4	0.7	0.2	3.6	0.3	9.5	1.6	0.3	22.1

① 佚名. 改革开放以来我国服务贸易结构优化升级［EB/OL］.（2018-10-10）［2019-03-26］. http://www.gov.cn/xinwen/2018-10/10/content_5329209.htm.

② 编者注：本书的图表数据在从资料中截取时保留到小数点后1~2位，处理后的数据加总可能与实际加总数据有轻微误差，属合理误差。

表1-4(续)

年份	运输服务	旅游服务	通信服务	建筑服务	保险服务	金融服务	计算机和信息服务	专有权利使用费和特许费	咨询服务	广告、宣传	电影、音像	其他商业服务
2008	26.2	27.9	1.1	7.1	0.9	0.2	4.3	0.4	12.4	1.5	0.3	17.8
2009	18.3	30.9	0.9	7.4	1.2	0.3	5.1	0.3	14.5	1.8	0.1	19.2
2010	20.1	26.9	0.7	8.5	1	0.8	5.4	0.5	13.4	1.7	0.1	20.9
2011	19.5	26.6	0.9	8.1	1.7	0.5	6.7	0.4	15.6	2.2	0.1	17.7
2012	20.4	26.3	0.9	6.4	1.7	1	7.6	0.5	17.6	2.5	0.1	14.9
2013	17.9	24.5	0.8	5.1	1.9	1.4	7.3	0.4	19.3	2.3	0.1	19.1
2014	17.7	25.6	0.8	7.1	2.1	2.1	8.5	0.3	19.8	2.3	0.1	15.5

数据来源：EPS 数据库。

从服务出口结构来看，其总体变化趋势与不同行业服务进出口额占服务进出口总额比重的变化趋势一致，表现为传统服务的出口占比逐渐降低，新兴领域服务出口占比相应提高。到 1997 年，三大传统服务出口占比已由 1982 年的 78.3%调整到 63.8%，并在 2014 年进一步调整到 50.4%。具体从各行业的出口占比来看，其变化情况不尽一致（见表 1-5）。

表 1-5　中国不同行业服务出口额占服务出口总额的比重

单位:%

年份	运输服务	旅游服务	通信服务	建筑服务	保险服务	金融服务	计算机和信息服务	专有权利使用费和特许费	咨询服务	广告、宣传	电影、音像	其他商业服务
1997	24.7	38.7	1.1	3.4	2.3	0.7	0.6	1.1	1.6	0.9	0.1	24.8
1998	18	43.3	2	3.4	4.3	0.4	0.9	1	2.5	0.9	0.1	23.1
1999	18.1	43.7	1.4	4.4	3.7	0.5	0.9	1.5	1.4	0.8	0.1	23.6
2000	21.3	44.5	2.4	2.4	3.9	0.3	0.9	2.1	1.5	0.6	0.1	20
2001	22.2	44.1	0.8	2.3	4.1	0.2	1.1	2.8	3.3	0.7	0.1	18.1
2002	22.6	41.9	1.2	2.6	4	0.2	2.1	3.8	4.6	0.9	0.1	16
2003	25.8	32.2	1.1	2.4	4.8	0.4	2.1	3.6	5.3	0.9	0.1	21.3
2004	27.4	33.6	0.7	2.1	4.9	0.2	2.2	3.5	5.9	1.2	0.2	18.3
2005	27.9	32.5	0.7	2.7	4.9	0.2	2.2	3.5	7.3	1.1	0.2	16.7

表1-5(续)

年份	运输服务	旅游服务	通信服务	建筑服务	保险服务	金融服务	计算机和信息服务	专有权利使用费和特许费	咨询服务	广告、宣传	电影、音像	其他商业服务
2006	28. 9	30. 4	0. 8	2. 5	4. 9	0. 5	2. 4	3. 6	8. 5	1. 3	0. 1	16. 1
2007	29. 7	26. 7	0. 9	3. 3	4. 6	0. 3	2. 6	3. 4	8. 9	1. 3	0. 2	18
2008	29. 1	25. 3	1	4. 8	4. 6	0. 3	3. 1	3. 6	10. 4	1. 4	0. 2	16. 1
2009	24. 5	29. 1	0. 8	5. 3	4. 5	0. 4	3. 4	4	11. 2	1. 5	0. 1	15. 2
2010	26. 9	27. 8	0. 7	5. 4	4. 8	0. 8	3. 4	3. 8	10. 4	1. 4	0. 1	14. 6
2011	27. 7	28. 9	0. 7	4. 4	5. 4	0. 4	3. 8	3. 7	11. 2	1. 6	0. 1	12. 1
2012	26. 5	32. 3	0. 7	3. 4	5. 1	0. 8	3. 9	4	11. 4	1. 6	0. 1	10. 2
2013	24. 5	33. 4	0. 6	2. 7	4. 8	1. 2	4	4. 1	11. 9	1. 5	0. 2	11. 3
2014	22. 5	36. 7	0. 7	3. 4	4. 5	1. 7	4. 5	3. 9	11. 6	1. 5	0. 2	9. 6

数据来源：EPS 数据库。

从表中数据可见，1997—2014 年，在三大传统行业中，运输服务和建筑服务出口占比有所波动，总体上讲有所上升，旅游服务出口占比也有所波动，但总体趋势是显著下降。在新兴服务领域，除通信服务外，其他行业的出口占比基本都呈现出较稳定的上升趋势，其中，咨询服务的出口占比不仅稳步上升，而且由 1997 年的 1. 4%提升到了 2014 年的 19. 8%。

前述分析表明，无论是从不同行业服务进出口占比还是从其出口占比的变化情况来看，截至 2014 年年底，中国的服务贸易结构都呈现出明显的优化升级趋势，在推动这种趋势的各因素中，高附加值服务出口的稳步增长发挥了重要作用。延长时间跨度来看，这种特征更加显著。统计数据显示，1982—2017 年，新兴服务进出口总额增长了 213 倍，年均增长 16. 6%，高于服务进出口总额年均增速 1. 2 个百分点；2017 年，新兴服务进出口额为 14 600. 1 亿元人民币，增长 11. 1%，高于整体增速 4. 3 个百分点，占比达 31. 1%，提升 1. 2 个百分点，旅游、运输和建筑三大传统服务占比下降 1. 1 个百分点；①

① 数据来源于 http://www.gov.cn/xinwen/2018-10/10/content_5329209.htm。

2018 年，知识密集型服务进出口额为 16 952.1 亿元人民币，增长 20.7%，高于整体增速 9.2 个百分点，占进出口总额的比重达 32.4%，比 2017 年提升 2.5 个百分点，旅游、运输和建筑三大传统服务进出口额为 33 224.6 亿元人民币，增长 7.8%，占进出口总额的比重为 63.4%，比 2017 年下降 2.2 个百分点。① 服务贸易结构的持续优化表明，中国的服务贸易高质量发展取得了重要成效，以技术、品牌、质量和服务为核心的新兴服务优势正不断显现。

3. 对外贸易方式结构的优化

关于中国对外贸易方式结构的变化，通常从一般贸易、加工贸易和其他贸易在对外贸易中的占比情况来分析。在新中国对外贸易的发展历程中，贸易方式经历了从单一到多元的演进路径。在改革开放前，中国的对外贸易以一般贸易为主。1953—1957 年，一般贸易占比一直在 97%以上，1953 年高达 99.3%，包括加工贸易在内的其他贸易方式占比微乎其微。到 20 世纪 70 年代，中国的加工贸易逐渐有所发展，贸易方式单一的状况有所改变。随着改革开放的不断推进，中国对外贸易的方式结构逐渐优化（见图 1-2）。

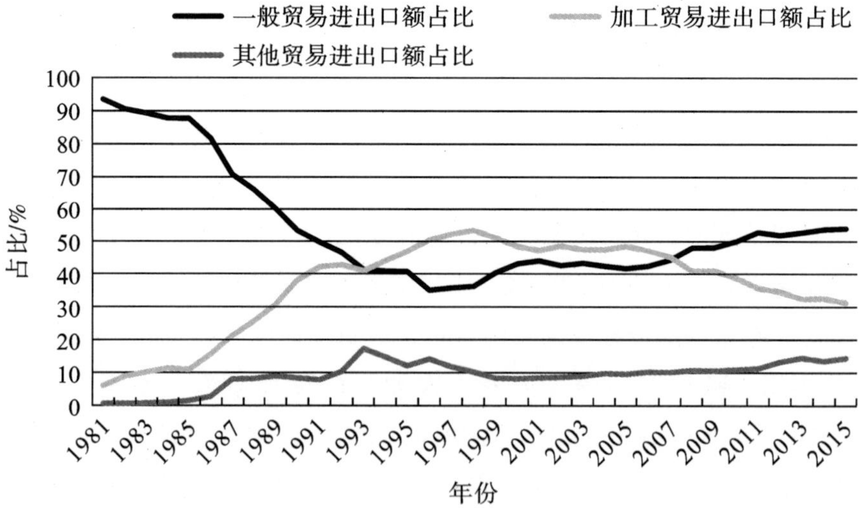

图 1-2　1981—2015 年中国对外贸易方式结构变动情况

数据来源：《中国贸易外经统计年鉴》。

① 数据来源于 http://www.mofcom.gov.cn/article/ae/sjjd/201902/20190202834116.shtml。

从图 1-2 可以看出，1981—1993 年，一般贸易占比逐渐降低，加工贸易和其他贸易占比逐渐提高。1993 年，一般贸易和加工贸易的占比非常接近，分别为 41. 52%和 41. 18%，其他贸易方式占比则达到 17. 3%。此后，加工贸易占比一路上扬，1996—1999 年，其占比一直在 50%以上，并于 1998 年升至历史最高水平达 53. 4%。自 1999 年开始，加工贸易占比基本处于下降趋势，一般贸易占比基本处于上升状态，到 2007 年，加工贸易和一般贸易的占比再次接近，分别为 45. 33%和 44. 50%，到 2010 年，一般贸易占比超过 50%，此后一直保持在 50%以上，2015 年达到 54. 06%。

总体而论，无论是一般贸易占比的先降后升，还是加工贸易占比的先升后降，都反映了不同历史条件下中国对外贸易方式结构的优化。其中，一般贸易占比的提升与中国对培育外贸竞争新优势的重视及做强一般贸易的举措密切相关。从近几年的情况来看，贸易方式结构持续优化的趋势更加明显，这不仅体现在加工贸易占比与一般贸易占比的变化，还体现在对外贸易新业态的快速发展。统计数据显示，1998—2017 年，加工贸易占比由历史最高值 53. 4%下降到 29%，一般贸易占比由 36. 4%上升到 54. 3%。2018 年，一般贸易出口占比提高 2 个百分点至 56. 3%，跨境电商、市场采购贸易连续三年保持高速增长，成为对外贸易增长的新亮点。

综合新中国货物贸易商品结构、服务贸易结构及贸易方式结构的演进情况可以看出，三者优化升级的步伐都是随着改革开放的不断深化而加快的。如果将分析的视角扩展至对外贸易的市场结构、主体结构等方面，对外贸易结构优化与改革开放深化在进程上的一致性可以得到进一步证明，就如对外贸易市场结构多元化的特征随着改革开放的推进而迅速显现一样。统计数据显示，到 1992 年，中国已经和世界上 190 多个国家和地区建立了比较稳定的贸易关系，到近几年，随着“一带一路”建设的推进，中国和“一带一路”沿线国家的贸易快速增长。2018 年，中国对外贸易的国际市场结构进一步优化，与新兴市场进出口占比提高 1. 3 个百分点至 57. 7%，其中，与“一带一路”沿线国家进出口占比提高 0. 9 个百分点至 27. 4%。①

---

① 张沛. 去年我国外贸创历史新纪录［EB/OL］.（2019-01-17）［2019-03-20］. http://www.financial-news.com.cn/cj/zczx/201901/t20190117_153174.html.

三、对外贸易的贡献

随着规模的扩大和结构的优化，中国对外贸易的地位实现了从“调剂余缺”到“三驾马车”之一的根本性转化。

在新中国成立初期，对外贸易作为沟通国内外物资交流、调剂国内市场余缺的重要渠道，对中国打破帝国主义的经济封锁，恢复工农业生产发挥了重要作用。就改革开放前的整个历史时期来看，对外贸易在促进工农业生产发展的同时，还从多方面促进了中国的社会主义建设。

一方面，通过进口重要技术、原材料等，对外贸易既促进了生产过程中的实物补偿，又促进了生产能力的提高以及生产的扩大和社会主义工业化。同时，通过出口大米、进口玉米等，对外贸易还调剂了进出口品种，缓解了供应不足的问题。另一方面，对外贸易增加了财政收入，1950—1978 年，仅关税收入就达到 233.16 亿美元。同时，对外贸易还增加了工作岗位，单从 20 世纪 70 年代末的情况来看，手工艺领域参加供出口的竹编等产品生产的人员就达 600 多万人。此外，对外贸易在拓展和改善对外关系等方面也发挥了重要作用。

改革开放后，随着对外贸易在扩大就业、缓解资源瓶颈、充实财政收入、推动产业升级等方面的贡献度的提高，对外贸易对经济增长的贡献率也逐步提高，进而成为拉动国民经济增长的“三驾马车”之一（见图 1-3）。

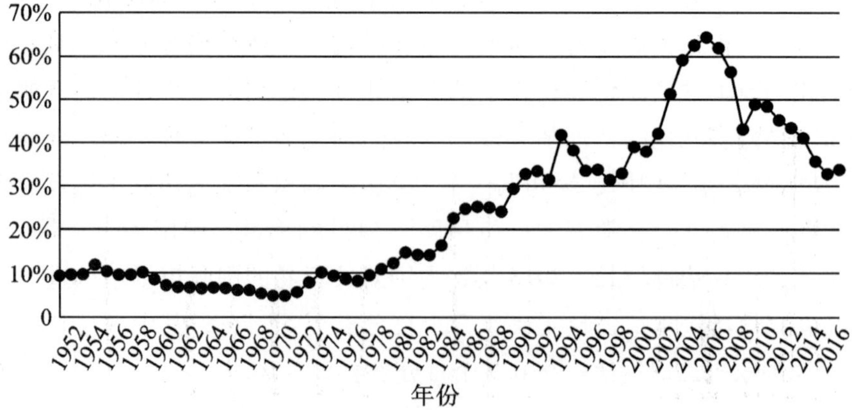

图 1-3　1952—2017 年中国对外贸易依存度变动情况

数据来源：根据国家统计局数据整理。

图 1-3 显示，在改革开放前，中国对外贸易依存度的最高值出现在 1955 年，为 12.04%，最低值出现在 1971 年，为 4.92%。改革开放后，中国的对外贸易依存度迅速呈现上升趋势，在 1980 年超过改革开放前的最高值后，其波动上升的趋势更加明显，并于 2006 年达到历史最大值——64.24%。从 2007 年开始，受国际金融危机等因素的影响，中国的对外贸易依存度逐渐回落，但到 2017 年依然保持在 30%以上。对外贸易依存度的变化，直观反映出新中国成立初期及“一五”时期对外贸易发展对经济增长的促进，同时也反映出“大跃进”和“文化大革命”时期对外贸易的波动对国民经济的影响，反映出改革开放后对外贸易在经济增长中的突出贡献及其地位的根本转变。

从 2018 年的情况来看，对外贸易在国民经济和社会发展中的贡献进一步增强。2018 年 1~11 月，进口环节税收为 1.9 万亿元人民币，增长 8.7%，占中国税收收入的 12.6%；此外，对外贸易在促进就业、推动产业升级、平衡国际收支等方面也做出了积极贡献，进而为中国工业化和城镇化进程的加快，为中国开放型经济建设和国民经济协调发展，提供了有力支撑。①

不仅如此，中国对外贸易的发展还为国际市场和国际贸易的繁荣做出了重大贡献，特别是在 2008 年全球金融危机爆发之后，中国对外贸易的稳定增长对全球经济贸易的发展发挥了重要作用，其中，进口的持续增长为世界各国提供了广阔的市场和宝贵的合作契机。以 2018 年为例，世界贸易组织的统计数据显示，在 2018 年的前三季度，中国进口占全球份额比 2017 年同期提高 0.7 个百分点至 10.9%，进口增加对全球进口增长贡献率达 16.8%。2018 年，中国成功举办了世界上第一个以进口为主题的国家级展会——首届中国国际进口博览会，吸引了 172 个国家、地区和国际组织参会，3 617 家企业参展，成交额达 578 亿美元，为各国出口提供了新的机遇，为各国共享中国发展红利搭建了新的平台，为世界经济增长注入了新的动力。②

---

① 商务部新闻办公室.【2018 年商务工作年终综述之二十】进出口规模创历史新高 外贸高质量发展取得积极成效［EB/OL］.（2019-01-22）［2019-03-20］. http://www.mofcom.gov.cn/article/ae/ai/201901/20190102829079.shtml.

② 同①。

第二节　新中国对外贸易的发展与对外贸易制度建设

对外贸易的发展及其对新中国社会经济发展和世界经济增长的重大贡献，吸引了国内外的关注目光，研究中国对外贸易的发展成为探究“中国奇迹”的应有之义。在关于中国对外贸易的各类研究中，对外贸易制度研究成为当然的重点，这既因为对外贸易制度建设与对外贸易发展的关系密切，也因为对外贸易制度建设关系着中国的经济贸易制度创新，对多边贸易体制的发展也有重要意义。

从演进历程来看，新中国的对外贸易制度建设经历了建立、调整和改革创新几个阶段，各阶段的对外贸易制度建设对中国对外贸易的发展都发挥了重要作用，体现了对外贸易制度变迁的意义。

一、新中国对外贸易发展与对外贸易制度的建立与调整

在新中国成立前，中国的对外贸易是半殖民地半封建性质的。新中国成立后，中国立即废除了帝国主义在中国的一切特权，收回了海关管理权，实行了对外贸易统制政策。随着社会主义改造的完成，中国建立了全国统一的社会主义对外贸易体制，这种由对外贸易部统一领导、统一管理，外贸专业总公司统一经营，中央财政统负盈亏的高度集中的对外贸易体制，既符合当时的客观情况，也与当时关于社会主义经济和国际分工的思想认识相吻合，是中国社会主义计划经济制度的组成部分。也正是居于改革开放前的主客观情况，中国实施了“进口替代”战略。

总体上看，这段时期的对外贸易制度属于高度集中的、内向型的贸易制度。在这个制度框架内，中国根据国内国际形势变化等因素，就对外贸易制度的具体层面加强了建设，也做了一些调整，如 1953—1957 年关于对外贸易法律法规的建设，1974 年关于对外贸易体制的局部调整，1976 年后对国营外

贸专业公司的调整，以及为推动出口从“以产定销”向“以销定产”转变所采取的一些举措。

从实践情况来看，社会主义对外贸易制度的建立和建设为新中国迅速掌握对外贸易的独立自主权、迅速改变对外贸易的性质并推动其向前发展，进而为新中国捍卫国家的政治独立和经济独立、推动社会主义事业向前发展提供了重要保障。

当然，对外贸易制度的调整也有不当的时候。“大跃进”时期放权浪潮下对贸易经营权的盲目下放就在一定程度上造成了对外贸易秩序的混乱。从较深的层面讲，关于社会主义、社会主义经济及社会主义国家发展对外贸易的必要性的认识不足，是影响对外贸易制度建设和对外贸易发展的重要因素。

二、新中国对外贸易发展与对外贸易制度的改革创新

改革开放后，在对什么是社会主义、怎样建设社会主义的不断探索中，中国先后突破了计划经济和商品经济对立、计划经济和市场经济属于社会基本制度范畴这两大思想束缚，逐渐形成了中国特色社会主义理论体系。与之相伴随，中国的市场化改革目标逐渐明确，中国特色社会主义市场经济制度逐渐建立并不断完善，开放型经济新体制的基本架构和目标日益明朗。在这个过程中，中国的对外贸易改革不断深化，对外贸易制度不断创新。在探索、建设社会主义有计划商品经济制度的背景下，中国围绕行政性分权改革了对外贸易制度，在建立和完善社会主义市场经济制度的背景下，中国根据社会主义市场经济制度建设目标及复关、入世和履行入世承诺的要求，加强了对外贸易法律制度建设，依法实施了对外贸易经营者备案登记制度，深化了关税、非关税领域的改革。随着完善和发展中国特色社会主义制度这一全面深化改革总目标的确立，中国紧紧围绕使市场在资源配置中起决定性作用，加强了财税、金融、贸易等政策之间的衔接和配合，加快了对外贸易的自由化、便利化进程，中国特色的自由贸易制度架构日趋完善。与改革进程相一致，中国的货物贸易和服务贸易迅速壮大（见图1-4、图1-5）。

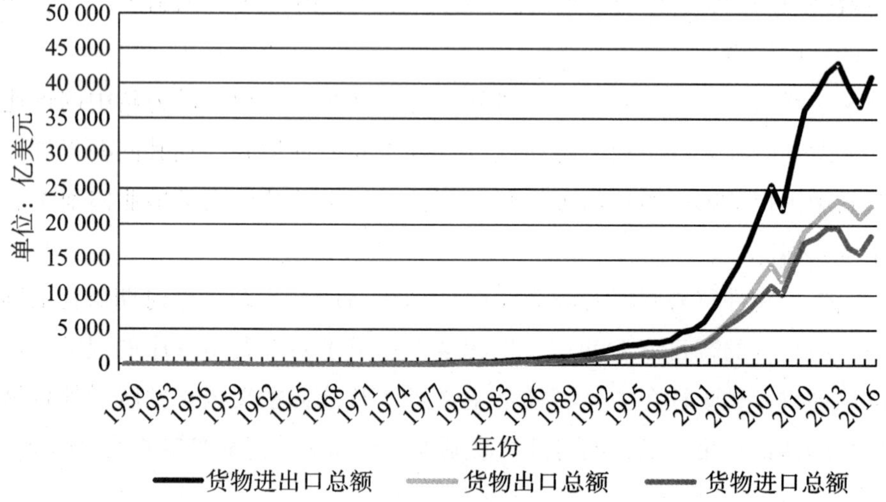

图 1-4　1950—2017 年中国货物进出口情况

数据来源：根据《新中国 60 年统计资料汇编》《2017 中国统计年鉴》与中国商务部网站公布的相关数据整理。

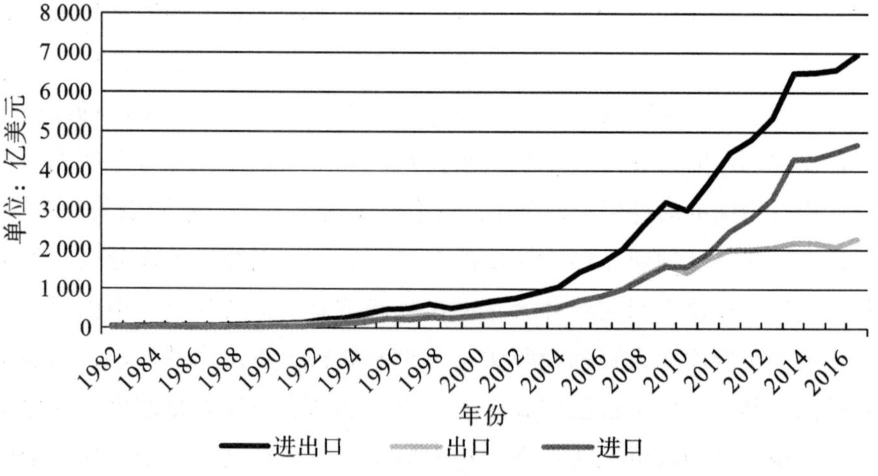

图 1-5　1982—2017 年中国服务进出口情况

数据来源：根据《中国统计年鉴》与中国商务部网站公布的相关数据整理。

图 1-4、图 1-5 显示，货物贸易和服务贸易的发展进程与改革开放的进程是一致的，贸易大国地位的确立与市场化改革的深入在时段上也是一致的。

这个结论和前文关于贸易结构优化进程与改革开放深化进程相一致的结论高度吻合，表明改革是推动中国对外贸易发展的重要力量。

进一步分析，对外贸易的改革、创新在对外贸易发展中的作用是具有决定意义的。从对外贸易方式结构切入，结合对外贸易方式结构和主体结构的优化来看，加工贸易在中国对外贸易中一度占了半壁江山，在加工贸易占比和一般贸易占比第一次相近的1993年到两者第二次相近的2007年间，加工贸易占比一直高于一般贸易占比并处于历史最高位。从加工贸易的主体结构来看，有关统计数据显示，1993—2007年，外资企业在加工贸易进出口总额中的比重逐年提高，在1994年首次过半，达到56.1%，到2007年则高达84.3%。可见，加工贸易的发展与利用外资是密切相关的，外资企业加工贸易占比的提高与1993年后外商投资的快速增长是同步的。而且，商务部和海关的有关数据进一步显示，1992年后，外资企业贸易额在对外贸易总额中的比重迅速提升，到2001年，外资企业进出口额、进口额和出口额占全国进出口额、进口额和出口额的比重都在50%以上，其中，外资企业出口额占比为50.1%，到2007年达到57%。外资企业在加工贸易和对外贸易中的高占比、加工贸易在对外贸易中的高比例表明，在这段时期，外资企业加工贸易占比的变化与对外贸易主体结构优化的趋势是一致的，外资企业是推动对外贸易发展的重要力量，外资政策、利用外资对对外贸易有重要促进。

在2007年以后，贸易方式结构的优化呈现出新的特征，各类贸易主体的贸易占比也发生了明显变化，民营企业在对外贸易中的作用迅速扩大，特别是2015年以来，民营企业出口占比一直居于首位，2018年，其出口占比进一步提升，达到48%。

从国有企业一统对外贸易天下，到外资企业独占半壁江山，再至民营企业连年保持出口第一大经营主体地位，多种所有制企业共同发展，这凸显了对外贸易经营主体的高度市场化，凸显了中国对外贸易改革的深化和对外贸易制度的重大变化，正是这种变化，使各类对外贸易经营主体能够发挥各自的优势，使新的发展动能不断集聚，使对外贸易具有持续发展的基础。

再从对外贸易战略演进的层面看，无论是对外贸易总体战略的发展，还是货物贸易战略与服务贸易战略的发展，都具有重要意义。其中，“大经贸”战略的提出和实施，标志着中国政府从重视货物贸易轻视服务贸易到二者兼重的转变，对对外贸易特别是对服务贸易的发展意义重大；以质取胜战略、科技兴贸战略的提出和实施，对进出口商品结构的优化和技术引进的发展意义重大；积极的进口促进战略的提出和实施，表明中国政府对于出口和进口的认识发生了重要变化，对进口贸易和出口贸易的协调发展意义重大；优进优出战略的提出和实施体现了新的发展理念，对提高传统优势产品竞争力，壮大装备制造等新的出口主导产业，大力发展服务贸易，积极扩大进口，推动对外贸易从大进大出向优进优出转变，推动出口由货物为主向货物、服务、技术、资本输出相结合转变，对巩固贸易大国地位，推进贸易强国进程意义重大。

三、新中国对外贸易制度变迁的意义

新中国对外贸易制度建立、调整、改革创新的建设历程，显现出新中国对外贸易制度变迁的轨迹。新中国对外贸易制度建设对中国对外贸易的促进、新中国对外贸易发展对中国社会经济发展和世界贸易及经济发展的贡献，蕴含着新中国对外贸易制度变迁在促进中国及世界的贸易、经济发展方面发挥的作用机制与传递路径。

从词义来看，“建立”有创立之意，指初次建立；“建设”多指创立新事业；“调整”是指为了适应新的情况所做的调配、整顿；“改革”则是指改掉事务中陈旧、不合理的部分，使之合理、完善，创新即创造革新；“变”指性质、状态或情形跟原来不同，迁指转变，因此“变迁”指事务的逐步变化或转移，是一个动态的过程。由此，结合新中国对外贸易制度建设的实际，对外贸易制度变迁应该包括新中国对外贸易制度建立、调整及改革创新的动态建设过程。其中，新中国对外贸易制度的建立是在从新民主主义向社会主义过渡的过程中逐步推进的。在这段时期内，中国从对外贸易管理机构建设、没收官僚资本的对外贸易企业、新建国营对外贸易企业、改造民族资本主义对外贸易企业、建设对外贸易法律法规等方面推动了对外贸易制度建设，并在 1956 年完成了对外贸易领域的私有制社会主义改造。随着社会主义公有制的全面确立，中国建立了全国统一的社会主义对外贸易制度。作为社会主义革命的重大成果，社会主义对外贸易制度的建立在根本上否定了旧中国的对外贸易制度，为新中国社会主义对外贸易的发展创新奠定了重要基础。

自社会主义对外贸易制度确立到 1978 年，中国根据社会主义建设的需要推进了对外贸易制度建设，工作重点主要包括对外贸易政策等方面的局部调整。在计划经济制度框架下的对外贸易制度调整，使高度集中的、内向型的对外贸易制度发生了一些局部改变，为对外贸易改革积累了宝贵的思想基础和实践经验。改革开放后，对外贸易改革经历了从政策性开放到制度性开放的过程。随着改革开放的深入，中国的对外贸易制度逐渐转向开放的、具有中国特色的自由贸易制度，这种转变使对外贸易制度在类型特征上发生了根本变化，但是，这种变化不是对社会主义制度的否定，而是社会主义制度自我完善的重要体现。整体而言，改革开放就是社会主义制度的自我完善。

因此，从历史的角度辩证地分析，新中国的对外贸易制度变迁就是在建立并不断完善社会主义制度的条件下逐步探索、建立、完善符合中国国情又与国际规则适度接轨的、更有效率的社会主义对外贸易制度的过程。在这个过程中，对外贸易制度的创新对中国对外贸易及社会经济的发展，对世界贸易及经济的发展，都发挥了极为重要的作用。

在作用机制与传递路径的层面，首先涉及制度对贸易的意义。根据制度经济学家的研究，制度在贸易发展和经济增长中具有重要作用。① 一些学者的进一步研究表明，制度安排对贸易模式、贸易规模以及贸易利益的分配均会产生较大的影响，并且在贸易促进经济增长中起到关键作用。② 具体分析，这种作用可以从多方面表现出来，比如，从比较优势的角度讲，在社会生产复杂程度逐渐提高的情况下，基本市场要素的配置、组合以及最终的生产效率，

---

① 道格拉斯·诺斯甚至提出了“制度启动贸易”的命题。

② 张海伟．制度与制度变迁对国际贸易的影响［M］．北京：中国社会科学出版社，2015：54．

都会在一定的制度框架下受到规范和约束，适宜的制度安排会在技术进步、生产要素积累等方面提供有效的保障，进而直接决定对外贸易的比较优势因素。可见，制度是影响比较优势形成的特殊要素，好的制度可以促进贸易的发生和发展，并通过贸易的发展促进相关经济体的经济增长，进而促进世界经济的发展。而制度发挥这种促进作用的条件，则是制度具有必需的效率，或者说，制度必须是适宜的。很显然，为了创造这种条件，推进制度变迁是有效的途径。通常情况下，制度变迁表现为效率更高的制度替代原制度的过程，也常被理解为一种更有效率的制度的产生过程①，中国的对外贸易制度变迁就是以适应新形势的更高效率的制度替代落后于形势的低效制度的动态过程，其中包括新制度的建立过程，也包括原有制度不断完善的过程。从实际效果来看，中国的对外贸易制度变迁不仅为比较优势的形成奠定了基础，还为竞争优势的培育创造了条件。

在制度创新相互联系的层面，由于对外贸易制度是经济制度的组成部分，对外贸易制度变迁是经济制度变迁的重要体现，因此，对外贸易制度的创新决定于经济制度环境，又丰富了经济制度创新的内容。同时，由于对外贸易涉及中国与不同国家和地区之间的制度协调，涉及中国对外贸易制度与国际制度体系的协调，这种制度协调促进了经济与贸易制度的趋同。尤其是在多边贸易体制和区域贸易协定的框架下，中国的制度体系需要与世贸组织的要求相一致，中国和世贸组织其他成员、和区域贸易安排中的其他经济体之间的制度体系需要有一致性。因此，中国对外贸易制度的改革、创新对多边贸易体制的发展和其他国家、地区的制度创新，都有积极影响，特别是在中国逐步从国际事务的旁观者转为全球治理的参与者、建设者、贡献者的情况下，以中国积极参与全球治理体系改革、强调维护世界贸易组织的权威性和有效性、确保多边贸易体制主渠道地位的立场，基于构建人类命运共同体的思想和继续发挥负责任大国作用的担当，这种影响会更加深远。

---

① 在百度百科中，“制度变迁”被解释为：新制度或新制度结构产生、替代或改变旧制度的动态过程。作为替代过程，制度变迁是一种效率更高的制度替代原制度；作为转换过程，制度变迁是一种更有效率的制度的产生过程。

在更广义的层面，对外贸易制度的改革创新对中国、对世界的作用，体现的是中国改革开放的非凡意义。在中国的重大历史关头，邓小平曾经指出：如果现在再不实行改革，我们的现代化事业和社会主义事业就会被葬送；在改革开放取得累累硕果的当今，习近平强调：改革开放是决定当代中国命运的关键一招。事实证明，“改革开放极大改变了中国的面貌、中华民族的面貌、中国人民的面貌、中国共产党的面貌，中华民族迎来了从站起来、富起来到强起来的伟大飞跃，中国特色社会主义迎来了从创立、发展到完善的伟大飞跃”①，“中国坚持打开国门搞建设，实现了从封闭半封闭到全方位开放的伟大历史转折，中国不断扩大对外开放，不仅发展了自己，也造福了世界”，所以，习近平进一步强调，“中国开放的大门不会关闭，只会越开越大，中国推动更高水平开放的脚步不会停滞，中国推动建设开放型世界经济的脚步不会停滞，中国推动构建人类命运共同体的脚步不会停滞”②。

从邓小平“不改革死路一条”的大声疾呼，到习近平“改革不停顿、开放不止步”的铮铮誓言，中国在困顿中踏上改革开放之路，又在接续奋斗中让这条伟大的道路不断向前。③ 如今，中国已经进入改革开放再出发的新时代，在改革行进深水区，发展进入关键期，国际政治经济格局深刻调整的背景下，回望过去，既可以获得实践中积累的宝贵经验，坚定迎难而上的信心，还有利于更好地把握未来的方向，促进改革开放的全面深化。

---

① 习近平. 在庆祝改革开放 40 周年大会上的讲话［EB/OL］.（2018-11-05）［2019-03-28］. http://www.xinhuanet.com/politics/leaders/2018-12/18/c_1123872025.htm.

② 习近平. 共建创新包容的开放型世界经济：在首届中国国际进口博览会开幕式上的主旨演讲［EB/OL］.（2018-11-05）［2019-03-28］. http://www.xinhuanet.com/politics/leaders/2018-11/05/c_1123664692.htm.

③ 人民日报评论员. 民族复兴必将在改革开放进程中实现：习近平总书记中外记者见面会讲话启示［EB/OL］.（2017-11-09）［2019-03-28］. http://news.12371.cn/2017/11/09/ARTI1510177055130796.shtml.

第三节　新中国对外贸易制度变迁研究主题

综观历史，新中国对外贸易制度的演进路径显示了制度变迁的一般特征，更呈现出鲜明的中国特色，这表明新中国对外贸易制度变迁研究主题不仅包含了制度变迁的共性探讨，更包含了突出的特殊性研究。共性探讨与特殊性研究的融合，决定了研究新中国对外贸易制度变迁的独特视角，并在其系统的研究对象中突显出中国特色，在共性与个性兼具的研究目标中显现出研究的重大意义。

一、独特的研究视角

为什么开展贸易、怎样开展贸易，这是贸易理论涉及的两大问题。其中，对第一个问题的回答涉及贸易利益分析，对第二个问题的回答则与贸易制度直接相关。在不同的历史时期，这两个问题的答案有所不同，由此显示出理论观点和政策主张的差异，这种差异既体现了理论的发展，也关系着实践中贸易制度的演进和贸易的发展，关系着理论指导实践的结果。实践的发展又为贸易利益分析和贸易制度研究提供了源源不断的新的认识对象，进而推动着贸易理论不断发展。理论发展和实践发展的相互促进表明，任何主题的研究都必须立足于客观实际，以正确的理论视角展开分析，这样才能保证研究的科学性。

就研究新中国对外贸易制度变迁而言，历史分析是必有的主题，这是制度变迁研究的共性所在。但是，新中国的对外贸易是社会主义性质的，这决定了新中国对外贸易制度变迁的社会制度基础和指导思想的特殊性，因此，简单的历史分析是不够的。

首先，作为社会主义的对外贸易制度，新中国对外贸易制度与社会主义制度的基本关系表现为：社会主义制度是新中国对外贸易制度产生、发展的制度基础和政治保障，新中国对外贸易制度变迁的历程蕴涵于中国社会主义制度的演进历程之中。因此，研究新中国对外贸易制度变迁必须基于中国社会主义制度发展完善的历史进程，在明晰中国社会主义制度发展完善对新中国对外贸易制度发展完善的决定作用，以及新中国对外贸易制度发展完善对中国社会主义制度发展完善的促进作用的条件下，从符合社会主义原则的理论视角逐层深入。

其次，新中国的社会主义制度是由政治、经济等领域的制度构成的有机体系。从经济制度的层面看，新中国对外贸易制度与社会主义制度的基本关系表现为：社会主义经济制度是新中国对外贸易制度的基础，新中国对外贸易制度变迁与社会主义经济制度演进一脉相连。在改革开放前，计划经济制度的建立发展决定了高度集中的对外贸易制度的建立与调整。改革开放以来，中国特色社会主义市场经济制度的建立和完善决定了中国特色自由贸易制度的形成与发展。所以，研究新中国对外贸易制度变迁必须依据中国社会主义经济制度的演进轨迹，从符合中国社会主义经济发展规律的理论视角逐层推进。

但是，从理论研究的实际情况来看，在关于新中国对外贸易制度变迁的众多文献中，以新中国对外贸易制度和社会主义制度基本关系为切入点的研究成果极少，这不利于揭示新中国对外贸易制度变迁在社会制度基础和指导思想方面的特殊性。

再以理论视角的不同来看，现有文献有多种类别，包括基于西方制度经济学、马克思主义、新中国党和国家领导人思想等方面的研究文献。

基于西方制度经济学的研究文献，主要包括依据新制度经济学展开研究等情形。客观评价，这样的研究视角有重要借鉴意义，特别是在揭示新中国对外贸易制度变迁所包含的制度变迁共性方面，西方制度经济学提供了理论参考和分析工具。但是，由于西方制度经济学的局限性，如新制度经济学存在的过分夸大制度的决定作用，偏重制度的功能分析，忽视制度的社会性、阶级性和政治性[①]等缺陷，降低了西方制度经济学在研究新中国对外贸易制度变迁方面的应用价值，尤其是在揭示新中国对外贸易制度变迁的特殊性方面，西方制度经济学具有先天不足。

基于马克思主义的研究文献，其理论视角——马克思主义的理论视角，是研究新中国对外贸易制度变迁必有的角度。在根本上，这是由马克思主义在中国革命和中国社会主义建设事业中的作用与地位决定的，是由马克思主义作为科学的世界观、方法论的理论特质决定的。具体就马克思主义的制度理论来讲，其方法论特征是以辩证法为基本方法，其方法论原则属于历史唯物主义和辩证法的方法论原则[②]。基于辩证的观点，马克思主义制度理论既重视生产力对生产关系、经济基础对上层建筑的决定作用，也重视生产关系对生产力、上层建筑对经济基础的反作用。在定义制度时，马克思主义的制度理论注重从内容的角度切入，并从性质和内容的层面对制度进行划分，进而认为制度是分层次的，而制度变迁，则包括不同社会制度之间的更替和同一社会制度自身的变化，也包括具体制度安排的变化。在分析制度变迁的动力和方式时，马克思主义的制度理论基于辩证的视角、科学的世界观，得出了生产力的发展，特别是其中的技术进步是制度变迁根本动力的结论，认为制度和制度变迁与经济增长的关系是辩证关系，而制度变迁的方式，则可以是量变的形式，也可以是质变的形式，但量的积累可以带来质的变化，从阶级斗争的角度讲，还可以分为暴力革命与和平改良两种方式。综上，马克思主义的制度变迁理论十分强调阶级分析，并在重视意识形态功能的同时兼重其内容。因此，应用马克思主义理论包括马克思主义的制度变迁理论研究新中国的对外贸易制度变迁，无论从共性探讨还是特殊性研究的角度讲，都有重要意义。

基于新中国党和国家领导人思想的文献，以依据毛泽东思想、邓小平理论等展开研究的成果居多，体现了马克思主义中国化的重要意义。作为马克

---

① 徐大伟. 新制度经济学［M］. 北京：清华大学出版社，2015：7-9.

② 刘小怡. 马克思主义和新制度主义制度变迁理论的比较与综合［J］. 南京师大学报（社会科学版），2007（1）：5-12.

思主义基本原理同中国具体实践相结合的产物，毛泽东思想是被实践证明了的关于中国革命和建设的正确的理论原则和经验总结，对计划经济时期对外贸易制度的演进极具解释力，邓小平理论是当代中国的马克思主义，是改革开放时期中国改革创新对外贸易制度的指导思想。邓小平理论以建设中国特色社会主义为主题，强调改革是社会主义制度的自我完善。在明辨制度和方法以及根本制度、基本制度和具体制度相互关系的基础上，邓小平理论揭示了坚持社会主义制度与推进改革创新的辩证统一性，为中国推动改革开放、推动对外贸易制度改革创新破除了思想束缚，指明了方向。应用邓小平理论研究新中国对外贸易制度变迁，对阐释对外贸易制度改革创新与中国特色社会主义制度发展完善的辩证关系，揭示中国特色自由贸易制度发展完善与中国特色社会主义市场经济制度建设的内在联系，意义重大。

从马克思主义到毛泽东思想，再到邓小平理论，这是马克思主义在中国传承与发展的结果，体现了马克思主义的发展开放性。随着中国改革开放实践的不断深入，随着实践经验的不断积累，中国共产党人在继承的基础上不断创新思想认识，形成了中国特色社会主义理论体系，即包括邓小平理论、“三个代表”重要思想以及科学发展观在内的科学理论体系。作为中国特色社会主义理论体系的重要组成部分，习近平新时代中国特色社会主义思想是马克思主义中国化的最新成果，是实现中华民族伟大复兴的行动指南。改革开放以来，中国“取得一切成绩和进步的根本原因，归结起来就是：开辟了中国特色社会主义道路，形成了中国特色社会主义理论体系，确立了中国特色社会主义制度，发展了中国特色社会主义文化”①。因此，要科学阐释新中国对外贸易制度变迁的内在规律，不仅要坚持马克思主义的理论视角，而且必须重视马克思主义与中国实践的结合，紧扣新中国对外贸易制度变迁的客观实际，应用毛泽东思想、邓小平理论、“三个代表”重要思想、科学发展观、习近平新时代中国特色社会主义思想，进行全面、系统、深刻的分析。

在更具体的层面，马克思主义、毛泽东思想、邓小平理论、“三个代表”

① 本书编写组. 十九大党章修正案学习问答［M］. 北京：党建读物出版社，2017：4.

重要思想、科学发展观、习近平新时代中国特色社会主义思想都包含了十分丰富的内涵，其中，与新中国对外贸易制度变迁联系最为直接的，是关于贸易的理论思想，如马克思的国际分工与国际价值理论，毛泽东的统制贸易思想，等等。改革开放后，在从邓小平理论、“三个代表”重要思想、科学发展观到习近平新时代中国特色社会主义思想的发展、创新历程中，中国形成了独具特色的对外贸易思想。作为改革开放不同时期中国改革、发展对外贸易的思想和经验的积淀，这些对外贸易思想不仅可以科学诠释改革开放时期中国对外贸易制度的演进规律，而且关系着中国在改革开放新时期全面深化对外贸易改革，推动对外经济贸易协调、持续发展的基本方略。因此，在研究新中国对外贸易制度变迁时，除了在一般原理层面应用马克思主义、毛泽东思想、邓小平理论、“三个代表”重要思想、科学发展观和习近平新时代中国特色社会主义思想，更要依据马克思主义的国际贸易理论、毛泽东的对外贸易思想、中国特色的对外贸易思想，具体分析新中国的对外贸易制度演进，探索中国特色社会主义自由贸易制度的基本架构和发展方向。

二、系统的研究对象

基于社会主义制度的体系特征，基于根本制度、基本制度和具体制度的相互关系，研究新中国的对外贸易制度变迁，必须正确把握研究对象的系统性。

在现有的相关研究成果中，以对外贸易体制演进为主题的文献较多，也有不少以对外贸易战略演进、对外贸易政策改革、对外贸易法律法规建设等论题为中心的研究成果。这类文献对不同层面对外贸易制度演进情况的专门探究，为深入分析对外贸易的体制、战略、政策、法律法规的变迁奠定了重要基础，但对系统把握对外贸易制度变迁却存在不足。

在概念界定上，普遍的观点认为，对外贸易体制主要指对外贸易的组织形式、机构设置及管理权限、经营分工和利益分配方面的制度安排，对外贸易战略是关于对外贸易发展的全局性、长期性、根本性的构想和规划，是经济发展战略在对外贸易领域的体现，对外贸易政策是管理对外贸易的原则、手段和措施，对外贸易法律制度是管理对外贸易的法律规范的总称。从这些概念的内涵可以看出，对外贸易战略、对外贸易体制、对外贸易政策、对外贸易法律制度是对外贸易制度从总体到具体的表现形式，体现了对外贸易目标与其实现途径和实现手段的关系。比较而言，对外贸易战略更具总体性特征，它规定了对外贸易发展的方向和目标。对外贸易体制是对外贸易战略得以实施的重要载体，它主要通过决策机制、信息机制和动力机制使对外贸易战略目标得以实现。对外贸易政策是对外贸易战略和对外贸易体制实现结合的保证。作为实现对外贸易战略的手段，对外贸易政策需要随对外贸易战略的调整而调整，对外贸易战略体现着对外贸易政策变化的总体趋势。同时，对外贸易政策受对外贸易体制的约束，在对外贸易体制发生变化时，对外贸易政策也将随之调整。在法治经济条件下，对外贸易政策包含了法律手段，但法律法规又是制定对外贸易政策的依据。就对外贸易法律制度而言，作为对外贸易总政策的集中体现，它规定了对外贸易制度的基本架构。在《中华人民共和国对外贸易法》（以下简称《对外贸易法》）中，总则第四条明确规定：国家实行统一的对外贸易制度，鼓励发展对外贸易，维护公平、自由的对外贸易秩序。

对外贸易战略、对外贸易体制、对外贸易政策、对外贸易法律制度的基本关系，表明了对外贸易制度的体系和层次结构，即对外贸易战略、对外贸易体制、对外贸易法律制度、对外贸易政策相互联系，构成了对外贸易制度的基本体系，并显示出从总体到具体的层次关系，进而构成了关于新中国对外贸易制度变迁的系统的研究对象。按照“对外贸易战略——→对外贸易体制——→对外贸易法律制度——→对外贸易政策”顺序递进，并依据对外贸易包括的货物进出口、技术进出口和国际服务贸易的客观实际，在政策研究的层面具体分为货物贸易管理制度演进、货物贸易促进制度演进及服务贸易制度演进、技术贸易制度演进，这样逐层分析，既可以充分反映新中国对外贸易战略、体制、法律制度和政策演进的情况，又符合新中国对外贸易制度的结构特征，有利于充分展示中国特色的对外贸易制度自由化、便利化演进趋势。

此外，由于对外贸易制度改革和与贸易有关的投资措施、知识产权保护等领域的密切联系，特别是基于对外贸易与引进外资和对外直接投资协调发展的制度要求，基于知识产权保护的重要性，对外贸易制度变迁与引进外资及对外直接投资制度的演进紧密联系，与知识产权制度演进互相交集，因此，将引进外资制度、对外直接投资制度和知识产权制度的演进融入研究主题，这也是研究对象系统性的重要体现。

从实践情况来看，实验、试点在中国对外贸易制度改革创新的历程中一直占有重要地位。改革开放初期，以对外贸易体制改革为先锋，以经济特区为试验田，通过在对外贸易领域实施一系列特殊政策和灵活措施，在引进外资方面推行一系列改革试点，中国推动了对外经济贸易领域的先行改革，并在对外贸易改革与外商投资的法律制度、配套政策建设相互促进的同时，由对外经济贸易的制度建设推动了财税、金融、收入分配及所有制、宏观经济管理等领域的变革。在改革开放全面深化的背景下，自由贸易实验区培育了一大批贸易投资自由化、便利化的制度创新成果，同时还承担着服务“一带一路”建设和自由贸易区战略的重大任务。根据《国务院关于加快实施自由贸易区战略的若干意见》（以下简称《意见》），上海等自由贸易试验区是中国主动适应经济发展新趋势和国际经贸规则新变化、以开放促改革促发展的试验田，可把对外自由贸易区谈判中具有共性的难点、焦点问题，在上海等自由贸易试验区内先行先试，通过在局部地区进行压力测试，积累防控和化解风险的经验，探索最佳开放模式，为对外谈判提供实践依据。[①] 根据中共十九大报告精神，自由贸易实验区建设是推动形成全面开放新格局的重要内涵。为了优化对外开放的区域布局，中共十九大报告提出，要赋予自由贸易实验区更大的改革自主权，同时要探索建设自由贸易港。可见，从经济特区到自由贸易实验区及自由贸易港的探索，中国的特殊经济功能区诠释着改革开放不同时期中国对外经济与贸易制度变迁的演绎逻辑，新中国特殊经济功能区

① 国务院关于加快实施自由贸易区战略的若干意见［EB/OL］.（2015－12－17）［2019－03－28］. http://www.gov.cn/zhengce/content/2015-12/17/ content_10424.htm.

的贸易投资制度演进，是新中国对外贸易制度变迁研究主题的重要组成部分。

在前述基础上，沿着“一带一路”建设和加快实施自由贸易区战略的方向进一步分析，可以深悉中国在优化对外开放区域布局、深入推进贸易投资自由化便利化方面的理念和思维创新。一方面，作为中国扩大对外开放的重大举措和经济外交的顶层设计，“一带一路”建设标志着“我们党的开放理论实现了从指导中国开放到推动世界各国共同开放的伟大历史转变”①。随着“一带一路”建设加快推进，中国中西部地区逐步从开放末梢走向开放前沿②，中国在形成陆海内外联动、东西双向互济的开放格局方面取得了重要进步，同时为破解全球发展难题贡献了中国的智慧和方案，为探索全球经济治理新模式、构建人类命运共同体提供了新的平台。另一方面，作为中国的国家战略，自由贸易区战略的加快实施既是中国“适应经济全球化新趋势的客观要求”，也是中国“积极参与国际经贸规则制定、争取全球经济治理制度性权利的重要平台”③。根据《意见》精神，加快实施自由贸易区战略要坚持与推进共建“一带一路”和国家对外战略紧密衔接，坚持把握开放主动和维护国家安全，逐步构筑起立足周边、辐射“一带一路”、面向全球的高标准自由贸易区网络；要树立正确的义利观，兼顾各方利益和关切，考虑发展中经济体和最不发达经济体的实际情况，寻求利益契合点和合作公约数，努力构建互利共赢的自由贸易区网络。可见，加快实施自由贸易区战略体现了中国维护、拓展自我发展的需要，也体现了中国发挥负责任大国作用的立场和原则，体现了中国积极参与区域贸易安排、推动经济全球化的决心。

作为驱动经济全球化向前发展的另一个轮子，多边贸易体制在推动贸易自由化、建设开放型世界经济方面具有不可替代的作用。从中国对外贸易制度的自由化进程来看，复关、入世及遵循世界贸易组织规则，是促进中国对

---

① 高虎城. 积极促进“一带一路”国际合作［M］//本书编写组. 党的十九大报告辅导读本. 北京：人民出版社，2017：407.

② 汪洋. 推动形成全面开放新格局［M］//本书编写组. 党的十九大报告辅导读本. 北京：人民出版社，2017：59.

③ 习近平. 习近平谈治国理政（第二卷）［M］. 北京：外文出版社，2017：100.

外贸易自由化便利化的重要因素，同时，中国坚定支持多边贸易体制、维护世界贸易组织主渠道地位的立场和作为，对完善多边贸易规则、推动全球经济治理体系改革也发挥了重要作用。除此之外，参与其他国际组织合作也是中国参与全球经济治理的重要形式，尤其是中国在完善全球治理体系、构建人类命运共同体等方面的主动作为，不仅对建设富强美丽的中国意义非凡，对“建设持久和平、普遍安全、共同繁荣、开放包容、清洁美丽的世界”也意义重大。

因此，从参与国际组织合作、加快实施自由贸易区战略、推进“一带一路”建设等方面研究新中国参与全球经贸治理的情况及其对贸易投资制度演进与发展的作用，是系统研究新中国对外贸易制度变迁的需要，是客观展示中国对全球治理体系改革的立场与贡献的需要，也是推动世界和平发展的需要。

三、研究目标

在历史分析的基础上，对制度变迁做效应分析，并针对未来的制度建设提出建议，这是制度变迁类研究主题常有的落脚点，也是研究新中国对外贸易制度变迁的重要目标。

具体而言，研究新中国对外贸易制度变迁的目的在于：以中国社会主义制度为纲，中国社会主义经济制度建设为主线，循着建立与调整计划经济制度、探索与建设社会主义有计划商品经济制度、建立与完善社会主义市场经济制度的轨迹，按照“制度基础——→理论依据——→战略转型——→体制改革——→法律建设——→政策创新”的内在逻辑，在分析新中国对外贸易制度变迁与社会主义制度及社会主义经济制度建设基本关系的基础上，梳理中国特色对外贸易思想的演进历程和发展创新，确立分析新中国对外贸易制度变迁的理论依据，并在有机融合全面提高开放经济水平、构建开放型经济新体制等内容的基础上，探讨中国特色对外贸易战略和对外贸易体制机制的基本属性，研究中国在对外贸易法律制度及货物贸易、服务贸易、技术贸易、国际投资等领域的制度建设和依托特殊经济功能区的贸易投资制度创新，依据主动参与、推动经济全球化进程的精神实质，从国际组织合作、自由贸易区战略、“一带一路”倡议等视角分析新中国参与全球经贸治理的情况及其对贸易投资制度演进的作用，分析中国在推动全球治理体系改革、构建人类命运共同体方面的主张，总结对外贸易制度改革创新的成果，分析其效应，探寻新时代中国创新对外贸易制度、推动形成全面开放新格局、实现在全球经济治理中的地位转变，由贸易大国转为贸易强国的路径。基于这样的研究目标，可以从根本制度、基本制度和具体制度以及内因和外因、推动中国发展和世界进步的层面，剖析新中国对外贸易制度的演进规律和贡献，从而在实践和理论层面体现出研究的特殊意义。

首先，从实践层面来看，系统研究新中国对外贸易制度变迁，不仅可以为中国在新的时代背景下创新对外贸易制度，促进对外经济贸易持续发展提供历史经验的借鉴和有价值的建议，进而为中国持续推进社会经济发展、实现中华民族伟大复兴的中国梦助力，也可以为世界其他国家和地区尤其是为发展中国家提供经验借鉴，为推动国际经贸规则和治理体系改革提供中国经验，因此对国际合作和世界经济贸易的发展有积极意义。

其次，在理论层面，基于中国特色的社会主义制度体系，重点从马克思列宁主义、毛泽东思想、邓小平理论、“三个代表”重要思想、科学发展观、习近平新时代中国特色社会主义思想的理论视角展开分析，有利于探索中国对外贸易制度变迁所蕴含的理论思想及中国特色对外贸易思想的发展轨迹和创新成果，为研究、构建中国特色对外贸易理论体系提供文献参考，为研究、发展马克思主义制度理论提供文献借鉴，为研究、发展国际贸易理论，特别是为发展中国家发展对外贸易理论提供理论借鉴。

整体而论，基于独特的研究视角、系统的研究内容，兼具共性与特殊性的研究目标，对新中国对外贸易制度变迁展开全面、深入的研究，可以彰显中国特色社会主义道路、理论、制度、文化对中国、对世界的重大意义，彰显中国特色社会主义的道路自信、理论自信、制度自信和文化自信的伟大意义。

本章参考文献

陈维，2000. 制度的成本约束功能［M］. 上海：上海社会科学院出版社.

程虹，2000. 制度变迁的周期［M］. 北京：人民出版社.

邓敏，顾磊，2016. 中国对外贸易概论［M］. 成都：西南财经大学出版社.

丁冰，2006. 我国利用外资和对外贸易问题研究［M］. 北京：中国经济出版社.

傅自应，2008. 中国对外贸易三十年［M］. 北京：中国财政经济出版社.

高虎城，2017. 积极促进“一带一路”国际合作［M］//本书编写组. 党的十九大报告辅导读本. 北京：人民出版社.

康芒斯，1962. 制度经济学［M］. 北京：商务印书馆.

李媛，张弛，2005. WTO 框架下中国国际贸易制度调整与重构［M］. 沈阳：东北大学出版社.

刘小怡，2007. 马克思主义和新制度主义制度变迁理论的比较与综合［J］. 南京师大学报（社会科学版）（1）：5-12.

诺思，2000. 经济史中的结构与变迁［M］. 上海：上海三联书店，上海人民出版社.

裴长洪，2009. 共和国对外贸易 60 年［M］. 北京：人民出版社.

商务部新闻办公室，（2019-01-22）［2019-03-20］.【2018 年商务工作年终综述之二十】进出口规模创历史新高 外贸高质量发展取得积极成效［EB/OL］. http://www.mofcom.gov.cn/article/ae/ai/201901/20190102829079.shtml.

沈玉良，2003. 多边贸易体制与我国经济制度变迁［M］. 上海：上海社会科学院出版社.

石广生，2013. 中国对外经济贸易改革和发展史［M］. 北京：人民出版社.

孙玉琴，2005. 中国对外贸易体制改革的效应：贸易制度创新与贸易增长、经济增长研究［M］. 北京：对外经济贸易大学出版社.

汪洋，2017. 推动形成全面开放新格局［M］//本书编写组. 党的十九大报告辅导读本. 北京：人民出版社.

习近平，2017. 习近平谈治国理政：第二卷［M］. 北京：外文出版社.

徐大伟，2015. 新制度经济学［M］. 北京：清华大学出版社.

涂红，2006. 发展中大国的贸易自由化、制度变迁与经济发展［M］. 北京：中国财政经济出版社.

张海伟，2015. 制度与制度变迁对国际贸易的影响［M］. 北京：中国社会科学出版社.

张生玲，张丽平，2008. 我国外贸体制改革三十年理论回顾［J］. 国际贸易（7）：4-10.

第二章
新中国对外贸易制度变迁与社会主义制度的确立和自我完善

新中国的对外贸易制度是社会主义的对外贸易制度，它的建立、调整和改革创新与社会主义基本制度在中国的确立及中国特色社会主义制度的形成、完善密不可分。在根本上，新中国的对外贸易制度是社会主义制度体系的组成部分，是社会主义经济制度在对外贸易领域的具体化。

第一节　中国社会主义制度的确立和自我完善

以中共十一届三中全会为历史分期点，中国的社会主义建设可以分为改革开放前和改革开放后两个时期。“这是两个相互联系又有重大区别的时期，但本质上都是我们党领导人民进行社会主义建设的实践探索。”① 在改革开放前的实践探索中，中国确立了社会主义基本制度，推动了社会主义建设，由此为改革开放后的社会主义实践探索积累了条件。改革开放后，中国开辟了中国特色社会主义道路，确立了中国特色社会主义制度，持续推进了中国特色社会主义制度的自我完善。

一、社会主义基本制度的确立及社会主义建设的实践探索

社会主义基本制度的确立及中国社会主义建设的实践探索经历了曲折的过程。在这段历史中，中国共产党领导中国人民建立了人民民主政权，开启了建设社会主义新中国的篇章。

在新中国成立前夕，毛泽东在《论人民民主专政》等著作中提出了人民民主专政概念，论述了新民主主义的国家制度，设计了未来中国的社会制度框架，为中国确立社会主义基本制度奠定了基础。1949 年 9 月，中国人民政治协商会议第一届全体会议通过了《中国人民政治协商会议共同纲领》（以下简称《共同纲领》）。《共同纲领》从法律的意义上明确规定了新中国的国体、政体、经济政策等。根据有关规定，中华人民共和国是新民主主义即人民民主主义的国家，实行工人阶级领导的、以工农联盟为基础的、团结各民主阶级和国内各民族的人民民主专政。

① 中共中央宣传部. 习近平新时代中国特色社会主义思想三十讲［M］. 北京：学习出版社，2018：19.

1949年10月1日，中华人民共和国成立，标志着中国已经成为一个具有独立主权的民主主义国家。新中国成立后，以毛泽东为主要代表的中国共产党人带领全党和全国各族人民，在迅速医治战争创伤、恢复国民经济的基础上，创造性地提出了过渡时期总路线，实行了工业化建设和社会主义改造。

1954年，中国制定了《中华人民共和国宪法》（以下简称1954年《宪法》）。作为新中国的第一部宪法，1954年《宪法》奠定了新中国宪政的基础和制度体系，标志着新中国社会主义根本政治制度的正式确立。1954年《宪法》规定：中华人民共和国是工人阶级领导的、以工农联盟为基础的人民民主国家，中华人民共和国的一切权力属于人民，人民行使权力的机关是全国人民代表大会和地方各级人民代表大会，中华人民共和国全国人民代表大会是最高国家权力机关。

1956年年初，在社会主义改造不断取得胜利的情况下，中共中央开始把党和国家的工作重点转向社会主义建设。1956年2月，苏联共产党召开了二十大，赫鲁晓夫在秘密报告中罗列了斯大林的一系列错误，从根本上全盘否定斯大林，西方资本主义国家趁机掀起反苏、反共、反社会主义的浪潮。与此同时，东欧一些社会主义国家长期照搬苏联模式引起的问题逐渐暴露，中国也在实践中察觉了苏联模式的局限。

面对国内形势和国际形势的变化，中国共产党人围绕汲取苏联的经验教训，对走适合中国国情的社会主义建设道路进行了一系列探索。1956年4月和5月，毛泽东先后在政治局扩大会议和最高国务会议上作了《论十大关系》的报告。在报告中，毛泽东阐述了重工业和轻工业、农业的关系，沿海工业和内地工业的关系，经济建设和国防建设的关系，国家、生产单位和生产者个人的关系，中央和地方的关系，汉族和少数民族的关系，党和非党的关系，革命和反革命的关系，是非关系，中国和外国的关系。在分析这十大关系的过程中，毛泽东总结了中国社会主义革命和社会主义建设中的经验教训，总结了苏联在建设社会主义过程中暴露出的缺点和错误，比较了中国和苏联及一些东欧国家在处理重工业和轻工业、农业关系方面的情况，分析了一些东欧国家片面强调重工业忽视农业和轻工业所产生的问题。在分析国家、生产单位和生产者个人的关系时，毛泽东强调必须兼顾国家、集体和个人三个方面。在分析中央和地方的关系时，毛泽东指出，应当在巩固中央统一领导的前提下，扩大一点地方的权力，给地方更多的独立性。在分析中国和外国的关系时，毛泽东讲：有人以为社会主义就了不起，一点缺点也没有了。哪有这个事？应当承认，总是有优点和缺点这两点。我们的方针是，一切民族、一切国家的长处都要学，但是，“必须有分析有批判地学，不能盲目地学，不能一切照抄，机械搬用”，“对于苏联和其他社会主义国家的经验，也应当采取这样的态度”。①同时，毛泽东强调：我们要学的是属于普遍真理的东西，并且学习一定要与中国实际相结合。毛泽东的这些论述，既包含了处理十大关系的原则和方法，体现了毛泽东对社会主义建设实践中的矛盾的认识，也包含了完善社会主义的必要性，体现了以适合中国国情的道路建设社会主义的重要性。总体而论，《论十大关系》提出的一系列重要思想和原则，是中国共产党把马克思主义普遍原理同中国社会主义革命和建设的具体实践相结合的结果，是探索中国自己的社会主义建设道路的初步成果，是指导社会主义建设的重要理论之一，为随后召开的中共八大制定中国社会主义建设的路线方针政策提供了理论基础。②

1956 年 9 月，中共八大作出了社会主义的社会制度在中国已经基本建立的重大判断，同时分析了中国阶级关系和主要矛盾的变化，明确指出中国的无产阶级同资产阶级之间的矛盾已经基本解决，中国的主要矛盾“已经是人民对于建立先进的工业国的要求同落后的农业国的现实之间的矛盾，已经是人民对于经济文化迅速发展的需要同当前经济文化不能满足人民需要的状况之间的矛盾”，这一矛盾的实质，在中国社会主义制度已经建立的情况下，“也就是先进的社会主义制度同落后的社会生产力之间的矛盾”，因此，“党和全国人民当前的主要任务，就是集中力量来解决这个矛盾”③，就是保护和发

① 中共中央文献研究室. 毛泽东文集：第七卷［M］. 北京：人民出版社，1999：41.

② 郭大钧. 中国当代史［M］. 北京：北京师范大学出版社，2007：68.

③ 中共中央文献研究室. 建国以来重要文献选编（第九册）［G］. 北京：中央文献出版社，1994：341-342.

展生产力。基于这样的认识和判断，大会制定了一系列方针政策，为中国探索自己的社会主义建设道路奠定了基础。

中共八大之后，中国在继续探索社会主义建设道路的同时加强了对国际国内新情况、新问题的探究。1957 年 6 月 19 日，毛泽东在《人民日报》发表了《关于正确处理人民内部矛盾的问题》，明确指出社会主义社会的基本矛盾仍然是生产关系和生产力之间的矛盾，上层建筑和经济基础之间的矛盾，但社会主义社会的矛盾同旧社会的矛盾，例如同资本主义社会的矛盾，是根本不相同的，资本主义社会的矛盾表现为剧烈的对抗和冲突，表现为剧烈的阶级斗争，那种矛盾不可能由资本主义制度本身来解决，只有社会主义革命才能加以解决，而社会主义社会的矛盾不是对抗性的，它可以经过社会主义制度本身，不断地得到解决。

《关于正确处理人民内部矛盾的问题》是毛泽东在社会主义建设时期的一篇十分重要的理论著作，它在创立社会主义社会矛盾学说方面具有重大意义。毛泽东关于社会主义社会矛盾可以经过社会主义制度本身不断得到解决的思想，为分析社会主义制度自我完善的可行性奠定了理论基础。

伴随着道路的探索、理论的发展，中国在 1957—1966 年全面建设社会主义的历史时期对社会主义的体制机制做了一些变革和调整。但是，总体上讲，中国在这段时期的社会主义制度依然具有突出的“苏联模式”特征。随后，在“文化大革命”期间，中国的社会主义建设事业处于畸形发展状态，中国的经济体制、政治体制、社会体制等制度建设受到了极大破坏。

综观改革开放前中国社会主义革命和社会主义建设的历史，尽管在探索过程中经历了严重曲折，“但党在社会主义建设中取得的独创性理论成果和巨大成就，为新的历史时期开创中国特色社会主义提供了宝贵经验、理论准备、物质基础”①。中共十九大报告指出：“我们党团结带领人民完成社会主义革命，确立社会主义基本制度，推进社会主义建设，完成了中华民族有史以来

① 胡锦涛. 坚定不移沿着中国特色社会主义道路前进 为全面建成小康社会而奋斗——在中国共产党第十八次全国代表大会上的报告［R/OL］.（2012-11-18）［2019-03-29］. http://cpc.people.com.cn/n/2012/1118/c64094-19612151-2.html.

最为广泛而深刻的社会变革，为当代中国一切发展进步奠定了根本政治前提和制度基础，实现了中华民族由近代不断衰落到根本扭转命运、持续走向繁荣富强的伟大飞跃。”

二、中国特色社会主义制度的形成

1978 年 12 月 18 日，中国共产党召开了十一届三中全会。中共十一届三中全会重新确立了马克思主义的思想路线、政治路线和组织路线，是中国改革开放的历史起点，也是中国特色社会主义制度形成的历史起点。

1982 年 9 月，中国共产党召开了中共十二次全国代表大会，邓小平在大会开幕词中第一次提出了“建设有中国特色社会主义”这一科学命题。邓小平指出：“我们的现代化建设，必须从中国的实际出发”，“把马克思主义的普遍真理同中国的具体实际结合起来，走自己的道路，建设有中国特色的社会主义”。邓小平的科学论断，为中国特色社会主义制度建设作了重要的理论准备。此后，中国的社会主义正式定名为“中国特色社会主义”，中国社会主义建设的道路正式定名为“中国特色社会主义道路”。

随着对“什么是社会主义”“如何建设社会主义”认识的不断加深，以邓小平为核心的中国共产党第二代中央领导集体深刻揭示了社会主义的本质，科学回答了建设中国特色社会主义的一系列基本问题，有力地推动了改革和开放，在社会主义商品经济制度建设及社会主义民主和法制建设等方面取得了重大成效。在实践和理论发展的基础上，中共十三大系统阐述了社会主义初级阶段理论，明确指出马克思主义与中国实践的结合，有两次历史性飞跃，第一次飞跃发生在新民主主义革命时期，中国共产党人经过反复探索，找到了有中国特色的革命道路，第二次飞跃发生在中共十一届三中全会以后，中国共产党人在总结新中国 30 多年社会主义建设中正反两方面经验、研究国际经验和世界形势的基础上，开始找到了一条建设有中国特色社会主义的道路。

中共十三大以后，社会主义在世界范围内遭遇了严重的危机。东欧的剧变、苏联的解体，以及中国在改革开放中遇到的新的困难，都表明社会主义面临着空前挑战。在世界社会主义出现严重曲折的形势下，以江泽民为核心的中国共产党第三代中央领导集体捍卫了中国特色社会主义，确立了社会主义市场经济体制的改革目标和基本框架，提出要坚持和完善社会主义的基本政治制度，坚持和完善社会主义公有制为主体、多种所有制经济共同发展的基本经济制度，坚持和完善按劳分配为主体、多种分配方式并存的分配制度，进而确立了社会主义初级阶段的基本经济制度和分配制度，开创了全面改革开放的新局面，成功地把中国特色社会主义推向了21世纪。①

2002年，中共十六大报告做出了社会主义市场经济体制初步建立、民主法制建设继续推进、政治体制改革迈出新步伐等重要判断，同时围绕全面建设小康社会部署了经济体制改革、政治体制改革和文化体制改革，强调政治体制改革是社会主义政治制度的自我完善和发展，推进政治体制改革要有利于增强党和国家的活力，发挥社会主义制度的特点和优势。

中共十六大以后，中央领导集体顺应新的形势，用新的思想观点回答了什么是社会主义、怎样建设社会主义这个基本问题，强调以人为本、全面协调可持续发展，提出构建社会主义和谐社会，加快生态文明建设，建立社会主义核心价值体系，正确认识和处理中国特色社会主义事业中的重大关系，努力实现科学发展、和平发展、和谐发展，成功地在新的历史起点上坚持和发展了中国特色社会主义。

伴随着中国特色社会主义理论体系的丰富与发展，人民代表大会制度、中国共产党领导的多党合作和政治协商制度、民族区域自治制度不断完善，中国特色社会主义法律体系建设不断推进，市场经济体制及其他方面体制机制改革不断深入。以此为标志，中国特色社会主义制度日趋成型。2011年3月，时任全国人大常委会委员长吴邦国宣布，中国社会主义法律体系已经形成。同年7月，胡锦涛在庆祝中国共产党成立90周年大会的讲话中首次使用了中国特色社会主义制度这个概念，同时明确指出：经过90年的奋斗、创

---

① 侯远长. 中国特色社会主义制度形成确立的历史考察［J］. 中国浦东干部学院学报，2013（1）：27-33.

造、积累，党和人民必须倍加珍惜、长期坚持、不断发展的成就是——开辟了中国特色社会主义道路，形成了中国特色社会主义理论体系，确立了中国特色社会主义制度。在此基础上，胡锦涛第一次提出了中国特色社会主义制度的特点和优势。胡锦涛指出："中国特色社会主义制度，是当代中国发展进步的根本制度保障，集中体现了中国特色社会主义的特点和优势。"2012 年，中共十八大报告进一步强调：中国特色社会主义道路，中国特色社会主义理论体系，中国特色社会主义制度，是党和人民九十多年奋斗、创造、积累的根本成就，必须倍加珍惜、始终坚持、不断发展。在此基础上，中共十八大报告阐释了中国特色社会主义道路、中国特色社会主义制度的内涵，同时指出：中国特色社会主义道路是实现途径，中国特色社会主义理论体系是行动指南，中国特色社会主义制度是根本保障，三者统一于中国特色社会主义伟大实践，这是党领导人民在建设社会主义长期实践中形成的最鲜明特色。中共十八大报告的有关论述，标志着中国特色社会主义制度的确立。

三、中国特色社会主义制度的自我完善

（一）中国特色社会主义制度的内涵

中共十八大报告指出：中国特色社会主义制度，就是人民代表大会制度的根本政治制度，中国共产党领导的多党合作和政治协商制度、民族区域自治制度以及基层群众自治制度等基本政治制度，中国特色社会主义法律体系，公有制为主体、多种所有制经济共同发展的基本经济制度，以及建立在这些制度基础上的经济体制、政治体制、文化体制、社会体制等各项具体制度。可见，中国特色社会主义制度是包括政治、经济、文化、社会等各领域制度的内容丰富且科学严密的制度体系。这个制度体系的核心是人民当家做主，围绕人民当家做主，中国特色社会主义制度体系的各层次制度在不同层面发挥不同的功能和作用。

1. 根本政治制度和基本政治制度

根本政治制度是一国社会制度体系的基础、核心和主要标志，体现了制

度体系的本质。作为中国的根本政治制度，人民代表大会制度是中国人民民主专政的政权组织形式，是中国特色社会主义制度的根本，是人民当家做主的最高实现形式。《中华人民共和国宪法》[①]（以下简称《宪法》）规定：中华人民共和国是工人阶级领导的、以工农联盟为基础的人民民主专政的社会主义国家，中华人民共和国的一切权力属于人民，人民行使国家权力的机关是全国人民代表大会和地方各级人民代表大会，全国人民代表大会和地方各级人民代表大会由民主选举产生，对人民负责，受人民监督。

中国的基本政治制度体现为中国共产党领导的多党合作和政治协商制度、民族区域自治制度及基层群众自治制度，它在中国特色社会主义制度体系中处于基础地位，是发展社会主义民主政治的制度保障，对中国社会经济发展有重要意义。

2. 中国特色社会主义法律体系

中国特色社会主义法律体系是以《宪法》为统帅，以法律为主干，以行政法规、地方性法规为重要组成部分，由《宪法》相关法、民法、商法、行政法、经济法、社会法、刑法、诉讼与非诉讼程序法等组成的有机统一的整体。中国特色社会主义法律体系体现了中国特色社会主义制度的本质要求，是人民当家做主和依法治国的法制保障。《宪法》规定：人民依照法律规定，通过各种途径和形式，管理国家事务，管理经济和文化事业，管理社会事务；中华人民共和国实行依法治国，建设社会主义法治国家。

3. 基本经济制度

基本经济制度主要表现为一国根据其社会性质和基本国情对所有制做出的安排。《宪法》规定：中华人民共和国的社会主义经济制度的基础是生产资

---

① 《中华人民共和国宪法》于1982年12月4日由第五届全国人民代表大会第五次会议通过，由全国人民代表大会公告公布施行，根据1988年4月12日第七届全国人民代表大会第一次会议通过的《中华人民共和国宪法修正案》、1993年3月29日第八届全国人民代表大会第一次会议通过的《中华人民共和国宪法修正案》、1999年3月15日第九届全国人民代表大会第二次会议通过的《中华人民共和国宪法修正案》、2004年3月14日第十届全国人民代表大会第二次会议通过的《中华人民共和国宪法修正案》和2018年3月11日第十三届全国人民代表大会第一次会议通过的《中华人民共和国宪法修正案》修正。

料的社会主义公有制，即全民所有制和劳动群众集体所有制，社会主义公有制消灭人剥削人的制度，实行各尽所能、按劳分配的原则；国家在社会主义初级阶段，坚持公有制为主体、多种所有制经济共同发展的基本经济制度，坚持按劳分配为主体、多种分配方式并存的分配制度。公有制为主体、多种所有制经济共同发展的基本经济制度，是中国特色社会主义制度的重要组成部分，也是完善社会主义市场经济体制的必然要求。①

4. 各项具体制度

中国特色社会主义制度包括的经济体制、政治体制、文化体制、社会体制等各项具体制度是根本政治制度和各项基本制度的具体化，体现了实现各项基本制度的体制和机制。这些体制和机制的科学性及其积极作用的发挥，关系着人民当家做主的具体形式，是中国特色社会主义制度得以完善和发展的关键。

根本制度、基本制度和具体制度体现了中国特色社会主义制度体系的本质、层次和各层次制度之间相互联系、相互协调、不可分割、不可替代的关系，是社会主义中国特色的重要表现。习近平指出：中国特色社会主义制度，坚持把根本政治制度、基本政治制度同基本经济制度以及各方面体制机制等具体制度有机结合起来，坚持把国家层面民主制度同基层民主制度有机结合起来，坚持把党的领导、人民当家做主、依法治国有机结合起来，既坚持了社会主义的根本性质，又借鉴了古今中外制度建设的有益成果，集中体现了中国特色社会主义的特点和优势，是中国发展进步的根本制度保障。②

（二）中国特色社会主义制度自我完善的实质与内容

中国特色社会主义制度的自我完善是根本制度、基本制度、具体制度等各领域、各层次制度在社会主义条件下的发展，其实质是社会主义制度符合客观规律的自我扬弃。这种自我扬弃包含了原则、动因、目标、手段、形式

---

① 习近平. 在民营企业座谈会上的讲话［EB/OL］.（2018-11-01）［2019-06-25］. http://www.gov.cn/xinwen/2018-11/01/content_5336616.htm.

② 中共中央宣传部. 习近平总书记系列重要讲话读本［G］. 北京：学习出版社、人民出版社，2014：12-13.

与内容的有机统一。

中国特色社会主义制度的自我完善体现了社会主义制度的基本特征，以坚持社会主义道路为原则。社会主义具有根据基本矛盾运动实现自我创新的功能，这体现为生产关系与生产力、上层建筑与经济基础的矛盾运动对完善中国特色社会主义制度的推动作用。在这对矛盾中，生产力是最根本的决定因素。随着生产力的发展，生产关系和上层建筑对生产力的不适应会动态地表现出来，这决定了完善和发展中国特色社会主义制度的必要性、动态性和持续性。

中国特色社会主义制度体系具有层次性，这决定了中国特色社会主义制度自我完善的目标是形成一整套相互衔接、相互联系的制度体系，并保持制度体系与时俱进，不断完善，进而不断推进生产力发展。同时，由于“改革是社会主义制度的自我完善”①，而不是根本制度和基本制度的性质变化，因此，改革在形式上表现为体制改革和制度创新，在内容上涉及经济、政治、文化、社会各领域的体制和机制改革。根据中共十八大精神和习近平新时代中国特色社会主义思想的丰富内涵，这些体制机制改革的内容主要包括：坚持和完善人民代表大会制度，推动人民代表大会制度与时俱进；坚持和完善基本政治制度，推进社会主义民主政治制度化、规范化、程序化；坚定不移走中国特色社会主义法治道路，完善以宪法为核心的中国特色社会主义法律体系，建设中国特色社会主义法治体系，建设社会主义法治国家；坚持和完善社会主义基本经济制度和分配制度，毫不动摇巩固和发展公有制经济，毫不动摇鼓励、支持、引导非公有制经济发展，使市场在资源配置中起决定性作用，更好发挥政府作用；完善文化管理体制和文化生产经营机制；形成科学有效的社会管理体制，完善社会保障体系，健全基层公共服务和社会管理网络；加快生态文明体制改革，健全生态文明制度，健全国土空间开发、资源节约、生态环境保护的体制机制。

---

① 中共中央文献编辑委员会. 邓小平文选：第三卷［M］. 北京：人民出版社，1993：142.

（三）中国特色社会主义制度自我完善的可能与现实

1. 中国特色社会主义制度自我完善的必要性与可行性

中国特色社会主义制度自我完善的必要性和可行性，源自其本身的特质。一方面，中国特色社会主义制度是当代中国发展进步的根本制度保障，是富有效率的制度，但还不是成熟、定型的制度，这决定了完善中国特色社会主义制度的重大意义和客观必然性。随着中国特色社会主义事业不断发展，中国特色社会主义制度必须不断完善。另一方面，中国特色社会主义制度是具有鲜明中国特色、明显制度优势、强大自我完善能力的先进制度，这种先进性决定了其不断完善的可行性。坚持以实践基础上的理论创新推动制度创新，是推动各方面制度更加成熟，更加定型的有效途径。

从社会主义基本矛盾及其运动规律来看，生产关系与生产力、上层建筑与经济基础的矛盾运动，是推动中国特色社会主义制度自我完善的动因，因此是决定中国特色社会主义制度自我完善必要性和可能性的基本原因。从中国特色社会主义制度自我完善的特殊意义以及自我完善从可能变为现实的根源来讲，社会主义的本质及社会主义性质与其制度实现形式的区别是至关重要的决定因素。

邓小平指出："社会主义的本质是解放生产力，发展生产力，消灭剥削，消灭两极分化，最终达到共同富裕。"① 这是对社会主义普遍适用的本质的经典概括，体现了社会主义根本任务和宗旨的有机统一。因为，解放和发展生产力是实现共同富裕的根本途径，而实现共同富裕，则是激发各方面积极性、推动生产力不断发展的动力源。因此，社会主义的本质及其所包含的社会主义根本任务和宗旨的一致性，是决定中国特色社会主义制度自我完善的重要性和可行性的深层次原因。

首先，中国特色社会主义制度自我完善的核心内容是不断改革束缚生产力发展的体制机制，为生产力的发展提供制度保障并不断注入生机和活力，这表明完善和发展中国特色社会主义制度是发展生产力、实现社会主义宗旨

---

① 中共中央文献编辑委员会. 邓小平文选：第三卷［M］. 北京：人民出版社，1993：373.

的关键。所以，中共十八大以来，中国一直强调要坚决破除一切妨碍科学发展的体制机制弊端，构建系统完备、科学规范、运行有效的制度体系，中共十八届三中全会更是将完善和发展中国特色社会主义制度直接纳入了全面深化改革的总目标。习近平强调：我们的主要历史任务是完善和发展中国特色社会主义制度，为党和国家事业发展、为人民幸福安康、为社会和谐稳定、为国家长治久安提供一整套更完备、更稳定、更管用的制度体系。

其次，中国特色社会主义的基本矛盾虽然是生产关系与生产力、上层建筑与经济基础的矛盾，但消灭剥削、实现共同富裕这个宗旨赋予了基本矛盾在社会主义条件下的非对抗性质，从而决定了在非对抗性矛盾条件下实现制度自我完善的可行性，正如毛泽东所指出的，社会主义社会的矛盾不是对抗性的，它可以经过社会主义制度本身不断得到解决。

最后，由于社会主义性质和社会主义实现形式的区别，社会主义制度并不等于建设社会主义的具体做法，这就决定了在坚持社会主义基本制度的同时采取多样化的制度实现形式的可能性，表明了通过持续推进制度实现形式的改革创新不断完善和发展中国特色社会主义制度的现实性。从基本经济制度的层面看，公有制体现了社会主义社会的性质，因此必须坚持以公有制为主体，但公有制的实现形式具有多样性，这又决定了完善基本经济制度的可行性。中共十七大报告提出，公有制实现形式可以而且应当多样化，要努力寻找能够极大促进生产力发展的公有制实现形式。中共十八届三中全会指出，公有制经济和非公有制经济都是中国经济社会发展的重要基础。习近平反复强调，必须坚持和完善中国社会主义基本经济制度，毫不动摇地巩固和发展公有制经济，毫不动摇地鼓励、支持、引导非公有制经济发展。在中共十九大报告中，这“两个毫不动摇”被写入了新时代坚持和发展中国特色社会主义的基本方略。可见，在符合公有制本质要求的前提下采取灵活多样的形式，实现多种所有制经济共同发展，这不仅不会影响社会主义制度的性质，而且可以增强中国特色社会主义的生机和活力。

因此，总体而论，社会主义的本质以及它的经济基础和上层建筑，决定了中国特色社会主义制度必须适应生产力发展和共同富裕目标的要求，不断进行改革和完善，决定了社会主义社会能够依靠自身的力量和机制，通过自觉的改革，正确解决生产关系和生产力、上层建筑和经济基础的矛盾及其他社会矛盾，实现制度创新，使自身不断适应先进生产力发展的要求，充分发挥制度优势。

2. 中国特色社会主义制度自我完善的现实情况

中国特色社会主义道路是在改革开放40年的伟大实践中得来的，是在中华人民共和国成立近70年的持续探索中得来的。中共十九大报告指出："中国特色社会主义是改革开放以来党的全部理论和实践的主题，是党和人民历尽千辛万苦、付出巨大代价取得的根本成就。中国特色社会主义道路是实现社会主义现代化、创造人民美好生活的必由之路，中国特色社会主义理论体系是指导党和人民实现中华民族伟大复兴的正确理论，中国特色社会主义制度是当代中国发展进步的根本制度保障，中国特色社会主义文化是激励全党全国各族人民奋勇前进的强大精神力量。"这段论述表明，随着中国特色社会主义进入新时代，随着中国特色社会主义道路、理论、制度、文化不断发展，随着中国社会主要矛盾的转化，中国特色社会主义的内涵不断丰富，中国特色社会主义道路、理论、制度、文化已经成为其不可或缺的内容。因此，基于实践和理论的发展，中共十九大党章修正案将"发展了中国特色社会主义文化"增写到了改革开放以来取得一切成绩和进步的根本原因当中。这样，改革开放以来取得一切成绩和进步的根本原因归结起来就是：开辟了中国特色社会主义道路，形成了中国特色社会主义理论体系，确立了中国特色社会主义制度，发展了中国特色社会主义文化。其中，中国特色社会主义道路是实现途径，中国特色社会主义理论体系是行动指南，中国特色社会主义制度是根本保障，中国特色社会主义文化是精神力量，四者统一于中国特色社会主义伟大实践。"这条道路、这个理论体系、这个制度、这个文化"，必须"倍加珍惜、长期坚持、不断发展"。正是基于这种"珍惜""坚持"和"不断发展"，以习近平同志为核心的党中央提出了一系列治国理政的新理念新思想新战略，科学回答了新时代坚持和发展中国特色社会主义的总目标、总任务、总体布局、战略布局和发展方向、发展方式、发展动力、战略步骤、外部条件、政治保障等基本问题，创立了习近平新时代中国特色社会主义思想，发展了中国特色社会主义理论体系。与此同时，随着一系列改革举措的实施，随着改革的系统性、整体性和协同性的不断增强，中国取得了重要领域和关键环节改革的突破性进展，基本确立了主要领域改革主体框架，中国特色社会主义制度更加完善，国家治理体系和治理能力现代化水平显著提高，全社会发展活力和创新活力明显增强。

从历史的联系性和社会主义探索的传承性来看，中国特色社会主义制度的不断完善，是新中国成立以来中国共产党人坚持不懈、艰辛付出取得的成果。在以建立社会主义基本制度为主要历史任务并在这个基础上进行改革的历史时期，中国的社会主义实践探索为中国特色社会主义制度的发展奠定了很好的基础。在这个基础上，中共十八大以来的理论和实践创新，推动了经济建设、政治建设、文化建设、社会建设、生态文明建设和党的建设等领域的体制机制创新，进而推动了中国特色社会主义制度体系的完善。

从各领域制度完善发展的具体情况来看，在民主法治建设方面，中国通过积极发展社会主义民主政治，推进全面依法治国，使党的领导、人民当家做主、依法治国有机统一的制度建设得到了全面加强，使政治体制改革得到了进一步深化，使党的领导体制机制不断完善，社会主义民主不断发展，中国特色社会主义政治制度保证人民当家做主的优势得到了更加充分的发挥；同时，随着科学立法、严格执法、公正司法、全民守法的深入推进，法治国家、法治政府、法治社会的建设相互促进，中国特色社会主义法治体系日益完善，国家监察体制改革、行政体制改革、司法体制改革、权力运行制约和监督体系建设得到了有效实施。在完善社会主义经济制度方面，围绕使市场在资源配置中起决定性作用和更好发挥政府作用，中国在坚持和完善基本经济制度的同时加快了完善现代市场体系、宏观调控体系、开放型经济体系的步伐，经济体制改革的牵引作用得到进一步发挥，开放型经济新体制逐步健全，社会主义市场经济制度的优势得到了更好的体现。在中国特色社会主义文化制度建设方面，围绕建设社会主义核心价值体系和社会主义文化强国，通过深化文化体制改革，中国完善了文化管理体制和文化生产经营机制，中国特色社会主义文化制度在坚定文化自信、促进文化繁荣兴盛方面的优势得到了更加充分的发挥。在中国特色社会主义社会治理制度建设方面，围绕更好地保障和改善民生、促进社会公平正义，中国深化了社会体制改革，推进了社会领域的制度创新，更加充分地发挥了中国特色社会主义社会治理制度建设在促进共建共治共享方面的积极作用。在中国特色社会主义生态文明制度建设方面，围绕建设美丽中国，中国深化了生态文明体制改革，加快了健全国土空间开发、资源节约利用、生态环境保护体制机制的步伐，更好地发挥了中国特色社会主义生态文明制度建设在保护自然、促进人与自然和谐共处方面的积极作用。

综观改革开放以来的接力探索，中国一直高举中国特色社会主义伟大旗帜，确立、完善、发展了中国特色社会主义制度，开创了中国特色社会主义事业新局面。事实证明，中国特色社会主义是科学社会主义理论逻辑和中国社会发展历史逻辑的辩证统一，中国特色社会主义制度的形成、完善和发展，体现了生产关系适应生产力发展的内在要求。生产关系适应生产力发展，是中共十八大以来中国特色社会主义制度不断完善发展的总体逻辑。①

① 张艳娥．十八大以来中国特色社会主义制度完善发展的逻辑经验［J］．甘肃理论学刊，2017（5）：5-10.

第二节　新中国对外贸易制度变迁与社会主义制度确立及自我完善的基本关系

社会主义基本制度的确立，中国特色社会主义制度的形成和发展，是一系列制度相互促进、共同发展的结果。在各领域、各层次制度相互联系、相互作用的体系中，社会主义本质及其根本制度、基本制度起着决定性作用，具体层面的体制机制具有重要作用。就新中国的对外贸易制度来讲，作为社会主义的对外贸易制度，它是社会主义制度体系的重要组成部分，随着社会主义基本制度的确立而建立，随着社会主义建设实践的推进而调整，随着中国特色社会主义道路的开辟逐渐转型，随着中国特色社会主义制度的形成、完善呈现出日益鲜明的自由贸易制度特征。新中国对外贸易制度的建立、调整和改革创新，与社会主义制度在中国的确立和自我完善步步相随，这表明了新中国对外贸易制度变迁与社会主义制度的确立和自我完善在历程上的一致性。从社会主义制度的层次性特别是从中国特色社会主义制度的层次性及其各层次制度之间的内在联系讲，新中国对外贸易制度变迁的历程蕴含于中国社会主义制度确立与自我完善的历程当中。

在更深的层面，社会主义的本质，中国特色社会主义道路，中国特色社会主义的根本制度、基本制度及具体制度的演进，对新中国对外贸易制度建设的基本原则、宗旨等具有决定性作用。同时，新中国对外贸易制度的演进对社会主义建设目标的实现，对坚定中国特色社会主义道路自信，对中国特色社会主义根本制度、基本制度和其他方面体制机制的确立和自我完善，具有重要作用。

综合而论，新中国对外贸易制度变迁与社会主义制度确立和自我完善之间的密切联系，集中体现在社会主义本质、中国特色社会主义道路、中国特色社会主义制度体系与新中国对外贸易制度演进的相互关系之中。

一、社会主义本质、中国特色社会主义道路与新中国对外贸易制度演进

任何国家的对外贸易制度建设，都是以发展对外贸易为直接目标的，而对外贸易的发展，则是以促进社会经济发展目标的实现为宗旨的。在社会主义国家，社会主义的本质决定了发展对外贸易的宗旨和基本原则，进而决定了对外贸易制度建设的宗旨和基本原则。因此，在一般意义上，依据社会主义的本质，社会主义国家的对外贸易制度建设必须以坚持社会主义方向为基准，以促进生产力发展、推动共同富裕目标达成为宗旨，这是社会主义国家对外贸易制度变迁的共性所在，也是新中国对外贸易制度变迁的基本特征。

但是，由于客观条件和思想认识的差异，不同的社会主义国家和同一社会主义国家在不同历史阶段的建设目标会有差异，因此实现目标的路径选择会有不同。与之相对应，其对外贸易制度建设的具体原则、目标和路径选择也会有差异。

就新中国近70年的社会主义实践探索来看，在新中国成立初期，中国选择了社会主义革命道路。围绕确立社会主义制度的中心任务，当时的对外贸易制度建设目标是建立独立统一的社会主义对外贸易制度，促进国民经济恢复，捍卫新中国的政治经济独立。进入社会主义建设时期后，基于当时的国际环境和中国社会主要矛盾的变化等因素，中国在探索自己的社会主义建设道路的曲折过程中以局部调整的方式进行了对外贸易制度建设，并坚持在平等互利、自力更生的基础上发展对外贸易的原则，同时以服务生产发展、推动工业体系建设为主要目标。在对外贸易制度建设等因素的推动下，这段时期的对外贸易得到了一定程度的发展，对外贸易制度建设和对外贸易发展在中国社会经济发展中的促进作用得到了体现，社会主义制度的优越性，坚持中国共产党的领导、坚持社会主义道路的重要性，也得到了体现。

改革开放后，中国开启了探索中国自己的社会主义建设道路的新征程，找到了中国特色社会主义道路。中国特色社会主义道路，坚持以经济建设为中心，坚持四项基本原则，坚持改革开放，坚持不断解放和发展社会生产力，

逐步实现全体人民共同富裕，促进人的全面发展。中国特色社会主义道路，体现了社会主义的本质，也体现了社会主义的中国特色。

社会主义的本质，是社会主义一切特征在最高层次的抽象，是普遍的原则，在不同的社会主义国家，在同一社会主义国家的不同发展阶段，都具有适用性。在社会主义本质的基础上所派生的特征，逐层体现为根本制度、基本制度、运行体制、实现形式、运作和管理方法等方面的特征。在不同的社会主义国家，在同一社会主义国家的不同发展阶段，这些派生的特征具有差异性，这些差异性使社会主义在不同国家或同一国家的不同发展阶段表现出不同的特色。社会主义特征的层次性、共性与个性，体现了生产关系与生产力、上层建筑与经济基础的关系在不同的社会主义国家，在社会主义国家的不同发展阶段的具体状况。

就中国特色社会主义的特征来讲，解放和发展生产力的根本目标是逐步实现全体人民共同富裕，促进人的全面发展，实现这个目标的途径是中国特色社会主义道路，根本政治保障是中国共产党的领导。习近平指出，“中国特色社会主义道路是实现社会主义现代化、创造人民美好生活的必由之路”“中国特色社会主义最本质的特征是中国共产党领导，中国特色社会主义制度的最大优势是中国共产党领导”。基于中国特色社会主义的内在要求，中国一切社会经济活动的开展都必须坚持中国共产党的领导，坚持中国特色社会主义道路，以服务生产力的发展和实现全体人民共同富裕、促进人的全面发展为宗旨，中国推进对外贸易制度建设、发展对外贸易也必须坚持这样的原则，服务于这个宗旨。这样的原则、这样的宗旨，体现了中国改革创新对外贸易制度、发展对外贸易的政治保障、基本路径和根本目标，决定了确定中国对外贸易总体战略、管理体制、经营模式、利益分配模式的根基和出发点。其中，对外贸易总体战略是服从于中国特色社会主义本质特征，为实现中国对外贸易根本目标而做出的战略规划。这种规划随中国社会经济发展总体规划的动态变化而变化。在统筹推进“五位一体”总体布局、协调推进“四个全面”战略布局的时代背景下，中国对外贸易的总体战略必须体现“五位一体”总体布局和“四个全面”战略布局的要求，融合经济建设、政治建设、文化建设、社会建设、生态文明建设协调发展，以及全面建成小康社会、全面深化改革、全面依法治国、全面从严治党协调推进的精神实质。同时，中国对外贸易管理体制、经营模式、利益分配模式的改革创新，必须体现对外贸易总体战略动态变化的要求。这样，通过对外贸易制度建设的整体性推进，可以推动对外贸易发展，并为改革开放和社会主义现代化建设迈上新台阶，实现全体人民共同富裕，促进人的全面发展创造有利条件。

从实践情况来看，在开辟中国特色社会主义道路的过程中，中国根据国内和国际形势的发展变化，根据中国社会基本矛盾的变化和对外贸易发展情况的变化，在坚持四项基本原则的前提下，在坚持独立自主、平等互利原则的同时，不断创新发展理念，适时调整了对外贸易总体战略和货物贸易及服务贸易战略，持续深化了对外贸易体制改革，加强了对外贸易法律制度建设，完善了有利于合作共赢并同国际贸易投资规则相适应的体制机制，加速了贸易自由化便利化进程，实现了对外贸易的规模突破和结构优化，确立了贸易大国地位，奠定了迈向贸易强国的基础，取得了对外贸易促进社会经济发展的良好效应，彰显了中国特色社会主义的道路自信。

二、中国特色社会主义制度体系与新中国对外贸易制度演进

中国特色社会主义制度体系，由中国特色社会主义的根本制度、基本制度、法律体系和具体制度层面的体制机制构成。这个制度体系在确立社会主义基本制度的基础上，经历漫长的建设过程逐步形成、不断完善。在这个过程中，新中国对外贸易制度的演进和创新发展构成了中国特色社会主义制度体系演进发展的重要部分，中国特色社会主义的根本制度、基本制度、法律体系和具体制度层面的体制机制与新中国对外贸易制度演进的紧密联系日益显现。

首先，从中国特色社会主义根本政治制度和基本政治制度对对外贸易制度演进的决定作用来看，其核心在于人民当家做主。新中国的成立标志着中

国开辟了人民当家做主的历史新纪元。① 随着人民代表大会制度的确立和不断完善，随着社会主义民主政治建设的不断加强，人民当家做主这一当代中国社会主义民主政治的本质特征日益鲜明。人民当家做主，要求国家制定、实施的法律法规和方针政策必须体现人民意志，尊重人民意愿，得到人民拥护，维护最广大人民根本利益，国家各方面的事业和工作，必须坚持以人民为中心的发展思想，以实现全体人民共同富裕、促进人的全面发展为宗旨。人民当家做主的实质内涵表明，中国特色的社会主义根本政治制度和基本政治制度自确立之日起，就决定了新中国对外贸易制度建设的原则和宗旨，这是中国特色社会主义本质特征在制度层面的重要体现。在新的时代背景下，推动对外贸易制度建设和对外贸易发展必须贯彻坚持党的领导、人民当家做主、依法治国有机统一的精神实质，以满足人民日益增长的美好生活需要，促进人的全面发展为主旨。正是基于这样的原则和主旨，中国在建设对外贸易制度和发展对外贸易的过程中日益注重人民的意愿和需要，在发展理念不断创新的情况下，中国明确提出要坚持共享发展，强调共享是中国特色社会主义的本质要求，是开展对外贸易工作的出发点和落脚点。随着新的发展理念的落实，中国围绕加强进口等方面推进了对外贸易战略调整和政策措施建设，强化了对外贸易服务民生的功能，对提高人民群众在对外贸易发展中的获得感发挥了重要作用。

其次，从中国特色社会主义基本经济制度的形成、发展对对外贸易制度演进的作用来看，高度集中的计划经济制度决定了改革开放前对外贸易制度的所有制特征和对外贸易的社会经济基础。改革开放以来，随着社会主义基本经济制度的确立和完善，中国的对外贸易制度发生了显著变化，不同所有制贸易主体的共同发展，极大地激发了对外贸易的活力。对外贸易制度的转型、完善及对外贸易的发展，显示了中国特色社会主义基本经济制度的优越性。

---

① 沈春耀. 加强人民当家做主制度保障［M］//本书编写组. 党的十九大报告辅导读本. 北京：人民出版社，2017：265.

再次，从中国特色社会主义法律体系来看，它对对外贸易制度建设的决定作用主要体现在对外贸易法律制度建设中。一方面，中国特色社会主义法律体系以《宪法》为统帅，以法律为主干，以行政法规、地方性法规为重要组成部分的框架结构确定了中国对外贸易法律体系的基本结构。经过近 70 年的建设，中国构建了以《宪法》为基础，以《中华人民共和国对外贸易法》（以下简称《对外贸易法》）为中心，包括行政法规、部门规章在内的对外贸易法律体系。另一方面，中国特色社会主义法律体系的重要性，决定了构建、完善对外贸易法律法规体系的重大意义，尤其是在国家日益强调营造法治化、国际化、便利化营商环境的背景下，坚持依法行政，坚持对外贸易工作法治化，完善符合中国国情和国际惯例的对外贸易法律法规体系的意义更加突出。因此，在修订完善《对外贸易法》的基础上，中国围绕加强各部门制定、实施涉及对外贸易领域政策措施的协调性，健全和完善货物进出口、服务贸易、出口管制、贸易调查、贸易救济、贸易促进以及与对外贸易有关的投资合作、知识产权保护、信用管理等领域的法律法规，推进了对外贸易法律制度建设，加强了各项对外经济贸易立法之间的衔接。对外贸易法律制度建设的持续推进，充实了中国特色社会主义法律体系的内容，加强了中国发展对外贸易的法制保障。

最后，从中国特色社会主义具体制度层面讲，它对中国对外贸易制度演进的决定作用由里及表地体现为中国特色的体制、机制，尤其是经济体制对中国对外贸易管理体制、经营模式和利益分配模式的影响。其中，经济体制的基本模式是决定对外贸易体制总体架构的基本因素，对外贸易体制是经济体制的组成部分。从根本制度、基本制度和具体制度的相互联系来看，无论是中国对外贸易的组织形式、机构设置、管理权限，还是经营分工、利益分配，都与中国特色社会主义制度体系直接相关，根本制度和基本制度是中国对外贸易体制的制度基础，而对外贸易体制则是根本制度、基本制度在对外贸易管理方面的具体体现。因此，随着中国特色社会主义制度体系不断完善，具体制度层面的各项体制机制将更加符合生产力发展的要求，中国对外贸易体制也会更加完善，中国特色社会主义制度体系对对外贸易制度建设和对外贸易发展的促进作用将更加充分地显现。同时，对外贸易体制机制的发展完善在促进对外贸易发展和中国特色社会主义制度体系发展完善方面的作用，将更加突出。

可见，中国对外贸易制度的演进决定于中国特色社会主义制度体系的发展，同时也影响着中国特色社会主义制度体系的完善。二者之间的这种关系，源自对外贸易制度是中国特色社会主义制度体系的组成部分，也决定于对外贸易制度对发展对外贸易的作用。基于这样的关系，对外贸易的发展对完善和发展中国特色社会主义制度体系产生了重要影响。在传递路径上，这种影响主要体现在两个方面。一方面，对外贸易是引进国外先进制度的重要途径，同时又受到贸易制度国际协调的约束，这会直接推动中国对外贸易制度及其他相关制度的改革和创新，进而推动中国特色社会主义制度体系的完善和发展。在世界贸易组织框架下，中国针对世界贸易组织规则要求进行的适用性改革，是中国对外贸易制度改革，进而是中国经济体制改革的重要内容。另一方面，基于竞争和发展的需要，微观交易主体会对其内部制度进行积极主动的改革，从而促进微观层面管理制度和运营模式的创新，这种创新是完善和发展对外贸易制度，进而是完善和发展中国特色社会主义制度体系的重要基础。同时，对外贸易交易主体的利益诉求会直接影响政府对对外贸易制度及其他相关制度的改革，直接影响政府在贸易制度国际协调中的谈判立场和主张，这些影响会通过对体制机制的影响直接作用于中国特色社会主义制度体系的完善和发展。此外，在较为间接的层面，对外贸易会通过影响经济发展、国内环境和国际关系，为中国特色社会主义制度体系的完善和发展创造有利条件。因为，中国发展对外贸易的根本目的是促进生产力的发展和共同富裕目标的实现。在新的时代背景下，对外贸易的总体发展战略服务于“五位一体”总体布局和“四个全面”战略布局，因此，中国对外贸易的发展不仅可以促进经济发展，而且可以从经济建设、政治建设、文化建设、社会建设、生态文明建设等方面促进社会经济的协调发展。这既为中国特色社会主义制度体系的完善发展、“四个全面”战略布局的实施奠定了物质基础，也为其创造了有利的国内环境。再者，由于对外贸易是中国对外经济关系的重要内容，对外经济关系与政治外交密切相关，中国在对外贸易中一贯坚持平等互利的原则，在扩大市场开放方面兼重对最不发达国家的开放程度，在发展国际关系中强调合作共赢。中共十八大召开以来，中国反复强调始终不渝奉行互利共赢的开放战略，致力于建设开放型世界经济，主张构建人类命运共同体。通过在对外经济关系和政治外交中弘扬平等互信、包容互鉴、合作共赢的精神，中国在建立共赢共享的经济贸易关系，促进对外经济和政治外交各领域关系良性互动，在争取和平国际环境中发展自己，又以自身发展推动世界和平发展方面取得了重大成果，为中国特色社会主义制度体系的完善和中国社会经济的发展创造了条件。

正是由于中国特色社会主义制度体系的完善发展与对外贸易制度演进之间千丝万缕的联系，由于对外贸易制度演进与对外贸易发展的密切关系，由于对外贸易发展与对外经济关系和政治外交关系紧密相连，中国对外贸易制度的发展完善在推动中国对外贸易、社会经济发展中，在推动对外经济关系和政治外交关系良性互动方面，在促进中国特色社会主义制度体系发展完善方面，发挥了重要作用，进而彰显了中国特色社会主义的制度自信，展示了中国的大国担当。

第三节　新中国对外贸易制度变迁与社会主义经济制度演进的基本关系

新中国对外贸易制度变迁与中国特色社会主义制度体系发展完善的关系，具体到社会主义经济制度层面，主要体现在中国特色社会主义经济制度的形成、发展与新中国对外贸易制度演进的关系中。

一、中国特色社会主义经济制度的形成与发展

中国特色社会主义经济制度，经历了建立高度集中计划经济制度到探索、建立、完善社会主义市场经济制度的发展过程。根据社会主义制度确立与自我完善历程的阶段划分，这个过程相应地分为改革开放前和改革开放后两个历史时期。从计划和市场在中国社会主义建设中的资源配置作用的变化情况来看，这样的划分和市场配置资源的作用从无到有进而不断加强的历程完全契合。在这个历程中，与市场从辅助性作用到基础性作用的地位转变相伴随，中国的经济制度实现了从计划经济制度到有计划商品经济制度再到社会主义市场经济制度的转变。随着市场基础性作用的不断加强，中国的社会主义市场经济制度不断完善。在中共十八届三中全会明确要使市场在资源配置起决定性作用后，中国特色社会主义市场经济制度的内涵有了新的拓展。依据市场地位的这种转变，中国特色社会主义经济制度形成、发展的历程可以分为五个阶段。

（一）高度集中计划经济制度的建立和调整时期（1949—1978 年）

社会主义经济制度是以公有制为基础的经济制度，它的建立必须以无产阶级上升为统治阶级为政治前提。在中国，这个政治前提的形成以新中国的成立为标志。

新中国成立后，中国通过没收官僚资本，和平赎买民族资本，改造个体私有制，建立了社会主义全民所有制和集体所有制，确定了实行全国财政经济统一管理的方针，建立了以计划为资源配置方式的社会主义经济体制。在这个过程中，中国对“苏联模式”的所有制结构和经济体制进行了探讨。1956 年，陈云在中共八大发言中针对社会主义经济体制问题提出了“三个主体，三个补充”重要意见，指出既要以国家经营、集体经营为主体，又要有一定数量的个体经营作补充；既要以计划生产为主体，又要有自由生产作补充；既要以国家市场为主体，又要有自由市场作补充。此后，中国的自由市场、个体工商户经营活动明显活跃起来。1956 年 12 月，人民日报发表社论《怎样对待手工业个体户》，肯定了手工业个体工商户的发展在满足人民需要、

扩大就业等方面的积极作用，毛泽东、刘少奇也明确肯定了“资本主义”作为社会主义经济补充的意义。1957年4月，周恩来指出，主流是社会主义，小的给些自由，这样可以帮助社会主义发展。基于这些认识，中国在改进经济体制方面做了一些探索。1957年11月，中国颁布实施了改进工业、商业和财政方面的管理体制的有关规定。

1958年，中国提出了“大跃进”口号，开展了以实行大集体所有制为主要内容的“人民公社化”运动，在人民公社范围内实行平均主义，对物资实行无偿调拨，在分配方面实行供给制。在多方面因素的影响下，中国在1959—1962年陷入了“三年困难时期”。其间，中国从1961年开始实行了“调整、巩固、充实、提高”八字方针，之后提出了按“农、轻、重”排序的建设方针，但同时又提出阶级斗争要“年年讲，月月讲，天天讲”。此后，“四清”等运动接踵而至。1966年开始，中国陷入了灾难性的“文化大革命”。1975年，中国开展了较全面的整顿工作，但随即又掀起了“反击右倾翻案风”和“批邓”运动。“文化大革命”结束后，中国开始进入纠正冤假错案、拨乱反正时期。

客观评价，“一五”时期形成的高度集中的计划经济体制有重要的积极作用，以毛泽东为主要代表的中央领导集体对“苏联模式”的反思，对社会主义所有制结构和商品货币关系的探索具有重要意义。但是，由于客观条件的限制，加上认识上的偏差和一个接一个的错误运动，理论和实践的发展都受到了极大影响。在整个计划经济时期，“一大二公”的所有制，平均主义的分配形式，指令性计划和行政手段主导的资源配置，政企职责不分、条块分割的行政管理，高度集中的经济决策，所有这些都在一定程度上偏离了公有制和按劳分配的特质，从而使经济体制陷入了不适应社会生产力发展要求的僵化模式，造成了企业缺乏自主权，职工吃企业“大锅饭”、企业吃国家“大锅饭”的局面，严重压抑了企业和广大职工群众的积极性、主动性和创造性，使本来应该生机盎然的社会主义经济在很大程度上失去了活力。

（二）有计划商品经济制度的探索和建设时期（1979—1992年）

在总结正反两方面经验和教训的基础上，中国各界对计划经济和商品经济的认识发生了重大变化。中共十一届三中全会做出了“把工作重点转到经济建设上、实行经济体制改革”的决定，明确了“按经济规律办事，重视价值规律作用”的意义。

在改革初期，中国以计划经济体制最薄弱的环节——农村经济体制的改革为起点，迈出了“摸着石头过河”的步伐。在不断的争论中，农村家庭联产承包责任制迅速发展，商品经济和市场经济的作用也初露端倪。在完成指导思想上的拨乱反正、实现历史性转折的基础上，1982 年，中共十二大提出了系统地进行经济体制改革的任务，指出要以计划经济为主，市场调节为辅，要“发挥市场在资源配置中的辅助性作用”。1983 年，中共中央一号文件《当前农村经济政策的若干问题》充分肯定了家庭联产承包责任制。1984 年，中共十二届三中全会明确提出社会主义经济是公有制基础上的有计划的商品经济，必须自觉依据和运用价值规律，建立具有中国特色的、充满生机和活力的社会主义经济体制。同时，在反思把全民所有制同国家机构直接经营企业混为一谈的基础上，《中共中央关于经济体制改革的决定》指出，必须要确立国家和全民所有制企业之间的正确关系，扩大企业自主权，使企业真正成为相对独立的经济实体，成为自主经营、自负盈亏的社会主义商品生产者和经营者。随后，中国经济体制改革的重点由农村转向城市。围绕有计划商品经济的基本框架，经济体制改革的探索主要从计划体制和价格体制改革方面展开，增强企业活力，特别是增强全民所有制大中型企业活力是其中心环节。

伴随着从农村改革到城市改革、从经济体制改革到各方面体制改革、从对内搞活到对外开放的进程，中国迈出了恢复关贸总协定缔约国地位的坚实步伐，逐渐明确了建立社会主义有计划商品经济体制的目标。中共十三大提出，社会主义有计划商品经济的体制应该是计划与市场内在统一的体制。中共十三届四中全会后，中国提出要建立适应有计划商品经济发展的计划经济与市场调节相结合的经济体制和运行机制。

在不断推进有计划商品经济制度建设的过程中，计划和市场的关系逐渐变化，市场的作用逐渐加强，改革的市场化取向逐渐明朗。1992 年，邓小平在南方谈话中指出，计划多一点还是市场多一点，这不是社会主义与资本主义的本质区别，计划经济不等于社会主义，资本主义也有计划，市场经济不等于资本主义，社会主义也有市场。邓小平关于社会主义也可以实行市场经济的思想，为中国提出以公有制为主体、多种所有制经济共同发展的基本经济制度和社会主义市场经济体制改革目标奠定了基础。在中共十四大报告中，中国正式确立了在坚持公有制和按劳分配为主体、其他经济成分和分配方式为补充的基础上建立和完善社会主义市场经济体制的改革目标。

（三）建立社会主义市场经济制度的改革时期（1993—2001 年）

1993 年，中共十四届三中全会通过《中共中央关于建立社会主义市场经济体制若干问题的决定》，指出社会主义市场经济体制是同社会主义基本制度结合在一起的；建立社会主义市场经济体制，就是要使市场在国家宏观调控下对资源配置起基础性作用，为了实现这个目标，就必须坚持以公有制为主体、多种经济成分共同发展的方针，进一步转换国有企业经营机制，建立现代企业制度，转变政府管理经济的职能，建立以间接手段为主的完善的宏观调控体系，建立以按劳分配为主体，效率优先、兼顾公平的收入分配制度。中共十四届三中全会的这些决定，表明中国特色的社会主义基本经济制度已具雏形。1997 年，中共十五大在总结社会主义市场经济体制建设经验的基础上，明确指出，公有制为主体、多种所有制经济共同发展，是中国社会主义初级阶段的一项基本经济制度，同时指出这一制度的确立是由社会主义性质和初级阶段国情决定的：第一，中国是社会主义国家，必须坚持公有制作为社会主义经济制度的基础；第二，中国处在社会主义初级阶段，需要在公有制为主体的条件下发展多种所有制经济；第三，一切符合“三个有利于”的所有制形式都可以而且应该用来为社会主义服务。在这个基础上，中共十五大报告指出，十一届三中全会后中国逐步消除了所有制结构不合理对生产力的羁绊，强调要继续调整和完善所有制结构，要全面认识公有制经济的含义，指出公有制经济不仅包括国有经济和集体经济，还包括混合所有制经济中的国有成分和集体成分。公有制的主体地位，主要体现在公有资产在社会总资产中占优势，国有经济控制国民经济命脉，对经济发展起主导作用，强调建设有中国特色的社会主义经济，就是在社会主义条件下发展市场经济，不断解放和发展生产力，这就要求坚持和完善基本经济制度，坚持和完善社会主义市场经济体制，积极推进经济体制的根本转变，使市场在国家宏观调控下对资源配置起基础性作用，坚持和完善按劳分配为主体的多种分配方式，允许一部分地区一部分人先富起来，带动和帮助后富，逐步走向共同富裕。中共十五大报告的论述，明确了中国特色社会主义的所有制结构和分配制度，改变了把公有制的数量优势作为衡量其主体地位唯一标准的认识，为将社会主义公有制和市场经济有机结合奠定了思想基础。

随着思想认识的深化和复关及世界贸易组织成立后入世工作的推进，中国全面推动了各项改革。通过不懈的努力，中国创建了社会主义市场经济体制，开创了全面开放新局面。2001 年，中国正式加入世界贸易组织，这标志着中国经济进入了与国际经济快速接轨的时期。

（四）社会主义市场经济制度不断完善的历史时期（2002—2013 年）

2002 年，中共十六大正式做出社会主义市场经济体制初步建立的结论，同时提出要建成完善的社会主义市场经济体制，强调要坚持社会主义市场经济的改革方向，在更大程度上发挥市场在资源配置中的基础性作用，要坚持和完善基本经济制度，深化分配制度改革，健全社会保障体系。2003 年，中共十六届三中全会通过《中共中央关于完善市场经济体制若干问题的决定》，对公有制和非公有制之间的关系做了进一步阐释，更加明确了完善社会主义市场经济体制的目标、任务、原则和指导思想，强调要进一步巩固和发展公有制经济，积极推行公有制的多种有效实现形式，要适应经济市场化不断发展的趋势，进一步增强公有制经济的活力，大力发展混合所有制经济，实现投资主体多元化，使股份制成为公有制的主要实现形式，强调个体、私营等非公有制经济是促进中国社会生产力发展的重要力量，要大力发展和积极引导非公有制经济，清理和修订限制非公有制经济发展的法律法规和政策，放宽市场准入，允许非公有资本进入法律法规未禁入的基础设施、公用事业及其他行业和领域，使非公有制企业在投融资、税收、土地使用和对外贸易等方面，与其他企业享受同等待遇，强调产权是所有制的核心和主要内容，要建立健全现代产权制度。这些论断，进一步突破了关于非公有制经济的思想禁锢，表明社会主义所有制理论实现了重大发展，意味着全面推进完善社会主义市场经济体制的各项工作具备了更加充分的思想条件。在理论和实践发展的基础上，中共十七大提出要创建社会主义市场经济新体制，从制度上更好发挥市场在资源配置中的基础性作用，中共十八大强调要在更大程度上、更广范围内发挥市场在资源配置中的基础性作用。

2013 年，中共十八届三中全会在明确全面深化改革指导思想的同时，重新定位了市场的地位和作用，明确指出要紧紧围绕使市场在资源配置中起决定性作用的经济体制改革，强调经济体制改革是全面深化改革的重点，核心问题是处理好政府和市场的关系，使市场在资源配置中起决定性作用和更好发挥政府作用。从此，中国进入了加快完善和发展社会主义市场经济体制，加快完善和发展中国特色社会主义制度的改革开放新时期。

（五）完善社会主义市场经济制度的新时期（2014 年至今）

市场在资源配置中的决定性作用，是指市场在资源配置中处于主体地位，由市场机制决定社会生产各领域、各环节的资源分配、组合与利用。市场机制是市场经济体系中价格、供求、竞争等各种要素之间的有机联系和相互作用及其对资源配置的作用机理，主要包括价格机制、供求机制、竞争机制。因此，市场在资源配置中的决定性作用具体表现为价格、供求、竞争等要素对资源配置的决定作用，通过市场决定价格、价格调节供求等作用机制的相互传递，资源的价格决定、投向、组合利用等，都主要依靠竞争和市场交换得以完成。市场决定资源配置的显著特征是：经济运行机制具有突出的市场主导特点，经济增长表现为以竞争为基础，以需求为导向，以社会资本为主体的增长，经济波动、经济风险的防范和化解机制建立在市场决定的基础上，市场主体在市场机制导向下平等使用资源，自主配置资源，公开公平公正参与市场竞争，受到法律的同等保护。

使市场在资源配置中起决定性作用，体现了市场化改革的全面深化，意味着中国特色社会主义市场经济制度的内涵拓展。在市场起基础性作用的时候，中国特色社会主义市场经济制度被解释为，同社会主义基本制度结合在一起的、市场在国家宏观调控下对资源配置起基础性作用的经济体制。这个定义包含了中国特色社会主义市场经济制度是社会主义条件下的市场经济制度这一本质特征，却没有充分显示市场经济应有的内涵。因为，市场决定资源配置是市场经济的一般规律，市场经济本质上就是市场决定资源配置的经济①。因此，要科学诠释中国特色社会主义市场经济制度，就必须把握两个基本原则：一是坚持社会主义基本制度，强调通过社会主义市场经济制度体现和发挥中国特色社会主义制度的优越性；二是坚持市场经济的一般规律，强调社会主义市场经济制度对市场经济优势的充分体现。鉴于此，中国特色社会主义市场经济制度可以表述为：与中国特色社会主义基本制度相结合的，市场在资源配置中起决定性作用的经济制度。这样的概念内涵，体现了市场经济制度的共性特征，也显示了中国特色社会主义市场经济制度的个性特点。

一方面，市场经济是一种资源配置方式，市场主体的自主性、其运营活动的竞争性、趋利性，市场关系的平等性，市场环境的开放性，市场经济规则的客观性，是市场经济的共性。作为市场经济制度的体现，市场经济体制主要由自由的企业制度、完善的市场体系、完备的市场法规、灵活有效的宏观调控制度、完善的社会保障制度和国际化、开放性的运行机制组成，这些制度和机制，构成了现代市场经济体制的一般框架，也是中国特色社会主义市场经济制度具有的、体现市场经济共性的基本特征。

另一方面，市场经济总是与国家的历史条件和基本制度相结合的，这又使不同国家或同一国家在不同历史阶段的市场经济具有不同的个性。因此，作为中国特色社会主义制度特征的具体表现，中国特色的基本经济制度，是中国特色社会主义制度的重要支柱，也是社会主义市场经济体制的根基。建设社会主义市场经济，是中国特色社会主义道路的重要内容。以此为基础，中国特色社会主义市场经济制度包含了三方面的个性特征：首先，公有制为主体、多种所有制经济共同发展，按劳分配为主体、多种分配方式并存，是中国特色社会主义市场经济制度不变的所有制和分配制度特征。其次，中国

① 习近平. 关于《中共中央关于全面深化改革若干重大问题的决定》的说明 [N]. 人民日报, 2013-11-16 (1).

特色社会主义市场经济条件下的宏观调控具有自觉性。宏观调控的宗旨是把社会主义基本经济制度的优势同市场经济的优势结合起来，充分发挥市场在资源配置中的决定性作用，同时更好发挥政府的作用，克服市场经济的盲目性和自发性，兼顾局部利益与整体利益、眼前利益与长远利益，促进生产力发展，促进共同富裕和人的全面发展。最后，在动态发展的层面，中国特色社会主义市场经济制度具有自我完善的特征，这体现了中国特色社会主义制度自我完善和发展的根本要求。在全面深化改革的背景下，完善中国特色社会主义市场经济制度的关键是处理好政府和市场的关系，也就是处理好“在资源配置中市场起决定性作用还是政府起决定性作用这个问题”①，着力解决市场体系不完善、政府干预过多和监管不到位的问题，实现科学的宏观调控，有效发挥政府在保持宏观经济稳定、加强和优化公共服务、保障公平竞争、加强市场监管、维护市场秩序、推动可持续发展、促进共同富裕、弥补市场失灵方面的作用。

中国特色社会主义市场经济制度的内涵实质，体现了其完善发展的基本方向。中共十九大报告在重申“必须坚持和完善中国社会主义基本经济制度和分配制度，毫不动摇巩固和发展公有制经济，毫不动摇鼓励、支持、引导非公有制经济发展，使市场在资源配置中起决定性作用，更好发挥政府作用”的基础上，明确指出要加快完善社会主义市场经济体制，强调经济体制改革必须以完善产权制度和要素市场化配置为重点，实现产权有效激励、要素自由流动、价格反应灵活、竞争公平有序、企业优胜劣汰；同时强调要完善各类国有资产管理体制，改革国有资本授权经营体制，深化国有企业改革，发展混合所有制经济；要全面实施市场准入负面清单制度，支持民营企业发展，激发各类市场主体活力；要深化商事制度改革，打破行业垄断，防止市场垄断，加快要素价格市场化改革，放宽服务业准入限制，完善市场监管体制；要创新和完善宏观调控，发挥国家发展规划的战略导向作用，健全财政、货

① 习近平. 关于《中共中央关于全面深化改革若干重大问题的决定》的说明［N］. 人民日报，2013-11-16（1）.

币、产业、区域等经济政策协调机制；要完善促进消费的体制机制，要深化投融资体制、税收制度和金融体制及利率和汇率市场化改革，加快建立现代财政制度，健全货币政策和宏观审慎政策双支柱调控框架，着力构建市场机制有效、微观主体有活力、宏观调控有度的经济体制。

依据使市场在资源配置中发挥决定性作用和更好发挥政府作用的内在要求，结合实际情况的变化，中国不断完善改革方案，并围绕健全现代产权制度，积极发展混合所有制经济，完善国有资产管理体制，推动国有企业改革，支持非公有制经济健康发展，完善现代市场体系，创新和完善宏观调控等领域，加快了全面深化改革的步伐，为市场在资源配置中发挥决定性作用和更好地发挥政府作用创造了有利条件，使相关体制机制弊端阻碍社会创造力和活力的状况得到了明显改善，使人民群众的获得感得到了明显增强。

二、中国特色社会主义经济制度演进与新中国对外贸易制度变迁

中国特色社会主义经济制度形成发展的历程，源于中国特色社会主义制度体系与新中国对外贸易制度变迁的内在关系，包含了新中国对外贸易制度建立、调整、转型、发展完善。在这个历程中，随着计划和市场在资源配置中的地位转变，对外贸易的自由化趋势逐渐显现，对外贸易制度呈现出与社会主义经济制度演进相一致的阶段性特征。在明确市场对资源配置起决定性作用的背景下，中国特色的社会主义市场经济制度更加符合市场经济的一般规律，中国对外贸易制度的自由化特征更加鲜明，对外贸易制度建设在完善中国特色社会主义经济制度中的作用更加突出。

（一）中国特色社会主义经济制度形成、发展与新中国对外贸易制度的阶段性特征

在不同的历史阶段，由于经济制度的特征不同，对外贸易领域的所有制结构、资源配置方式、企业制度形式、政策类型等也不相同，对外贸易制度的特征随之而异。

改革开放前，与高度集中的计划经济制度相一致，中国的对外贸易制度

具有高度集中的特征，其具体表现主要包括：单一公有制、计划配置资源、国家垄断经营、财政统负盈亏、关税壁垒和非关税壁垒并重的多重贸易保护。1949 年 9 月，中国在《共同纲领》中明确规定，中国“实行对外贸易管制，并采用保护贸易政策”。1958 年 8 月，中共中央明确指出：除对外贸易部所属总公司和口岸分公司外，任何地方、任何机构不允许做进出口买卖。这些规定表明，这段时期中国的对外贸易制度具有突出的内向型经济特征。由于实行单一的计划调控，对外贸易活动的所有环节，包括收购、出口、进口、调拨、外汇收支等都被纳入指令性计划管理，指令性计划价格、国内外市场的分割、统负盈亏的财务管理体制，极大地约束了对外贸易的发展。

实行改革开放后，中国政府通过部分下放对外贸易经营权等举措，推进了对外贸易体制改革试点。1984 年 9 月，中国对外经济贸易部在《关于外贸体制改革意见的报告》中提出了政企分开、对外贸易经营实行代理制等对外贸易体制改革原则，强调改革的重点是简政放权。此后，中国围绕“放权搞活”，实行指令性计划、指导性计划和市场调节相结合等内容，推进了对外贸易体制改革。从 1988 年开始，中国围绕全面推行对外贸易承包经营责任制，建立自负盈亏机制等内容进一步推进了改革。通过一系列改革，中国的对外贸易制度逐步呈现出与有计划商品经济制度相一致的外向型经济特征。

1993 年 11 月，中共十四届三中全会明确了社会主义市场经济体制的基本框架，同时提出要发展开放型经济，这意味着中国的开放将由政策性开放转向制度性开放，因此，中共十四届三中全会强调要建立适应国际经济通行规则的运行机制。此后，在中国特色社会主义基本经济制度确立、完善的过程中，在市场配置资源的基础地位逐步确立、加强的背景下，中国按照建立社会主义市场经济体制的要求，加快了下放对外贸易经营权的步伐，扩大了自动登记试点，加强了市场的调节作用，推进了建立现代企业制度的相关工作，逐步降低了进口关税，完善了出口退税制度，初步建立了既符合社会主义市场经济要求，又符合国际贸易通行规则的、具有开放性特征的对外贸易制度体系。

进入 2002 年以后，中国根据完善社会主义市场经济制度的要求和加入世界贸易组织的新形势，调整和修订了涉外经济法律法规，全面放开了对外贸易经营权，大幅降低了关税税率，调整了关税结构，减少了非关税措施，推动了贸易便利化进程。这一系列改革体现了制度性开放和适应、遵守国际经贸规则，积极参与经济全球化的要求，符合使非公有制企业在对外贸易等领域与其他企业享受同等待遇的精神实质，推动了中国对外贸易主体结构的变化。中国海关的统计数据显示，2001 年，国有企业、外商投资企业和其他贸易主体在中国出口中所占的比重分别是 43%、50% 和 7%；2013 年，国有企业、外商投资企业在中国出口中所占的比重分别下降到 11.3% 和 47.3%，其他贸易主体的占比上升为 41.4%。贸易主体结构的变化表明，中国对外贸易领域的所有制结构发生了重大变化，市场配置资源的基础性作用得到了明显加强，企业自主经营为特征的对外贸易运行机制基本形成，中国的对外贸易制度已经具有较鲜明的符合中国特色社会主义市场经济制度要求和多边贸易体制规则要求的自由贸易制度特征。这些变化，构成了中国特色社会主义市场经济制度发展完善的重要组成部分，为开放型经济水平的提高创造了重要条件。

在强调市场对资源配置起决定性作用和全面提高开放型经济水平、推动形成全方位开放新格局的背景下，中国围绕构建开放型经济新体制推进了对外贸易制度建设。2013 年 9 月，中国成立了中国（上海）自由贸易试验区，这意味着中国在推进贸易投资自由化便利化方面迈出了新的步伐。2014 年 6 月，国务院办公厅发布了《关于进一步加强贸易政策合规工作的通知》，强调国务院各部门、地方各级人民政府及其部门制定的有关或影响货物贸易、服务贸易以及与贸易有关的知识产权的规章、规范性文件和其他政策措施，应当符合《世界贸易组织协定》及其附件和后续协定、《中华人民共和国加入议定书》和《中国加入工作组报告书》①；11 月，国务院办公厅发布了《关于加强进口的若干意见》（以下简称《意见》）②，这表明中国的对外贸易战略实

① 数据来源于 http://www.gov.cn/zhengce/content/2014-06/17/content_8887.htm。

② 数据来源于 http://www.gov.cn/zhengce/content/2014-11/06/content_9183.htm。

现了重大转变。在明确实施积极的进口促进战略的基础上，《意见》围绕加强进口部署了一系列举措，强调要进一步优化进口环节管理，适时调整自动进口许可货物种类，加快自动进口许可管理商品无纸化通关试点，不断优化海关税收征管程序，进一步提高进口贸易便利化水平，加快推进全国海关通关一体化改革工作。2015 年 5 月，中共中央、国务院中国政府发布了《关于构建开放型经济新体制的若干意见》①，围绕统筹开放型经济顶层设计，中国从建立市场配置资源新机制、形成经济运行管理新模式等方面提出了构建开放型经济新体制的总体要求，强调要促进国际国内要素有序自由流动、资源全球高效配置、国际国内市场深度融合，加快推进与开放型经济相关的体制机制改革，建立公平开放、竞争有序的现代市场体系，要推进政府行为法治化、经济行为市场化，建立健全企业履行主体责任、政府依法监管和社会广泛参与的管理机制；9 月，中国政府批准接受了世界贸易组织的《贸易便利化协定》，除单一窗口、确定和公布平均放行时间、出境加工货物免税复进口、海关合作等少量措施外，其余方面没有设定过渡期。② 2016 年 5 月，中国政府全面启动了构建开放型经济新体制综合试点试验，力求在市场配置资源新机制、经济运行管理新模式等方面形成一批可复制、可推广的经验。2017 年 5 月，商务部、发展改革委、人民银行、海关总署、质检总局联合发布了《关于进一步推进开放型经济新体制综合试点试验的若干意见》③，在肯定综合试点试验初见成效的基础上，围绕进一步加强顶层设计与基层探索相统筹，对支持试点地区探索扩大贸易投资便利化、推进放管服改革等事项做了进一步安排；10 月，中共十九大报告明确提出要实行高水平的贸易和投资自由化便利化政策，全面实行准入前国民待遇加负面清单管理，要赋予自由贸易试验区更大改革自主权，探索建立自由贸易港。根据中共十九大精神，中国推进了对外经济贸易领域的改革创新。在深化自由贸易试验区改革、探索建立自由贸易港方面，中国启动了海南自由贸易试验区建设，致力于建成高标准高

① 数据来源于 http://www.czcip.gov.cn/tzyq/yhzc/20180911022114185mqd.shtml。
② 数据来源于 http://www.mofcom.gov.cn/article/ae/ai/201702/20170202521961.shtml。
③ 数据来源于 http://www.gov.cn/xinwen/2017-05/02/content_5190476.htm。

质量自由贸易试验区，为逐步探索、稳步推进海南自由贸易港建设，分步骤、分阶段建立自由贸易港政策体系夯实基础。

经过近六年的努力，中国的开放型经济体制更加完善，贸易投资自由化便利化水平进一步提高，自由贸易制度特征更加凸显。与此同时，中国引领国际经贸规则制定的作用进一步扩大，中国遵规守信的大国形象和勇于作为的责任担当更加显现。尤其是在保护主义、单边主义抬头的形势下，中国一再强调要在扩大开放中树立正确义利观，致力于推动经济全球化朝着更加开放、包容、普惠、平衡、共赢的方向发展，这更加彰显了社会主义中国的特色。

对中国的担当和作为，国际社会给予了广泛好评。2018 年，世界贸易组织对中国贸易政策进行了第七次审议，对中国经贸政策走向和承诺履行情况，绝大多数成员做出了积极评价，中国对多边贸易体制的贡献，也得到了高度赞赏。

在制度建设等因素的推动下，中国的对外贸易保持了良好的发展势头。从进入 2019 年以来的情况看，减税降费等一系列政策措施为企业稳信心、对外贸易稳增长提供了有力支撑。第一季度，中国的进口和出口都呈现出稳中提质的态势，各经营主体也活力迸发，民营企业继续保持了出口第一大经营主体地位，出口占比提高 3.1 个百分点，达到 49.3%。①

（二）中国特色社会主义经济制度与中国对外贸易自由化

什么是贸易自由化？学者们对此有不同的回答。根据迪安（Judith M. Dean）等人的划分，贸易自由化的定义有四类：第一类包括那些认为贸易自由化应使贸易体制更多地依赖于价格机制和减少反出口偏向的说法；第二类是指减少限制性贸易控制的政策行为；第三类强调以贸易制度的中立性作为贸易自由化的中心；第四类包含了贸易制度的中立性和自由化。② 从所涉领域看，各种贸易自由化定义的侧重点有所不同，较为多见的是强调进口自由化，重点从进口关税的下降去定义，有的兼指进口自由化和出口刺激减少。

很显然，基于不同的研究目标，从不同的侧重点定义贸易自由化是必要

① 数据来源于 http://sanfrancisco.mofcom.gov.cn/article/jmxw/201904/20190402855963.shtml。

② 黄静波. 中国对外贸易政策改革 [M]. 广州：广东人民出版社，2003：27.

的，但从体现概念内涵实质来讲，侧重不同的领域有失偏颇，而且，在现实的贸易保护中，除了进口保护、出口刺激，还有出口限制，除了关税壁垒，还有非关税壁垒，除了货物贸易保护，还有服务贸易保护，除了贸易保护，还有与贸易有关的投资保护，等等。因此，要针对贸易保护的具体领域、具体措施去定义贸易自由化，很难全面概括。从自由贸易和保护贸易的区别来讲，其重点在于对贸易的行政干预状况，与之相对应的表现是市场机制发挥作用的情况，也就是说，贸易自由化的实质是以市场机制代替有碍公平竞争的行政干预，作为动态的过程，它具有阶段性特征。

从中国的实际情况来看，贸易自由化是在改革开放后，随着计划和市场在资源配置中的作用演化起步并逐渐加强的动态过程。在这个过程中，由于计划和市场的作用程度、作用方式不同，贸易自由化呈现出不同的阶段性特征，对外贸易制度也随之呈现出不同的阶段性特征。

在改革开放初期，中国的贸易自由化进展十分缓慢，直到 1984 年，中国还基本维持着计划控制的对外贸易制度体系。在中共十二届三中全会明确提出社会主义经济是公有制基础上的有计划商品经济以后，特别是在中共十四大正式确立建立社会主义市场经济体制的改革目标后，中国的贸易自由化趋势才逐步加强。而且，在较长一段时期内，特别是在复关、入世的过程中，中国的贸易自由化具有被动推进的成分。入世之后，中国更加积极主动地推动了贸易自由化进程，贸易便利化也逐渐成为中国贸易改革的重点，在对外贸易发展“十二五”规划中，提高对外贸易便利化水平位列发展对外贸易的八大保障措施之中。从贸易自由化所涉领域来看，早期以货物贸易自由化为主，随着改革开放的深化，服务贸易及与贸易有关的投资等领域的自由化变得越来越突出，贸易投资自由化便利化也逐渐成为高频出现的关键词。

经过不懈的努力，中国的贸易自由化水平得到了显著提高。以货物进口贸易自由化为例。在推进贸易自由化之前，中国通过保护性的关税和非关税措施限制货物进口。推进贸易自由化以来，中国逐步降低了关税水平，削减、规范了非关税措施，特别是入世之后，中国在履行入世承诺的基础上自主提高了贸易自由化水平。到“十一五”期间，中国的行政许可事项已经明显减少，许可证、配额、国营贸易等管理手段也进一步完善，到2018年，中国实行进口许可证管理的货物只有2种（中国商务部公告2017年第96号）。在关税削减方面，2010年，中国的关税总水平已经从入世前的15.3%降到了9.6%。此后，中国还多次自主调整关税，到2018年，中国的关税总水平降到了7.5%①，这不仅超出了中国对世界贸易组织的承诺，也低于大多数发展中国家的关税水平。

可见，中国的贸易自由化程度是随着中国特色社会主义市场经济制度的确立、完善而不断提高的，这种演化趋势符合市场经济的共性特征，也体现了中国特色社会主义市场经济的个性特征。

在一般意义上，市场经济必然是自由化的经济，经济的自由化与经济的市场化在程度上具有同向变动关系。因此，随着市场配置资源的作用强化，尤其是在市场对资源配置起决定性作用的条件下，贸易的自由化程度必定提高。同时，自由的企业制度，市场主体自主经营、公开公平公正参与市场竞争，必然使中国的对外贸易制度呈现出自由贸易制度的特征。另外，从中国特色社会主义的角度看，中国的市场经济是社会主义条件下的市场经济，符合社会主义的本质要求是其个性特征，这就要求中国的对外贸易制度具有不同于一般自由贸易制度的特征。因此，在市场经济一般和市场经济中国特色紧密结合的条件下，中国对外贸易制度的显著特征是中国特色社会主义自由贸易制度。

（三）中国特色社会主义自由贸易制度建设与中国特色社会主义经济制度自我完善

基于自由贸易制度一般和自由贸易制度的中国特色，中国特色社会主义自由贸易制度建设具有双重目标：一是服务于中国特色社会主义建设的根本任务，二是使对外贸易政策与国际经贸规则相符合。要实现这两方面的建设目标，应正确处理政府和市场在调节对外贸易中的关系，做到既使市场在资源配置中起决定性作用，又更好发挥政府作用至关重要。因此，从双重建设目标及其实现条件讲，中国特色社会主义自由贸易制度建设对社会主义基本

① 数据来源于 http://www.gov.cn/guowuyuan/2018-09/30/content_5327246.htm。

经济制度和市场机制的完善，对现代企业制度建设和政府职能转变，都具有重要作用。

在完善社会主义基本经济制度层面，中国特色社会主义自由贸易制度建设发挥作用的关键在于其服务于中国特色社会主义根本任务的建设目标。基于这个目标，中国特色社会主义自由贸易制度建设必须以坚持和完善社会主义基本经济制度为前提，以推动对外贸易共享发展为宗旨，这意味着中国特色社会主义自由贸易制度建设必定坚持对外贸易大中小企业并重、多种所有制企业共同发展的原则，注重对各类贸易主体的法律保护，使之能够公平参与市场竞争，同时也表明各类贸易主体必须通过不断创新提升竞争能力。这种既富有推动力又充满压力的环境，有利于激发各类贸易主体的活力，优化贸易主体结构，促进对外贸易发展。这样，对外贸易领域的所有制结构将更加完善，社会主义基本经济制度建设的宗旨将得到更充分的体现。

在完善市场机制层面，中国特色社会主义自由贸易制度建设的作用既源自其内在的市场机制建设宗旨，又与贸易制度国际协调的要求密切相关，既体现了使贸易政策与国际经贸规则相符合的建设目标，更体现了在对外贸易领域充分发挥市场配置资源的决定性作用的基本要求。事实上，在开放型经济条件下，市场决定资源配置原本就离不开国内市场和国际市场的作用，而对外贸易则是融合国际国内市场并利用国际市场进行资源配置的重要途径。因此，随着中国特色社会主义自由贸易制度的发展完善，借助对外贸易渠道，国际国内的价格体系、市场供求、竞争关系的联系会更加紧密，国际国内市场的共同作用，将推动市场机制不断完善，使资源在国际国内市场充分流动，有效配置。

中国特色社会主义自由贸易制度建设在完善社会主义基本经济制度和市场机制方面的促进作用，体现了制度建设和对外贸易发展的相互推动，这种彼此推动的作用机制，对建设现代企业制度和培育市场主体具有重要作用。一方面，中国特色社会主义自由贸易制度的发展是推动对外贸易发展的重要力量，同时也要求对外贸易企业加强自身制度建设，不断提高应对各种风险的能力，这有利于促进对外贸易企业、特别是国有企业进一步融入市场经济体系，改革经营机制，建立健全现代企业制度。随着企业运营机制向着符合市场经济要求的方向不断发展，贸易企业将逐渐成为成熟的市场主体。另一方面，随着对外贸易的发展变化，贸易企业对制度环境的要求不断提高，这会促进对外贸易制度朝着符合实践需要的方向创新，并为贸易企业加强内部制度建设、提高应变能力创造有利条件。

与市场机制的不断完善相对应，政府的职能作用必定发生转变。从中国特色社会主义自由贸易制度建设对促进政府职能转变的作用来讲，其形成原因既在于转变政府职能是中国特色社会主义自由贸易制度建设的重要内容，同时也因为制度建设效应的传递。从中国特色社会主义自由贸易制度的发展历程来看，这种作用路径已经得到验证。一直以来，转变政府职能就是社会主义市场经济改革和对外贸易制度建设的重要目标，中国特色社会主义自由贸易制度建设对各类贸易主体共同发展及市场机制和现代企业制度建设的作用，也都与政府职能转变密切相关。从现实的情况来看，中国特色社会主义自由贸易制度建设对优化政府职能的意义主要包括：促进政府围绕建立健全市场配置资源新机制，进一步强化维护良好贸易秩序、保障贸易主体自主性、调动贸易主体积极性、增强贸易主体活力的功能，引导对外贸易发展更好地服务于中国特色社会主义建设目标；促进政府围绕参与、引领国际经贸规则制定，进一步加强参与国际经贸规则协调的机制建设，提升广泛参与出口管制国际规则和管制清单等规则制定的地位，促进参与国际宏观经济政策协调的机制建设，在为对外贸易发展营造良好环境的同时，推动国际经济治理体系改革。随着政府在这些领域的职能转变和作用优化，宏观调控的科学性将有效提高，社会主义市场经济制度的优势将更充分地显现。

从体制机制彼此联动的层面讲，除上述分析外，中国特色社会主义自由贸易制度建设对中国特色社会主义经济制度自我完善的促进作用还可以从对外贸易政策与财税、金融、产业、引进外资及对外投资等各方面政策的相互作用中体现出来，通过各领域体制机制彼此促进，中国特色社会主义自由贸易制度建设对社会主义制度体系的自我完善及中国经济社会的持续发展和世界经济发展，都具有重要意义。

本章参考文献

邓敏，顾磊，2016. 中国对外贸易概论［M］. 成都：西南财经大学出版社.

邓敏，顾磊，2019. 中国对外贸易概论［M］. 英文版. 北京：清华大学出版社.

中共中央文献编辑委员会，1993. 邓小平文选：第三卷［M］. 北京：人民出版社.

郭大钧，2018. 中国当代史［M］. 北京：学习出版社.

侯远长，2013. 中国特色社会主义制度形成确立的历史考察［J］. 中国浦东干部学院学报（1）：27-33.

黄静波，2003. 中国对外贸易政策改革［M］. 广州：广东人民出版社.

中共中央文献研究室，1999. 毛泽东文集：第八卷［M］. 北京：人民出版社.

沈春耀，2017. 加强人民当家做主制度保障［M］//本书编写组. 党的十九大报告辅导读本. 北京：人民出版社.

石广生，2013. 中国对外经济贸易改革和发展史［M］. 北京：人民出版社.

习近平，2018. 论坚持全面深化改革［M］. 北京：中央文献出版社.

习近平，2013-11-16. 关于《中共中央关于全面深化改革若干重大问题的决定》的说明［N］. 人民日报（1）.

张艳娥，2017. 十八大以来中国特色社会主义制度完善发展的逻辑经验［J］. 甘肃理论学刊（5）：5-10.

中共中央文献研究室，1994. 建国以来重要文献选编［G］. 北京：中央文献出版社.

中共中央宣传部，2014. 习近平总书记系列重要讲话读本［M］. 北京：

学习出版社、人民出版社.

中共中央宣传部，2015. 习近平新时代中国特色社会主义思想三十讲［M］. 北京：学习出版社.

佚名，1997. 中国共产党第十五次全国代表大会文件汇编［G］. 北京：人民出版社.

第三章 新中国对外贸易制度变迁与对外贸易思想演进

新中国的对外贸易思想经历了坚持马克思主义政治经济学、否定西方国际贸易理论，到科学认识马克思主义国际贸易理论、合理借鉴西方国际贸易理论的转变。在这个过程中，中国在坚持马克思主义、广泛汲取西方经济理论发展成果的基础上，结合中国社会主义建设实践和世界经济发展情况，不断探索社会主义的中国特色，逐渐形成了中国特色社会主义理论体系及其中蕴含的中国特色社会主义对外贸易思想，从理论上回答了中国“为谁”“为何”“如何”发展对外贸易这个根本问题，为对外贸易制度的创新发展奠定了理论基础，提供了行动指南。

第一节　中国特色社会主义对外贸易思想的形成与发展

在从计划经济时代到改革开放不断深化的历程中，中国经历了统制贸易、发展外向型经济到推动对外贸易运营模式市场化、发展开放型经济的实践，逐步确立了全面提高开放型经济水平、构建开放型经济新体制、推动形成全面开放新格局论题，这标志着中国对外贸易思想实现了从内向型经济的对外贸易思想到开放型经济条件下的科学发展思想的根本转变。

一、计划经济制度建设时期内向型经济思想的形成（1949—1978 年）

在计划经济制度建设时期，中国的对外贸易思想属于内向型的经济思想。这种思想认为，社会主义对外贸易是为了改进国民经济的实物构成，通过调剂余缺、互通有无弥补某些物资的不足，调节经济的比例关系。在性质上，这是强调对外贸易实物交换功能的、具有封闭性特征的经济思想。在根源上，这种思想与对社会主义制度下商品生产及价值规律作用的认识密切相关。

在这段时期，党和国家领导人在反思“斯大林模式”和中国社会主义建设实践问题的过程中对社会主义条件下的商品货币关系做了极具价值的探索，经济学界也对社会主义经济与商品生产和商品交换的关系进行了重要探讨。毛泽东曾经指出：“商品生产，要看它是同什么经济制度相联系，同资本主义制度相联系就是资本主义的商品生产，同社会主义制度相联系就是社会主义的商品生产。”毛泽东强调，要“利用商品生产、商品交换和价值法则，作为有用的工具，为社会主义服务”①。在学界，有学者提出应该“把计划经济与商品经济统一起来”，认为“社会主义经济是计划商品经济”②。但是，由于

① 中共中央文献研究室. 毛泽东文集：第七卷［M］. 北京：人民出版社，1999：228-435.

② 《经济研究》《经济学动态》编辑部. 建国以来政治经济学重要问题争论（1949—1980）［M］. 北京：中国经济出版社，1981：132-146.

多方面因素的限制，当时各界未能就这些思想达成共识，把计划经济和商品经济对立起来的观念也没有得到改变，非公有制经济一直被当作需要割掉的“资本主义尾巴”，对外贸易则基本限于实物交换功能，被置于辅助地位，对其价值增值作用、对参与国际分工的意义均缺乏认识，对西方国际贸易理论则持否定态度。

从历史因素和客观环境来看，内向型对外贸易思想的形成具有必然性。在新中国成立前夕，党和国家领导人曾经设想要构建平等的对外经济贸易关系，1949 年 9 月，《共同纲领》第五十七条明确规定，中华人民共和国可以在平等互利的基础上恢复并发展与各国政府和人民的通商贸易关系。但是，由于自然经济思想和中国对外贸易长期受到西方列强控制等历史原因，加上新中国成立初期一些国家对中国实行全面的封锁、禁运，以及受“两个平行的国际市场”理论影响，中国实行了向社会主义阵营“一边倒”的对外经贸战略，中国的对外经贸活动被置于以资本主义国家为主的国际分工体系之外，主要局限于社会主义阵营内。1958 年，中国提出了“自力更生为主，争取外援为辅”的发展方针，但由于在实践中过分强调自力更生，经济运行在相当程度上表现出自给自足的特征，特别是在“文化大革命”期间，自力更生思想被极度歪曲，出口和进口分别被冠以“卖国主义”“崇洋媚外”，技术引进被责为“爬行主义”“洋奴哲学”，利用外资则被斥为“向资本主义国家乞讨”。

在各种因素的交织影响下，这段时期的中国对外贸易在形式上主要限于商品进口和出口，在运营模式上体现为国家统制，在指导思想上表现出一定的实用主义特征，互通有无、调节国民经济实物构成是这种思想的主要内容，集中体现这种思想的“调剂余缺论”一度成为理论界的代表性观点。但是，总体而论，在计划经济时代，中国的社会主义对外贸易从无到有并能得到发展，毛泽东思想发挥了十分重要的作用。

二、建设有计划商品经济制度时期中国特色社会主义对外贸易思想的萌芽（1979—1992 年）

中国特色社会主义对外贸易思想是在发展外向型经济的过程中，随着中国特色社会主义道路的开辟逐渐萌芽的。总体上讲，这段时期中国的对外贸易思想属于外向型的经济思想。在本质上，外向型经济是以出口导向为主，以扩大创汇为目的的政策性开放经济。因此，发展外向型经济体现了中国对外贸易思想的变化。从思想根源讲，这种变化决定于对计划经济、商品经济及市场经济的认识转变。

改革开放初期，中共第二代中央领导集体在继承第一代中央领导集体关于建设社会主义先进思想的基础上，通过对什么是马克思主义、如何坚持马克思主义，什么是社会主义、怎样在经济文化比较落后的中国建设社会主义等问题的理论探讨，开始了马克思主义中国化的新征程。在对外经济贸易领域，中国依据十一届三中全会关于在自力更生基础上积极发展同世界各国平等互利经济合作关系的有关精神，大力开展了对外经济与贸易活动，并在实践中不断总结经验，将其升华为思想认识。1981 年 11 月，中共第五届人大四次会议政府工作报告明确指出，实行对外开放、加强国际经济技术交流是“坚定不移的方针”。1982 年 9 月，邓小平在中共十二大开幕词中明确提出要建设有中国特色的社会主义；同年 12 月，对外开放政策被写入中国宪法，正式确立为基本国策。以中国特色社会主义的提出、对外开放基本国策的确立为标志，中国特色社会主义的对外贸易思想初露端倪。

随着对中国特色社会主义条件下经济社会发展模式的不断探索，各界关于计划经济和商品经济的认识发生了深刻变化。1984 年 10 月，中共十二届三中全会指出，要按照把马克思主义基本原理同中国实际结合起来、建设有中国特色社会主义的总体要求，突破把计划经济同商品经济对立起来的传统观念，充分认识社会主义计划经济自觉遵守和运用价值规律的客观必然性，在公有制基础上积极发展商品经济。同时，中共十二届三中全会强调，社会主义的根本任务是发展社会生产力，是否有利于发展社会生产力是检验一切改革得失、成败的最主要标准。与“有计划商品经济”和“生产力标准”的逐步确立相伴随，中国的对外贸易思想朝着既坚持自力更生又重视国际分工的方向发展。中共十二届三中全会指出，要进一步贯彻执行对内搞活经济、对外实行开放的方针，在独立自主、自力更生、平等互利、互守信用的基础上，积极发展对外经济合作和技术交流，充分利用国内和国外两种资源，开拓国内和国外两个市场，学会组织国内建设和发展对外经济关系两套本领。

从经济学界的理论研究来看，学者们关于“比较成本论”和“国际分工论”是否可以作为对外贸易理论依据的研究很有时代特征。在《国际分工与我国对外经济关系》一文中，袁文祺、戴伦彰和王林生提出了国际分工的必然性和比较成本学说有合理内核的观点，认为社会主义国家要正确看待国际分工。[①] 这篇文章破除了理论禁区。[②] 此外，季崇威[③]，陈琦伟[④]，汪尧田、叶松年[⑤]，朱兴国、王绍熙[⑥]等也持这种观点。根据汪尧田和叶松年（1981）的分析，利用比较成本论参加国际分工和国际贸易不是放弃自力更生的方针，而是为了使经济得到迅速发展，进一步巩固自力更生的基础。与这些学者的观点不同，高鸿业[⑦]、薛荣久[⑧]等认为“比较成本论”不能作为中国对外贸易的理论依据。薛荣久以《李嘉图比较成本说不能指导我国对外贸易——与季崇威同志商榷》为题，明确提出比较成本说不能指导中国对外贸易。姚贤镐[⑨]针对主张以国际分工作为中国对外经济政策指导原则的主要理由展开分析，明确提出：如果按照比较成本所宣传的那样，按照国际分工行事，发展中国家的新兴企业根本无法建立，如果把国际分工作为指导中国对外贸易的原则，只能使贸易条件“不利状况延续下去”，勉强用古典理论来指导中国社会主义建设，“不免使人有缘木求鱼之感”。

---

① 袁文祺，戴伦彰，王林生．国际分工与我国对外经济关系［J］．中国社会科学，1980（1）：3-20.

② 王子先．中国对外开放与对外经贸30年［M］．北京：经济管理出版社，2008：217.

③ 陈琦伟．比较利益论的科学内核［J］．世界经济，1981（3）：10-18.

④ 季崇威．应用“比较成本论”指导我国对外贸易，在国际贸易中取得较好的经济效果［J］．外贸教学与研究，1981（3）：1-3.

⑤ 汪尧田，叶松年．对资产阶级古典国际贸易理论：比较成本说的评价［J］．国际贸易问题，1981（1）：22-27.

⑥ 朱兴国，王绍熙．关于马克思对李嘉图“比较成本说”的评价问题［J］．国际贸易，1982（8）：21-26.

⑦ 高鸿业．比较成本说不应构成我国对外贸易发展战略的理论基础［J］．经济研究参考资料，1982（44）：57-64.

⑧ 薛荣久．李嘉图比较成本说不能指导我国对外贸易：与季崇威同志商榷［J］．经济科学，1982（2）：68-72.

⑨ 姚贤镐．国际分工与社会主义国家对外经济关系［J］．经济科学，1980（4）：52-56.

学者们观点的截然不同，体现了研究氛围的热烈和中国借鉴应用西方国际贸易理论的曲折过程。而科学研究的甄别，则促进了认识的转变。一些经济学家认为，将“互通有无”“调剂余缺”作为发展对外贸易的理论根据不符合中国对外开放、积极参加国际分工、大力发展对外贸易的要求。在论及对这个观点的看法时，姚曾荫①提出，对这个问题不能简单地做出是与否的回答，互通有无、调剂余缺的贸易是互补性的贸易，把这种互补性贸易与国际分工对立起来，认为主张互通有无和调剂余缺违反国际分工原则，这完全是一种误解。在论及社会主义国家进行对外贸易的利益和重要性时，姚曾荫认为，社会主义国家可以通过国际分工和国内专业化生产提高劳动生产率，获得更多的财富或使用价值，还可以通过对外经济贸易加强与世界各国人民的友好合作，维护和巩固世界和平。

正是理论研究、思想认识和实践发展的相互促进，为中国特色社会主义事业的持续发展和社会主义理论不断深化创造了条件。1987 年，中共十三大在肯定改革和开放冲破了僵化的经济体制、社会主义商品经济以不可阻挡之势蓬勃发展的基础上，进一步强调在落后基础上建设社会主义尤其要发展对外经济技术交流和合作，进一步扩大对外开放的广度和深度，着重发展外向型经济。同时，中共十三大特别指出，出口创汇能力的大小在很大程度上决定了中国对外开放的程度和范围，影响着中国经济建设的规模和进程，必须根据国际市场的需要和中国的优势，积极发展出口产业，争取出口贸易较快地持续增长，积极发展旅游业，发展劳务出口和技术出口，努力增加非贸易外汇收入。中共十三大的这些论述表明，中国关于根据市场需求、自身优势发展对外贸易的重要性有了进一步认识，关于发展服务贸易的认识有了进一步发展，中国的对外贸易思想发生了重要变化。此外，中共十三大还系统阐述了社会主义初级阶段理论，确立了社会主义初级阶段的基本路线，强调必须从社会主义初级阶段这个实际出发，在实践中开辟有中国特色的社会主义道路。在此基础上，中共十三大报告把开辟中国特色社会主义道路过程中提

---

① 姚曾荫. 关于我国对外贸易几个理论问题的探讨 [N]. 人民日报，1987-07-13.

出的若干理论观点概括为 12 条，这些观点组成了中国特色社会主义理论的基本框架。

1989 年 6 月，中共十三届四中全会形成了以江泽民为核心的第三代中央领导集体。在新一代领导集体的领导下，中国继续探索中国特色的社会主义发展道路。1992 年春天，邓小平对计划与市场是姓“社”还是姓“资”这个羁绊中国改革的历史性难题做出了新的诠释。根据邓小平关于“社会主义也可以搞市场经济”的有关论述，江泽民进一步论述了社会主义市场经济体制。随后，中共十四大明确指出，邓小平的精辟论断“从根本上解除了把计划经济和市场经济看作属于社会基本制度范畴的思想束缚”，强调不要被一些姓“社”姓“资”的抽象争论束缚了思想和手脚，中国经济体制改革的目标，就是要建立社会主义市场经济体制。至此，中国确定了改革的市场化方向，这意味着中国的对外贸易运营模式将沿着市场化路径改革创新，中国的对外开放将形成新的格局。根据中共十四大的规划，在中国必须努力完成的十个关系全局的主要任务中，对外开放的任务是形成多层次、多渠道、全方位的开放格局，更多更好地利用国外资金、资源、技术和管理经验，积极开拓国际市场，促进对外贸易多元化，发展外向型经济。

邓小平建设有中国特色社会主义理论的确立，为中国社会经济包括对外贸易的发展提供了理论指导。对外向型经济的认识，体现了中国对比较优势的重视和强调出口创汇及国际收支平衡的对外贸易思想。在不断进步的理论指导下，发展外向型经济的各项举措成为有计划商品经济制度的有机组成部分，并在扩大出口、增加外汇收入等方面发挥了重要作用。实践的发展，检验了改革开放和邓小平建设有中国特色社会主义理论的科学性。

三、建立社会主义市场经济制度时期中国特色社会主义对外贸易思想的初步形成（1993—2001 年）

1993 年 11 月，中共十四届三中全会通过《中共中央关于建立社会主义市场经济体制若干问题的决定》（以下简称《决定》），进一步阐述了中国特色社会主义市场经济体制的架构和内容，强调建立社会主义市场经济体制是建设有中国特色社会主义理论的重要组成部分。随着社会主义市场经济制度内涵与实质的进一步明确，中国关于对外经济贸易的思想得到了创新性发展。在强调坚定不移地实行对外开放政策，加快对外开放步伐，积极参与国际竞争与国际经济合作，充分利用国际国内两个市场、两种资源，优化资源配置，发挥中国经济比较优势的基础上，《决定》明确提出要发展开放型经济，同时强调要依照中国国情和国际经济活动的一般准则，规范对外经济活动，正确处理对外经济关系，不断提高国际竞争能力。这些论断表明，中国的改革开放迈进了建立社会主义市场经济制度、发展开放型经济的新时期。

发展开放型经济，体现了中国对外开放思想的深化及对西方国际贸易理论的借鉴与应用，意味着中国参与国际分工的深度和广度的扩展，表明中国的对外贸易思想已经包含了自由贸易理念。随着市场化改革的推进和开放型经济的发展，随着社会主义市场经济理论和贸易自由化思想认识进一步深入，中国特色社会主义的对外贸易思想逐步形成。

1995 年，时任外经贸部部长吴仪在亚美协会 1995 年会上宣布，中国将积极推进贸易自由化，建立一个有中国特色的、能够与世界通行的贸易制度相接轨的自由贸易制度。① 1997 年，中共十五大在总结邓小平建设中国特色社会主义理论的基础上，将其正式命名为“邓小平理论”，并作为指导思想载入党章。此外，中共十五大强调，对外开放是一项长期的基本国策，面对经济、科技全球化趋势，必须要以更加积极的姿态走向世界，完善全方位、多层次、宽领域的对外开放格局，努力提高对外开放水平，发展开放型经济。

---

① 张曙光. 经济市场化中的贸易自由化［J］. 国际经济评论，1996（6）：16-18.

随着对社会主义制度和社会主义市场经济认识的加深，在准确把握世情、国情、党情的基础上，以江泽民为核心的第三代领导集体丰富和发展了中国特色的社会主义理论和对外开放思想，明确提出了“三个代表”要求，并进一步发展、形成了“三个代表”重要思想科学体系，推动中国成功加入了世界贸易组织。

四、完善社会主义市场经济制度时期中国特色社会主义对外贸易思想的发展（2002—2013 年）

以加入世界贸易组织为标志，中国的改革开放开始由单方面的自主开放，转向与世界贸易组织成员之间的双向开放，由被动接受规则，逐步转向主动参与国际经贸规则的制定，由依靠双边机制协调经贸关系，转向双边机制与多边机制的结合运用。这一系列的转变，意味着全方位、多层次、宽领域的制度性开放必定深入发展，同时也对理论发展提出了新的要求，创造了新的条件。

2002 年，中共十六大阐明了贯彻“三个代表”重要思想的根本要求，并将“三个代表”重要思想同马克思列宁主义、毛泽东思想、邓小平理论一道确立为中国必须长期坚持的指导思想。同时，为了适应加入世界贸易组织和经济全球化的新形势，依据邓小平理论和“三个代表”重要思想，结合社会主义市场经济体制初步建立的实际情况，中共十六大将建成“完善的社会主义市场经济体制和更具活力、更加开放的经济体系”定位为全面建设小康社会的目标之一，并将对外开放提到了“以开放促改革促发展”的高度，指出要坚持“引进来”和“走出去”相结合，进一步扩大商品和服务贸易，全面提高对外开放水平。在此基础上，中共十六届三中全会通过的《中共中央关于完善市场经济体制若干问题的决定》进一步明确了完善社会主义市场经济体制的目标、任务、原则和指导思想，强调要深化涉外经济体制改革。2004 年，《对外贸易法》从法律层面进一步明确了扩大对外开放，保护对外贸易经营者合法权益，维护公平、自由的对外贸易秩序的原则。

在贯彻中共十六大精神、依法推动改革开放的过程中，以胡锦涛同志为总书记的中央领导集体根据中国和世界形势的新特点，在继承邓小平理论、“三个代表”重要思想的基础上，进一步发展了中国特色社会主义理论，用新的思想观点回答了什么是社会主义、怎样建设社会主义这个基本问题，围绕发展这个中心，对什么是发展、为什么发展、发展为了谁、发展依靠谁、发展成果由谁享有等重大问题进行了富有创造性的探索，开拓了马克思主义中国化的新境界，形成和贯彻了科学发展观，确立了发展中国特色社会主义这一新目标。这标志着中国实现了从建设中国特色社会主义到发展中国特色社会主义的理念转变，标志着中国进入了注重科学发展的时代。

在深刻阐述科学发展观的历史地位、时代背景、科学内涵、精神实质和根本要求的基础上，中共十七大把邓小平理论、“三个代表”重要思想、科学发展观等重大战略思想，统一概括为中国特色社会主义理论体系，这标志着中国特色社会主义理论体系的正式确立，标志着以马克思主义理论为基础、蕴涵于中国特色社会主义理论体系的中国特色社会主义对外贸易思想的发展。

依据中国特色社会主义理论体系，中共十七大在强调发展中国特色社会主义的必由之路是改革开放、战略思想是科学发展观的基础上，对促进国民经济又好又快发展、实现全面建设小康社会奋斗目标做了规划，指出要加快转变经济发展方式、完善社会主义市场经济体制，深化对社会主义市场经济规律的认识。同时，中共十七大做出了开放型经济已经进入新阶段的明确判断，强调要坚持对外开放的基本国策，拓展对外开放的广度和深度，把“引进来”和“走出去”更好地结合起来，要提高开放型经济水平，完善内外联动、互利共赢、安全高效的开放型经济体系，形成经济全球化条件下参与国际经济合作和竞争的新优势；要加快转变对外贸易增长方式，立足以质取胜，调整进出口结构，促进加工贸易转型升级，大力发展服务贸易。

根据中共十七大对改革开放的部署，中国围绕全面建设小康社会的目标推进了深化改革开放的各项工作，有效应对了国际金融危机和其他外部经济风险的冲击，保持了经济平稳较快发展，大幅度提升了综合国力。与此同时，中国社会经济发展中也存在一些不平衡、不协调、不可持续的问题，其中包括进出口平衡发展的问题、利用外资与对外投资的问题、开放模式与开放结构的问题。面对中国经济社会发展的客观现实和经济全球化的新形势，中共十八大提出“要加快完善社会主义市场经济体制”，并在肯定“开放型经济达到了新水平”的基础上，依据中国特色社会主义理论体系，确立了“全面提高开放型经济水平”论题，强调要加快转变对外经济发展方式。

为了全面提高开放型经济水平，中共十八届三中全会在强调以马克思列宁主义、毛泽东思想、邓小平理论、“三个代表”重要思想、科学发展观为指导的基础上，确立了构建开放型经济新体制论题。全面提高开放型经济水平、构建开放型经济新体制论题的确立，体现了中国特色社会主义对外开放思想的发展，标志着中国对外经济贸易进入了依据市场决定资源配置创新运营模式、转变发展方式的新阶段。

五、完善社会主义市场经济制度新时期中国特色社会主义对外贸易思想的创新（2014 年至今）

在新的历史条件下，随着使市场在资源配置中起决定性作用和更好发挥政府作用、推动形成全面开放新格局的各项改革逐步实施，中国特色社会主义对外贸易思想实现了创新发展。

回溯中共十八大召开以来中国特色社会主义建设的历史进程，面对持续低迷的世界经济，面对“三期叠加”以及发展不平衡不充分、不协调、不可持续问题突出的中国经济，以习近平同志为核心的党中央果断做出中国经济进入新常态的重大判断，主动把握、积极适应经济发展新常态，协调推进“四个全面”战略布局，提出并坚定不移地贯彻创新、协调、绿色、开放、共享发展理念，坚定不移推进供给侧结构性改革，加快完善使市场在资源配置中起决定性作用和更好发挥政府作用的体制机制，加快构建开放型经济新体制，实施推进京津冀协同发展、长江经济带发展等重大战略，遵循共商共建共享原则推进“一带一路”建设，围绕形成立足周边、辐射“一带一路”、面向全球的高标准自由贸易区网络加快实施自由贸易区战略，坚持正确义利观，推动构建人类命运共同体。在这个过程中，中国在进一步强调对外贸易比较优势的同时加大了提升竞争优势的工作力度。2015 年，国务院发布了《国务院关于加快培育外贸竞争新优势的若干意见》，明确指出在国际环境和国内发展条件都发生重大变化的历史背景下，保持对外贸易传统优势、加快培育竞争新优势是事关中国发展全局的重大问题，同时从完善政策体系、加强组织实施等方面部署了实现加快培育对外贸易竞争新优势目标任务的方案。① 这些重大决策、举措和成就，引领和推动中国发生了一场深刻变革，有力地推动了中国发展加快，从速度规模型向质量效益型转变，为中国发展培养了新动力，拓展了新空间。②

在改革开放和社会主义现代化建设取得全方位、开创性成就，实现深层次、根本性变革的过程中，以习近平同志为核心的党中央不断深化对共产党执政规律、社会主义建设规律、人类社会发展规律的认识，形成了一系列治国理政的新思想，为中国在新的时代背景下深化改革开放、加快发展社会主义事业提供了科学理论指导和行动纲领。在总结理论探索取得的创新成果的基础上，中共十九大提出了习近平新时代中国特色社会主义思想，并将其确立为必须长期坚持的指导思想写进了党章。

中共十九大党章修正案指出："十八大以来，以习近平同志为主要代表的中国共产党人，顺应时代发展，从理论和实践结合上系统回答了新时代坚持和发展什么样的中国特色社会主义、怎样坚持和发展中国特色社会主义这个重大时代课题，创立了习近平新时代中国特色社会主义思想。习近平新时代中国特色社会主义思想是对马克思列宁主义、毛泽东思想、邓小平理论、'三个代表'重要思想、科学发展观的继承和发展，是马克思主义中国化最新成果，是党和人民实践经验和集体智慧的结晶，是中国特色社会主义理论体系的重要组成部分，是全党全国人民为实现中华民族伟大复兴而奋斗的行动指南，必须长期坚持并不断发展。在习近平新时代中国特色社会主义思想指导

① 数据来源于 http://www.gov.cn/zhengce/content/2015-05/12/content_9735.htm。

② 林兆木. 党的十八大以来党和国家事业发生历史性变革［M］//本书编写组. 党的十九大报告辅导读本. 北京：人民出版社，2017：112.

下，中国共产党领导全国各族人民，统揽伟大斗争、伟大工程、伟大事业、伟大梦想，推动中国特色社会主义进入了新时代。”①

习近平新时代中国特色社会主义思想，系统回答了新时代要不要开放、要什么样的开放、如何更好推动开放等重大命题，明确了新时代的开放理念、开放战略、开放目标、开放布局、开放动力和开放方式，强调要主动参与和推动经济全球化进程，发展更高层次的开放型经济，极大地丰富了中国特色社会主义对外贸易思想，以新的发展理念回答了“为谁”“为何”“如何”发展对外贸易的问题，是中国在新的时代背景下推动对外贸易科学发展的指导思想。

中国特色社会主义对外贸易思想形成、发展的历程表明，西方国际贸易理论为中国对外贸易思想和实践的发展提供了理论借鉴，而马克思列宁主义、毛泽东思想、邓小平理论、“三个代表”重要思想、科学发展观、习近平新时代中国特色社会主义思想，则集中体现了中国特色社会主义对外贸易思想的理论基础和内涵实质，是新中国发展对外贸易、建设对外贸易制度的指导思想。

第二节　新中国对外贸易制度变迁的理论基础和思想基础

在中国的对外贸易理论研究、思想发展、制度建设和实践创新中，马克思列宁主义具有理论基础地位，作为马克思列宁主义与中国具体实践相结合的产物，毛泽东思想和中国特色社会主义理论体系，则发挥着思想基础作用。

① 本书编写组. 十九大党章修正案学习问答［M］. 北京：党建读物出版社，2017：3-4.

一、马克思主义理论与新中国对外贸易制度变迁

在根本上，马克思列宁主义的理论基础地位源自其科学性、实践性和开放性，也源自中国共产党人坚持推进马克思主义中国化。中共十五大指出，马克思列宁主义同中国实际相结合有两次历史性飞跃，产生了两大理论成果，第一次飞跃的理论成果是毛泽东思想，第二次飞跃的理论成果是邓小平理论。中共十七大指出，中国特色社会主义理论体系就是包括邓小平理论、“三个代表”重要思想以及科学发展观等重大战略思想在内的科学理论体系，这个理论体系坚持和发展了马克思列宁主义、毛泽东思想，是马克思主义中国化的最新成果。中共十九大党章修正案指出，习近平新时代中国特色社会主义思想是中国特色社会主义理论体系的重要组成部分，必须长期坚持并不断发展。可见，马克思列宁主义不仅为中国革命、建设和改革实践提供了思想武器，也为新时代中华民族的稳步前进提供了科学的理论基础和行动指南。具体就马克思主义理论对新中国推进对外贸易制度建设的作用来讲，其突出表现集中在方法论基础和理论基础方面。

首先，马克思主义是认识事物发展的世界观和方法论。马克思主义理论研究的主要方法是唯物辩证法，此外还应用了一系列具体方法，如科学抽象法，逻辑和历史相结合的方法，分析和综合相结合的方法，归纳和演绎相结合的方法，定性分析和定量分析相结合的方法，区别物质内容和社会形式的方法，由此构成了马克思主义完整的方法论体系。① 应用马克思主义方法论，可以辩证地分析国际贸易发展、国际经贸规则演进和中国对外贸易的发展情况及其制度举措的利弊，这有利于透过现象把握国际贸易的本质和国际经贸规则演进的客观逻辑，探寻中国对外贸易的发展轨迹和最佳制度模式，进而从特殊现象中抽取共性要素，并在统筹考虑国际国内、经济政治等各方面因素的情况下，科学规划对外贸易战略，全面评估对外贸易体制机制建设，适

① 邓敏. 通货紧缩国际传导：基于国际经济视角的研究［M］. 成都：西南财经大学出版社，2006：10.

时适度调整对外贸易政策措施，推动中国对外贸易制度沿着既体现国际贸易共性又符合中国实际的方向发展。

其次，马克思主义理论、特别是马克思主义的国际贸易理论为中国推进对外贸易制度建设奠定了理论基础。依据马克思主义理论展开科学研究获得的理论成果，是中国对外贸易思想的理论渊源，为中国建立健全对外贸易制度提供了行动指南。在长期的理论研究中，马克思主义的国际分工理论、世界市场理论、社会再生产理论、国际价值理论一直是解释国际贸易成因、国际价格形成、贸易方式和利益分配的主要依据，同时也是分析中国发展对外贸易的原因、原则、立场和方略的理论依据。

根据马克思的论述，国际分工是产生国际贸易的物质基础，也是一国发展对外贸易的基本依据。从生产力的角度讲，国际分工是生产力进步的标志，也是生产力进一步发展的条件。因此，尊重、认识、利用国际分工，是符合客观经济规律的必然选择，参与国际分工、发展对外贸易，是中国发展生产力的重要路径。从马克思主义的世界市场理论来看，由于世界市场使资源在全球配置，使一切国家的生产和消费都成了世界性的，“过去那种地方的和民族的自给自足和闭关自守状态，被各民族的各方面的互相往来和各方面的相互依赖所代替”①。而且，世界市场使商业、航海业和陆路交通得到巨大发展，这种发展又反过来促进了工业的发展，而大工业形成的新的世界市场关系也促进了产品的精致和多样化，因此，中国发展对外贸易不仅可以利用世界市场优化资源配置，还可以借助对外贸易的产业带动作用促进中国工业及社会经济的发展。从社会再生产的角度进一步分析，两大部类之间以及两大部类内部的比例关系，体现为价值形态和实物形态的平衡，这种平衡是社会总产品顺利实现和社会再生产顺利进行的条件。但是，由于资源禀赋、经济发展水平、经济结构等因素的影响，一国社会总产品的实物构成往往与扩大再生产要求的实物构成有差距，其价值形态也难以仅仅依靠国内交换得到实

① 中共中央马克思恩格斯列宁斯大林著作编译局. 马克思恩格斯选集：第一卷［M］. 北京：人民出版社，1956：255.

现。“如果一个国家自己不能把资本积累所需要的那个数量的机器生产出来，它就要从国外购买。如果它自己不能把所需数量的生活资料（用于工资）和原材料生产出来，情况也会如此”①。因此，根据马克思主义社会再生产理论，中国发展对外贸易可以促进商品的价值实现，并在世界范围内实现商品的物质形态转换，为社会再生产协调发展创造更好的条件。

可见，无论是依据马克思主义的国际分工理论、世界市场理论，还是依据其社会再生产理论，都足以证明中国发展对外贸易的重要性，进而表明了中国加强对外贸易制度建设、为对外贸易发展创造良好制度环境的必要性。从对外贸易的产业带动作用、连接国际国内市场的作用及其与社会再生产协调发展的关系来讲，注重对外贸易政策的资源配置效应及其与产业政策的协调性，是对外贸易制度建设的重要方向。

从价值实现的层面讲，马克思主义的国际价值理论具有重要意义。根据国际价值理论，同一商品具有国内价值和国际价值两种价值尺度。从质上讲，这两种价值尺度都是无差别人类劳动的凝结；从量上讲，国别价值是由一国的社会必要劳动时间决定的，而国际价值则由国际社会必要劳动时间决定，“它的计量单位是世界劳动的平均单位”。在世界市场上，由于各国的劳动强度和劳动生产率不同，不同国家在相同劳动时间所生产的同种商品的国际价值也不同，这就决定了两种价值尺度之间的比较差异，这是价值规律发挥作用的结果。利用这个比较差异，在正常、平等的贸易条件下，贸易双方都可能获得贸易利益。这进一步表明，中国虽然是发展中国家，通过对外贸易也可以获得比较利益。但是，另一方面，由于“一个国家的三个工作日也可能同另一个国家的一个工作日交换”②，而且，辩证地讲，国际分工、世界市场原本就具有多个维度，马克思主义认为，资本主义国际分工一开始就有两重性。因此，基于马克思主义理论的辩证分析，中国在发展对外贸易的过程中

① 中共中央马克思恩格斯列宁斯大林著作编译局. 马克思恩格斯全集：第二十六卷［M］. 北京：人民出版社，1973：560.

② 中共中央马克思恩格斯列宁斯大林著作编译局. 马克思恩格斯全集：第二十五卷［M］. 北京：人民出版社，1975：265.

必须坚持独立自主、平等互利的原则，这为中国实施相应的制度措施提供了理论依据。

在贸易政策层面，马克思主义的关税理论具有直接的指导意义。基于辩证唯物主义和历史唯物主义的原则和方法，马克思、恩格斯分析了保护关税制度的历史作用和消极影响。根据马克思、恩格斯的分析，保护关税制度促进了处于萌芽状态的资本主义工商业的发展，对资产阶级建立大工业、反对封建势力发挥了重要作用。马克思指出："保护关税制度不过是为了在某个国家建立大工业的手段……在资产阶级开始以一个阶级自居的那些国家里（例如在德国），资产阶级便竭力争取保护关税。保护关税成了它反对封建主义和专制政权的武器，是它聚集自己的力量和实现国内自由贸易的手段。"① 恩格斯指出，现代工业体系"就是在保护关税制度的卵翼之下于18世纪最后30多年中在英国发展起来的"②。但是，"保护关税制度再好也不过是一种无穷螺旋，你永远也不会知道什么时候它才会转到头。你保护一个工业部门，同时也就直接或间接地损害了其他一切工业部门，因此你就必须把它们也保护起来。这样一来你又会给你原先保护的那个工业部门造成损失，你就必须补偿它的损失，这一补偿又会像前面的情况一样，影响到其他部门，并且使它们也有权利要求补偿——就这样继续下去，没有尽头"③。保护关税制度最糟糕的一点就是，一旦实施起来，就不容易再摆脱了。④所以，鉴于关税的正负效应和历史经验，马克思主义理论主张建立完善的关税制度，确定适度的关税水平。基于建立工业体系的需要，恩格斯强调要有一套完善的、适用于一切受到外国竞争威胁的部门而且经常随着工业状况而改变自己形式的保护关

① 中共中央马克思恩格斯列宁斯大林著作编译局. 马克思恩格斯全集：第四卷［M］. 北京：人民出版社，1958：458-459.

② 中共中央马克思恩格斯列宁斯大林著作编译局. 马克思恩格斯全集：第二十一卷［M］. 北京：人民出版社，1958：414.

③ 中共中央马克思恩格斯列宁斯大林著作编译局. 马克思恩格斯全集：第二十一卷［M］. 北京：人民出版社，1965：419.

④ 中共中央马克思恩格斯列宁斯大林著作编译局. 马克思恩格斯全集：第二十一卷［M］. 北京：人民出版社，1965：421.

税制度，认为自由贸易是指“适度”的关税率。具体到产品层面，马克思和恩格斯都主张把原材料关税和制成品关税区别开来，强调减轻或废止原材料关税对发展工业的重要意义。马克思指出：“废除或减轻原料关税，对工业具有很大的意义”，“让原材料尽可能自由输入，已经成了合理地建立起来的保护关税制度的重要原则。”①

此外，恩格斯还论及了出口方面的保护关税。恩格斯在《资本论》第三卷中指出：西方各国“普遍实行保护关税的新狂热”，这种保护关税和旧的保护关税制度的区别表现在，它保护最多的恰好是可供出口的物品②。列宁在对帝国主义时代的关税进行理论概括时也分析了关税对出口的保护。列宁指出，“卡特尔引起了一种新的、独特的保护关税，它所保护的恰好是那些能够出口的产品”“卡特尔和金融资本有一种‘按倾销价格输出’的做法”“在国内按垄断高价出卖产品，在国外却按贱几倍的价格倾销”③。列宁的分析体现了卡特尔对关税制度的影响及其市场策略，同时列宁还分析了保护关税对卡特尔形成的促进，并且指出：有许多国家重新用保护关税来自卫，发展成了独立的资本主义国家。对关税与资本输出、资本输出与商品输出的关系，列宁也有论及。列宁指出：资本输出是鼓励商品输出的手段。

十月革命胜利后，列宁论述了社会主义国家的对外贸易制度。结合苏维埃国家的实际，列宁主张实行对外贸易垄断制。根据苏维埃政府的有关规定，在实行对外贸易垄断制的情况下，关税只起辅助作用。列宁逝世后，斯大林继续执行列宁制定的对外贸易垄断制和关税政策。斯大林曾经指出，对外贸易垄断制是苏维埃政府“不可动摇的基础之一”④。1925 年 10 月 3 日，俄共（布）中央委员全体会议的决议明确强调“必须巩固对外贸易垄断制”，同时

① 中共中央马克思恩格斯列宁斯大林著作编译局. 马克思恩格斯全集：第二十五卷［M］. 北京：人民出版社，1975：123.

② 杨圣明. 走向贸易强国的理论创新［M］. 北京：经济科学出版社，2011：91-102.

③ 中共中央马克思恩格斯列宁斯大林著作编译局. 列宁选集：第二卷［M］. 北京：人民出版社，1972：832.

④ 中共中央马克思恩格斯列宁斯大林著作编译局. 斯大林全集：第十卷［M］. 北京：人民出版社，1954：98.

指出："任何关税保护政策，任何其他调节手段，都不能像对外贸易垄断制这样有力地保护我们。"①

不可否认，马克思主义的关税理论带有时代的烙印。但是，马克思、恩格斯关于关税起源与演进的理论、关于关税是国际上资本斗争武器的理论、关于关税是建立大工业和实现国内自由贸易手段的理论、关于关税的财政职能的理论、关于保护关税是顾头难顾尾的无穷螺旋的理论、关于减轻或废止进口原材料关税的理论、关于适度关税和差别关税的理论，以及列宁关于帝国主义新关税的理论、关于保护关税与卡特尔关系的理论，等等，在今天，还远没有丧失它们的理论意义和实践意义。② 马克思主义关税理论中反映各国关税实践共性的基本原理，为中国建立科学的贸易制度、确定合理的关税结构和关税水平提供了重要依据。列宁和斯大林对社会主义对外贸易制度的探索和实践，对计划经济时期的中国对外贸易制度建设产生了重要影响。

二、毛泽东思想与新中国对外贸易制度变迁

毛泽东思想是中国革命和社会主义建设实践的产物，是集体智慧的结晶。在长期的实践中，以毛泽东为主要代表的中国共产党人创造性地解决了马克思列宁主义基本原理同中国实际相结合的一系列重大问题，取得了新民主主义革命的胜利，确立了社会主义基本制度，找到了在中国进行社会主义建设的正确道路，形成了适合中国情况的科学指导思想——毛泽东思想，为当代中国一切发展进步奠定了根本政治前提、制度基础和思想基础。"毛泽东思想活的灵魂是贯穿其中的立场、观点、方法，它们有三个基本方面，这就是实事求是、群众路线、独立自主。"其中，"实事求是，是马克思主义的根本观点，是中国共产党人认识世界、改造世界的根本要求，是我们党的基本思想方法、工作方法、领导方法""群众路线是我们党的生命线和根本工作路线"

① 杨圣明. 走向贸易强国的理论创新［M］. 北京：经济科学出版社，2011：98-99.

② 杨圣明. 走向贸易强国的理论创新［M］. 北京：经济科学出版社，2011：102.

"独立自主是我们党从中国实际出发、依靠党和人民力量进行革命、建设、改革的必然结论""毛泽东思想不仅在新民主主义革命、社会主义革命、社会主义建设时期发挥了重要作用，也为新的历史时期开创和建设中国特色社会主义发挥了重要作用""毛泽东思想以独创性理论丰富和发展了马克思列宁主义"；毛泽东"是伟大的马克思主义者""是马克思主义中国化的伟大开拓者"。[①]

早在1938年10月，毛泽东就明确指出："马克思主义的中国化"，"即是说，按照中国的特点去应用它，成为全党亟待了解并亟须解决的问题"[②]。由此，"马克思主义中国化"逐步成为中国共产党人的共识。正是根据使马克思主义"在其每一表现中带着中国的特性"这一精神实质去应用马克思主义，中国才发展了毛泽东思想。正是在继承、发展毛泽东思想的基础上，中国才形成、发展了中国特色社会主义理论体系，也因此决定了毛泽东思想在马克思主义中国化历史进程中的承上启下、不可替代的地位，决定了毛泽东思想和中国特色社会主义理论体系不可分割的历史和逻辑上的密切联系，使二者作为不同阶段的马克思主义中国化理论成果，既一根相连、一脉相承，又各具特色，相映生辉，进而"共同构建了中国化的马克思主义理论大厦，开创了马克思主义事业在中国的新篇章"[③]。

毛泽东思想在实践发展和理论传承中的贡献，凝结了丰硕的成果。在对外贸易领域，毛泽东思想不仅是中国社会主义对外贸易得以建立并获得发展的保障条件，也是对外贸易改革创新的思想基础。毛泽东思想凝聚了以毛泽东为主要代表的中国共产党人关于新中国发展对外贸的重要性、原则和制度模式的认识。

在中共第七次全国代表大会上，毛泽东明确指出，在建立真正独立的新

---

① 中华人民共和国中央人民政府. 习近平在纪念毛泽东同志诞辰120周年座谈会上的讲话［EB/OL］.（2013-12-26）［2019-04-01］. http://www.gov.cn/ldhd/2013-12/26/ content_2554937.htm.

② 中央档案馆. 中共中央文件选集第十一册［M］. 北京：中共中央党校出版社，1991：658.

③ 徐光春. 中国化马克思主义的与时俱进［EB/OL］.（2013-09-16）［2019-04-01］. http://theory.people.com.cn/n/2013/0916/c40531-22935892.html.

中国后要积极发展对外贸易，利用外国投资，以促进中国的工业化。毛泽东强调，“中国人民愿意同世界各国人民实行友好合作，恢复和发展国际间的通商事业，以利于发展生产和繁荣经济”①。1949 年 4 月，刘少奇强调：“必须切实地组织好对外贸易，这是至关重要的工作，是人民的最大利益之一”②。毛泽东和刘少奇的论述表明，新中国发展对外贸易的原因在于其对工业、对社会经济发展的作用，宗旨则是为了人民的利益。这样的认识，是改革开放时期中国确定对外贸易发展宗旨的思想渊源。此外，以毛泽东为主要代表的领导集体关于发展对外贸易的思想，也包含了关于世界经济相互联系和开放的必然性的认识。根据周恩来的观点，在这个世界上，任何一个国家在建设中都不可能完全闭关自给，总是要相互需求，其中首要的就是贸易的来往，技术的合作，“即使我们将来建成了社会主义工业国之后，也不可能设想，我们就可以关起门来万事不求人了”“闭关自守是会阻碍进步的”③。这些思想认识，和马克思列宁主义关于世界市场的基本原理以及列宁关于社会主义对外贸易重要性的思想具有高度的一致性。

那么，新生的社会主义中国，应该怎样发展对外贸易呢？毛泽东指出：“人民共和国的国民经济的恢复和发展，没有对外贸易的统制政策是不可能的”“对内的节制资本和对外的统制贸易，是这个国家在经济斗争中的两个基本政策”“谁要是忽视或轻视了这一点，谁就将要犯绝大的错误”；“立即统制对外贸易，改革海关制度，这些都是我们进入大城市的时候所必须采取的步骤”；“我们必须尽可能地首先同社会主义国家和人民民主国家做生意，同时也要和资本主义国家做生意”④。刘少奇指出，“为了把进出口管好，国家要管制对外贸易，对它加以统制。过去因受帝国主义侵略不能统制，今天必须统制。不这样，帝国主义势力仍旧会侵入。但今天管制应放宽些，不要统得太严，统制死了，不要因统制而妨碍正当的进出口贸易。海关税收税率应配合

① 毛泽东. 毛泽东选集：第一卷［M］. 北京：人民出版社，1991：1466.

② 刘少奇. 刘少奇论新中国经济建设［M］. 北京：中央文献出版社，1993：75.

③ 周恩来. 周恩来选集（下）［M］. 北京：人民出版社，1984：226.

④ 毛泽东. 毛泽东选集：第四卷［M］. 北京：人民出版社，1966：1371-1373.

对外贸易的发展，不应妨碍它发展。”①

在开展对外贸易的原则方面，毛泽东思想包含了独立自主、自力更生、平等互利等方针。早在1935年，毛泽东就明确指出：我们中华民族“有在自力更生的基础上光复旧物的决心，有自立于世界民族之林的能力”②。1945年，毛泽东强调：“我们是主张自力更生的，我们希望有外援，但是我们不能依赖它，我们依靠自己的努力，依靠全体军民的创造力。”③“我们的方针要放在什么基点上？放在自己力量的基点上，叫做自力更生。”④1958年，毛泽东根据形势的变化进一步阐释了自力更生和争取外援、合理借鉴国外经验的关系，指出要以“自力更生为主，争取外援为辅”，要“破除迷信，独立自主干工业，干农业，干技术革命和文化革命”，要“认真学习外国的好经验，也一定要研究外国的坏经验——引以为戒”，并强调“这就是我们的路线”⑤。根据周恩来的论述，“自力更生”这个方针的含义是依靠本国人民的劳动和智慧，充分利用本国的资源发展本国的经济，同时在平等互利的基础上同世界各国发展贸易，互通有无，而不是自给自足，闭关自守。因此，周恩来强调要正确处理自力更生同国际合作的关系，对兄弟国家要合作互助，共同发展，对民族主义国家要坚持平等互利，帮助他们的民族经济逐步向独立方面发展，对和平中立国家要互通有无，加强往来，对帝国主义国家及其追随者的政策，则是经济关系服从政治关系。毛泽东和周恩来的观点表明，人民是发展社会主义事业的依靠力量，开放、国际合作及适时把握国别政策，注重经济和政治的关系，对社会主义事业的发展具有重要意义。1954年，在国际形势发生变化的情况下，毛泽东及时强调了积极改善与西方国家关系的重要性，周恩来也指出：“我们跟西方国家改进关系，在政治上是和平，在经济上是贸易。”⑥

---

① 刘少奇. 刘少奇论新中国经济建设［M］. 北京：中央文献出版社，1993：81.

② 毛泽东. 毛泽东选集：第一卷［M］. 北京：人民出版社，1991：161.

③ 毛泽东. 毛泽东选集：第三卷［M］. 北京：人民出版社，1991：1016.

④ 毛泽东. 毛泽东选集：第一卷［M］. 北京：人民出版社，1991：1132.

⑤ 中共中央文献研究室. 建国以来毛泽东文稿：第七册［M］. 北京：中央文献出版社，1958：273.

⑥ 中华人民共和国外交部，中共中央文献研究室. 周恩来外交文选［M］. 北京：中央文献出版社，1990：158.

根据统制贸易的思想和原则，中华人民共和国成立后“实行了对外贸易管制和保护贸易政策，并且把国内市场价格同国际市场价格分开，使国内价格不受资本主义国际市场价格波动的影响”，同时实行区别对待原则，在同资本主义国家进行贸易时，进出口商品价格“按照资本主义国际市场价格计算”，在同苏联和各人民民主国家贸易时，根据平等互利、互通有无、互相合作的原则进行，“贸易上的作价，也符合这个原则”[①]。在针对进出口的具体措施方面，鼓励出口限制进口的特征十分明显。1950年6月，陈云明确指出：“进口什么东西，要严加管制；出口的东西要放宽尺度，凡是能够出去的东西，不管鸡毛蒜皮都可以出去。”[②]这样的对外贸易制度，对新中国建立和发展社会主义性质的对外贸易发挥了重要作用，其中所包含的独立自主、依靠人民、平等互利、合作互助、区别对待等思想，对计划经济时期和改革开放以来中国的对外贸易制度建设和对外贸易发展具有重要意义，对中国在未来不断创新对外贸易制度、推动对外贸易高质量发展、进一步处理好国际政治经济关系，也具有指导作用。

三、中国特色社会主义理论体系与新中国对外贸易制度变迁

中国特色社会主义理论体系是对马克思列宁主义、毛泽东思想的坚持、继承和发展，是中国化马克思主义创新发展的理论成果。中国特色社会主义理论体系是由经济、政治、文化、社会、国防、外交、统一战线、党的建设等领域的理论思想构成的统一、科学的有机整体。中共十七大把中国特色社会主义理论体系写入党章，明确指出中国特色社会主义理论体系是“党最可宝贵的政治和精神财富”，是“各族人民团结奋斗的共同思想基础”。中共十八大阐释了科学发展观的精神实质和深入贯彻落实科学发展观的意义及要求。中共十九大指出习近平新时代中国特色社会主义思想是中国特色社会主义理

① 叶季壮. 在第一届全国人民代表大会第二次会议上的发言［N］. 人民日报，1955-07-30.

② 陈云. 陈云文选：第二卷［M］. 北京：人民出版社，1984：94.

论体系的重要组成部分，并将其写入了党章，这标志着中国特色社会主义理论体系的创新发展，进一步显示了中国特色社会主义理论体系在中国特色社会主义事业全面发展中的思想基础地位。从中国对外贸易实践发展、制度改革创新的层面看，这种思想基础地位首先体现在，中国特色社会主义理论体系决定了中国对外贸易制度建设和对外贸易创新发展的思想路线。

首先，中国特色社会主义理论体系的精髓是中国特色社会主义的思想路线，即解放思想、实事求是、与时俱进，一切从实际出发，理论联系实际，在实践中检验真理和发展真理。这个思想路线是中国特色社会主义理论体系与马克思列宁主义、毛泽东思想紧密相连的脉络，体现了中国特色社会主义理论体系与时俱进的马克思主义理论品质。坚持这个思想路线，意味着中国将以求真务实的精神，立足国际贸易和中国对外贸易发展的客观实际，锐意探索，持续改革，努力做到在思想上不断有新解放，理论上不断有新发展，实践上不断有新创造。因此，中国特色社会主义的思想路线，从根本上决定了中国对外贸易思想和实践创新发展、包括对外贸易制度创新发展的原则、方向和客观必然性。

其次，中国特色社会主义理论体系验证了马克思主义的理论基础地位，系统回答了社会主义的本质及社会主义的发展道路、发展阶段、根本任务、发展动力、依靠力量、领导力量等重大问题，诠释了中国发展对外贸易的政治前提、制度基础、原则、宗旨和方向，坚实了中国对外贸易实践创新发展的理论基础，为中国对外贸易制度改革创新提供了新的理念和思想。同时，中国特色社会主义理论体系坚持和发展了辩证唯物主义、历史唯物主义的世界观和方法论，为中国对外贸易制度创新和对外贸易实践发展提供了科学的方法论基础。

最后，中国特色社会主义理论体系决定了吸收和借鉴西方国际贸易理论对中国对外贸易思想和实践发展的重要意义。中共十七大指出：中国特色社会主义理论体系是不断发展的、开放的理论体系。这种开放性特征和不断创新的品质表明，中国特色社会主义理论体系具有吸收和借鉴人类社会创造的一切文明成果，包括吸收和借鉴资本主义发达国家反映现代社会化生产规律的理论和思想，使自身在研究方法和理论内容上不断创新发展的属性。这个属性在中国特色社会主义理论体系形成、发展的过程中已经得到充分证明。从中国对外贸易思想和制度的演进历程及对外贸易的发展情况来看，改革开放以来，中国在坚持、发展马克思主义国际贸易理论的基础上，科学吸收、借鉴西方国际贸易理论，使其成为中国对外贸易思想的有机成分，并指导中国按照有利于发挥比较优势的原则推进了对外贸易制度改革，在强调培育参与国际竞争与合作新优势的背景下，又根据巩固传统竞争优势、加快培育对外贸易竞争新优势的内在要求推进了对外贸易制度创新，进而有效促进了中国对外贸易的发展。

中国特色社会主义理论体系的特质表明，蕴含其中的中国特色社会主义对外贸易思想也具有开放性特征和与时俱进的品质，正是这样的理论品质，使中国特色社会主义对外贸易思想能够创新发展，并推动中国的对外贸易制度改革创新，推动中国对外贸易可持续发展。

第三节　中国特色社会主义对外贸易思想发展与对外贸易制度改革

中国特色社会主义对外贸易思想是开放型经济思想与中国特色社会主义的结合，是坚持、传承、发展马克思列宁主义、毛泽东思想的结果。中国特色社会主义对外贸易思想具有源自社会主义本质的不变的内核，又在与时俱进的过程中创新发展，从而呈现出鲜明的时代特色。在新的时代背景下，中国特色社会主义对外贸易思想的突出特征包括：以人民为中心的发展思想，以创新为核心，由创新、协调、绿色、开放、共享组成的有机统一的发展理念，以独立自主、互利共赢、共同开放、共享发展为主旨的发展原则。这样的发展思想、发展理念、发展原则，随着中国特色社会主义对外贸易思想的形成、发展日益鲜明，并通过诠释为谁、为何、如何发展对外贸易，指引着对外贸易制度改革不断深入，推动着开放型经济不断发展，促进对外贸易制度逐渐转型。

一、以人民为中心的发展思想与对外贸易制度改革

以人民为中心的发展思想是习近平新时代中国特色社会主义思想的重要内容。在中共十九大报告中，习近平明确指出："必须坚持以人民为中心的发展思想，不断促进人的全面发展、全体人民的共同富裕""人民是历史的创造者，是决定党和国家前途命运的根本力量""必须坚持人民主体地位""把人民对美好生活的向往作为奋斗目标，依靠人民创造历史伟业"。

"把人民对美好生活的向往作为奋斗目标"，这体现了以人民为中心的发展思想的时代特色，表明坚持以人民为中心的发展思想是在中国的社会主要矛盾已经发生历史性变化的背景下，围绕着力解决人民日益增长的美好生活需要和不平衡不充分的发展之间的矛盾而确立的思想准则。同时，以人民为中心的发展思想也是对马克思主义唯物史观的传承和发展，是对毛泽东思想的传承和发展，是中国特色社会主义理论体系不断发展的思想积淀。一切为了人民，一切依靠人民，是马克思主义的政治立场，共同富裕是马克思主义的基本目标，是社会主义本质特征的体现，是中国人民的基本理想。在新中国成立初期毛泽东就指出，富"是共同的富"，强"是共同的强"，"大家都有份"。在改革开放历史新时期，邓小平指出，"社会主义最大的优越性就是共同富裕，这是体现社会主义本质的一个东西"；江泽民强调，"实现共同富裕是社会主义的根本原则和本质特征，绝不能动摇"；胡锦涛也要求"使全体人民共享改革发展成果，使全体人民朝着共同富裕的方向稳步前进"①。可见，为人民谋福利，实现共同富裕，是中国共产党人的初心，以人民为中心的发展思想，是在新的时代背景下坚持和发展中国特色社会主义的根本立场，

① 习近平. 习近平谈治国理政：第二卷［M］. 北京：外文出版社，2017：215.

"不能只停留在口头上、止步于思想环节"，必须"要体现在经济社会发展各个环节"[①]。

坚持以人民为中心的发展思想，就要坚持人民主体地位，坚持以人民为中心部署经济工作，制定经济政策，推动经济发展，践行共享发展理念。共享理念，它的实质"就是坚持以人民为中心的发展思想，体现的是逐步实现共同富裕的要求"，其内涵主要包括"全民共享""全面共享""共建共享""渐进共享"[②]。在对外贸易领域，以人民为中心的发展思想首先体现在发展对外贸易的宗旨，即服务于中国特色社会主义的根本任务，通过促进生产力发展增加社会财富，增进人民福祉，促进共同富裕，促进人的全面发展，践行以人民为中心的发展思想，集中体现在顺应人民群众对美好生活的向往，做到发展为了人民，发展依靠人民，使对外贸易发展成果由人民共享。基于这样的原则，对外贸易发展"十三五"规划强调，要坚持共享发展理念，把共享发展作为对外贸易工作的出发点和落脚点，强化对外贸易服务民生的功能，让人民群众在对外贸易发展中有更多的获得感。同时，规划还进一步强调要稳定劳动密集型产品出口，促进加工贸易创新发展，充分发挥对外贸易扩大就业的功能；要畅通消费品进口渠道，合理增加一般消费品进口，促进人民群众品质消费。具体到服务贸易方面，服务贸易发展"十三五"规划强调要牢固树立共享发展理念，充分发挥服务贸易对稳增长、扩就业的作用，要支持电子商务、服务外包等领域创新创业，加快发展生活性服务贸易，着力提高养老、医疗、教育等与人民群众紧密相关的服务品质，增进社会福利。

上述两个规划的有关内容，充分体现出以人为本思想的传承发展、以人民为中心的发展思想及共享发展理念在对外贸易实践中的作用，表明对外贸易的各项工作，包括对外贸易制度的改革，都是以增进人民福祉为宗旨和基本原则的，正如刘少奇当年所强调的，"组织好对外贸易""是人民的最大利益之一"。从具体层面看，上述两个规划关于消费品进口、生活性服务贸易发

① 习近平. 习近平谈治国理政：第二卷［M］. 北京：外文出版社，2017：213.

② 习近平. 习近平谈治国理政：第二卷［M］. 北京：外文出版社，2017：215.

展等方面的有关精神，对实践中贸易政策的调整提供了重要指引，对改善人民关切的生活、医药等方面的状况，发挥了促进作用。

从各发展理念的联系性来看，以人民为中心的发展思想不仅体现在共享发展理念中，也体现在其他发展理念中。在中国特色社会主义条件下，创新、协调、绿色、开放、共享五大发展理念都贯穿着以人民为中心的思想理念；无论哪一个发展注重解决的是哪一类问题，归根到底，都是为人民谋福利，无论哪一个发展在解决问题时所抉择的哪一种政策措施，也都以人民利益为准则。[①] 人民的利益，是发展的出发点和归宿，发展理念，是发展思想、发展方向、发展着力点的集中体现，是确定发展目标、选择发展路径、制定政策措施的引领。所以，共享发展直接体现了发展对外贸易的宗旨，而创新、协调、绿色、开放发展则直接关系着对外贸易的发展方式和对外贸易制度改革的内容。

二、创新协调绿色开放发展与对外贸易制度改革

创新发展注重解决发展动力问题，协调发展注重解决发展不平衡问题，绿色发展注重解决人与自然和谐共生问题，开放发展注重解决内外联动问题，共享发展注重解决社会公平正义问题。这五大发展理念各有注重，又相互贯通，彼此促进，构成了不可分割的有机整体。其中，创新是引领发展的第一动力，属于生产力的范畴，协调、绿色、开放、共享，则属于生产关系的范畴。[②] 生产力决定生产关系，生产关系反作用于生产力。因此，对这五大发展理念要从整体上把握，统一贯彻。

从创新协调绿色开放发展来看，由于发展动力决定着发展的速度、效能和可持续性，加之当今世界经济社会的发展越来越依赖理论、制度、科技、文化等领域的创新，而创新能力不强又是中国这个经济大块头的“阿喀琉斯

① 张雷声. 论习近平新时代中国特色社会主义经济思想的理论创新［J］. 马克思主义学科理论研究（双月刊），2018（2）：25-36.

② 杨英杰. 习近平新时代中国特色社会主义经济思想的科学内涵和历史贡献［J］. 行政与法，2018（5）：1-14.

之踵”，因此习近平强调要把创新摆在第一位，着力实施创新驱动发展战略。同时，习近平指出，在新的形势下，协调具有一些新特点，协调既是发展手段，又是发展目标，同时还是评价发展的标准和尺度，而绿色发展则是解决好人与自然和谐共生问题的关键，开放是国家繁荣的必由之路，因此要坚持协调发展，坚持节约资源和保护环境的基本国策，坚持对外开放的基本国策，着力增强发展的整体性协调性，着力推进人与自然和谐共生，着力提高对外开放的质量和发展的内外联动性。

可见，创新协调绿色开放发展既涉及发展战略，又决定着发展原则；既是发展理念，又是发展方式。其核心在于创新协调可持续发展。归根结底就是通过科技创新与制度创新、文化创新等相结合，推动发展方式向依靠持续的知识积累、技术进步和劳动力素质提升转变；通过推动区域、城乡、物质文明和精神文明等方面的协调发展，从发展方式上解决不平衡问题；通过加强生态文明建设，坚持走生产发展、生活富裕、生态良好的文明发展道路，加快建设资源节约型、环境友好型社会，形成绿色发展方式和生活方式；通过完善对外开放战略布局，积极参与全球经济治理，推动更高水平的对外开放，以扩大开放带动创新、推动改革、促进发展，以对外开放的主动赢得经济发展的主动，赢得国际竞争的主动，提升在国际经济治理中的地位，促进世界开放发展。

理念是行动的先导。从邓小平的“科技是第一生产力”到创新发展，从邓小平的“两手抓”战略方针到协调发展，从物质文明建设到“三个文明”建设再到“五个文明”协调发展、建设美丽中国，从“摸着石头过河”的对外开放到开放发展，一系列的思想理念创新体现了关于中国经济社会发展规律认识不断深化的历程，对不同历史时期改革开放的深化、发展战略的转化、发展方式的转变及经济社会的发展，发挥了极其重要的推动作用。自中共十八届五中全会明确提出要树立和坚持创新、协调、绿色、开放、共享五大发展理念以来，随着推进供给侧结构性改革、建设现代化经济体系等一系列战略举措的实施，中国在推动经济发展动能从传统增长点向新的增长点转变，推动发展方式从规模速度型粗放增长向质量效率型集约发展转变，引导经济朝着更高质量、更有效率、更加公平、更可持续的方向发展方面，取得了重要成就。在对外贸易领域，思想理念的不断创新对贸易战略演进、体制机制改革、政策措施调整以及贸易发展方式转变，都发挥了重要推动作用。从推动对外贸易创新协调可持续发展来看，在“十一五”时期，中国在对外贸易协调均衡发展方面取得了一定成效，在“十二五”时期，中国根据坚持服务贸易和货物贸易协同发展战略思想、坚持总量增长与结构优化相结合、正确处理环境保护与经济发展和社会进步的关系等方面的精神实质，继续推动了对外贸易协调均衡发展，确立了积极的进口促进战略，加大了推动对外贸易绿色发展的力度。在此基础上，对外贸易发展“十三五”规划明确了坚持创新协调绿色开放发展的重大意义，强调要走创新驱动的对外贸易发展道路，要坚持内需外需协调，推动进口出口平衡发展，实现货物贸易与服务贸易、贸易与投资互动发展，要抑制高污染、高耗能和资源类产品出口，鼓励紧缺性资源类产品进口，努力打造绿色贸易，要加强节能环保国际合作，积极参与绿色发展国际规则制订，要以更大范围、更广领域、更高层次的开放，通过“走出去”与“引进来”相结合带动贸易增长，扩大与贸易伙伴利益汇合点，形成更加和谐稳定的发展环境，共创更大市场空间，要完善法治化、国际化、便利化的营商环境，健全有利于合作共赢并同国际贸易投资规则相适应的体制机制。

对外贸易发展“十三五”规划的上述内容表明，根据创新协调绿色开放发展的内在要求，完善出口限制政策和进口促进政策、加强对外贸易政策与引进外资和对外投资政策的协同性，是对外贸易制度改革的重要方面，健全具有中国特色又与国际贸易一般规则相符合的中国特色社会主义自由贸易制度是对外贸易制度改革的基本任务。根据规划的有关精神，中国从一体贯彻新发展理念的角度，围绕加快转换发展动力，进一步优化贸易结构，进一步提升贸易发展的质量和效益，巩固贸易大国地位，推进贸易强国进程，深化了对外贸易制度改革。中共十九大召开以后，中国结合新的形势，围绕发展更高层次的开放型经济、推动形成全面开放新格局，加强了改革力度。2018年7月，商务部等部门《关于扩大进口促进对外贸易平衡发展的意见》围绕扩大进口促进对外贸易平衡发展、更好发挥进口对满足人民群众消费升级需求等方面的积极作用，依据坚持深化改革创新、坚持进口出口并重、坚持统筹规划发展、坚持互利共赢战略等原则，从改善贸易自由化便利化条件、维护自由贸易等方面做了一系列部署，为进一步改革对外贸易制度提供了更加具体的依据。

随着改革的持续深入，对外贸易制度创新在推动对外贸易创新协调可持续发展方面的作用更加突出；对外贸易在促进中国经济高质量发展、增加社会财富、提高人民物质文化生活水平、促进人的全面发展方面的作用更加突出；中国在促进共同开放、推动开放型世界经济发展方面的贡献更加突出。理念的创新，改革的深化，制度的演进，三者彼此联系、相互促进，由此推动了开放型经济思想的发展。伴随着开放型经济思想的演进，中国的对外贸易制度逐渐转型。

三、开放型经济思想演进与对外贸易制度转型

中国的开放型经济是在对外开放水平逐渐提高的过程中提出的。和外向型经济相比，开放型经济具有不同的性质特征。

外向型经济是政策性的开放经济。基于出口导向和创汇目标，外向型经济往往通过政策推动，使开放程度逐步提高。由于偏重对外部市场和外部资源的利用，外向型经济使对外经济运行方式具有突出的两头在外和商品、资本、人员单向流动的特征。同时，由于缺乏制度约束，加之开放在不同的地区、产业、企业之间存在明显的政策倾斜，行政性、特殊性、非普遍性和一定程度的不稳定、不统一、不透明，便成为相关领域开放政策的突出特点。

与外向型经济不同，开放型经济是植根于中国特色社会主义市场经济的制度性的开放经济，根据市场经济规律和国际规则开展制度建设，是开放型经济的重要内容，也是发展开放型经济的基本条件。在体制与政策层面，开放型经济包括边境开放和境内开放。一方面，从具体内容来看，边境开放主要体现为改革对外贸易体制和法规，削减关税与非关税措施，境内开放主要

体现为人民币汇率、外汇管理、知识产权保护、环境保护及产业、劳工、竞争等方面的政策与国际规则接轨。另一方面，开放型经济是高水平、全方位、多领域的开放经济。从空间布局来看，开放型经济具有全地域性。在国际层面，开放型经济是面向全世界的，在国内层面，开放型经济与以沿海地区为主的高度倾斜的对外开放不同，它包含了沿海、沿边和内陆地区，是沿海、沿边、沿江和内陆联动的对外开放。从开放的领域来看，开放型经济包括商品、服务和各类生产要素跨越边境的流动，商品进出口、服务贸易、资本流动和技术贸易是开放型经济的重要组成部分。这些对外经济联系方式具有双向性，体现为中国与其他国家和地区之间相互、双向、多维度的经济贸易活动。因此，开放型经济强调商品出口与进口并重、货物贸易与服务贸易并重、引进外资和对外投资并重，强调把国内经济和国际市场联系起来，通过双边、多边经贸关系及区域合作关系、区域经济一体化等形式，加强双边、多边、区域次区域开放合作，参与全球经济治理。

开放型经济的特征表明，由外向型经济转为开放型经济，中国的对外贸易制度实现了从高度集中的、内向型的贸易制度到中国特色社会主义自由贸易制度的根本转变。从实践基础来看，这种转变是改革开放持续深化的结果。在思想基础上，这种转变是随着开放型经济思想的形成、发展逐步实现的。正如前文所述，伴随着中国特色社会主义道路的开辟、对外开放基本国策的确立及开放型经济水平的提高，中国特色社会主义对外贸易思想逐渐萌芽、形成并不断创新。与此同时，“有中国特色的、能够与世界通行的贸易制度相接轨的自由贸易制度”由构想变成了现实，并向着高水平自由贸易制度不断发展。在中共十九大报告中，习近平明确指出要实行高水平的贸易和投资自由化便利化政策。不仅如此，中国还致力于“深度参与新的国际经贸规则谈判和规则制定，推动投资和贸易自由化制度安排”，推动形成更加公平合理的全球经济治理体系，以利于将“中国人民巧于制造、善于通商的优势充分发挥出来”，同时“努力为促进世界经济增长和完善全球经济治理贡献中国智慧、中国力量”①。

① 中共中央文献研究室. 习近平关于社会主义经济建设论述摘编［M］. 北京：中央文献出版社，2017（6）：288-298.

和中国特色社会主义自由贸易制度的形成一样，建设高水平贸易投资自由化便利化制度及推动全球经济治理体系改革，都是基于对实行对外开放、发展对外贸易、加强制度建设的重要性和实行保护主义的危害性的思想认识，基于中国的责任担当做出的抉择。

一方面，“现在的世界是开放的世界”①，商品、技术、资本在全球范围内的流动和配置使各国经济相互联系、彼此依赖，在这样的背景下，“中国的发展离不开世界”“要发展生产力，就要实行改革和开放政策”② “开放带来进步，封闭导致落后”，“以开放促改革、促发展，是中国发展不断取得新成就的重要法宝”“中国经济发展进入新常态，妥善应对中国经济社会发展中面临的困难和挑战，更需要扩大对外开放”，因此“要坚定不移实施对外开放的基本国策、实行更加积极主动的开放战略，坚定不移提高开放型经济水平”“要抓住制度创新这个核心，着眼国际高标准贸易和投资规则”，“加快形成与国际投资、贸易通行规则相衔接的基本制度体系和监管模式，既充分发挥市场在资源配置中的决定性作用，又更好发挥政府作用”③。

另一方面，对外贸易是开放型经济的重要组成部分，是影响中国经济社会稳定和发展的极为重要的因素。而且，在开放型经济条件下，对外贸易的作用不是通过进出口增长简单地体现出来，而是通过商品进出口、服务贸易、技术贸易及其协调发展，通过对外贸易和引进外资、对外投资等涉外经济活动协调发展，从多方面、多层次体现出来。开放型经济水平的提高，是各领域对外经济活动各自发挥优势又彼此联系、共同发展的结果。因此，要扩大对外开放、不断提高开放型经济水平，就必须大力发展对外贸易，同时注重开放型经济发展的平衡协调性，尤其是在对外开放呈现出新特点，在“市场、资源能源、投资都离不开国际市场”的条件下，必须“要加快从贸易大国走向贸易强国，巩固外贸传统优势，培育竞争新优势，拓展外贸发展空间，积

① 邓小平. 邓小平文选：第三卷［M］. 北京：人民出版社，1993：64.
② 邓小平. 邓小平文选：第三卷［M］. 北京：人民出版社，1993：78-265.
③ 中共中央文献研究室. 习近平关于社会主义经济建设论述摘编［M］. 北京：中央文献出版社，2017：291，292，296，295，289.

极扩大进口”“促进内需和外需平衡、进口和出口平衡、引进外资和对外投资平衡”①。但是，由于“保护主义政策如饮鸩止渴，看似短期内能缓解一国内部压力，但从长期看将给自身和世界经济造成难以弥补的伤害”，因此，中国坚持推动贸易自由化改革，同时“坚决反对任何形式的保护主义，积极推动建立均衡、共赢、关注发展的多边经贸体制”“坚定不移发展开放型世界经济，在开放中分享机会和利益、实现互利共赢”“坚定不移发展全球自由贸易和投资，在开放中推动贸易和投资自由化便利化”②。实践证明，中国一直是国际合作的倡导者和国际多边主义的积极参与者，中国的责任担当和贡献，已经得到广泛赞赏。正如习近平于2016年1月在省部级主要领导干部学习贯彻十八届五中全会精神专题研讨班上所讲的一样，“在二十年甚至十五年前，经济全球化的主要推手是美国等西方国家，今天反而是我们被认为是世界上推动贸易和投资自由化便利化的最大旗手，积极主动同西方国家形形色色的保护主义作斗争”。

当然，经济全球化是一把“双刃剑”，对外开放必定要面对一些可能的负面影响，特别是在世界发生深刻变化、各种传统的和非传统的安全威胁因素相互交织的环境下，对外开放面临的风险更加复杂。所以，中国的对外开放思想强调对外开放与独立自主的辩证统一，注重以自身力量为基础，注重维护国家主权和经济安全。在实践中，中国一直坚持独立自主、平等互利的方针和原则，在发展对外经济贸易的过程中，既以独立自主为立足点，同时又在平等互利、合作共赢的基础上同世界各国、各地区广泛开展贸易往来、经济技术合作和科学文化交流。正是在这样的原则下，在多方面因素的合力推动下，中国的对外贸易制度体系不断完善，对外贸易在促进社会主义现代化建设各个环节、各个方面相协调，促进生产关系与生产力、上层建筑与经济基础相协调，促进经济社会持续发展中发挥了重要作用。

---

① 中共中央文献研究室．习近平关于社会主义经济建设论述摘编［M］．北京：中央文献出版社，2017：294-295.

② 中共中央文献研究室．习近平关于社会主义经济建设论述摘编［M］．北京：中央文献出版社，2017：305，287，309.

本章参考文献

陈琦伟，1981. 比较利益论的科学内核［J］. 世界经济（3）：10-18.

陈云，1984. 陈云文选：第二卷［M］. 北京：人民出版社.

邓敏，顾磊，2019. 中国对外贸易概论［M］. 英文版. 北京：清华大学出版社.

邓敏，2006. 通货紧缩国际传导：基于国际经济视角的研究［M］. 成都：西南财经大学出版社.

邓小平，1993. 邓小平文选：第三卷［M］. 北京：人民出版社.

高鸿业，1982. 比较成本说不应构成我国对外贸易发展战略的理论基础［J］. 经济研究参考资料（44）：57-64.

《经济研究》《经济学动态》编辑部，1981. 建国以来政治经济学重要问题争论（1949—1980）［M］. 北京：中国经济出版社：132-146.

季崇威，1981. 应用“比较成本论”指导我国对外贸易，在国际贸易中取得较好的经济效果［J］. 外贸教学与研究（3）：1-3.

中共中央文献研究室，1958. 建国以来毛泽东文稿：第七册［G］. 北京：中央文献出版社.

林兆木，2017. 党的十八大以来党和国家事业发生历史性变革［M］//本书编写组. 党的十九大报告辅导读本，北京：人民出版社.

中共中央文献研究室，1993. 刘少奇论新中国经济建设［M］. 北京：中央文献出版社.

中共中央马克思恩格斯列宁斯大林著作编译局，1972. 列宁选集：第二卷［M］. 北京：人民出版社.

中共中央马克思恩格斯列宁斯大林著作编译局，1958. 马克思恩格斯全集：第四卷［M］. 北京：人民出版社.

中共中央马克思恩格斯列宁斯大林著作编译局，1958. 马克思恩格斯全集：第二十一卷［M］. 北京：人民出版社.

中共中央马克思恩格斯列宁斯大林著作编译局，1975. 马克思恩格斯全集：第二十五卷［M］. 北京：人民出版社.

中共中央马克思恩格斯列宁斯大林著作编译局，1973. 马克思恩格斯全集：第二十六卷［M］. 北京：人民出版社.

毛泽东，1999. 毛泽东文集：第七卷［M］. 北京：人民出版社.

毛泽东，1991. 毛泽东选集：第一卷［M］. 北京：人民出版社.

毛泽东，1991. 毛泽东选集：第三卷［M］. 北京：人民出版社.

毛泽东，1966. 毛泽东选集：第四卷［M］. 北京：人民出版社.

本书编写组，2017. 十九大党章修正案学习问答［M］. 北京：党建读物出版社.

中共中央马克思恩格斯列宁斯大林著作编译局，1954. 斯大林全集：第十卷［M］. 北京：人民出版社.

苏共中央马克思列宁主义研究院，1956. 苏联共产党代表大会·代表会议和中央全会决议汇编［G］. 中共中央马克思恩格斯列宁斯大林著作编译局，译. 北京：人民出版社.

王子先，2008. 中国对外开放与对外经贸 30 年［M］. 北京：经济管理出版社.

汪尧田，叶松年，1981. 对资产阶级古典国际贸易理论：比较成本说的评价［J］. 国际贸易问题（1）：22-27.

薛荣久，1982. 李嘉图“比较成本说”不能指导我国对外贸易：与季崇威同志商榷［J］. 经济科学（2）：68-72.

习近平，2017. 习近平谈治国理政：第二卷［M］. 北京：外文出版社.

中共中央文献研究室，2017. 习近平关于社会主义经济建设论述摘编［M］. 北京：中央文献出版社.

袁文祺，戴伦彰，王林生，1980. 国际分工与我国对外经济关系［J］. 中国社会科学（1）：3-20.

杨英杰，2018. 习近平新时代中国特色社会主义经济思想的科学内涵和历史贡献［J］. 行政与法（2）：1-14.

姚贤镐，1980. 国际分工与社会主义国家对外经济关系［M］. 经济科学（4）：52-56.

姚曾荫，1987-07-13. 关于我国对外贸易几个理论问题的探讨［N］. 人民日报.

杨圣明，2011. 走向贸易强国的理论创新［M］. 北京：经济科学出版社.

叶季壮，1955-07-30. 在第一届全国人民代表大会第二次会议上的发言［N］. 人民日报.

张曙光，1996. 经济市场化中的贸易自由化［J］. 国际经济评论（6）：16-18.

张雷声，2018. 论习近平新时代中国特色社会主义经济思想的理论创新［J］. 马克思主义学科理论研究（双月刊）（2）：25-36.

朱兴国，王绍熙，1982. 关于马克思对李嘉图“比较成本说”的评价问题［J］. 国际贸易（8）：21-26.

中央档案馆，中共中央文献研究室，1991. 中共中央文件选集（第十一册）［M］. 北京：中共中央党校出版社.

中华人民共和国外交部，中共中央文献研究室，1990. 周恩来外交文选［M］. 北京：中央文献出版社.

周恩来，1984. 周恩来选集（下）［M］. 北京：人民出版社.

中共中央文献研究室，1993. 周恩来经济文选［M］. 北京：中央文献出版社.

第四章
新中国对外贸易战略的调整与转变

对外贸易战略是关于对外贸易发展全局的一系列方针、政策及措施的总和，体现国家利用对外贸易发展经济社会的重大决策。对外贸易战略是一定时期内国家经济社会发展规划在对外贸易领域的体现，随国内经济的发展、国际国内经济政治环境的变化而调整，并由量变的积累逐渐推动质变，进而呈现出从进口替代战略转向中国特色社会主义自由贸易制度体系有机组成部分的多元化对外贸易战略的清晰轨迹，在具体战略层面也显现出相应的演化特征。

第一节 新中国对外贸易总体战略的演进与调整

中国的对外贸易总体战略是根据经济发展规划，从宏观角度提出的，关于对外贸易发展的全局性抉择。① 中国的对外贸易总体战略服务于社会主义的建设目标，在社会主义制度建设、特别是在经济体制改革的不同阶段，呈现出不同的特征，展现了由进口替代战略到混合发展战略、“大经贸”战略、互利共赢战略的类别演进轨迹。② 在这个过程中，对外贸易总体战略的中国特色逐渐形成，多种对外贸易战略先进元素融合互补的趋势逐渐加强，特别是自“大经贸”战略提出之后，中国对外贸易总体战略的创新性日益显著。

一、高度集中计划经济制度时期的进口替代战略（1949—1978 年）

在高度集中的计划经济时期，中国的对外贸易战略是典型的封闭性进口替代战略。实施这一战略的依据在于当时的客观环境和一些主观因素。

新中国成立初期，为了摆脱经济制度中的殖民主义色彩，实现经济发展的独立自主，中国亟待开展工业建设。然而，面对百废待兴的国内经济局面，加上资本主义阵营和社会主义阵营的对立，中国不具备实行对外开放、参与国际分工的客观条件，中国的工业建设只能依靠自己的力量，走自力更生的道路。在主观上，由于中国对参与国际分工的意义缺乏正确的认识，因此在四大平衡中③对外贸易只是作为物资平衡的组成部分，被置于“互通有无，调剂余缺”的地位。在缺乏主客观条件的情况下，中国选择了对外贸易统制模式，实施了进口替代战略。

与亚洲和拉美一些发展中国家的进口替代战略相比，中国的进口替代战略

---

① 邓敏，顾磊. 中国对外贸易概论［M］. 成都：西南财经大学出版社，2016：54.

② 曲如晓. 中国对外贸易概论［M］. 4 版. 北京：机械工业出版社，2019：50-59.

③ 当时的四大平衡包括财政平衡、信贷平衡、物资平衡和综合平衡。

有所不同。在一些东南亚国家和地区，进口替代战略的特点是立足于比较优势，从非耐用品的进口替代着手，以鼓励出口为最终目的。中国实施进口替代战略的主要目标是满足本国工业化的物质需要，在优先发展重工业的指导思想下，进口替代部门偏重资本密集型行业。实践中，这种进口替代模式曾经对促进国际收支平衡、促进建立工业体系、推动经济发展发挥了积极作用，但违背商品交换规律的做法却阻碍了中国与世界市场的联系，损害了中国的贸易利益，加剧了资金短缺、劳动力过剩和结构失衡问题，影响了经济发展和人民的生活水平。

二、建立有计划商品经济制度时期的混合发展战略（1979—1992 年）

改革开放初期，中国的对外贸易战略依然具有明显的内向型特征。随着对外向型经济的认识逐渐加深，中国才开始探索、实践开放条件下的进口替代战略。这种尝试为中国经济从封闭走向开放奠定了基础，为中国实施选择性的进口替代并进一步发挥对外贸易在完善工业体系、增强工业实力中的积极作用创造了条件。但是，随着经济体制由高度集中的计划经济体制向有计划商品经济体制转变，随着复关工作的逐步推进，有限开放的进口替代战略失去了赖以存在的经济体制基础，同时也与关贸总协定所倡导的自由贸易原则不相符合。

为了适应改革开放和经济发展的需要，中国开始将进口替代战略和出口导向战略结合运用，并在 20 世纪 80 年代末形成了开放条件下的混合发展战略。通过在沿海经济特区发展“大进大出、两头在外”的产业，从沿海到中西部地区实施梯度开放战略，对缺乏比较优势和竞争力的重化工业实行开放式的进口替代战略，中国逐步形成了进口替代工业和出口导向工业并存、内地进口替代和沿海出口导向并存的外向型经济格局，在选择性保护的同时积极发展出口导向产业。中国的混合发展战略也存在一些不足，政策性开放所致的地区差异造成了地区间的不公平竞争，使各地为了地区利益相互争夺资源，人为分割国内市场，进而影响了整体经济的发展。

三、建立社会主义市场经济制度时期的“大经贸”战略（1993—2001年）

在建立社会主义市场经济制度时期，中国逐步实现了发展外向型经济到发展开放型经济的转变。在这个过程中，中国顺应国际货物贸易、服务贸易、技术贸易和国际投资融合发展的趋势，在继续完善混合发展战略的同时，开始探索对外经济贸易结合发展的模式。1994年5月，中国正式提出了“大经贸”战略。

“大经贸”战略是以进口和出口贸易为基础，商品、资金、技术、服务相互渗透，外经贸、生产、科研、金融等部门共同参与的对外经贸发展战略。这一战略要求中国的外贸、外资、外汇、外债、外援等领域，以及国内各产业部门相互融通、紧密配合、优势互补、协调发展。

“大经贸”战略主要包含三个方面的内容：一是扩大开放，即通过拓展对外经济贸易的广度和深度，形成对内对外全方位、多领域、多渠道开放的格局，全面开拓国际市场；二是融合发展，这主要包括加快实现各项对外经贸业务的融合，实现商品、技术和服务贸易一体化协调发展，在维护全球多边贸易体制的前提下，努力实现双边、区域和多边经贸合作；三是转变功能，即在扩大对外贸易规模、提高对外贸易贡献度的同时，着力发挥对外贸易在促进产业结构调整、加快技术进步、提高经济效益方面的积极作用，提升对外经济贸易整体的综合竞争能力。

对外贸易和各项对外经济活动融合发展，是“大经贸”战略的重要目标。随着“走出去”战略的提出，对外贸易与对外投资的结合发展进一步拓展了对外经济贸易融合发展的内容。《国民经济和社会发展第十个五年计划纲要》指出，要鼓励能够发挥中国比较优势的对外投资，扩大国际经济技术合作的领域、途径和方式，继续发展对外承包工程和劳务合作，鼓励有竞争优势的企业开发境外加工贸易，带动产品、服务和技术出口。

对外经济贸易融合发展的战略构想，为中国完善对外经济贸易领域的宏观调节和管理，解决对外经济贸易发展面临的一系列深层次问题，进一步打破国内市场与国际市场之间的阻隔及国内各部门、各地区间的界限，促进专业化协作和产业结构升级，推动经济持续发展创造了有利条件。

四、完善社会主义市场经济制度时期的互利共赢战略（2002—2013 年）

在完善社会主义市场经济制度和履行入世承诺的背景下，中国对外贸易总体战略的类别更加多元。一方面，在继续贯彻"大经贸"战略和"走出去"战略的同时，中国形成了事实上的出口导向战略，这主要体现为进口替代产业随着市场开放的扩大而减少，支持出口的措施进一步完善，国内产业配套、生产能力、物流体系基本以出口为目标；另一方面，在中国特色对外开放理论的指导下，中国发展了平等互利的对外开放原则，并在中共十六届五中全会提出了互利共赢的开放战略。在社会主义市场经济制度不断完善、市场机制作用不断加强的背景下，中国从"十一五"开始将五年一个跨度的国民经济和社会发展战略部署由"计划"改为"规划"。根据完善市场经济体制、促进国民经济平稳运行、增强可持续发展能力等经济社会发展目标，"十一五"规划对实施互利共赢的开放战略作了具体部署。在对外贸易方面，中国强调要转变对外贸易增长方式，按照发挥比较优势、弥补资源不足、扩大发展空间、提高附加值的要求，积极发展对外贸易，促进对外贸易由数量增长为主向质量提高为主转变，在优化出口结构的基础上，积极扩大进口，实现进出口基本平衡。这样的发展战略，体现了对外贸易思想和发展理念的重要转变。

随着实践的推进，根据国际形势的变化和全面建设小康社会的要求，中共十七大报告以内外联动、互利共赢、安全高效概括了开放型经济体系的基本特点，强调要把"引进来"和"走出去"更好结合起来，要加快转变对外贸易增长方式，立足以质取胜，调整进出口结构，促进加工贸易转型升级，大力发展服务贸易。中共十七大报告的论述表明，互利共赢战略的主要内容是：统筹国内发展与对外开放，注重内外联动；兼顾本国利益和他国利益，注重互利共赢；转变对外贸易增长方式，注重以质取胜。在此基础上，中国根据国际金融危机冲击下世情国情的深刻变化，在“十二五”规划中确定了经济平稳较快发展、进一步形成互利共赢的对外开放格局等经济社会目标。根据这些目标，“十二五”规划指出，适应中国对外开放由出口和吸收外资为主转向进口和出口、吸收外资和对外投资并重的新形势，必须实行更加积极主动的开放战略，不断拓展新的开放领域和空间，扩大和深化同各方利益的汇合点，完善更加适应发展开放型经济要求的体制机制，有效防范风险，以开放促发展、促改革、促创新；优化对外贸易结构，继续稳定和拓展外需，加快转变对外贸易发展方式，推动对外贸易发展从规模扩张向质量效益提高转变、从成本优势向综合竞争优势转变；统筹“引进来”与“走出去”，加快实施“走出去”战略。

“十二五”规划的有关论述，从目标和手段两个层面丰富了互利共赢战略的内涵。一方面，关于扩大和深化同各国各地区利益汇合点的思想，体现了互利共赢战略的实质和目标，表明了中国努力推动自身发展与世界和谐发展相互促进、实现共同发展的原则和立场。另一方面，关于实行更加积极主动的开放战略，加快转变对外贸易及对外经济发展方式的思想，体现了实现互利共赢战略目标的路径，标志着中国从强调对外贸易增长到强调对外贸易发展的战略转变，凸显了对外贸易质量目标和效益目标在对外贸易战略目标中的地位。

五、完善社会主义市场经济制度新时期的多元化对外贸易战略（2014 年至今）

伴随国内经济发展和国内外经济政治环境变化，中国经济发展开始步入增长速度换挡、结构调整阵痛和前期刺激政策消化“三期叠加”的阶段，经济发展进入新常态。在新常态下，中国经济发展的主要特点是：增长速度从高速转向中高速，发展方式从规模速度型转向质量效率型，经济结构调整从增量扩能为主转向调整存量、做优增量并举，发展动力从主要依靠资源和低成本劳动力等要素投入转向创新驱动。建设现代化经济体系、推动中国经济实现高质量发展对创新协调平衡发展提出了新的要求，对深化改革、进一步处理好政府和市场的关系提出了更高的要求。中共十八大报告提出要在“更大程度更广范围发挥市场在资源配置中的基础性作用”，中共十八届三中全会明确指出要“使市场在资源配置中起决定性作用”，中共十九大强调要“使市场在资源配置中起决定性作用，更好发挥政府作用”。发挥市场在资源配置中的决定性作用的重大判断，进一步树立了关于政府和市场关系的正确观念，有助于推动经济发展方式和政府职能的转变，标志着中国特色社会主义市场经济制度的进一步发展与完善，为对外贸易战略按照市场经济规律演进奠定了重要基础。

世界经济复苏艰难曲折、“逆全球化”思潮涌动，保护主义和内顾倾向上升，世界经济和全球经济治理体系进入调整期。在此背景下，推动中国经济由高速增长阶段向高质量发展阶段转变、实现质量变革、效率变革和动力变革，需要对外开放领域的进一步主动作为。中共十八大报告提出要“全面提高开放型经济水平”“适应经济全球化新形势，必须实行更加积极主动的开放战略，完善互利共赢、多元平衡、安全高效的开放型经济体系”，并从转变对外经济发展方式、创新开放模式、推动对外贸易平衡发展、加快“走出去”步伐等方面进行了阐释。习近平明确指出：“我们的事业是向世界开放学习的事业。关起门来搞建设不可能成功。我们要坚持对外开放的基本国策不动摇、不封闭、不僵化，打开大门搞建设、办事业。”中共十九大报告进一步强调：“要以‘一带一路’建设为重点，坚持引进来和走出去并重，遵循共商共建共享原则，加强创新能力开放合作，形成陆海内外联动、东西双向互济的开放格局。”这一重大部署，既包括开放范围扩大、领域拓宽、层次加深，也包括开放方式创新、布局优化、质量提升，具有深远战略意义。习近平指出：“世界经济的大海，你要还是不要，都在那儿，是回避不了的。想人为切断各国经济的资金流、技术流、产品流、产业流、人员流，让世界经济的大海退回到一个一个孤立的小湖泊、小河流，是不可能的，也是不符合历史潮流的。”要准确把握经济全球化新趋势和中国对外开放新要求，努力在经济全球化中抢占先机。开放发展的核心是解决发展内外联动问题，目标是提高对外开放质量、发展更高层次的开放型经济。以开放促改革、促发展、促创新，以对外开放的主动赢得经济发展的主动、赢得国际竞争的主动。此外，面对经济全球化条件下各国“一荣俱荣、一损俱损”的新态势，要主动处理好对外开放同维护经济安全的关系，坚持底线思维，注重风险防控和评估，在扩大开放中动态地谋求更高层次的总体安全。坚持全面开放，推动形成陆海内外联动、东西双向互济的开放格局。追求全面开放是提高开放水平的必然。习近平指出，中国将继续全面对外开放，推进同世界各国的互利合作。全面开放体现在开放空间上，就是优化区域开放布局，加大西部开放力度，改变中国对外开放东快西慢、沿海强内陆弱的区域格局，逐步形成沿海内陆沿边分工协作、互动发展的全方位开放新格局；体现在开放举措上，就是推进“一带一路”建设，坚持自主开放与对等开放，加强“走出去”战略谋划，统筹多边双边和区域开放合作，加快实施自由贸易区战略；体现在开放内容上，就是大幅度放宽市场准入，进一步放开一般制造业，有序扩大服务业对外开放，扩大金融业双向开放，促进基础设施互联互通。推进全面开放，还要求协同推进战略互信、经贸合作、人文交流。

因此，这一时期新的背景和条件推动了中国对外贸易战略的进一步多元化，使之表现为涵盖互利共赢战略、创新驱动战略、积极的进口促进战略、“引进来”“走出去”战略、对外经济贸易协调平衡可持续发展战略在内的多元化对外贸易战略。多元化对外贸易战略，是中国长期改革开放实践经验的思想升华，是中国特色社会主义对外贸易思想创新发展的体现，是平等互利、合作共赢、协调平衡可持续发展原则及目标的融合。在未来的改革开放进程中，中国的对外贸易战略将随发展环境、条件、任务、目标的变化，朝着多元化的方向不断完善。

第二节　新中国货物贸易战略和服务贸易战略的演进与调整

在对外贸易总体战略创新发展的进程中，中国的对外贸易基础战略发生了极大转变。改革开放前，中国对外贸易经历了向社会主义阵营“一边倒”战略到地理方向多元化战略的变化历程，对外贸易商品战略也有所调整，贸易的商品结构有较大改善。但是，从总体上看，出口以初级产品为主、进口以工业制成品为主的格局始终没有改变。进入改革开放后，中国的货物贸易战略呈现出类别多元化的特征，服务贸易战略也逐渐得到重视。货物贸易战略和服务贸易战略在对外贸易发展中的引领作用逐渐加强。在对外贸易迅速发展、国际环境和国内发展条件发生深刻变化的形势下，中国发展对外贸易的基本理念发生了重要变化。在国民经济和社会发展“十三五”规划中，中国提出了优进优出战略，同时强调要促进货物贸易和服务贸易融合发展。在对外贸易发展“十三五”规划中，中国进一步明确要大力实施优进优出战略，实现货物贸易与服务贸易互动发展。依据这样的指导思想，中国发展货物贸易和服务贸易的具体战略也涵盖了新的目标。

一、中国货物贸易战略的演进与调整

（一）出口贸易战略的演进与调整

1. 出口商品战略

中国的对外贸易商品战略主要反映在各个历史时期制定的国民经济和社会发展五年计划（规划）中。其中，出口商品战略是根据资源禀赋、经济发展水平和国际市场的供需状况等因素对出口商品的种类、结构、数量等内容所做的规划。①

---

① 徐复. 中国对外贸易概论［M］. 3版. 天津：南开大学出版社，2012：102-103.

在“六五”时期，中国的出口商品战略强调发挥资源丰富的优势，大力推进矿产品、农产品、土特产品出口；发挥传统技艺精湛的优势，发展工艺品和传统轻纺织品出口；发挥劳动力众多的优势，发展来料加工；发挥已有工业基础的作用，发展机电产品、稀有金属加工产品的出口。这种偏重资源型初级产品、劳动密集型轻纺产品的出口商品结构安排，与中国当时落后的产业结构和生产技术状况密切相关。

经过五年的发展，中国在“七五”计划中提出了两个转变，一是逐步实现由主要出口初级产品向主要出口工业制成品转变，二是由主要出口粗加工制成品向主要出口精加工制成品转变。到“七五”计划末，中国基本实现了第一个转变，因此“八五”计划强调要逐步实现由粗加工产品出口为主向以精加工产品出口为主的转变，努力增加附加值高的机电产品、轻纺织品和高技术产品的出口，鼓励那些在国际市场上有发展前景、竞争力强的拳头产品的出口。根据这个规划，中国在“八五”期间确立了以机电产品为主导，以轻纺产品为骨干，以高技术产品为发展方向，同时继续保持某些矿产品和农副产品出口的目标。

“八五”计划末，机电产品取代轻纺织品在中国出口贸易中的地位成为大宗出口商品，但是，以劳动密集型产品为主的出口商品结构仍然没有改变。针对这种状况，中国提出要努力实现出口增长由数量型向效益型转变。《中华人民共和国国民经济和社会发展“九五”计划和2010年远景目标纲要》指出，要进一步优化出口商品结构，着重提高轻纺产品的质量、档次，加快产品升级换代，扩大花色品种，创立名牌，提高产品附加值，进一步扩大机电产品、特别是成套设备的出口，发展附加值高和综合利用农业资源的创汇农业。

进入21世纪后，世界经济发生了巨大变化，传统劳动密集型产品市场份额不断缩小，以技术为核心的高新技术产品的市场占有率日益提高，尤其是电子产品、生物产品等成为世界市场上最具活力和竞争力的产品，中国缺乏具有国际竞争力的高新技术产品的问题更加凸显。在这个背景下，中国在“十五”时期围绕转变对外贸易增长方式加大了优化出口商品结构的工作力度。在此基础上，“十一五”“十二五”规划进一步提出要提升劳动密集型产品的质量和档次，扩大机电产品和高新技术产品出口。此外，“十二五”规划还提出要严格控制高耗能、高污染、资源性产品出口，培育出口竞争新优势。在对外贸易发展“十三五”规划中，中国除强调抑制高污染、高耗能和资源类产品出口外，还强调要优化商品结构，在稳定传统优势产品出口的同时，提高品牌、高技术含量产品出口在对外贸易中的比重。

2. 以质取胜战略、出口市场多元化战略、科技兴贸战略和创新驱动战略

在 20 世纪 90 年代初，中国提出了全面提高产品质量和全民质量意识的构想。在《中华人民共和国国民经济和社会发展“九五”计划和 2010 年远景目标纲要》中，中国明确了提高产品质量、工程质量和服务质量总体水平的重要性，强调在对外贸易中要贯彻以质取胜战略。在《质量发展纲要（2011—2020 年）》中，中国提出要把以质取胜作为质量发展的核心理念，发挥质量的战略性、基础性和支撑性作用，依靠质量创造市场竞争优势，增强中国产品、企业、产业的核心竞争力；到 2020 年，中国要在建设质量强国方面取得明显成效，形成一批拥有国际知名品牌和核心竞争力的优势企业。

在强调以质取胜的同时，中国提出了出口市场多元化战略。出口市场多元化战略是关于出口贸易市场格局的规划。早在“二五”计划时期，中国就提出要与不同社会制度的国家、特别是亚非各国发展经济合作、贸易往来、文化和技术交流，这是中国关于市场多元化战略的早期构想。在“八五”时期，中国正式启动出口市场多元化战略的主要目的是通过有重点、有计划地调整出口产品市场结构，解决出口贸易过于集中在主要发达国家市场的问题。因此，从总体上讲，实施出口市场多元化战略，要求中国在继续巩固、扩大发达国家市场的同时，重视开拓发展中国家特别是周边国家和地区市场，逐步形成以新兴市场为重点、以周边国家为支撑、发达国家和发展中国家市场合理分布的市场格局。

继以质取胜战略、市场多元化战略之后，中国在 1999 年年初提出了科技兴贸战略。科技兴贸战略是中共十五大提出的科教兴国战略在对外贸易领域的具体体现。为了更好地实施科技兴贸战略，中国在 2001 年发布了《科技兴

贸"十五"计划纲要》，对"十五"期间实施科技兴贸战略的主要目标、重要任务和保证措施做了规划，强调要促进高新技术产品出口和用高新技术改造传统出口产业，提高出口产品的技术含量和附加值。在"十一五"时期，中国对扩大高新技术产品出口、完善高新技术产品出口体系、增强企业自主创新能力等做了明确规划。在"十二五"时期，中国围绕培育出口竞争新优势细化了科技兴贸的战略目标，强调要依托对外贸易转型升级示范基地、科技兴贸创新基地、船舶汽车出口基地，打造重点出口产业集聚区，同时强调要推进战略性新兴产业国际化，引导加工贸易继续向产业链高端延伸。伴随着中国创新驱动发展战略的实施和"一带一路"倡议的深入推进，中国在对外贸易发展"十三五"规划中结合新形势正式提出要走创新驱动的对外贸易发展道路，深化与"一带一路"沿线国家的贸易合作，并在深耕发达国家传统市场的同时加大新兴市场开拓力度，推动市场多元化。

以质取胜战略、出口市场多元化战略、科技兴贸战略和创新驱动战略，是中国长期实践经验积淀的成果。可以预见，在全面深化改革开放新时期，中国的出口贸易战略将围绕优化国际市场布局、加快转换对外贸易发展动力、加快培育对外贸易竞争新优势等目标，进一步向着科学化、多元化的方向发展。

（二）进口贸易战略的演进与调整

中国制定进口贸易战略的主要依据是生产需求和消费需求，重点在于进口的商品结构和市场结构安排。在进口贸易战略不断发展的过程中，中国提出了进口促进战略。

1. 进口商品战略

进口商品战略是对进口商品的构成、数量等内容所做的规划。在20世纪50年代，中国的进口商品战略是大力组织国家经济建设所必需的机器设备、工业器材和原料以及其他重要物资的进口。这对打破中国面对的禁运封锁，恢复和发展国民经济，增强生产能力，改善人民生活，稳定市场价格有重要作用。在20世纪60年代，根据当时的特殊情况，中国将粮食排在急需物资进口的首位，其后依次是化肥、农药、油脂、工业原料、设备等。在20世纪

70年代，中国调整了进口商品战略，但受“文化大革命”的影响，进口商品战略目标没能全面实现。

“六五”至“九五”时期，中国的进口原则没有明显变化，进口结构相对比较稳定，先进技术、关键设备和国内生产建设所需物资，尤其是短缺物资的进口，始终是进口商品战略的重点。在此前提下，“六五”时期强调“以进养出”物资的进口，对中国能够制造和供应的设备，特别是日用消费品，主张不盲目进口；“七五”时期强调引进软件；“八五”时期强调农用物资的进口，同时强调要防止盲目引进和不必要的引进，主张发展进口替代产品的生产，减少国内能够生产供应的原材料和机电设备的进口，严格控制奢侈品、高档消费品和烟酒等产品的进口；“九五”时期强调要提高先进技术、高科技、设备及原材料的进口比例。①

随着产业结构的调整，国内供需平衡状况变化加剧。同时，随着市场化改革和对外开放的推进，特别是入世过渡期后，中国的市场准入度和贸易自由化程度大幅度提高，按市场需求规划进口的方式逐步取代了国家统一制订进口计划的做法。在这样的背景下，中国在“十五”时期强调要引进先进技术和设备，保证重要能源、资源和加工贸易物资的进口，要根据市场开放承诺扩大消费品进口；在“十一五”时期强调要扩大先进技术、关键设备及零部件和国内短缺能源、原材料进口，促进资源进口多元化。其间，受2008年金融危机的影响，中国根据世界总体需求大幅下降等情况调整了进口贸易战略。到“十二五”时期，中国提出要提升进口综合效益，优化进口商品结构，积极扩大先进技术、关键零部件、国内短缺资源和节能环保产品进口，适度扩大消费品进口。2012年，国务院《关于加强进口促进对外贸易平衡发展的指导意见》强调要稳定和引导大宗商品进口，鼓励开展直接贸易，增强稳定进口的能力。此后，中国围绕加强进口促进对外贸易平衡发展采取了一系列举措。中共十九大召开后，随着国际政治经济格局的调整和中国对外贸易结构的变化，中国根据消费升级和供给提质的需要，在支持与人民生活密切相

① 徐复．中国对外贸易概论［M］．3版．天津：南开大学出版社，2012：122-126．

关的日用消费品、医药和康复、养老护理等设备及农产品、资源性产品和有助于转型发展的技术装备进口方面加大了政策力度，这对统筹国内国际两个大局、促进对外贸易平衡发展、优化产业结构、促进经济发展、满足人民美好生活需要具有重要意义。

总体而论，进口商品战略的调整对繁荣中国的国内市场，补充国内供给不足的生产、生活必需品，改善人民生活，促进社会稳定和经济增长有重要促进作用。在未来的进口商品战略调整中，中国将根据促进产业结构调整和优化升级及解决资源约束等问题的需要，继续鼓励先进技术设备和关键零部件等产品的进口，稳定资源性产品进口，合理增加关系民生的消费品进口。此外，中国将通过推动企业“走出去”开展境外资源能源开发、加工生产以及多方面的国际合作，实现互利共赢战略目标。

2. 进口市场多元化战略

进口市场多元化战略是指在安排商品进口、特别是大宗商品进口时，要考虑从更多的国家和地区进口，避免长期集中在某一个或少数市场。在“十五”计划中，中国就明确提出要努力实现大宗产品和重要资源进口来源多元化。“十二五”规划指出，要发挥巨大市场规模的吸引力和影响力，促进进口来源地多元化。《关于加强进口促进对外贸易平衡发展的指导意见》强调，要进一步优化进口国别和地区结构，在符合多边贸易规则的条件下，鼓励自最不发达国家的进口，扩大自发展中国家进口，拓展自发达国家进口。对外贸易发展“十三五”规划强调要优化国际市场布局，在巩固传统市场的同时，提高“一带一路”沿线国家等新兴市场在中国对外贸易中的比重，推动进出口市场结构从传统市场为主向多元化市场全面发展转变。

可见，实施进口市场多元化战略的直观意义在于改善进口市场结构，稳定进口来源。在更广泛的层面上，实施进口市场多元化战略有利于中国与世界各国、各地区发展经济贸易关系，促进中国与多数国家和地区的贸易平衡，减少贸易摩擦，有利于中国利用不同出口国家之间的价格竞争和买方市场的有利地位，提高进口贸易效益，有利于配合中国的外交战略，推动中国的外交工作，改善中国的国际环境，为中国和平崛起创造条件。

3. 进口促进战略

随着资源环境约束日益强化、人民生活水平不断提高和对进口的积极作用认识不断加深，中国关于促进进口的思想逐渐形成。“十五”时期，中国提出要扩大消费品进口，“十一五”时期中国提出要积极扩大进口，发挥进口贸易在国内经济发展和产业结构调整中的带动作用，提升产业竞争力，以促进出口贸易新优势的培育和提升。“十二五”时期，中国强调要发挥进口对宏观经济平衡和结构调整的重要作用，优化贸易收支结构。根据《关于加强进口促进对外贸易平衡发展的指导意见》的有关精神，加强进口，促进对外贸易平衡发展，对于统筹利用国内外两个市场、两种资源，缓解资源环境瓶颈压力，加快科技进步和创新，改善居民消费水平，减少贸易摩擦，具有重要的战略意义，是实现对外贸易科学发展、转变经济发展方式的必然要求；在促进进口的过程中，要遵循的基本原则是坚持进口与出口协调发展，促进对外贸易基本平衡，保持进出口稳定增长，坚持进口与国内产业协调发展，促进产业升级，维护产业安全，坚持进口与扩大内需相结合，推动内外贸一体化，促进扩大消费，坚持进口与“走出去”相结合，拓宽进口渠道，保障稳定供应，坚持市场机制与政策引导相结合，充分发挥市场主体作用，完善促进公平竞争的制度和政策。

中共十八大以来，为了全面提高开放型经济水平，促进国内经济转型和产业结构升级，中国一再重申进出口协调发展的重要性。2014 年 11 月，《国务院办公厅关于加强进口的若干意见》明确提出要实施积极的进口促进战略，指出加强技术、产品和服务进口，有利于增加有效供给、满足国内生产生活需求，提高产品质量，推进创业创新和经济结构优化升级，有利于用好外汇储备，促进国际收支平衡，提升开放合作水平。基于进口的重要作用，对外贸易发展“十三五”规划强调要实行积极的进口政策，通过完善进口贴息政策、加大进口信贷支持力度等措施扩大先进技术设备等商品进口。2017 年 5 月，习近平在“一带一路”国际合作高峰论坛上宣布，中国将从 2018 年起举行国际进口博览会。2018 年 7 月，商务部等部委在《关于扩大进口促进对外贸易平衡发展的意见》中从四个方面提出了扩大进口促进对外贸易平衡发展的政策举措：一是优化进口结构促进生产消费升级；二是优化国际市场布局；三是积极发挥多渠道促进作用；四是改善贸易自由化便利化条件。2018年11月5日至10日，首届中国国际进口博览会在国家会展中心（上海）举行，这是迄今为止世界上第一个以进口为主题的国家级博览会。中国国际进口博览会作为中国扩大进口的重要平台，与2018年年初以来进口关税调降等措施一脉相承，是主动扩大进口政策的重要内容。中国国际进口博览会的举办，表明中国主动开放市场的意愿与行动，彰显了中国进一步扩大开放、促进全球贸易、合作发展的决心与信念。习近平在首届中国国际进口博览会开幕式上更是指出，中国主动扩大进口，不是权宜之计，而是面向世界、面向未来、促进共同发展的长远考量。中国将顺应国内消费升级趋势，采取更加积极有效的政策措施，促进居民收入增加、消费能力增强，培育中高端消费新增长点，持续释放国内市场潜力，扩大进口空间。

进口促进战略的提出和实施，标志着中国的进口贸易战略及对外贸易战略进入了新的阶段。这不仅对中国对外经济贸易发展方式的转变及中国经济社会的和谐发展有重大意义，还为中国的贸易伙伴提供了重要机遇，有利于推动国际贸易自由化和世界经济发展。

二、中国服务贸易战略的演进与调整

在中国对外贸易战略中，服务贸易战略长期缺位。1994年，“大经贸”战略将商品、资金、技术、服务相互渗透、协调发展作为重要目标，这标志着中国从对外贸易战略的角度明确了发展服务贸易的重要性。在“九五”时期，中国提出要有步骤地开放金融、商业、旅游等服务领域。

入世以后，根据服务部门开放承诺和中国服务业开放水平不高、竞争力不强、服务贸易逆差较大的发展状况，“十五”时期围绕加快发展服务业、努力扩大服务出口、逐步缩小服务贸易逆差推进了服务贸易工作。在此基础上，“十一五”规划纲要明确指出要扩大工程承包、设计咨询、技术转让、金融保险、国际运输、教育培训、信息技术、民族文化等服务出口，鼓励外资参与软件开发、跨境外包、物流服务，建设若干服务业外包基地，有序承接国际服务业转移，积极稳妥扩大服务业开放，建立服务贸易监管体制和促进体系。“十二五”规划提出要促进服务出口，提高服务贸易在对外贸易中的比重，强调在稳定和拓展旅游、运输、劳务等传统服务出口的同时，努力扩大文化、中医药、软件和信息服务、商贸流通、金融保险等新兴服务出口，大力发展服务外包，扩大金融、物流等服务业对外开放，稳步开放教育、医疗、体育等领域，引进优质资源，提高服务业国际化水平。

依据“十二五”规划纲要，中国制定了《服务贸易发展“十二五”规划纲要》（以下简称《纲要》），强调要确立服务贸易的战略地位，把发展服务贸易作为经济工作的重要战略任务，以科学发展为主题，以加快转变经济发展方式为主线，以国际市场需求为导向，以有效利用两个市场、两种资源为目标，科学合理规划服务贸易发展，夯实服务贸易发展基础。根据《纲要》的有关精神，发展服务贸易的主要任务是推动重点行业服务出口，有序扩大服务贸易领域的对外开放，加快服务贸易企业“走出去”步伐，培育具有较强国际竞争力的服务贸易企业，推进服务贸易领域自主创新，促进服务贸易区域协调发展，加快发展与战略性新兴产业相配套的服务贸易；需要注重的原则是坚持市场调节与政府引导相结合，遵循服务贸易发展规律，充分发挥市场在服务贸易领域资源配置中的基础性作用，坚持服务贸易发展与服务业发展相结合，以国内产业特别是服务业发展为依托，大力发展服务贸易，努力扩大服务出口，实现服务贸易与服务业有机融合、互动发展，坚持服务贸易和货物贸易协同发展的战略思想，发挥服务贸易高附加值优势，提高货物贸易技术含量和附加值，延长货物贸易价值链，同时发挥货物贸易总量优势，带动服务贸易协调发展，提高服务贸易在对外贸易中的比重，坚持总量增长与结构优化相结合，正确处理环境保护与经济发展和社会进步的关系，发挥服务贸易在建设资源节约型和环境友好型社会、促进经济发展方式转变中的积极作用，推进服务贸易各行业全面发展，实现服务贸易总量稳步增长，进出口基本平衡，重点发展现代服务贸易，规范提升传统服务贸易，实现服务贸易结构优化。

除了明确阐述发展服务贸易的指导思想、基本原则、主要任务外，《纲要》还阐述了服务贸易发展中需要重点培育的领域和发展服务贸易的保障措施，指出要选择中国具有比较优势的传统服务贸易领域，巩固优势；选择符合国际服务贸易发展趋势的新兴服务贸易领域，重点培育。至此，中国形成了较为系统的服务贸易发展战略，使开放及服务贸易和货物贸易协同发展、服务出口与服务进口基本平衡成为中国服务贸易发展的战略重点。在此基础上，中国根据客观情况的变化，进一步明确了服务贸易进口的重要意义。2014 年，《国务院办公厅关于加强进口的若干意见》指出，要大力发展服务贸易进口，积极扩大国内急需的咨询、研发设计、节能环保、环境服务等知识、技术密集型生产性服务进口和旅游进口。

2015 年，中国根据经济新常态进一步阐述了发展服务贸易的战略意义和主要目标。《国务院关于加快发展服务贸易的若干意见》指出，大力发展服务贸易有利于稳定和增加就业、调整经济结构、提高发展质量和效率、培育新的增长点，是扩大开放、拓展发展空间的重要着力点；强调要适应经济新常态，加快发展服务贸易，创新服务贸易发展模式，加快服务贸易自由化和便利化，培育“中国服务”的国际竞争力，进一步提升服务贸易占对外贸易的比重，逐步实现国际市场布局均衡，稳步提升“一带一路”沿线国家在服务出口中的占比，到 2020 年，力争服务进出口额超过 1 万亿美元。

经过“十二五”时期的发展，中国的服务贸易迈进了全面贯彻创新驱动发展战略的新时代。在这样的背景下，服务贸易发展“十三五”规划在强调牢固树立和贯彻落实创新、协调、绿色、开放、共享发展理念的基础上，明确指出要积极推动服务贸易技术创新和商业模式创新，要注重服务贸易与服务业、货物贸易、国际投资合作协调发展，要促进服务出口与进口协调发展，缓解服务贸易逆差，要推进服务贸易各领域协调发展，大力促进知识技术密集型服务出口，着力优化服务贸易结构；要进一步巩固服务贸易大国地位，加快服务贸易强国建设进程。在此基础上，中共十九大报告进一步强调了扩大服务业对外开放的目标与任务。2018 年 6 月国务院批复了《深化服务贸易创新发展试点总体方案》，同意在服务贸易创新发展试点基础上延续两年，并将原来的 15 个试点区域扩大至 17 个，强调在借鉴各种开放政策和经验的基础上，积极探索更多服务领域的深度开放，进一步探索适应服务贸易创新发展的体制机制，搭建平台，创新模式，提升服务贸易便利化水平，促进服务贸易高质量发展。

可见，中国在制定服务贸易战略方面起步较晚，但发展较快。在关于服务贸易的规划中，不仅有明确的数量目标，还有相应的质量目标和富有创新的发展理念，这进一步体现了中国对外贸易战略的多元化特征和战略重点的调整。在全面深化改革的进程中，中国将根据全面建成小康社会和全面建设社会主义现代化强国的各项目标，适时调整服务贸易战略，进一步完善服务贸易市场规划和服务业对外投资战略，改革和完善服务贸易管理制度，充分发挥市场在服务贸易领域资源配置中的决定性作用，推动服务贸易协调、持续发展。

第三节　新中国对外贸易战略的重大转变与演进规律

新中国成立以来，伴随着国内政治经济环境与条件的变化，中国对外贸易战略不断调整，总体来看，其逐步实现了三大方面的重要转变：一是在战略属性上，实现了从近乎封闭向全方位开放的转变；二是在战略手段上，实现了从保护主义向有管理的自由贸易的转变；三是在战略目标上，实现了从单一向多元目标的转变。这三个方面相互交织，共同推动新中国成立以来尤其是改革开放以后中国对外贸易的规模扩大和结构优化，并形成了具有自身特色的演进规律。

一、新中国对外贸易战略的重大转变

（一）战略属性从近乎封闭向全方位开放转变

新中国成立70年来特别是改革开放40多年来，全国各族人民在中国共产党领导下，坚定不移地扩大对外开放，从贸易到投资，从货物贸易到服务贸易，逐渐形成了全方位、多层次、宽领域的对外开放格局，实现了从封闭半封闭到全方位开放的伟大历史转折。

在这一过程中，中国经济体制经历了从“较强的内向型”体制到“较强的外向型”体制的转变。中国对外贸易战略也逐渐由过去的全面进口替代战略逐步调整为融合进口替代和出口导向两种战略成分的相对中立的综合战略，并进一步调整扩展了开放的领域、层次，推进形成了多层次的全面开放对外贸易战略总体格局。① 从货物贸易战略来看，逐步由“奖出限入”等以出口促进为主的货物贸易战略转向坚持进出口并重、推进进出口平衡发展的货物贸易战略；由重视进出口贸易规模向注重进出口贸易质量、科技含量与创新驱动的货物贸易战略转变。货物贸易战略的开放性、全面性不断增强。从服务贸易战略来看，从长期缺位到确立服务贸易战略，从主要重视货物贸易到强调服务贸易与货物贸易协同发展，战略目标从巩固服务贸易大国向建立服务贸易强国转变。在服务贸易战略历经从无到有，从有到优的快速发展过程中，中国服务贸易的开放领域扩大，开放水平大大提升。

综合来看，新中国成立70年来，中国的对外贸易战略发生了重大变革，开放程度越来越高，中国特色社会主义自由贸易制度的特征在贸易战略层面日益强化。对外贸易战略的转变，使中国不仅在贸易开放的进程中走在了发展中国家的前列，还成为当前推动全球贸易开放与自由化的重要力量。

（二）战略手段从保护主义向有管理的自由贸易转变

新中国成立后，中国逐步确立了大一统的计划经济体制，与之相应，中

① 殷德生，金培振. 改革开放40年中国对外贸易变革的路径、逻辑与理论创新［J］. 上海经济研究，2018（10）：116-128.

国的对外贸易制度逐渐形成了大一统的保护贸易制度；后伴随国内外环境与经济条件的变化，市场的作用得到越来越多的重视，并被提升到决定性作用的高度，而中国的对外贸易战略也在这一过程中由保护主义向有管理的自由贸易转变。

虽然现有文献关于贸易自由化的内涵尚未形成一个统一的界定，但根据世界银行出版的关于发展中国家贸易自由化的研究，贸易自由化不仅包括贸易政策中的反出口倾向削弱，价格机制作用增强，而且还意味着对贸易干预程度的降低。与此相应，在战略手段上，中国对外贸易战略由保护主义向有管理的自由贸易的转变实际主要体现在两个方面：一是关于进出口贸易关系、货物贸易与服务贸易关系为代表的贸易政策中性化的转变；二是政府与市场关系为代表的价格机制和政府干预机制的转变。具体而言，一方面，从中国对外贸易总体战略、货物贸易战略和服务贸易战略来看，新中国成立 70 年来，总体上中国对外贸易战略历经低出口鼓励和高进口限制相结合的进口替代战略、高出口鼓励和高进口限制相结合的混合贸易战略、高出口鼓励与低进口限制相结合的出口导向贸易战略、低出口鼓励和低进口限制的进出口平衡发展以及积极的进口促进战略，中国对外贸易实现从自主单向开放向相互多边开放转变，从货物市场自由化延伸到服务市场自由化，在提升贸易政策中性化方面成效显著[①]；另一方面，从政府与市场关系来看，新中国成立以来到改革开放前中国主要采用的是完全排斥市场的大一统计划经济方式，在这一时期政府在资源配置过程中起着决定性作用。然而，自改革开放以来，伴随着国内经济政治环境的变化和改革的不断深入，市场作用从无到有，并实现了从“允许”到“辅助作用”到“基础性作用”，再到决定性作用的演变，而政府对资源的配置则从“决定”到“为主”再到“服务和矫偏”的作用转变。[②] 市场与政府关系的转变充分体现在中国对外贸易战略的调整过程中，尤其是在作为中国对外贸易发展全局性抉择、服务于社会主义建设目标的中国

① 孔庆峰，王冬. 中国外贸发展战略的演变及其动因分析［J］. 山东大学学报（哲学社会科学版），2009（6）：22-30.

② 张长生. 政府与市场关系的重构：从政府决定到市场决定［J］. 探求，2016（4）：84-89.

对外贸易总体战略上的体现更为显著。从高度集中计划经济时期政府发挥决定性作用对中国对外贸易实行统制模式的进口替代战略，到有计划商品经济制度时期政府与市场主辅结合进行调节的混合发展战略，到建立和完善社会主义市场经济制度时期充分肯定并发挥市场对资源配置基础性作用的“大经贸”战略和互利共赢战略，再到新时代发挥市场决定性作用的多元化战略，中国对外贸易战略的调整与转变过程，充分反映了政府与市场关系的不断调整以及由此所呈现的贸易领域价格机制与政府调控机制的自由化，实现了从保护主义向有管理的自由贸易的转变。

（三）战略目标从单一目标向多元目标转变

中国对外贸易战略是国民经济整体发展战略的重要组成部分，服从并服务于国内经济发展目标。伴随着国内经济的发展和国际经济环境的不断变化，中国对外贸易战略目标在不同的经济发展阶段存在不同的特点，并在总体上呈现出由单一目标向多元目标转变的重大趋势。

从对外贸易战略总体目标来看，从新中国成立初期以排斥进口、优先发展重工业为目标的进口替代战略到进口替代战略与出口导向战略相结合的混合发展战略，到强调商品进出口贸易基础上的资金、技术、服务等多种对外贸易形式融合发展的“大经贸”战略，到注重“引进来”与“走出去”双向并重、国内利益与国外利益协调的互利共赢战略，再到创新驱动战略、积极进口促进战略、全面开放战略等齐头并进、相互协作的多元化对外贸易战略，中国对外贸易战略总体目标的范围由商品拓展至服务、技术、资本，由规模延伸至质量、效益、创新，由国内利益拓展至国际利益，从而由单一目标转变为涵盖多层次、多领域的多元目标体系。从具体战略来看，货物贸易战略和服务贸易战略的目标同样融入了以质取胜、创新驱动发展的战略目标，进一步拓展并充实了货物与服务贸易战略目标。其中货物贸易战略中的市场多元化战略更是结合中国进出口货物贸易发展实际，将优化进出口市场布局、改善进出口市场结构融入货物贸易发展战略目标之中，服务贸易战略则从中国服务贸易发展现状出发，将服务贸易进出口平衡发展尤其是促进服务贸易进口发展纳入目标体系中，从而形成了有所侧重、独具特色的、多元的货物贸易战略目标和服务贸易战略目标。

从近乎封闭走向全方位开放、从保护主义走向有管理的自由贸易、从单一战略目标走向多元战略目标，中国经济体制和对外贸易制度在不断探索、尝试、调整、改革的伟大历程中不断演进，共同构成了新中国成立 70 年尤其是改革开放 40 余年来中国经济与对外贸易发展史上的重要内容，推动中国经济和对外贸易发展逐步走向更具可持续性的全面发展新格局。

二、新中国对外贸易战略的演进规律

（一）中国对外贸易战略转变的必要性

各种贸易战略模式，无论是外向型还是内向型，只能适用于一国发展的一定阶段。对对外贸易在经济发展中的地位的评判必将强烈地影响到一国的政策选择。但是必须注意到，对外贸易在经济发展中的重要性和贸易政策应用的条件是常常变化的，贸易战略必须予以调整以适应不同的目标，贸易政策也必须发生相应变化。[①] 因此，中国国内外政治经济环境的变化，往往促成了对外贸易战略调整与转变的必要性。

具体来说，新中国成立初期的进口替代战略是计划经济的产物，是“重工业优先发展”经济战略的需求。但计划体制与内向发展战略并未达到理想效果，而且日益呈现出难以为继的局面。在此背景下，中国于 1978 年开始了改革开放。但一方面受国内经济发展水平低、企业生产效率低、市场竞争不足、制度不完善等条件的限制，中国对外贸易战略无法直接由内向型转向外向型；另一方面，从国际环境看，20 世纪 80 年代正是国际经济大调整时期，全球新一轮的生产结构转换和转移为中国融入国际分工提供了新的机遇。同时东亚增长奇迹的出现则对中国产生了很强的示范效应，从而使推进对外开放、促进对外贸易发展在中国赢得更多共识。改革开放初期国内国际政治经济条件的限制与转变，促成中国对外贸易战略由进口替代调整为融合进口限

① 莫兰琼. 改革开放以来中国对外贸易战略变迁探析［J］. 上海经济研究，2016（3）：35-40.

制和出口鼓励的混合发展战略。[①] 1992年后，尤其是邓小平发表南方谈话后，国内的制度变迁阻力变小，总体发展水平提高，企业积极性增强，因此对更大的自主经营权和更灵活的市场体制产生需求。对外贸易发展的优势开始凸显，从而进一步拓展对外贸易的广度与深度、推动对外贸易与其他对外经济形式的融合发展开始成为政府和企业的现实诉求。在此背景下，“大经贸”战略取代混合发展战略成为这一阶段中国对外贸易战略的主要内容。中国对外贸易尤其是出口贸易快速发展，并在中国加入世界贸易组织后得到进一步大幅高速增长。与此同时，高速增长、粗放式发展的中国对外贸易也开始产生一系列问题，如出口商品缺乏核心竞争力、对外贸易发展高度依赖外需和外资、人民币升值压力巨大、对外贸易摩擦频发等问题。[②] 其中较为突出的是以下三个问题：一是对外开放并不平衡。从对外贸易发展的领域来看，主要集中于货物贸易发展，而服务贸易领域开放与发展均严重滞后；从对外贸易地域看，国内不同地区的开放政策千差万别，同一领域中不同地区的外贸、外资企业享受不同的政策待遇，从而造成了企业之间的不平等竞争；从国际市场来看，中国对外贸易的分布相对比较集中，从而导致对某些或某类国家的对外贸易关系严重依赖。二是出口导向部门与进口替代部门的分隔，造成出口导向部门在国内的产业链过短，技术含量较低、附加值低等不足；进口替代部门则由于保护过度、竞争不足等问题导致其竞争力依然低下。三是对外贸易摩擦频发。由于中国对外出口主要依赖美国和欧盟等发达经济体的市场，因此中国对外贸易发展面临的主要挑战之一就是来自发达国家的新贸易保护主义。尤其是包括反倾销、反补贴和保障措施在内的新型贸易保护手段和工具的应用，往往具有更强的针对性和歧视性，成为影响中国对外贸易健康发展的一个重要因素。除此之外，中国对外贸易发展还面临一个更大更艰巨的问题，那就是对外贸易增长方式的转变问题。改革开放以来，中国出口贸易迅速增长，但与中国巨大出口规模相伴随的是“中国制造”的低廉价格，即

---

① 黄静波. 中国对外贸易改革的总体评价和展望［J］. 经济评论，2000（4）：59-63.

② 李坤望. 改革开放三十年来中国对外贸易发展评述［J］. 经济社会体制比较，2008（4）：35-40.

中国出口增长更多依赖于价格竞争优势，这种对外贸易发展模式事实上难以持续。而改变中国出口增长模式，根本的方法还是提高自主创新能力，调整企业经营战略。因此，在这一系列问题的推动下，中国对外贸易战略日益多元化，并融合互利共赢战略、创新驱动战略、积极进口促进战略、全面开放战略等形成了独具特色的中国对外贸易战略体系。由此可见，各阶段中国对外贸易战略的调整与转变是特定阶段政治经济发展实际推动的产物，是必要且重要的选择。

（二）中国对外贸易战略转变的根本原因及规律

1. 中国特色社会主义制度的保障

新中国成立以来，中国共产党领导全国各族人民一直在探索适合中国发展的现代化模式。“以苏为师”优先发展重工业模式成为新中国成立初期经济发展的主要模式。1957 年年末，随着“大跃进”的开始，叠加各种复杂因素的影响，与对现代化的探索发生背离，中国内向型经济发展趋向愈加明显，并最终导致中国现代化进程的中断和较为严重的危机。中共十一届三中全会重新确立了“解放思想，实事求是”的思想路线，做出了把工作重心转移到社会主义现代化建设上来的战略决策，实行改革开放并逐步形成以市场经济为经济运行形态的基本形式，遵循经济体制改革中“摸着石头过河”的经验，由易到难，最终促成了中国社会主义现代化建设的全面启动。在这一过程中，充分融合中国特色社会主义经济建设发展的实践性、时代性和价值性相统一的逻辑，在中国共产党的领导下适时、有力地提出推动中国特色社会主义制度完善与发展的综合方案，这为不同时期中国对外贸易战略的调整与转变提供了最根本和最强大的制度保障。

2. 社会主义市场经济体制的完善

如何处理政府与市场的关系一直贯穿于中国经济发展的过程中，并成为各阶段中国对外贸易战略制定的重要依据。从高度集中的计划经济体制到改革开放后社会主义市场经济体制的逐步确定与发展，极大地解放和发展了社会生产力，深刻改变了人们对经济发展基本规律的认知。1979 年 11 月，邓小平率先发出“社会主义为什么不可以搞市场经济”的疑问后，中国共产党人开始探索、建立和完善社会主义市场经济体制的伟大实践。从中共十二大正式使用“计划经济为主、市场调节为辅”的提法，十二届三中全会正式提出社会主义经济是公有制基础上的“有计划的商品经济”，到中共十四大明确提出建立社会主义市场经济体制的目标，到中共十七大提出“从制度上更好发挥市场在资源配置中的基础性作用”，再到中共十八届三中全会进一步提出“使市场在资源配置中起决定性作用和更好发挥政府作用”，中共十九大提出建立“市场机制有效、微观主体有活力、宏观调控有度”的经济体制，中国建立和完善社会主义市场经济体制的认识不断深化，实践探索不断深入，社会主义市场经济体制更加完善和成熟。在此过程中，中国对外贸易战略逐渐融入了越来越多的开放元素与发挥市场作用的理念，不断打破对进口贸易、服务贸易、双向投资等多方面的限制，推动中国对外贸易战略朝着更包容、更开放、更自由、更多元的方向持续调整转变。由此可见，社会主义市场经济体制的完善为中国对外贸易战略的调整与转变提供了强大动力和体制支持。

3. 经济发展水平的演进

中国经济发展的现实需要以及经济发展水平的演进，构成了中国对外贸易战略转变和调整的关键参照。实际上，中国不同发展阶段的对外贸易战略均和当时的经济环境和国内要素需求密切相关。经济贸易转型的最终目的是实现经济的可持续发展。在不同经济发展阶段，中国外贸战略的重点不同，从主要集中于出口贸易到关注并鼓励进口贸易、从货物贸易拓展至服务贸易、从贸易领域进一步延伸至投资领域、从单一目标提升至多元目标，等等，其实现转变与拓展的核心动力之一便是经济发展阶段和现实发展诉求的调整与改变。而且对外贸易发展战略的演变具有连续性，与当时经济社会发展情境相适配的对外贸易战略将在一定时期内充分发挥对经济发展的促进作用，但与此同时发展到一定阶段的经济水平又会导致一些影响因素发生变化，进而引致新的需求与发展目标，这又进一步推动中国对外贸易发展战略的演变。因此，事实上，中国经济发展水平的阶段性演进与中国对外贸易战略的转变与调整呈螺旋互动关系，是引致中国对外贸易战略转变的核心动力因素。

本章参考文献

邓敏，顾磊，2016. 中国对外贸易概论［M］. 成都：西南财经大学出版社.

黄静波，2000. 中国对外贸易改革的总体评价和展望［J］. 经济评论（4）：59-63.

孔庆峰，王冬，2009. 中国外贸发展战略的演变及其动因分析［J］. 山东大学学报（哲学社会科学版）（6）：22-30.

李坤望，2008. 改革开放三十年来中国对外贸易发展评述［J］. 经济社会体制比较（4）：35-40.

莫兰琼，2016. 改革开放以来中国对外贸易战略变迁探析［J］. 上海经济研究（3）：35-40.

曲如晓，2019. 中国对外贸易概论［M］. 4 版. 北京：机械工业出版社.

徐复，2012. 中国对外贸易概论［M］. 3 版. 天津：南开大学出版社.

殷德生，金培振，2018. 改革开放 40 年中国对外贸易变革的路径、逻辑与理论创新［J］. 上海经济研究（10）：116-128.

张长生，2016. 政府与市场关系的重构：从政府决定到市场决定［J］. 探求（4）：84-89.

第五章
新中国对外贸易体制的改革与转变

对外贸易体制是对外贸易战略得以实施的重要载体，是新中国对外贸易制度转变的关键。新中国成立以来，对外贸易体制的建立和调整，特别是其改革创新，对中国对外贸易制度体系的完善，对中国对外贸易及社会经济的发展，都产生了重要推动。

第一节　新中国对外贸易体制的建立与调整

在新中国成立初期，由于对开展社会主义经济事业缺乏经验，加之在众多资本主义国家中孤立无援，中国经济体制基本参照苏联的斯大林模式，采用了高度的全民所有制和高度集中的计划经济模式，经济运行排斥市场规律，资源配置和产品分配均由国家通过指令性计划统一进行。对于一个国家而言，对外贸易体制是经济体制的重要构成。因此，新中国成立之初建立的对外贸易体制也是以指令性计划、统负盈亏、高度集中为特征的。在此基础上，中国根据经济发展的需要调整了对外贸易体制。

一、高度集中对外贸易体制的形成

毛泽东在中共七届二中全会上提出，"人民共和国的国民经济的恢复和发展，没有对外贸易的统制政策是完不成的"。因此，新中国成立之初的对外贸易体制是高度集中的、国家统治的外贸体制，具体表现为国家统一领导和管理，外贸各专业公司统一经营，企业的盈余和亏损均由中央财政承担。① 为了推进中国对外贸易体制的建立，中国建立了高度集中的对外贸易行政管理机构体系，通过除旧革新全面建立起中国社会主义的对外贸易经营主体，并在此基础上建立起全国统一的对外贸易管理制度以及相配套的外汇管理制度和对外贸易监督管理系统。

（一）设立对外贸易行政管理机构

为统一管理全国外贸工作，1949 年 11 月，中国成立了中央人民政府贸易部。随着中国国内外贸易规模的迅速扩大，1952 年 8 月，贸易部划分为中央人民政府商业部和中央人民政府对外贸易部，分别开展国内贸易和对外贸易

① 孙玉琴. 中国对外贸易史［M］. 北京：清华大学出版社，2008：254-258.

工作。中央人民政府对外贸易部的主要职能在于统一领导和管理对外贸易，具体表现为：编制进出口贸易计划及对外贸易外汇收支计划并组织和检查其执行；负责与其他国家发展经济贸易和技术合作的联系方案和谈判事宜；领导海关工作，起草对外贸易管理法规和海关管理法规，签发进口、出口和过境贸易的许可证，加强货物监管和政治经济保卫工作。

与中央政府领导机构设立相对应，中国组建了地方贸易管理机构。中央贸易部成立后，中国在各大行政区设立了贸易部，在内地省市由商业厅（局）监管对外贸易，在口岸省市设立了对外贸易管理局，划归中央贸易部直接领导，之后改为中央和地方双重领导。对外贸易部成立后，中国在各大行政区和口岸设立了对外贸易部特派员办事处，受对外贸易部和地方政府双重领导。1954 年各大行政区撤销后，中国在一些省市设立了对外贸易局，由此形成了“条块结合，条条为主”的高度集中的对外贸易行政管理机构体系。

（二）建立中国社会主义的对外贸易经营主体

在对外贸易经营主体上，新中国通过除旧革新全面建立起中国社会主义的对外贸易经营主体，主要措施包括：废除帝国主义在中国的一切特权，没收对外贸易中的官僚资本，改造私营进出口企业，建立国营对外贸易企业。

1. 废除西方列强国家在中国的特权

新中国成立前，在帝国主义列强的不断侵略下，中国的主权和领土完整遭遇了严重破坏，对外贸易也丧失了独立自主的地位，完全依附于帝国主义，沦为半殖民地性质的对外贸易。新中国成立后，中国立即废除了帝国主义在中国的一切特权，取消了他们对外汇、金融、航运、保险及商检等方面的垄断，摧毁了他们对外贸的控制。对于外国在中国的外贸企业，没有实施没收，允许其在遵守中国政府法令的条件下继续经营。但由于它们都是依靠帝国主义特权起家的，在特权取消以后难以经营，因此大都申请歇业或作价转让给中国政府。从此以后，外国资本在中国开设的进出口企业基本上停止了经营活动。1950 年，在中国境内有洋商 540 多家，进出口额占中国对资本主义市场进出口总额的 6.52%；到 1955 年年底，只剩下 28 家，在全国对资本主义市场贸易中的比重下降为0.005%。[①]

2. 没收对外贸易中的官僚资本

官僚资本是帝国主义的总买办，它依靠国际垄断资本的势力，凭借反动政权的权利，控制了旧中国的金融业、工业、交通运输业、国内外贸易。从对外贸易来看，官僚资本独占了中国绝大部分商品的进口和出口。因此，在废除帝国主义一切特权的同时，没收官僚资本也是必要的政策措施。在全国范围的没收官僚资本活动中，新中国接管了中央信托局、输出入管理委员会等旧政府的外贸机构，没收了蒋、宋、孔、陈四大家族官僚资本的外贸企业。官僚资本的外贸企业拥有的主要资产是外汇，但在人民解放战争取得胜利的过程中，这些外汇资产已全部被官僚资产阶级卷逃或汇出。因此，新中国没收所得的官僚资本外贸企业的资产十分有限。

3. 改造私营进出口企业

新中国成立初期，全国各口岸共有私营进出口企业4 600户，从业人员35 000人，资本约13亿元（按1955年3月1日起发行的新人民币折算），经营额约占全国外贸总额的三分之一，其中出口额约占全国出口总额的一半。[②]私营进出口企业是建立在生产资料私人所有制基础上的，因此新中国成立后，国家对它们采取了利用、限制和改造的政策：利用它们与国外厂商的贸易关系，经营进出口业务的经验和专长，对资本主义市场的熟悉和了解，以及对许多出口商品的产销、加工、保管及运输等方面的丰富知识，限制它们的剥削和盲目经营，制止它们的投机违法活动，通过国家资本主义的道路，逐步把私营进出口企业改造成为社会主义对外贸易企业。

经过改造和代替，到1955年年底，私营进出口商户减少到1 083家，从业人员减少到9 994人，资产下降到4 993万元，其进出口额在全国进出总额

① 中国外贸体制改革的进程、效果与国际比较课题组. 中国外贸体制改革的进程、效果与国际比较[M]. 北京：对外经济贸易大学出版社，2007.

② 资料来源于2012年度（第十届）中国法经济学论坛论文集。

中的比重从 1950 年的 31.6%下降到 0.8%。① 1956 年，在全国公私合营高潮中，中国对私营进出口企业实行了全行业公私合营。合营后，参照国营对外贸易企业的制度，按行业成立了专业性的公私合营公司。通过改造，这些公司的所有制发生了根本变化，资本家原来占有的资产转由国家使用，他们除了拿定息之外，不能支配这些资产，也不再以资本家的身份掌握经营管理权和人事调配权。至此，中国在对外贸易领域基本完成了对生产资料私有制的社会主义改造。

4. 建立国营对外贸易企业

新中国成立后，为了适应革命形势和恢复国民经济、发展对外贸易的需要，中国依靠国家政权和整个社会经济的力量，在东北、华北、华东等解放区对外贸易的基础上逐步建立了国营对外贸易企业，其中包括经营与社会主义国家贸易的中国进口公司，经营对资本主义国际贸易的中国进出口公司，以及中国畜产、油脂、茶叶、蚕丝、矿产等国营外贸公司。1953 年，通过对原有国营外贸公司进行调整，中国组建了 14 个专业进出口公司和 2 个专业运输公司。为了改善经营分工，中国对这些公司进行了调整重组，并在各地设立了分支公司。这些企业一经建立，就在对外贸易经营中起着主导作用。1950 年，国营外贸企业的进出口额占全国进出口总额的比重达 68.4%，1952 年上升到 92.8%，1955 年更是高达 99.2%。②

到 1956 年生产资料的社会主义改造完成后，新中国的对外贸易全面由国营外贸公司集中经营。1958 年 8 月中共中央在《关于对外贸易必须统一对外的决定》中明确规定："除对外贸易部所属总公司和口岸分公司外，任何地方、任何机构不允许做进出口买卖。"自此，全国的进出口贸易活动，完全由十几家国营专业进出口公司分商品大类垄断经营，其他任何机构都不得经营进出口买卖。这十几家对外贸易专业公司实际上是对外贸易管理部门的进出

① 中国外贸体制改革的进程、效果与国际比较课题组. 中国外贸体制改革的进程、效果与国际比较 [M]. 北京：对外经济贸易大学出版社，2007.

② 张兴华. 国有外贸企业战略转型分析 [D]. 北京：对外经济贸易大学，2007.

口计划的执行机构。各外贸专业总公司和分公司按经营分工统一负责进出口贸易的对外谈判、签约、履约等业务活动，其他任何机构都无权经营进出口业务，内地省市分公司、支公司仅参与出口货源的组织、收购、调拨、运输等对内经营活动。

（三）建立全国统一的对外贸易管理制度

高度集中外贸体制最核心的部分即是单一的直接计划管理体制，国营专业外贸公司垄断整个外贸行业的经营。国家相关部门编制和下达外贸收购、调拨、出口、进口、外汇收支等指令性计划，外贸专业公司作为接收指令的一方，负责执行计划，完全按照计划进行日常经营，如需修改要逐级上报，交由国务院核批。由此，国家下达的外贸计划框住了整个外贸经营，既成为集中调节外贸经营的单一杠杆，又成为集中进行外贸管理的主要手段。

在外贸对外经营环节，一方面，唯有国营专业外贸总公司及各分公司拥有进出口经营权，另一方面，各外贸公司的经营活动受到以行政机构为主的多方面干预和约束，此时的经营体制表现出“政企不分”的特征。在外贸对内经营环节，国家主要施行出口收购制和进口拨交制①，这一环节基本由各省、市外贸分、支公司负责。出口收购制是指外贸公司在出口贸易中以买断方式从其上游的生产者那里购进商品以供出口，进口拨交制则是指外贸公司在进口贸易中按照指令性计划的要求完成货物的进口，再调拨给其下游的用货公司。虽然按照“收购制”和“拨交制”，外贸企业拥有对其上、下游企业的主动选择权，但外贸公司的上游生产者对出口商品的适销性、价格、盈亏不承担责任，下游用货者不承担进口质量和效益的责任，外贸企业本身也不自负盈亏，“责、权、利”不统一，最终使得“产、供、销”严重脱节。在进出口业务中，本为主体的生产企业成了对外贸易的客体，而作为客体的外贸企业倒成了主体，这打击了生产企业出口创汇的积极性。随着中国经济体制改革逐步推进，“收购制”和“拨交制”愈发难以适应外向型经济的发展需求，但也为中国的外贸经营体制过渡到之后的进出口代理制打下了深厚基础。

---

① 裴长洪. 中国对外开放与流通体制改革30年研究［M］. 北京：经济管理出版社，2008：50.

在外贸定价方面，当时的外贸定价制度从实质上割断了国内外市场价格的联系，对中国外贸经营活动形成制约。在这种定价制度下，按照内外有别、分别作价的原则①，出口商品货源按国内计划价格收购，进口商品的内销按国内调拨价供应客户，而出口商品的外销和进口商品的购进则按国际市场价格作价，从而造成国内外价差并随着时间的推移而不断扩大，形成国内外价格割裂。

此阶段，财务管理体制体现出“高度集中、统负盈亏”的特点，进出口盈亏首先由各外贸专业总公司核算，然后上报至外贸部进行统一核算和综合平衡，最终盈亏均由中央财政一力承担。除此之外，外贸专业公司的流动资金也均由财政部统一核拨。

（四）外汇管理制度的设立

新中国成立之时设立了中国人民银行总行，下设中国银行等金融机构，由中国银行在总行领导下统一管理全国的外汇业务，以调节和扶助进出口贸易。在当时，一方面，布雷顿森林体系还未宣告结束，国际货币体系仍以美元为中心，实行可调整的盯住汇率制度；另一方面，中国国内经济体制属于100%公有的单一计划经济体制，进出口贸易由各外贸专业公司按照国家下达的指令性计划统一经营，因此，汇率在当时的中国并不承担调节进出口贸易的职能，国家实行的是稳定人民币汇率的方针，人民币汇率长期固定不动。

（五）外贸监督管理系统的设立

1950 年，中国设立了海关总署，逐步接管和改造了各地的旧海关，收回了中国的海关主权。全国海关直接服从海关总署的管理，实行集中统一的垂直管理体制。海关的主要职责包括货运监管、关税征收、走私缉查等。1953 年，海关总署与对外贸易部的对外贸易管理总局合并为新的海关总署，划归对外贸易部领导。各口岸对外贸易管理局及其分支机构亦与当地海关合并，统称海关。1960 年至 1979 年期间，海关建制层层下放，海关职能逐渐被削弱。

此外，进出口商品检验制度是国家对涉外经济活动实行监督管理的一个

① 廖庆薪，廖力平. 现代中国对外贸易概论［M］. 广州：中山大学出版社，2000：105.

重要方面。1949 年 10 月，在中央贸易部对外贸易司设立了商品检验处，收回商检主权。1952 年，中央对外贸易部成立后，又设立商品检验总局，统一领导和管理全国的进出口商品检验工作。1954 年 10 月，外贸部明确提出商检工作方针，为商检工作进一步明晰职责和方向，即通过细致而系统的商检工作，提高国内生产产品的质量，树立信誉，加强内外交流，保护和支持国家经济建设。

综上所述，中国的高度集中外贸体制形成于特定的客观历史条件下，派生于单一集中的计划经济体制，在当时的背景和形势下，这种外贸体制在宏观调控和总体协调方面起到的积极作用不可忽视。通过高度集中的计划管理，由国家统一经营对外贸易，能更好地调度国内外资源，将资源配置到重点位置，配合新中国成立初期经济建设的总体需求。在政治外交方面有利于上下统一，集全国之力一致对外，打破资本主义国家的联合“封锁”，为国际经济合作打开缺口，配合和平外交工作，捍卫国家的政治和经济独立。

二、高度集中对外贸易体制的弊端和调整

高度集中对外贸易体制在特定历史时期为建设中国社会主义事业起到了积极的推动作用。但是，随着国内经济迅速发展，指令性计划常常无法与市场的实际情况相吻合，固有的外贸体制显得过于死板，显然无法适应新的形势需要，束缚了对外贸易的发展。为了更好地促进对外贸易和经济发展的需要，中国对外贸体制做了一些局部调整。

（一）高度集中外贸体制的弊端

随着经济发展和形势变化，高度集中的外贸体制的弊端也日益显现，主要体现在以下三个方面：

（1）独家经营，产销脱节。通过外贸专业公司独家经营对外贸易，缺乏竞争，使得各地各生产部门对对外贸易缺乏主观能动性，造成工贸隔离、产销脱节，对外贸易商品的国际竞争力难以得到提高。

（2）统得过死，缺乏自主经营权。国家通过指令性计划以及行政包揽和干预，对企业限制过多，各方面都被固定和安排，忽视经济调节，造成政企

职责不分，未能使其充分发挥自主经营的能力，成长速度特别缓慢。

（3）统负盈亏，缺乏激励。外贸专业公司不负盈亏，无竞争压力，无后顾之忧，企业没有进行自主创新的激励，缺乏主动改善经营管理的积极性。

（二）高度集中对外贸易体制的调整

高度集中对外贸易体制的种种弊端，凸显于权力的过度集中，这使对外贸易部事实上成了独揽全国对外贸易的大企业，在掌握全国对外贸易行政管理权的同时占有对外贸易企业的所有权和经营权。针对这种情况，中国对对外贸易体制做了一些局部调整，下放了一些权利。在 1974 年的对外贸易体制调整中，中国主要开展了以下工作：除原有的上海、广州、大连、青岛、天津 5 个口岸直接经营远洋、近洋、港澳地区的进出口贸易，北京、福建、河南、湖北、湖南、江西、安徽、广西、云南 9 个省、自治区、直辖市经营港澳地区和其他地区部分商品出口业务外，增加江苏、浙江、河北三省为直接经营对外贸易的口岸；除西藏外，内地其他省、自治区可以直接向港澳发运出口物资；内地省、自治区外贸专业分公司经外贸专业总公司批准，可以经营远洋贸易；轻工业部、建筑材料工业部、农业机械工业部、石油化学工业部、冶金工业部等工业部门分别成立出口供应公司，负责对外交货或向外贸公司供货；第一机械工业部成立产销结合的机械设备出口公司。

在外汇管理方面，20 世纪 70 年代初期，因美元危机与美国经济危机的频繁爆发，布雷顿森林体系最终难以为继，其后各国货币纷纷实行浮动汇率。在继续维持人民币汇率相对稳定的方针指导下，中国为了应对各国汇率频繁变动带来的影响，保持人民币汇价的相对合理性，开始实行定期调整汇价的办法。调整汇价的参考对象主要是不同时期具有代表性的坚挺货币升降的平均幅度，以及同期美国国内消费物价水平的变动情况。

这些调整措施对发展对外贸易起到一定的积极作用。但是，限于对外贸易体系内部的围绕经营权的局部调整难以触及高度集中、独家经营的对外贸易体制的基本框架和运行机制，国家高度垄断对外贸经营活动内在规律的破坏依然制约着对外贸易的发展及其积极作用的发挥，对外贸易体制的改革势在必行。

第二节 新中国对外贸易体制改革

在计划经济体制下，中国对外贸易实行高度集中的垄断经营方式，经营权高度集中，政企不分，责、权、利不明。外贸企业缺乏应有的激励机制及硬预算约束，企业经营积极性不高，效益低下。伴随着国内经济与对外贸易的发展，原有计划经济时期的外贸体制难以满足日渐扩大的外贸需求与经济体量，如此高度集中、无所不包的外贸计划体制亦不利于国民经济的恢复和发展，贸易体制改革势在必行。1979 年 10 月 4 日，邓小平在中央召开的各省、市、自治区第一书记座谈会上说："过去我们统得太死，很不利于发展经济。有些肯定是我们的制度卡得过死，特别是外贸。好多制度不利于发展对外贸易，对增加外汇收入不利。"与总体经济体制改革相一致，中国对外贸易体制改革也是始于试验的渐进式改革，是在没有经验可以借鉴的基础上的"摸着石头过河"。进入改革开放后，在渐进式改革思路下，对外贸易体制改革成为整体改革的先锋。

一、有计划商品经济制度建设时期对外贸易体制改革的探索（1979—1992 年）

改革开放初期，对外贸易体制改革的主要举措有：下放外贸经营权、推行进出口代理制和外贸承包经营责任制；改革单一的指令性计划管理体制，开始实行进出口贸易的指令性计划、指导性计划和市场调节相结合的管理体制；建立自负盈亏经营机制，等等。通过这些改革举措，打破了对外贸易的国家垄断经营。

（一）外贸行政管理体系改革

1. 简化外贸行政管理机构

根据简政放权、推动外贸体制改革和发展对外贸易的需要，改革了对外贸易领导机构。1982 年 3 月，原有的国家进出口管理委员会、对外贸易部、对外经济联络部和外国投资管理委员会四个单位合并，成立中华人民共和国对外经济贸易部，简化原有的管理机构，全国对外经济贸易工作自此由对外贸易部统一领导和管理。对外经济贸易部在党中央和国务院的政策指导下，对内负责规划、管理和协调各地区及各部门的对外贸易经济活动，对外积极发展与他国的贸易及经济技术合作，解决对第三世界国家的经济技术援助相关问题，同时统一组织政府间综合性的对外经济贸易活动，为中国社会主义现代化建设和对外战略服务。

2. 完善外贸行政管理体系

从 1980 年开始，中国重新恢复和逐步建立起新的外贸行政管理体系，包括：进出口许可证、外汇配额管理、对设立对外贸易企业的审批管理、对出口商品商标的协调管理等。并在此基础上加强了对外经济贸易部的行业综合管理职能，重新设立了驻口岸的特派员办事处机构，加强了海关、商检、外汇管理等外贸行政管理机构的职能。

1988 年之后，经贸部根据国务院授权，行使全国外贸行政归口管理职能，各地方经贸厅（委、局）则在当地政府领导下行使本地区外贸行政归口管理职能。各级外贸行政部门均实行政企职责分开，不再干预外贸企业的正常经营活动。为加强外贸行政管理，除已建立的 5 个特派员办事处外，经贸部进一步加强了特派员办事处建设工作。经贸部及其特派员办事处、各地方经贸厅（委、局）分别按照职权范围，改进和加强出口配额和进出口许可证的管理。

在总结对外贸易体制改革试点经验的基础上，1990 年 12 月，国务院《关于进一步改革和完善对外贸易体制若干问题的决定》（以下简称《决定》）出台，部署了继续贯彻执行治理整顿、深化改革方针的举措。在行政管理方面，中国进一步改善了对出口商品的计划、配额和许可证管理。经贸部对出口商品继续实行分类和计划列名管理，对计划列明管理的出口商品全部实行出口许可证管理，由经贸部门严格按计划核发出口许可证，非计划列名的出口商品，可根据需要实行出口许可证管理。对实行主动配额或被动配额的商品，继续实行配额加许可证管理。实行主动配额管理的出口商品和出口市场，由经贸部根据国际市场的变化情况适时调整。继续鼓励和扶持外商投资企业发展出口，对外商投资企业生产的实行计划、配额和许可证管理的出口商品，根据经贸部批准的生产规模和实际生产能力，安排出口计划和出口配额。

3. 调整外贸行政管理职能和手段

自 1979 年确立改革开放政策之后，为了摆脱过于集中的经济体制，促进商品经济的发展，我国将商品的经营权下放，建立了一批进出口贸易公司，实行政企分开，打破以往外贸企业由国家经营的局面。主要使用法律、经济、政策等手段，辅以必要的行政手段来强化对外贸的宏观管理，弱化微观管理，以市场为取向，给予企业更多自主经营权，释放外贸相关部门的活力。

与此同时，对外经济贸易部将若干项外贸行政管理权力下放至地方政府，包括部分对外贸企业的审批权限。外贸行政管理实行归口管理和分级管理的原则，对外经济贸易部根据国务院授权，行使全国外贸行政归口管理的职能，各地方政府对外经贸厅（委、局）行使本地方的外贸行政归口管理的职能。

（二）改革外贸经营权制度，建立外贸经营新机制

1. 下放外贸经营权，扩大对外贸易经营渠道

国有外贸企业是传统体制的微观基础，也是改革难点。按照趋易避难的原则，外贸体制改革先从体制外开始，即通过外贸经营权制度改革在国有企业之外培育新的经营主体。

1978—1987 年是中国的对外贸易经营体制改革的初步探索阶段。下放外贸经营权是外贸体制改革第一阶段的核心与主攻。1984 年 9 月，根据中共十二届三中全会“关于经济体制改革的决定”，在社会主义有计划的商品经济思想指导下，中国确定了“把对外开放作为长期的基本国策，按照既要调动各方面的积极性、又要实行统一对外的原则改革外贸体制”的基本方向。为了贯彻有关精神，国务院批准并转发了对外经济贸易部《关于外贸体制改革意见的报告》，提出了“政企职责分开，实行进出口代理制，工贸结合、进出结合”的外贸体制改革原则。

按照改革部署，中国逐步下放外贸进出口总公司的经营权，扩大地方的

外贸经营权，以调动地方和生产企业发展外贸的积极性。采取的主要措施有：各地方经过批准可以成立地方外贸公司，北京、天津、上海、辽宁、福建等省、市分别成立了外贸总公司；针对一些经济较发达省份，尤其是广东和福建两省，中共中央和国务院实行了一些特殊政策和灵活措施，相应扩大这两省的外贸经营权，其产品除个别品种外，全部由省外贸公司自营出口；批准19个中央有关部委成立进出口公司，如机械设备进出口总公司、船舶进出口公司等，这些公司主要是由对外贸易部所属的外贸专业公司分散到有关部门组成，将一些商品的外贸经营权分给相对应的生产部门，使产销结合更为紧密的同时扩大了外贸经营渠道；陆续批准一些大中型生产企业经营本企业产品的出口业务和生产所需的进口业务；批准成立了一些经营范围较广的综合性贸易公司，如中信贸易公司、北京光大实业公司等，这类公司除经营本系统内的进出口业务外，还经营某些商品和代理国内单位的进出口业务；成立一些经济技术开发公司，负责其所在地区的技术引进和新产品出口等方面的业务。此外，除了对外经济贸易部，其他如科技、体育、文化等部门及其相关学会、协会等团体组织也成立了专门经营某些类别商品进出口业务或者从事对外广告宣传、展览、咨询等服务性业务的公司，进一步扩大了对外贸易的经营渠道。这些措施打破了对外贸易独家经营的局面。据统计，自1979年下半年至1987年，全国共批准设立各类外贸公司2 200多家。1979年以来成立的众多“三资”生产企业也拥有本企业产品出口和有关原材料进口的经营权。

1988年，为了保证对外贸易经营体制的正常运转，中央政府部门又相继下放了部分权力。主要包括：下放经营外贸企业的审批权，放宽沿海经济区域吸收外资的审批权，减少配额和许可证的分配权，放宽进料加工的审批权和“三来一补”的品种限制，放宽地方和企业在外汇平衡、自负盈亏前提下与苏联、东欧国家易货贸易的经营权，下放在国外设立企业分支机构的审批权和出国贸易团组的审批权，等等。

下放外贸经营权调动了地方和部门及企业发展外贸的积极性，也为发展外向型经济创造了良好环境。但与此同时也产生了一些问题，宏观放开，微观失控，行政管理及协调机制建设滞后等因素加重了经济秩序混乱，影响了外贸企业经济效益和创汇能力，扩大了外贸发展的地区差距。

2. 开展工贸结合试点，推行进出口代理制

针对前述“产销脱节”问题，为了提高生产企业积极性和出口产品质量，中国开展了工贸结合试点。工贸结合的初级形式是“四联合，两公开”。“四联合”即联合办公、联合安排生产、联合对外洽谈、联合派小组出国考察；“两公开”则是指出口商品价格对工业部门公开以及工业生产成本对外贸部门公开。① 还有一种工贸结合方式是工贸联合公司，即工业企业和外贸企业共同提供资金和人员，共同进行经营的公司，如上海玩具公司、北京地毯公司等全国性的工贸联合公司。

与开展工贸结合试点的出发点类似，为了充分体现社会分工的意义，合理配置国内资源，1984 年对外经济贸易部发布了《关于外贸体制改革意见的报告》，提出采用进出口“代理制”代替原有的“收购制”。进出口代理制是指外贸公司只代理进出口，收取手续费，进口的最终用户自行通过计划渠道解决国内外市场价差问题；在出口方面，则摈弃传统的由外贸公司收购出口的经营方式，由生产商承担国际市场风险并负担盈亏。这种代理制是先由代理人（有外贸经营权的企业）和被代理人（没有外贸经营权的组织或个人）签订委托代理协议，代理人再以自己的名义对外签订合同开展贸易。贸易代理制最先在西方兴起并得到很好的发展，它是市场经济不断发展与完善的产物，随着中国经济逐渐转型，贸易代理制的采用成为形势所需。但是，这种贸易代理制仍具有较强的行政干预色彩，因为企业的外贸经营权是由国家进行审批后确定的。

3. 推行对外贸易承包经营责任制

基于前期以政企分开、放权搞活为重点的改革，1988—1990 年，中国以全面推行对外贸易承包经营责任制为基本内容，加快和深化了对外贸易体制改革。在此之前，中国对外贸专业公司于 1987 年开始实行了出口承包责任

① 傅自应. 中国对外贸易三十年［M］. 北京：中国财政经济出版社，2008：91.

制。承包的方式是：由经贸部发包，各外贸专业总公司向经贸部承包出口总额、出口商品换汇成本、出口盈亏总额三项指标，外贸专业总公司总承包后再按公司系统逐级分包到各分公司、子公司，然后落实到基层；各类外贸公司内部的处、科、室，也推行各种形式的责任制，把公司经营好坏同公司的发展及职工的利益紧密挂钩；适当扩大外贸专业总公司的经营自主权和业务范围，允许它们引进技术和关键设备；开展进料加工、来料加工、补偿贸易，在生产领域举办中外合资经营企业；开展期货贸易、对销贸易、租赁、咨询等业务。

在进行承包经营责任制实验的基础上，中国根据中共十三大和1988年2月颁布的《国务院关于加快和深化对外贸易体制改革若干问题的规定》的有关精神，全面推行了外贸承包经营责任制，并在轻工、工艺、服装三个行业进行自负盈亏试点。1988—1990年承包方案的基本要点是：各省、自治区、直辖市、计划单列市人民政府和各外贸专业总公司，各工贸总公司三个渠道分别向中央承包出口收汇、上交外汇额度和经济效益指标，承包指标三年不变；各外贸专业总公司和部分工贸总公司的地方分支机构与总公司财务脱钩，同时与地方财政挂钩，中央财政负责拨付上缴外汇基数、各承包单位出口收汇基数内的人民币补贴，各承包单位超基数收汇部分则与中央按比例分成；企业自负盈亏，其增盈资金在1987年的基础上扩大了使用范围，经过批准可将其中不超过25%的金额专用于职工集体福利。此次承包方案的实行为解决责权不统一状况起到了积极作用，更充分地调动了各地方、各部门以及各外贸企业扩大出口和改善管理的积极性。

外贸承包经营责任制的实行，意在打破以往由中央财政统收统支、统负盈亏的财务体制，发挥各外贸专业公司出口创汇、减亏增盈的积极性，增强公司主动改进经营管理的责任感。这种承包经营责任制将更多责任划归到经营企业，由各外贸专业总公司向对外经贸部承包出口额、出口成本、出口盈亏三项指标，并由上而下落实至各分公司，实行超亏不补，减亏留用，增盈对半分成，最终以所承包的三项指标其完成情况兑现出口奖励①。

该制度的实行初步解决了出口创汇与外贸亏损同步增长的难题，使出口额得到有效的大幅度增长，但它也存在一些问题。首先，承包制保留了出口补贴，尚未建立起完全由企业自负盈亏的机制；其次，出口补贴标准与外汇留成比例存在地区差异和企业差异，加剧不平等竞争，出现“抬价抢购、削价竞销”问题，造成外贸经营秩序的混乱；最后，承包期固定为三年，易使企业或地方因追求承包期内的目标完成而缺乏长远眼光及积极性，阻碍中国外贸事业的健康发展。

针对上述问题，中国在 1991 年开始的新一轮三年承包上进一步做出改变，取消原有的出口补贴，调整了外汇留成的地区差异，对出口收汇实现全额留成，初步建立起由各外贸专业公司自负盈亏的体制。值得一提的是，对外贸易承包经营责任制虽在经济转型过程中起到了积极的推动作用，但其并非弱化而是强化了行政部门对企业经营的干预倾向，且承包基数的确定很可能无法与瞬息万变的市场情况相匹配，从一定程度上限制了市场经济的长远发展，未能充分利用供求关系，妨碍了出口商品的结构优化。因此，承包制只是外贸体制转轨期的一种过渡形式，在市场经济体系尚未建成和完善的条件下，用以约束传统体制的某些弊端，它显然不是社会主义市场经济条件下中国外贸体制改革的终极目标。

4. 建立自负盈亏外贸经营新机制

1988 年开始全面推行外贸承包经营责任制后，在一定程度上打破了原来由中央财政统负盈亏的财务体制，但仍属于在接受中央财政定额补贴基础上的承包经营。由于出口补贴和外汇留成水平不一致的不平等竞争条件尚未消除，外贸企业的自负盈亏机制基本没有建立，外贸公司过多、过滥，助长了外贸经营秩序的混乱，外贸领域存在的抬价抢购、低价竞销、肥水外流等问题没有根本解决，围绕建立新的外贸经营机制深化对外贸易体制改革迫在眉

① 朱国兴，王寿椿，张利，等. 中国对外经济贸易体制改革全书 [M]. 北京：对外经济贸易大学出版社，1995：82-83.

睫。国务院《决定》强调，必须在继续发挥中央、地方和企业三方面积极性的前提下进一步改革和完善对外贸易体制，从建立外贸企业自负盈亏机制入手，使对外贸易逐步走上统一政策、平等竞争、自主经营、自负盈亏、工贸结合、推行代理制的良性发展轨道。

（1）取消财政补贴，建立自负盈亏机制

1990 年年末，国务院决定进一步深化外贸体制改革，并于 1991 年开始实施。此次改革决定，按照国际通行做法取消国家对外贸出口的财政补贴，要求各级各类外贸企业尽快建立健全各项管理制度，建立并完善外贸企业自我发展、自我约束机制，让外贸企业综合运筹，自主经营，自负盈亏。这个举措意味着外贸经营机制的重大转变，是向有计划商品经济前进中的一个重要步骤。唯有如此，外贸企业才能在激烈的国际竞争中不断改善经营管理，获得持续性发展的能力。

（2）理顺财务关系，加强外贸企业财务管理

按照责、权、利相一致的原则，国务院规定，经贸部所属各专业总公司的财务关系，隶属经贸部，其他部门所属进出口公司的财务关系不变，各地方所属外贸专业公司的财务关系，隶属经贸厅（委、局），并分别纳入中央和地方财政预算管理。地方其他各类外贸企业的财务隶属关系，由各地方人民政府确定。

国务院要求，各级各类外贸企业必须切实加强成本核算，努力降低出口成本，采取综合运筹措施，调整出口商品结构，以盈补亏，积极完成承包任务；经贸部、财政部和各地方的经贸厅（委、局）、财政厅（局）应在贯彻国家产业政策的前提下，对企业盈利或亏损相互调剂，综合运筹。

（3）改革进出口经营机制

在实行少数商品统一经营与多数商品分散经营相结合，对进出口商品分三类进行经营管理的基础上，国务院《决定》对进出口经营和管理规则做了调整。一方面，在保持进口商品分类经营和管理办法基本不变的情况下，国务院强调进口商品按照自主经营、自负盈亏的原则实行分类经营、分级管理。另一方面，为了改善出口经营，加强协调管理，联合统一对外，国务院对第

一类、第二类、第三类出口商品的经营机制及相关管理办法做了进一步规定。其中，大米、棉花等21种第一类出口商品由指定的一家或几家专业总公司统一经营，统一管理，或由专业总公司与地方外贸专业公司联合经营，统一成交。

经过上述改革，中国在建立自负盈亏对外贸易机制方面取得了突破性进展，更便于中国参与国际分工和国际交换。

（三）改革外贸计划体制

这一改革的目的：在国家计划指导下给生产企业和外贸企业以更大的生产经营自主权。改革的内容主要包括三个方面：

1. 扩大外贸计划的承担主体

随着外贸经营权下放，中国改变了外贸计划全部由外贸专业总公司承担的局面，规定凡经批准经营进出口业务的单位和企业，都要承担国家出口计划任务。自1984年起，中国对部分中心城市的外贸计划在国家计划中实行单列，视同省一级计划地位，享有省级外贸管理权限。

2. 缩小外贸计划管理范围，简化外贸计划内容

在推进外贸计划体制改革的过程中，中国改革了单一的指令性计划管理，实行指令性计划、指导性计划和市场调节相结合。

自1985年起，外经贸部不再编制和下达出口收购计划及进口调拨计划，大幅度缩减指令性计划范围，扩大指导性计划范围，注意发挥市场调节的作用。在出口方面，国家只下达出口总额指标作为指导性计划，在具体的商品出口数量指标上，国家只针对计划列名管理的少数几种重要商品下达指令性计划，其他出口商品则放开经营，由企业根据市场情况自行调节贸易规模。在进口计划方面，与出口计划的情况大致相同，外经贸部只针对少数几种关系国计民生的大宗商品、大型成套设备和技术引进项目，以及同协定国家的贸易下达指令性计划并指定公司经营，其余商品进口则均不再下达分商品的进口计划。

1988年后，中国进一步调整了计划和市场的关系。出口商品中受指令性计划控制的第一类商品下降到21种，其他出口商品由各省、自治区、直辖市

和计划单列市直接向中央上报计划，大部分由有进出口经营权的企业按国家有关规定自行进出口。在1991年的又一轮改革中，几乎所有的指令性计划都取消了。[①]

3. 重视运用经济手段管理进出口贸易

对于一般性的进出口商品，注重通过税收、价格、信贷、利率、汇率等手段进行管理和控制，以发挥各经济手段在对外贸易中的调节作用。

（四）改革外汇管理制度，发挥汇率在对外贸易中的调节作用

在汇率管理体制改革进程中，中国通过一系列举措，发挥了汇率在对外贸易中的调节作用。

1. 汇率双轨制改革

1979年8月，为了解决出口换汇成本与国家外汇牌价差额不断扩大的问题，奖出限入，国务院对当时的汇率制度进行了重大改革，决定从1981年起，在保留原有公开外汇牌价的基础上，另外制定内部结算汇率，这就形成了所谓的“汇率双轨制”。一是公开外汇牌价，适用于非贸易外汇的兑换和结算，仍沿用一篮子货币加权平均的计算方法；二是内部结算汇率，用于进出口贸易外汇的结算，按照1978年出口平均换汇成本加10%的利润计算而得。[②]采用内部结算价与公开外汇牌价并行的汇率制度，初期两种汇率的价差高达1.3元人民币，在一定程度上使出口变得有利，提高了出口企业的积极性，推动了中国贸易的发展，但因为当时中国的财政体制仍是由中央财政统收统支、统负盈亏，内部结算价使得进口成本增加而进口商品的国内调拨价并未改变，可能导致进口项目由盈利变为亏损，增加中央财政的负担，因此其积极作用是有限的。同时，国内市场环境尚未成熟，企业缺乏有效约束，造成“对内抬价抢购，对外削价竞销”的局面，不利于中国经济的健康发展。此外，在国际层面上，双重汇率意味着双重价格双重标准，不利于经济核算和内外交流。由此可见，双重汇率只是在计划经济体制下不能准确反映外汇供求时的

① 尹翔硕. 加入WTO后的中国对外贸易战略［M］. 上海：复旦大学出版社，2001：130.

② 黄汉民，钱学锋. 中国对外贸易［M］. 修订版. 武汉：武汉大学出版社，2010：182.

一项过渡措施，它的局限和缺陷不容忽视。为了进一步贯彻改革开放政策，与国际接轨，双重汇率并轨乃大势所趋。1980年开始，美元汇率逐年上升，人民币公开外汇牌价亦受到影响而不断上升，进而使得内部结算价与公开牌价间的差异不复存在。政府遂在1984年年底取消内部结算价，恢复原有的单一官方公开外汇牌价。

2. 实行和改革外汇留成制度，加强出口外汇管理

1979年，中国开始实行外汇留成制度，外汇不再全部上交国家，而是按各种不同比例（因地区、部门、行业而异），拨出一部分外汇额度分配给出口生产企业、出口公司和地方政府，供其自由使用。意在将用汇与创汇联系起来，调动地方政府和创汇企业的积极性。在此制度基础上，留成的外汇额度除了按照规定使用外，节余部分可以进入衍生出的外汇调剂市场，在外汇调剂市场上按照市场供求状况形成的调剂汇率进行调剂。调剂汇率有两种，一种是现汇调剂汇率，另一种是额度调剂汇率；前者是市场汇率，后者是市场汇率与牌价汇率间的差额。从而再次形成双重汇率：公开牌价与调剂价。

1988—1990年，在实行外贸承包责任制后，在承包指标内的外汇收入，中国对不同地区、不同行业、不同商品，按规定实行差别外汇留成比例；对超过承包指标的外汇收入，除部分商品外，基本上统一外汇留成比例，为外贸企业平等竞争创造条件。地方、部门和企业分得的留成外汇，可以按照国家的规定自主支配和使用。

外汇留成制度的出现，促进汇率走向市场化，使得政府得以通过调整汇率和扩大调剂汇率适用范围的方式，推动外贸进出口逐步走向自主经营、自负盈亏的改革进程，初步建立以间接调控为主的宏观调控体制。但是，因为外汇留成比例存在地区、部门、行业差异，对市场秩序造成了一些负面影响。1991—1992年，为了消除地区间的不平等竞争，维护市场秩序的良性发展，中国开始针对外汇留成比例做出调整，将以往按地区实行不同比例留成改为按大类商品统一比例留成，外贸企业的留成外汇主要用于外汇调剂和自营进口，以补偿出口亏损。同时加强出口收汇管理，通过实行按出口核销单、报关单进行核销的出口收汇制度，由外汇管理部门与结汇银行实行跟踪结汇，

防止逃汇、套汇现象。

3. 建立外汇调剂中心，促进对外贸易发展

1988 年起，中国在各省、自治区、直辖市、计划单列市、经济特区和沿海城市建立了一批外汇调剂中心，地方、部门、国营和集体企业事业单位，外商投资企业均可在外汇调剂中心买卖外汇。调剂价格按照外汇供求状况实行有管理的浮动。外汇调剂中心的发展，外汇调剂价格控制的放宽，加大了留成外汇在对外贸易中的促进作用。

（五）建立外贸经营协调服务机制

在对外贸易逐步走向开放经营和政府转变职能的改革中，迫切需要有一个介于政府和企业间的组织来负责企业进出口的协调工作。1988 年、1989 年，中国先后建立了食品土畜、纺织服装、轻工工艺、五矿化工、机电、医药保健六个行业的进出口商会及若干商品分会。进出口商会承担咨询服务、信息交流和部分协调管理工作。

此后，在清理、整顿外贸公司的基础上，国务院对各专业进出口总公司和各进出口商会在出口协调管理中的作用做了更明确的规定，强调要继续发挥各专业总公司和各进出口商会的作用，加强对进出口商品的协调管理，维护正常的外贸经营秩序，做到联合统一对外。这些举措有利于建立正常的外贸经营秩序。

经过这段时期的改革，中国的对外贸易管理实现了体制上的突破，对外贸易企业经营开始走向自负盈亏。但是，由于对计划与市场是姓“社”还是姓“资”等问题的争论束缚了改革开放实践，中国的外贸经营机制仅仅开始转变，对外贸易管理权、经营权集中，企业粗放经营的问题仍然十分突出，平等竞争的环境仍不完善，承包额度的主观随意性，地方政府和外贸企业一起承包出口额度，按商品大类实行统一外汇留成及上缴中央外汇任务分配不尽合理产生的新的不平等因素，制约着外向型经济的发展。

二、建立社会主义市场经济制度时期的对外贸易体制改革（1993—2001 年）

1992 年，中共十四大明确提出中国经济体制改革目标是建立社会主义市场经济体制。1994 年 1 月 11 日，国务院颁布《国务院关于进一步深化对外贸易体制改革的决定》，提出中国对外贸易体制改革的目标是：统一政策、开放经营、平等竞争、自负盈亏、工贸结合、推行代理制，建立适应国际经济通行规则的运行机制。这标志着中国的对外贸易体制改革进入了以建立社会主义市场经济制度为导向的新阶段。在这段时期，中国围绕使市场在资源配置中起基础性作用不断深化对外贸易体制改革，通过以经济手段管理对外贸易，不断加强法制建设，创造平等竞争环境，创新对外贸易发展战略并用于指导对外贸易活动，参与区域经济合作，极大地推动了对外贸易及国民经济的发展，加快了加入世界贸易组织的谈判进程，促进了社会主义市场经济制度建设。

（一）外贸行政管理改革

1993 年，中华人民共和国对外经济贸易部更名为对外贸易经济合作部。外经贸部机构改革的指导思想是：转变职能，理顺关系，加强宏观调控和协调、服务、管理、监督等职能。在上述指导思想下，中国政府深化了外贸计划管理体制改革，转变了政府在对外贸易领域的行政管理职能，改革了许可证、配额等方面的管理机制。

自 1993 年 11 月党的十四届三中全会通过了《中共中央关于建立社会主义市场经济体制若干问题的决定》之后，中国对管理外贸的行政手段进行了重大调整，从 1994 年开始，中国不再给各省、自治区、直辖市及计划单列市和进出口企业下达外贸承包指令性计划指标，对进出口总额、出口收汇和进口用汇实行指导性计划；对企业的经营目标进行引导；对少数关系到国计民生的、重要的大宗进出口商品实行配额总量控制，协调平衡内外销关系；配额、许可证商品按效益、公正和公开的原则，实行配额招标、拍卖等规范化管理。

通过这些措施减少了行政干预，建立起适应国际经济通行规则的运行机制，推动了中国对外经济贸易的进一步发展。

（二）深化外贸经营管理体制改革

1. 外贸经营权制度改革

对外贸易经营权制度改革同时从宏观和微观两个层面渐次展开。宏观层面主要是将外贸经营管理权和行政审批权下放、分散。微观层面主要是赋予各类企业外贸经营权。在计划经济体制下，国家仅授权少数专业外贸公司垄断进出口贸易，将广大的生产经营企业排除在外，人为地割断了生产企业与国际市场之间的直接联系，导致外贸发展与国内经济运行脱节，出口商品结构问题突出，国际竞争能力严重低下。改革开放后，中国打破对外贸易垄断经营，逐步放开对外贸易经营权，通过对外贸易企业审批制，对符合条件的企业赋予外贸经营权。从发展进程看，对外贸易经营权审批的尺度不断放宽。改革开放以来，外贸经营权首先在行政级别及行业部门方面实现突破，以后又在所有制方面逐步实现突破。[①] 在这个阶段，中国加快了赋予具备条件的国有生产企业、商业物资企业和科研单位外贸经营权的步伐。

1993 年，赋予一批科研院所自营进出口权，并在商业、粮食、物资和供销等内贸企业中实行赋予外贸经营权的试点。1996 年 9 月，外经贸部颁布了《关于设立中外合资对外贸易公司试点暂行办法》，规定外国公司、企业可以与中国的公司、企业在上海浦东新区和深圳经济特区试办中外合资外贸公司。外商不仅在生产领域，而且可以在流通领域进行合资合作经营。1997 年，国家经济贸易委员会和对外贸易经济合作部联合发出《关于进一步推动生产企业自营进出口工作有关问题的通知》，据此加快了对生产企业进出口权的审批进度；同年，中国对深圳等 5 个经济特区的生产企业试行自营进出口权登记制。到 1998 年年底，自营进出口的生产企业已有一万多家，占中国外贸出口总额 20%以上，成为中国外贸出口的一支生力军。同时，中国于 1998 年开始赋予私营生产企业和科研院所自由进出口权。私营企业获得进出口经营权是

---

① 孙玉琴. 外贸经营权改革与外贸经营主体的变化 [J]. 国际贸易问题，2004（10）：13-16.

中国外贸体制改革的又一次重大突破，标志着对外贸易国家垄断制的废除。由此开始形成了中国对外贸易领域多种所有制共同发展的局面。同年，中国对国家确定的 1 000 家重点企业实行进出口经营权登记备案制，1999 年又将登记备案制扩展到 6 800 多家大型工业企业。2001 年 7 月 10 日，外经贸部颁布了《关于进出口经营资格管理的有关规定》，外贸经营权制度由审批制改为登记核准制。①

放开外贸经营权是贸易自由化的基础和核心，也是中国外贸发展的客观需要，更是世界贸易组织关于自由贸易的基本原则。通过分阶段放宽对生产企业经营对外贸易业务的审批标准和经营主体逐步实现多元化，中国为加入世贸组织做好了准备。但在这个阶段，中国外贸经营权尚未完全放开，外商需要通过外贸公司进行代理才能与中国用户直接签订进口协议，国内生产企业也需通过外贸企业来进行出口。

2. 转换外贸企业经营机制

在深化对外贸易体制改革的进程中，中国加快了转换外贸企业经营机制的步伐，使之由国家计划的单纯执行者真正转变为国家宏观政策指导下的进出口商品经营者；从单纯追求创汇数额，转向重视效益；从单一经营转向一业为主、多种经营；从传统的收购制度转向服务型的代理制；从分散经营转向规模经营；走实业化、集团化、国际化的道路，培育以贸易为龙头和以生产企业为核心的集团公司。

3. 经营主体多元化格局形成

随着对外贸易经营权制度的改革，中国对外贸易经营主体多元化格局逐渐形成。其标志一是国有外贸企业构成的变化，二是所有制形态的多元化。

20 世纪 90 年代以后，随着大中型国有生产企业、商业企业、具备条件的科研院所逐步获得自营进出口权，国有外贸企业数量迅速增加。到 2001 年年底，中国有各类国有和国有控股的外贸自营及进出口生产企业大约 16 000 家。由此在中国国有外贸经营主体内部出现了外贸专业总公司（包括工贸总公

---

① 孙玉琴. 中国对外贸易体制改革的效应［D］. 北京：对外经济贸易大学，2004.

司)、自营进出口生产企业等各种形式的从事外贸活动的企业。

从所有制形态的变化来看，随着外贸经营权管理由审批制向登记制逐步过渡及赋予非国有企业外贸经营权试点逐步推进，获得外贸经营权的不同所有制性质的企业数量迅速增加。从各类企业的贸易占比来看，2001 年，国有企业在中国进出口、出口、进口中的占比均为 42.5%，外资企业在中国进出口、出口、进口中的占比分别为 50.8%、50.1%、51.7%，其余为集体企业和其他企业的贡献。

在对外贸易体制改革等因素的推动下，中国的对外贸易迅速发展，世界地位快速上升。到 2001 年，中国在世界出口中的位置由 1992 年的第 11 位上升到第 6 位。

(三) 深化外汇制度改革，完善对外贸易宏观调控体系

1. 外汇管理体制改革

1994 年 1 月 1 日起，根据国务院决定，开始对中国外汇管理体制进行重大改革，实行银行结汇、售汇制度，取消外汇留成和上缴，实现汇率并轨，建立以市场供求为基础的，有管理的单一浮动汇率制。① 在统一规范的外汇市场形成以前，中国人民银行将按前一日全国各外汇调剂商场的调剂价的加权平均数作为中国人民银行牌价的中间价。除之此外，原来因为人民币高估、汇价不合理和国内可供商品匮乏而不得已对境外人员发行的外汇券被取消，因为人民币汇率已在调剂汇率的基础上并轨，加之国内商品供应日益丰富，外汇券的存在已无必要。

汇率并轨及其相关的一系列措施体现了政府进行外贸体制改革的决心，对中国对外贸易的发展具有深远意义。它更有效地发挥了汇率对外贸的调节功能，改善了吸引外资的宏观环境，为国内外贸企业的公平竞争创造了机会，也符合关贸总协定和国际货币基金组织对成员国汇率制度的要求，对中国改革开放与贸易发展均有正向影响。不仅如此，双重汇率的并轨还有利于人民币在将来成为可兑换货币。值得一提的是，在取消指令性计划以后，出口规

① 魏龙. 中国对外贸易论 [M]. 武汉：武汉理工大学出版社，2002：105-113.

模和出口商品结构都会发生变化，这是资源配置进一步优化的表现，但在这个变化过程中，对于新的外汇管理体制来说，存在一个关键挑战，即能否维持外汇供求基本平衡和汇率基本稳定。

2. 缩小计划价格的范围，发挥市场的价格调节作用

随着改革开放进程的推进，中国扩大了进出口商品之间国内外市场价格的联系，高度集中的价格管理体制发生根本转变，出现了计划价格、指导价格和自由价格三种形式并存的格局，而且计划价格的范围逐渐缩小，指导价格和自由价格即市场调节价格的范围不断扩大。国家通过缩小政府直接定价的范围，扩大政府指导价和市场调节价的范围，进一步放开进出口商品价格，此时市场机制在价格形成中已经起到主导作用。此外，国家还逐渐减少了对进出口商品价格的财政补贴，尊重市场供求关系，只在必要时候进行行政干预。

3. 加强经济和法律手段对外贸的促进作用

为了使对外贸易按客观经济规律运行，充分利用国际国内两个市场、两种资源，优化资源配置，中国围绕加强法律、经济手段调节作用完善了对外贸易宏观管理体系。在强化经济手段方面，除改革汇率制度和价格管理制度外，中国还加强了运用关税、利率等调节对外贸易的力度。中国通过降低进口关税水平，取消部分进口减免税的方式来促进外贸体制与国际通行规则接轨；通过改革所得税制度，完善出口退税制度，实行有利于出口的信贷政策等手段来强化经济手段对出口的促进作用。

此外，1994 年《中华人民共和国对外贸易法》的实施标志着中国外贸发展开始进入法制化轨道，为在社会主义市场经济体制下对外贸进行宏观调控提供了法律依据，促使外贸经营管理向国际通行规则靠拢，保证中国对外贸易事业持续、稳定、健康地发展。

（四）推进国有贸易企业改革，建立现代企业制度

从 1995 年起，国有外贸企业的改革成为外贸体制改革的中心，改革围绕建立现代企业制度、经营制度、管理制度展开。中国外经贸企业逐步建立起既符合社会主义市场经济要求，又适应国际经济规则的现代企业制度。

1. 企业制度的现代化转型

企业制度的改革是国有外经贸企业改革的基础和前提。根据十四届三中全会《中共中央关于建立社会主义市场经济体制若干问题的决定》的精神，依照《中华人民共和国全民所有制工业企业法》《全民所有制工业企业转换经营机制条例》，中国开始致力于在国有外贸企业建立适应市场经济需求，产权清晰、权责明确、政企分开、管理科学的现代外贸企业制度，使企业真正成为自主经营、自负盈亏的法人实体和市场主体。国营贸易企业围绕国有资产保值、增值和科学管理，推进现代企业制度建设。首先，对国有外经贸企业进行清产核资，正确评估国有资产；其次，承认国有外经贸企业拥有全部法人财产权；最后，在具体界定中央和地方、地方与地方之间的产权关系的基础上，按现代企业制度改造企业的经营组织，使多数外经贸企业形成多元化的产权主体。在市场经济体制下，只有产权明晰才能让企业为了谋取经济利益而进行实质性的交换，只有多元化的产权主体才能实现国有资产的有效运用和配置。实现产权明晰和多元化经济主体之后，不但有利于形成产权之间的竞争和监督，还从另一层面上促使政府部门对经营主体的干预变得更为灵活多样。

1994 年开始，中国积极推进了外贸企业股份制改革试点。实行企业股份制改革，即把全部资本分为等额股份在企业内部或公开发行股票，或通过认购而建立一种资本组织形式，可设立有限责任公司、股份有限公司、股份合作制企业。具备条件的外贸企业逐步改变为规范化的有限责任公司或股份有限公司。1997 年党的十五大召开，会议决定，对全国国有企业实行“抓大放小”的改革。对于小型外贸企业，主要以租赁经营、股份合作制或者委托管理的方式进行改革。而针对大中型骨干国有企业，则以股份制改革为主要方向，且这种股份制是以公有制经济为主体，控股权掌握于国家，有助于维护社会主义公平正义的原则。1999 年，外贸专业总公司和工贸公司按照国家统一部署，与主管部门脱钩，外贸企业建立现代企业制度的进程进一步加快。

2. 经营制度改革

经营制度的改革是国有外经贸企业改革的核心，经过转换外贸企业经营机制，中国基本建立了自负盈亏的对外贸易经营机制。企业本质的特点是具有营利性，在传统的外贸体制被打破之后，盈余与亏损不再由国家财政承担，没有效益企业亦难以为继。经营制度改革之后，国有贸易企业开始摆脱原来的计划执行者身份，逐渐获得更多自主经营空间，在创汇的同时更加注重企业自身所能获得的效益，国有外贸企业从计划经济体制下国家计划的执行者转变为社会主义市场经济条件下自主经营、自负盈亏、自我约束、自我发展的经营者。随着现代企业制度和自负盈亏外贸经营体制的建立，外贸企业经营模式也从原来的靠廉价商品扩大市场规模转变成通过提升商品质量的方式占据更大份额的市场，经营方向和贸易方式也由单一变得多元，积极利用外资，注重企业的长远发展。

3. 管理制度改革

外贸企业的管理制度改革同样是国有外经贸企业改革的关键问题之一。根据外经贸部有关文件指示，各外贸企业开始以财务管理为中心，以资金管理为重点，强化效益分配管理，建立和完善企业内部分配的激励机制、约束机制和监督机制。具体表现为：

（1）将企业工资总额与经济效益挂钩，在坚持工资总额增长幅度低于本企业经济效益增长幅度、职工平均收入增长幅度低于本企业劳动生产率增长幅度的条件下，由企业自主确定工资奖金的分配办法和水平；

（2）在按劳分配的原则下企业进行工资分配，发挥工资奖金的激励作用，奖惩分明；

（3）在人事制度方面，按照国家的法规和政策，全面实行劳动合同制，在招聘中由企业与员工进行双向选择，建立适应社会主义市场经济要求的新型劳动关系，打破原有的“铁饭碗”制度，充分调动职工的积极性、主动性和创造性。

（五）强化进出口商会职能，完善外贸经营的协调服务机制

进出口商会是经政府批准，由从事进出口贸易的各类型企业依法联合成立的行使行业协调、为企业服务的自律性组织。其主要职责是：维护进出口经营秩序和会员企业的利益；组织对国外反倾销的应诉；为会员企业提供信

息和咨询服务；调解会员之间的贸易纠纷；向政府反映企业的要求和意见，并对政府制定政策提出建议；监督和指导会员企业守法经营；根据政府主管部门的授权，参与组织进出口商品配额招标的实施；参与组织出口交易会、出国展览会；对外开展业务交流与联络，进行市场调研；向政府有关执法部门建议或直接根据同行协议规定，采取措施惩治违反协调规定的企业；履行政府委托或根据会员企业要求赋予的其他职责。

从实践情况来看，1988 年、1989 年先后成立的 6 个行业的进出口商会充分发挥了其在外贸经营活动中的协调指导、咨询服务作用。在这些进出口商会的基础上，按主要经营商品分类改组建立全国统一的各行业进出口商会，强化进出口商会的协调服务职能，使有外贸经营权的企业（包括外商投资企业）均服从进出口商会协调，有利于对外贸易有序发展。

为了规范各行业进出口商会的发展，国务院规定，进出口商会不得兼营进出口业务，外经贸部对进出口商会的工作要给予支持和指导，同时对进出口商会的工作进行监督、检查。

此外，中国还通过建立、完善社会中介服务体系，发挥各研究咨询机构和各学会、协会的信息服务功能，形成全国信息服务网络。通过建立法律、会计、审计事务所，为企业提供有关外经贸方面的服务，并对企业的经营进行社会监督。同时，还制定了一系列维护正常秩序和查处违法经营的制度和措施。

三、完善社会主义市场经济制度时期对外贸易体制改革的深化（2002—2013 年）

2001 年 12 月 11 日，中国成为世界贸易组织第 143 个成员。加入世界贸易组织之后，中国需要按照完善社会主义市场经济体制的要求和履行世界贸易组织规则创新外贸体制。在这个阶段，中国的对外贸易体制改革的重要目标是其既符合国际贸易规范又符合中国国情。在这样的新形势下，中国围绕入世过渡期和入世过渡期后不同的任务重点，全面深化了对外贸易体制改革。

在入世过渡期，中国根据履行入世承诺、提高对外开放水平的要求加强了适应性调整，重点包括改革关税和非关税措施、开放贸易经营权、开放服务业市场、清理法律法规、确保贸易政策在全国统一实施、保护知识产权等。入世过渡期后，中国根据开放型经济的新特点，在中国特色社会主义理论指导下，以完善开放型经济体系、提高开放型经济水平为重点，加强了运用世贸组织规则、积极参与全球经济治理及促进贸易投资自由化、便利化，促进货物贸易、服务贸易平衡发展，促进对外贸易与引进外资、对外投资互动发展，促进内外贸协调发展的制度和机制建设。

（一）深化改革外贸经营管理体制

加入世界贸易组织后，中国认真履行各项入世承诺，努力做到使本国外贸经营管理制度与世界贸易组织的规则及国际通行的做法相一致。

1. 改革对外贸易经营者资格管理，实行备案登记制

自加入 WTO 之后，中国的对外贸易进入飞速发展阶段，原有的审批外贸代理制带有计划经济色彩，无法适应新的外贸环境，也有违入世承诺与世贸组织规则。2001 年 7 月 10 日，外经贸部发布了《关于进出口经营资格管理的有关规定》，对进出口经营资格实行登记和核准制，对各类所有制企业进出口经营资格实行统一的标准和管理办法，并根据登记或核准的经营范围，将企业的进出口经营资格按外贸流通经营权和生产企业自营进出口权实行分类管理。至 2003 年，中国拥有进出口经营权的内资企业已经增加到 11 万家。

2003 年 1 月，外经贸部发布《关于设立中外合资对外贸易公司暂行办法》，进一步向外商开放了外贸经营权。在 2004 年颁布的《中华人民共和国对外贸易法》中，考虑到入世时签署的《中华人民共和国加入世界贸易组织议定书》和《中国加入工作组报告书》中“在贸易权方面应给予所有外国个人和企业并不低于给予在中国的企业的待遇”的承诺，在划定外贸经营者的范围时首次以法律的形式明确规定自然人也属于对外贸易的经营主体。

2004 年 7 月，为了履行入世后 3 年内全面放开对外贸易经营权的承诺，中国实施了《对外贸易经营者备案登记办法》，将外贸企业的经营权由审批制改为备案登记制，这意味着中国长期实行的外贸经营权审批制度的终结和对

外贸易经营权的完全放开。自此，审批制外贸代理制被登记制外贸代理制所取代，外贸垄断被成功打破，在中国境内的所有企业、其他组织和个人，只要依法获得从业手续并按规定办理备案登记，都可以从事对外贸易经营活动。

随着外贸经营准入制度的放宽，外贸经营主体形成了国有企业、外资企业和民营企业并存的多元化格局，为中国对外贸易的发展注入了新鲜血液。这一举措符合市场经济发展的内在要求和发展规律，具有重要的现实意义。

2. 完善国营贸易管理制度

《中华人民共和国加入世界贸易组织议定书》第一部分第6条规定：中国应保证国营贸易企业的进口购买程序完全透明，并符合《世贸组织协定》，且应避免采取任何措施对国营贸易企业购买或销售货物的数量、价值或原产国施加影响或指导，但依照《世贸组织协定》进行的除外；作为根据GATT1994和《关于解释1994年关税与贸易总协定第17条的谅解》所作通知的一部分，中国还应提供有关其国营贸易企业出口货物定价机制的全部信息。根据世界贸易组织有关规定和入世承诺，中国改革了国营贸易管理制度，对国营贸易管理货物的进出口业务实行授权经营，实行国营贸易管理的货物目录和授权经营企业名单由商务部会同国务院其他有关部门确定、调整并公布。通过国营贸易管理进出口经营范围，有利于国家对关系国计民生的重要进出口商品进行有效的宏观调控。

3. 优化经营主体结构，营造公平的对外贸易环境和机制

《对外贸易发展“十二五”规划》强调要优化对外贸易经营主体结构。根据做强大企业，扶持中小企业发展的有关精神，中国积极鼓励行业龙头企业向产业链两端延伸，开展国际化经营，支持中小企业开展专业化经营，引导上下游生产企业之间、生产企业与流通企业之间加强协作与整合。这些举措对培育具有全球资源整合能力的跨国企业，提高整体竞争力发挥了重要作用。

与此同时，为了给各类对外贸易经营主体创造公平的、可预见的对外贸易环境，中国强化了政府服务企业的功能，积极营造国营、民营、外资等各类企业平等参与、公平竞争、优胜劣汰的体制环境。此外，中国还加强了对外贸易诚信经营和退出机制建设，积极构建对外贸易诚信体系，加强信用数

据征集，建立信用监督和失信惩戒制度；完善对外贸易经营资格年检制度，规范对外贸易企业行为；依法对违法违规的企业予以处罚，严格限制其法定代表人行业准入资格，维护公平、自由的对外贸易秩序。

（二）深化改革外贸行政管理机构和管理制度

1. 外贸行政管理机构改革

2003年，第十届全国人大第一次会议通过了国务院机构改革方案，决定取消外经贸部和国家经贸委，组建商务部。商务部主管国内外贸易和国际经济合作，隶属于国务院。它承担了一系列管理国内外贸易和国际经济合作的职责，包括拟订国内外贸易和国际经济合作的发展战略、政策，起草国内外贸易、外商投资、对外投资和对外经济合作的法律法规，提出中国经济贸易法规之间及其与国际经贸条约、协定之间的衔接意见，拟定规范市场运作和流通秩序的政策，负责制定进出口商品、加工贸易管理办法，拟订促进外贸增长方式转变的政策措施，拟订并执行对外技术贸易、出口管制以及鼓励技术和成套设备进出口的贸易政策，牵头拟订服务贸易发展规划并开展相关工作，组织开展国际经济合作和对外援助，负责组织和协调反倾销、反补贴、保障措施及其他与进出口公平贸易相关的工作，等等。

商务部的组建，结束了中国内外贸分立的管理体制，结束了多年来内外贸分割、国内外市场分割的不利局面，适应了经济全球化和中国加入世界贸易组织的新形势，有利于中国在更大更广阔的领域和更高的层次上参与国际经济技术的合作与竞争，有利于深化流通体制改革，建立健全统一、开放、竞争、有序的现代市场体系，有利于更好地利用国际国内两个市场、两种资源。

2. 优化外贸管理制度

为了履行加入世贸组织的有关承诺，适应外贸发展新形势的需要，充分运用世贸组织规则，促进对外贸易持续健康发展，中国依据市场经济规律和世贸组织规则，从强化法律手段、经济手段、优化行政手段等方面改革了对外贸易管理制度，扩大了市场准入，提高了贸易、投资自由化程度。通过对禁止进出口货物、限制进出口货物和自由进出口货物的分类管理，中国完善了进出口商品管理制度，同时通过管理手段创新，运用资质、信用、技术、节能、环保、社会福利、劳动安全标准等准入手段，加强了对敏感商品的管理。为适应世贸组织“非歧视性原则”，中国逐步放宽对进出口商品的数量限制，较大幅度减少实行进出口配额许可证管理商品的范围，相应地扩大了企业可经营进出口商品的范围，且为实现世贸组织所倡导的透明化和公开化，在配额分配中实行了投标竞争机制。

为了进一步增强对外贸易主管部门的服务职能，中国加快了政府信息服务体系建设，加强了商务、海关、质检、税务、外汇、银监、保监、统计等部门间及其与省市间的协调配合与信息共享，推进了商（协）会等行业中介组织的发展，增进了地方和中央各部门的积极性、创造性。为了提高贸易摩擦应对能力，中国加强了贸易摩擦应对机制建设。

3. 加强政府行为透明度和公开度

加入世贸组织后，中国政府政策的透明度进一步大幅提高，各级政府加大了政府信息公开的力度，完善了相关制度。2003 年新颁布的《中华人民共和国行政许可法》，对政府行为的透明度提出了严格、具体的要求。为从技术上推动政府信息公开，96%的中央政府部门和大多数的地方政府开通了官方网站。中国政府网站（www.gov.cn）也于 2006 年 1 月 1 日开通。政府信息公开在各级政府和部门全面推行。

中国还按照加入世贸组织的承诺，设立了中国政府世贸组织通报咨询局，提供有关中国贸易政策的信息。此外，公众还能够通过《中国对外经济贸易文告》获悉与贸易有关的法律、法规、规章。

4. 加强参与全球经济治理的平台和制度建设

履行承诺、遵循规则、运用规则维护合法权益，是中国在世界贸易组织框架下发展对外经济贸易的重要原则。通过如期履行入世承诺，学习、掌握世界贸易组织规则，利用世界贸易组织规则维护自身利益，中国逐步奠定了参与全球经济治理的基础；通过积极参与世界贸易组织的部长级会议、推动谈判的其他会议及其对各成员的贸易政策审议，推动建立均衡、普惠、共赢的多边贸易体制，反对各种形式的保护主义，积极参与、推动国际货币金融体系改革，通过积极推进自由贸易区战略及推动国际投资领域的合作和制度建设，中国广泛参与了全球经济治理平台，逐步推进了参与全球经济治理的制度和机制建设，在推动国际经济规则改革，参与构建多层次的世界经济治理架构和机制安排方面发挥了重要作用。

（三）进一步完善外贸间接调控体系

通过外汇、税收、金融、与贸易有关的投资措施等方面的制度和机制建设，中国完善了对外贸易的间接调控体系。

1. 人民币汇率市场化及外汇管理制度改革

在完善对外贸易间接调控体系的过程中，中国深化了人民币汇率形成机制及外汇管理制度改革。2005 年 7 月 21 日，中国开始实行以市场供求状况为基础，同时参考一篮子货币进行调节的、有管理的浮动汇率制。与之前的浮动汇率制相比，此次汇率制度改革，进一步贯彻了市场化目标，即汇率跟随市场供求关系变化而上下浮动，政府只是根据需要从旁管理；通过人民银行对汇率的调整得以整合国内外市场和资源，优化资源配置，促进外贸企业转变经营机制，贯彻以内需为主拉动经济发展的战略，还能改善因贸易顺差过大造成外贸条件恶劣的情况，保持进出口水平的总体平衡；同时，增强货币政策的独立性，将金融调控的有效性提高，从而更好地避免国际上的一些金融风险，优化利用外资结构，提高外资的利用效率。2010 年 6 月，中国重启人民币汇率形成机制改革后，人民币汇率弹性进一步增强。

在贸易外汇管理制度方面，中国本着风险管理与贸易便利化相结合的原则，改革、完善了货物贸易银行结售汇管理办法和收付汇核销制度。在一系列贸易改革试点的基础上，中国自 2012 年 8 月 1 日起在全国实施了货物贸易外汇管理制度改革，同时全面改革了货物贸易外汇管理方式，调整了出口报关流程，简化了出口退税凭证和银行为企业办理收付汇的单证及流程。此外，中国还通过提升监管手段，加强部门联合监管，提高了监管水平和防范外汇收支风险的能力。

随着服务贸易的发展，中国建立并改革了服务贸易外汇管理制度。2013 年 9 月 1 日起，中国实行了《服务贸易外汇管理指引》和《服务贸易外汇管理指引实施细则》，同时废止了一系列文件，国家对服务贸易项下国际支付不予限制。通过对服务贸易外汇管理制度的改革，中国的服务贸易外汇管理法规更具统一性和透明度，更有利于促进贸易投资便利化。

回顾自 1993 年 11 月中国在《中共中央关于建立社会主义市场经济体制若干问题的决定》中提出“建立以市场为基础的有管理的浮动汇率制度”以来的改革历程，中国的人民币汇率制度和外汇管理制度改革始终坚持了市场化方向。随着改革的深入，人民币汇率灵活性不断增加，外汇管理制度更加科学，汇率对外贸发展和国际收支平衡的正向调节功能随之增强。

2. 更好地发挥经济手段的外贸促进作用

随着对外贸易计划控制的松弛，关税的对外贸易调节、保护作用开始得到发挥。在复关入世的过程中，中国的关税水平连续下降，数量限制手段也开始减少，法律手段的作用明显加强。入世之后，为了遵守入世承诺，消减贸易障碍，推进贸易自由化进程，关税被进一步下调①，并在 2004 年基本实现了降税的入世承诺，即在 2005 年之前将关税降至 10%左右的发展中国家平均水平。

此外，加入世界贸易组织后，原有的对外经贸支持手段受到严格约束或限制，通过加强金融服务，中国完善了对外贸易的金融支持体系。出口信用保险由于符合国际规则和惯例得到政府的关注和重视，国务院决定组建专门的机构来统一经营政策性出口信用保险业务，以更好地发挥其对外贸出口的促进作用。

综上所述，加入世贸组织后，中国外贸体制改革以市场取向为改革目标，通过放开外贸经营权、加强外贸政策的透明度与公开度、降低关税和非关税壁垒、取消出口补贴、改革外汇形成机制与管理制度等一系列措施，放开国内市场、促进形成公平竞争的经营环境，解决了中国经贸体制与世贸组织多边贸易体制的相容性问题。

---

① 中国世界贸易组织研究会. 中国世界贸易组织年鉴 2014（总第 8 期）[Z]. 北京：中国商务出版社，2015：366-370.

四、完善社会主义市场经济制度新时期对外贸易体制的改革创新（2014 年至今）

2013 年 11 月，中共十八届三中全会提出，要进一步完善社会主义市场经济制度，切实发挥市场在资源配置中的决定性作用。中国在外贸管理体制上继续推进市场化改革，以企业获得感为出发点和落脚点，推动贸易和投资自由化便利化，打造符合国际投资贸易规则、内外资企业公平竞争的营商环境，加快培育国际竞争新优势。为了更好发挥进口对满足人民群众消费升级需求、加快体制机制创新、推动经济结构升级、提高国际竞争力等方面的积极作用，在稳定出口的同时进一步扩大进口，促进对外贸易平衡发展。

2015 年 5 月，中共中央、国务院发布了《中共中央 国务院关于构建开放型经济新体制的若干意见》，明确了构建开放型经济新体制的基本原则、总体目标和重点任务。在推动构建开放型经济新体制综合试点试验工作的过程中，创新对外贸易体制的重要性日益显现。根据中共十八届三中全会的有关精神及《中共中央 国务院关于构建开放型经济新体制的若干意见》的有关内容，开放型经济新体制是在中国开放型经济体系不断完善的基础上提出的富有新的内涵的概念，是体现互利共赢、多元平衡、安全高效基本要求的一系列紧密联系、彼此协调的新机制组成的开放型经济制度体系。在基本层面，开放型经济新体制的内涵体现为两个方面：一是促进国际国内要素有序自由流动、资源全球高效配置、国际国内市场深度融合的市场配置资源的新机制；二是体现国际化、法治化要求的开放型经济运行管理新模式，包括与国际高标准投资和贸易规则相适应的管理方式，参与国际宏观经济政策协调的机制，企业履行主体责任、政府依法监管和社会广泛参与的管理机制及有效维护国家利益和安全的体制机制。

在更具体的层面，开放型经济新体制的主要内容体现为：以负面清单和准入前国民待遇为抓手、体现内外资法律法规统一性、包含不断完善的事中事后监管体系的外商投资管理体制；体现新时期走出去国家战略要求的，有利于提高境外投资便利化、创新对外投资合作方式、促进引进来和走出去有机结合的，包含不断完善的走出去服务保障体系的“走出去”战略新体制；体现提高贸易便利化水平要求、以培育外贸竞争新优势为核心目标的，包含健全的货物贸易及服务贸易促进体系和出口管制体系、质量效益导向型的外贸政策及不断完善的贸易摩擦应对机制的外贸可持续发展新机制；有利于巩固和加强多边贸易体制，加快实施自由贸易区战略，推动完善全球贸易管理体制，支持联合国、20 国集团等发挥全球经济治理主要平台作用，提高新兴市场和发展中国家在全球经济治理领域发言权和代表性，增强中国在国际经贸规则和标准制定中话语权的参与全球经济治理的机制；有利于扩大内陆和沿边开放，打造沿海开放新高地，不断优化对外开放区域布局的对内对外开放新机制；有利于构建开放安全的金融体系，稳定、公平、透明、可预期的营商环境的体制机制及开放型经济支持保障机制和安全保障体系。

围绕构建开放型经济新体制、发挥市场在资源配置中的决定性作用的要求，这一时期中国对外贸易体制改革侧重深化改革和扩大开放的紧密结合，通过深化改革发展更高层次的开放型经济，通过扩大开放倒逼国内深层次改革和体制机制创新，以开放促改革，以开放的主动赢得发展的主动、国际竞争的主动。具体而言，改革的措施主要体现在以下几个方面：

（一）转变政府职能，深化外贸管理体制改革

这一时期的外贸管理体制改革体现了以“放管服”为核心理念的政府职能转变，通过简政放权、放管结合、优化服务的一系列改革措施，政府的角色进一步从“管理”向“服务”转变。

首先，外贸政策的制定更加规范化。2014 年 6 月 9 日，国务院办公厅印发了《关于进一步加强贸易政策合规工作的通知》，要求拟定贸易政策应评估其合规性，将合规性工作从事后集中清理为主转变为事前评估把关、事中沟通完善为主。其后，商务部对合规工作的程序和时限要求进行了细化。加强贸易政策合规工作，使对外开放政策的稳定性、透明度和可预见性得以提升，也是履行中国入世承诺和建设开放型经济新体制的实际行动和具体举措。

其次，外贸管理体制改革继续向纵深推进。2016 年 12 月，商务部按照《中华人民共和国国民经济和社会发展第十三个五年规划纲要》和《商务发展

第十三个五年规划纲要》的要求，制定了《对外贸易发展“十三五”规划》（以下简称《规划》）。《规划》指出要进一步深化外贸管理体制改革：推进简政放权、放管结合、优化服务，完善符合开放型经济发展需要、有利于发挥市场配置资源基础性作用的外贸管理体制。完善外贸政策协调机制，加强财税、金融、产业、贸易等政策之间的衔接和配合。完善外贸促进政策。根据安全标准、环保标准、社会责任等要求，完善对敏感商品的进出口管理。加强外贸行政审批事项下放后的监管体系建设，强化事中事后监管。加强“两用”物项和技术的出口管制，维护国家安全，履行国际义务。优化通关、质检、退税、外汇等管理方式，支持新型贸易方式发展。

根据《规划》的要求，政府在减税降费、提高外贸行政效率、完善外贸监管体系、加强外贸企业诚信体系建设、加强知识产权保护、完善重点行业进出口管理和竞争自律公约机制等方面采取了一系列措施，推动外贸管理体制改革，建立公平竞争的市场环境，优化营商环境，提升外贸企业的获得感。

（二）进一步深化外贸经营管理体制改革

1. 推动各类外贸经营主体协调发展

2015 年 2 月 12 日，国务院印发《国务院关于加快培育外贸竞争新优势的若干意见》，指出要推动各类外贸经营主体协调发展。出台一系列的鼓励支持政策，鼓励行业龙头企业延长产业链，提高国际化经营水平；推动优势企业强强联合、跨地区兼并重组和对外投资合作；加快形成一批在全球范围内配置要素资源、布局市场网络的具有跨国经营能力的大企业；鼓励创新型、创业型和劳动密集型中小微企业发展，开拓国际市场；支持中小企业创新、制度创新、技术创新和管理创新，走“专精特新”和与大企业协作配套发展的道路。

2. 支持外贸综合服务企业发展，完善外贸经营协调服务机制

2017 年 9 月，商务部、海关总署、税务总局、质检总局、外汇管理局等五部门，联合下发了《关于促进外贸综合服务企业健康发展有关工作的通知》，首次明确了外贸综合服务企业（以下简称“综服企业”）的定义，为有关部门出台政策措施提供了前提。为解决综服企业反映集中的明确身份、

分清责任等问题，五部门按照稳中求进、责权相当、风险可控的原则，坚持问题导向，创新监管模式，提出推动信息共享和联合监管、完善综服企业出口退（免）税管理办法、加强信用分类管理等措施。还要求各地方有关部门，指导综服企业强化责任意识，加强风险管控，强化贸易真实性审核，鼓励综服企业积极创新服务、产品和商业模式，提高服务水平。

3. 推动多元化的外贸经营方式发展

一是大力推动跨境电子商务发展。2015 年 6 月，国务院办公厅发布《国务院办公厅关于促进跨境电子商务健康快速发展的指导意见》，指出要加快建立适应跨境电子商务特点的政策体系和监管体系。2015 年以来，国务院决定先后两批在杭州、天津等 13 个城市开展跨境电子商务综合试验区建设。商务部会同相关部门和地方，创新建立了以“六体系两平台”[①]为核心的政策框架，形成了一批成熟的经验做法。在此基础上，商务部继续会同相关部门和地方，面向全国复制推广成熟经验做法，积极探索新经验。围绕推动“一带一路”建设，鼓励建设覆盖重要国别、重点市场的“海外仓”。积极促进各综合试验区线上综合服务平台对接。推动跨境电商在更大范围发展。

二是稳步推进市场采购贸易方式试点。2014 年以来，商务部等八部门先后分三批在浙江义乌等八家单位开展市场采购贸易方式试点，实现了增值税“免征不退”、允许简化归类申报等四方面政策突破，基本实现了“风险可控、源头可溯、责任可究”的管理目标，三年来，市场采购贸易出口年均增速超过 30%。[②] 下一步，商务部将会同有关部门，进一步提升便利化水平，提高试点市场国际知名度。指导各试点市场结合自身特色，开展管理和服务创新，完善配套服务，探索形成新一批经验做法，及时总结推广。

（三）继续深化外汇制度改革，推进人民币国际化

中共十八大报告对深化金融体制改革、支持实体经济发展，提出了明确

① 六体系：信息共享、金融服务、智能物流、电商信用、统计监测、风险防控；两平台：线上“单一窗口”，线下“综合园区”。

② 中华人民共和国商务部. 培育贸易新业态新模式，推进贸易强国建设：中国共产党十九大关于中国经济对外开放政策方向系列之三［EB/OL］.（2018-03-22）［2019-04-30］. http://www.mofcom.gov.cn/article/ i/jshz/new/201803/20180302721932.shtml.

的要求。“十三五”规划纲要又提出有序实现人民币资本项目可兑换，提高可兑换、可自由使用的程度，稳步推进人民币国际化，推进人民币走出去。

2015年8月11日，中国人民银行发布《中国人民银行关于完善人民币兑美元汇率中间价报价的声明》。这是中国对外汇形成机制进行的一次重大调整，是向浮动汇率转变的一次有益尝试。这次改革的主要内容，就是调整人民币兑美元汇率中间价报价机制：人民币兑美元汇率中间价报价，要参考上一个交易日的银行间外汇市场收盘汇率。这一调整使得人民币兑美元汇率中间价机制进一步市场化，有利于更加真实地反映当期外汇市场的供求关系。为了保持人民币稳定，在2015年12月11日又发布人民币汇率指数，强调要加大参考一篮子货币的力度，以更好地保持人民币对一篮子货币汇率的基本稳定。此后，在收盘价基础上，进一步引入了一篮子货币以及逆周期因子，“收盘汇率+一篮子货币汇率变化+逆周期因子”的汇率形成机制有序运行，进一步稳定汇率预期，为进出口贸易形成有力保障。[①]

截至2015年5月末，人民银行与32个国家和地区的中央银行或货币当局签署了双边本币互换协议，协议总规模约3.1万亿元人民币[②]，同时在15个国家和地区建立了人民币清算安排，为人民币成为区域化结算货币奠定了基础。2015年10月8日，中国正式启动了人民币跨境支付系统（CIPS），当时有11家中国银行以及8家外国银行加入。人民币跨境支付系统给外国市场参加者用人民币直接同中国伙伴结算创造了条件，对促进贸易发展有显著作用。

此外，中国还通过利率国际化改革、降低关税、完善出口信用保险制度等措施进一步加强了经济手段在外贸中的调节和促进作用，发挥了市场在资源配置中的决定性作用。

① 谢伏瞻.人民币汇率形成机制改革：进程、成效和经验［EB/OL］.（2018-08-31）［2019-01-22］. https://mp.weixin.qq.com.

② 中国人民大学国际货币研究所.人民币国际化报告（2015）［R］.北京：中国人民银行，2015.

第三节　新中国对外贸易体制的转变

经过40余年的改革创新，中国的对外贸易体制实现了根本性转变，不仅对外贸易管理机构设置更加科学，职能更加优化，对外贸易管理手段、对外贸易主体结构也发生了重大变化。作为一系列变化的集中体现，中国的对外贸易体制属性呈现出显著的自由贸易制度特征。

一、对外贸易管理机构及其职能的转变

首先，新中国的对外贸易管理机构设置经历了由繁到简的演变过程。图5-1展示了中国对外贸易管理机构设置的沿革。

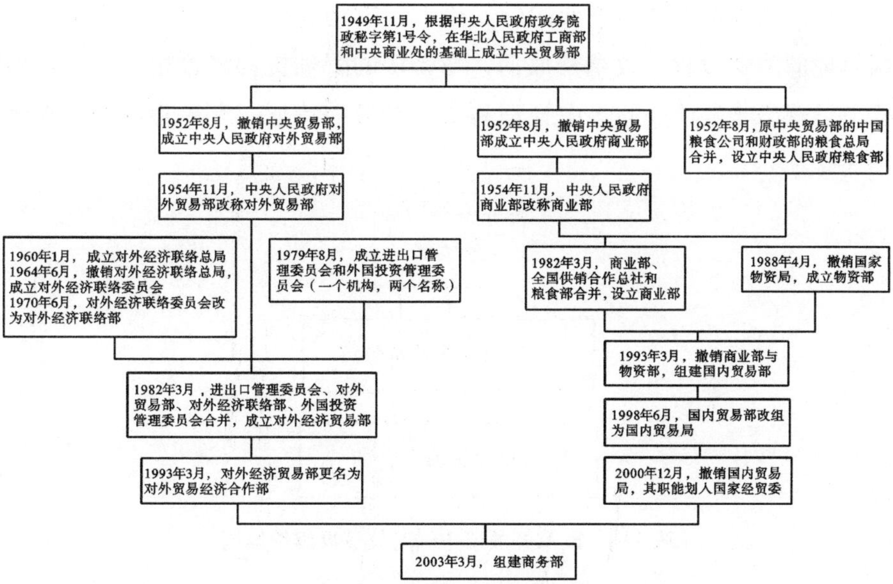

图5-1　商务部组织机构沿革①

① 图片来源：http://bgt.mofcom.gov.cn/images/jigouyange.jpg。

从图 5-1 可以看出，在新中国刚刚成立之时，外贸管理机构的设立与运作都处在探索阶段，机构的设置和改变较为频繁。随着对外经济交流和合作逐渐增多和外贸业务范围的逐渐扩大，外贸管理机构在对外贸易部的基础上又增设了对外经济联络部、国家进出口管理委员会、国家外国投资管理委员会，管理机构繁多。到 1982 年，管理外贸事务的机构有四个之多，这四个部门在外贸领域上的职责划分很细：对外贸易部负责进出口业务，同时也管理海关和商检；对外经济联络部，负责对外援助和国际经济技术合作；国家进出口管理委员会和国家外国投资管理委员会负责跨部门的协调、管理以及战略规划性工作；国家外国投资管理委员会也负责利用外资的相关工作。1982 年，机构改革将四部委合并，成立对外经济贸易部，把“外贸、外经、外资”三块业务整合在一起，外贸管理机构设置得以简化。2003 年，为了适应入世之后的形势变化，中国组建了中华人民共和国商务部，主管国内外贸易和国际经济合作，结束了中国内外贸分立的管理体制。

其次，在外贸管理组织架构的安排上，则是经历了从单一、集中管理到分级管理的演变过程。改革开放前，与繁多的管理机构设置相反，管理组织结构上呈现出非常单一的集中管理和统一领导的特征，宏观管理的基本框架如图 5-2 所示。

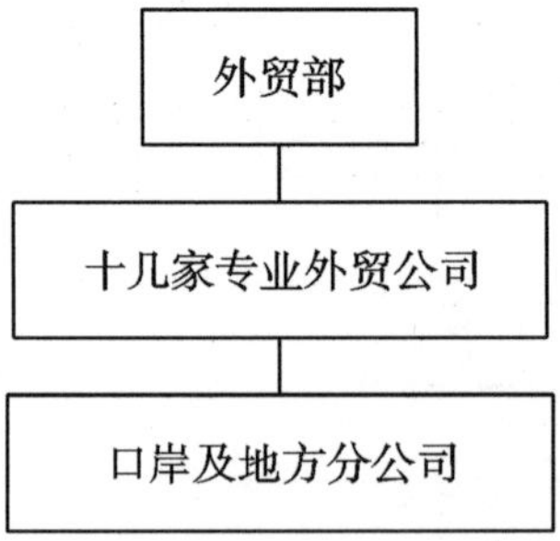

图 5-2　改革开放前中国对外贸易组织结构

开始改革开放后，计划经济体制的堡垒被打破，到 20 世纪 80 年代后期，中国逐步建立了对外贸易行政管理分级制，管理权逐步分散和下放，外经贸部对外贸经营由直接管理转向间接管理为主。如图 5-3 所示。

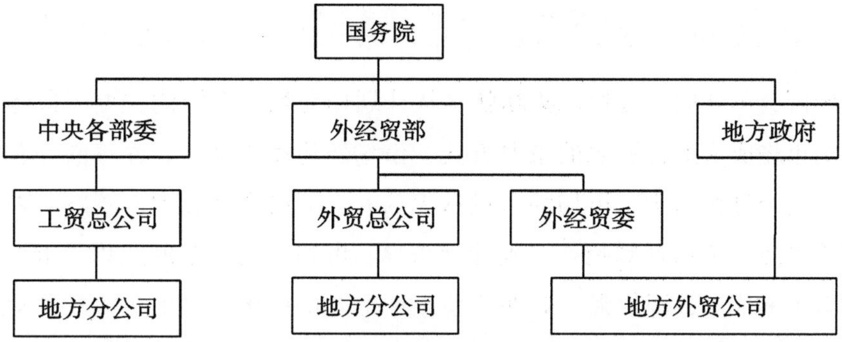

图 5-3　20 世纪 80 年代中国对外贸易组织结构

20 世纪 90 年代以后，随着市场经济体制的逐步建立，无论是中央还是地方对对外贸易的行政管理都逐步弱化，特别是政企分开后，各级政府不再承担微观管理的职能，转向对外贸易宏观管理。①

2003 年组建商务部后，中国形成了商务部、国家发展和改革委员会、海关总署、国家质量监督检验检疫总局、国家外汇管理局、国家税务总局、国家知识产权局及其他相关部门分工协作的对外贸易管理机构体系。在这样的组织架构下，中国按照精简、统一、效能的原则和决策权、执行权、监督权既相互制约又相互协调的原则，进一步完善了运行机制，通过综合运用外贸、通关、检验检疫、外汇、金融、税务、科技、环保、知识产权保护、劳动保障等领域政府监管职能和中介组织资源，极大地促进了对外贸易管理机构职能从以行政领导为主向以服务为主转变。

随着中国经济进入新常态，外贸管理组织结构按照“统一领导、分级管理、条块结合、以块为主”原则进行改革。在管理职能上，继续深化“放管服”改革，在简政放权上做“减法”，深化行政审批制度改革；在监管上做“加法”，改革外贸监管体制，强化事中事后监管；在服务上做“乘法”，提高行政办事效率。进一步提高外贸政策制定和政府行政的合规合法性，推动了中国特色社会主义行政体制建设，提高了依法行政的能力。

① 孙玉琴. 中国对外贸易体制改革的效应［D］. 北京：对外经济贸易大学，2004.

二、对外贸易管理手段的转变

中国改革开放的进程，实际就是从计划作为配置资源的主要手段逐渐变革成为市场成为配置资源的主要方式，市场经济逐步确立，并不断完善的过程。在这个进程当中，市场的力量从无到有、从弱小到壮大。政府对外贸的管理手段经历了从计划指令、到计划指导、再到市场调控的过程，市场在资源配置中的作用逐渐加强，对外贸易逐步走向市场化和自由化体现了贸易体制渐进式改革的重要成效。

改革开放前，外贸政策的目标偏向于保护国内经济和产业，因而对外贸的管理较为封闭和保守，采用指令性计划实行单一的直接计划管理。国家相关部门编制和下达各项进出口计划，外贸专业公司完全按照计划进行日常经营，且计划不能随意更改。通过垄断经营和进出口计划，对外贸易被完全置于国家控制之下，国家对外贸易计划作为调控对外贸易活动的唯一杠杆，构成了改革开放前中国最坚固的贸易壁垒。① 这个时期的管理手段显得强势而固定，对外贸市场突发情况的应对能力有限。

改革开放后，中国开始逐步承认并致力发挥市场的作用，经济体制先由单一的计划经济转变为以计划经济为主、市场调节为辅，进而发展到有计划的商品经济、再到社会主义市场经济。② 与之相适应，在对外贸易的管理手段上逐步缩小进出口商品指令性计划的范围，扩大指导性计划和市场调节的范围，直至 1994 年取消了所有进出口贸易的指令性计划，国家只对外贸企业的进出口总额、出口收汇和进口用汇下达指导性计划。政府对外贸的管理手段发生了从命令到指导的根本性转变。

随着对外贸易计划控制的松弛，关税的对外贸易调节、保护作用开始得到发挥，进出口许可证制度得到恢复，配额等数量限制手段开始实施，并在 20 世纪 80 年代呈逐渐强化之势。20 世纪 90 年代后，为了进一步贯彻改革开

① 孙玉琴. 中国对外贸易体制改革的效应 [D]. 北京：对外经济贸易大学，2004.
② 同①。

放，同时为加入世贸组织做准备，中国开始转向有自由化倾向的保护贸易政策，政企职责分开、放开外贸经营权、建立以市场为基础的宏观调控体系，更多地利用市场调节功能而非行政干预，关税水平连续下降，数量限制等行政手段开始减少，经济手段和法律手段的作用明显加强。

加入世界贸易组织后，为了遵循世界贸易组织的基本原则，中国对外贸的管理进一步强调市场的作用，建立以市场为基础的外贸调控体系。以出口退税、出口信用保险、贸易融资等为主要内容的外贸促进体系日趋完善，行政许可事项明显减少，许可证、配额、国营贸易等管理手段不断完善，深化财政、税收、金融、外汇等体制改革加强对外贸的间接调控，对外贸易管理逐步从行政手段为主到以法律和经济手段为主、行政手段为辅转变，管理目标从保护贸易、“奖出限入”到促进对外贸易平衡发展，推动贸易自由化、便利化转变，从内外贸分离、贸易投资割裂到促进内外贸一体化、促进对外经济协调发展转变。在这些转变中，特别值得一提的是，随着进口促进战略、服务贸易发展战略和出口贸易科学发展理念的确立，中国逐步重视进口促进体系和服务贸易促进体系建设，同时对部分高耗能、高污染、资源性产品出口实施了限制措施。通过这些转变，中国对外贸易领域的资源配置方式实现了重大转变，市场配置资源的基础性作用随之增强。

中共十八届三中全会之后，为了发挥市场在资源配置中的决定性作用和完善社会主义市场经济制度，在外贸管理体制上继续推进市场化自由化改革。通过“放管服”打造市场化、法治化的营商环境，保障公平竞争的市场环境；出台各项政策激发外贸市场各经营主体的活力；推动外贸新业态发展促进外贸供给侧结构性改革；构建完善综合服务体系，为外贸企业提供融资、通关、退税等各项服务；对外汇形成机制进行市场化改革。通过这些改革举措形成了统一开放、公平有序的市场竞争环境，让市场主体享有了经营自主权，由“治理”代替“管理”，切实实现市场在对外贸易领域中对资源配置的决定性作用。

三、对外贸易主体结构的转变

改革开放前，在完全公有制经济和单一计划经济体制的框架下，中国对外贸易业务掌握在十几家国有的专业外贸总公司手中。

改革开放后，在社会主义有计划商品经济思想指导下，中国在外贸领域突破了单一的所有制结构，建立起以公有制为主体，多种所有制成分并存的格局。在商品经济条件下，外贸市场的有效运行要求有足够多的外贸企业作为竞争主体，形成自由竞争的市场环境。顺应商品经济的要求，外贸领域引入了其他所有制成分，各类外贸企业发展起来。自 1979 年下半年至 1987 年，全国设有各类外贸公司 2 200 多家。[①] 对外贸易单一的所有制结构发生显著的转变，三资企业和民营企业在对外贸易中开始取得发展，其中，1990 年，外资企业进出口额在贸易总额的比重达到 17. 43%。[②]

随着社会主义市场经济制度的建设和完善，国家进一步放宽对生产企业经营对外贸易业务的审批标准，让更多新鲜血液注入中国对外贸易事业，1995 年全国各类外贸公司达到 9 000 多家，1999 年达到 2. 6 万家。[③] 国有外贸企业进出口额在中国外贸总额中的占比从 1990 年的 81. 9%迅速下降到 1997 年的 56. 18%，到 2000 年，进一步下降到 45. 42%,[④] 外资企业和民营企业超过了国企在进出口总额中的比重。

在中国加入世界贸易组织之后，原有的对外贸易审批制度被备案登记制度所取代，且以法律形式规定自然人也可以是对外贸易的经营主体，对外贸易经营渠道进一步拓宽。随着备案登记制的实施和对外贸易经营权的全面开放，居民个人及企业经备案登记后可以自由开展对外贸易，为包括外资企业在内的各类所有制企业提供公平的市场准入待遇日益受到重视，私营外贸企

① 中央财经领导小组办公室，中央财经办公室. 中共中央关于制定国民经济和社会发展第十个五年计划的建议：学习辅导讲座［R］. 北京：人民出版社，2000：282.

② 数据来源：中华人民共和国商务部网站和《中国统计年鉴》。

③ 同①。

④ 同②。

业的发展由此得到极大促进，对外贸易经营主体格局进一步优化。如图 5-4 所示，2002 年，国有企业、外商投资企业和其他企业出口额在总出口额中的占比分别是 37.73%、52.21%、10.05%，到 2010 年，国有企业的占比下降为 14.85%，外商投资企业和其他企业的占比分别上升为 54.65%和 30.5%。2013 年，简政放权、取消和下放大量行政审批事项等改革措施进一步激发了民营企业开展对外贸易的活力，民营企业进出口增长 22.3%，高出外贸总体增速 14.7 个百分点，占进出口总额的比重为 35.9%，较 2012 年提高 4.3 个百分点；单从出口来看，国有企业、外商投资企业的出口占比分别为 11.27%和 47.27%，其他企业的占比达 41.46%。2015 年，民营企业出口额为 10 278.3 亿美元，占比首次超过外资企业，达到 45.18%，成为出口的第一大主力军。同年，外资企业出口占比为 44.16%，国有企业出口占比仅为 10.65%。此后，民营企业出口占比均居首位且比重呈上升趋势，民营企业作为中国第一大出口经营主体的地位进一步巩固。2002—2018 年，民营企业出口由 327.38 亿美元增长到 11 941.3 亿美元，增长了 35 倍多，出口占比由 10.05%提高到 48.01%。

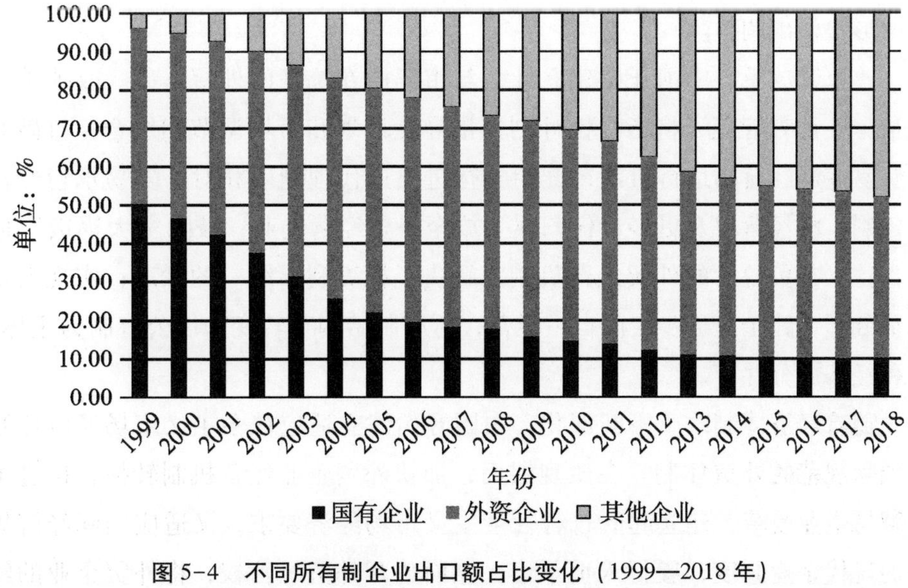

图 5-4　不同所有制企业出口额占比变化（1999—2018 年）

数据来源：根据《中国对外贸易形势报告》计算所得。

发展各类外贸企业、拓宽外贸经营渠道，改变了外贸体制的微观基础，为对外贸易的发展提供了新的动力源泉。这些“体制外”的外贸企业突破了传统对外贸易体制的束缚，推动着中国对外贸易体制向市场化体制迈进。

四、对外贸易体制属性的转变

随着中国经济体制改革从计划经济体制、到社会主义有计划的商品经济体制、再到社会主义市场经济体制的变迁，对外贸易体制也呈现出与之相对应的转变。

改革开放前，中国对外贸易体制是高度集中的计划经济外贸体制，对外贸易所有制结构呈现单一的公有制。外贸经营管理体制上表现出“政企不分”的特征，进出口按国家计划进行，采用“出口收购制”和“进口拨交制”，由国家统一经营、统负盈亏。这种高度集中的对外贸易体制在当时特定的历史条件和国际政治经济环境下有其存在的合理性和必然性，但这样高度集中、无所不包的计划体制难以满足日渐扩大的外贸需求与经济体量，必须为适应新的形势做出调整。

改革开放后，中国开始建立计划与市场内在统一的外贸体制。改革单一的指令性计划管理，将指令性计划、指导性计划和市场调节相结合；打破对外贸易垄断经营的运行机制，开始实行进出口代理制度和对外贸易承包经营责任制，将经营权及更多责任归属下放至外贸经营企业；破除“大锅饭”体制，建立自负盈亏的外贸经营机制，解决了权责利不统一的状况；实现政企职责分开，让企业逐步走向自主经营；所有制结构上转变为以公有制为主体、多种经济成分并存。

随着经济体制改革不断深化，中国开始建立适应社会主义市场经济体制和国际规范的外贸体制。在微观层面，加快外贸企业经营机制转换，推进国有贸易企业改革，建立起既符合社会主义市场经济要求，又适应国际经济规则的现代企业制度；履行入世承诺，全面放开外贸经营权，将外贸企业的经营权由审批制改为备案登记制，形成多元化的市场主体结构。在宏观层面，大大弱化政府的行政干预，向以经济、法律手段实行宏观间接调控为主的方向发展；结束中国内外贸分立的管理体制，适应经济全球化和中国加入世界贸易组织的新形势；改革外汇制度，建立以市场供求为基础的、有管理的单一浮动汇率制；发挥汇率、关税、税收、利率等经济手段对外贸的调节作用，加强市场在资源配置中的基础作用；通过法律、法规、规章的立、改、废工作，实现中国外贸制度与世贸组织规则相适应，完善外贸立法，将对外贸易纳入法制化轨道，加强法律手段在外贸宏观管理中的作用；提高政府政策的公开度和透明度，强化政府服务企业的功能，营造各类企业平等参与、公平竞争的体制环境。

2013 年，中共十八届三中全会对全面深化改革做出系统部署，强调“构建开放型经济新体制”，这为对外贸易体制创新指明了方向，即建立中国特色社会主义市场经济下的自由贸易体制。具体而言，一是进一步降低贸易壁垒，推进贸易便利化和自由化，促进要素、商品和服务的自由流动，实现市场对资源的优化配置作用；二是优化公平竞争的市场环境，培育外贸竞争新优势，实现外贸的可持续发展；三是持续推进政府职能从管理型向服务型的转化，实现政府与外贸企业之间的良性互动，建立市场主导型的政企关系模式；四是主动参与全球经济治理、参与国际体系变革和国际规则制定，增强中国在国际经贸规则和标准制定中的话语权，推动国际经济秩序朝着更加公正合理的方向发展，更好地维护中国的根本利益和人类的共同利益。

综合而言，中国对外贸易体制的不断发展和完善，是与中国整体经济体制改革步骤相匹配、与中国改革开放目标的动态演进相适应的。中国的对外贸易体制改革是一个循序渐进的系统工程，先易后难、由点及面、由表相到本质，逐步向纵深推进。对外贸易体制改革不仅推动了货物贸易、服务贸易的迅速发展，而且促进了对外贸易和经济发展方式的改变，促进了经济社会的科学发展，顺利实现了中国经济从封闭型到开放型的转变，为中国的对外贸易乃至整体经济的可持续发展奠定了基础。

本章参考文献

邓敏，顾磊，2016. 中国对外贸易概论［M］. 成都：西南财经大学出版社.

邓敏，顾磊，2019. 中国对外贸易概论［M］. 英文版. 北京：清华大学出版社.

郝璐，2017. 中国对外贸易制度研究［D］. 长春：吉林大学.

胡静静，2013. 中国民营企业外贸竞争力研究［D］. 武汉：华中科技大学.

黄汉民，钱学锋，2010. 中国对外贸易［M］. 修订版. 武汉：武汉大学出版社.

黄晓玲，2009. 中国对外贸易概论［M］. 2 版. 北京：对外经济贸易大学出版社.

傅自应，2008. 中国对外贸易三十年［M］. 北京：中国财政经济出版社.

江小涓，2008. 中国开放三十年的回顾与展望［J］. 中国社会科学（6）：66-85.

李左东，2003. 中国对外贸易教程［M］. 北京：北京大学出版社.

廖庆薪，廖力平，2000. 现代中国对外贸易概论［M］. 广州：中山大学出版社.

刘丽娟，2011. 中国对外贸易概论［M］. 大连：东北财经大学出版社.

毛其淋，2009. 改革开放 30 年我国外贸出口与经济增长：基于外贸体制改革的视角［J］. 兰州商学院学报，25（6）：39-44.

裴长洪，2008. 中国对外开放与流通体制改革 30 年研究［M］. 北京：经济管理出版社.

裴长洪，2009. 共和国对外贸易 60 年［M］. 北京：人民出版社.

沈觉人，1992. 当代中国对外贸易（上、下）［M］. 北京：当代中国出版社.

石广生，2013. 中国对外经济贸易改革和发展史［M］. 北京：人民出版社.

宋元明，1999. 对外贸易迅速发展 外贸体制改革步步深入：纪念改革开放20周年［J］. 国际贸易问题（1）：8-15.

孙玉琴，2004. 外贸经营权改革与外贸经营主体的变化［J］. 国际贸易问题（10）：13-16.

孙玉琴，2004. 中国对外贸易体制改革的效应［D］. 北京：对外经济贸易大学.

孙玉琴，2008. 中国对外贸易史［M］. 北京：清华大学出版社.

陶传平，2000. 我国外贸体制改革进程述评［J］. 外向经济（6）：4-7.

王德宝，2017. 政策性出口信用保险功能的理论及实证研究——兼论中国政策性出口信用保险改革与发展［D］. 北京：对外经济贸易大学.

魏龙，2002. 中国对外贸易论［M］. 武汉：武汉理工大学出版社.

吴仪，1991. 中国外贸体制改革的成效和方向［J］. 国际贸易（12）：4-5，1.

夏英祝，金泽虎，2009. 中国对外贸易学［M］. 合肥：安徽大学出版社.

尹翔硕，2001. 加入WTO后的中国对外贸易战略［M］. 上海：复旦大学出版社.

岳咬兴，2006. 国际贸易政策教程［M］. 上海：上海财经大学出版社.

张生玲，张丽平，2008. 我国外贸体制改革三十年理论回顾［J］. 国际贸易（7）：4-10.

张兴华，2007. 国有外贸企业战略转型分析［D］. 北京：对外经济贸易大学.

中国人民大学国际货币研究所，2015. 人民币国际化报告（2015）［R］. 中国人民银行.

中国外贸体制改革的进程、效果与国际比较课题组，2007. 中国外贸体制改革的进程、效果与国际比较［M］. 北京：对外经济贸易大学出版社.

仲鑫，2005. 我国外贸体制改革进程的特点与政策性思考［J］. 产业经济研究（1）：61-66.

朱国兴，等，1995. 中国对外经济贸易体制改革全书［M］. 北京：对外经济贸易大学出版社.

朱钟棣，1999. 新中国外贸体制改革的回顾与展望［J］. 财经研究（10）：39-45.

第六章
新中国对外贸易法律制度变迁

对外贸易法律制度是指一国对其外贸活动进行行政管理和服务的所有法律规范的总称，它调整的是国家管理对外贸易的纵向法律关系，是一国对外贸易总政策的集中体现。

新中国对外贸易法律制度的变迁，是经济体制改革、社会发展目标变动的结果。新中国成立以来，中国经济体制逐步完成了从社会主义计划经济、社会主义有计划商品经济到社会主义市场经济的变革，相应地，对外贸易法律意识也经历了从封闭、管制到开放、参与的转变过程，法律意识的变迁进一步推动了对外贸易法律运行的发展，法律意识和法律运行相互促进，推动了中国对外贸易法律制度体系的建立和完善以及营商环境的优化。

第一节　新中国对外贸易法律制度建设历程

对外贸易法律制度的变迁是法律意识和法律运行相互影响、相互促进的结果，而某一阶段法律意识和法律运行均由当时的社会总体经济发展目标和水平所决定。中国对外贸易法律制度是自新中国成立以来得以逐步建立和完善的，是与中国总体经济发展相适应的，其发展过程可划分为五个历史阶段。

一、高度集中计划经济时期的法律制度建设（1949—1978 年）

新中国成立初期，世界由社会主义和资本主义两大对抗的阵营组成。由于意识形态的分歧，以美国为首的西方国家对新中国实行政治围堵、经济封锁、外交孤立和军事包围，导致新中国被直接排除在关税及贸易总协定（GATT）等多边国际贸易体制之外。西方国家又通过巴黎统筹委员会（Coordinating Committee for Export to Communist Countries），对新中国实行贸易禁运。在这一时期，新中国实行苏联式高度集中的计划经济体制，具体反映到对外贸易方面，则是由国家统一下达进出口计划和调拨资源，以致对外贸易活动被极大地限制。

封闭、高度集中的经济体制和较为封闭的政治经济环境决定了发展对外经济关系不是这一阶段社会经济发展的重要内容，进而直接影响了这一阶段的对外贸易法律意识。1954 年，第一届全国人民代表大会第一次会议通过了《中华人民共和国宪法》（以下简称“1954 年《宪法》”），确立了社会主义原则和民主原则。在发展对外关系方面，1954 年《宪法》提出“中国根据平等、互利、互相尊重主权和领土完整的原则同任何国家建立和发展外交关系的政策，已经获得成就，今后将继续贯彻。在国际事务中，中国坚定不移的方针是为世界和平和人类进步的崇高目的而努力”，但未对发展对外经济关系进行阐述。随着 1966 年“文化大革命”的爆发，对外关系领域出现了严重的

“左倾”错误，以至于中国对外贸易的开展愈加困难，1975年经重新修改制定的第二部宪法所涉及的对外关系的重点仍然集中在政治而非经济领域。总体来看，这一时期中国的对外贸易法律意识较为落后。

法律运行方面，这一时期中国对外贸易法律制度的建立和完善缺乏基础性的制度安排，外贸法律制度不成体系，规范的领域少，立法层次低下，主要以行政法规为主，尚无一部真正意义上的对外贸易法。1951年，中央人民政府政务院第七十七次政务会议通过了《中华人民共和国暂行海关法》（以下简称《暂行海关法》）。由于新中国刚成立，尚无专门的国家立法机关，《暂行海关法》兼具法律和行政法规的属性，内容上也较为详尽。此外，中共中央人民政府政务院第八十三次会议还颁布实施了《中华人民共和国海关进出口税则暂行实施条例》和《中华人民共和国海关进出口税则》，对《暂行海关法》形成了补充。《暂行海关法》的颁布在当时具有很强的政治意义，是新中国主权的象征，受当时对外贸易限制的影响，《暂行海关法》所起的作用有限。此外，在服务和技术贸易、涉外金融、保险、担保等众多贸易相关领域，中国仍处于法律空白状态。

由于意识形态的隔阂，中国主要与一些社会主义国家签订了双边贸易协定，例如1952年与锡兰政府（今斯里兰卡民主社会主义共和国）签订《中华人民共和国中央人民政府与锡兰政府关于橡胶和大米的五年贸易协定》、1964年与尼泊尔签订《中华人民共和国政府和尼泊尔国王陛下政府贸易协定》。这些双边贸易协定数量少、所涉及的领域窄，以致这一时期的对外贸易法律制度缺乏国际法渊源。

1978年，第五届全国人民代表大会第一次会议通过了中国第三部宪法（以下简称“1978年《宪法》”），明确规定“在国际事务中，我们要在互相尊重主权和领土完整、互不侵犯、互不干涉内政、平等互利、和平共处五项原则的基础上，建立和发展同各国的关系”。尽管1978年《宪法》在发展对外关系的表述上较前两部宪法有很大进步，但仍然未明确提出对外开放，对外法律制度的建设和完善仍然未在根本大法中得到体现。

二、建立有计划商品经济制度时期的法律制度建设（1979—1992 年）

1978 年，中国拨乱反正，进入了全面经济建设和改革开放的新时期，以邓小平为核心的第二代领导集体大力推动实施对内改革、对外开放的政策。1979 年，党中央、国务院批准广东、福建在对外经济活动中实行“特殊政策、灵活措施”，并决定在深圳、珠海、厦门、汕头试点经济特区，使得福建和广东成为全国最早实行对外开放的省份之一。至此，对外开放成为中国的一项基本国策。与社会经济发展状况相适应，中国对发展对外贸易的看法和态度发生了巨大改变，法律意识也开始转变为理解、包容和参与。与此同时，中国在对外贸易法律制度的认识方面有了巨大进步，并开始积极参与、维护、建设国际法律秩序。

法律运行方面，与开放、积极的法律意识相适应的是法律制度环境得到了巨大改善。1982 年，第五届全国人民代表大会第五次会议通过了第四部宪法（以下简称“1982 年《宪法》”），提出“中国坚持独立自主的对外政策，坚持互相尊重主权和领土完整、互不侵犯、互不干涉内政、平等互利、和平共处的五项原则，发展同各国的外交关系和经济、文化的交流”，首次将发展对外经济关系明确写入根本大法，并在第十八条中提出“允许外国的企业和其他经济组织或者个人按照中华人民共和国法律的规定在中国投资，同中国的企业或者其他经济组织进行各种形式的经济合作。在中国境内的外国企业和其他外国经济组织以及中外合资经营的企业，都必须遵守中华人民共和国的法律。它们的合法的权利和利益受中华人民共和国法律的保护”。1982 年《宪法》明确了发展对外贸易的主权原则，也为新时期对外贸易法律制度的制定和完善提供了基本准则。

在 1982 年《宪法》基本准则的指导下，这一时期的对外贸易法律法规数量大增，立法层次全面，对外贸易法律制度框架初步建立起来。在这一时期，中国的对外贸易法律制度建设取得了几个重要成果。

（一）开始建立外国投资者在中国投资、经营的保护制度

为了规范合理利用外资、保护外国投资者合法权益，进入改革开放后，

中国开始积极制定规范外商投资领域的法律、法规。1979 年，第五届全国人民代表大会第二次会议通过《中华人民共和国中外合资经营企业法》（以下简称“1979 年《中外合资经营企业法》”），依法保护外国合营者在合资企业的投资、应分得的利润和其他合法权益。1990 年，第七届全国人民代表大会第三次会议对《中外合资经营企业法》进行了修订，加强了对外国投资者的权益保护，与 1979 年《中外合资经营企业法》相比，特别提出“国家对合营企业不实行国有化和征收；在特殊情况下，根据社会公共利益的需要，对合营企业可以依照法律程序实行征收，并给予相应的补偿”，且企业董事长不再仅限于中方合营者担任。为了保障《中外合资经营企业法》的顺利实施，国务院于 1983 年发布《中华人民共和国中外合资经营企业法实施条例》，并先后在 1986 年、1987 年进行了修订。

1986 年，第六届全国人民代表大会第四次会议通过《中华人民共和国外资企业法》（以下简称“1986 年《外资企业法》”），允许外国投资者在中国境内举办外资企业，并着重对外国投资者的合法权益进行保障。1990 年，原对外经济贸易部发布《中华人民共和国外资企业法实施细则》，以保障《外资企业法》的顺利实施。

为了进一步扩大对外经济合作和技术交流，中外合作建立企业的类型越来越多样，“人合”企业大量出现。为了规范此类企业的经营以及保障合作者利益，1988 年，第七届全国人民代表大会第一次会议通过了《中华人民共和国中外合作经营企业法》（以下简称《合作经营企业法》）。从具体内容来看，与中外合资企业相比，《中外合作经营企业法》给予中外合作经营者更大的自主经营权，明确提出“合作企业依照经批准的合作企业合同、章程进行经营管理活动。合作企业的经营管理自主权不受干涉”，还提出中外合作企业可以向国内外金融机构借款，以吸引更多的外国投资者。

（二）制定了系统的涉外经济合同法规

为了适应国民经济的发展，调整经济活动中当事人的合法权益，1981 年，第五届全国人民代表大会第四次会议通过《中华人民共和国经济合同法》（以下简称《经济合同法》）。《经济合同法》是调整经济合同关系的重要法律，对于促进商品生产和流通起了积极的作用，但从其适用范围来看，该法调整的是国内经济合同关系，涉外商品和服务流通所产生的经济合同关系，则不在该法的调整范围内。

为了弥补这一缺失，促进对外贸易的发展，1985 年，第六届全国人民代表大会常务委员会第十次会议通过《中华人民共和国涉外经济合同法》（以下简称《涉外经济合同法》），这是中国第一部比较完整、系统的涉外经济合同法规。《涉外经济合同法》包括法的适用范围、订立合同原则、争议适用法律、合同订立、合同履行和违反合同的责任、合同的转让、变更、解除和终止、争议的解决、提起诉讼或仲裁的期限等内容。至此，涉外经济合同当事人合法权益的保障有法可依。为保障技术合同当事人的合法权益，维护技术市场秩序，1987 年，第六届全国人民代表大会常务委员会第二十一次会议通过《中华人民共和国技术合同法》（以下简称《技术合同法》），主要包括技术合同法的适用范围、订立技术合同的原则和技术成果的权属；技术合同的订立、履行、变更和解除；技术开发合同；技术转让合同；技术咨询合同和技术服务合同；技术合同争议的仲裁和诉讼等内容。自此，《经济合同法》《涉外经济合同法》和《技术合同法》成为保障国内经济、技术和对外贸易领域内合同当事人合法权益的重要法律依据。

（三）建立了以海关法为核心的海关法律法规体系

海关法律法规体系是调整海关管理活动的法律的总称，既包括专门的《海关法》，也包括所有的海关行政法规、规章和规范性文件，以及其他法律、法规中所涉及对海关管理的规定。中国对外贸易的迅猛发展，不可避免地带来了诸多问题，而海关作为负责跨境货物、物品的监管部门，对这些问题的接触最为直接和敏感，如何应对和解决这些问题，就需要海关法予以明确规范，建立和完善海关法律法规体系，是中国对外贸易法律制度体系建设的重要内容。海关法律法规体系的建立和完善过程，是和中国对外贸易的发展水平相适应的，也反映了当时的政治、经济环境特点。

1985 年，国务院对 1951 年前中央人民政府政务院发布的《中华人民共和国海关进出口税则暂行实施条例》和《中华人民共和国海关进出口税则》进行修订，颁布了《中华人民共和国进出口关税条例》（以下简称“1985 年

《进出口关税条例》”）和《中华人民共和国海关进出口税则》（以下简称“1985 年《进出口税则》”）。1985 年《进出口关税条例》对税则委员会的组成、税率的运用、完税价格的审定、税款的补纳和退补、关税的减免及审批程序、申诉程序等内容进行了规定，《进出口税则》则是《进出口关税条例》的组成部分。1985 年《进出口关税条例》和《进出口税则》进一步贯彻了国家的对外开放政策，对当时正在进行的经济体制改革和促进对外贸易发挥了重要作用。

1987 年，第六届全国人民代表大会常务委员会第十九次会议通过《中华人民共和国海关法》（以下简称“1987 年《海关法》”），1951 年《暂行海关法》废止。1987 年《海关法》充分考虑了当时立法的现实需要，对海关的权力、法律适用范围、海关人员的职责、进出境运输工具、进出境货物和进出境物品的监管、关税、法律责任的认定和处理等内容进行了规定。同年，经国务院批准，海关总署发布《中华人民共和国海关法行政处罚实施细则》，国务院修订并发布了《中华人民共和国进出口关税条例》。加上 1985 年颁布实施的《中华人民共和国海关进出口税则》以及随后海关总署颁布实施的一系列办法和规定，形成了以海关法为核心的海关法律法规体系。

（四）知识产权保护制度逐步建立，为服务和技术贸易的发展奠定了基础

随着社会经济的发展以及知识产权保护的需要，中国分别于 1982 年、1984 年和 1990 年颁布了《中华人民共和国商标法》《中华人民共和国专利法》和《中华人民共和国著作权法》，推动形成了民事、行政、刑事“三位一体”的知识产权立体保护格局，知识产权保护制度逐步建成，为打造公平竞争的营商环境、促进服务和技术贸易奠定了基础。

除了建立相关法律外，中国于 1985 年加入《保护工业产权巴黎公约》（Paris Convention for the Protection of Industrial Property，简称《巴黎公约》）；同年还加入了《商标国际注册马德里协定》（Madrid Agreement Concerning the International Registration of Marks，简称《马德里协定》），积极参与国际知识产权的保护工作。

（五）其他外贸相关法律制度陆续建立

1989年，第七届全国人大常委会第六次会议通过了《中华人民共和国进出口商品检验法》，标志着进出口商品的商检工作进入了法制管理的新阶段。1992年，第七届全国人民代表大会常务委员会第二十八次会议通过了《中华人民共和国海商法》，作为专门调整海上运输法律关系的法律，对中国对外贸易的发展有重要意义。

（六）积极参与国际双边和多边贸易协定，弥补了对外贸易法律制度的国际法渊源的不足

除了国内立法工作迅速发展外，这一时期中国积极参与、维护并建设国际法律秩序，与其他国家签订的双边协定数量迅速增长。例如，1980年，中国与科威特、阿曼苏丹国分别签订了贸易协定；1981年，与塞浦路斯共和国、土耳其共和国政府分别签订了贸易协定；1985年，与阿拉伯联合酋长国政府签订经济、贸易、技术合作协定，与新加坡共和国政府、科威特政府分别签订关于促进和保护投资协定；1986年、1990年又分别与这两国签订了对所得避免双重征税和防止偷漏税的协定。除此之外，中国还与一些国家在司法协助领域开展合作，例如，1987年，与法兰西共和国签订了关于民事、商事司法协助的协定，与波兰人民共和国签订了关于民事和刑事司法协助的协定；1989年，与蒙古人民共和国签订了关于民事和刑事司法协助的条约等。1981年9月，中国政府代表签署《联合国国际货物销售公约》，并于1986年12月交存核准书。正是从这一时期开始，中国对外贸易法律制度缺乏国际法渊源的情况开始改变。

除了与一些国家签订双边协定，中国积极寻求进入多边国际贸易体制。1986年7月10日，中国政府正式提出恢复在关税及贸易总协定中缔约方地位的申请，开始了与关贸总协定缔约国的双边谈判。1986年7月至1992年2月，中国与主要缔约方进行了十几次磋商，并就一些核心问题基本达成了谅解。1992年，中国工作组基本结束了对中国经贸体制的审议，并进入了有关中国复关议定书内容的实质性谈判。

1989年，计划经济思潮重新抬头，使得经济改革陷于停滞。为了指明发

展方向、巩固人民发展社会主义市场经济的信心，1992 年年初，邓小平视察武昌、深圳、珠海、上海等地，并就一系列重大问题发表了日后人们熟知的“南方谈话”，提出“不坚持社会主义、不改革开放、不发展经济、不改善人民生活，就是死路一条”，还提出“计划和市场都是经济手段”。同年 10 月，中共第十四次全国代表大会召开，在党的历史上第一次明确提出了建立社会主义市场经济体制的目标。经济体制的改革和复关进程的推进，对中国对外贸易法律制度建设提出了更高的要求。

三、建立社会主义市场经济制度时期的法律制度建设（1993—2001 年）

经历了 1989—1992 年经济体制改革的争论，1993 年，中共十四届三中全会通过了《中共中央关于建立社会主义市场经济体制若干问题的决定》，对社会主义市场经济体制改革的具体要求和目标进行了阐述，勾勒出了中国特色社会主义市场经济体制的基本框架。1995 年，中共第十四届中央委员会第五次全体会议通过了《中共中央关于制定国民经济和社会发展“九五”计划和 2010 年远景目标的建议》，提出两个根本性转变：经济体制从传统的计划经济体制向社会主义市场经济体制转变；经济增长方式从粗放型向集约型转变。至此，计划经济体制逐渐退出历史舞台。1997 年，中共十五次全国代表大会进一步明确了以公有制为主体、多种所有制经济共同发展的基本经济制度，指出非公有制经济是社会主义市场经济的有机组成部分，这解决了对外贸易体制改革中的所有制问题。

这一时期，中国恢复在关税及贸易总协定中缔约方地位的进程不断推进，自 1992 年进入有关中国复关议定书内容的实质性谈判后，1994 年 4 月，中国签署了乌拉圭回合最后文件和世界贸易组织协定；1995 年 1 月 1 日，世界贸易组织正式成立，同年 11 月，关税与贸易总协定中国工作组更名为世界贸易组织中国工作组。从此，中国从复关谈判转变成入世谈判。2001 年 12 月 11 日，中国正式成为世界贸易组织成员。

随着经济体制改革的逐渐深入，通过行政手段维护对外贸易秩序的作用已经逐渐削弱，中国开始强化法律手段的运用，外贸立法意识逐渐增强，对外贸易法律法规的制定和完善提上了新的高度。同时，中国入世进程的推进，推动了中国对外贸易法律制度与国际贸易规范的接轨。这一时期对外贸易法律制度建设的主要成果有：

（一）1994 年《对外贸易法》颁布并实施，结束了对外贸易领域无基本法的历史

在从中国国情出发和与国际准则和惯例衔接的双重要求下，历经 12 年的酝酿、起草、反复修改过程，1994 年 5 月 12 日，第八届全国人民代表大会常务委员会第七次会议通过《中华人民共和国对外贸易法》（以下简称“1994 年《对外贸易法》”），结束了中国对外贸易领域长期没有基本法的历史。1994 年《对外贸易法》从法律上确定了对外贸易的基本方针、基本政策和基本原则，构建起了对外贸易领域内的总体管理框架，为促进中国外贸体制改革、建立适应社会主义市场经济和国际经济通行规则的对外贸易制度、建立和完善对外贸易法律制度体系奠定了法律基石。

为了保障 1994 年《对外贸易法》的顺利实施，中国相继出台了一系列配套法规和实施细则。1997 年，国务院令第 214 号发布《中华人民共和国反倾销和反补贴条例》（以下简称《反倾销和反补贴条例》），其中包括了倾销和补贴所造成的损害认定和评估、反倾销调查流程、反倾销措施、反补贴特别规定等内容，是《对外贸易法》相关条款的具体化。2001 年，国务院第 46 次常务会议通过《中华人民共和国反倾销条例》（以下简称《反倾销条例》）、《中华人民共和国反补贴条例》（以下简称《反补贴条例》）和《中华人民共和国保障措施条例》（以下简称《保障措施条例》），以取代 1997 年颁布的《反倾销和反补贴条例》，标志着中国贸易救济制度进入了实质性运行阶段。

（二）实现了合同法的“三法合一”

中共十一届三中全会以来，中国先后制定了《经济合同法》《涉外经济合同法》和《技术合同法》，以保障国内经济、技术和对外贸易领域内合同当事

人的合法权益。由于三部合同法从形式到内容存在重复、交叉甚至相互矛盾的地方，且每部合同法的适用范围太窄，1999 年，第九届全国人民代表大会第二次会议通过《中华人民共和国合同法》，结束了三法并立的局面，既保证了合同法的统一性、完备性和连续性，又保证了操作性，在完善社会主义市场经济的法律体系方面具有重要意义。

（三）颁布《外汇管理条例》，为外汇管理体制的顺利运行提供了法律保障

在计划经济体制下，中国外汇管理体制长期集中统一，且主要以行政手段进行管理。改革开放以来，中国外汇管理体制不断进行改革，与对外贸易体制的改革形成了有效补充，例如，贸易及非贸易有关的对外支付可直接持有效凭证到外汇指定银行进行兑付，使得贸易便利化程度大大提升。1996 年，国务院第四十一次常务会议通过《中华人民共和国外汇管理条例》（以下简称“1996 年《外汇管理条例》”），对外汇管理体制、经营体制和管理内容进行规范，进一步推进了人民币可兑换进程，为对外贸易提供了良好的外汇金融环境，使得对外贸易企业的外汇收支管理实现了从直接控制、具体审批到间接监督管理的转变。

（四）制定了一系列行政法规，外贸经营权逐步放开

中国外贸经营权的放开是一个渐进式过程。自新中国成立至 1979 年，中国外贸经营权主要由国营专业外贸公司垄断；进入 20 世纪 80 年代以后，中国实行了一些简政放权措施，将外贸经营权下放到地方政府，对国内企业进行放权让利，从事对外贸易的企业数量大幅增长，在一定程度上打破了高度垄断的局面。1996 年，原对外经济贸易部发布了《关于设立中外合资对外贸易公司试点暂行办法》，允许中外合资公司从事对外贸易活动，外贸经营权开始向外资开放；1998 年，发布了《关于赋予私营生产企业和科研院所自营进出口权的暂行规定》，私营企业和科研院所经审批具备自营进出口权。

外贸经营权的取得上，1996 年，国务院下发了《关于经济特区企业外贸经营权问题的批复》，规定从 1996 年开始，海南、深圳、珠海、汕头、厦门五个经济特区的企业申请外贸经营权时，实行自动登记制，这标志着中国外贸经营权从许可制开始向登记制过渡；2001 年，原对外贸易经济合作部（前

身为对外经济贸易部）发布《关于进出口经营资格管理的有关规定》，正式提出进出口经营资格实行登记和核准双制。

（五）知识产权保护制度进一步建立和完善

随着对外贸易的发展，中国对于知识产权的保护力度越来越大，相关的法律法规也不断完善。1995 年，国务院颁布实施了《中华人民共和国知识产权海关保护条例》（以下简称《知识产权海关保护条例》），规定海关对与进出境货物有关的知识产权进行保护，这是中国第一部专门规范知识产权海关保护的行政法规。

为了符合世界贸易组织规则中《与贸易有关的知识产权协议》（简称 TRIPS）的要求，中国于 2000 年 8 月对《中华人民共和国专利法》进行了第二次修订，于 2001 年 10 月对《中华人民共和国商标法》进行了第二次修订，并对《中华人民共和国著作权法》进行了第一次修订。通过这次重大的修法行为，中国知识产权保护与 TRIPS 全面接轨。

通过一系列法律法规的修订和颁布实施，中国根据建立社会主义市场经济制度的要求和国际规范，在对外贸易法律基础构建、对外贸易经营主体合法权益保护、贸易救济、对外贸易经营权、知识产权保护等领域推进法律法规建设，基本形成了适应中国国情、符合国际多边贸易规则的对外贸易法律体系，从而使中国的对外贸易管理基本具备了法制化、规范化和透明度特征，为创造开放、统一、公平、可预见的市场环境提供了法制保障。

四、完善社会主义市场经济制度时期的法律制度建设（2002—2013 年）

2002 年开始，中国进入了加强市场的基础作用与完善社会主义市场经济制度的新时期。2003 年，中共十六届中央委员会第三次全体会议召开并通过了《中共中央关于完善社会主义市场经济体制若干问题的决定》，提出建成完善的社会主义市场经济体制和更具活力、更加开放的经济体系，是这一时期的重要目标和任务；对外贸易方面，则提出“深化涉外经济体制改革，全面提高对外开放水平”，具体内容包括完善对外开放的制度保障、更好地发挥外资的作用以及增强参与国际合作和竞争的能力。完善更加开放的社会主义市场经济体制、进一步深化改革对外贸易体制的目标和任务，均对中国对外贸易法律制度建设提出了更新、更高的要求。

此外，加入世界贸易组织也对中国对外贸易法律制度产生了深远影响，由于世界贸易组织条约群是国际法的重要组成部分，中国对外贸易法律制度的国际法渊源体系更加完整。中国在《中华人民共和国加入世界贸易组织议定书》中承诺“将通过修改现行法规和制定新法的方式，全面履行世贸组织协定的义务”。具体而言，中国要确保世界贸易组织协议和加入议定书在全国范围内得到统一实施；需要对照世界贸易组织规则和入世前做出的承诺，对贸易有关或能够产生影响的法律、法规和其他政策措施进行全面清理，并根据清理结果，修改或者废止与世界贸易组织协议或者中国承诺不一致的法律、法规和其他政策措施；根据世界贸易组织的要求，尽快制定新的法律、法规，进一步完善有关法律制度。

在完善社会主义市场经济体制和全面履行入世承诺的要求下，这一时期中国的对外贸易法制建设工作有了很大进展并取得了重大成果，主要成果有：

（一）完成相关法律、法规及政策措施的清理工作

1999 年 11 月，在中美签署《中美关于中国加入世界贸易组织的双边协议》后，原对外经济贸易合作部和国务院就开始制订详细的建立、修改、废止计划。2001 年，中共中央办公厅、国务院办公厅印发《关于适应中国加入世界贸易组织进程清理地方性法规、地方政府规章和其他政策措施的方案》，确定了清理工作需要遵循法制统一原则、非歧视原则、公开透明原则，还提出清理需要依据的 20 条具体标准，并对清理工作的组织领导、分工、清理后的处理、清理的范围和标准、工作要求等内容进行了详细部署。

从 2000 年 7 月至 2002 年 12 月底，全国人大常委会制定、修改有关法律 14 项；国务院废止行政法规 12 项，制定、修改有关行政法规 38 项，停止执行国务院有关文件 34 项；国务院有关部门制定、修改、废止部门规章和其他政策措施 1 000 多项；废止地方性法规、地方政府规章 3 370 项、修改 1 126

项；决定停止执行省级政府及其部门和较大的市政府及其部门其他政策措施约18.8万项。为兑现入世承诺，中国还对有关司法解释也进行了清理，其中最高人民法院对有关的1 200项司法解释或答复进行了清理，分6批公布废止了120多项，适时地新制定10多项；最高人民检察院对单独制定或与有关部门联合制定的780多项司法解释和规范性文件进行了清理，废止了140项。[①]完成大规模清理工作之后，中国与世界贸易组织规则接轨的修法工作一直持续进行，个别法律、法规及政策措施的清理工作始终在进行。

（二）修订了一批重要的对外贸易法律法规

为了全面履行入世承诺，在这一时期，中国相继修订了一批与世界贸易组织规则不相符的外贸法律、法规。2002年4月，第九届全国人民代表大会常务委员会第二十七次会议修订颁布了《中华人民共和国进出口商品检验法》，这是加入世界贸易组织后审议修订的第一部法律。在法律法规修订中，最为重要的是对外贸易基本法——1994年《对外贸易法》的修订，其中根据出现的对外贸易新情况，新增了建立对外贸易预警应急机制、建立公共信息服务体系、扶持和促进中小企业开展对外贸易等内容；根据世界贸易组织相关规则的要求，修订后的《对外贸易法》对不相符的内容进行了修订，例如将对外贸易经营者的范围、外贸经营权的取得等内容进行了修订，还新增了知识产权保护、对外贸易调查和贸易救济等内容。

其他修订的法律、法规还包括：2003年10月29日，国务院第26次常务会议修订通过《进出口关税条例》；2003年11月，国务院第30次常务会议修订通过《知识产权海关保护条例》；2004年3月对《反补贴条例》《反倾销条例》和《保障措施条例》进行修订等。

（三）颁布实施了一批新的对外贸易法律、法规

除了对相关法律法规进行修订外，中国还根据社会主义市场经济及对外贸易发展的需要制定了一些新的法律、法规。例如，2003年，通过了《中华人民共和国中外合作办学条例》《中华人民共和国行政许可法》等影响对外贸

① 李立. 中国法规清理工作10年未曾间断［N］. 法制日报，2011-09-26.

易的法律法规；2004 年 7 月，商务部颁布了《对外贸易经营者备案登记办法》，标志着中国外贸经营权全面放开，这是外贸体制改革的重要突破；加入世界贸易组织以后，中国海关相关法律对照世界贸易组织和世界海关组织的相关规定，积极与国际海关法接轨，2004 年 9 月，国务院第 61 次常务会议通过《中华人民共和国进出口货物原产地条例》（以下简称《进出口货物原产地条例》），比 1986 年海关总署颁布的《中华人民共和国海关关于进口货物原产地的暂行规定》的法律层级更高，与 1992 年国务院发布的《中华人民共和国出口货物原产地规则》相比，其与国际通行规则的衔接更为紧密。

（四）根据发展中国特色社会主义的要求建设对外贸易法律制度

随着改革的深入，中国对市场经济规律的认识日益加深。2007 年 10 月，中共第十七次全国代表大会提出“改革开放是决定当前中国命运的关键抉择”，强调要通过改革开放来解决中国的现实问题，并提出要更加完善社会主义市场经济体制，加快转变经济发展方式，这标志着中国已从强调增长向强调全面协调发展转变。根据中共十七大的有关精神，中国围绕转变贸易增长方式、促进进出口贸易协调发展、积极应对国际贸易的新形势、建立健全对外贸易运行监控体系和国际收支预警机制、强化服务和监管职能等方面继续推进对外贸易法律法规建设。

2012 年 11 月，中国共产党第十八次全国代表大会进一步提出全面提高开放型经济水平，坚持出口和进口并重，提高利用外资综合优势和总体效益，加快走出去步伐，统筹双边、多边、区域次区域开放合作，提高抵御国际经济风险能力。2013 年 9 月，中国（上海）自由贸易试验区正式启动运行，其主要任务是“力争经过两至三年的改革，建设具有国际水准的投资贸易便利、货币兑换自由、监管高效便捷、法制环境规范的自由贸易试验区”。围绕这些目标和任务，中国继续加大了对外贸易法律制度的建设工作，以满足社会总体经济和对外贸易发展的需要。

总体来看，在加强市场的基础作用与完善社会主义市场经济制度时期，通过对相关法律、法规和政策措施的清理，中国已建立起既符合社会主义市场经济的需要，又符合世界贸易规则要求的，统一、完备、透明的对外贸易法律体系。

五、完善社会主义市场经济制度新时期的法律制度建设（2014 年至今）

2013 年 11 月，中共第十八届中央委员会第三次全体会议召开，会议通过《中共中央关于全面深化改革若干重大问题的决定》，提出“紧紧围绕使市场在资源配置中起决定性作用深化经济体制改革，坚持和完善基本经济制度，加快完善现代市场体系、宏观调控体系、开放型经济体系，加快转变经济发展方式”，至此，中国进入了发挥市场在资源配置中的决定性作用与完善社会主义市场经济制度的新时期。

围绕构建开放型经济新体制，中国进一步加强了对外贸易法律制度建设，这一时期取得的阶段性成果有：

（一）统一的外商投资领域基础性法律——《外商投资法》出台

《中外合资经营企业法》《外资企业法》和《中外合作经营企业法》为中国利用外资提供了法律依据，但随着外资入华规模的扩大以及入世承诺的要求，“外资三法”的现行规定已经不能满足发展的要求，例如，“外资三法”确立的逐案审批制不利于激发市场活力，也不利于政府职能的转变，故已经不再适应当前的发展要求；此外，相关内容与《中华人民共和国公司法》（以下简称《公司法》）及其他法律法规重复，甚至存在冲突。制定统一的外资基础性法律则成为新时期进一步扩大对外开放、积极提高外资利用水平的迫切要求。2015 年，商务部面向社会公开发布《中华人民共和国外国投资法（草案征求意见稿）》（以下简称《外国投资法》），引起各方热烈关注。2016 年 4 月，全国人大常委会将《外国投资法》（修改“外资三法”，即中外合资经营企业法、外资企业法、中外合作经营企业法）列为当年立法的预备项目，统一的外商投资领域的基础性法律呼之欲出。

为了进一步扩大对外开放，积极促进外商投资，保护外商投资合法权益，规范外商投资管理，推动形成全面开放新格局。2019 年 3 月，十三届全国人大二次会议表决通过了《中华人民共和国外商投资法》（以下简称《外商投资法》），该法自 2020 年 1 月 1 日起施行，共有四十二条，分为总则、投资促进、投资保护、投资管理、法律责任、附则六章。《外商投资法》首先对外商投资的定义和范围进行了明确规定，反映了外资区别于内资的独特属性；明确提出“国家实行高水平的投资自由化便利政策”“对外商投资实行准入前国民待遇加负面清单管理制度”，取消逐案审批制，对于禁止和限制外国投资者投资的领域，将以清单方式明确列出，这是此部法律最大的亮点之一；在“投资促进”专章里，《外商投资法》对于外商投资企业的国民待遇、健全外商投资服务体系、加强投资领域的国际交流与合作、设立特殊经济区域等内容进行规定，建立和完善外商投资促进机制，营造稳定、透明、可预期和公平竞争的市场环境；在“投资保护”专章里，《外商投资法》对外国投资者合法权益的保护进行了规定，并要求建立外商投资企业投诉工作机制，及时处理外国投资者反映的问题和协调完善相关政策措施，这也是此部法律的亮点之一，这些有关征收及补偿、知识产权保护以及出资、利润、资本收益等的自由转出等规定，都是国际投资协定的重要内容，实现了与国际规则的衔接；在“投资管理”专章里，对外商投资的项目核准、备案及其经营管理过程中适用法律进行规定，提出建立外商投资信息报告制度和外商投资安全审查制度；在“法律责任”专章里，对外国投资者投资外商投资准入负面清单规定禁止投资的领域、违反外商投资准入负面清单规定的限制性准入特别管理措施、违反外商投资准入负面清单规定的处理措施进行了规定，还规定了未按照外商投资信息报告制度的要求报送投资信息及其他违法、违规行为的处理手段。

从内容上来看，《外商投资法》不是简单的“三法合一”，还对与《合同法》《公司法》相重合的部分进行了清理。例如，《外商投资法》没有对企业组织形式进行规定，相关内容由《公司法》进行规范；没有对合同章程管理等进行规定，相关内容由《合同法》进行规范。

《外商投资法》是外商投资领域的基础性法律，今后外商投资相关的立法及管理机制的出台，均要以此作为基本依据。这部法律的出台，表明中国外商投资管理体制发生了根本性变革，既符合中国的基本国情，又实现了与国际规范和规则衔接，一旦正式施行，将进一步放宽市场准入，切实实现对外国投资者的经营保护，提高了中国外商投资环境的开放度、透明度和便利性，为推动形成全面开放新格局、吸引更多外资、提高外资利用水平提供了更有力且与时俱进的法律保障。

（二）海关法律法规体系的修订和调整

目前，随着“一带一路”倡议的实施和《贸易便利化协定》的生效，中国海关面临着全面深化改革，海关法的相关条文也面临着修改。2013 年 6 月和 12 月，全国人民代表大会常务委员会对《海关法》进行了两次修订，重点对一些批准事项进行了调整，简化了审批流程和手续。例如，删去第八十八条中的“和未取得报关从业资格”；还对报关过程中防止权力腐败的内容进行了调整，明确了行贿可能承担的法律责任。2015 年 6 月，第十二届人大常委会将《关税法》列入立法规划，由于现行关税法律规范是以《进出口关税条例》及其组成部分的《海关进出口税则》等法规组成，当立法层级上升后，“面临如何处理和海关法、税收征管法之间的关系，海关法律体系将面临重大调整”①。

（三）负面清单管理模式的确定及相关法律、法规的修订和调整

“负面清单”是国际通行的对外资准入的管理模式，这一管理模式的引入，是外商投资领域治理理念的重大转变，外商投资准入实现了由“有承诺方可准入”到“法不禁止皆可为”的转变，除负面清单明确载入的特别管理规定外，外商投资企业享受了真正意义上的“国民待遇”，大大提高了中国市场的对外开放程度。

2015 年 10 月，国务院发布《国务院关于实行市场准入负面清单制度的意见》，明确了实行市场准入负面清单制度的总体要求、主要任务和配套措施，全面落实市场准入前国民待遇，以实现与国际通行规则接轨。

基于上海自贸区在负面清单制度上的实践经验，2016 年 9 月，第十二届全国人民代表大会常务委员会第二十二次会议修订通过了《中外合资经营企

① 陈晖. 我国海关法的历史发展、贡献和展望：纪念《中华人民共和国海关法》颁布三十周年［J］. 海关法评论，2017，7：3-44.

业法》《外资企业法》和《中华人民共和国台湾同胞投资保护法》；2017 年 11 月，第十二届全国人民代表大会常务委员会第三十次会议修订并通过《中外合作经营企业法》。这四部法律均提出“不涉及国家规定实施准入特别管理措施的，适用备案管理。国家规定的准入特别管理措施由国务院发布或者批准发布”，这四部法律的修订，为外商投资全面实行负面清单管理模式奠定了初步的法律基础。2017 年 7 月，商务部和国家发展和改革委员会联合修订和发布《外商投资产业指导目录（2017 年修订）》（以下简称“2017 版《目录》”），与 2015 版《目录》相比，2017 版《目录》进一步减少了限制性措施，大幅放宽外商准入，并进一步提高了服务业、制造业、采矿业等领域的开放水平。此外，2017 版《目录》明确提出了外商投资准入特别管理措施，即外商投资准入负面清单。

2019 年 3 月《外商投资法》出台，规定中国对外商投资实行准入前国民待遇加负面清单管理制度，正式从全国人大立法层面对负面清单制度进行了确定，具有极其深远的意义。

（四）贸易政策合规工作依法推行

2014 年 6 月，国务院办公厅发布《国务院办公厅关于进一步加强贸易政策合规工作的通知》，提出国务院各部门、地方各级人民政府及其部门制定的有关或影响货物贸易、服务贸易以及与贸易有关的知识产权的规章、规范性文件和其他政策措施应当符合《世界贸易组织协定》及其附件和后续协定、《中华人民共和国加入世界贸易组织议定书》和《中国加入工作组报告书》的要求，这为中国当前阶段对外贸易法律制度的完善进一步确定了方向。

根据这一政策的要求，2014 年 12 月，商务部公布了《贸易政策合规工作实施办法（试行）》，对于世界组织成员对中国贸易政策合规问题的提出、受理和处理程序（第五条至第八条）、国务院有关部门和地方各级人民政府及其部门制定或拟定的贸易政策的合规性评估程序（第十条至第十五条）、商务部合规工作机制（第十六条至第十七条）等内容进行规定。

六、新中国对外贸易法律制度建设成就总结

从新中国对外贸易法律制度体系的建设历程可以看出，随着内外经济、政治环境的变动，人们对于对外贸易的认知和情感不断变化，希望通过制定相关规则来规范对外贸易活动的法律意识也不断进行调整，反映在法律运行方面，即为对外贸易相关的法律、法规的数量不断增多，规范的内容不断调整并与国际规范接轨。袁仁辉（2013）提出，对外贸易“法律意识方面，完成了从批判、排斥、管制到接纳、参与、包容和创新的转变”，相应地，“法律运行方面，基本建成对外贸易法律体系和相应的司法救济制度。”法律意识与法律运行相互影响，推动了中国对外贸易法律体系逐步建立和完善。

回顾新中国建立以来对外贸易法律制度体系的建设，主要成就有：制定了对外贸易领域的基本法——《对外贸易法》，为中国对外贸易法律制度体系的建设奠定了法律基石；制定了以《海关法》为核心的海关法律法规体系，为进出口监督管理和海关治理提供了法律依据，促进了对外贸易稳定发展；外国投资者在华投资、经营相关的法律法规不断完善，外商投资领域的基础性法律——《外商投资法》出台；涉外经济合同法规不断调整，涉外经济合同当事人合法权益的保障有法可依；知识产权制度逐步建立，形成了民事、行政、刑事“三位一体”的知识产权立体保护格局；充分履行入世承诺，全面清理与补充制定对外贸易相关的法律、法规，积极与国际通行规则接轨，等等。可以说，中国对外贸易法律制度体系的发展，是一个与时俱进的过程，现有体系能够为中国对外贸易的健康、高速发展提供强有力的法律保障。

从目前的国际经济、政治环境来看，经济全球化带来的机遇和挑战并存，但中国坚持对外开放、更加深入地融入世界经济的信念没有变化，反映在对外贸易法律意识方面，不仅仅要包容、参与，还要积极创新，不但要建立与国际通行规则接轨的法律、法规体系，还要适应中国自身的发展情况和水平，以实现对外开放和国内经济和统筹发展。而国内外经济环境的快速发展，则为下一阶段对外贸易法律制度体系的建设工作提出了更高的要求。

第二节 《中华人民共和国对外贸易法》的修订与完善

改革开放以来，中国国民经济取得了巨大的发展，对外贸易在国民经济中的重要地位进一步凸显出来，制定调整对外经济贸易工作的基本法被提上议程。1994 年 5 月，第八届全国人民代表大会常务委员会第七次会议通过《中华人民共和国对外贸易法》（以下简称《对外贸易法》），结束了对外贸易领域长期没有基本法的历史，为进一步确立社会主义市场经济条件下的对外贸易体制、推动复关进程、维护对外贸易秩序等都起到了重要作用，也奠定了对外贸易法律制度体系的基石。2004 年 4 月，第十届全国人民代表大会常务委员会第八次会议对《对外贸易法》进行了修订，这次修订具有重要的意义，修订后的《对外贸易法》与世界贸易组织规则接轨，并具有积极的市场开拓和有效的贸易防御功能。2016 年，第十二届全国人民代表大会常务委员会第二十四次会议通过《关于修改〈中华人民共和国对外贸易法〉等十二部法律的决定》，对《对外贸易法》进行了第二次修订。这次修订的内容少，仅对第十条第二款内容进行了调整，《对外贸易法》的主体内容没有发生变动，故本书就不在此进行赘述。

一、1994 年《对外贸易法》概述

1994 年《对外贸易法》从酝酿、起草到出台，历经 12 年之久，其制定既考虑到与中国外贸体制改革的衔接问题，又考虑到与国际规范的衔接问题，还要与关税及贸易总协定的要求一致，是考虑多方因素的结果。《对外贸易法》作为对外贸易领域的基本法，规定了对外贸易的基本方针、基本政策和总体管理框架，其主要内容为：

（一）适用范围

考虑到关税及贸易总协定的要求和国际贸易发展趋势，1994 年《对外贸

易法》的适用范围包括货物进出口、技术进出口和国际服务贸易，并确定中国对外贸易制度的基本特征是统一、公平、自由，这为建设中国特色的自由贸易制度提供了法律依据。对于不同的领域，对外贸易制度的基本特征得以体现的程度不同，具体来说，1994 年《对外贸易法》准许货物与技术的自由进出口，但对于国际服务贸易，仅提出“促进服务贸易的逐步发展”。

（二）对外贸易经营主体

1994 年《对外贸易法》第八条规定“本法所称对外贸易经营者，是指依照本法规定从事对外贸易经营活动的法人和其他组织”。由此可见，自然人（包括个体户）不属于对外贸易经营主体。在当时市场经济体制未最终确立的背景下，这一规定符合客观现实。

（三）进一步确定了对外贸易企业的经营自主权

1993 年，中共十四届三中全会通过了《中共中央关于建立社会主义市场经济体制若干问题的决定》，进一步确定了中共十四大提出的建立社会主义市场经济体制，提出政府不直接干预企业的生产经营活动、建立市场形成价格的机制。在国家总体发展方针的指引下，1994 年《对外贸易法》第十一条提出“对外贸易经营者依法自主经营、自负盈亏”。对外贸易企业不再根据政府指令性计划开展经营活动，而是自主定价、自主确定出口、自负盈亏。

（四）实行对外贸易经营权的国家许可制度

1994 年《对外贸易法》第九条规定了从事货物进出口与技术进出口的对外贸易经营必须具备的条件，并要得到国务院对外经济贸易主管部门许可。国家许可制度实质上仍然是对外贸易经营权审批制，仅在表述上进行了变动。

（五）实行配额和许可证管理制度

1994 年《对外贸易法》第十六条对国家限制进口或出口的货物、技术进行了规定（共七项内容）；第十七条对国家禁止进口或者出口的货物、技术进行了规定（共四项内容）；第二十四条对限制国际服务贸易的情况进行规定（共五项内容），第二十五条对禁止服务贸易的情况进行规定（共三项内容）。

对于限制进口或出口的货物，国家实行配额或许可证管理制度；对于限制进口或出口的技术，国家实行许可证管理。《对外贸易法》确定了配额制度的分配原则为“效益、公正、公开和公平竞争”，并根据关税与贸易总协定的透明度原则，在《对外贸易法》第十八条中规定国务院对外经济贸易主管部门应当会同国务院有关部门，经国务院批准，可以在本法第十六条、第十七条规定的范围内，临时制定、调整并公布限制或者禁止进出口的货物、技术目录。

（六）运用反倾销、反补贴和保障措施对不正当进口行为进行制裁

1994年《对外贸易法》第二十九条、第三十条、第三十一条分别规定进口产品数量增加、产品低于正常价值的方式进口、进口产品直接或者间接地接受出口国给予的任何形式的补贴，且由此对国内相同产品或直接竞争产品的生产者、相关产业造成严重损害或实质损害的情况下，可以采取必要措施予以制裁。这些反制手段，改变了中国以往常用的依靠关税和行政手段维持对外贸易秩序的做法，与国际通行做法相符。

（七）扶持对外贸易的特殊规定

在计划经济体制下，中国主要采取出口补贴来促进贸易。1994年《对外贸易法》则提出建立和完善为对外贸易服务的金融机构、设立对外贸易发展基金和风险基金、采取进出口信贷、出口退税及其他外贸促进措施、扶持建立进出口商会和国际贸易促进组织、扶持和促进民族自治地方和经济不发达地区发展对外贸易等。

总体来看，1994年《对外贸易法》充分体现了中国进一步扩大对外开放、全面与世界经济接轨、积极争取恢复在关税及贸易总协定中缔约方地位的决心。但由于中国当时社会主义市场经济体制还未最终确立起来，对外贸易的发展还不充分，在制定《对外贸易法》时所面临的情况和问题相对简单。因此，1994年《对外贸易法》篇幅较少、原则性规定多而实际可操作性较差，这为《对外贸易法》后来的修订工作埋下了伏笔。

二、2004年《对外贸易法》的主要修订内容

修订后的2004年《对外贸易法》共有11章70条，比1994年《对外贸易法》新增加了3章内容，多了26条条文，修订后的《对外贸易法》扩大了

对外经营主体的范围，减少了行政审批，完善了对外贸易促进措施，增设了与贸易有关的知识产权保护条款，健全了对外贸易调查和贸易救济措施。具体内容有以下几个方面：

（一）扩大了对外经营主体的范围

根据 1994 年《对外贸易法》的规定，自然人（包括个体户）不属于对外贸易经营主体。由于这一规定违背了世界贸易组织贸易自由化原则，修订后的《对外贸易法》第八条将自然人纳入对外贸易经营主体的范围。

（二）全面放开对外贸易经营权

为了控制对外贸易系统风险、维护对外贸易秩序，中国长期以来实行的是外贸经营权的审批制。1994 年《对外贸易法》第九条规定，从事货物进出口与技术进出口的对外贸易经营，必须经国务院对外经济贸易主管部门许可。对外贸经营权的控制，既不符合中国建立现代企业制度的要求，也不符合"政府不直接干预企业的生产经营活动、建立市场形成价格的机制"的要求，限制了市场和竞争，同时也不符合贸易自由化原则，容易被世界贸易成员视为贸易壁垒。因此，全面放开对外贸易经营权，既符合中国经济发展战略的需要，也是履行世界贸易组织承诺的要求。

修订后的《对外贸易法》第九条规定"从事货物进出口或者技术进出口的对外贸易经营者，应当向国务院对外贸易主管部门或者其委托的机构办理备案登记"，明确将对外贸易经营权的获得由许可改为备案登记制，此外，还删除了 1994 年《对外贸易法》关于经营资格的五项内容，对外贸易经营的准入门槛大大降低。

（三）新增了知识产权保护专章

在高新技术产品进出口迅猛增长的同时，一些知识产权纠纷事件数量呈上升趋势，影响中外企业的合法权益，知识产权问题越来越成为中国对外贸易领域的焦点问题。根据世界贸易组织规则，同时借鉴美国、欧盟、日本等国外立法经验，新修订的《对外贸易法》增加了"与对外贸易有关的知识产权保护"一章，共三条，分别对进口货物侵犯知识产权、知识产权权利人的滥用权利以及中国企业在国外的知识产权保护等三个方面内容进行了规范，并规定国务院对外贸易主管部门可以分别采取必要的措施，以消除危害。

（四）增加了对法律责任的规制，加大处罚力度

修订后的《对外贸易法》补充、修改和完善了有关法律责任的规定，对未经授权擅自进出口实行国营贸易管理的货物、进出口属于禁止进出口的货物和技术、从事属于禁止的国际服务贸易或者未经许可擅自从事属于限制的国际服务贸易、违反对外贸易秩序管理规定非法从事对外贸易经营活动等行为的法律责任进行了详细规定。处罚手段上，除了规定罚款、没收违法所得的处罚外，还新增了 3 年内不受理从事国营贸易管理货物进出口业务的申请、不受理配额或者许可证的申请、禁止从事有关对外贸易经营活动的处罚规定，并与刑法的有关规定进行了衔接。

（五）新增对外贸易调查内容

贸易调查是世界主要贸易大国开拓外部市场、肃清贸易壁垒、保护本国产业和市场秩序的重要法律手段。随着中国对外贸易规模的进一步扩大，与他国的贸易纠纷越来越多，需要国家制定对外贸易调查相关的法律措施，以保护本国产业利益及经济秩序。为此，新修订的《对外贸易法》增设"对外贸易调查"章节，共三条，对调查事项、调查的程序、调查中的义务等内容进行了规定，对外贸易调查的结果则为采取贸易救济措施提供了依据。

（六）完善对外贸易救济制度

1994 年《对外贸易法》第二十九条、第三十条、第三十一条对贸易救济制度进行了规定，但内容较为简单，随着中国外贸摩擦增多，完善对外贸易救济制度十分必要。为此，根据世界贸易组织的有关协定，修订后的《对外贸易法》新增了第三国倾销（第四十二条）、国际服务贸易的救济措施（第四十五条）、贸易转移（第四十六条）、对违反贸易协定的救济（第四十七条）、进出口监控预警以及反规避（第四十九条和第五十条）等手段。这些条款对完善中国贸易救济制度，为国内受到损害的产业提供及时的救济措施，抵制西方主要国家对中国的歧视性贸易政策，都起到了重要作用。

（七）新增与对外贸易秩序有关的条款

修订后的《对外贸易法》新增了限制对外贸易中的垄断行为（第三十二

条）、不正当竞争行为（第三十三条），并提出危害对外贸易秩序的，国务院对外贸易主管部门可以向社会公告，即建立对外贸易中不良或违法经营者黑名单制度。

三、修订后《对外贸易法》的主要特征

从法律的功能来说，修订后的《对外贸易法》具有多重特征，可概括为适度的贸易管理、与社会主义市场经济原则一致、与世界贸易组织规则一致以及积极的市场开拓和有效的贸易防御功能。

（一）适度的贸易管理法

新修订的《对外贸易法》的立法理念发生了改变，从功能上看，1994 年《对外贸易法》基本上是一部“外贸管理法”，主要规定和强调了国家对外贸经营活动进行管理时的法律规则和依据，而在保护国内产业发展、维护国家经济安全方面，缺乏作为一部规范外贸进出口经营活动的基本法律所应具备的服务功能，也就难以为正常的进出口贸易提供法律上的保障。修订后的《对外贸易法》立法理念则从原来单纯的政府管理职能转为管理与服务职能并重。

同时，该法也进一步细化了对外贸易经营者的权利、义务，实现了权利和义务的协调统一。

（二）与社会主义市场经济原则和世界贸易组织规则一致

修订后的《对外贸易法》在内容上更加强调竞争的有效性和公平性，为国内各类外贸经营者创造平等条件、加快内外贸易一体化进程、进一步提高贸易自由和便利程度等方面做出了重大突破。按照国际通行做法，建立健全对外贸易运行监控体系和国际收支预警机制，通过贸易救济制度合理保护国内产业和市场，维护国家经济安全，这些都与中国建设社会主义市场经济原则相一致。

修订后的《对外贸易法》在第四条、第五条、第六条及第二十条分别对“国家实行统一的对外贸易制度”“维护公平、自由的对外贸易秩序”“中华人

民共和国根据平等互利的原则”促进和发展区域贸易关系、“给予对方最惠国待遇、国民待遇”“按照公开、公平、公正和效益的原则”分配进出口货物配额等做了明确规定，在第三十六条、第三十八条还强调了对外公告义务。这些条款与世界贸易组织统一、透明、公开、公平、非歧视和自由贸易原则一致。

修订后的《对外贸易法》与社会主义市场经济原则和世界贸易组织规则的一致性，从对外贸易法律制度的层面体现了新中国对外贸易制度体系逐渐显现的自由贸易制度特征，强化了中国特色社会主义自由贸易制度建设的法律基础。

（三）具备积极的市场开拓和有效的贸易防御功能

市场开拓和促进功能方面，修订后的《对外贸易法》新增对外贸易调查内容，这对开展贸易壁垒调查，消除针对中国的贸易歧视，增加市场准入机会，进一步扩大和维护中国出口市场提供了法律上的支持。此外，修订后的《对外贸易法》新增了建立对外贸易公共信息服务体系、扶持中小企业等内容，从法律上为对外贸易的长期稳定发展构建了切实有力的促进机制。

贸易防御功能方面，修订后的《对外贸易法》对贸易救济制度进行了完善，通过建立健全贸易防御和贸易救济措施的法律体系来保护中国国内产业的利益不受侵害。

第三节　新中国贸易救济法律制度的建立与完善

丁乔颖和王花（2012）认为，贸易救济可分为狭义、广义和最广义三个层次。狭义的贸易救济，仅指世界贸易组织相关协定所明确规范的反倾销、反补贴和保障措施，即泛称的“两反一保”。广义的贸易救济，是指一切针对本国进口商品实施的救济或保障行为，包括反倾销、反补贴、保障措施、支付平衡措施、技术性贸易措施、环境保护限制措施、国际货物贸易和服务贸易行政行为、与国际贸易知识产权有关及其他与国际贸易有关的行为等。最广义的贸易救济是指国际贸易领域内的所有政府行为，即政府保障贸易秩序、维护贸易相关方权益的所有立法、行政和司法行为。参照世界贸易组织的相关规定及中国目前的立法实际，本书采纳贸易救济的狭义概念，认为贸易救济法律制度是中国为了适应经济全球化的需要和维护正常的国际贸易秩序的要求，对倾销、补贴和数量激增行为进行限制和调整的国内法和国际法规范的总称，既包括核心法律法规，又包括相关行政诉讼法规和相应海关规则等贸易救济制度保障体系。

一、新中国贸易救济法律制度的发展历程

新中国贸易救济法律制度的建立比较晚，与中国经济体制的变迁及对外贸易的发展过程息息相关，其建立和完善大体可分为三个阶段：

（一）贸易救济法律制度处于空白阶段（1949—1993 年）

新中国成立以来很长一段时期，由于实行计划经济体制，主要依靠关税和行政手段维持对外贸易秩序。在这段时期，由于对外贸易规模较小，所遭遇的贸易摩擦少。1978 年，中国进入了全面经济建设和改革开放的新时期。随着对外贸易规模不断增大，中国遭遇的贸易摩擦数量不断上升。但是，一直到 20 世纪 90 年代初期，中国尚处在打破旧的经济体制、确立新经济体制的时期，由于贸易救济制度尚未建立，自然不存在贸易救济措施的实施问题。以中美贸易为例，1978—1993 年，美国针对中国一共发起贸易救济调查 46 起，其中反倾销调查 43 起、反补贴调查 3 起，而中国未对美国开展任何贸易救济调查，“处于以美国实施为主的‘一边倒’阶段”。[①]

随着对外贸易的不断发展，以及恢复在关税及贸易总协定中缔约方地位进程的推进，建立贸易救济制度以应对日益增长的贸易摩擦和与国际贸易规

---

① 罗琳，阿燃燃. 中美贸易救济措施实施状况：1978—2010 回顾与评析 [J]. 云南财经大学学报，2012，27（4）：26-29.

则接轨，显得十分重要。

（二）贸易救济法律制度初步建立阶段（1994—2001 年）

1994 年，中国第一部《对外贸易法》制定，其中规定对于倾销、补贴等对中国相同产品或直接竞争产品的生产者、相关产业造成严重损害或实质损害的情况下，国家可以采取必要措施予以制裁，首次对中国在对外贸易过程中遭受不正当侵害应该采取的措施进行了原则性规定。

为了推动《对外贸易法》的顺利实施以及加入世界贸易组织的进程，1997 年，中国参照世界贸易组织《反倾销协议》的规定发布了《反倾销和反补贴条例》，其中规定了倾销和补贴所造成的损害认定和评估、反倾销调查流程、反倾销措施、反补贴特别规定等内容。至此，中国正式引入以反倾销和反补贴为基础的贸易救济制度。根据《反倾销和反补贴条例》的规定，原对外贸易经济合作部于 1997 年 12 月 10 日正式公告，决定对原产于加拿大、韩国和美国的进口新闻纸进行反倾销调查，这是中国第一次运用贸易救济措施。

对照世界贸易组织《反倾销协议》，中国的《反倾销和反补贴条例》仍然存在诸多不一致的地方，如法律条文过于模糊、缺乏操作性、程序欠缺透明度、缺乏司法复审的规定等，需要进行进一步修订。为此，2001 年，中国制定了《反倾销条例》《反补贴条例》和《保障措施条例》，以取代《反倾销和反补贴条例》，标志着反倾销、反补贴等贸易救济措施进入了可实际运作阶段。以《反倾销条例》为例，该条例共分为六个章节，59 个条文，比《反倾销和反补贴条例》更加注重与世界贸易组织规则的接轨，对实体法方面的修订和扩充的内容包括倾销的认定、推定价格采用的情形、损害的认定等；对程序等方面的修订和扩充内容包括反倾销调查的实施、反倾销调查的主管机关及其职责、反倾销调查的申请人、反倾销案件的期限、司法复审制度等内容，操作性更强。

（三）贸易救济法律制度体系全面建立阶段（2002 年至今）

加入世界贸易组织后，中国的贸易救济制度面临严峻的挑战。进口救济方面，随着中国市场的逐渐开放，外国产品和国内产品的竞争越来越激烈，为了抢占中国市场，外国产品选择以倾销和补贴方式进入中国的情况越来越多，对中国产业的冲击后果也逐渐显现。出口救济方面，随着出口贸易的迅猛发展，各国针对中国采取歧视性贸易措施和贸易壁垒的情况不断发生。进出口贸易发展过程中面临的新问题、新情况，均对中国贸易救济制度的切实运行和完善提出了要求。

2002 年 2 月，对外贸易经济合作部颁布了《反倾销调查立案暂行规则》《反补贴调查立案暂行规则》和《保障措施调查立案暂行规则》，对反倾销、反补贴、保障措施的申请、申请人资格、立案流程等进行了规定。2002 年 9 月，对外贸易经济合作部又颁布了《对外贸易壁垒调查暂行规则》，明确对贸易壁垒调查工作的主体、贸易壁垒的概念及要件、调查申请人资格、申请流程、审查和立案、调查和认定等内容进行了规定，“在贸易和投资壁垒调查的具体做法及程序方面，既参考和借鉴了欧盟、美国等 WTO 成员的相关立法和实践，又兼顾了中国出口贸易和对外投资发展的具体情况，以及国内企业、产业和相关中介组织对贸易和投资壁垒问题的认知程度”①，将贸易和投资壁垒调查工作纳入法制化、规范化的轨道。

其他配套规章方面，中国建立起了反倾销、反补贴及保障措施调查的听证会制度。2002 年 2 月，对外贸易经济合作部发布了《反倾销调查听证会暂行规则》《反补贴调查听证会暂行规则》和《保障措施调查听证会暂行规则》，对反倾销、反补贴和保障措施调查听证会的组织机构、申请流程、职权安排、各方的权利和义务、程序及其他事项进行了规定；2002 年 10 月，国家经济贸易委员会发布了《产业损害调查听证规则》，专门对反倾销、反补贴、保障措施调查程序中的产业损害调查听证会的申请、组织流程、回避制度、职权安排、义务、程序、中止和终止情况等内容做了规定。这四部规则对规范中国贸易救济调查中的听证会制度，维护利害关系方的合法权益，发挥了积极作用。

为了公正地审理反倾销和反补贴案件，2002 年 11 月，最高人民法院就反

① 商务部.《对外贸易壁垒调查暂行规则》释义及说明［EB/OL］.（2006-08）. http://www.mofcom.gov.cn/article/zhengcejd/bl/200608/20060802913146.shtml.

倾销、反补贴案件出具了司法解释，分别为《最高人民法院关于审理反倾销行政案件应用法律若干问题的规定》和《最高人民法院关于审理反补贴行政案件应用法律若干问题的规定》。

2004 年 4 月，第十届全国人民代表大会常务委员会第八次会议通过《对外贸易法》修正案。修订后的《对外贸易法》新增了对外贸易调查章节，对调查事项、调查的程序、调查中的义务等内容进行了规定，确定对外贸易调查的结果是采取对外贸易救济措施的依据，至此，贸易调查成为中国开拓外部市场、肃清贸易壁垒、保护本国产业和市场秩序的重要法律手段；完善了贸易救济制度，新增了第三国倾销、国际服务贸易的救济措施、贸易转移、对违反贸易协定的救济、进出口监控预警以及反规避等条款，对为国内受到损害的产业提供及时的救济措施、抵制西方主要国家对中国的歧视性贸易政策，都起到了重要作用。

除了《对外贸易法》外，2004 年，国家还对《反倾销条例》《反补贴条例》和《保障措施条例》进行了修订，使得三个条例的内容与世界贸易组织的规定具有更强的一致性。为了进一步完善贸易救济法律制度和改进贸易救济调查实践，商务部于 2017 年 4 月 14 日起草了《反倾销和反补贴调查听证会规则（征求意见稿）》《反倾销问卷调查规则（征求意见稿）》和《倾销及倾销幅度期间复审规则（征求意见稿）》，向社会公开征求修改意见。

经过这一时期的发展，中国已经建立起了以《对外贸易法》《反倾销条例》《反补贴条例》和《保障措施条例》为核心，以相关部门规章和最高人民司法解释为支撑，与世界贸易组织规则相一致的、较为完整的贸易救济法律制度体系。

二、贸易救济制度的主要内容

与国际通行规则一样，中国贸易救济制度的核心在于反倾销、反补贴和保障措施三种手段的运用。

（一）反倾销措施①

根据《反倾销条例》第三条的规定，倾销就是“正常贸易过程中进口产品以低于其正常价值的出口价格进入中华人民共和国市场”。这一行为的结果是对中国产业造成了损害。而反倾销就是依照中国相关法律规定，对倾销行为进行防止或者弥补，是一种面对不正当竞争压力而采取的救济措施。具体的反倾销措施有：

1. 初裁与临时反倾销措施

临时反倾销措施是指商务部根据反倾销调查结果，做出初裁决定并进行公告，若初步认定存在倾销且倾销给中国产业造成了损害，就会对反倾销产品采取临时反倾销措施，具体包括征收临时反倾销税、提供保证金、保函或者其他形式的担保等。临时反倾销措施的金额不超过初裁确定的倾销幅度。

具体执行方面，临时反倾销税的征收由商务部提出建议，国务院关税税则委员会根据商务部的建议做出决定，海关予以执行。临时反倾销措施实施的期限为自决定公告规定实施之日起，不超过 4 个月，在特殊情形下，可以延长至 9 个月。

2. 价格承诺

倾销进口产品的出口经营者在反倾销调查期间，可以向商务部作出改变价格或者终止以倾销价格出口的价格承诺。与此同时，商务部也可以向出口方提出价格承诺的建议。《反倾销条例》第三十六条规定，出口经营者违反其价格承诺的，商务部做出肯定性的初裁决定前，可以立即决定恢复反倾销调查。

3. 终裁与反倾销税

《反倾销条例》第三十七条规定，终裁决定确定倾销成立，并由此对国内产业造成损害的，可以征收反倾销税。这是一种进口附加税。反倾销税的征收是由商务部提出建议，国务院关税税则委员会根据商务部的建议做出决定，由商务部予以公告，由海关予以执行。

① 内容主要来自《中华人民共和国反倾销条例》。

《反倾销条例》第四十二条规定，反倾销税税额不超过终裁决定所确定的倾销幅度。反倾销税的征收期限和价格承诺的履行期限不超过5年，但是根据情况可以适当延长反倾销税的征收期限。

（二）反补贴措施①

根据《反补贴条例》的规定，补贴是指出口国（地区）政府或者其任何公共机构提供的并为接受者带来利益的财政资助以及任何形式的收入或者价格支持。反补贴就是依据中国相关的反补贴法律制度，及时采取反补贴措施，对补贴行为进行防止或者弥补。

1. 初裁与临时反补贴税

对初裁决定确定补贴成立的，可以采取临时反补贴措施。临时反补贴措施采取以保证金或者保函作为担保的征收临时反补贴税的形式。第三十条规定，临时反补贴措施由商务部提出建议，国务院关税税则委员会根据商务部的建议做出决定，由海关予以执行。

《反补贴条例》第三十一条规定，临时反补贴措施实施的期限自临时反补贴措施决定公告规定实施之日起，不超过4个月。

2. 承诺

在反补贴调查期间，出口国（地区）政府可以提出取消、限制补贴或者其他有关措施的承诺，或者出口经营者提出修改价格的承诺；商务部也可以向出口经营者或者出口国（地区）政府提出有关价格承诺的建议。

对违反承诺的，商务部可以立即决定恢复反补贴调查；根据可获得的最佳信息，可以决定采取临时反补贴措施，并可以对实施临时反补贴措施前90天内进口的产品追溯征收反补贴税。

3. 终裁与反补贴税

如果终裁决定认定补贴成立，并由此对国内产业造成损害的，可以征收反补贴税。征收反补贴税由商务部提出建议，国务院关税税则委员会根据商务部的建议做出决定，由海关予以执行。反补贴税根据不同出口经营者的补

---

① 内容主要来自《中华人民共和国反补贴条例》。

贴金额分别确定，反补贴税税额不超过终裁决定确定的补贴金额。

反补贴税的征收期限和承诺的履行期限不超过 5 年；但是在特殊情况下，反补贴税的征收期限可以适当延长。

（三）保障措施①

根据《保障措施条例》第二条的规定，保障措施是指当进口产品数量增加，并对生产同类产品或者直接竞争产品的国内产业造成严重损害或者严重损害威胁的，中国政府可以采取保障措施。保障措施有两种形式：

1. 临时保障措施

根据《保障措施条例》第十六条的规定，有明确证据表明进口产品数量增加且将对国内产业造成难以补救的损害的紧急情况下，可以做出初裁决定，并采取临时保障措施。临时保障措施采取提高关税的形式。

《保障措施条例》第十七条规定，商务部对采取临时保障措施提出建议，国务院关税税则委员会根据商务部的建议做出决定，由海关予以执行。在采取临时保障措施前，商务部应当将有关情况通知世界贸易组织保障措施委员会。

《保障措施条例》第十八条规定，临时保障措施的实施期限为自临时保障措施决定公告规定实施之日起，不超过 200 天。

2. 保障措施

《保障措施条例》第十九条规定，终裁决定确定进口产品数量增加且对国内产业造成损害的，可以采取保障措施。保障措施可以采取提高关税、数量限制等形式，其中，若无其他理由或情况，采取数量限制措施的，限制后的进口量不得低于最近 3 个有代表性年度的平均进口量。

保障措施采取提高关税形式的，由商务部提出建议，国务院关税税则委员会根据商务部的建议做出决定，由商务部予以公告；采取数量限制形式的，由商务部做出决定并予以公告，由海关对保障措施予以具体执行。

---

① 内容主要来自《中华人民共和国保障措施条例》。

三、贸易救济法律制度的发展特点及发展建议

中国的贸易救济制度具有起步晚、起点高、发展快的显著特点。起步晚，是指由于历史的原因，在新中国成立后近半个世纪的时间里，中国的对外贸易管理制度中都没有贸易救济的内容，直到1994年，中国才着手制定有关贸易救济的法律法规；起点高，是指中国贸易救济制度的建立借鉴了西方发达国家和地区立法的经验并受到了世界贸易组织规则的影响，从一开始就几乎与国际贸易规则保持了一致；发展快，是指中国在1994—2004年短短十年间，便完成了有关《对外贸易法》、反倾销、反补贴、保障措施以及对外贸易壁垒调查等法规和规章的制定，并随着对外贸易的发展实际和国际贸易规则的要求，在探索和总结的基础上对这些法规和规章进行了修订，从而确立了中国贸易救济的法律制度体系。

面对国际贸易保护主义抬头、贸易摩擦增加的新形势，以及中国经济转型升级、国际合作不断扩大和企业走出去的新要求，中国的贸易救济法律制度还需进一步完善。

（一）完善贸易救济法律制度需继续坚持“自由贸易”的理念

贸易救济作为贸易政策，必须在自由贸易和贸易保护之间找到平衡，如何在保护本国产业不受损害的基础上，有力地保障自由贸易，这是完善贸易救济法律制度体系的出发点。在贸易救济等贸易措施和壁垒存在的情况下，国际贸易依然可以达到自由贸易的状态，贸易救济不仅是自由贸易和公平贸易的产物，而且是自由贸易和公平贸易的有力保障。

（二）贸易救济法律的完善必须与国际贸易规则保持一致

由于贸易救济的二重性以及容易异化为贸易保护主义的特点，为了坚持“自由贸易”的理念，在完善贸易救济法律制度时，要坚持在世界贸易组织框架下进行，实现国内法规范和国际法规范的接轨，利用国际协议对贸易救济进行法律规制。与此同时，还应进一步参与全球性、区域性贸易机制构建，争取在制定有关贸易救济规则中取得更大发言权，以充分维护中国的经济利益和经济安全。

（三）提高贸易救济立法的层级

贸易救济法是非常复杂的法律制度体系。从西方主要国家来看，他们的贸易救济法律立法层级很高。例如，美国和欧盟分别由其最高立法机关制定了效力较高的反倾销、反补贴、保障措施基本法。而中国《反倾销条例》《反补贴条例》《保障措施条例》以及相关部门规章的位阶不高，要创造公平的贸易环境，就需要更强有力的法律手段来加以保障。因此，需要提高中国贸易救济立法的层级，在条例的基础上制定相应法律。

（四）贸易救济法律制度的完善需要统筹多方关系

贸易救济措施的实施是一项非常复杂的工作。因此，在完善相关法律、法规及政策时，应该充分考虑多方因素的影响，建立健全政府、驻外经商机构、企业、商会和行业协会协调工作的“四体联动”机制，统筹处理贸易救济与贸易政策、公平贸易、自由贸易、贸易保护、市场经济地位谈判、技术壁垒等的关系。

第四节 新中国对外贸易法律制度建设与营商环境优化

加强对外贸易法律制度建设是完善社会主义市场经济制度、全面推进依法治国、实现国家治理体系和治理能力现代化的需要，是全面提高开放型经济水平、推动中国对外贸易持续有序发展的需要，进而是促进全面建成小康社会、全面建设社会主义现代化强国的需要。经过坚持不懈的改革开放，目前中国基本建立了符合国情和世界贸易组织规则的对外贸易法律体系，为中国对外贸易的有序发展提供了强有力的法律保障。

一、中国现行对外贸易法律制度概况

由于对外贸易活动涵盖的范围十分广泛，调整对外贸易关系的法律规范本身就是一个庞大的体系。

（一）中国对外贸易法律制度的适用范围

在中华人民共和国境内发生的对外贸易行为，原则上均适用《对外贸易法》。此外，根据关贸总协定和世界贸易组织的相关条款，单独关税区是指在主权国家内存在的、在处理对外贸易关系以及世界贸易组织协议和多边贸易协议所规定的事务方面拥有完全自主权的地区。香港特别行政区、澳门特别行政区和台湾地区被其列为“单独关税区”。因此，中国《对外贸易法》第六十九条规定“中华人民共和国的单独关税区不适用本法”，这既符合中国的国情，也符合世界贸易组织的规定。

（二）中国对外贸易法律制度的层次结构

当前，中国的对外贸易法律体系是在《中华人民共和国宪法》的基础上，以《对外贸易法》为中心所构建的四层次法律规范体系。

1. 宪法

宪法是中国的根本大法，它的规定拥有最高法律效力。宪法明确将“坚持改革开放”的基本国策写入序言，并提出“坚持互利共赢开放战略，发展同各国的外交关系和经济、文化交流，推动构建人类命运共同体”。对外贸易具体法律制度的构建，是以宪法的条文和精神为最终依据的。同时，对外贸易制度涉及的很多现实和潜在问题也都不仅仅是对外贸易部门内的问题，而是会触及宪法层面，要靠宪法及宪法精神（从制度角度）来加以根本解决的。

2. 法律

《对外贸易法》是中国对外贸易法律制度的基本法，具有特殊的地位和作用，是整个对外贸易制度的核心，它规定了对外贸易的基本方针和基本政策，并构建起对外贸易领域的总体管理框架。对外贸易法中关于外贸经营权、政府职能、国营贸易授权等诸多规定，都是宪法条文在对外贸易法律领域的进一步落实。

除了对外贸易法，国家还颁布了诸多配套法律，对《对外贸易法》形成了有力的支撑，对于维持对外贸易秩序、促进对外贸易发展起了重大的作用。中国现行的对外贸易配套法律包括《中华人民共和国海关法》《中华人民共和国进出口商品检验法》《中华人民共和国进出境动植物检疫法》《中华人民共和国国境卫生检疫法》《中华人民共和国外资企业法》《中华人民共和国中外合资经营企业法》《中华人民共和国中外合作经营企业法》《中华人民共和国专利法》《中华人民共和国商标法》《中华人民共和国著作权法》等。

3. 行政法规

对外贸易法律制度中一个重要的国内法渊源，就是由国务院颁布的大量行政法规，其内容涉及工商、海关、商检、外汇、税收、原产地、运输等各方面，具体包括《中华人民共和国进出口关税条例》《中华人民共和国商品检验法实施条例》《中华人民共和国进出境动植物检疫法实施条例》《中华人民共和国知识产权海关保护条例》《中华人民共和国进出口货物原产地条例》《中华人民共和国反倾销条例》《中华人民共和国反补贴条例》《中华人民共和国保障措施条例》《中华人民共和国外汇管理条例》《中华人民共和国技术进出口管理条例》《中华人民共和国海关稽查条例》《中华人民共和国增值税暂行条例》《中华人民共和国消费税暂行条例》等。

4. 部门规章

与对外贸易有关的各部委，尤其是主管外经贸的商务部（原对外贸易经济合作部），在处理对外贸易具体工作时，根据具体问题颁布了大量的专门的部门规章，例如《反倾销调查立案暂行规则》《反补贴调查立案暂行规则》和《保障措施调查立案暂行规则》《对外贸易壁垒调查暂行规则》《反倾销调查听证会暂行规则》《反补贴调查听证会暂行规则》《保障措施调查听证会暂行规则》《货物进口许可证管理办法》等。

（三）中国对外贸易法律制度的国际法渊源

中国对外贸易法律制度的国际法渊源，包括与各国缔结的有关贸易的国际双边和多边条约、国际贸易惯例和他国国内有关贸易的立法。随着中国对外贸易规模的增长和对外开放的深化，中国对外贸易法律制度的国际法渊源逐渐增多。

中国目前所缔结或者参加的各类国际条约主要有：加入世界贸易组织所签订的有关双边或多边的各类贸易协定；《联合国国际货物销售合同公约》(the United Nations Convention on Contracts for the International Sale of Goods)；《承认及执行外国仲裁裁决公约》(the New York Convention on the Recognition and Enforcement of Foreign Arbitral Awards，简称《纽约公约》)；《关于简化和协调海关业务制度的国际公约》(International Convention on the Simplification and Harmonization of Customs Procedures，简称《京都公约》)；《濒危野生动植物种国际贸易公约》(Convention on International Trade in Endangered Species of Wild Fauna and Flora，简称《华盛顿公约》)；《蒙特利尔破坏臭氧层物质管制议定书》(Montreal Protocol on Substances that Deplete the Ozone Layer，简称《蒙特利尔议定书》)；《联合国禁止非法贩运麻醉药品和精神药物公约》(United Nations Convention Against Illicit Traffic in Narcotic Drugs and Psychotropic Substances，简称《维也纳公约》)；《成立世界知识产权组织公约》(The convention Establishing the World Intellectual Property Organization，简称 WIPO 公约）等。

二、中国对外贸易法律制度建设与营商环境优化

近年来，中国一直致力于营商环境的优化。2016 年 12 月，商务部印发《对外贸易发展“十三五”规划》，提出要“营造法治化、国际化、便利化的营商环境”；2017 年 1 月，国务院发布《国务院关于扩大对外开放积极利用外资若干措施的通知》，进一步提出要创造公平的竞争环境，进一步加强吸引外资的工作。2017 年 10 月，中共第十九次全国代表大会报告进一步明确提出，推动形成全面开放新格局；对于营商环境优化，则提出“实行高水平的贸易和投资自由化便利化政策，全面实行准入前国民待遇加负面清单管理制度，大幅度放宽市场准入，扩大服务业对外开放，保护外商投资合法权益。凡是在中国境内注册的企业，都要一视同仁、平等对待。优化区域开放布局，

加大西部开放力度。赋予自由贸易试验区更大改革自主权，探索建设自由贸易港”。2018 年 10 月，国务院印发《优化口岸营商环境促进跨境贸易便利化工作方案》，强调深化“放管服”改革，进一步优化口岸营商环境，实施更高水平的跨境贸易便利化措施。

总体来看，中国营商环境的优化主要体现在持续完善对外贸易法律法规体系、优化公平竞争的市场环境、进一步提高贸易便利化程度、促进投资高度自由化等方面。

（一）持续完善符合中国国情和国际惯例的对外贸易法律法规体系

完善对外贸易法律法规体系，是促进营商环境优化的首要工作，具体来说，就是以《对外贸易法》为基础，兼顾社会主义市场经济原则和世界贸易组织规则，对各项法律法规进行完善。对外贸易法律法规及政策的制定和落实是一个“系统工程”，一个重要的趋势是，一项对外贸易政策出台的背后是多部门间的分工和协作，以 2016 年 5 月国务院下发的《国务院关于促进外贸回稳向好的若干意见》为例，此文件提出加强出口信用保险作用、加强银贸合作、调整完善出口退税政策、综合运用财政、土地和金融政策支持加工贸易向中西部地区转移、将边贸政策与扶贫政策、民族政策相结合等措施，这些措施不仅仅涉及外贸部门，还需要财政、税务、金融等部门的大力支持；又如，2018 年 7 月，商务部、外交部、国家发展和改革委员会（以下简称“国家发改委”）等 20 个部门联合出台了《关于扩大进口促进对外贸易平衡发展的意见》，明确了关系民生的产品进口、发展服务贸易、增加有助于转型发展的技术装备进口、增加农产品、资源性产品进口、加强“一带一路”国际合作、加快实施自贸区战略、落实自最不发达国家进口货物及服务优惠安排、办好中国国际进口博览会等各项具体工作的部门职责划分及协作，其中加快改善国内营商环境的工作则由商务部、发展改革委、工业和信息化部、农业农村部、海关总署、市场监管总局、知识产权局等部门按职责分工负责。

完善对外贸易法律法规体系，还要健全和完善货物进出口、服务贸易、贸易调查、贸易救济、贸易促进以及与外贸有关的投资合作、知识产权、信用管理等领域的法律法规，加强各项外经贸立法之间的衔接。货物进出口方面，2018 年 11 月，国务院办公厅发布《国务院办公厅关于聚焦企业关切进一步推动优化营商环境政策落实的通知》，提出要降低进出口环节合规成本和推进通关便利化，要求财政部要会同市场监管总局、海关总署、商务部等部门建立并启动相关工作机制，制定公布口岸收费目录清单，进一步优化通关流程和作业方式，推动精简进出口环节监管证件，完成进口许可管理货物目录调整；根据国务院的要求，商务部对相关规章进行了清理，例如，对《出口商品配额招标方法》《化肥进口关税配额管理暂行办法》《货物自动进口许可管理办法》等法规进行了修改。服务贸易方面，2016 年 2 月，国务院批准在天津、上海等 15 个地区开展服务贸易创新发展试点，并对服务贸易相关的法律法规和政策进行了完善。2017 年 3 月，商务部、中共中央宣传部、发展改革委等 13 个部门联合发布了《服务贸易发展“十三五”规划》，对服务贸易的发展思路、战略布局、主要任务、保障措施等内容进行了阐述，并提出“优化服务贸易法制化环境。研究制修订服务贸易、技术进出口等方面的法律制度，逐步建立和完善服务贸易各领域法律体系。规范服务贸易市场准入、经营秩序、投资促进等相关政策。清理和规范服务贸易相关行业规章，推进服务行业基础性法律的制修订工作，鼓励有条件的地方出台服务贸易地方性法规。制订服务贸易重点专项领域促进办法”。对外贸易调查和贸易救济方面，中国目前实施的《对外贸易法》健全了对外贸易调查和贸易救济措施，还建立起了以《反倾销条例》《反补贴条例》和《保障措施条例》为辅助，以相关部门规章和最高人民司法解释为支撑的贸易救济法律制度体系。知识产权保护方面，中国建立起以《专利法》《商标法》和《著作权法》为核心的法律法规体系，并在相关法律法规及政策中对外贸领域的知识产权保护进行规定。

完善对外贸易法律法规体系，还需加强对外贸及产业政策的合规性评估。2014 年 12 月，商务部公布了《贸易政策合规工作实施办法（试行）》，对于世界贸易组织成员对中国贸易政策合规问题的提出、受理和处理程序、国务院有关部门和地方各级人民政府及其部门制定或拟定的贸易政策的合规性评估程序、商务部合规工作机制等内容进行规定。2018 年 12 月结束的全国地方

WTO 工作会议上，国家要求“进一步推进贸易政策合规评估，继续加强贸易政策通报等透明度义务履行，积极参与各项谈判和新议题讨论，为坚定维护多边贸易体制、推动中国向贸易强国迈进做出新贡献”①。

（二）优化公平竞争的市场环境

《对外贸易发展“十三五”规划》提出，要优化公平竞争的市场环境，就需要“加强外贸领域诚信体系建设，建立部门协调机制，加强对进出口企业信用评价体系的优化和推广应用，打造进出口新型监管体制，推动实施联合奖惩措施，以适当方式对外公布或推荐信用状况良好的企业。”对外贸易领域诚信体系建设是社会信用管理体系建设的重要组成部分，涉及行政与司法机构、行业组织、企业和个人等各类信息主体，建设内容涉及信用信息、信用文化、信用制度、信用产品和信用服务等方面。2013 年 1 月，国务院出台了《征信业管理条例》，为外贸企业信用信息采集、整理、保存、加工与使用的规范提供了法律依据。2014 年 6 月，国务院进一步印发了《社会信用体系建设规划纲要（2014—2020 年）》，提出“推进对外经济贸易信用建设，进一步加强对外贸易、对外援助、对外投资合作等领域的信用信息管理、信用风险监测预警和企业信用等级分类管理。借助电子口岸管理平台，建立完善进出口企业信用评价体系、信用分类管理和联合监管制度”。2016 年 10 月，由国家发展改革委、人民银行和海关总署牵头，中共中央宣传部、中央文明办、商务部等 40 个中央部门联合签署的《关于对海关高级认证企业实施联合激励的合作备忘录》（以下简称《合作备忘录》）印发实施，这对加强进出口信用体系建设具有里程碑意义。《合作备忘录》提出对海关高级认证企业进行联合激励，其能够享受到国内国际海关给予的最充分的便利待遇，以此鼓励更多市场主体加入高信用企业群体。为了进一步推进建立企业进出口信用管理制度，促进贸易安全与便利，2018 年 3 月，海关总署发布《中华人民共和国海关企业信用管理办法》，对海关注册登记和备案企业以及企业相关人员

① 商务部新闻办公室. 商务部在京召开 2018 年全国地方世贸组织（WTO）工作会议 [EB/OL]. (2018-12). http://www.mofcom.gov.cn/article/ae/ai/201812/20181202814067.shtml.

信用信息的采集、公示，企业信用状况的认定、管理等方面进行规范，并对失信企业的管理措施做了较为详细的规定。总体看来，中国对外贸易领域诚信体系在国家社会信用体系建设工作的推进下，已经初步建立起来了，外贸领域守信激励失信惩戒机制基本形成。

要优化公平竞争的市场环境，就需要加强反垄断执法，维护公平竞争的市场秩序。2016 年 6 月，国务院出台《国务院关于在市场体系建设中建立公平竞争审查制度的意见》，明确了建立公平竞争审查制度的总体要求和基本原则，提出公平竞争审查制度的审查对象、审查方式、审查标准，还明确了公平竞争审查工作机制及保障措施等内容，以维护公平竞争秩序，保障各类市场主体平等使用生产要素、公平参与市场竞争、同等受到法律保护，激发市场活力，提高资源配置效率。相应地，2017 年 10 月，国家发展改革委、财政部、商务部、工商总局、国务院法制办联合出台《公平竞争审查制度实施细则（暂行）》，对审查机制和程序、审查标准、例外规定、社会监督和责任追究等方面进行了详细规定。2018 年 11 月，国务院办公厅发布《国务院办公厅关于聚焦企业关切进一步推动优化营商环境政策落实的通知》进一步提出，要“清理地方保护和行政垄断行为”，要求市场监管总局、国家发改委要组织各地区、各有关部门完成对清理废除妨碍统一市场和公平竞争政策文件、执行公平竞争审查制度情况的自查，并向全社会公示，接受社会监督，还要求市场监管总局要牵头负责清理废除现有政策措施中涉及地方保护、指定交易、市场壁垒等的内容，查处并公布一批行政垄断案件，坚决纠正滥用行政权力排除、限制竞争行为，还提出在 2019 年对《公平竞争审查制度实施细则（暂行）》进行修订。这些政策和措施，都反映了国家对建立公平竞争市场环境的决心和重视程度。

（三）进一步提高贸易便利化程度

2013 年 12 月，世界贸易组织巴厘岛部长级会议上通过了《贸易便利化协定》。2015 年 9 月，中国向世界贸易组织提交批准书，此协定于 2017 年正式生效。该协定规定了各成员在贸易便利化方面的实质性义务，涉及信息公布、预裁定、货物放行与结关、海关合作等内容，共 40 项贸易便利化措施。对中国而言，除在单一窗口、确定和公布平均放行时间、出境加工货物免税复进口、海关合作等少量措施设定了过渡期外，包括简化单证手续、规范进出口费用等方面的措施将立即付诸实施。①

为了落实《贸易便利化协定》的相关规定，2014 年 12 月，国务院印发《落实“三互”推进大通关建设改革方案》，明确“大通关”建设工作的内容主要有：建立完善与推进国际物流大通道建设相适应的通关管理机制，建设多式联运物流监管中心，改进监管方式；加强与“一带一路”沿线国家口岸执法机构的机制化合作；加快自由贸易园（港）区和海关特殊监管区域监管制度创新与复制推广，建立“自由贸易园（港）区-海关特殊监管区域-区外”的分级复制推广机制；推动口岸管理相关部门共同简政放权，完善事中事后监管；推动“单一窗口”建设；简化口岸现场通关环节，除必要的执法作业环节外，其他通过属地管理、前置服务、后续核查等方式将口岸通关非必要的执法作业前推后移，尽可能减少口岸通关现场执法内容；推行“联合查验、一次放行”的通关新模式，实施联合登临检查等“一站式作业”；加快推进内陆沿海沿边通关一体化和检验检疫一体化，逐步取消许可证件指定报关口岸管理；广泛实施口岸通关无纸化和许可证件联网核查核销；积极推进旅客自助通关等等措施。大通关建设和改革工作的目标是，到 2020 年，“跨部门、跨区域的内陆沿海沿边大通关协作机制有效建立，信息共享共用，同一部门内部统一监管标准、不同部门之间配合监管执法，互认监管结果，优化通关流程，形成既符合中国国情又具有国际竞争力的管理体制机制”。国务院 2018 年 10 月印发的《优化口岸营商环境促进跨境贸易便利化工作方案》，则将下一阶段的大通关建设和改革工作予以细化。

在参与促进贸易便利化议题的基础上，2017 年 4 月，中国率先在世界贸易组织提出投资便利化议题，创造性地将投资、贸易和发展三大领域融合，聚焦讨论增强投资政策透明度、提升行政审批效率和加强国际能力建设合作

① 商务部新闻办公室. 世贸组织《贸易便利化协定》正式生效 助力全球贸易与经济增长［EB/OL］.（2017-02）. http://www.mofcom.gov.cn/article/ae/ai/201702/20170202521961.shtml.

等领域，以及世界贸易组织如何通过制定投资便利化规则框架来提升成员的贸易能力和实现发展目标，由此中国朝着制定国际多边投资规则的目标迈出了重要一步。

（四）促进投资高度自由化

中国促进投资高度自由化的主要手段是大力推行国际上广泛采用的外资准入管理方式，即市场准入的负面清单制度。通过清单方式明确禁止和限制投资经营的行业、领域和业务，负面清单以外的行业、领域、业务等，各类市场主体皆可依法平等进入。

中国从 2015 年就开始为负面清单制度的建立做准备，2015 年 10 月，国务院发布《国务院关于实行市场准入负面清单制度的意见》，为了给全面实行负面清单制度奠定法律基础，中国对相关法律进行了修订，2016 年 9 月修订通过了《中外合资经营企业法》《外资企业法》和《台湾同胞投资保护法》，2017 年 11 月修订通过《中外合作经营企业法》。2017 年 7 月，商务部和国家发改委联合修订和发布《外商投资产业指导目录》，进一步减少了限制性措施，大幅放宽外商准入，并进一步提高了服务业、制造业、采矿业等领域的开放水平。2019 年 3 月出台的《外商投资法》则正式从立法层面确定了负面清单制度。

负面清单制度的实行，既可以明确政府部门的权力和责任、进一步推动简政放权、促进政府职能向服务型转型，又可以打破各种形式的不合理限制和隐性壁垒，打造与国际接轨的营商环境，提升引进和利用外资的质量。

（五）加强知识产权保护

在中外合作迅速发展的同时，外商对知识产权保护的诉求越来越强烈，已经成为中国引进外资过程中的焦点问题。中国一直致力于知识产权制度的建立和完善，保护外国投资者的合法权益，并建立相关法律制度予以支持。1995 年，国务院颁布实施了《知识产权海关保护条例》，规定中华人民共和国海关对与进出境货物有关的知识产权进行保护。为了符合世界贸易组织规则的要求，中国自 20 世纪 90 年代以来对《专利法》《商标法》和《著作权法》进行了多次修订。根据世界贸易组织规则，同时借鉴美国、欧盟、日本等国外立法经验，在《对外贸易法》设专章对“与对外贸易有关的知识产权保护”进行规定。2019 年新出台的《外商投资法》也在“投资保护”专章中对外国投资者和外商投资企业的知识产权和商业秘密的保护进行了规定。

《国务院关于扩大对外开放积极利用外资若干措施的通知》提出，为了保护外商投资者的权益，将“依法依规严格保护外商投资企业知识产权。健全知识产权执法机制，加强知识产权执法、维权援助和仲裁调解工作。加强知识产权对外合作机制建设，推动相关国际组织在中国设立知识产权仲裁和调解分中心”。由此可见，中国对于外国投资者知识产权的保护力度将越来越大，发生损害后的救济手段也将更加多样化。

本章参考文献

丁乔颖，王花，2012. 论中国贸易救济法律制度的完善［J］. 西部法学评论（3）：128-132.

覃红，2008. 贸易救济法律制度框架下地方政府定位的理论与实践［J］. 太平洋学报（2）：26-32.

丁伟，石俭平，2002. 中国反倾销立法新近修改之评析［J］. 华东政法学院学报（5）：3-8.

陈卫国，2004. 对外贸易法律制度的双重法律基础——宪法与世贸组织规则及其互动［M］. //张千帆. 宪法学导论. 北京：法律出版社.

朱京安，2008. 中国外贸法律制度变迁研究［M］. 北京：人民出版社.

沈四宝，2004. 第十届全国人大常委会法制讲座第六讲讲稿——对外贸易法律制度若干问题［Z］.

第七章
新中国货物贸易管理制度的建立与改革

在对外贸易政策演进层面，货物贸易管理制度的变迁极具代表意义。具体从货物进出口行政管理制度、海关管理制度及关税制度来看，其建立为新中国掌握对外贸易自主权提供了重要保障。其改革与发展涉及对外贸易自由化、便利化的主要领域，体现了新中国管理货物贸易的政策措施的变化。

WTO对货物贸易管理的规定主要体现在非关税措施（包括贸易技术壁垒、检验检疫、进口许可证、配额、外汇管理等）和关税措施（包括关税减让、海关估价制度、装运前检验、原产地规则等），以上构成了WTO货物贸易管理的制度框架。本章也沿用这一分类体系，第一节将非关税措施纳入货物贸易行政管理制度，分析其变迁与演进轨迹；第二节和第三节则分别关注海关管理制度和关税制度。

第一节　新中国货物进出口行政管理制度的建立与改革

货物进出口行政管理制度是对对外贸易经营、货物进出口以及货物进出口配套环节进行管理与规范的法律制度和行政手段（行政法规和政策）。① 改革开放前，中国货物进出口管理制度主要沿袭了苏联的基本思想和框架，即计划经济理论的基本思想。自改革开放以来，中国致力于发展市场经济，扩大市场的作用，推进贸易自由化。从 20 世纪 90 年代中期开始，不断对货物贸易行政制度进行改革，下放企业进出口经营权，削减非关税壁垒，简化流程，提高管理效率，推进贸易便利化进程。

一、新中国货物进出口行政管理制度概述

新中国成立至今，货物进出口管理制度的变迁，同各时期的政治、经济发展背景及国际环境密切相关。

改革开放前中国货物贸易管理体制建立在计划经济理论和列宁的国家垄断外贸思想的基础上，中国根据成立初期的经济形势和特殊的国际政治经济环境决定对外贸实行国家专营，并在 1949 年 9 月的《中国人民政治协商会议共同纲领》中规定了“对外贸易的国家统制”②。1950 年 12 月颁布了《对外贸易暂行管理条例》，后来又颁布了《暂行海关法》。1951 年 2 月，中央政府将全国各口岸已成立的外贸管理局收归中央贸易统一领导，并在审批登记各类对外贸易企业和外商机构、实行进出口商品分类管理、推行进出口许可证制度、管制外汇及审核进出口价格等方面都作了统一规定。同时，着手组建

① 本章主要关注货物进出口以及货物进出口配套环节的管理制度，对外贸易经营权的相关内容详见第五章《新中国对外贸易体制的改革与转变》。

② 裴长洪（2009）：“新中国成立之初，受多年战争的影响，中国国民经济处于一种半瘫痪状态，亟待恢复和重建。同时，由于以美国为首的西方国家对中国实行封锁、禁运，中国全力发展同苏联、东欧等社会主义国家的经贸关系。在冷战状态的国际背景下，这一时期对外贸易政策的出发点和落脚点都必须适应战时经济。”

国营外贸公司，直接经营外贸活动。1952年成立了对外贸易部，对对外贸易进行集中管理。由此，中国建立了高度集中、国家统制、国家专营、统负盈亏、政企合一的对外贸易体制。这种对外贸易管理体制在特定的历史条件下有利于使中国在国际收支中避免出现逆差，达到保护民族幼稚工业、实现进口替代战略的目的。

20世纪70年代初，外部环境开始发生有利于中国的变化，西方国家开始陆续同中国建交；1971年，中国恢复了在联合国的合法席位；1972年，中美建交；1975年，中国与欧共体正式建立了经济贸易关系。中国对外经济关系格局发生了重大转变，为了适应转变，中国外贸管理体制开始了变革的尝试。外贸部于1974年在一定范围内实行下放外贸经营权的试点，在沿海地区原有的广州、大连、上海、青岛、天津五大对外口岸基础上，新增江苏、河北、浙江、广西四省为外贸口岸，同时批准原第一机械工业部成立直属机械设备进出口总公司，直接经营对外贸易。这个时期，对外贸易得到了较大的发展。1975年，进出口总额达到147.5亿美元，创新中国成立以来最高水平，而且1970—1975年间年平均增长速度高达26.3%。①

改革开放后的30年，伴随对外贸易体制改革不断深化，货物进出口管理制度方面主要经历了下放外贸经营权改革、进出口商品计划管理体制改革、外汇管理体制改革、关税管理改革等在不同时期、不同内容的深刻变革（见表7-1），初步建立了社会主义开放型经济体制的制度框架，有力地支撑了中国货物贸易的快速发展。

表7-1　1979—2001年货物进出口管理制度的主要改革

制度改革层面	时间	法律法规文件	改革内容
下放外贸经营权改革	1979年8月3日	《关于大力发展对外贸易增加外汇收入若干问题的规定》	向地方政府及微观经营主体下放权力，试行工贸结合和外贸专业进出口公司代理制度
	1988年2月26日	《国务院关于加快和深化对外贸易体制改革若干问题的规定》	全面推行对外贸易承包经营责任制

① 裴长洪. 中国对外贸易60年演进轨迹与前瞻［J］. 改革，2009（7）：5-12.

表7-1(续)

制度改革层面	时间	法律法规文件	改革内容
下放外贸经营权改革	1992年5月11日	《关于赋予生产企业进出口经营权有关意见的通知》	赋予大中型生产企业进出口经营权
	1994年5月12日	《对外贸易法》	确立了外贸经营权许可制度,使外贸经营权管理有了法律层级的规范
进出口商品计划管理体制改革	1992年12月29日	《出口商品暂行管理办法》	对出口配额管理、出口许可证管理、出口商品经营管理、出口商品协调管理予以规定
	1992年12月29日	《中华人民共和国对外经济贸易部纺织品出口配额管理办法》	使纺织品被动配额的管理走上了规范化的轨道
	1993年4月10日	《关于出口商品计划配额管理的实施细则》	规定出口商品计划配额管理的具体实施方案
	1994年7月19日	《进口商品经营管理暂行办法》	确立进口商品的经营的管理原则及协调监督
	1995年4月11日	《关于出口商品主动配额管理暂行规定》	改进对主动配额商品的出口管理
外汇管理体制改革	1980年12月18日	《中华人民共和国外汇管理暂行条例》	境内机构进出口货物,应当凭海关查验后的进出口许可证或者进出口货物报关单,检查其外汇收支
	1994年1月11日	《关于进一步深化对外贸易体制改革的决定》	实行以市场供求为基础的、单一的、有管理的人民币浮动汇率制;实行外汇收入结汇制;实行银行售汇制
关税管理改革	1982年8月6日	《海关对加工装配和中小型补偿贸易进出口货物监管和征免税实施细则》	加强对加工装配和中小型补偿贸易进出口货物监管
	1985年3月7日(1985年3月10日实施)	《中华人民共和国进出口关税条例》中华人民共和国《海关进出口税则》(1985年修订)	确定海关征税的法律依据及税率设置等
	1992年1月1日	《中华人民共和国海关进出口税则》(1992年修订)	以国际通用的《协调制度》为基础编制税则目录;自主降税
	1992年3月8日	《中华人民共和国出口货物原产地规则》	对接国际规范,加强对出口货物原产地工作的管理

资料来源:笔者自行整理。

对一个正在从计划经济转向市场经济的发展中国家而言，WTO 对中国的影响和冲击更为直接和明显。WTO 适用于货物贸易管理的有关原则可以概括为：一是以市场经济运作为基础的“非歧视原则”，包括“最惠国待遇原则”和“国民待遇原则”；二是可预见性、透明度原则。中国传统货物贸易法律制度与以上原则存在较大冲突，因此为建立与 WTO 法律机制和制度相协调的货物贸易管理制度，中国进行了货物贸易相关法律法规规章的清理、修订与制定。

（一）建立了统一的、符合 WTO 规则的货物进出口管理制度

为了规范货物进出口管理，维护货物进出口秩序，促进对外贸易健康发展，根据 1994 年《对外贸易法》，中国于 2001 年 10 月 31 日在国务院第 46 次常务委员会上通过了《中华人民共和国货物进出口管理条例》（以下简称《货物进出口管理条例》），自 2002 年 1 月 1 日起施行，把进出口货物分为不同的层次进行相应管理。与此同时，废止 1984 年 1 月 10 日国务院发布的《中华人民共和国进口货物许可制度暂行条例》；1992 年 12 月 21 日国务院批准、1992 年 12 月 29 日对外经济贸易部发布的《出口商品管理暂行办法》；1993 年 9 月 22 日国务院批准，1993 年 10 月 7 日国家经济贸易委员会、对外贸易经济合作部发布的《机电产品进口管理暂行办法》；1993 年 12 月 22 日国务院批准，1993 年 12 月 29 日国家计划委员会、对外贸易经济合作部发布的《一般商品进口配额管理暂行办法》；1994 年 6 月 13 日国务院批准，1994 年 7 月 19 日对外贸易经济合作部、国家计划委员会发布的《进口商品经营管理暂行办法》。

《对外贸易法》及《货物贸易管理条例》等一系列其他货物管理制度的有关规定构成了中国政府如期履行入世承诺和严格依法执行 WTO 规则的法律基础，并组成了中国对外货物贸易管理的基本法律框架（见图 7-1）。

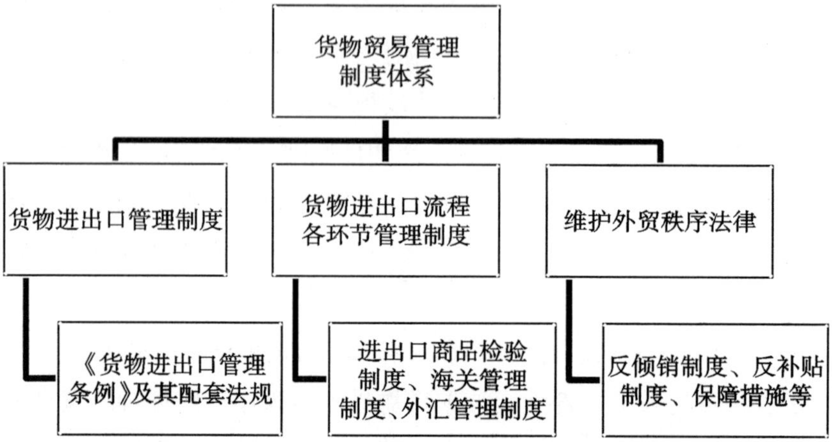

图 7-1　中国在入世后构建的货物贸易管理制度体系

（二）中国逐步降低非关税措施的运用

按照《对外贸易法》和《货物进出口管理条例》，中国对货物贸易实施分类管理。针对不同分类，具体的管理措施也不同（见表 7-2）。

表 7-2　中国一般进出口货物的分类及管理措施

进出口货物管理类型	进出口货物的分类及管理措施			
一般货物的进口管理	一、禁止进口货物	二、有数量限制进口货物 1. 配额管理 2. 许可证管理 3. 其他	三、自由进口货物	四、关税配额进口货物
一般货物的出口管理	一、禁止出口货物	二、限制出口货物 1. 配额管理 2. 许可证管理 3. 其他		

WTO 对货物贸易管理的措施或非关税措施的使用进行了限定。在加入 WTO 之前，中国有包括配额、许可证、特定招标管理等在内的非关税措施 385 种，而 WTO 在货物贸易方面，虽然允许关税和非关税措施存在，但要求

各成员规范非关税措施的管理行为，避免对一种货物实施除进口关税外的多种贸易保护措施，不允许普遍使用非关税措施。

按照中国的入世承诺，《中国加入世界贸易组织议定书》（以下简称《入世议定书》）和《中国入世工作组报告》（以下简称《工作组报告》）对非关税措施作了如下规定：

《入世议定书》第 7 条。该条是关于非关税措施的规定，中国承诺严格按照附件 3 规定的时间表，取消非关税措施，同时在实施 GATT1994 第 3 条、第 11 条和《农业协议》的规定时，中国应取消且不得采取、重新采取或实施不能根据《WTO 协定》的规定证明为合理的非关税措施。

《入世议定书》第 8 条。该条对进出口许可程序进行了详细规定。《工作组报告》第 121 段~第 131 段是关于进口数量限制包括禁止进口和配额的规定。报告指出，中国存在许多非关税措施，它们起到了限制贸易和扭曲正常贸易的作用。因此要求中国承诺取消、不引入、不重新引入和不使用非关税措施。同时，报告对地方政府实施的非关税措施表示关注，中国承诺，只有中央政府才能颁布有关非关税措施的规定，这些措施只能由中央政府或在中央政府授权下由地方政府执行或实施，地方政府无权制订非关税措施。

按照中国《入世议定书》的附件 3——非关税措施取消时间表，47 类需要单一进口许可证的产品在加入时全部取消；377 类承诺取消进口配额、进口许可证或特定商品进口招标等非关税措施的产品中，162 类产品在加入当时取消，随后在 2002 年、2003 年、2004 年、2005 年 1 月 1 日分别有 80 类、16 类、84 类和 35 类产品取消。加入 WTO 以来，中国严格按照承诺的时间表逐步接触 424 个税号（按 8 位税号计）产品的非关税措施。2005 年，随着汽车、机电产品、天然橡胶、彩色感光材料等产品非关税措施的取消，中国“入世”时做的取消非关税措施的承诺全部兑现。

二、新中国货物进出口许可证制度的演进

进出口许可制度是国家管理货物贸易的重要手段，指国家对一定数量和

范围内的进口货物进行进口许可证管理，是国家用行政干预手段对进口货物实行管理的政策。中国的进出口许可制度始于新中国成立初期。中国进出口许可证制度变迁大体经历了以下阶段：

（一）全面实行进出口许可证时期（1949—1978 年）

1949—1958 年，中国对进出口商品全面实行许可证管理。新中国成立之初，在对外贸易方面，实行国家外贸公司统一经营，进出口经营权仅授予各外贸专业总公司及其所属口岸分公司①；同时，由于以美国为首的西方国家对中国实行封锁、禁运，中国全力发展同苏联、东欧等社会主义国家的经贸关系。面对这种情况，实行统制贸易、废除不平等条约，是中国政府必然的政治选择。1949 年 11 月设立贸易部，部内设立对外贸易司。1956 年以前，外贸管理的重点是私营外贸企业，外贸管理的目的是保护和发展民族工业，限制进口，扩大出口，节约外汇。②

1950 年，国务院颁布了《对外贸易管理暂行条例》，其中明确规定：进出口厂商输入或输出任何货品，均须向所在地区对外贸易管理局申领进口或出口许可证，对进出口的品种、数量、价格均进行审查，经核发后，方得凭以办理其他进出口手续。进出口许可证是海关对进出口货物监管验放及银行办理结汇的依据。

1951 年 5 月起对所有进出口商品全面实行许可证管理，组建国营外贸公司，直接经营外贸活动。1952 年成立了对外贸易部，对对外贸易进行集中管理。

但在 1959—1978 年，进口许可证的作用相对缩小，因为对外贸易由当时外贸部所属进出口专业总公司及分支公司经营，并一律按国家计划组织进出口，外贸部根据中央批准进出口计划所下达的货单或通知代替进出口许可证。这一时期的进出口许可证制度，管理职能和业务经营融为一体，行政管理代替了许可证，缺乏一定的透明度和公平性。

---

① 朱国兴，王寿椿. 中国对外经济贸易体制改革全书［M］. 北京：对外经济贸易大学出版社，1995.
② 裴长洪. 中国对外贸易 60 年演进轨迹与前瞻［J］. 改革，2009（7）：5-12.

（二）重新建立进出口许可证制度时期（1979—1992 年）

在外贸体制改革过程中，进出口业务由原来外贸部所属进出口专业公司统一经营，扩大到各地区、各部门所属进出口公司共同经营，企业逐渐自主经营、自负盈亏，鼓励了发展外贸的积极性。但是也出现一些对内抬价争购，对外削价竞销，大量进出口耐用消费品和盲目进口的现象，外贸正常秩序被扰乱。基于上述背景，中国决定重新建立健全进出口许可证制度管理对外贸易。

1980 年 6 月，国家进出口委员会、外贸部发布《出口许可制度的暂行办法》，加强对出口商品的管理，规定实行出口许可证制度是为了加强对出口产品的管理、协调各地、各部门对外成交、出口，以利统一对外。经营出口业务的公司必须事先提出申请，经国家审批机关批准后，凭批件向所在地省级外贸局和有关海关登记后，才能经营出口业务。1982 年 2 月 1 日起，首先对十一类紧缺物资进行出口许可证管理，之后做了 7 次调整，到 1992 年，共有 185 种商品实行出口许可证管理。①

进口许可证制度方面，1980 年 10 月，制定了《对外贸易进口管理试行办法》，恢复进口许可制度，实行进口许可证管理的商品有 20 种，主要是耐用消费品。1984 年 1 月 10 日，国务院颁布了《中华人民共和国进口货物许可制度暂行条例》（以下简称《进口许可制条例》），外经部同海关总署于同年发布的《中华人民共和国进口货物许可证制度暂行条例施行细则》（以下简称《施行细则》），确定实行许可证管理的进口商品为 30 种，1987 年调整为 45 种，1989 年调整为 53 种，主要为耐用消费品和重要原材料及一般机电产品。此《进口许可制条例》和《施行细则》成为改革开放早期管理进口货物的纲领性文件及重要依据，是新中国成立以来在进口许可证管理方面的第一套较为完整的具有法律效力的行政法规。1987 年，开始在全国使用计算机签发进出口许可证，1991 年试行全国进出口许可证计算机联网，标志着中国在进口

① 郭康庆. 我国实行进出口许可制度的演变：进出口许可证讲座第一讲［J］. 国际贸易，1991（1）：54-55.

管理上开始步入现代化、规范化的轨道。

（三）逐渐缩减进出口许可证管理的商品范围（1993—2001 年）

缩减进出口许可证管理的商品范围，是该阶段中国改革进出口管理的重要举措，目的在于尽快地建立起符合国际贸易规范、以关税为主要调节手段的进出口管理制度。

出口许可证制度方面，1993 年，中国实施了《出口商品管理暂行办法》，大幅度削减了实行配额许可证管理的出口商品，由原来的 258 种减少到 138 种。对出口实行计划配额（38 种商品）、主动配额（54 种商品）、被动配额管理（24 种商品）①，对关系国际民生的大宗资源型出口商品及中国出口中占重要地位的大宗传统出口商品实行计划配额管理；对中国在国际市场或某一市场占主导地位的重要商品以及外国要求中国主动限制出口数量的商品，实行主动配额管理，对国外对中国有配额限制的出口商品实行被动配额管理。另有 22 种商品实行一般出口许可证管理。

进口许可证制度方面，中国在 1992 年、1993 年、1995 年连续发布取消部分商品进口管理的公告，对实行进口配额、许可证管理的商品进行调整。1994 年，中国实行进口货物许可证管理的商品共有 53 种，其中机电产品 24 种；原材料 28 种。② 1997 年，外经贸部发出通知，对实行进口许可证管理的商品进行调整，取消农药、碳酸饮料的进口许可证管理，新增“光盘生产设备”为进口许可证管理商品，调整后实行进口许可证管理的商品供给 35 种，税目 374 个，其中实行配额管理的一般商品为 13 种；实行配额管理的机电商品为 15 种；非配额管理的进口许可证商品为 7 种。③

（四）逐步与国际管理体系接轨、提高贸易自由化程度的进出口许可证管理制度（2002 年至今）

加入 WTO 以后，中国积极履行加入 WTO 承诺，进出口许可证管理体制日趋规范，贸易自由化程度逐渐提高。实践证明，中国进出口行政管理制度

① 宋沛. 近年我国许可证管理制度的改革与发展［J］. 国际商务，1997（1）：18-21.
② 曲婉婉，孙吉娃. 谈谈中国的进口许可证管理制度［J］. 广东对外经贸，1994（3）：24-25.
③ 佚名. 国家对进口许可证管理的商品进行调整［J］. 两岸关系，1997（1）：31.

与国家政策及宏观指导计划相协调，不断变革，逐步与国际管理体系接轨，具有与时俱进的特点，不断对实施许可证管理的进出口商品结构进行调整，促进国内技术进步，保护国内幼稚产业，促进能源资源的有效利用。

1. 健全进出口许可证管理的法律法规体系

这一时期，根据 WTO 规则，中国政府颁布了一系列进出口许可管理方面的法律和法规，使进出口许可制度更科学、规范和透明。这一时期出台的《中华人民共和国对外贸易法》《中华人民共和国货物进出口管理条例》《货物进口许可证管理办法》《货物出口许可证管理办法》《货物自动进口许可管理办法》等，逐步减少进出口管理商品种类，进出口许可证管理商品在进出口总额中的比例不断下降（见表 7-3）。

表 7-3　1999—2005 年许可证管理的商品进出口情况

年份	进口许可证管理商品金额/亿美元	进口总额/亿美元	占进口总额的比例/%	出口许可证管埋商品金额/亿美元	出口总额/亿美元	占出口总额比例/%	许可证管理商品占进出口总额比例/%
1999	162	1 657	9. 8	308	1 949	15. 8	25. 6
2000	154	2 251	6. 84	381	2 492	15. 2	22. 1
2001	189	2 436	7. 75	350	2 661	1 315	20. 9
2002	122	2 952	4. 13	236	3 255	7. 2	11. 3
2003	159	4 128	3. 85	271	4 383	6. 2	10. 1
2004	111	5 613	1. 98	284	5 934	4. 8	6. 8
2005	74	6 601	1. 12	384	7 620	5. 04	6. 2

数据来源：李恒光. 中国进出口许可证问题的制度性分析［D］. 北京：北京邮电大学，2009.

2. 纳入出口许可证管理的商品的种类减少

截至 2018 年，出口许可证管理商品目录列入目录的货物有 44 种，实行出口配额或出口许可证管理。实行出口许可证管理的货物为：活牛（对港澳以外市场）、活猪（对港澳以外市场）、活鸡（对港澳以外市场）、牛肉、猪肉、鸡肉、天然砂（含标准砂）、矾土、镁砂、滑石块（粉）、氟石（萤石）、稀土、锡及锡制品、钨及钨制品、钼及钼制品、锑及锑制品、焦炭、成品油（润滑油、润滑脂、润滑油基础油）、石蜡、部分金属及制品、硫酸二钠、碳化硅、消耗臭氧层物质、柠檬酸、维生素C、青霉素工业盐、铂金（以加工贸易方式出口）、铟及铟制品、摩托车（含全地形车）及其发动机和车架、汽车（包括成套散件）及其底盘等。其中，对向港、澳、台地区出口的天然砂实行出口许可证管理，对标准砂实行全球出口许可证管理。①

3. 大幅削减进口许可证管理的商品范围

自2002年1月1日起，国家取消了对涤纶纤维、烟草及其制品、彩色电视机及其显像管、彩色感光材料等14种商品的进口许可证管理，并取消了对汽车及其关键件、汽车轮胎部分编码商品的进口许可证管理，实行进口许可证管理的商品种类从上年的26种减少到12种。

2003年，随着中国进一步开放市场和加入世界贸易组织承诺的兑现，中国实行进口许可证管理的商品种类，继2002年从26种减少到12种后，2003年继续减少至8种。调整后，2003年中国实行进口配额许可证和进口许可证管理的8种商品，总计143个8位商品编码。其中，实行进口配额许可证管理的商品有成品油、天然橡胶、汽车轮胎、汽车及其关键件4种；实行进口许可证管理的商品有光盘生产设备、监控化学品、易制毒化学品和消化臭氧层物质4种。②

为了进一步开放市场和兑现加入世贸组织的承诺，从2005年1月1日起，中国取消了汽车及其关键件、光盘生产设备的进口许可证管理。至此，中国已全部取消普通商品的进口许可证管理，仅保留3种特殊商品（监控化学品、易制毒化学品和消耗臭氧层物质）的进口许可证管理，涵盖83个8位HS编码。③ 这是自2001年年底、中国加入世界贸易组织后，第4次减少进口许可证管理商品④。2008年，实行进口许可证管理的货物只有1种（消耗臭氧层物质）。

---

① 商务部，海关总署. 公布2018年出口许可证管理货物目录［EB/OL］.（2017-12-22）［2019-07-22］. http://www.mofcom.gov.cn/article/b/e/201712/20171202690519.html.

② 佚名. 中国进口许可证管理商品今年减至8种［J］. 中国产业经济动态，2003（19）：5-6.

③ 商务部，海关总署. 2005年出口许可证管理货物目录［EB/OL］.（2004-12-10）［2019-07-22］. http://www.mofcom.gov.cn/aarticle/b/e/200412/20041200317918.html.

④ 佚名. 中国2005年取消普通商品的进口许可证管理［J］. 商务与法律，2004（5）：39.

4. 推进许可证电子化进程，提升贸易便利化水平

为贯彻落实国务院关于支持外贸发展有关文件精神，进一步提升贸易便利化水平，推进许可证电子化进程，规范有关货物进出口许可证电子证书的申请、签发和使用行为，2015 年商务部制定了《货物进出口许可证电子证书申请签发使用规范（试行）》，对货物进口许可证件申领和通关实行无纸化作业。

三、新中国货物贸易配额制度的演进与发展

配额管理是指一国政府在一定时期内对某些敏感商品的进口或出口进行数量或金额上的直接限制，是国家管理货物进出口的非关税措施之一。[①] 根据实行配额管理的商品范围，配额管理可分为三大类：一是计划配额管理；二是主动配额管理；三是被动配额管理。纵观新中国成立以来货物贸易配额制度的演进轨迹，中国进出口配额管理朝着自由化、市场化的方向迈进，配额管理的商品品种持续减少，配额分配日趋公平化、科学化。

（一）进出口配额管理制度的探索与初步建立（1949—1992 年）

中国的进出口配额制度，尤其是出口商品配额，最初是被用以确保有效利用西方国家对中国纺织品出口施加的配额（主要是美国和欧共体）。因此，它在性质上是被动的。中国从 1979 年开始对纺织品出口实施配额管理，属于被动配额管理。1986 年对港澳地区出口的部分商品实行配额管理，则属于主动配额，该制度探索起步于 1953 年，目的是确保对港澳市场的均衡供应。

（二）建立与中国社会主义市场经济体制相适应的、科学的外贸配额管理制度（1993—2001 年）

1. 奠定进出口配额制度的法律法规基础

中国出口商品配额管理的基本法规是外经贸部 1992 年 12 月 29 日发布的

① 出口货物配额管理与许可管理并列成为出口货物管理的两个主要非关税措施，一般情况下，出口配额管理往往与出口许可证结合起来进行管理。

《出口商品管理暂行办法》（1993 年 1 月 1 日起施行）和《关于纺织品出口配额的管理办法》等。

中国进口商品配额管理的基本法规是 1993 年 10 月 7 日国家经贸委和外经贸部发布的《机电产品进口管理暂行办法》和 1993 年 12 月 22 日国家计委、外经贸部发布的《一般商品进口配额管理暂行办法》及其实施细则。一般商品进口配额品种和年度进口配额总量及其调整，由国家计委会同有关部门提出意见后，报国务院批准后公布实行和分配下达。一般商品进口配额品种和年度进口配额总量则由国家机电产品进出口办公室提出。

2. 削减实行配额管理的出口商品范围

1993 年，根据《出口商品管理暂行办法》，大幅度削减了实行配额许可证管理的出口商品的种类，由原来的 258 种减少到 138 种，对出口实行计划配额（38 种商品）、主动配额（54 种商品）、被动配额管理（24 种商品）和一般出口许可证管理（22 种）[①]，其中对关系国际民生的大宗资源型出口商品及中国出口中占重要地位的大宗传统出口商品实行计划配额管理；对中国在国际市场或某一市场占主导地位的重要商品以及外国要求中国主动限制出口数量的商品，实行主动配额管理，对国外对中国有配额限制的出口商品实行被动配额管理。

3. 试行配额有偿招标

为了与建设中国社会主义市场经济体制相适应，使出口商品配额管理更加科学、合理、公平、公开，适当引进竞争和监督机制，提升配额的分配效率，外经贸部试行了对部分出口商品配额的招标工作。1994 年，首先对原木、兰麻纱布、轻重烧镁等出口金额较大、经营单位较多、国际市场敏感的、易于发生抬价抢购、低价竞销和国外反倾销的商品，试行配额有偿招标。1995 年，进一步扩大了招标商品的范围，实行招标的商品品种增加到 24 种，占实行计划配额、主动配额管理商品品种的 26.1%。此外，还对个别类别的纺织品配额试行有偿分配和有偿招标相结合的办法。这一重大改革措施，向着建

① 宋沛. 近年我国许可证管理制度的改革与发展［J］. 国际商务，1997（1）：18-21.

立与中国社会主义市场经济体制相适应的、科学的外贸管理制度的方向迈进了一大步。①

4. 将关税配额制度引入农产品贸易中

关税配额是介于关税措施和数量限制之间的一种进口商品管理制度。关税配额制度是指对某些商品在某一特定时间内，在规定的数量（配额）内以低于一般关税税率的优惠税率进口，而对超过规定的数量（配额）按一般进口关税税率进口。

1996 年，中国将关税配额制度引入农产品贸易的管理中，颁布了《农产品进口关税配额管理暂行办法》，规定对小麦、玉米、棉花、食糖、豆油、棕榈油、羊毛、毛条等重要农产品和化肥实行关税配额管理。相对于配额限制，关税配额是一种宽松型的贸易管制措施。引入关税配额制度，对改革中国一些现行管理体制、保护本国农业生产、维护正常的贸易秩序有重要的积极意义。

（三）履行入世承诺、进一步自由化的进出口配额管理制度（2002 年至今）

根据加入 WTO 的承诺，中国配额管理商品的种类和数量在加入后将逐步缩减。中国加入 WTO 时，进口配额适用于许多产品，包括汽车、天然气产品、天然橡胶等。根据中国《入世议定书》的承诺，这些进口配额应于 2005 年 1 月 1 日取消。2015 年 1 月 1 日，中国取消了这些进口配额，这些产品不受进口配额许可证的限制。在进口配额方面，中国已履行了入世时做出的承诺。例如，中国对原来实行多年的进口配额管理的机电产品以及汽车产品从 2005 年 1 月 1 日起实行进口自动许可管理。②

出口配额管理方面，覆盖商品范围截至 2018 年年底共 18 种，包括活牛（对港澳出口）、活猪（对港澳出口）、活鸡（对香港出口）、小麦、玉米、大米、小麦粉、玉米粉、大米粉、甘草及甘草制品、蔺草及蔺草制品、磷矿石、

① 李东生. 谈中国进出口贸易管理体制改革 [J]. 外向经济，1995（8）：6-8.

② 商务部公告 2004 年第 92 号《汽车产品自动进口许可证签发管理实施细则》，2004 年 12 月 17 日发布；商务部、海关总署公告 2004 年第 94 号《2005 年自动进口许可机电产品目录》，2004 年 12 月 10 日发布。

煤炭、原油、成品油（不含润滑油、润滑脂、润滑油基础油）、锯材、棉花、白银。

四、新中国商品检验管理制度的演进与发展

进出口商品检验是对外贸易中的一项重要程序，进出口商品的检验检疫工作关系着国家主权和利益，其发展进程也是中国经济社会制度变迁的一个侧影和重要组成部分。

中国特色的商品检验工作体系是国家质检总局为实现国家进出口贸易政策目标而进行的一项行政管理活动，围绕着商品检验检疫而颁布的各项法律制度、业务规章和工作规范保障了贸易公平竞争，维护了贸易各方的合法权益，保证了中国进出口商品检验工作的正常运行，为建设具有中国特色的标准化法制化的商品检验工作体系打下了坚实基础。

（一）中国进出口商品检验与监管的基本制度概述

中国进出口商品检验以目录内商品法定检验、目录外商品监督抽查和检验机构监督管理为基本制度。

为了规范进出口商品检验工作，维护社会公众利益和进出口各方的合法权益，促进对外经贸往来的和谐开展，根据商检法及其实施条例的规定，中国进出口商品检验职能由国家质检总局设立在全国各地的检验检疫机构承担，对列入《必须实施检验的进出境商品目录》内的商品实施法定检验检疫。

进口商品法定检验流程为三步，第一步是由报检人（即货主或其代理人）向入境口岸检验检疫部门报检；第二步是检验检疫部门审核报检材料，符合要求的，签发通关单，获得海关放行；第三步是报检人向目的地检验检疫部门申请检验，检验合格的，获得入境货物检验检疫证明。出口商品检验流程也分为三步：第一步由报检义务人在商品出口前向产地检验检疫部门报检；第二步经由产地检验检疫部门检验合格的，获得出口通关单，需要转向其他口岸出口的，签发“检验转换凭证”；第三步是产地检验后转向其他口岸出口

的，经口岸检验检疫部门查验合格后签发通关单。[①]

中国商品进出口现行的检验监管模式主要有批批检验模式、抽批检验模式、分类管理模式、型式试验模式、过程监管模式、免检模式。依据的法律文件主要有：《中华人民共和国进出口商品检验法》及其实施条例、《边境贸易进出口商品检验管理办法》《中华人民共和国食品卫生法》等。

（二）中国进出口商品检验制度的演进历程

伴随着中华人民共和国成立后中国进出口商品贸易量多层次、多领域、全方位的增量发展，中国的商品检验制度在经济发展的各个阶段不断进行调整完善，逐步形成了适应中国经济发展形势及国际通行规则的进出口商品检验制度。

1. 高度集中计划经济制度时期的进出口商品检验制度（1949—1978 年）

中华人民共和国成立后，逐步取消外商资本在对华贸易中的商品检验特权，停止外商检验机构的活动，建立起中国独立自主的商检机构。1949 年 10 月，在中央贸易部国外贸易司内设立商品检验处；1952 年对外贸易部成立后，下设商品检验总局，统一领导和管理全国的进出口商检机构和商检工作。与此同时，中国政府开始制定统一的商检政策法规和工作制度。1950 年 3 月，中央贸易部召开第一次全国商检会议，制定了《商品检验暂行条例》，统一了全国进出口商品检验范围和规章制度。1954 年 1 月，公布《输出输入商品检验暂行条例》，将进出口商品检验管理纳入国家行政管理轨道，为之后中国商检事业的进一步发展奠定了基础。

2. 有计划商品经济制度建设时期的进出口商品检验制度（1979—1992 年）

改革开放成为中国的基本国策后，中国的出入境商品检验事业也随之发展壮大。原有的《输出输入商品检验暂行条例》已不能满足对外开放、贸易往来业务量增长的需要，因此，1989 年 2 月 21 日，第七届全国人民代表大会第六次常务委员会通过了《中华人民共和国进出口商品检验法》（以下简称

① 孙飞镝. 从法检目录遵从到监管过程重塑——中国进出口商品质量监管制度改革研究［D］. 南京：南京大学，2017：7-9.

《商检法》），首次以立法的形式确定了商品检验工作的原则、主体、范围、程序，标志着中国进出口商品检验和监督管理工作步入法制建设轨道。《商检法》于1989年8月1日正式实施。

3. 建立社会主义市场经济制度时期的进出口商品检验制度（1993—2001年）

该阶段的进出口商品检验制度，基于机构改革，进一步理顺了多头管理的问题。具体而言：

1998年3月，为适应市场经济的发展，在第四次国务院机构改革中，将原国家进出口商品检验局、农业部动植物检疫局和卫生部卫生检疫局合并组建为国家出入境检验检疫局。商检、卫检、动植检“三检”合一，实现了中国出入境检验检疫工作“一口对外”①。

2001年4月10日，为了进一步加强质量监督和检验检疫执法，根据国务院的决定，将原来的国家质量技术监督局与国家出入境检验检疫局合并组建为国家质量监督检验检疫总局（以下简称国家质检总局）。国家质检总局的成立，标志着中国进出口商品管理新体制的建立，形成了以国家质检总局及其各地分支机构为行政执法主体、以国家质检总局许可的第三方鉴定机构为补充的进出口商品检验监管新体制，为应对加入WTO和接轨国际创造了组织条件。

4. 完善社会主义市场经济制度时期的进出口商品检验制度（2002—2013年）

随着中国社会主义市场经济体制的逐步完善，以及履行加入WTO的相关承诺，中外合资、外商独资等检验鉴定机构相继成立，中国进出口商品检验体制开始适应市场化深入发展的要求，改革原有体制关系，进一步开放国内进出口商品检验领域。2002年，第九届全国人民代表大会通过了《中华人民共和国进出口商品检验法修正案》，以应对WTO为修订的主要切入点，根据《技术性贸易壁垒协定》对接调整了法定检验的目的、内容和宗旨，将商品检

① 徐建清. 我国的商品检验市场和检验事业［J］. 当代中国史研究，2004，11（1）：71-73.

验检疫业务的民事行为属性与国家行政管理性质的鉴定工作界定开来，为商检业务的市场运作提供了法律保障。

此外，根据对外贸易发展的需要，新《商检法》对于实施进出口商品检验的目的，将原来商检法第四条规定的“国家商检部门根据对外贸易发展的需要”修改为“为了保护人类健康和安全、保护动物或者植物的生命和健康、保护环境、防止欺诈行为、维护国家安全”。对于实施商品检验的内容，由原《商检法》规定的包括商品的数量、规格、重量等商业性条款修改为：“确定列入目录的进出口商品是否符合国家技术规范的强制性要求和合格评定活动。”对商业性条款的修改使商检法更加的符合 WTO 规则。

为贯彻落实国务院关于稳增长、调结构的要求，2013 年 8 月 15 日起，质检总局和海关总署对 1 507 个海关商品编码项下的一般工业制成品不再实行出口商品检验。这些出口商品涉及机电、轻纺和资化 3 大类 47 个子类、1 507 个海关商品编码，占 2013 年列入法检目录中 2 141 个海关商品编码的 70. 43%。按 2012 年数据统计，拟减少的法检商品种类共涉及 1 008. 6 万批次、4 463. 6 亿美元，占全部 5 412. 3 亿美元出口法检货值的 82. 5%，是一次非常大的法定检验制度的调整，在很大程度上减轻了出口企业的成本负担。

5. 完善社会主义市场经济制度新时期的进出口商品检验制度（2014 年至今）

中共十八大召开之后，在全面深化改革和加快转变行政管理方式的时代浪潮下，减少出口法检商品种类，推进检验体制改革的呼声逐渐加大。在该时期，机构设置上呈现极大变革，2018 年出入境检验检疫职能由原国家质检总局划入海关总署，关检融合。中国商品检验制度建设在该阶段的着力点具体体现在以下几个方面：

（1）服务国家宏观调控和经济发展大局

对进口煤炭实施逐批放射性、外来夹杂物和八项环保指标项目的检验监管，开展进口铁矿石和原油中铅、砷、汞等有毒有害元素监测，有效运用技术贸易手段服务国家宏观调控。

严格进口废物原料检验检疫监管。已建立进口废物原料注册登记、装运前检验、口岸到货检验检疫和后续监督管理的事前、事中、事后监管的完整监管体系。①

（2）构建检验监管体系

进出口商品质量安全风险监测体系基本形成。建立了基于问题导向的出口宏观质量管理模式和基于风险监测的进口商品闭环管理模式。建成1个质量安全监测项目数据库，成立6个风险监测国家分中心，形成1张多渠道风险信息收集网。基本建成“中国进出口商品质量安全风险预警和快速反应监管体系”（C-RAPEX）。

（3）推进贸易便利化

2014年4月，国务院常务会议提出进一步减少出口法检商品种类，全面推进海关和检验检疫“一次申报、一次查验、一次放行”合作机制，提高贸易便利化水平。原质检总局②贯彻国务院会议精神，取消了对机电、轻纺、资化、汽车及食品接触产品等1 722个海关商品编码的出口法检③。

（4）支持新兴业态

一是构建跨境电商检验监管新模式。建成全国跨境电子商务进出口工业产品风险监测中心，2015年制定并实施了《质检总局关于加强跨境电子商务进出口消费品检验监管工作的指导意见》，构建了以风险管理为核心，以事前备案、事中监测、事后追溯为主线的跨境电商进出口消费品质量安全监管模式。

二是推动进境维修、再制造产业发展。目前已建成3个国家级高新技术产品维修/再制造产业质量安全示范区，支持20个直属检验检疫局和157家企业开展了入境机电料件维修、再制造业务。

（5）以自贸试验区为平台开展检验检疫制度创新

自贸试验区是改革开放的制度创新高地，也是检验检疫改革创新的重要

---

① 2014年9月9日发布的《国家质量监督检验检疫总局关于进一步明确进口废物原料检验检疫监管有关问题的通知》（国质检检函〔2014〕438号）。

② 在2018年国务院机构改革中，原质检总局撤销，其出入境检验检疫职能并入海关总署。

③ 吴景贤. 我国进出口商品检验制度研究［D］. 苏州：苏州大学，2014：18-19.

平台。例如，广东自贸区在全国首创“智检口岸”模式，企业可享受“六零服务”；建设跨境电商的质量溯源体系，探索监管的“南沙模式”①，全球质量溯源体系通过采集商品从生产、贸易、流通直至消费者的全生命周期质量信息，实现商品质量溯源和口岸快速通检，推动质效齐飞和产业集聚，赢得了国际社会的积极响应，为推进中国质量溯源体系建设提供了前沿范本，形成了从自贸区试验向国际规则的转变；创新“CEPA② 食品”检验监管模式；推动粤港澳检验检测认证互认；首创市场采购出口商品检管区模式。

天津自贸区探索“一次审批，分批核销”模式，审批时限缩短至 3 个工作日，审批效率更高，审批成本更低；深化京津冀检验检疫实现三通（报、检、放）；完善直通模式；开展绿色供应链标准体系探索与建设。

上海自贸区构建跨境电子商务风险监控体系和质量追溯体系；创新推出“十检十放”分类监管模式③，让通关时间再次缩短；支持检验检测认证机构发展；探索实施“互联网+国检”战略，全国推进国检信息化建设，积极推进国际贸易单一窗口制度。

当前，中国的进出口商品检验制度经历着新一轮时代浪潮变革的洗礼，坚定走中国特色质检工作之路。通过检验检疫制度的完善，使商品检验工作从微观质量检验向宏观质量管理调整、从普遍检验向重点监管调整、从进出口检验监管并重向进口检验监管为主调整、从管检一体向管检分离调整，有助于中国企业实现产业升级，提高“中国制造”和“中国创造”在国际上的竞争力。

---

① 南沙自贸片区成功搭建了“一个平台支撑（智检口岸）、一条主线引领（全球质量溯源体系）、多种创新驱动”的监管体系改革架构，助力南沙打造高水平对外开放门户枢纽。

② CEPA 指《内地与香港关于建立更紧密经贸关系的安排》，即 Closer Economic Partnership Arrangement.

③ 即“先检后放、通检通放、即检即放、少检多放、快检快放、空检海放、外检内放、他检我放、边检边放、不检就放”。最严格的“先检后放”到最宽松的“不检就放”，根据产地国家、企业、商品和交易属性四个维度考量，建立起信用等级从劣到优，监管力度从严到松，放行速度由慢到快的全方位、多层次、分梯度的监管模式。

五、新中国货物贸易外汇管理制度演进

新中国货物贸易外汇管理制度以进出口收付汇制度为核心，随着经济环境和国际贸易形势的变迁，呈现出以下制度演进轨迹。

（一）高度集中、计划控制的货物贸易外汇管理体制（1949—1978 年）

改革开放以前，高度集中的计划经济体制下，外汇短缺导致中国实行比较严格的外汇管制，外汇业务由中国银行统一经营。国家对外贸和外汇实行统一经营，用汇分口管理。外汇收支实行指令性计划管理，一切外汇收入必须售给国家，需用外汇按国家计划分配和批给。国际收支平衡政策“以收定支，以出定进”，依靠指令性计划和行政办法保持外汇收支平衡。人民币汇率作为计划核算的工具，要求稳定，逐步脱离进出口贸易的实际，形成汇率高估。①

（二）货物贸易外汇管理制度逐步完善（1979—1992 年）

中共十一届三中全会以后，中国开始实行改革开放的方针政策，对外经济交往有了很大发展。对外贸易方式越来越灵活多样，为适应新形势下经济发展的需要，国务院正式批准设立了外汇管理的主管机构国家外汇管理总局（现为国家外汇管理局），全面负责中国外汇管理工作。在这一阶段，中国外汇管理进入逐步完善的时期。其中，涉及进出口贸易实行的政策主要有：

1. 实行外汇留成制度

为改革统收统支的外汇分配制度，调动外贸单位的积极性，扩大外汇收入，改进外汇资源分配，从 1979 年开始实行外汇留成办法。在外汇由国家集中管理、统一平衡、保证重点的同时，实行贸易和非贸易外汇留成，区别不同情况，适当留给创汇的地方和企业一定比例的外汇，以解决发展生产、扩大业务所需要的物资进口。外汇留成的对象和比例由国家规定。② 留成外汇的

---

① 张新存. 我国外汇管理政策的演进［J］. 对外经贸统计，2007（1）：13-16.

② 1979 年 8 月，国务院颁发《关于大力发展对外贸易增加外汇收入若干问题的规定》，规定留成外汇主要用于扶持产品生产，包括引进新技术和关键设备，有计划地用于中小企业技术改造、设备更新；1985 年 3 月 29 日，国务院出台了《出口商品外汇留成办法》实行出口商品外汇留成，该办法按不同出口行业、不同出口商品、不同地区划分，采取的留成比例从 3%到 100%不等。

用途须符合国家规定，有留成外汇的单位如本身不需用外汇，可以通过外汇调剂市场卖给需用外汇的单位使用。1991 年后，国家统一各地留成比例，取消了包干制留成、不同产品留成等留成额度，使企业用汇自主权得到进一步扩大。

2. 建立出口收汇核销制度

该制度建立于 1991 年 1 月 1 日①，是经常项目外汇管理的一项主要内容，是以出口货物的价值为标准，核对是否有相应的外汇收回国内的一种管理措施。通过出口收汇核销监管，一方面在贸易背景真实的基础上，防止外汇资金流失，促进中国对外贸易的发展；另一方面出口收汇核销也促使贸易出口单位在扩大出口的同时注重收汇，有利于其加强经营管理，努力催收货款，加快收汇速度，提高出口经营效益。作为一种事后管理制度，出口核销制度的简历是对中国货物贸易外汇管理的革新性变革，标志着中国经常项目外汇管理方法进入了一个新的发展阶段。

（三）建立以市场调节为主的货物贸易外汇管理制度体系（1993—2001 年）

1993 年 11 月 14 日，中共十四届三中全会通过的《中共中央关于建立社会主义市场经济体制若干问题的决定》中明确要求，“改革外汇管理体制，建立以市场供求为基础的、有管理的浮动汇率制度和统一规范的外汇市场，逐步使人民币成为可兑换货币”。这为贸易外汇管理制度进一步改革明确了方向。为此，1994 年以后，中国贸易外汇管理制度进行了重大变革②，主要包括：

1. 实行银行结售汇制度，取消外汇上缴和留成，取消用汇的指令性计划和审批

从 1994 年 1 月 1 日起，取消各类外汇留成、上缴和额度管理制度，对境内机构经常项目下的外汇收支实行银行结汇和售汇制度。除实行进口配额管理、特定产品进口管理的货物和实行自动登记制的货物，须凭许可证、进口证明或进口登记表，相应的进口合同和与支付方式相应的有效商业票据（发

① 1990 年 12 月 18 日，经国务院批复，国家外汇管理局发布《出口外汇核销管理办法》。

② 1996 年 1 月 8 日国务院第四十一次常务会议通过《中华人民共和国外汇管理条例》，自 1996 年 4 月 1 日起施行。其中，第二章第八条、第九条、第十条、第十一条对货物贸易外汇管理方法下的银行结售汇制度、进出口收付汇核销制度进行了规定。

票、运单、托收凭证等）到外汇指定银行购买外汇，其他符合国家进口管理规定的货物用汇、贸易从属费用、非贸易经营性对外支付用汇，凭合同、协议、发票、境外机构支付通知书到外汇指定银行办理兑付。为集中外汇以保证外汇的供给，境内机构经常项目外汇收入，除国家规定准许保留的外汇可以在外汇指定银行开立外汇账户外，都须及时调回境内，按照市场汇率卖给外汇指定银行。

1996 年 12 月 1 日起，中国正式宣布接受《国际货币基金组织协定》第八条款，实现人民币经常项目完全可自由兑换。至此，在银行结售汇制度的基础上，建立起以市场调节为主的管理模式，重视市场调节在外汇收支中的作用，对于促进对外贸易发展发挥了作用。

2. 开始构建以真实性审核原则为标准的、一一对应的货物贸易外汇管理制度

（1）进口付汇核销制度建设

1994 年 8 月，中国开始实施进口付汇核销制度。该制度是将付汇的金额与海关的数据进行配对，监督进口企业货到付款的真实性。1997 年 3 月 1 日，由国家外汇管理局直接办理进口付汇核销业务，并于 1998 年 9 月 1 日推出中国第一个政务系统——进出口报关单联网核查系统，实现了报关单信息在国家外汇管理局、银行、企业间联网共享，有效地打击了利用假报关单骗购外汇资金的行为。

（2）出口收汇核销制度的完善

1996 年之后，在出口收汇核销单的基础上增加“出口退税专用联”，将出口收汇核销与出口退税结合起来，保证了贸易真实性的同时激发企业出口创汇积极性；同时将出口收汇信息传递给国家各级财政、税务部门凭以对企业进行财政补贴，初步实现了国家外汇管理局与国家财政部门、商务部门的数据共享和联合管理。①

---

① 荆琴. 改革开放三十年中国外汇管理法治化进程［EB/OL］.（2009－05－25）［2019－06－04］. http://www.china.com.cn/economic /txt/2009-05/25/content_17832486.htm.

（四）改革进出口收付汇核销，促进贸易便利化（2002 年至今）

建立于 20 世纪 90 年代的货物贸易进出口核销制度，结合了中国当时的经济发展状况，发挥了积极的作用，但随着中国社会主义市场经济的不断发展，以“逐笔核销、事前备案、现场审核、行为监管”①为主要特征的核销制度已经不能适应对外贸易的快速发展，迫切需要进行改革和优化。鉴于此，2011 年 12 月，外汇局、海关总署与国家税务总局在江苏、山东等七省（市）联合推出了货物贸易外汇管理制度改革试点，改革货物贸易外汇管理方式，优化升级管理部门间信息共享机制，加大联合监管的力度。2012 年 8 月 1 日起，货物贸易外汇管理制度改革在全国范围内实施，纸质核销时代一去不复返。此项制度改革作为顺应中国对外贸易规模、方式、主体发展变化和应对当前及未来一段时期内国际收支形势的重要举措，有利于降低社会成本，促进对外贸易的可持续发展。

改革后货物贸易外汇管理制度的核心内容是总量核查、动态监测和分类管理，基本做法是依托全国集中的货物贸易外汇监测系统全面采集企业进出口收付汇及进出口货物流的完整信息，以企业主体为单位，对其资金流和货物流进行非现场总量核查，对非现场总量核查中发现的可疑企业实施现场核查，进而对企业实行动态监测和分类管理。同时，加强监管部门间数据与信息交流的力度，强化协同机制，加强联合监管。改革后货物贸易项下的行政许可项目由原来的 6 项减少为 2 项，合规守法经营的企业进出口收付汇无需再办理联网核查和逐笔核销手续，凭商业单证即可在银行直接办理，企业、银行经营成本大幅降低。外汇监管资源主要集中于少数存在可疑及违规行为的企业，大大提升了监管效率和水平，取得良好效果。

2019 年，海关总署和国家外汇管理局发布《关于取消打印报关单收、付汇证明联的公告》，自 2019 年 6 月 1 日起执行。该规定深化通关作业无纸化改革，完善货物贸易外汇服务和管理，进一步减少纸质单证流转，全面取消

① 详见 2011 年 9 月 9 日国家外汇管理局、国家税务总局、海关总署《关于货物贸易外汇管理制度改革试点的公告》（国家外汇管理局公告 2011 年第 2 号）。

报关单、付汇证明联和办理加工贸易核销的海关核销联。企业办理货物贸易外汇收付和加工贸易核销业务，按规定须提交纸质报关单的，可通过中国电子口岸自行以普通 A4 纸打印报关单并加盖企业公章。

通过上述改革，货物贸易外汇管理制度在持续提升贸易便利化程度方面发挥了重要作用。

第二节 新中国海关管理制度的建立与改革

海关是贯彻执行国家有关进出口政策、法律、法令的重要机构。做好海关监督管理、征收关税、查禁走私和编制海关统计等工作，对于保障国家经济建设、维护国家主权、制止进出境的政治经济破坏活动和违法行为、促进对外贸易、旅游和科技文化教育等事业的发展、积累建设资金、促进社会主义现代化建设，都有积极作用。

一、新中国海关制度变迁情况概述

《中华人民共和国海关法》（以下简称《海关法》）第二条明确规定：“中华人民共和国海关是国家的进出关境（以下简称进出境）监督管理机关”，是海关管理的主体。海关依照《海关法》和其他有关法律、行政法规，监管进出境的运输工具、货物、行李物品、邮递物品和其他物品，征收关税和其他税、费，查缉走私，并编制海关统计和办理其他海关业务。因此，中国海关管理的基本任务可划分为四个部分：监管通关货物、物品和运输工具，征收关税和其他税费，海关统计和海关缉私。

在新中国 70 年的经济发展历程中，中国海关在对外经济的管理与服务职能方面发挥越来越重要的作用。改革开放前，海关税收额较小，例如“一五”

期间总关税收入为 15. 51 亿元，占全国税收比重为 6. 72%；“五五”期间总关税收入也仅为 129. 52 亿元，占全国税收比重为 5. 17%，不具有显著的、代表性的财政功能意义。[①] 表 7-4 给出了 1979—2017 年中国海关业务的开展情况，以征收关税和其他税、费这项职能为例，从开放初期的 1. 6 亿美元增长至 2017 年的 18 967. 8 亿美元，增长迅速（见表 7-4）。

海关制度的建立、改革与创新是新中国成立以来海关建设的重要内容，既是中国整体改革和开放型经济的一个重要组成部分，也是推动中国经济和社会改革的动力之一。[②]

表 7-4　1979—2017 年中国海关业务开展情况

年份	进出口总值/亿美元	进口总值/亿美元	出口总值/亿美元	关税、进口环节税/亿美元
1979	-	-	-	1. 6
1980	381. 4	200. 2	181. 2	34. 8
1981	440. 2	220. 1	220. 1	59. 8
1982	416. 1	192. 9	223. 2	54. 7
1983	436. 2	213. 9	222. 3	63. 9
1984	535. 5	274. 1	261. 4	126
1985	696. 2	422. 5	273. 6	350. 5
1986	738. 5	429. 1	309. 4	246. 7
1987	827. 3	432. 4	394. 9	250. 3
1988	1 027. 9	552. 5	475. 4	262. 8
1989	1 116. 3	591. 4	524. 9	339. 3
1990	1 154. 1	533. 5	620. 6	282. 7
1991	1 357. 0	637. 9	719. 1	338. 4
1992	1 656. 1	806. 1	850	381
1993	1 957	1 039. 6	917. 4	447. 8
1994	2 366. 2	1 156. 2	1 210. 1	622. 4
1995	2 808. 6	1 320. 8	1 487. 8	680. 1

① 数据来源：《中国财政统计年鉴》。

② 周卫前. 中国海关改革与现代化的回顾与展望［J］. 海关与经贸研究，2015，36（5）：35-50.

表7-4(续)

年份	进出口总值/亿美元	进口总值/亿美元	出口总值/亿美元	关税、进口环节税/亿美元
1996	2 899.0	1 388.4	1 510.7	793.1
1997	3 250.6	1 423.6	1 827	853.1
1998	3 239.5	1 402.4	1 837.1	879
1999	3 606.3	1 657.0	1 949.3	1 590.7
2000	4 743.0	2 250.9	2 492.0	2 242.0
2001	5 096.5	2 435.5	2 661.0	2 492.4
2002	6 207.7	2 951.7	3 256.0	2 590.7
2003	8 509.9	4 127.6	4 382.3	3 711.6
2004	11 545.5	5 612.3	5 933.3	4 744.2
2005	14 219.1	6 599.5	7 619.5	5 278.5
2006	17 604.4	7 914.6	9 689.8	6 104.4
2007	21 761.8	9 561.2	12 200.6	7 586.0
2008	25 632.6	11 325.7	14 306.9	9 161.1
2009	22 075.4	10 059.2	12 016.1	9 213.6
2010	29 740.0	13 962.5	15 777.5	12 518.3
2011	36 418.6	17 434.8	18 983.8	16 142.1
2012	38 671.2	18 184.1	20 487.1	17 579.1
2013	41 603.3	19 502.9	22 100.4	16 641.0
2014	43 030.4	19 602.9	23 427.5	17 268.6
2015	39 569.0	16 819.5	22 749.5	15 091.1
2016	36 855.8	15 874.2	20 981.6	15 388.0
2017	41 045.0	18 409.8	22 635.2	18 967.8

数据来源：中国海关统计数据。

（一）新中国海关制度框架的初步确立（1949—1978年）

新中国的诞生，结束了近代中国海关主权受不平等条约束缚的历史，引领中国海关进入了一个崭新的时期。1949年10月25日，新中国海关正式成立。1951年3月至5月先后颁布了《中华人民共和国暂行海关法》《中华人民共和国海关进出口税则》和《海关进出口税则暂行实施条例》，确立了中国海关法律体系的初步框架，为建立海关业务管理制度、开展海关监管职能发挥了重要作用。

在新中国成立这一重大变革时期，中国海关着力恢复海关建制和职能，工作重心向服务于经济建设进行调整。改革后，海关的组织及运行体制收归中央并由海关总署统一管理。同时，中国各级海关逐步恢复组织建制并开始履行日常职能，这些职能主要包括：统一管理关税的征收和减免，编制海关数据统计，统一报关单申报格式等。同时，在开放经济发展初期的不规范阶段，广东、福建、浙江等沿海一带出现了大规模的走私潮，反走私斗争空前激烈。海关的四大职能（监管、征税、统计、打私）在这一阶段逐渐显现其雏形。

总体来说，在这一时期，由于国家政策的重心不是经济建设，特别是对外经济更没有被提到重要的位置，海关的作用和地位有所弱化，海关管理制度的发展也几乎处于停滞状态。① 但伴随中国改革开放政策的实施，海关的重要作用日益显现，中国海关现代化进程也被提上日程。

（二）中国现代化社会主义海关制度的基本确立（1978—2000 年）

1978 年后，国内经济体制的深刻变革、国际经济联系的日趋紧密和现代化信息技术的迅速发展，构成了中国海关所面临的新的国内和国际环境，并强烈冲击着中国海关传统的管理模式，全面改革海关制度势在必行。

1. 构建垂直管理体制

1980 年 2 月 9 日，公布《关于改革海关管理体制的决定》，决定将全国海关建制收归中央统一管理，成立中华人民共和国海关总署，直属国务院，统一管理全国海关机构及其业务，实行中央管理为主的垂直领导体制。该体制一直延续至今，在组织机构上分为 3 个层次：第一层次是海关总署，是中华人民共和国国务院下属的正部级直属机构，统一管理全国海关。海关总署现有 17 个内设部门、6 个直属事业单位、管理 4 个社会团体（海关学会、报关协会、口岸协会、保税区出口加工区协会）；第二层次是广东分署，天津、上海 2 个特派员办事处，41 个直属海关和 2 所海关学校；第三层次是各直属海

① 杨明. 论中国海关管理制度的历史演变及其发展趋势［D］. 昆明：云南大学，2006.

关下辖的562个隶属海关机构和办事处，通关监管点近4 000个。此外，在布鲁塞尔、莫斯科、华盛顿以及香港等地设有派驻机构。同时海关的进出境监督管理职能得到充分明确，关税征收和减免由海关统一管理，编制海关统计，实行统一的报关单制度，对进出境货物、人员物品实行监管查验，履行打私职能等，充分保证了海关独立行使职权。

2. 颁布《海关法》，确立海关法律地位

1987年7月1日正式实施《海关法》，标志着海关的法制建设进入了一个崭新的阶段，以海关法为主体，逐步建立起由各项海关行政法规、规章所构成的海关法律体系，涵盖了包括海关组织、监管、关税、统计、查辑走私和处理违反海关规定行为的海关法律制度，从而保障了海关在履行海关职责时做到有法可依，违法必究。根据2000年7月8日第九届全国人民代表大会常务委员会第十六次会议《关于修改〈中华人民共和国海关法〉的决定》，对《海关法》进行了修订，专门增设执法监督一章，要求海关履行职责，必须以遵守法律，维护国家利益为基本原则，依照法定职权和法定程序严格执法，并接受各方监督。修订后的海关法比较全面地体现了现代海关管理的基本法律原则，基本解决了影响海关打击走私所遇到的法律问题，确立了海关缉私警察的设置和法律地位。

1998年，海关总署作出了《关于建立现代海关制度的决定》，勾勒出现代海关制度的基本框架，提出了建立现代海关制度两步走发展战略：用5年时间，在全国海关初步建立起现代海关制度的基本框架，然后再用5年左右的时间，到2010年前，建成比较完善的现代海关制度。

（三）中国海关制度向纵深变革阶段（2001年至今）

中国入世推动中国海关全面提高执法能力和通关效率。入世后中国的海关制度按时间维度呈现出以下明显变化：

1. 制定《现代海关制度第二步发展战略规划》，全面建设现代化海关

在完成现代海关制度第一步发展战略规划目标基础上，2003年年初，海关总署提出全面建设现代化海关、实现建立现代海关制度的第二步发展战略目标，即以建立健全风险管理机制为中心环节，全面、协调地推进海关各项

改革与建设，到 2010 年，基本建立起与构建社会主义和谐社会相适应，与完善的社会主义市场经济体制相配套，与国际通行规则相衔接，严密监管与高效运作相结合的现代海关制度，努力建设科学、文明、高效、廉洁、和谐的智能型海关，为促进对外经济贸易发展，把中国建设成为富强民主、文明和谐的社会主义现代化国家作出更大的贡献。

2. 建设智能型海关，提升贸易便利化水平

加入 WTO 后，海关以通关作业改革为突破口，努力建立以风险管理机制为中心环节，建设智能型海关，为实现建立现代海关制度第二步发展战略不断摸索创新。同时“电子海关”建设实现了升级换代，完成了 H883 系统到 H2000 系统的切换。H883 从 1986 年开始需求调查和原型试验，1988 年 3 月在海关总署正式立项建设，1989 年完成系统设计，并在中国九龙海关投入运行，后来又相继在广州、天津、上海、北京等一批重点海关投入运行，是报关自动化专用系统。H2000 系统于 2001 年 11 月 30 日正式启动试点工作，2003 年 4 月通过国家验收，是以 H883 系统为基础研发的又一个独立的报关自动化系统。H2000 系统基本覆盖了 H833 系统的所有功能，并根据业务需求对功能和流程进行了必要的修改和完善。

3. 关检合并

2018 年 3 月 13 日，十三届全国人大第一次会议通过了《国务院机构改革方案》，原国家质量监督检验检疫总局的出入境检验检疫管理职责划入海关总署，关检合并后口岸通关效率大幅提升，提高了贸易便利化水平，中国海关管理进入了一个崭新的发展新阶段。

4. 制定了《海关全面深化业务改革 2020 框架方案》，以“构建新型海关监管机制”为目标推动新一轮海关制度改革

2019 年，构建新型海关监管机制的各项改革举措正在逐项落地。按照“整体设计、分步实施，试点先行、关联推进”的原则，努力打造先进的、在国际上最具竞争力的海关监管体制机制。一是通过实施进口“两步申报”，健全高效便捷的申报制度；二是通过安全风险防控“两轮驱动”，健全协同优化的风险管理制度；三是通过实施监管“两段准入”，健全衔接有序的监管作业

制度；四是通过科学划分寄递渠道和货运渠道“两类通关”，健全统一规范的通关制度；五是通过实施监管“两区优化”，健全自由便利的特定区域海关监管制度。①

二、海关管理制度的便利化进程

鉴于海关管理的特殊性质，在依法实施对进出境货物的有效监管的同时提升贸易便利化水平一直是各国海关的工作重点。中国海关一直重视海关贸易便利化改革，通过调整管理规范、革新管理技术、加强海关国际合作等多种路径推进海关贸易便利化进程。

海关对货物贸易进行直接管理的制度反映在报关通关制度上。报关是指进出口货物装船出运前，向海关申报的手续。中国海关法规定：凡是进出国境的货物，必须经由设有海关的港口、车站、国际航空站，并由货物所有人向海关申报，经过海关放行后，货物才可提取或者装船出口。通关即结关、清关，是指进出口货物和转运货物，进出入一国海关关境或国境必须办理的海关规定手续。只有在办理海关申报、查验、征税、放行等手续后，货物才能放行，放行完毕叫通关。同样，载运进出口货物的各种运输工具进出境或转运，也均需向海关申报，办理海关手续，得到海关的放行许可。货物在结关期间，不论是进口、出口或转运，都是处在海关监管之下，不准自由流通。

改革开放以后，中国报关通关制度的演进主要经历了四个阶段。

（一）自理报关到初步形成报关通关制度规范（1979—1992 年）

1980 年 1 月，中国海关正式恢复和实行对外贸易公司全国统一的报关制度。但在这一时期由于中国外贸管理体制的原因，报关主要是自理报关，分别包括地方外贸公司和工贸公司在地方口岸的自理报关以及国家所属专业进出口总公司在北京的集中报关纳税。直到 1985 年，随着中国对外贸易经营活

---

① 《瞭望》新闻周刊：构建新时代中国特色社会主义新海关 专访海关总署署长、党委书记倪岳峰［EB/OL］.（2019-05-20）［2019-06-20］. http://www.singlewindow.cn/xwdt/4731.jhtml.

动主体发生了很大变化以及贸易方式的多样化，从而出现了大量的非外贸专业公司、个人加入报关服务的行列中。1985 年 2 月，中国海关发布了《海关对报关单位实施注册登记制度的管理规定》，第一次将报关单位的规范纳入了海关的法律体系范围。这标志着中国报关代理制度的初步确立。进一步地，1987 年《海关法》也对报关权进行了规范，并且明确了报关代理的法律地位。①

（二）逐步对接国际规范的海关管理制度便利化进程（1993—2001 年）

1. 实施 ATA 单证册制度

这一时期，中国通过加入国际公约、推进报关通关信息化建设等路径，逐步形成与国际规范、国际标准对接的现代化的报关通关制度。1993 年 8 月 27 日，中国正式加入《关于货物暂准进口的 ATA 通关单证册海关公约》（简称“ATA 公约”）、《关于货物暂准进口公约》（简称“伊斯坦布尔公约”）和《展览会和交易会公约》，1998 年 1 月 1 日正式实施 ATA 单证册制度②。经国务院批准、海关总署授权，中国国际贸易促进委员会/中国国际商会是中国 ATA 单证册的出证和担保机构，负责中国 ATA 单证册的签发和担保工作，为 ATA 单证册持有人简化通关手续、节约通关费用和时间、降低风险。

2. 确立电子数据合法性以及推动电子口岸建设

1998 年，海关总署和外汇管理局按照国务院关于要加快银行、外汇管理局和海关之间的计算机联网，加强对报关单和外汇进出口核销工作的管理，从源头上防止骗汇、逃汇违法活动发生的指示，联合开发了“进口付汇报关单联网核查系统”。由此得以推广的口岸电子执法系统使企业只要通过互联网，就可以在网上向海关、质检、外贸、外汇、工商、税务、银行等国家行政管理机关申办报关、出口退税、结付汇和加工贸易备案等进出口手续，减少了企业直接到政府部门办理业务的次数，节省了办事时间，提高了贸易效率，

---

① 魏毅斐. 中国海关贸易便捷化改革研究 [D]. 成都：西南交通大学，2015.

② ATA 单证册制度为暂准进口货物建立了世界统一的通关手续，使暂准进口货物可以凭 ATA 单证册，在各国海关享受免税进口和免予填写国内报关文件等通关便利。因此，ATA 单证册又被国际经贸界称为货物护照和货物免税通关证。

从而真正实现了政府对企业的“一站式”服务。

2000 年，《海关法》经修订后规定，“办理进出口货物的海关申报手续，应当采用纸质报关单和电子数据报关单的形式”，这样就确立了电子数据的法律效力，即具有了合法性，同时也为电子口岸的发展提供了重要的法律保障。随后，电子口岸于 2001 年在全国进行推广，企业从那此便能够通过互联网办理各种通关手续，成本与效率达到双赢。

中国电子口岸是借助国家电信公网资源，在统一、安全、高效的计算机物理平台上实现信息资源的共享和交换的专门系统。该系统将国家各个不同的行政管理机关（包括海关总署、商务部、中国人民银行、国家外汇管理局、国家出入境检疫局、国家税务总局、国家工商局等）分别管理的进出口业务信息流、资金流、货物流电子底账数据集中存放到公共数据中心，使国家行政管理部门可以在网上进行跨部门、跨行业的数据核查和数据分析，并可在网上进行联网运用项目下的常规业务管理，如登记、审批等。中国海关是推行电子口岸系统最多、最有成效的部门之一，该系统将陆续运用到报关通关、纳税、退税、对出口加工区的管理、知识产权保护等诸多领域，目前已成为中国海关管理的主要技术手段。通过运用电子口岸系统，海关可以在网上接受申报，并在网上办理各种审批手续。在公共数据中心支持下，进出口环节的所有管理操作，都有电子底账可查，都可以按照职能分工进行联网核查、核注、核销，有利于海关增加管理综合效能，建立现代化的管理模式。

3. 建设预归类管理制度

预归类管理制度是指在一般贸易的货物实际进出口前，申请人以海关规定的书面形式向海关提出申请并提供商品归类所需的资料，必要时提供样品，海关依法作出具有法律效力的商品归类决定的行为。预归类管理制度在国际范围内得到了比较普遍的采用，中国从 2000 年 4 月 1 日起依据中华人民共和国海关总署第 80 号令《中华人民共和国海关进出口商品预归类暂行办法》实行进出口商品预归类管理制度。通过实施预归类管理制度，能够有效提高进出口商品归类的准确性，避免因归类不当而导致的各种不良后果，给依法进行进出口经营的单位或其代理人办理海关手续提供方便，加速其货物通关的进程。

4. 全面执行世界贸易组织《海关估价协定》

在海关估价方面，2000 年 7 月 8 日，中国把东京回合[①]与《海关估价协定》[②] 的原则方法写入了《中华人民共和国海关法》，对进出口商品的完税价格估算做出规定。2002 年后，中国海关在全国范围内执行世界贸易组织《海关估价协定》。

（三）规范化、无纸化的海关制度探索与改进（2002—2013 年）

1. 对接国际通用商品编码制度

为了提高进出口环境的公平透明化，中国海关按照世界贸易组织规则完善了中国的关税体系，审查和简化了国际贸易的关税和税金归还程序。同时，2002 年 1 月 1 日，中国海关进出口税则和统计目录开始采用世界海关组织制定发布的 2002 年版《商品名称及编码协调制度》，并据此制定了《海关总署商品归类决定》和高级分类管理体系的具体条例，以便进出口企业及其代理人了解进出口货物的协调制度归类、准确申报以及方便货物通关，简化海关程序。

2. 实施通关作业无纸化改革

2012 年 7 月 4 日，在全国海关深入推进通关作业改革动员部署会议上，海关全面推开分类通关改革启动通关作业无纸化改革试点。[③] 所谓通关作业无纸化，是指海关以企业分类管理和风险分析为基础，按照风险等级对进出口货物实施分类，运用信息化技术改变海关验核进出口企业递交纸质报关单及随附单证办理通关手续的做法，直接对企业通过中国电子口岸录入申报的报

---

① 东京回合（Tokyo Round）是关税与贸易总协定主持的第七轮多边贸易谈判。1973 年 9 月总协定缔约国部长级会议在东京发表“东京回合宣言”后开始谈判，故称为东京回合。共有 99 个国家和地区参加谈判，1979 年 7 月结束。东京回合的主要进展是提出了建立一个为各国接受的、形式统一、内容公平、中立于海关与商界之间的海关估价标准的建议，并指出“海关估价不应成为贸易的壁垒，应当禁止主观武断和虚构编造的价格在海关估价中出现，应与国际贸易现实协调相一致”，形成了 WTO 下的《海关估价协定》。

② 《海关估价协定》，其正式名称为《关税及贸易总协定第七条贯彻执行协议》（AGREEMENT ON IMPLEMENTATION OF ARTICLE VII OF THE GENERAL AGREEMENT ON TARIFFS AND TRADE 1994）。

③ 在北京、天津、上海、南京、宁波、杭州、福州、青岛、广州、深圳、拱北、黄埔 12 个海关的部分业务范围内进行试点。

关单及随附单证的电子数据进行无纸审核、验放处理的通关作业方式。

无纸化通关试点的基础是海关企业分类管理制度。为了提高管理效率，中国海关总署先后于1999年、2008年和2010年颁布有关海关企业分类管理的海关总署令，规范当期的海关企业分类管理行为。现行有效的法律规范是《中华人民共和国海关企业分类管理办法》，根据该法令，海关根据企业遵守法律、行政法规、海关规章、相关廉政规定和经营管理状况，以及海关监管、统计记录等，设置AA、A、B、C、D五个管理类别，对适用不同管理类别的企业，制定相应的差别管理措施，其中AA类和A类企业适用相应的通关便利措施，B类企业适用常规管理措施，C类和D类企业适用严密监管措施。这一管理制度鼓励企业诚信守法，既保障了国家安全，提升了海关执法的效果，又通过对守法企业的通关管理程序的简化加速了贸易流通，促进了贸易发展。

（四）探索制度创新进一步释放便利化改革红利（2014年至今）

1. 以通关一体化为牵引，深化海关制度变革，推动“关检融合”和“两步申报”通关模式改革

2014年后，海关便利化制度演进立足更加积极主动的对外开放战略。2014年，国务院印发了《落实“三互”推进大通关建设改革方案》，强化跨部门、跨区域的内陆沿海沿边通关协作，完善口岸工作机制，实现口岸管理相关部门信息互换、监管互认、执法互助（简称“三互”），提高通关效率，确保国门安全。

2018年8月1日起，进出口货物通关政策发生巨变，全国所有关区全面切换为新报关单，报关单、报检单将合并为一张报关单，即全国实现了“关检融合”“五统一”——统一申报单证、统一作业系统、统一风险研判、统一指令下达、统一现场执法，企业在单一窗口平台下能够感受到明显的时间压缩和贸易便利性。

2019年8月24日起，在黄埔海关、深圳海关和青岛海关三个直属海关先行试点实施“两步申报”通关模式改革。试点企业不需要一次性提交所有的申报信息及单证，整个提交过程可以分成两步走：第一步，企业凭提单信息，

提交口岸安全准入申报需要的相关信息，进行“概要申报”。如果货物不需要进一步查验，可以马上放行提离。涉税的货物在提供了税款担保以后，也可以放行提离。第二步，货物在口岸放行以后的14天内，企业补充提交满足税收征管、合格评定、海关统计等整体监管所需要的相关信息和单证。相比一次性提交所有相关信息，“两步申报”可以降低企业申报过程中的风险，也保障了企业权益，企业可以在货物提离14天以内，按照规定完成相关手续，从而降低了企业成本。

2. 基于自由贸易试验区制度创新平台，探索通关便利化改进机制

同时，中国积极探索制度创新，进一步释放改革红利。2014年以来最显著的一项制度创新是设立自由贸易试验区，各试验区在海关管理、报关通关方面进行了卓有成效的制度探索与创新。国务院在全国范围部署复制推广的四批自贸试验区改革试点经验中，海关监管创新制度共46项，占全部83项复制推广试点经验的二分之一以上。

最早成立的中国（上海）自由贸易试验区（以下简称“上海自贸区”）于2013年9月29日正式挂牌运营，力图破除贸易壁垒，推进中国贸易自由化和便利化。上海自贸区尝试在整合口岸管理资源、实施单一窗口、简化和协调进出口手续和单证、推进原产地规则便利化等方面进行突破，以系列贸易便利化制度建设为核心，推进自贸区贸易便利化进程。

中国（四川）自由贸易试验区（以下简称“四川自贸区”）于2017年4月1日挂牌成立。四川自贸区结合自己的产业、区域及贸易优势，探索有特色的制度创新，在同批自贸试验区中走在前列，为内陆开放型经济发展提供了有价值的经验和实践路径。四川自贸区创新口岸服务机制，探索出口退税预审快退服务模式、“江上申报、抵港验放”作业模式等，极大地提高通关效率；以中欧班列为抓手，完成中欧班列集拼集运业务全流程测试，逐步形成常态化运行机制，加强与阿拉山口以及“蓉欧+”沿线海关的联系配合，顺畅中欧班列通关流程，畅通国际开放通道；打造长江口岸现代航运服务系统和长江港口智能物流网络，推进与沿海沿江口岸信息互联互通，建设港口综合服

务“单一窗口”；协同成都国际陆港公司搭建了多式联运综合物流服务和信息共享 EDI 平台；在全国率先实施平行进口车关税保函落地和海关特殊监管区域外异地委托监管互认，为全国同类型地区提供了可复制、可借鉴模式。

三、海关管理制度改革的贸易便利化效应

贸易便利化的本质就是以海关手续和程序的简化为手段，降低进出口货物、进出境人员的实际通关时间，使贸易界的交易成本最小化，加速各种贸易要素在国际间的流动，促进国际贸易的发展。简而言之，就是对海关以及国际贸易制度、手续的简化与协调。贸易便利化目的在于为国际贸易活动营造一种协调、透明和可预见的大环境，其以国际公认的标准和惯例为基础，涉及各种手续和程序的简化、基础设施和设备的标准化以及促使各种适用法律和规定更趋协调。推行贸易便利化，对海关而言，实质上是一个海关制度与贸易便利相适应的变革问题，是一个改革旧制度建立新制度的制度变迁过程。①

世界银行最新发布的《2019 年营商环境报告》显示，中国跨境贸易排名从第 97 位提升至第 65 位，上升 32 位，说明中国的口岸营商环境得到了大幅的改善，通关便利化、贸易便利化水平得到很大提高。

（一）电子化海关管理技术的研发、运用和推广，具有十分明显的贸易便利效应

通过电子系统传递的各类信息的载体是电子文件，而非纸质文件，因此，信息的记录和修改能够方便、清楚、准确地在网上进行，这为企业的贸易行为提供了方便。以电子口岸为例，电子口岸以公网为信息传递的依托，以 Windows 操作系统为平台，以普遍应用的 IE 等浏览器为工具，开放性好，能够提供全天候、全方位服务，便于学习、掌握和普及。企业在经过备案申请取得用户资格后，在 Windows 界面拨入 17999 电信公网，输入用户名和口令。

---

① 徐伟. 经济转型时期中国海关的政府治理与制度创新［D］. 北京：对外经济贸易大学，2014.

拨通后，启动IE浏览器，在地址框内输入中国电子口岸网址 www.chinaport.gov.cn，回车后就登录到了中国电子口岸网站页面，此后即可凭已授权的中国电子口岸企业IC卡进行相关业务操作，如报关、出口退税、结售汇核销等等。因此，企业在任何时候、任何地方只要拨打本地电话与Internet联网，就可以通过数据中心办理与进出境有关的各类申报审批手续。同时，由于电子系统的信息传递、交换和批复即发即收，能够大大缩短办理任何海关手续所需要的时间，提高报关通关的效率。以通关作业无纸化改革为例，从通关时间来看，2013年1~7月全国实行无纸化报关单，进出口货物平均通关时间分别为2.95小时和0.22小时，而2012年全年全国海关整体进出口货物平均通关时间为进口15.96小时、出口1.59小时。另外无纸化进、出口报关单24小时放行率分别为96.51%和99.14%，也远高于全国海关67.61%和97.71%的整体进、出口报关单24小时放行率。①

最新数据显示，2018年12月，全国进口整体通关时间42.5小时，比2017年压缩56.36%；出口整体通关时间4.77小时，比2017年压缩61.19%。

（二）自由贸易试验区作为制度创新高地，以贸易便利化为重点的贸易监管制度有效运行，贸易便利化水平不断提升

上海自贸区成立以来，海关、检验检疫推出“一片区注册、四片区经营”“空检海放”等32项便利化举措，启动实施航运保险产品注册制改革，货物状态分类监管试点扩大到保税区所有物流企业，洋山进境水果指定口岸获得批准，国际贸易“单一窗口”1.0版上线运行。贸易便利化及其他方面的政策倾斜合并产生了良好的经济效应。截止到2014年9月中旬，上海自贸区挂牌成立后共计新设企业1.2万多户，新设企业注册资本金总量超过3 400亿元，其中外资企业超过1 600家，90%以上的新设外资企业通过备案制设立。2014年1~8月，上海自贸区内企业进出口货物总值5 004亿元，同比增长9.2%，其中进口总值3 700.4亿元，同比增长8.9%，出口总值1 303.6亿元，同比增长10.1%，自贸区进出口整体增速高于全国8.6个百分点，高于上海

① 数据来源于 http://www3.customs.gov.cn/tabid/50107/Default.aspx。

4.6个百分点。[①] 2014年9月中旬，自贸区进口平均通关时间较区外减少41.3%，出口平均通关时间较区外减少36.8%；到2015年9月底，上海自贸区通关作业无纸化率已从成立时的8.4%提升至80%以上，70%以上的报关单由计算机自动验放，卡口智能化验放率超过50%，物流运输能力提升25%至50%。[②]

（三）降低进出口环节合规成本

中国海关致力于推动建立全国口岸收费监督管理协作机制，实行进出口环节收费公示制度，统一公布收费项目和收费标准等目录清单，明码标价，以信息公开倒逼规范经营服务性收费，切实降低进出口环节合规成本。根据《2019年营商环境报告》的数据，中国进口、出口单证合规成本分别从170.9美元、84.6美元降至122.3美元、73.6美元，进口、出口边境合规成本分别从745美元、484.1美元降至326美元、314美元。

基于上述海关管理体制和报关通关制度的改革可知，这些海关管理制度改革都是朝着便民利民的方向发展，简化繁琐的手续、上线电子系统、制定估价标准、优化办事细节，这些举措都是为了使整个海关的环境更加优化，海关办事的公民和企业能享受到更好的服务。这些便利化制度极大地促进了中国对外贸易的发展，简化了海关手续，减少了通关时间，降低了贸易成本，加快了贸易要素的跨境流动。

① 数据来源：新华社、中国上海网、上海市口岸办官网、上海海关官网. http://www.thepaper.cn/newsDetail_forward_1268589_1。

② 数据来源：新华社、中国上海网、上海市口岸办官网、上海海关官网. http://www.thepaper.cn/newsDetail_forward_1268589_1 http://news.ifeng.com/a/20150928/44749319_0.shtml。

第三节　新中国关税制度的建立与改革

关税制度是为征收关税颁布的海关法、关税条例、进出口税则等规定的总称，是关税征收管理工作的准则和法律表现形式。新中国关税制度的内容包括三个方面：①《海关法》及有关条款，构成关税制度的框架和基本原则。②《中华人民共和国进出口关税条例》和《中华人民共和国海关进出口税则》（以下简称《进出口税则》）。③由海关总署或由海关总署会同国务院的其他有关部门，为实施海关法、关税条例和税则而制定的具体规定。这三个层次的规定密切联系、相辅相成，形成了新中国的关税制度。

一、高度集中计划经济制度时期的关税制度：实施全面保护关税政策（1949—1978 年）

从新中国成立到改革开放的三十年间，中国一直实行高关税水平的保护关税政策，即“海关税则必须保护国家生产，必须保护国内生产品与外国商品的竞争”。该时期的关税保护政策在恢复和发展国内生产、积累财政收入和同帝国主义作斗争中所起的作用是不能忽视的，有效地保护了中国国民经济和国内产业的成长和壮大，为中国社会主义革命和社会主义建设发挥了重要作用。

时间脉络上来看，1949 年新中国成立，中国海关管理权和关税自主权得以独立。1949 年 3 月的中共中央七届二中全会上，毛泽东主席做出“立即统制对外贸易，改革海关制度”[①]的指示。1949 年 9 月通过的《中国人民政治协商会议共同纲领》中规定：“实行对外贸易管制并采用保护贸易政策”。根据这一规定，1950 年 1 月，中央人民政府在召开第十七次政务会议时研究了建

① 毛泽东. 毛泽东选集：第四卷 [M]. 北京：人民出版社，1966：1436.

立新中国海关的问题，并在当月27日公布了《关于关税政策和海关工作的决定》。该决定明确规定“海关税则，必须保护国家生产，必须保护国内生产品与外国商品的竞争，必须以保护国家工业化为主”，同时明确了制定海关税则的六项基本原则，这成为新中国制定海关税则的重要依据。

1950年《关于关税政策和海关工作的决定》指出，海关总署必须是统一集中的和独立自主的国家机关，中国的关税是统一的对外的关境关税，海关机构统一执行中央制定的政策，同时确定了这段时期中国关税政策的目标，即《进出口税则》必须保护国家生产，必须保护国内生产品与外国商品的竞争，并确定了制定《进出口税则》的六条原则，即“1. 国内能大量生产或者暂时还不能大量生产但将来有发展可能的工业品及半成品，于进口同样的这些商品时，海关税率应规定高于该商品的成本与中国同样货品成本间之差额，以保护国家民族工业；2. 对于一切奢侈品和非必需品，订征更高的税率；3. 在国内生产很少或者不能生产的生产设备器材、工业原料、农业机械和粮食种籽及肥料等，其税率要低或者免征关税；4. 凡一切必需的科学图书与防治农业病虫害等物品，以及若干国内不能生产的或国内药品不能代替的药品的输入，免征或减征关税；5.《进出口税则》对进口货品有两种税率，对凡与中华人民共和国有贸易条约或协定的国家，应该规定一般的正常税率，对于凡与中华人民共和国没有贸易条约或协定关系的国家，要规定比一般较高的税率；6. 为了发展中国出口货物的生产，对于经由中央人民政府所奖励的一切半制成品及加工原料的输出，只订很低的税率或免税输出。”①

按照上述目标和原则，1951年5月4日，中华人民共和国政务院第83次政务会议通过了《进出口税则》并于当月16日颁布实施。同时公布《中华人民共和国海关进出口税则暂行实施条例》（以下简称《暂行条例》）作为关税税则的一部分，与关税税则同时实施。这是新中国的第一部关税法则，也是中国自鸦片战争后第一次真正独立制定的关税税则，它表明中国经济大门的钥匙已经安放在中国人民自己的口袋里。

① 资料来源于《中华人民共和国海关法规汇编》。

第一部《进出口税则》采用进出口合一制，将进口商品分为必需品、需用品、非必需品、奢侈品和保护品五大类。必需品适用税率分为免税、5%、7.5%、8%、10%、12%、12.5%、15%、17.5%、20%，共十级；需用品适用税率分为25%、30%、35%、40%，共四级；非必需品适用税率分为50%、60%、70%、80%、100%，共五级；奢侈品适用税率分为120%、150%、200%，共三级；保护品适用税率按国内商品批发价与进口商品到岸价格之间的差额适当加高的价格来核定。[①] 具体结构如表7-5所示。

表7-5 1951年新中国第一部《进出口税则》税率结构

类别	税率（%）	主要商品	税目数	所占比例（%）
必需品	免税	农作物种子、金属矿砂、棉花、报刊杂志、书籍、有革命意义的印刷品、金银、科学仪器等	39	2.03
	5	农药、铜、飞机、航空器、机车等	35	1.82
	7.5	原油、特效药品、化肥、钢片、农业机械、开掘油井机器、发电机等	122	6.34
	8	教育用电影片等	1	0.05
	10	活植物、型钢、铝、发动机、机床、电机、电视机等	93	4.83
	12	电子管、半导体管等	1	0.05
	12.5	橡胶、加工出口抽纱原料、纸浆、纺织机械等	176	9.15
	15	三角钢、采矿机器、冶金机器、压缩机等	33	1.72
	17.5	大米、柴油、铅管、橡胶促进剂、活性炭等	46	2.39
	20	磷、羊毛、工业用电冰箱、部分药品、铁皮等	117	6.08
需用品	25	小麦、缝纫机、马口铁、部分化工原料等	128	6.65
	30	木材、硝酸、生铁、录音机、立德粉、铜等	67	3.48
	35	染料、麻、木材、硫酸铜、普通钢材等	47	2.44
	40	汽油、硫酸、塑料原料、印刷品、纸张、普通机器等	132	6.86

① 杨圣明．中国关税制度改革［M］．北京：中国社会科学出版社，1997：149-150.

表7-5(续)

类别	税率(%)	主要商品	税目数	所占比例(%)
非必需品	50	豆类、咖啡、可可、纯碱、纺织原料、收音机等	121	6.29
	60	木制品、棉布、普通照相机、手表、小轿车等	152	7.90
	70	糖、蚕茧、木板条、铝箔、风灯、绷带等	56	2.91
	80	水果、肉类、食用油、盐酸、酒精、塑料制品等	262	13.62
	100	茶、饮料、海产品、煤、蚕丝等	172	8.94
奢侈品	120	山货、调味品、毛皮、化妆品等	60	3.12
	150	燕窝、巧克力、衣饰等	46	2.39
	200	烟、酒、迷信品等	18	0.94
保护品	按国内商品批发价与进口商品到岸价格之间的差额适当加高的价格核定			

资料来源：杨圣明. 中国关税制度改革［M］. 北京：中国社会科学出版社，1997：149-150。

新中国第一部《进出口税则》的算术平均关税水平为52.9%，其中农产品的算术平均关税水平为92.3%，工业品的算术平均关税水平为47.7%[①]。这充分体现中国改革开放前关税的高税率特点。之后，随着经济发展情况的变化，中国一直关注关税税率的适应度，并随时调整关税税率。改革开放前，对关税税率共进行了18次局部调整，调整范围和税率调整幅度都不大。

综上所述，该阶段的关税制度具有两个显著的特征：一是具有鲜明的内向性，这与当时的国内外政治经济环境相适应；二是采用高关税作为保护工具，新中国成立初期，民族经济基础薄弱，需要通过保护性关税制度来保驾护航。

二、建立有计划商品经济制度时期的关税制度：从“内向型”走向“开放型”（1979—1992年）

1978年11月，中共中央召开了具有划时代意义的十一届三中全会，确定了以经济建设为中心，坚持四项基本原则、改革开放的基本路线，中国经济体制由产品经济逐步转为商品经济，由计划调节逐步改变为以市场调节为主，

① 杨圣明. 中国关税制度改革［M］. 北京：中国社会科学出版社，1997：149-150.

开始进行全面改革，此时关税的调节作用有了充分发挥的客观条件。改革开放为中国经济注入了巨大的活力，为适应国家经济体制改革和对外开放的需要，国家开始进行经济、政治等各个领域的改革，关税对经济的调节作用和其组织财政收入的作用也重新被提到了重要的位置。①

（一）关税税则调整

改革开放以后，国内外的社会、经济情况发生了较深刻的变化，内向型的保护关税制度已不能适应发展需要，1951 年的第一部《进出口税则》和《暂行条例》到改革开放使用近三十年，不能适应发展的需要，具体体现在：关税政策不能服务于开放经济中对外贸易、引进外资等合作往来；关税总体水平过高；关税对消费类机电产品的保护相对不足；税率结构不合理；税则的商品分类目录尚未与国际通用标准接轨，对中国参加国际关税谈判构成障碍。②

1981 年，国务院批准的《海关总署关于全国海关关长会议的报告》指出："当前海关关税工作存在的主要问题是《进出口税则》实施三十多年来，虽然多次修改，仍然不能适应形势发展，亟待全面修订。"

1984 年国务院税则领导小组正式提出了改革开放时期中国的关税政策，即"贯彻国家的对外开放政策；体现鼓励出口和扩大必需品的进口；保护和促进国民经济的发展；保证国家的关税收入"，这一政策目标下，形成了这一阶段相对开放型的保护关税政策。

1985 年，全面修改关税税则时，国务院又批准了一个六项原则③，代替了过去的六条原则。根据新六项原则，中国全面修改了 1951 年关税税则，制

① 曹泉. 中国关税政策效应分析［D］. 济南：山东大学，2005：10-12.

② 裴洙烨. 论中国关税制度改革［D］. 北京：对外经济贸易大学，2000.

③ 这六项原则包括：第一，对进口国家建设和人民生活所必需的，而且国内不能生产或者供应不足的动植物良种、肥料、饲料、药剂、精密仪器、仪表、关键机械设备和粮食等，予以免税或低税；第二，原材料的进口税率一般比半成品、成品要低，特别是受自然条件制约、国内生产短期内不能迅速发展的原材料，其税率应更低；第三，对于国内不能生产的机械设备和仪器、仪表的零件、部件，其税率应比整机低；第四，对国内已能生产的非国计民生所必需的物品，应制定较高的税率；第五，对国内需要进行保护的产品和国内外价差大的产品，应制定更高的税率；第六，为了鼓励出口，对绝大多数出口商品不征出口关税，但对在国际市场上容量有限而又竞争性强的商品，以及需要限制出口的极少数原料、材料和半制成品，必要时可征收适当的出口关税。

定并通过了新中国第二部关税税则，即《中华人民共和国海关进出口关税条例》。新的关税税则以国际通用的《海关合作理事会商品分类目录》（Customs Co-operation Council Nomenclature，简称 CCCN）为基础，结合中国经济发展水平和进出口商品的实际情况，制定了符合中国关税政策的进出口税则。与第一部关税相比，其主要变化在于大幅度地调整进口税率并解决了税级结构不合理的问题。

第二部关税税则降低了 1 151 个税目（约占总税目数 55%）的进口关税税率。对中国资源有限、国内生产不能有效供应的原材料，较大幅度地降低了关税税率，如：钢铁盘条税率从 35%降低到 15%；对新型材料、新技术产品和信息传输设施从低制定税率，如：程控电话设备税率从 12.5%下降到 9%；对发展旅游事业和改善人民生活水平需要的用品适当降低了税率，如：鱼翅、燕窝等高级产品从 150%降至 60%；对从发展中国家进口的产品也降低了税率，如：香蕉等热带水果从 25%降低到 12%；同时降低了起点税率，除免税之外，最低税率从 5%降低到 3%。按 1982 年进口商品额为权重进行折算，其加权平均税率下降了 10%。[①]

修改后的税则，税级从免税到 150%共 18 级。除免税外，3%～150%可分为四组：3%～15% 5 个税级，级差 3%；20%～40% 5 个税级，级差 5%；50%～80% 4 个税级，级差 10%；100%～150% 3 个税级，分别为 100%、120%、150%。普通税率也设 18 级，最低为免税，最高为 180%。这样设置贯彻了税率结构的平衡，同时保持了税级之间的纵向平衡（原料、半成品、产成品的平衡）和横向平衡（类似或同类原料之间的平衡）。1985 年之后，中国根据国内外情况的变化，不断地调整关税税率，1986—1991 年，累计调低 83 种进口商品的税率，调高 140 种商品的进口税率。但是调整幅度仍然较小，到 1992 年自主降低关税前，中国关税的算术平均税率仍然高达 47.2%。[②]

（二）取消进口调节税

1985 年 7 月，中国对小汽车等 14 个税号国内外差价大的商品，开征 20%～

① 孙文学. 中国关税史［M］. 北京：中国财政经济出版社，2003：434.

② 引自关贸总协定谈判中国工作组第十次会议《关于中国外贸制度的补充文件》所提问题的答复。

80%的进口调节税，之后又进行了7次调整。进口调节税实际上是进口关税的附加税种。至1991年，征收进口调节税的税目达26个，包括甜蜜素、化妆品、肥皂、涤纶加工丝、化学纤维纺织物（包括长丝和短纤）、变色镜及其镜片、电子计算器、微机及其外围设备、吸尘器、收音机、录像机、摄像机、中小规模集成电路、汽车、摩托车、复印机、电子游戏机等。考虑到国内生产和价格情况已发生很大变化，进口中的一些混乱现象已有很大改变，同时，也为促进对外贸易的发展，推动早日恢复GATT缔约国地位及中美市场准入谈判，决定除将小汽车和摄像机的进口调节税适当并入关税外，其余进口调节税于1992年3月1日起全部取消①。

（三）其他关税优惠政策与措施

中国主要的关税优惠政策是在改革开放初期形成的。1979—1992年，中国共制定了40项关税优惠措施，涉及优惠规定157项，平均每年出台的优惠规定达11项之多。② 这些优惠规定主要表现在鼓励利用外资、支持经济特区发展、促进企业技术进步等几个方面。

1979年，国务院决定对来料加工、进料加工和加工贸易实行进口税收优惠政策，以鼓励来料加工、进料加工和加工贸易在中国的发展；20世纪80年代初，中国决定对国际金融组织贷款和外国政府贷款项下的进口货物给予进口税收优惠以促进引进外资，此后不久国务院决定在广东和福建设立经济特区，而后又在海南岛设立经济特区并制定免征进口关税的优惠政策；20世纪80年代中期，中国又设立了14个沿海开放区，也同样制定了同经济特区类似的免征进口关税的优惠政策；1983年，中国通过免征外资投资进口机器设备和物资的进口关税来鼓励外商来华投资；“七五”和“八五”计划期间，为配合中国产业政策，又对企业引进技术进行技术改造进口的技术设备和一些重大项目的技术设备引进实行关税优惠政策；1991—1992年，国务院又分别

① 财政部关税司. 中国关税改革与发展系列讲座第三讲：中国关税结构的优化和完善［J］. 预算管理与会计，2011（12）：45-48.

② 国务院关税税则委员会办公室，中华人民共和国财政部关税司. 中国关税：制度、政策与实践［M］. 北京：中国财政经济出版社，2011：171.

批准了边贸优惠和从独联体、东欧国家易货的关税优惠政策。20 世纪 90 年代初以来，中国已经开始进入重化工业阶段，依靠劳动、土地等初级要素投入的比较优势正在逐步丧失，而被资本、技术等要素取代。但是，中国这几次重大的关税调整却没有很好地注意有效保护结构的变化与中国动态比较优势的变化相适应，从而更好地支持中国产业结构的调整和升级。①

（四）新中国的原产地规则开始制定与实施

此外，为了满足实施两种关税税率（即一般税率和优惠税率）的需要，海关总署于 1986 年 12 月颁布了《中华人民共和国海关关于进口货物原产地暂行规定》（以下简称《暂行规定》），这是中国第一次在原产地规则领域制定的规章。《暂行规定》是通过参考 1973 年海关合作理事会制定的《京都公约》和国际通行的原产地规则做法，在试行的基础上制定和颁布的。由于中国没有多种关税税率和不针对国别实施歧视性贸易安排，所以关税税率简单到只有普通税率和最惠国税率两栏。事实上，最惠国税率适用于所有进口货物。因此，长期以来中国尚未制定出一套精确的原产地规则。《暂行规定》采用“完全获得或生产”和根据品目号改变及增值标准确定“实质性加工或制造”标准，而不采用加工工序标准。②

1992 年 3 月 8 日，国务院颁布了《中华人民共和国出口货物原产地规则》（1992 年 5 月 1 日起施行），同年 4 月 1 日外经贸部发布了《中华人民共和国出口货物原产地规则实施办法》，由此形成了与国际接轨的、国内各部门统一的原产地认定标准和规则。

综上而言，在这段时期，虽然关税水平仍然较高，但是与新中国成立初期的封闭式保护有很大不同，体现在：第一，在保护程度上开始从全面保护转向有选择的适度保护；第二，在进口贸易调节目标上，从限制进口转向鼓励适当进口。这一时期，中国关税制度建设的指导思想是，贯彻中共十三届五中、六中全会的精神，努力推进改革开放，充分利用关税手段，适应治理

① 谷成. 入世后优化中国关税保护结构的再思考［J］. 财贸经济，2007（6）：79-81.

② 张嫦. 完善我国原产地规则的对策与建议［D］. 成都：西南财经大学，2004：28-31.

整顿、调整产业结构、发展国民经济的需要，充分发挥关税对国民经济的宏观调控作用，为实现国民经济持续、稳定、协调发展作出贡献；政策目标上追求促进对外开放和发展民族工业之间的平衡；同时在改革开放条件下注重发挥关税调节进出口的经济职能作用。

三、建立社会主义市场经济制度时期的关税制度：降税优化，发挥经济调节职能（1993—2001 年）

1992 年，中共十四大提出经济体制改革的总目标是建立社会主义市场经济体制；同样，GATT 也结束了对中国长达 5 年的“复关”申请审议。建立社会主义市场经济体制和“复关——入世”谈判都要求中国进一步调整和完善关税制度，按照市场经济规律和国际贸易通行规则，建立起以经济调节手段为主的对外贸易管理模式。

这一时期的关税政策调整的总体指导思想为：体现国家产业政策；有利于国家对国民经济的宏观调控；保持合理的税率结构，有利于对民族工业的有效保护；考虑国家财政收入的需要，有利于开拓税源、扩大税基；符合国民经济发展战略的长远要求，有利于提高国民经济运行的整体素质，既保证结构合理又要考虑财政收入；既要对民族工业进行有效保护，又要平衡国内需求维持正常进口。总的来说，是在促进对外开放的大局下进行有效保护。在这一原则下，自 1993 年起，中国进行了以“降低关税水平、调整关税结构、清理关税减免、扩大关税税基、实行国民待遇”为主要内容的关税制度改革，同时对进口税收优惠政策开始进行清理和调整。

（一）颁布以《商品名称及编码协调制度》为基础的新中国第三部海关关税税则

进入 20 世纪 90 年代以后，随着改革开放的不断深入，科技水平不断进步，生产水平日益提高，对外经济贸易规模进一步扩大，进出口商品的结构也有了较大的变化，1985 年制定的海关税则呈现出不能适应经济发展的要求了。于是中国开始酝酿新一轮的关税政策改革。1987 年，中国开始申请恢复关税及贸易总协定席位，为便于测算和比较，需要以《商品名称及编码协调制度》（以下简称《协调制度》）目录作为减税谈判的基础。为此，从 1992 年 1 月起，中国开始实行以《协调制度》为基础的新中国第三部海关关税税则。新税则根据中国进出口商品的实际结果和关税政策的需要，在基本税目的基础上增加了部分子目，使税则税目总数增加到 6 250 个；在税率方面的主旋律是降税，总体税率水平从 47. 2%降至 42. 5%。

（二）多次自主降低关税税率，优化进口关税结构

1993 年 11 月 14 日，中共第十四届三中全会确立了社会主义市场经济体制基本框架，使市场在国家宏观调控下对资源配置起基础性作用，计划经济体制正式向市场经济体制过渡，中国的经济体制改革进入了一个新的时期。为适应中国社会主义市场经济发展需要和国际经济通行规则，中国确定了新的关税政策目标，即分步降低关税税率，"九五"期间降到发展中国家的平均水平；调整关税结构，清理税收减免，积极实行关税配额的试点。①

乌拉圭回合谈判结束后②，各参加国均按承诺实施关税减让计划。中国政府自 1992 年起，在第三部关税税则的基础上开始大幅度地进行自主降税。

1992 年 12 月 31 日起，中国开始实施第一次自主降税。这次降税的主要商品是：国内不能生产的先进技术产品和依赖进口的原材料，中美市场准入谈判中承诺 1992 年年底降低的口香糖、一次成像照相机等四种商品及中国其他有较强竞争力或出口量大的出口商品。经过调整，中国的关税总水平从 42. 5%下降到 39. 9%，其中涉及 3 371 个税目，在进出口税则税目总数中占的比例超过 50%。

第二次自主降税于 1993 年 12 月 31 日正式开始。这次降税使中国关税总水平由 39. 9%降至 36. 4%，降税幅度为 8. 8%，共涉及 2 898 个税目。主要涉

① 1996 年 3 月 17 日第八届全国人民代表大会第四次会议批准的《中华人民共和国国民经济和社会发展"九五"计划和 2010 年远景目标纲要》。

② 1986 年 9 月在乌拉圭的埃斯特角城举行了关贸总协定部长级会议，决定进行一场旨在全面改革多边贸易体制的新一轮谈判，故命名为"乌拉圭回合"谈判。这是迄今为止最大的一次贸易谈判，历时 7 年半，于 1994 年 4 月在摩洛哥的马拉喀什结束。

及商品有：为履行中美市场准入谈判需降税的若干水果、电动机、农药、化妆品、感光材料等 217 项商品，国内短缺的木材、纸张、矿渣等，某些税率过高的大宗出口商品如纺织品、甲酸、柠檬酸等。1994 年，中国又调整了部分小轿车、烟、酒等的关税税率，使得关税总水平再次降到 35.6%。

第三次自主降税。1995 年亚太地区经济合作组织（APEC）大阪会议，中国宣布在 1996 年将进一步降低进口关税，降税幅度不低于 30%。为此，1996 年 4 月，国务院决定对中国进口关税政策进行重大改革，分两年将中国关税总水平降低到 15%左右。为落实这一部署，税则委员会联合其他部委通过对重点商品进行认真测算，提出降税方案。方案实施后关税水平由 35.6%调整到 23%，降税幅度达 35.9%，涉及税目占 1996 年税目总数的 75.8%。①

第四次自主降税。1996 年 11 月，在菲律宾苏比克湾 APEC 第四次领导人非正式会议上，江泽民宣布，"中国将在 2000 年把关税总水平降低至 15%左右"。为实现这一总体目标，税则委员会对 2000 年前的降税工作做出"均衡分布降税"的安排，并作为第一步，从 1997 年 10 月起，将关税总水平降低 6 个百分点后至 17%。1998 年又对部分商品税率进行了调整，使关税总水平降为 16.7%，降税商品主要是 APEC 承诺的玩具产品和林产品，以及中美纺织品协议涉及的商品。2001 年 1 月 1 日起，再次降低关税总水平，使之降至 15.3%。②

此段时期大幅度的自主降低关税，使关税结构呈现优化倾向，逐步形成了按原材料、半制成品、制成品税率上升的合理梯形结构。从具体商品来看，降低了冶金材料、化工原料、轻纺产品原料的关税税率，提高了有关制成品的有效保护率。此外，中国需求有缺口的商品，以及高科技产品的降税幅度也较大，使整体税率结构趋向合理。

（三）改革关税减免制度

改革开放以来，为促进对外开放和经济发展的需要，中国制定了一系列进口关税减免政策，但由于减免税规定过多、过滥，导致中国实际关税率大

---

① 金祥荣，林承亮. 对中国历次关税调整及其有效保护结构的实证分析［J］. 世界经济，1999（8）：28-34.

② 孙文学. 中国关税史［M］. 北京：中国财政经济出版社，2003：440-445.

大低于名义关税率。例如1992—1994年实际关税率分别仅为5.55%、5.89%和4.02%。此外，减免税不仅使中国关税税基逐年萎缩减少了国家财政收入，而且在市场经济条件下也不利于公平竞争，造成税负不尽公平等问题。因此，从1993年开始中国在降低关税的同时，开始清理各种减免税政策并加强税收征管，逐步建立低税率、宽税基、硬税制、严征管的关税制度。

1993—1996年，减免税清理的对象主要是政策性特定减免。1993年12月，国务院同意关税税则委员会《关于清理政策性关税减免文件的意见》，正式拉开了清理减免税政策的序幕。此次清理减免税优惠政策共涉及157个文件，其中98个明显不符合社会主义市场经济要求和国际惯例的文件需要尽快分步取消。1993年年底，共废止文件27个，并对9个减免税规定进行了调整。①

1994年12月，国务院发布了《国务院批转关税税则委员会、财政部、国家税务总局关于第二步清理关税和进口环节税减免规定意见的通知》，决定从1995年1月1日起，停止对利用国外贷款进口的货物等五大类进口商品的关税和进口环节税减免优惠，对电视机、摄像机等20种商品进口一律依照法定税率照章征税，并对一些针对特定企业、特定项目和特定区域的减免税政策进行了调整。

1995年12月，《国务院关于改革和调整进口税收政策的通知》出台，开始了第三步对进口税收优惠政策的清理，主要内容包括：对全国各类特定区域进口各类物资一律按法定税率征收关税和进口环节税，不再享受进口税收减免政策；取消对周边国家易货贸易、新设立的外商投资企业进口的设备和原材料等方面的进口税收优惠政策。

经过三步政策清理后，仅保留了外国政府、国际组织无偿捐赠物资免税，与小轿车和摄录一体机国产化率挂钩的进口差别税率，特定地域石油、天然气勘探进口设备材料免税，民航进口飞机减征进口环节增值税，驻外人员以

① 中华人民共和国财政部. 中国关税改革与发展系列讲座第五讲：进口税收优惠政策工作走向法制化和规范化 [EB/OL]. (2012-04-16). http://gss.mof.gov.cn/zhuantilanmu/guanshuizhishi/201204/t20120416_643434.html.

及留学人员进口个人物品免税，出境口岸免税店以及《进出口关税条例》中规定的进口减免税等共7项政策。

1997年，亚洲金融危机爆发。在全面清理减免税政策的基础上，为抵御亚洲金融危机对经济的冲击，进一步扩大利用外资，引进国外的先进技术和设备，中国及时对进口税收政策进行了调整。1997年12月29日，国务院发布了《国务院关于调整进口设备税收政策的通知》，决定自1998年1月1日起，对国家鼓励发展的国内投资项目和外商投资项目进口设备，在规定的范围内，免征关税和进口环节增值税；1999年8月，国务院办公厅下发了《国务院办公厅转发外经贸部等部门关于当前进一步鼓励外商投资意见的通知》，规定外商投资企业从事技术开发和创新以及向中西部地区投资，可按国发〔1997〕37号文的有关规定享受进口税收优惠。这些政策有力地促进了产业结构的调整和技术进步，推进了国民经济持续、快速、健康发展。

四、完善社会主义市场经济制度时期的关税制度：与关税减让承诺相一致（2002—2013年）

（一）严格履行关税减让义务

2001年12月11日，中国正式加入了世界贸易组织。在与世界进行更多交流的同时，中国承诺入世后在全国范围内实施统一的关税制度，并在中国全部领土范围内履行降税义务。自此中国开始按照关税减让承诺，进入承诺降税的关税改革进程，中国承诺降税的原则是：

（1）履行中国承诺的关税减让义务；

（2）履行中国与有关国家或地区签订的关税协定；

（3）根据国家宏观调控政策的基本取向和国内经济运行的实际情况，以暂定税率的形式对部分进出口商品的税率进行调整，着重考虑支持农业和鼓励高新技术发展、抑制个别过热行业盲目发展等需要；

（4）根据加强进出口管理等实际需要，在必要、可行前提下，对税则税目进行了适当增减。

本着认真负责、信守承诺的原则，中国从2002年开始履行为加入WTO而承诺的关税降税义务，到2011年将关税总水平降至9.8%，与2001年的关税总水平相比降幅为35.9%。①

具体来说，这一阶段的关税减让历程体现在：

1. 2002年大幅降税，关税总水平降至12%

2002年中国大幅度下调了5 332种商品的进口关税税率，使关税总水平下降至12%。2002年10月1日起，针对入世后的新形势，中国对部分进口税收优惠政策进行了调整。主要调整内容包括：

（1）1996年3月31日前批准的技术改造项目、重大建设项目、外商投资企业项目进口设备或原材料，不再沿用之前的关税优惠，统一执行现行的关税政策。

（2）“产品全部直接出口的允许类外商投资项目”中的进口设备，一律先按照法定关税税率征收进口关税和进口环节增值税，经核查“产品全部出口”情况属实的，5年内每年返还纳税额的20%。

（3）明确规定不再受理和审批个案减免进口税项目。确需减免的，由财政部会同有关部门研究提出意见后报国务院审批。

2. 2003年1月1日起，关税总水平从12%降至11%

2004年，对2 400多个税目的税率进行不同程度的下调后，关税总水平降低至10.4%。国务院于2004年8月第六十一次常务会议通过了《中华人民共和国进出口货物原产地条例》（以下简称“新《条例》”），2005年1月1日起正式施行。这是中国入世后颁布的第一部非优惠性的货物原产地的立法。新《条例》分别对立法宗旨、适用范围、原产地确定原则、原产地证书签发及核查、违反条例的法律责任等问题做了比较明确的规定，其体系严密，接近国际立法，将对中国的对外贸易实践产生重要的促进作用。②

① 杨瑞. 新中国关税政策的变迁及其经济效应分析［D］. 昆明：云南财经大学，2009：30.

② 隋春艳. 原产地规则对中国对外贸易的影响及对策［D］. 大连：东北财经大学，2007：51.

3. 2005 年 1 月 1 日起，关税总水平由 10.4%降低到 9.9%

2005 年是中国履行 WTO 减税承诺时较大幅度降税的最后一年。2005 年 1 月 1 日起，进一步降低进口关税税率，关税总水平由 10.4%降低到 9.9%。之后，在 2006 年，降低植物油、化工原料、汽车及汽车零部件等 143 个税目的最惠国税率后，关税总水平仍为 9.9%。从 2007 年 1 月 1 日起，中国按照加入 WTO 的关税减让承诺，进一步降低鲜草莓、染料、美容品或化妆品及护肤品、ABS 树脂、聚氯乙烯等 44 个税目的进口关税税率，关税总水平由 9.9%降至 9.8%。之后几年，中国继续履行加入 WTO 时的关税减让承诺，不断降低进口关税税率，但是经过调整，关税总水平始终保持在 9.8%，直到 2010 年降税承诺全部履行完毕。2011 年，中国的最惠国税率维持不变，只是适当地调整了少量商品的从量税税额。①

入世使中国的关税政策从内向保护逐渐转变为发展与保护有机结合。在入世之初，中国基本上确立了“通过保护促进发展，以发展的方式进行保护”的方针。总体来看，入世之后中国关税政策的目标选择是突出关税的“发展”职能，而将关税的“保护”职能作为非核心目标取向。②

（二）制定服务于增值税改革和产业政策的关税优惠政策

针对入世后的新形势，2002 年中国对部分进口税收优惠政策进行调整，主要内容包括：对 1996 年 3 月 31 前批准的技术改造项目、重大建设项目、外商投资企业项目进口设备或原材料，统一执行现行的进口设备税收政策；调整了《外商投资产业指导目录》中“产品全部直接出口的允许类外商投资项目”下进口设备税收优惠政策的执行方式；并明确规定，今后一般不再受理和审批个案减免进口税项目，确需减免进口税的，由财政部会同有关部门研究提出意见后报国务院批准等。

① 国务院关税税则委员会办公室，中华人民共和国财政部关税司. 中国关税：制度、政策与实践［M］. 北京：中国财政经济出版社，2011：29-31.

② 李钢，叶欣. 实施积极主动关税政策、力促我国外贸平衡发展：中国入世后关税政策的评估与展望［J］. 国际贸易，2011（10）：9-12.

2008年年底，为配合全国增值税转型改革，规范税制，对部分进口税收优惠政策进行相应调整：自2009年1月1日起，对《国务院关于调整进口设备税收政策的通知》中国家鼓励发展的国内投资项目和外商投资项目进口的自用设备、外国政府贷款和国际金融组织贷款项目进口设备、加工贸易外商提供的不作价进口设备以及按照合同随上述设备进口的技术及配套件、备件，恢复征收进口环节增值税，在原规定范围内继续免征关税。对2008年11月10日以前获得《国家鼓励发展的内外资项目确认书》，并且于2009年6月30日及以前申报进口的设备及其配套技术、配件、备件，按原规定继续执行免征关税和进口环节增值税的政策；2009年7月1日及以后申报进口的，一律恢复征收进口环节增值税，符合原免税规定的，继续免征关税。增值税转型改革后，针对外资研发中心、国际金融组织和外国贷款项目进口设备无法抵扣增值税进项税额等新的矛盾和问题，相应出台了一些专项政策，这些政策的实施为顺利推进增值税改革奠定了基础。

为应对国际金融危机对中国实体经济的影响，2009年，国家相继出台了装备制造业、电子信息等十个重点产业调整和振兴规划。这次制定和实施重点产业振兴规划的一条主线，是加快结构调整，增强发展后劲，实现产业升级。面对经济发展水平以及国内外投资环境发生的显著变化，中国早在2007年就出台了振兴装备制造业的进口税收优惠政策，在国务院确定的16个重大技术装备关键领域，将原来仅对进口整机设备免税的政策调整为对国内生产企业为开发、制造重大技术装备而进口的关键零部件和原材料所交纳的进口税款予以返还，并转为国家资本金，专项用于研发。2009年，根据《装备制造业调整和振兴规划》，将重大技术装备进口税收政策的上述优惠方式调整为直接免税，并实行“清单+额度”的免税管理方式。到2010年，已出台新型纺机、全端面隧道掘进机等10多个专项税收政策，有200多家装备制造业企业申请享受该政策。

五、完善社会主义市场经济制度新时期的关税制度：与构建开放型经济新体制的要求相符合（2014 年至今）

法律框架方面，全国人大常委会于 2015 年 6 月 1 日正式将《中华人民共和国关税法》（以下简称为《关税法》）列入一类立法项目，这将是中国的第一部《关税法》。《关税法》的立法启动，标志着中国关税制度改革进程明显加快。① 关税立法是在已有《海关法》对关税的基本制度安排上进行的设计，目的是优化关税结构，应对复杂多变的贸易摩擦及世界贸易壁垒的变化。

关税税则方面，2018 年以来，中国在以下原则下，陆续出台了一系列自主降低关税的新措施，关税总水平将由上年的 9.8%降至 7.5%。②

第一，坚持扩大开放，关税保护的水平要适度。中国货物贸易规模全球第一，已经具备了进一步扩大开放的经济基础，但贸易发展质量和效益与发达经济体相比尚有差距，因此应适当降低关税总水平。关税是合规的保护手段，关税水平应与产业竞争力相适应，要鼓励良性竞争，过度保护不利于产业发展和提高质量。

第二，税率调整要统筹兼顾，降税商品要突出重点。关税税率调整要兼顾生产需要和消费需求。重点降低国内需求较大、有助于产业转型升级的商品税率，努力增加人民群众需求比较集中的特色优势产品进口，不断增强企业和公众获得感，满足产业结构和消费结构的升级需要。

第三，降税安排量力而行，统筹平衡好各方利益，促进经济协调发展。降税力度要兼顾财政收入和产业发展的可承受能力。在具体降税商品和降税幅度的选择上要统筹协调好国内外两个市场、上下游两个方面、生产和消费两个关系，维护中国经济稳中向好的发展势头。

第四，中国主动降低进口关税总水平是根据中国自身实现高质量发展需

① 苏铁. 新时代中国关税保护职能的历史担当：《关税法》立法中一个不容回避的问题 [J]. 国际税收，2018（12）：32-37.

② 欧洲时报. 中国关税总水平将由上年的 9.8%降至 7.5% [EB/OL].（2018-10-01）. http://www.oushinet.com/china/chinanews/20181001/302185.htm.

要作出的重大举措，有利于统筹利用国际国外两种资源，促进国内供给体系质量提升，满足人民群众消费升级需要。这一行动和举措表明中国将坚定不移奉行互利共赢的开放战略，坚定支持经济全球化，坚决维护自由贸易原则和以 WTO 为核心的多边贸易体系，继续从“向世界开放”中汲取发展动力，也让中国发展更好惠及世界。

此次自主降低关税的措施包括：

一是全面降低药品关税。2018 年 5 月 1 日药品全面降税，将包括抗癌药品在内的所有普通药品和具有抗癌作用的生物碱类药品、有实际进口的中成药等共 28 个税目的进口关税调整为零，同时还较大幅度降低了抗癌药品生产、进口环节增值税税负。

二是相当幅度降低汽车进口关税。2018 年 7 月 1 日对 218 个税目的汽车及零部件降税。降税后，中国汽车整车税率已低于发展中国家的平均水平，符合中国汽车产业实际，将推动行业结构调整和资源优化配置，有望在一定程度上推动汽车价格调整，让消费者得到更多实惠。

三是较大范围降低日用消费品关税。2018 年 7 月 1 日对 1 449 个税目的日用消费品降税，平均降税幅度达 56%，直接让广大消费者受益，促进国内产业提高竞争力，满足人民美好生活需要。

四是较大范围降低部分工业品等商品关税。2018 年 11 月 1 日对 1 585 个税目的机电设备、零部件及原材料等工业品实施降税。此举有助于吸引更多外资，增加国内有效供给，助力产业升级，助力企业在全球范围内配置资源，降低生产成本。

纵观新中国关税制度从无到有、从封闭走向开放的变迁轨迹，可以看到，中国现代关税制度作为整体经济制度的一个重要组成部分，有力地维护、保障和促进了中国经济发展所需要的出入境环境。同时，经济发展的内外部环境构成了关税制度演进的驱动力。针对国内社会经济发展需要和国际经济形势变化情况，与时俱进的关税制度科学、精细地调整关税税率、税目，对接国际规则，能够充分发挥关税的调控宏观、增加财政收入、促进外贸发展的功能，关税职能得到有效发挥。

本章参考文献

蔡建敏，2004. WTO与我国对外货物贸易管理制度的改革［J］. 上海对外经贸大学学报（11）：1-7.

曹泉，2005. 中国关税政策效应分析［D］. 济南：山东大学.

谷成，2007. 入世后优化我国关税保护结构的再思考［J］. 财贸经济（6）：79-81.

郭康庆，1991. 我国实行进出口许可制度的演变：进出口许可证讲座第一讲［J］. 国际贸易（1）：54-55.

佚名，1997. 国家对进口许可证管理的商品进行调整［J］. 两岸关系（1）：31.

国务院关税税则委员会办公室，中华人民共和国财政部关税司，2011. 中国关税：制度、政策与实践［M］. 北京：中国财政经济出版社.

金祥荣，林承亮，1999. 对中国历次关税调整及其有效保护结构的实证分析［J］. 世界经济（8）：28-34.

李钢，叶欣，2011. 实施积极主动关税政策、力促我国外贸平衡发展：中国入世后关税政策的评估与展望［J］. 国际贸易（10）：9-12.

毛泽东，1966. 毛泽东选集：第4卷［M］. 北京：人民出版社.

裴长洪，2009. 中国对外贸易60年演进轨迹与前瞻［J］. 改革（7）：5-12.

曲婉婉，孙吉娃，1994. 谈谈我国的进口许可证管理制度［J］. 广东对外经贸（3）：24-25.

苏铁，2018. 新时代中国关税保护职能的历史担当：《关税法》立法中一个不容回避的问题［J］. 国际税收（12）：32-37.

隋春艳，2007. 原产地规则对中国对外贸易的影响及对策［D］. 大连：东北财经大学.

孙飞镝，2017. 从法检目录遵从到监管过程重塑：我国进出口商品质量监管制度改革研究 [D]. 南京：南京大学.

孙文学，2003. 中国关税史 [M]. 北京：中国财政经济出版社.

商务部，海关总署，(2004-12-10). 2005 年出口许可证管理货物目录 [EB/OL]. http://www.mofcom.gov.cn/aarticle/b/e/200412/200412003 17918.html.

商务部，海关总署，(2017-12-22). 公布 2018 年出口许可证管理货物目录 [EB/OL]. http://www.mofcom.gov.cn/article/b/e/201712/20171 202690519.html.

商务部科技发展和技术贸易司，2003. 2002 年国外技术性贸易壁垒对我国出口影响的调查报告 [R].

吴景贤，2014. 我国进出口商品检验制度研究 [D]. 苏州：苏州大学.

魏毅斐，2015. 中国海关贸易便捷化改革研究 [D]. 成都：西南交通大学.

徐建清，2004. 我国的商品检验市场和检验事业 [J]. 当代中国史研究 (1)：71-73.

徐伟，2014. 经济转型时期中国海关的政府治理与制度创新 [D]. 北京：对外经济贸易大学.

杨瑞，2009. 新中国关税政策的变迁及其经济效应分析 [D]. 昆明：云南财经大学.

杨圣明，1997. 中国关税制度改革 [M]. 北京：中国社会科学出版社.

朱国兴，王寿椿，1995. 中国对外经济贸易体制改革全书 [M]. 北京：对外经济贸易大学出版社.

周卫前，2015. 中国海关改革与现代化的回顾与展望 [J]. 海关与经贸研究，36 (5)：35-50.

张嫦，2004. 完善我国原产地规则的对策与建议 [D]. 成都：西南财经大学.

第八章
新中国货物贸易促进制度的演进与发展

货物贸易促进制度的政策目标在于促进货物出口和进口。在其形成、发展的初始阶段，促进出口是主要目标。随着对进口与经济社会发展关系的认识的深化，尤其是在实施积极的进口促进战略的背景下，促进进口日益成为重要的政策目标。基于促进出口的目的，货物贸易促进制度会呈现出明显的贸易保护特征；从促进进口的角度，则要求推进贸易自由化便利化。很显然，保护主义的出口促进制度既不符合多边贸易体制的规则要求，也不符合新中国对外贸易制度改革的总体目标。因此，新中国的货物贸易促进制度的演化必定表现为传统的出口促进政策如出口补贴等财税政策的根本改变，一些国际通行的出口促进措施如政策性贸易金融在符合规则的前提下充分运用，以及进口方面的财税政策等政策措施的变化。从实践情况看，新中国货物贸易促进制度的演化发展具有明显的贸易自由化便利化趋势，以促进货物进出口的财税政策、政策性贸易金融及跨境贸易人民币结算来看，这些方面的制度演进除了体现出贸易自由化便利化效应外，还在促进对外贸易绿色发展、优化对外贸易结构等方面发挥了重要作用。

第一节 新中国促进货物进出口的财税政策的调整与改革

新中国成立到改革开放时期，中国对外贸易政策长时间处于国家统一管理的阶段。自 1992 年邓小平南方谈话，中共十四大明确“社会主义市场经济”的性质以来，对外贸易的发展和国内外新情况的出现，使得贸易促进制度发生了较大的改变。中国出口补贴政策建立以后，出口结构问题一直没有得到有效改善，直到 1987 年，国家决定实行对外贸易承包经营责任制，出口贸易财政政策逐渐丰富，包括进出口差价补贴、出口供货奖励等。经历出口结构调整及国际金融危机后，中国的出口退税政策不断调整。同时，中国对进口税收优惠政策的改革成效颇丰，尤其是在 2008 年经济危机之后，中国实行结构性减税政策以及《营业税改增值税试点方案》的出台，在促进进口的同时，解决了服务业重复征税的问题。新中国促进货物进出口的财税政策从新中国成立初期的扩大再生产补充手段到近年来的战略决策，体现了中国从出口导向到进出口并重的转变。促进对外贸易的“国六条”、自由贸易试验区建设、“一带一路”倡议、对外贸易发展“十三五”规划等，浓缩了这一阶段中国促进进出口贸易的重要步伐。

一、新中国促进货物出口的财税政策演进

（一）出口补贴政策的演进

新中国成立至 1978 年改革开放期间，中国绝大多数对外贸易是由国家统一管理、国有外贸企业统一经营。外贸企业由国家财政统负盈亏，因此主要的出口补贴形式是建立专项资金以鼓励出口产品的货源生产，这些资金一部分拨付给生产单位，一部分直接拨付给外贸基地以做周转资金。在出口政策的调整下，中国出口产品结构有所改善，农副产品和轻工业产品出口占比由 1953 年的 82%下降到 1978 年的 75%，但出口产品主要集中在初级产品方面的

状况仍然没有太大改变。

开始改革开放之后，中国对出口补贴政策进行了改革，但在 1987 年年底对外贸易体制全面改革之前，中国依旧实行统一管理政策，对外贸易企业由国家财政统负盈亏，因此补贴情况较为简单，主要是与出口商品货源相关的鼓励政策等。由于中国出口商品受到国内生产能力的制约，以农副产品为主，一直存在出口商品货源、尤其是适销对路的出口商品货源不足的矛盾，因此在国家补贴政策框架下，中国建立了扶持出口商品生产专项资金、扶持对外贸易发展商品生产的商贸周转金等专项资金。

由于计划经济体制的影响，加之当时对于对外贸易企业的考核只看重贸易额、收汇额，导致进出口额逐年增加而对外贸易企业效益却下降。1987 年，中国决定实行对外贸易承包经营责任制，以实现“外汇企业有效益，国家有外汇”的目标。承包内容包括对出口商品的出口总额、出口换汇成本和出口盈亏总额实行“超亏不补，减亏留用，增盈对半分成”，并据以发给出口奖励的鼓励办法。同时制定了一系列促进对外贸易，尤其是促进出口贸易的财政政策，包括进出口差价补贴、记账贸易顺差占款利息补贴、出口供货奖励等。

考虑到对外贸易体制改革后出口补贴不一致造成不平等竞争状态，以及对外贸易企业没有建立自负盈亏机制，国务院于 1991 年 1 月 1 日发布了《国务院关于进一步改革和完善对外贸易体制若干问题的决定》，原则上取消出口补贴，让对外贸易企业自负盈亏；改变外汇流程办法，将原来的按地区实行不同留成比例改为按大类商品实行统一留成比例。同时国务院、财政部出台了出口纺织品生产专项补贴、对外贸易企业出口优惠贷款利率等鼓励出口的政策。

加入世界贸易组织之后，中国必须依照入世承诺对各项贸易政策进行清理和规范，中国出口补贴政策改革也随之进入了合规性调整阶段。根据《中华人民共和国加入世界贸易组织议定书》，中国应取消属《补贴与反补贴措施协定》第三条范围内的所有禁止性补贴，其中即包括各项直接、间接的出口补贴。因此，中国依据承诺采取了一系列措施。2006 年，中国向世界贸易组织提交了 2001—2004 年实施的补贴项目通知，其中包括 78 项补贴，主要涉及外商投资企业的税收优惠，废弃物再生产企业的税收优惠，科研机构的税收优惠，受灾害地区企业的税收优惠，部分农业产业化企业的税收优惠，中小企业技术革新基金，国家重点水利、土壤保持建设项目补贴，科学和教育目的进口的税收优惠等。

至2008年，中国基本取消了议定书中承诺的禁止性补贴，同时积极利用可诉补贴和不可诉补贴，调整补贴的形式与规模，在规则允许的范围内合理实施补贴措施。2011年，中国向世界贸易组织提交了2005—2008年实施的补贴项目通知，该通知所列93项补贴中，包括63项税收优惠和30项财政拨款，涉及多种对外资企业，中小企业，机电和高技术产品设备贸易，农业、照明工业、纺织品贸易等企业、产业的扶持。

（二）出口退税政策的演进

中国曾于1966年实行过出口退税政策，1974—1984年停止执行，1985年开始恢复了出口退税制度。随后，中国在1988年确立了“征多少、退多少，未征不退和彻底退税”的原则，在1991年确立了退税同承担国家创汇任务挂钩、同上缴国家外汇挂钩的原则。1994年税制改革后，中国基本上确定了“彻底退税”的指导思想。2000年前后，中国根据经济发展状况和国际经济形势对于进出口税收做出了一系列改革，并主要体现在商品、服务的税率上。实践证明，出口退税政策对于中国对外贸易的发展有很大的促进作用。①

从具体历程来看，在新中国成立之初，面对经济方面的巨大的困难，中国强调集中国家财力发展国民经济，统一全国税政，增加税收收入，公营企业一律按照《全国税政实施要则》进行征税。同时，中国本着平等互利的原则，实施国家管制和贸易保护政策，力图突破帝国主义的封锁禁运，发展对外贸易。为了促进对外贸易发展，1950年6月，政务院财经委员会提出照顾出口无利的商品，经批准后可以退还出口货物税。同年12月，中国颁布《货物税暂行条例》，其中的实施细则再次明确了出口退税政策。这是中国首次执

① 张伦俊，祝遵宏．中国税收对出口贸易的影响分析：兼谈出口退税政策调整的效应［J］．国际贸易问题，2005（4）：25-29.

行出口退税政策。《货物税暂行条例》规定，已税货物输出国外，经公告准许退税者，可由出口商向税务机关申请退还货物税税款。这段时期的出口退税政策主要针对出口少利或无利的产品，并根据亏损程度设置不同的退税率，如鞭炮、玻璃制品等退还全部税款，化妆品、香皂等退还 1/2 税款等。

此后，经过社会主义改造，中国初步奠定了社会主义公有制的基础，进出口贸易完全由国有企业经营，对外贸易盈亏完全由国家财政统一收支，出口退税政策因失去其原有作用而废止。1973 年，伴随着工商税制全面改革，中国实行了进口货物不征税，出口货物不退税不免税的管理办法，出口退税政策也就随之失效。这一阶段的出口退税政策基本处于停滞状态。

1978 年后，随着改革开放的推进，中国逐步改变了原来的计划管理体制，进出口也从完全由国有企业经营变成了可以由多种类型的企业共同参与，对外贸易也得到了发展。在这样的情形下，中国原有的税收管理体制呈现对出口贸易限制过多、不利于扩大出口的问题，亟需调整。1980 年起，财政部规定，出口商可以向当地税务机关申请出口税收的减征或免征。出口税收政策主要是以免税的方式鼓励出口商品以不含税价格进入国际市场。但此时的出口退税仅针对最后环节的工商税，生产过程中的环节税依然照章缴纳，由此并未完全解决出口商品税收方面的真正矛盾。针对这种情况，国务院于 1983 年出台了《关于钟表等十七种产品实行出口退（免）税和进口征税的通知》，规定对钟、表、自行车、缝纫机、照相机等 17 种产品的出口免征中间生产环节的增值税及最后生产环节的工商税。继 17 种商品实施完全的出口退免税之后，为鼓励出口创汇，进一步加快对外贸易发展，1985 年，国务院又扩大了出口退税商品的范围，规定对外贸易单位和其他单位出口的已税产品，除原油和成品油以外，在报关出口后应将产品税或增值税税款退还给出口企业。该规定标志着中国进口征税、出口退税的进出口税收制度的正式建立。当年的退税率为煤炭和农产品 5%~7%，工业品 10%，其他产品 14%。

1993 年以前，中国的出口退税制度虽已正式建立，但由于当时产品税与增值税并行，导致在计算出口退税的退税率时容易出现重复退税或退税不足的问题。1994 年，中国推行了新中国成立以来规模最大、范围最广的工商税制改革，基本形成了以增值税为主，消费税、营业税并行的流转税制。配合税改，国务院于1994年2月出台了《出口货物退（免）税管理办法》，对新税制下的出口退税范围、计算办法等做出了详尽的规定，施行过程中还逐步推行了电子化管理。

新的出口退税规定中，出口货物适用17%和13%两档退税率。退税率的上调刺激了中国的出口贸易，当年出口首次突破了千亿美元。但中央财政的压力也随之而来。自1988年起，应退税款从中央与地方共同负担改为一律由中央负担，经过几次调整后中央仍旧要负担80%。快速增长的出口量使得年出口退税额超过了政府年初预算，1995年，中国首次出现了出口退税的欠退税现象。为缓解这一问题，中国从1996年开始下调了出口退税率，平均退税率从17%左右降至8.29%。

退税率的下调减缓了出口增长速度，随后又爆发亚洲金融危机，中国实施外汇政策干预以维持人民币币值，导致出口形势逐渐变得严峻。为了刺激出口，自1998年起，中国相继九批次调高了出口退税率，纺织品和纺织机械最先恢复到了17%，多次调整后的出口退税率约为15%。

入世之后，中国的出口退税政策经历了从整体调整到分产业具体调整的变化。2002年，为了改进出口退税的管理制度，《财政部、国家税务总局关于进一步推进出口货物实行免抵退税办法的通知》出台，对生产型企业的自营和委托出口的货物实行“免、抵、退”税的管理办法。同时，1999—2002年，受出口退税率上调的影响，中国的出口贸易大幅度增长，出口退税额也随之增加，年均增长36.8%，但同期中央财政收入年均增长却只有21.1%。财政收入无法弥补出口退税的巨大空缺，导致中国再一次出现了大面积欠退税问题。2003年，国务院发布《关于改革现行出口退税机制的规定》，以“新账不欠、老账要还、完善机制、共同负担、推进改革”为原则对出口退税制度进行了调整，退税率平均下调约3%，中央和地方分别负担75%和25%。新的分担机制效果显著，2004年，中国基本消除了欠发的“老账”。2004年11月开始，中国提高了部分IT产品的退税率，同时又针对20多类高耗能、高污染、资源性产品陆续调低、或取消了出口退税率，反映了中国利用出口退税杠杆影响出口产品结构调整的思路，体现了可持续发展的思想。

另一方面，这样的分担机制也存在一些问题：由于各地区发展水平不同，导致其负担超基数部分出口退税的财政能力差距较大，财力较弱的地区及时足额退税存在困难，这种压力在 2005 年集中爆发。同时，中国又面临着能源、原材料等产品价格大幅上涨、供应紧张，出口快速增长引发贸易摩擦的对外贸易局面。在这样的形势下，自 2005 年起，中国针对不同产业进行了结构性调整，逐步调低或取消“高能耗，高污染，资源性”产品的出口退税，降低易引起贸易摩擦的劳动密集型产品的出口退税率，提高了重大技术装备、生物医药等高技术产品的出口退税率。这些政策在一定程度上优化了中国的出口商品结构，限制了“两高一资”产品的生产和出口，鼓励了高科技产品和技术的投资与出口。此外，2005 年，国家税务总局出台了《出口货物退（免）税管理办法（试行）》，这标志着中国出口货物退免税管理制度的规范化。

2008 年，美国经济危机的爆发严重影响了中国的出口形势。为了应对金融危机，应对出口贸易的大幅度萎缩，出口退税被用作扩张性的财政政策。从 2008 年 8 月到 2009 年，中国先后七次调整了出口退税率，综合退税率提高至 13.5%，部分商品已近乎于完全退税，这在一定程度上缓解了金融危机的冲击，保护了出口企业。2008 年 12 月，中国提高了劳动密集型出口商品的退税率，意在通过提高出口退税率扩大出口产品定价空间，增加与外方谈判筹码，增强占有国际市场的能力。

2010 年，国际经济形势有所缓和，中国陆续对部分产品的退税率进行了回调，取消了四百多种商品的出口退税，以求抑制“两高一资”产品的生产，调整产业结构实现升级。2010 年 6 月，中国取消了部分高耗能产业的出口退税，意在保持中国经济可持续发展。此后，中国的出口退税政策不断完善，形成了系统、规范的出口退税制度体系。2012 年国家税务总局整编了历年的退税政策，对其进行了系统的规整。

随着《营业税改增值税试点方案》的出台和实施，中国进一步完善了出口退税政策。在“营改增”以前，由于营业税存在多环节重复征税的问题，对出口服务实行营业税免税政策的免征范围也仅为出口环节的营业税，服务出口企业在出口环节以前的其他国内环节所承担的营业税税款得不到退还。而“营改增”之后，一方面，服务性企业在国内环节承担的税款可以进行进项抵扣，对服务行业重复征税的问题得到了解决；另一方面，出口服务被纳入出口零税率范围，出口退税制度向服务贸易领域延伸。

在对外贸易形势复杂严峻、不确定不稳定因素增多、下行压力不断加大的背景下，2016 年 5 月，国务院发布的《国务院关于促进外贸回稳向好的若干意见》对调整完善出口退税政策、优化出口退税率结构做了部署，要求对照相机、摄影机、内燃发动机等部分机电产品按征多少退多少的原则退税，确保及时足额退税，同时提出要完善出口退税分类管理办法，逐步提高出口退税一类企业比例，发挥好一类企业的示范带动作用。此后，根据形势的变化，特别是在国际贸易摩擦加剧的情况下，中国根据具体情况进一步调整了出口退税政策。2018 年 10 月，中国的出口退税率由七档减为五档，以期通过提高退税率应对较大规模的贸易摩擦。①

根据出口退税政策确立与调整的实践判断，中国的出口退税政策旨在扩大商品出口需求及增加就业，同时也与可持续发展理念相关。但出口退税也带来了税收收入减少、财政（特别是中央财政）负担沉重等消极影响，如何平衡中国出口退税政策所带来的收益与冲击，是中国出口退税制度改革的重要方向。

二、新中国进口税收优惠政策的建立与改革

（一）进口税收优惠政策的建立（1949—1992 年）

新中国成立初期，由于没有全国统一的关税法规，各地分别执行自行制定的或沿袭旧中国的进出口税则。1951 年 5 月，中国颁布了新中国第一部完

① 刘郁葱，周俊琪. 出口退税四十年：回顾和展望［J］. 厦门广播电视大学学报，2019，22（1）：1-5.

整独立的关税法规——《中华人民共和国海关进出口税则》，才统一了中国的关税制度。该税则将所有进出口货物分为17类89组，进口关税税率按与中国有无贸易互利条约或协定分为普通税率和最低税率，其算术平均税率为52.9%。此时中国急需发展民族工业，仅对科教用品、技术设备等少数进口品实行免征关税的优惠，仍然对大部分进口商品实施高关税保护政策，通过税收抑制商品进口。由于之后进出口业务均由国有的贸易公司经营，1973年，中国一度实行了不对进口货物征税的政策，该政策在改革开放之后被终止。

随着经济体制逐步由计划经济体制向商品经济体制转变，中国开始注重吸引外资，促进国际贸易，鼓励建立经济特区。关税制度相应地进行了一些改革，税率普遍有所下降，同时制定了多项进口税收优惠政策。1979—1992年，中国共制定了约50项优惠政策，涉及“三来一补”贸易，国际金融组织和外国政府贷款项下货物、经济特区和沿海开放区、技术设备引进等多个方面，各个经济特区也设立了种类繁多的区域进口税收优惠政策。

在诸多优惠鼓励政策的促进下，中国的进口贸易大幅增长。到1991年，中国的进口规模达到637.9亿美元，比1978年增长486倍。

（二）进口税收优惠政策的改革（1993—2001年）

1993年以前，中国的进口税收优惠措施多而杂，不符合建立社会主义市场经济体制和国际规则的要求，且经常出现地区、企业不公平竞争的情况。因此，为了规范进口优惠政策体系，同时也为建立符合世界贸易组织规则的社会主义市场经济体制，自1993年起，中国开始逐步对进口优惠措施进行清理。1993年12月，国务院发布了《国务院批转国务院关税税则委员会关于清理政策性关税减免文件意见的通知》，共废止进口政策性减免文件27个，清理的减免税政策涉及文件157个。1994年和1995年又相继发文对其进行了进一步的清理和规范。经过多次政策清理后，关税优惠政策仅余外国政府、国际组织无偿捐赠物资免税，与小轿车和摄录一体机国产化率挂钩的进口差别税率，特定地域石油、天然气勘探进口设备材料免税，民航进口飞机减征进口环节增值税，驻外人员以及留学人员进口个人物品免税，出境口岸免税店及《进出口关税条例》中规定的进口减免税7项。

1997年起，亚洲金融危机爆发，国务院先后发布了《国务院关于调整进口设备税收政策的通知》等多项文件，再次对进口税收优惠政策进行规范和调整，以求引进国外先进技术和设备，扩大外资利用，在宏观经济形势紧张的环境中保持国民经济健康发展。1998年1月1日起，中国对鼓励发展的国内投资项目和外商投资项目进口设备在规定范围内，免征进口关税；1999年8月起，中国对已设立的鼓励类和限制类外商投资企业、先进技术型和产品出口型外商投资企业及外商投资设立的研究开发中心进口设备在规定的范围内免征进口关税，并鼓励外商向中国中西部投资。2000年，中国通过提高进口商品的技术指标、技术规格和增加不予免税的商品数量，缩小了国内投资项目进口设备的免税范围。此外，为规范加工贸易的管理，设立出口加工区并对从境外进入加工区的货物制定了一些税收优惠政策。

同时，中国在这段时期还多次下调了关税水平，仅1994年的调整就涉及税目2 898项，平均降幅在50%左右。1997年，进行了以“降低关税水平、调整关税结构、清理关税减免、扩大关税税基、实行国民待遇”为核心的关税制度改革。至2000年，中国关税总水平下降至16.4%。

（三）进口税收优惠政策的完善（2002年至今）

这一时期，中国的社会主义市场经济体制已经建立并逐步完善，政府与市场的关系也逐步理顺，政府在国民经济运行中的任务更多的是弥补市场失灵，以达到稳定物价、充分就业和保持经济稳定与发展的宏观调控目标。

同时，在已经加入世界贸易组织的情况下，国际贸易规则对中国产生了硬性约束。按照中国加入世界贸易组织时的承诺，为了更加符合世界贸易组织规则和国际惯例，中国进一步降低关税，规范进口税收优惠政策。2000—2005年，中国逐年下调关税总水平，同时对税目结构进行了诸多调整，除了使关税制度在税率、结构等方面都更适应国内经济发展的需要外，中国的进口税收优惠政策也有所调整，比如，清理了2000年年底到期的13项进口税收优惠政策。

金融危机爆发后，一方面为了配合开始实施的增值税的转型改革，另一方面为了应对国际金融危机，加快产业调整和振兴，国务院在2009年制定了许多方面的进口支持政策，包括支持科学教育事业发展和企业技术进步的政策，如：对国内不能生产的科技重大专项进口、国家鼓励发展的内外资项目设备进口免征进口关税和进口环节增值税；支持特定产业发展的专项税收政策，如，进口国内不能满足所需的石油、天然气勘探开发和支持煤层气勘探开发相关的设备和材料，在规定的免税进口额度内免征进口关税和进口环节增值税；支持特定区域发展的专项税收政策，如，满足特定条件的加工贸易进口代征税退还，部分边境贸易进口关税与环节税税率减免，等等。

此后，中国实行结构性减税政策以提高经济活力，其中在对外贸易促进政策上主要是减免部分环节的进口关税。随着进口促进战略的实施，在对外贸易协调平衡可持续发展理念及增加人民群众在对外贸易领域获得感的思想指导下，中国加大了包括关系民生的产品在内的一些商品的降税力度。2018 年，中国下调了 1 449 个税目进口关税，涉及 8 类日用消费品平均降幅 55.9%。[①]

三、新中国促进货物进出口的财税政策的转变

新中国成立初期，中国将对外贸易看做是社会扩大再生产的补充手段，局限于互通有无、调剂余缺的作用，此阶段中国促进货物进出口的财税政策主要依据新中国成立前的进出口税则，根据具体情况进行适当调整，例如，为扶持生产、保障原材料供应，降低生产成本，在国产棉花不足的情况下对进口棉花免税；对国内可以生产保证市场供应的铁钉等调高进口关税。

改革开放后，中国对对外贸易的重视程度空前提高，对外贸易体制改革极大地促进了对外贸易的发展。这一时期，中国建立并完善了中国特色的自由贸易制度。在这个过程中，中国形成了比较健全的货物进出口贸易促进制度体系，其中的财税政策也发生了重要转变。具体分析，新中国促进货物进出口的财税政策的转变及其所依据的因素，首先体现在中国深化改革开放、

① 海关总署. 中国将下调 1 449 个税目进口关税 [R/OL]. (2018-06-04) [2019-03-28]. http://www.customs.gov.cn/customs/302249/mtjj35/1873427/index.html.

发展对外贸易的需要所推动的制度演化。

回溯中国的出口补贴、出口退税及进口税收优惠政策的改革与调整历程，是市场化改革的深化、开放水平的提高推动了贸易自由化的进程，使对外贸易制度的自由贸易制度特征逐渐显现，出口补贴、出口退税及进口税收优惠政策呈现了与之相一致的演进趋势。在这样的趋势下，对外贸易战略的变化、各时期的实际情况往往决定着相关政策措施的具体调整。

从战略层面看，随着出口导向战略向对外贸易平衡协调发展战略转变，中国实施了积极的进口促进政策，并明确提出了进口促进战略。对外贸易发展“十三五”规划还明确提出要完善进口贴息政策，及时调整《鼓励进口技术和产品目录》。为推进对外贸易可持续发展战略，中国多次调整了出口退税政策。2016 年 7 月，中国取消部分钢材等高耗能、高污染和资源性“两高一资”产品出口退税，抑制钢材、水泥等高耗能污染性行业的生产与出口。对外贸易发展“十三五”规划强调要坚持绿色发展，提高对外贸易持续发展能力，并明确提出要抑制高污染、高耗能和资源类产品出口，鼓励紧缺性资源类产品进口，努力打造绿色贸易。随着自由贸易区战略的实施，中国的进口税收进一步下调。2015 年，中澳签订自贸协定，约 85%的澳洲进口商品实现零关税。2018 年，中国根据多个自贸协定和相关外贸政策，使 8 000 多种商品实现了进口零关税。①

在对外贸易创新发展的层面，业态创新等与货物进出口财税政策的转变具有相互促进的关系。以促进外贸综合服务企业发展的财税政策为例，2013 年出台的促进外贸发展“国六条”明确提出“支持外贸综合服务企业为中小民营企业出口提供融资、通关、退税等服务”，为外贸综合服务企业明确了身份。根据 2014 年国家税务总局发布的《关于外贸综合服务企业出口货物退（免）税有关问题的公告》，中国扩大了出口退税的产品类型。2017 年，外贸综合服务也被纳入出口退税的范围，并逐渐完善对其管理。此举大大降低了

① 新浪网. 这 8 000 多种产品零关税 很多“代购”要哭了［EB/OL］.（2018-01-20）［2019-03-28］. http://news.sina.com.cn/o/2018-01-20/doc- ifyqtycx0897771.shtml.

外贸服务企业的运营成本。

在更具体的层面，根据国内国际经济形势的变化，有时也会针对一些产品对出口退税政策等做必要的调整。在2008年金融危机冲击下，中国为了促进对外贸易，稳定进出口行业，适当增加了出口退税。近两年，随着国际贸易摩擦的加剧，中国也对相关政策做了一定调整。2018年，中国还分档上调了部分产品的退税率，对天然气等部分商品的进口税收优惠也进行了调整。

近年来，随着中国经济的稳定增长，中国的货物进出口促进政策更加注重自身的转型升级，提高中国标准，使“中国制造”更具有其本身的经济价值，不断提升中国进出口货物的质量，努力实现产业转型以提高中国的产品竞争力，已成为政策调整的主要导向。

除去上述因素，促进货物进出口的财税政策的转变，也体现了中国对坚决维护多边贸易体制、推动构建开放型世界经济的担当和作为。自加入世界贸易组织以来，根据入世协议，中国切实履行了取消出口补贴的入世承诺，中国的进出口贸易开放度进一步扩大，提出了按照国民待遇原则统一内外资企业所得税，并对内资企业所得税负事实上存在的不公平待遇（如上市公司通过先征后返办法所享受的15%的所得税）予以尽快取消；进一步完善个人所得税制，消除税制本身和征管方面存在的不公平、不合理现象，以刺激民间投资增长，加大对居民收入分配格局的调节力度。[①] 中国以实际行动维护了多边贸易体制的主渠道地位，为推动经济全球化、贸易自由化做出了贡献。尤其是在逆经济全球化风潮和贸易保护主义加剧的形势下，中国按照国际规则调整出口退税，降低进口关税，实施积极的进口促进政策，以实际行动宣布了对贸易自由化、便利化的坚持，这对开放型世界经济的构建具有重要意义。

由上可见，自改革开放以来，中国一直坚持不断扩大进出口贸易，坚定推进贸易自由化，从最初“摸着石头过河”的进出口财税政策体系的建立，到入世后进出口财税政策体系的进一步优化，再到中国不断满足国际标准后

---

① 刘溶沧. 中国入世后的财政政策调整与政策创新［J］. 财政研究，2002（6）：26-31.

实现“中国标准”的对外贸易战略转变，中国的进出口财税政策体系不断完善、转变，进而体现出对外贸易的自由化和规范化趋势。

第二节　新中国政策性贸易金融体系的建立和发展

关于对外贸易的政策性金融，即政策性贸易金融，是政策性金融的一种。政策性金融是在一国政府支持和鼓励下，以国家信用为基础，运用种种特殊融资手段，严格按照国家法规限定的业务范围与经营对象，以优惠存贷利率或其他优惠条件，为贯彻、配合国家特定经济和社会发展政策而进行的一种特殊金融活动。[①] 政策性贸易金融，是以促进对外贸易发展进而服务国家的经济社会发展目标为宗旨的金融形式。在运行中，这种金融形式的组织架构、融资模式、运行机制及所遵循的规章等，构成了政策性贸易金融体系。从基本内涵讲，促进对外贸易、尤其是促进出口贸易，意味着政策性贸易金融具有保护贸易的属性，但事实上，它却是贸易自由化的结果。国际贸易发展的历史早已证明，“进出口政策性金融机构的产生是以自由贸易和各国间的经济关系的日益紧密为前提的”[②]。在贸易自由化进程中，尤其是在多边贸易体系下，出口补贴等支持措施受到限制，世界各国普遍接受的贸易促进措施如政策性贸易金融，便逐渐发展。从中国的具体情况来看，政策性贸易金融体系是在改革开放之后逐步建立的，其演进发展的历程，与中国的贸易自由化进程十分吻合。在这个过程中，中国进出口银行和中国出口信用保险公司的建立和发展，对中国对外贸易及经济社会的发展，发挥了重要作用。

---

① 白钦先，徐爱田，欧建雄. 各国进出口政策性金融体制比较［M］. 北京：中国金融出版社，2003：4.

② 白钦先，徐爱田，欧建雄. 各国进出口政策性金融体制比较［M］. 北京：中国金融出版社，2003：39.

一、新中国政策性贸易金融体系的演进

从贸易战略演进的角度讲，进口替代战略在本质上是内向的，反自由贸易的，这种内向的策略在很大程度上隔离了一国与世界经济的联系，也就很难产生以促进出口为目的的、外向的、迎合自由贸易的政策性贸易金融；而出口导向战略的本质是外向的，在一定程度上也是主张自由贸易的，从而也就为政策性贸易金融的产生提供了前提条件，随着贸易商品结构的变化，或者在优化贸易商品结构的政策推动下，政策性贸易金融将应运而生；贸易自由化战略是在生产的国际化和资本的国际化，以及各国经济相互联系、相互依赖不断加强的形势下出现的，是经济全球化、金融全球化的必然要求，在这样的战略模式下，发展政策性贸易金融的重要性更加凸显。① 所以，在中国，政策性贸易金融体系的建立、发展与对外贸易战略的演进轨迹具有一致性。

在更深的层面，政策性贸易金融是市场经济的产物。一方面，如前文所述，贸易自由化的实质是以市场机制代替有碍公平竞争的行政干预；另一方面，在市场经济条件下，商业性金融基于利润最大化目标的选择必定形成其不愿或无力涉足的领域，由此所产生的市场失灵需要政府建立专门的机构，通过持续的干预，在商业性金融不能发挥作用的领域发挥补充和辅助作用。因此，中国的政策性贸易金融体系是伴随着市场化改革的进程而建立并逐步完善的。在这个过程中，商业性金融和政策性贸易金融的作用，体现了市场和政府在对外贸易领域配置金融资源的作用，二者的结合，推动了贸易金融的发展，并使其在对外贸易发展中发挥了重要作用。

从具体的演进历程来看，中国的政策性贸易金融体系经历了探索与起步、建立政策性金融机构实现专业化管理、改革完善政策性贸易金融体系并逐步开放贸易金融市场三个阶段。

---

① 白钦先，徐爱田，欧建雄. 各国进出口政策性金融体制比较［M］. 北京：中国金融出版社，2003：39-46.

（一）政策性贸易金融体系的探索与起步（1978—1994 年）

在改革开放前，中国实行高度集中的计划经济制度和保护贸易制度，对外贸易处于调剂余缺的地位，对外贸易战略属于典型的封闭型进口替代战略。在这样的条件下，中国不具备构建政策性贸易金融体系的条件。

开始改革开放后，有计划商品经济制度建设、外向型经济的发展、出口导向战略的实施、复关工作的推进以及对外贸易的发展，对开展政策性贸易金融业务提出了要求，也创造了一定的条件。因此，在这段时期，中国开始利用国外的出口信贷来引进发达国家的先进技术和设备，支持基础设施、教育等重点项目建设。1981 年，中国同国外银行签署了出口信贷转贷协议。更为重要的是，中国迈出了试办政策性贸易金融的步伐。

在改革开放初期，由于受到生产能力的限制，中国的出口商品主要集中在农副产品方面，大部分都是附加值较低的初级产品、原材料等。为了改善出口商品结构，促进大型机电设备出口，中国开始涉足出口信贷业务。作为外汇外贸专业银行，中国银行是最早办理出口信贷业务的银行。1980 年，中国首次办理出口卖方信贷业务，中国银行对机电产品出口企业发放了政策性低利率贷款。1985 年，国务院做出鼓励机电产品出口的决定，同年，中国银行成立出口信贷处，为出口商提供人民币卖方信贷。1988 年，中国银行与阿根廷签订了出口买方信贷总协议。1992 年，中国银行办理了第一笔出口买方信贷业务，用于支持中国交通公司对斯里兰卡的大型客车出口业务。相较于出口卖方信贷，出口买方信贷对出口商更为有利。对出口买方信贷的尝试，在中国出口信贷的发展历程中有象征意义。但总体来讲，在发展出口信贷的初期，出口卖方信贷通常占主要地位。到 1994 年年底，中国银行共办理出口卖方信贷项目 289 个，累计发放贷款 163.5 亿元人民币，贷款余额为 93.4 亿元。

从中国的出口信用保险业务试办情况来看，最早可以追述到 20 世纪 80 年代中期。当时，基于对出口信用保险在促进出口方面的重要性的认识，也考虑到出口信用保险的风险承担等因素，中国人民保险公司做了尝试。1985 年 12 月和 1986 年 1 月，中国人民保险公司的上海分公司和天津分公司办理了出口信用保险业务，这是新中国最早的出口信用保险业务。之后，随着改革开放的深入，为了适应调整出口商品结构、提高产品国际竞争力、提升出口创汇能力的需要，出口信用保险作为配套措施之一被提上了议事日程。1988年8月，国务院正式决定由中国人民保险公司负责出口信用保险业务，同年10月，中国人民保险公司成立出口信用保险部，专门负责出口信用保险的推广和管理，这意味着中国的出口信用保险正式起步。1989年，中国人民保险公司在广西、上海、宁波、天津等地的分公司开始试办以机电产品出口为主要支持对象的出口信用保险业务。到1990年年底，中国人民保险公司在28个省、自治区、直辖市和计划单列市的分公司及部分支公司开办了短期出口信用保险业务。1994年4月，国务院组建成立中国进出口银行，由此开启了中国人民保险公司和中国进出口银行共同承办出口信用保险业务的新阶段。

（二）政策性贸易金融机构的建立及专业化管理的实现（1994—2001年）

在起步阶段，新中国的政策性金融业务由无到有，这是具有划时代意义的。同时，这一阶段的实践探索，也为组建政策性贸易金融机构、实现政策性贸易金融的专业化管理奠定了重要基础。在这个基础上，随着建立社会主义市场经济体制这一改革目标的确立，随着对外贸易战略的调整，随着机电产品出口的增加和企业对出口信贷的需求逐渐扩大，以支持对外贸易发展为主旨的国有政策性银行——中国进出口银行应运而生。作为专业化的政策性贸易金融机构，中国进出口银行的成立标志着中国的政策性贸易金融开始进入由专门机构进行专业化运作并进行专业化管理的阶段。在业务运营中，中国进出口银行除了开展出口信贷业务，还承办出口信用保险。所以，中国进出口银行成立后，便和中国人民保险公司共同承担起了中国的出口信用保险业务。

中国进出口银行是在经济体制改革的市场化取向逐渐明确的背景下，为实现政策性金融与商业性金融相分离建立起来的政策性银行之一。为了深化金融体制改革，中国逐步加强了关于银行业管理的制度建设，其中也包括与政策性银行相关的管理规则。2000年1月10日，国务院第25次常务会议通过了《国有重点金融机构监事会暂行条例》（中华人民共和国国务院令第282

号）。该条例是为健全国有重点金融机构监督机制，加强对国有重点金融机构的管理，根据《中华人民共和国商业银行法》《中华人民共和国保险法》等有关法律的规定制定的，自发布之日起施行。根据该条例第二条，国有重点金融机构是指国务院派出监事会的国有政策性银行、商业银行、金融资产管理公司、证券公司、保险公司等（以下简称国有金融机构）；根据该条例第三条，国有金融机构监事会由国务院派出，对国务院负责，代表国家对国有金融机构的资产质量及国有资产保值增值状况实施监督。此外，该条例还对国有金融机构监事会的职责等做了具体规定。由该条例的有关规定可以看出中国进出口银行业务运营所依据的法律规章及其监事会设置等组织架构。

随着相关管理制度建设的推进和中国进出口银行的业务开展，出口信贷和出口信用保险的发展条件都有所改善。从出口信用保险业务的开展情况来看，1994—2001 年，中国人民保险公司和中国进出口银行合作承保的短期险累计超过 110 亿美元。从分工情况来看，中国人民保险公司主要承保普通商品进出口信用保险，而中国进出口银行则承保船舶、成套设备、机电产品等高价值商品的进出口信用保险。① 但是，由于中国人民保险公司的体制特征，加上其他因素的影响，中国的出口信用保险业务始终无法扩大。为了深化保险体制改革，理顺出口信用保险制度，规范出口信用保险的经营行为，拓展出口信用保险业务，国务院于 2001 年 5 月印发通知，批准组建中国出口信用保险公司，同年 12 月 18 日，中国出口信用保险公司正式挂牌。在遵循规则方面，《国务院关于组建中国出口信用保险公司的通知》规定，中国出口信用保险公司按国务院批准的《中国出口信用保险公司组建方案》和《中国出口信用保险公司章程》运营。

在中国刚刚入世的背景下，中国出口信用保险公司参照国际惯例成立，这不仅标志着中国的政策性贸易金融模式具有了出口信贷与出口信用保险相分离的特征，也意味着中国的政策性贸易金融市场迎来了逐步开放的时期。

---

① 中华人民共和国驻保加利亚共和国大使馆经济商务参赞处. 中保两国出口信用保险政策简评［EB/OL］.（2005-07-18）［2019-06-07］. http://bg.mofcom.gov.cn/article/ztdy/200507/20050700151451.shtml.

（三）政策性贸易金融体系的改革及贸易金融市场的逐步开放（2002 年至今）

政策性贸易金融是国际上通用的贸易促进手段。历史上，各国基本都把政策性贸易金融机构“作为国际竞争的工具”，所以从这个层面讲，自各国建立起政策性贸易金融机构那天起“就必然涉及它们之间的关系的国际协调问题”，历史也表明各国“为此付出了巨大的努力”①。从伯尔尼协会到经济合作与发展组织的“君子协定”，再至世界贸易组织的反补贴规则，无不体现出政策性贸易金融国际协调的难度，同时也更显示出其重要性。在世界贸易组织的《补贴与反补贴措施协定》中，有关条款不仅明确了政策性贸易金融构成禁止性补贴的可能，其附件 1“出口补贴例示清单”第（j）项和第（k）项还明确规定了政策性贸易金融构成出口补贴的情况，即：政府（或政府控制的特殊机构）提供的出口信贷担保或保险计划、针对出口产品成本增加或外汇风险计划的保险或担保计划，保险费率不足以弥补长期营业成本和计划的亏损；政府（或政府控制的和/或根据政府授权活动的特殊机构）给予的出口信贷，利率低于它们使用该项资金所实际应付的利率（或如果它们为获得相同偿还期和其他信贷条件且与出口信贷货币相同的资金而从国际资本市场借入时所应付的利率），或它们支付的出口商或其他金融机构为获得信贷所产生的全部或部分费用，只要这些费用保证在出口信贷方面能获得实质性的优势。② 同时，第（k）项也表明：如果一成员属于一官方出口信贷的国际承诺的参与方，且截至 1979 年 1 月 1 日至少有 12 个本协定创始成员属于该国际承诺的参加方（或创始成员所通过的后续承诺），或如果一成员实施相关承诺的利率条款，则符合这些条款的出口信贷做法不得视为本协定所禁止的出口补贴。

由上可见，在已经加入世界贸易组织的条件下，中国的政策性贸易金融必须和国际接轨。同时，从中国完善社会主义市场经济体制、提高开放型经

① 白钦先，徐爱田，欧建雄. 各国进出口政策性金融体制比较［M］. 北京：中国金融出版社，2003：73.

② 石广生. 中国加入世界贸易组织知识读本（二）［M］. 北京：人民出版社，2002：321.

济水平的角度讲，按国际规则开展贸易金融活动也具有必然性。因此，自2002年开始，中国根据国内国际的情形变化，改革完善了政策性贸易金融体系，逐步推进了贸易金融市场的开放。

1. 改革政策性贸易金融机构

中国的政策性贸易金融机构成立较晚，经验相对不足，其体制机制的改革创新一直是重中之重。从中国进出口银行的情况来看，其改革之路是沿着遵循市场一般规则、按照现代银行经营规律开展经营活动的方向迈进的，特别是自2015年国务院批准中国进出口银行改革方案以来，中国进出口银行围绕建设现代政策性金融企业，全力落实全面深化改革的战略部署，将市场原则与政策性金融特性紧密结合，通过改革创新，建立了规范的治理结构和决策机制，强化了内部管控，走上了建设现代金融企业的转型发展之路。

从中国出口信用保险公司的情况来看，自成立开始，关于构建企业框架、制定完善内部规章制度的工作就积极有效地铺开了。随着政策性出口信用保险发展过程风险补偿机制缺乏、外部监管体制有待改善等问题逐步显露，中国在2009年推动了政策性出口保险体制改革，建立和完善了出口信用保险财政风险补偿机制。在此后的改革历程中，2011年，中央决定将其领导班子列入中央管理，2012年，国务院批准其进行改革注资、确立其政策性保险机构性质，特别具有象征意义。随着体制机制上的破旧立新，加上公司内部的改良创造，中国出口信用保险公司改变了成立之初既缺经验又缺人才、缺技术的状况，逐步实现了“从模仿跟随向创新创造转变，在实践中探索出了一条具有中国特色的出口信用保险发展之路”，并成为了“全球出口信用保险机构的领跑者”①。

总体而论，“发挥市场作用是政策性金融改革发展的重要方向”“与国际接轨是政策性金融与时俱进的重要途径”②。在改革政策性贸易金融机构的过

---

① 王廷科. 不忘初心 勇于担当 为服务国家新一轮改革开放作出更大贡献［J］. 保险研究，2018（12）：62-67.

② 胡晓炼. 承前启后 奋发有为 为推动新时代改革开放增添助力［J］. 清华金融评论，2018（12）：28-30.

程中，中国一直遵循市场化这一基本导向。《服务贸易发展“十三五”规划》明确提出，鼓励开发性、政策性金融机构结合自身业务范围，在市场化运作的基础上加大对服务贸易企业开拓国际市场的支持力度。事实证明，正是按照市场化路径、依据国际规则持续改革，中国进出口银行的“两会一层”治理结构才得以建立并不断完善，中国出口信用保险公司也在成立董事会和监事会的基础上完善了组织架构。

2. 开放贸易金融市场

开放贸易金融市场的必要性，既在于中国深化改革开放、发展对外经济贸易的需要，也与国际规则相关。所以，中国以加入世界贸易组织为契机，对出口信贷机构的业务进行分化，形成了中国进出口银行与中国出口信用保险公司两大政策性贸易金融机构，并随着入世承诺的履行和中国改革开放的深入，随着政策性金融市场化改革的推进，逐步开放了中国的贸易金融市场。

从中国出口信贷市场的情况来看，在 2001 年，中国银行发布了《中国银行出口卖方信贷办法》和《中国银行出口买方信贷办法》，重新规范了包括机电产品出口卖方信贷在内的进出口信贷业务。以其为首，中国工商银行、建设银行等商业银行也开始试办出口信贷。随着开放的逐步推进，不仅中国的商业性金融机构的出口信贷业务明显扩大，外资银行也逐渐进入了中国的出口信贷领域，这使中国的出口信贷供给主体呈现出明显的多元化特征。从 2006 年的数据来看，在中国的出口信贷业务中，中国进出口银行的市场占有率为 77%，包括中国银行、中国工商银行、中信银行在内的国有商业银行的市场份额为 13%，外资银行的市场份额为 10%。① 随着对促进进口的重视，中国的进口信贷业务逐步发展，信贷市场的开放随之扩大至进口信贷领域。

2012 年 2 月，商务部等十部委联合发布《关于加快转变外贸发展方式的指导意见》，明确提出要鼓励国内商业银行按照风险可控、商业可持续原则，开展进出口信贷业务；4 月，《国务院关于加强进口促进对外贸易平衡发展的指导意见》强调要鼓励商业银行开展进口信贷业务，同时还提出要鼓励商业

① 邹小燕，张璇. 出口信贷 [M]. 北京：机械工业出版社，2008：8-9.

保险公司根据企业需要，研究开展进口信用保险业务，推出有利于扩大进口的保险产品和服务。这既体现出进一步开放对外贸易贷款的方向，也意味着开放进出口信用保险业务的需要明显扩大。随着短期出口信用保险需求的增加，基于进一步扩大出口信用保险覆盖面、加强对小微企业的支持与服务的需要，2013 年，中国的出口信用保险市场进入了试点开放阶段。随着中国人民财产保险股份有限公司、中国平安保险股份有限公司、中国太平洋保险股份有限公司、中国大地财产保险股份有限公司试点开展短期出口信用保险业务，中国的出口信用保险供给主体呈现出多元化的趋势。

政策性贸易金融市场的开放，为政策性贸易金融与商业性贸易金融的合作与交融提供了重要平台，有利于二者展现各自的特色与优势，增强互补合作的关系，强化政策性贸易金融与商业性贸易金融优势互补的基本特点，借助商业性贸易金融更好地发挥市场在对外贸易领域配置金融资源的作用；在市场作用不充分的特定领域，则可以凭借政策性贸易金融的优势发挥引领带动作用，在特殊时期还可以发挥政策性贸易金融的逆周期调节作用。

3. 建立协调与合作机制

中国进出口银行与外经贸主管部门的合作——银贸合作，和中国出口信用保险公司与外经贸主管部门的合作——信贸合作，对各部门协同配合、共促贸易经济发展具有重要意义。因此，银贸合作机制及信贸合作机制的建设在这段时期逐步加强，并取得了重要成效。

从基本进程来看，在 2002 年的时候，《对外贸易经济合作部、中国出口信用保险公司关于进一步推动出口信用保险业务开展有关问题的通知》（外经贸计财函〔2002〕第 521 号）明确提出，各级外经贸主管部门、各进出口商会与中国出口信用保险公司及其分支机构要密切联系，加强协调、沟通与合作；2005 年，商务部、中国出口信用保险公司关于实行出口信用保险专项优惠措施支持个体私营等非公有制企业开拓国际市场的通知提出，各级商务主管部门和中国出口信用保险公司各营业机构要建立有效的工作协调机制；2007 年，商务部与中国出口信用保险公司签署了《支持服务贸易发展全面合作协议》，根据该协议，商务部将鼓励服务贸易企业利用出口信用保险等金融工具提高信用风险管理水平，支持中国服务贸易协会利用信用评价体系开展服务贸易促进工作，向中国出口信用保险公司择优推荐服务贸易出口企业，中国出口信用保险公司也将加强与中国服务贸易协会的合作；2011 年，商务部、中国出口信用保险公司关于发挥出口信用保险政策性优势加快转变外贸发展方式的通知指出，2009 年以来，各地商务主管部门、各商会加强与中国出口信用保险公司的全面协作，逐步建立出口信用保险协调促进机制，对中国成功应对金融危机、保持对外贸易稳定健康发展发挥了积极作用，同时强调各地商务主管部门和中国出口信用保险公司各营业机构要进一步完善、加强出口信用保险协调促进机制；2016 年，《对外贸易发展“十三五”规划》明确指出要以《对外贸易法》为基础，加强各部门制定、实施涉及外贸领域政策措施的协调，强调要改进金融服务，加强银贸合作。

十多年的认识深化和实践探索，为政策性贸易金融机构与相关部门加强合作机制建设积累了宝贵的经验。在全面贯彻中共十九大精神的背景下，中国进出口银行和中国出口信用保险公司于 2018 年 1 月 23 日分别与商务部签署了《关于建立合作机制的框架协议》，这对深化政策性贸易金融机构改革，建立健全银贸、信贸合作机制，充分发挥商务部的政策协调优势和政策性贸易金融机构在信贷支持、风险保障等方面的优势，促进对外经济贸易高质量发展，具有十分重要的意义。

4. 加强政策引导和规制建设

在加强政策引导和规制建设方面，前述指导意见、发展规划等都有明确体现。2002 年 10 月，中国对外贸易经济合作部颁布《关于进一步推动出口信用保险业务开展有关问题的通知》指出，中国出口信用保险公司已经做出的努力将对深入实施中国的“科技兴贸”“市场多元化”和“走出去”等战略起到更加积极的促进作用，这是中国关于政策性贸易金融发展导向的一种体现。2003 年，《关于进一步实施科技兴贸战略的若干意见》更是明确强调中国进出口银行要按照人民银行确定的优惠出口信贷利率提供出口信贷，加大对高新技术产品出口的支持力度，有关部门要抓紧研究建立高新技术产品出口买方信贷利率风险补偿机制，鼓励企业以保证、抵押、质押和定金等多种担保方式获得出口信贷，尽快研究通过提供政策性贷款和贷款贴息，鼓励出口企业引进国外先进技术和关键设备，同时强调要发挥出口信用保险对扩大高新技术产品出口的积极作用，鼓励中国出口信用保险公司开展具有融资功能的短期出口信用保险，按照出口信用保险政策规定，对高新技术产品投保出口信用保险的保费费率予以适当浮动，为高新技术产品出口“量身订做”新的险种，积极提供高新技术产品出口的收汇保障，为企业提供信用保险项下的融资便利。

2004年，新修订的《对外贸易法》第九章专门就对外贸易促进做了规定，第五十三条的内容是：“国家通过进出口信贷、出口信用保险、出口退税及其他促进对外贸易的方式，发展对外贸易。”由此，中国以法律的形式确立了政策性贸易金融在促进对外贸易发展中的地位。此后，根据对外经济贸易形势变化、对外贸易战略调整等因素，中国关于对外贸易的各种指导意见、发展规划等，基本都会明确提出发挥政策性贸易金融作用的相关要求。2012年，商务部等十部门发布《关于加快转变外贸发展方式的指导意见》，提出要利用进口信贷、进口担保，为企业扩大进口提供融资便利，同时，《对外贸易发展“十二五”规划》明确强调要发展政策性进口信用保险业务，支持重要原材料和关键技术设备的进口。由此可见，中国的政策性贸易金融在促进出口的同时加大了对进口支持的重视力度，这对促进中国对外贸易平衡协调可持续发展有重要意义。自2015年开始，中国的政府工作报告连续五年强调政策性贸易金融的作用，并针对促进进口、促进服务贸易、促进对外贸易平衡发展、促进大型成套设备出口、服务小微企业等，提出“对大型成套设备出口融资应保尽保”等要求。

随着政策性贸易金融体系改革的深入和新形势下政策性贸易金融的发展，进一步加强政策性贸易金融法规建设的紧迫性日益加强。2015年国务院批复同意《中国进出口银行改革实施总体方案》，其中由银监会牵头研究制订审慎性监管规定并实施监管是改革方案的重要内容。但是，多年来，银监会一直是参照商业银行监管制度和相关规范性文件对中国进出口银行进行监管，监管制度的针对性较弱。所以，基于全面深化改革的需要，也为了弥补监管制度短板，2017 年，《中国进出口银行监督管理办法》（以下简称《办法》）正式公布，并自 2018 年 1 月 1 日起施行，由此，中国的政策性贸易金融管理制度掀开了新的一页。

《办法》对中国进出口银行的市场定位、公司治理、风险管理、内部控制、资本管理等做了具体规定。根据有关规定，中国银行业监督管理委员会及其派出机构依法对中国进出口银行实施监督管理，中国进出口银行应当遵守市场秩序，坚持依法合规经营，依托国家信用，紧紧围绕国家战略，坚守政策性金融定位，根据依法确定的服务领域和经营范围开展政策性业务和自营性业务，与商业性金融机构建立互补合作关系，充分发挥政策性金融机构在支持国民经济发展方面的重要作用。同时，《办法》规定，中国进出口银行的监事会依照《国有重点金融机构监事会暂行条例》等有关法律法规设置和管理，由国务院派出，对国务院负责。由这些规定可以看出，《办法》既保持了相关管理制度的连续性，突出了中国进出口银行的政策性银行特色，同时又根据市场化改革等因素，强调政策性银行也必须遵循银行经营管理的一般规律，要求中国进出口银行坚持市场化运作。可见，《办法》的制定和实施，对中国进出口银行公司治理架构的完善及其依法合规发展，对其更好发挥支持对外经济贸易、促进国际合作、推动“走出去”等方面的作用，都具有极为重要的意义。

总体来看，自 2002 以来，中国的政策性贸易融资体系已逐步完善，政策性金融机构的业务运营也逐渐与国际接轨。2008 年，中国进出口银行首次实现了保本微利。在这个过程中，政府有关部委出台的一系列政策措施，包括全国性的政策办法和在此基础上具体细化的地方性操作指导等，都对完善中国政策性贸易金融体系、规范与推动政策性贸易金融发展，进而在促进中国贸易结构和产业结构优化中发挥了重要作用。

二、中国进出口银行的业务发展及其贸易促进作用

在政策引导等多方因素的推动下，中国进出口银行的业务领域从初期的对外贸易贷款发展到对外贸易贷款、跨境投资贷款、对外合作贷款、境内对外开放支持贷款、优惠贷款及国际结算、担保、贸易融资等领域，多元化的服务使中国进出口银行在中国开放型经济发展中发挥着日益重要的作用。单从对外贸易贷款来看，其业务模式和领域的变化也是极为显著的，不仅出口信贷由最初的出口货物卖方信贷扩展到了出口货物买方信贷，进口货物贷款和进出口服务贷款也逐渐发展起来，由此极大地拓展了中国进出口银行的发展目标和业务模式，进而对优化对外贸易商品结构、促进对外贸易平衡发展等，都发挥了重要作用。

（一）货物贸易贷款与对外贸易发展

货物贸易贷款对对外贸易发展的促进作用是多方面的，从其对优化对外贸易商品结构的作用来讲，主要源自进出口货物贷款的投向。以历史最悠久的出口货物卖方信贷为例。自试办时起，中国的出口信贷就有明确的投向，当时是以调整对外贸易商品结构、促进机电产品出口为主要目标。随着客观情况的变化，中国进出口银行逐渐扩展了支持范围，由前文关于“加大对高新技术产品出口的支持力度”“对大型成套设备出口融资应保尽保”的叙述，足以证明。再从业务创新情况来看，中国进出口银行于1995年开始承办了援外优惠贷款业务，援外贷款由无息改为低息，用于支持中国的机电产品、成套设备出口以及受援国家的经济建设，于1996年、1997年先后开办了出口买方信贷和加工贸易贷款，于1999年开始对高新技术产品出口提供贷款支持，并在2000年开办了境外投资贷款业务，以服务“引进来”与“走出去”相结合的战略，带动设备、技术出口。2006年，中国进出口银行开展了多项业务创新，在支持范围扩展方面，开办了农产品出口卖方信贷。此后，随着实践的发展，中国进出口银行又顺势而为，不断推进了业务创新。在2013年，中国进出口银行围绕以开放促发展、加快转变经济发展方式的战略要求，推出了节能环保贷款、农业产业化发展贷款和境外中资企业贷款——以适应其境

外投资方式和手段日益多样化的需要。经过持续发展，中国进出口银行的出口信贷投向呈现出多元化状态，其中，出口货物卖方信贷实际发放额投向比例如表 8-1 所示。

表 8-1　2006—2014 年中国进出口银行出口卖方信贷实际发放额投向比例一览

单位:%

年份	设备出口	船舶出口	高新技术产品出口	一般机电产品出口	对外承包工程	境外投资	农产品出口	其他
2006	5.40	22.90	32.90	9.70	28.00	1.10	5.40	—
2007	7.27	13.16	36.55	12.13	9.00	18.98	2.91	—
2008	6.78	7.13	28.80	12.88	9.07	28.82	3.19	3.26
2009	30.90	9.27	7.26	31.20	3.21	1.82	7.87	8.47
2010	30.39	8.56	5.84	33.22	3.60	3.82	5.60	8.96
2011	30.14	12.85	9.80	23.94	2.50	4.78	6.96	9.03
2012	7.10	10.50	35.30	14.50	7.20	14.60	3.80	7.00
2013	6.38	9.86	36.79	10.47	7.60	17.65	3.38	7.87
2014	6.73	19.80	29.86	10.60	7.95	15.22	1.09	8.75

数据来源：中国进出口银行官网。

从表 8-1 中数据可见，2006—2014 年，设备出口、船舶出口、高新技术产品出口和一般机电产品出口一直是出口卖方信贷实际发放贷款的主要投向，这四项合计占比多在 60%以上。由此可见，出口信贷提供的融资便利对这些产品出口的支持力度，对货物贸易贷款在优化中国对外贸易商品结构中的作用也可见一斑。

从进口货物贷款的发展情况来看，其试办也主要源于 2006 年中国进出口银行的业务创新。当时，为了满足国内经济发展的需要，也为了促进国际收支平衡、推动结构调整和产业升级，中国进出口银行试点办理了此类业务，主要用于支持关键技术、重大技术装备等产品进口。此后，中国进出口银行的进口货物贷款余额便一路上涨（见图 8-1）。

从图 8-1 中数据可见，自 2006 年以来，进口货物贷款余额只在 2017 年有所下降，其余年份均保持了增长。由于进口货物贷款业务一开始就与中国的进口促进目标直接相关，因此，其持续增长对优化进口商品结构、促进进口贸易发展的作用，以及对货物进出口平衡发展、对外贸易平衡协调发展的作用是不言而喻的。

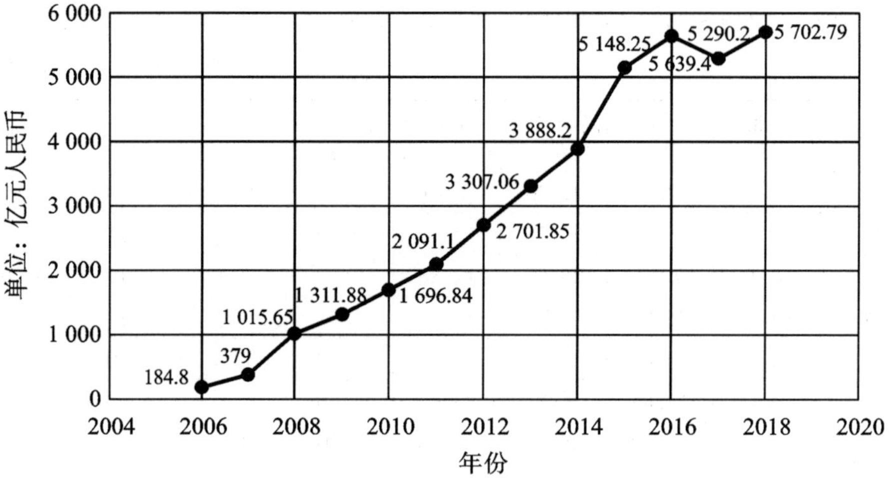

图 8-1　2004—2018 年中国进出口银行进口货物贷款余额一览

数据来源：中国进出口银行官网。

（二）服务贸易贷款与对外贸易发展

从整个对外贸易平衡发展的角度讲，服务贸易贷款的情况十分重要。随着对发展服务贸易重要性的认识，中国将服务贸易纳入了对外贸易发展战略。在促进服务贸易发展的各项措施中，政策性贸易金融具有举足轻重的地位。因此，为了响应大力发展服务贸易、转变对外贸易增长方式的政策号召，中国进出口银行于 2007 年将支持范围从机电产品、高新技术产品进一步延伸到了农产品、文化产品及旅游等服务贸易领域，由此推进了服务贸易贷款的发展。从 2015—2018 年的情况来看，服务贸易贷款余额处于较快增长状态[①]（见表 8-2）。

① 2017 年，中国进出口银行对服务贸易贷款统计口径做了调整，将服务贸易流动资金贷款、其他租金保理等业务由对外贸易贷款调整至境内对外开放支持贷款，这对 2017 年服务贸易贷款的统计数据有直接影响。

表 8-2　2015—2018 年中国进出口银行服务贸易贷款余额一览 单位：亿元

年份	出口服务贷款余额	进口服务贷款余额	服务贸易贷款余额
2015	196. 26	83. 17	279. 43
2016	326. 59	119. 32	445. 91
2017	108. 05	64. 63	172. 68
2018	143. 4	111. 1	254. 5

数据来源：中国进出口银行官网。

进一步分析，出口服务贸易贷款具体包括出口卖方信贷、出口买方信贷和贸易融资，但出口买方信贷微乎其微。从 2017 年、2018 年的统计数据来看，这两年的出口服务贸易贷款由出口卖方信贷和贸易融资构成。其中，出口卖方信贷余额分别是 75. 12 亿元、94. 89 亿元，贸易融资余额分别为 32. 94 亿元、48. 51 亿元。

结合服务贸易贷款对文化服务、服务外包等领域的支持，以及出口服务贷款的具体构成可见，出口服务的卖方信贷、贸易融资及进口服务贷款在优化服务贸易商品结构、促进服务贸易发展和对外贸易平衡发展方面的作用更为突出。

（三）金融服务延伸与开放型经济发展

作为中国支持对外开放的专门安排，在成立之初，中国进出口银行主要为扩大机电产品和成套设备等资本性货物出口提供政策性金融服务。随着改革开放深入发展，中国的对外经济贸易战略经历了从积极扩大“引进来”到稳步实施“走出去”，再到坚持“引进来”和“走出去”并重的演进，在这段历程中，中国进出口银行应势而变，通过延伸金融服务，在促进开放型经济发展中发挥了重要作用。

首先，通过调整业务范围和支持重点，中国进出口银行将支持领域从出口延伸到进口，支持范围从侧重资本品进出口延伸到信息技术、通信邮电、物流运输、文化教育等服务贸易领域，支持手段从信贷延伸到投资、担保、资金、咨询、中间业务等综合金融服务，在推动形成范围更广、领域更宽、层次更高的开放新格局方面发挥了重要作用；其次，顺应全球供应链产业链价值链深度融合的发展趋势，在支持对外贸易、跨境投资、国际合作的同时，通过将支持环节内向延伸至扩大境内对外开放领域，将支持对外贸易的着力点从对外贸易链条中的交易环节，延伸到从产品研发创新到生产技术改进再到海外营销体系建设等对外贸易全产业链的各个环节，为推动对外开放纵深发展发挥了重要作用；最后，中国进出口银行还通过提供综合性金融解决方案，支持企业以境外投资、工程承包、技术合作、装备出口等方式开展对外合作，还围绕国际产能和装备制造合作等重点领域服务“一带一路”建设……。① 正是通过多向的金融服务延伸，中国进出口银行在推动开放型经济发展中发挥了重要作用，并在中国参与全球经济治理方面，贡献了一份力量。

三、中国出口信用保险公司的业务发展及其贸易促进作用

中国出口信用保险公司成立晚，却发展快。自成立至 2018 年，中国出口信用保险公司的业务范围已经覆盖全球 228 个国家和地区，业务规模从 2002 年的 27.5 亿美元发展到 2018 年 11 月末的 5 000 多亿美元，年均增长率超过 40%，累计承保金额 3.9 万亿美元，向企业支付赔款超过 120.6 亿美元，服务对外经贸企业超过 14 万家，保险规模及主要险种规模稳居全球官方出口信用保险机构第一位，用短短十几年的时间，走过了发达国家同业机构上百年的发展历程。② 2018 年，中国出口信用保险公司全年承保金额首次突破 6 000 亿美元，达 6 122.3 亿美元，同比增长 16.7%，服务支持客户 10.5 万家，增长 21.7%，支付赔款 19.5 亿美元，增长 42.5%，支持企业获得银行融资 3 269.1 亿元人民币，增长 1.8%。③

业务的快速发展，使中国出口信用保险公司在对外经济贸易和社会经济

---

① 胡晓炼. 承前启后 奋发有为 为推动新时代改革开放增添助力［EB/OL］.（2019-05）. http://www.eximbank.gov.cn/info/circus/201905/t20190529_9205.html.

② 出口信用保险助力我国高水平对外开放［EB/OL］. http://www.financialnews.com.cn/bx/jg/201812/t20181222_151711.html.

③ 新浪财经. 中国信保承保突破 6 000 亿美元［EB/OL］.（2019-01-18）. finance.sina.com.cn/roll/2019-01-18/doc-ihrfqziz8762972.shtml.

发展中的贡献进一步扩大。2018 年 9 月发布的《中国出口信用保险公司政策性职能履行评估报告》显示，2017 年，中国出口信用保险公司的出口信用保险拉动中国出口金额超过 6 000 亿美元，占同期出口总额的 26.6%，对 GDP 的贡献率为 4.9%，当年拉动就业超过 1 500 万人。这些显著成就，是多方面因素合力作用的结果，其中，业务的创新，领域的拓展，加上出口信用保险的逆周期调节，形成了重要的推动。

（一）业务领域拓展与作用路径多元化

回溯中国出口信用保险公司走过的路，伴随着业务创新与拓展，目前已经形成包括出口信用保险、海外投资保险、进口预付款保险、融资担保、应收账款管理及信息咨询业务在内的多元化的服务产品。由于业务领域的扩大，发挥作用的路径也随之多元，出口信用保险、进口预付款保险、融资担保等等，都对应着重要的作用渠道。具体从出口信用保险来看，其业务主要包括中长期出口信用保险、短期出口信用保险和短期出口特险。其中，中长期出口信用保险涉及出口信用保险和出口信贷有机结合的业务模式，如出口卖方信贷保险、出口买方信贷保险，主要是为金融机构、出口企业或融资租赁公司收回融资协议、商务合同或租赁协议项下应收款项提供风险保障，保险期限一般在 2~15 年，短期出口信用保险为以信用证、非信用证方式从中国出口的货物或服务提供应收账款收汇风险保障，承保业务的信用期限一般为一年以内，短期出口特险主要向出口机电产品、成套设备、高新技术产品、船舶的企业提供风险保障，为期一到两年。除了风险保障功能，这三类出口信用保险还可以通过差异化融资安排，实现信用保险融资功能。实际上，截至 2017 年年底，与中国出口信用保险公司建立全面合作关系的银行有 85 家，有实际业务合作的银行累计 251 家，信用保险累计支持企业获得银行融资超过 3 万亿元人民币。其中，短期险项下保单融资金额 1.6 万亿元人民币。由此，出口信用保险的功能也具备了多元化特征。

进一步分析，出口信用保险的风险保障功能主要体现在三个方面：一是在接到企业报损后通过法律手段迫使进口方履行合同义务以实现赔前减损；二是损失补偿，这包括根据保单约定对已经出口的货物及时给予赔付，也包括对已经生产尚未出运的货物，在企业投保了附加出运前风险保险的情况下，对企业出运前的成本损失给予补偿；三是赔后追偿。

出口信用保险作为融资工具的功能主要体现在信保融资等方面，目前包括通过赔款转让、应收账款转让或融资银行直接投保信用保险三种模式，为企业提供保险项下融资服务。其一，在赔款转让模式下，出口商（销售商）在中国出口信用保险公司投保并将赔款权益转让给银行后，银行向其提供融资，在发生保险责任范围内的损失时，中国出口信用保险公司根据《赔款转让协议》的约定，按照保险单约定理赔后将应付给出口商（销售商）的赔款直接全额支付给融资银行。其二，在应收账款转让模式下，出口商（销售商）在中国出口信用保险公司投保并将保险单项下形成的应收账款转让给银行，银行向其提供融资，并成为转让范围内的保险单项下的被保险人，在发生保险责任范围内损失时，中国出口信用保险公司根据保险单及《应收账款转让协议》的约定，将赔款支付给融资银行。其三，在融资银行直接投保信用保险模式下，由银行作为投保人和被保险人，将其持有的债权直接向中国出口信用保险公司投保，在发生保险责任范围内的损失时，中国出口信用保险公司根据保单约定，对银行承担相应的赔偿责任。

从中国出口信用保险公司的业务领域全面分析，功能的多元化还体现在资信服务等方面，包括为国内外用户提供的资信调查、信用评级、行业风险分析、国别信息、信用管理咨询与培训，等等。其中，资信报告是在深入分析企业经营发展和财务状况的基础上，对其进行资信评估，以期向客户提供企业全面、准确的综合信用信息，帮助客户核实企业合法身份、信用情况、交易情况，以及帮助客户在交易活动中做出有效判断，防范信用风险。中国企业评级是指，对影响经济主体的信用风险因素进行分析，就其偿债能力和意愿做出综合评价，并用简明的信用等级符号进行表示，帮助客户在交易或投融资双方之间搭建一座桥梁，消除信用信息不对称，这有利于交易各方识别信用风险，保障经济活动的顺利进行。企业信用风险管理咨询及培训是指，帮助客户建立健全信用风险管理体系，实现客户与其合作伙伴交易的全流程管理和控制，帮助客户查找信用风险管理漏洞，解决客户在信用风险控制方面的难题，提高客户的信用风险识别能力和信用风险管理水平。至今，中国出口信用保险公司在信用风险管理领域深耕细作，成立了专门的国别风险研究中心和资信评估中心，资信数据库覆盖5 000万家中国企业数据、超过一亿家海外企业数据、3.4万家银行数据，拥有海内外资信信息渠道超过300家，资信调查业务覆盖全球所有国别、地区及主要行业。①

在趋势上，随着社会经济的发展及业务领域、业务模式的进一步拓展，作用路径和功能将更加多元，进口信用保险、服务贸易保险的地位将更加突出。

（二）逆周期调节与对外贸易增长

政策性贸易金融的主旨，使逆周期调节成为其必然的功能。就出口信用保险而言，商业风险和政治风险的特性更强化了它的逆周期调节作用。从具体情况来看，自2008年以来，国际金融危机、全球需求不振、中国经济进入新常态、国际贸易摩擦加剧，这一系列因素，都使出口信用保险的逆周期调节作用更加明显。统计数据显示，2008年，在国际金融危机的影响下，中国的出口规模同比降幅超过15%，中国出口信用保险公司根据政策要求，采取具有针对性的差异化承保措施，扩大承保规模和保单融资规模，有效缓解了企业“有单不敢接，有单无力接”的难题。《2009年国务院政府工作报告》提出扩大出口信用保险覆盖面，国务院第六十六次常务会议将完善出口信用保险政策作为进一步稳定外需六项政策措施的第一条，同年，中国出口信用保险公司承保规模首次突破1 000亿美元，达到1 166亿美元，同比增长86%。从2009年以来的整体情况来看，在2002—2018年11月累计实现的3.9万亿美元承保金额中，2009—2018年11月的承保金额就达3.8万亿美元，占了总承保金额的96%。除此之外，出口渗透率和一般贸易渗透率也持续提高（见图8-2），由此足以显示出口信用保险的逆周期调节作用。

① 根据中国出口信用保险公司官方网站数据整理。

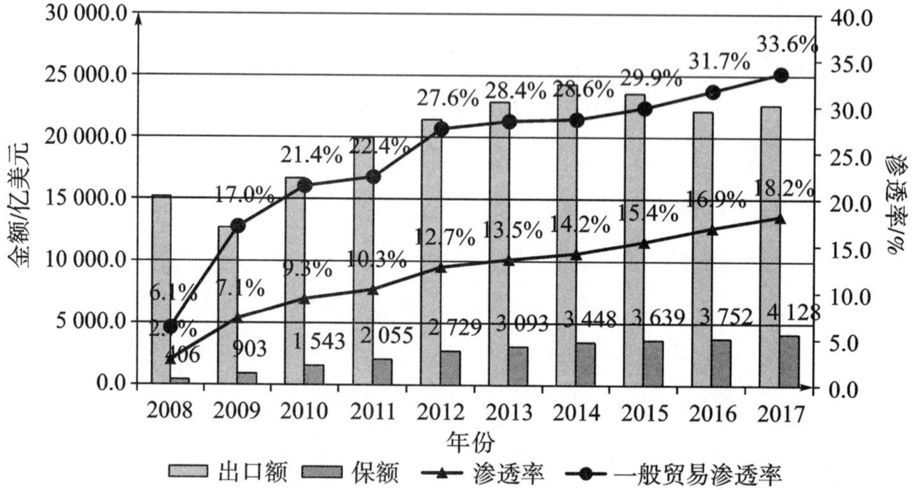

图 8-2　2008—2017 年中国出口信用保险公司出口信用保险及渗透率一览

数据来源：承包额出自中国出口信用保险公司年报，渗透率据中国出口信用保险公司和中国海关数据计算。

很显然，出口信用保险的逆周期调节是推动中国对外贸易持续发展的重要因素。从具体的效果来看，这种推动作用主要体现在对外贸易规模的扩大和结构的优化方面。但是，由于客观情况的变化，在不同的历史时期，这两方面效应的高低及结构优化的具体表现有所不同。在经济规模速度型粗放增长的历史时期，规模效应显得特别重要，在经济发展方式转向质量效率型集约增长的背景下，经济结构的战略性调整、经济增长动能的转换以及对外贸易创新协调可持续发展的内在要求，都会提升结构效应的重要程度，再加上深化改革开放等因素的影响，结构优化的具体表现也会有所不同。从近年来的情况看，出口信用保险在优化对外贸易商品结构、方式结构、主体结构和市场结构方面都发挥了重要作用。

一方面，通过不断加大对拥有自主品牌、自主知识产权产品出口的支持力度，实施自主品牌重点客户名单制管理，积极支持机电产品、高新技术、节能环保以及新能源、新材料、生物医药等战略性新兴产业出口，出口信用保险在优化对外贸易商品结构、支持对外贸易企业参与更高层次国际价值链分工方面发挥了重要作用。统计数据显示，2013—2018 年 11 月，中国出口信用保险公司支持机电产品、高新技术、船舶、汽车、轻工等八大重点行业 1.78 万亿美元，中长期出口信用保险对大型成套设备出口融资应保尽保，累计实现承保金额 1 197.6 亿美元；2014—2018 年 6 月，支持中国服务贸易出口 1 021 亿美元，支付赔款 1.03 亿美元，风险保障覆盖了物流运输服务、建筑与工程服务、信息通信服务、技术贸易、知识产权服务、文化和娱乐服务、商务服务、旅游服务等多个领域。这些数据表明，出口信用保险对优化对外贸易商品结构、促进对外贸易发展有重要的支持作用。另一方面，中国出口信用保险公司积极支持跨境电商、外贸综合服务平台、海外仓等外贸新业态，针对外贸新业态的特点创新业务模式，在 2013—2018 年 6 月累计承保外贸新业态达 268.6 亿美元，支付赔款 1.5 亿美元；积极支持民营企业、小微企业发展，随着民营企业转型升级和“走出去”步伐加快，改变了主要采用短期出口信用保险的做法，扩大了中长期出口信用保险及海外投资保险对民营企业的支持作用，2018 年，中国出口信用保险公司服务企业客户 10.5 万家，其中民营企业占比近 70%；在支持小微企业方面，早在 2012 年中国出口信用保险公司就率先推出了“小微企业信保易”专属产品，在 2013—2018 年 11 月，累计支持小微企业出口 3 063.9 亿美元，服务小微企业超过 11 万家。由此可见，出口信用保险在促进对外贸易业态创新、优化贸易主体结构中具有重要作用。此外，中国出口信用保险公司还大力支持企业开拓多元化市场，2013—2018 年 11 月，支持中国企业向“一带一路”沿线国家出口和投资累计 6 743 亿美元，业务覆盖所有沿线国家，承保项目 2 119 个，覆盖了交通运输、石油装备、电力工程等多个领域；2019 年上半年，中国出口信用保险公司支持中国企业对新兴市场出口和投资 1 257 亿美元。

出口信用保险多元的作用，不仅促进了对外贸易稳定增长，推动了其转型升级，还在稳定社会就业方面发挥了积极作用。《中国出口信用保险公司政策性职能履行评估报告》的数据显示，2013 年以来，中国出口信用保险公司通过履行政策性职能，每年拉动或保障与对外贸易出口相关的就业人数 1 500 万左右，约占中国对外贸易行业从业人员的十分之一。总体而论，中国出口信用保险公司通过防范风险、促进融资、补偿损失、推动贸易等多重功能作用的全面发挥，在服务开放型经济发展、促进开放水平全面提高方面发挥了重要作用，通过服务"一带一路"建设，积极参与出口信贷新国际规则谈判，积极参加伯尔尼协会的多双边交流，搭建全面覆盖国别、行业、企业和银行的风险评估体系，为中国参与、推动全球经济治理作出了重要贡献。

第三节　跨境贸易人民币结算的探索与发展

随着中国对外贸易的发展，以人民币计价的跨境贸易人民币结算需求逐渐旺盛。以人民币结算跨境贸易，能为贸易的开展带来很多好处：人民币的使用能为贸易企业有效节省换汇成本，规避汇率变动所带来的风险，方便企业不同账目之间的协调管理；贸易中使用人民币结算，在很大程度上还能增强人民币在世界上的影响力，促进货币政策与贸易经济形势协调一致；对于边境地区生活的人民而言，以人民币结算跨境贸易还能提供许多方便。

跨境贸易人民币结算经历了长时间的探索，起初开展人民币结算是为了缓解外币贬值对贸易企业的冲击。2009 年后，中国相继开放各地区进行跨境贸易人民币结算试点，并出台了相应的政策，这有利于提升金融机构服务实体经济、服务"一带一路"建设的能力，有利于推进更深层次、更高水平的对外开放。

一、关于跨境贸易人民币结算的早期探索（1949—2008 年）

早在 1968 年，中国就曾开展过一次人民币计价结算的试点。进行这次试点的重要原因是，1968 年以前中国对外贸易主要使用英镑作为计价结算货币，但由于英镑出现大幅贬值，给贸易企业造成了不小冲击，因此中国银行开始针对港澳地区试行人民币计价结算。1969 年，人民币跨境结算范围又扩大到西欧。至 1976 年，已扩大到 120 个国家和地区。

改革开放后，跨境贸易人民币结算首先经历了从贸易计价到边境贸易结算的演进过程。

改革开放之初，中国重新收紧了跨境贸易的人民币结算，仅因个人交易的需要逐步放宽了公民个人可携带出境的人民币金额限额。公民可携带人民币出境限额由 1987 年的 200 元提升到 1990 年亚运会期间的 2 000 元，再到 1993 年扩大为 6 000 元，该金额直至 2005 年元旦起被提升为 2 万元。随着跨境贸易中人民币业务需求的快速增长，1993 年 5 月，中国人民银行与越南国家银行签署《关于结算与合作的协定》，建立了边境贸易人民币结算安排，揭开了银行业机构跨境人民币清算的序幕。之后，中国又相继与多国央行签订了人民币清算的协作安排，大大保障了跨境贸易的健康发展。

随着中国对外出口的快速增长，中国商品逐渐在周边国家市场中占据了优势。早在 20 世纪 90 年代，人民币就已经逐渐成为中俄、中缅、中越、中蒙边境地区小额现钞贸易的交易货币。1997 年东南亚金融危机爆发后，由于中国政府坚持人民币不贬值，人民币现钞在周边东亚、东南亚国家获得了更加广泛的使用。人民币逐渐在周边国家建立了良好的声誉，奠定了人民币离岸发展的民众基础。

加入世界贸易组织后，中国使用人民币进行贸易业务的信心得到了加强。2003 年 3 月，国家外汇管理局发布的《关于境内机构对外贸易中以人民币作为计价货币有关问题的通知》，正式明确境内机构签订出口合同时可以采用人民币作为计价货币，结算时境内机构按照结算当日银行挂牌汇价，将合同中约定的人民币金额折算成为银行挂牌货币对外支付，并按照相关规定办理出口收汇和进口付汇核销手续；10 月实施的《边境贸易外汇管理办法》规定，边贸企业①或个人与境外贸易机构进行边境贸易时，可以用可自由兑换货币、毗邻国家货币或者人民币计价结算。为方便贸易结算、减少换汇中产生的交

① 边贸企业包括中国的边境小额贸易企业和对外经济技术合作企业。

易成本，中国先后与越南、蒙古、老挝、尼泊尔、俄罗斯、吉尔吉斯斯坦、朝鲜和哈萨克斯坦的中央银行签署了有关边境贸易本币结算的协定。2010 年 3 月，中国出台了边境地区一般贸易和边境小额贸易出口货物以人民币结算准予退（免）税的政策。

二、跨境贸易人民币结算的试点与发展（2008 年至今）

随着改革开放的深入，一方面，中国的综合国力不断增强，对外经济贸易联系日益密切，外汇储备逐渐充裕，人民币币值总体表现稳定，这为跨境贸易人民币结算试点创造了条件；另一方面，受国际金融危机影响，美元、欧元等主要国际结算货币汇率大幅波动，中国及周边国家和地区的企业在贸易结算中面临较大的汇率风险。随着中国与东盟国家及内地与港澳地区的贸易、投资和人员关系迅速发展，以人民币作为支付手段的呼声越来越高。在这样的背景下，中国适时推进了跨境贸易人民币结算试点。

（一）结算试点的制度演进

2009 年 4 月，国务院决定在上海、广州、深圳、珠海、东莞 5 市开展跨境贸易人民币结算试点，境外试点地域包括港、澳和东盟地区。为了保障跨境贸易人民币结算试点工作顺利进行，规范试点企业和商业银行的行为，防范相关业务风险，中国人民银行、财政部、商务部、海关总署、税务总局、银监会共同制定了关于跨境贸易人民币结算的基础性规则——《跨境贸易人民币结算试点管理办法》，于 2009 年 7 月 1 日公布实施。该办法规定，国家允许指定的、有条件的企业在自愿的基础上以人民币进行跨境贸易的结算。为了贯彻落实该办法，中国人民银行于 2009 年 7 月 3 日制定了《跨境贸易人民币结算试点管理办法实施细则》，对试点地区的企业以人民币报关并以人民币结算的进出口贸易结算管理办法做了规定。至此，跨境贸易人民币结算试点全面启动。

进入 2010 年后，随着企业对跨境贸易人民币结算的需求增加，跨境贸易人民币结算试点迎来了逐渐扩大的阶段。2010 年 6 月，中国人民银行等六部委下发《关于扩大跨境贸易人民币结算试点有关问题的通知》，将跨境贸易人民币结算的境外区域由港澳、东盟拓展到所有国家和地区，境内试点区域拓展到20个省（自治区、直辖市），业务范围扩大到服务贸易和其他经常项目人民币结算。为了配合跨境贸易人民币结算试点，便利银行业金融机构和境内机构开展境外直接投资人民币结算业务，2011年1月6日，中国人民银行出台了《境外直接投资人民币结算试点管理办法》，以此为标志，境外直接投资人民币结算试点正式启动。该办法规定，境内机构——在跨境贸易人民币结算试点地区内登记注册的非金融企业，可以将其所得的境外直接投资利润以人民币汇回境内；8月22日，中国人民银行等六部委联合发布《关于扩大跨境贸易人民币结算地区的通知》，将跨境贸易人民币结算境内地域范围扩大至全国，但出口货物贸易人民币结算仍然只适用于试点企业。

为了贯彻国民经济和社会发展“十二五”规划纲要关于扩大人民币跨境使用的有关精神，2012年2月3日，中国人民银行等六部委联合发布《关于出口货物贸易人民币结算企业管理有关问题的通知》，对出口货物贸易人民币结算企业实行重点监管名单管理，这意味着参与出口货物贸易人民币结算的主体不再限于列入试点名单的企业，跨境贸易人民币结算推广至所有具有进出口经营资格的企业，只要符合相关要求，所有企业均可以人民币进行货物贸易、服务贸易及其他经常项目结算。

回溯关于跨境贸易人民币结算试点的政策措施（见表8-3）可以发现，在历经启动（2009年7月—2010年6月）、扩大（2010年6月—2012年2月）两个阶段后，跨境贸易人民币结算试点完成了三方面的扩展：其一，在空间上，境内地域由最初的5个城市扩展到全国，境外地域由东盟等地区扩展至所有国家和地区；其二，对贸易主体，经由试点企业管理到重点监管名单管理，面向所有企业开放；其三，贸易领域方面，由货物贸易扩展到货物贸易、服务贸易及其他经常项目结算。在此基础上，跨境贸易人民币结算进入了全面推开阶段。

表 8-3　跨境贸易人民币结算试点主要政策措施

时间	措施
2009 年 4 月 8 日	国务院决定跨境贸易人民币结算试点境内城市为：上海、广州、深圳、珠海、东莞；境外区域为：港、澳地区和东盟地区
2009 年 7 月 1 日	《跨境贸易人民币结算试点管理办法》，规定操作模式、结算流程等具体内容
2009 年 7 月 3 日	《跨境贸易人民币结算试点管理办法实施细则》
2009 年 7 月 6 日	《关于跨境贸易人民币结算中国际收支统计申报有关事宜的通知》
2009 年 7 月 13 日	《关于跨境贸易人民币结算国际收支统计申报有关事宜的通知》，明确跨境贸易人民币结算产生的人民币流量和存量信息属于国际收支申报内容
2009 年 8 月 25 日	《关于跨境贸易人民币结算出口货物退（免）税有关事项的通知》
2009 年 8 月 27 日	《关于跨境贸易人民币结算试点有关问题的通知》
2009 年 9 月 8 日	《海关总署监管司关于跨境贸易人民币结算试点有关问题的通知》
2010 年 3 月 8 日	《跨境人民币收付信息管理系统管理暂行办法》
2010 年 6 月 17 日	《关于扩大跨境贸易人民币结算试点有关问题的通知》，境内试点范围扩大至 20 个省区市，境外范围扩大至所有国家和地区，业务范围增加服务贸易及其他经常项目人民币结算
2011 年 1 月 6 日	《境外直接投资人民币结算试点管理办法》，以配合跨境贸易人民币结算，便利银行业金融机构和境内机构开展境外直接投资人民币结算业务
2011 年 8 月 22 日	《关于扩大跨境贸易人民币结算地区的通知》，跨境贸易人民币结算境内地区扩大至全国
2012 年 2 月 3 日	《关于出口货物贸易人民币结算企业管理有关问题的通知》，对出口货物贸易人民币结算企业实行重点监管名单管理

（二）跨境贸易人民币结算政策的完善

在跨境贸易人民币结算的制度设计中，有几个基本原则，包括严格贸易背景真实性审核、采取市场化管理方式、加强事后监管和信息共享、有效防范风险等。在跨境贸易人民币结算全面推开的背景下，在坚持各项基本原则的基础上，相关部委出台了一系列完善政策措施的规定。

2013 年 7 月，中国人民银行发布了《关于简化跨境人民币业务流程和完善有关政策的通知》，该通知自发布之日起实施。为进一步提高跨境人民币结算效率，便利银行业金融机构和企业使用人民币进行跨境结算，该通知简化了经常项目业务环节。根据有关规定，境内银行可以在“了解你的客户”“了解你的业务”“尽职审查”三原则的基础上直接办理跨境结算，企业经常项目下人民币结算资金需要自动入账的，境内银行可以先为其办理入账，再进行相关贸易真实性审核。此外，该通知明确提出要鼓励境内银行开展跨境人民币贸易融资业务。2014 年 3 月，银监会联合人民银行、财政部、商务部、海关总署及国家税务总局下发了《关于简化出口货物贸易人民币结算企业管理有关事项的通知》，对出口货物贸易人民币结算流程做了重点强化和进一步简化要求。

进入 2014 年以后，随着自由贸易试验区在各地的相继建设，各自由贸易试验区都在扩大金融业对外开放方面采取了具体措施，监管层也加强了政策引导。为了支持在自由贸易区内开展各项跨境人民币业务创新试点，鼓励和扩大人民币跨境使用，2014 年 2 月，中国人民银行授权上海总部发布《关于支持中国（上海）自由贸易实验区扩大人民币跨境使用的通知》。围绕服务实体经济、便利跨境投资和贸易，该通知简化了试验区经常项目和直接投资项下人民币跨境使用流程，明确规定上海地区银行在“展业三原则”基础上，只需凭区内机构提交的收付款指令，就可以直接办理相关业务，区内个人也可以办理经常项目下跨境人民币结算业务。此外，该通知还明确了人民币境外借款规模与使用范围及跨境电子商务结算和人民币交易服务等创新业务。随着自由贸易实验区各项金融服务的创新发展，大部分人民币跨境业务创新都已经在全国复制推广。

在世界经济曲折复苏，中国经济发展进入新常态、对外贸易发展的国际环境和国内条件发生深刻变化的背景下，2016 年 1 月印发的《对外贸易发展“十三五”规划》将改进金融服务位列发展对外贸易的保障措施之中，并明确提出要扩大人民币在跨境贸易和投资中的使用，鼓励金融机构开发适应对外贸易发展需要的避险产品和风险管理工具，帮助企业有效规避汇率风险。2017 年 8 月，《国务院关于促进外资增长若干措施的通知》明确提出，境外投资者在中国境内依法取得的利润、股息等投资收益，可依法以人民币或外汇自由汇出。为了进一步贯彻落实有关要求，2018 年 1 月，中国人民银行发布了《关于进一步完善人民币跨境业务政策促进贸易投资便利化的通知》，这对完善和优化人民币跨境业务政策，营造优良营商环境，服务“一带一路”建设，推动形成全面开放新格局有重要意义。

除了上述方面，中国还推出并完善了一系列与跨境人民币业务相关的配套政策和措施。以人民币跨境支付系统（CIPS）建设为例。2015 年 10 月，CIPS 一期成功上线运行，在整合已有人民币跨境支付结算资源渠道的基础上，为提高跨境清算效率和安全性，满足各主要时区的人民币业务发展需要创造了有利条件。2018 年 4 月，为了规范 CIPS 业务行为，防范支付风险，明确对 CIPS 参与者的管理要求，保障 CIPS 运营机构和参与者合法权益，中国人民银行制定了《人民币跨境支付系统业务规则》。该规则以国际通用业务术语为基准，有利于 CIPS 国际业务推广。2018 年 5 月，CIPS 二期全面投产，符合要求的直接参与者同步上线。与 CIPS 一期比较，CIPS 二期在功能特点上进行了改进和完善，包括丰富结算模式、延长系统对外服务时间、完善报文设计、拓展直接参与者类型，等等。从实践情况来看，中国人民银行基于 CIPS 整体设计，在充分考虑国际通行作法的基础上不断完善制度规则，保持 CIPS 制度体系的完整性和一致性，CIPS 的功能也逐渐完善，这对扩大跨境人民币业务具有重大推动作用。数据显示，2017 年，CIPS 累计处理人民币跨境支付业务 125.91 万笔，金额 14.55 万亿元，同比分别增长 97.92%和 233.67%。截至 2018 年 5 月，CIPS 共有直接参与者 31 家，间接参与者 724 家，参与者范围覆盖全球六大洲、87 个国家和地区，业务实际覆盖全球 150 个国家和地区，2 381 家法人金融机构。

（三）跨境贸易人民币结算的发展

统计数据显示，随着试点范围逐步扩大，制度体系不断完善，以人民币结算的跨境贸易总额在全行业中的占比稳步快速增长，结算总金额从 2009 年的 35.8 亿元到 2015 年的 52 300 亿元[①]，6 年间增长了 1 400 多倍（见表 8-4）。

---

① 数据来源于《中国人民银行金融数据统计报告》。

表 8-4　2009—2017 年经常项目人民币结算金额一览①

单位：亿元

年份	货物贸易	服务贸易及其他	合计
2009	32	4	36
2010	4 380	683	5 063
2011	15 606	5 202	20 808
2012	20 617	8 764	29 381
2013	30 189	16 109	46 298
2014	58 974	6 565	65 539
2015	63 911	8 432	72 343
2016	41 209	11 066	52 275
2017	32 657	10 908	43 565

数据来源：中国人民银行。

从表 8-4 中数据可见，2009—2015 年，经常项目人民币结算金额一路快速上涨，仅在 2016 年、2017 年有所回落。但是，中国人民银行《货币政策执行报告》显示，2018 年，跨境人民币业务快速增长，收支基本平衡，跨境人民币收付金额合计 15.85 万亿元，同比增长 46%；经常项目下跨境人民币收付金额合计 5.11 万亿元，同比增长 18%。其中，货物贸易收付金额 3.66 万亿元，服务贸易及其他经常项收付金额 1.45 万亿元。进入 2019 年，跨境人民币业务继续保持增长，收支基本平衡。上半年，跨境人民币收付金额合计 9.29 万亿元，同比增长 19.6%；经常项目下跨境人民币收付金额合计 2.8 万亿元，同比增长 22%。其中，货物贸易收付金额 2.02 万亿元，服务贸易及其他经常项收付金额 0.78 万亿元。

与规模的扩大相一致，与中国发生人民币跨境收付业务的区域也不断拓宽，企业明显增加。《2018 年人民币国际化报告》显示，截至 2018 年 3 月，与中国发生人民币跨境业务的国家和地区 242 个，发生业务的企业超过 34.9 万家，银行超过 386 家，137 个国家和地区的境外银行在中国境内共开立了

① 赵蓉. 扩大经常项下跨境人民币结算 [J]. 中国金融，2018 (12)：64-66.

5 028 个同业往来账户。2017 年，与中国香港地区的人民币跨境收付金额占比为 49.7%，之后分别是新加坡占比 9%，德国占比 5.6%，日本占比近 5%。其中，新加坡、德国、日本、韩国、英属维尔京群岛、荷兰、马来西亚等国家和地区的收付金额占比较 2016 年均有大幅上升。同时，随着“一带一路”建设的推进，中国与沿线国家的人民币业务也迅速发展。2017 年，中国与“一带一路”沿线国家办理人民币跨境收付金额超过 1.36 万亿元，占同期人民币跨境收付总额的 14.7%，其中货物贸易收付金额 6 309.6 亿元，直接投资收付金额 1 307.9 亿元，其他投资收付金额 2 671.5 亿元，跨境融资收付金额 2 607.2 亿元。截至 2017 年末，中国与 22 个沿线国家签署了本币互换协议，在 7 个沿线国家建立了人民币清算安排，有 5 个沿线国家获得人民币合格境外机构投资者额度，人民币与 8 个沿线国家货币实现直接交易，与 3 个沿线国家货币实现区域交易。

三、跨境贸易人民币结算的贸易便利化效应

随着人民币跨境业务的发展，人民币的国际地位显著提高。2017 年，人民币已连续 7 年位居中国第二大国际收付货币。2018 年 1 月，根据环球同业银行金融电信协会（SWIFT）统计，人民币在国际支付货币中的份额为 1.66%，位居全球第五大支付货币。这足以证明，人民币作为支付货币的功能正稳步增强，作为投资货币的功能正不断提升，作为储备货币的功能逐渐显现，作为计价货币的功能实现突破，人民币在全球货币体系中保持了稳定地位。

在一般意义上，一国货币成为国际货币的条件包括政治和经济两个方面，其中政治条件表现为具有强大的政治权力并得到国际合作的支持，经济条件则包括外部经济条件和内部经济条件。所以，人民币在全球货币体系中的地位提升，与中国的大国地位相辅相成。从对外贸易的角度讲，中国贸易大国地位的巩固与跨境贸易人民币结算的快速发展是彼此促进的，而跨境贸易人民币结算的贸易便利化效应，则具体体现了其巩固中国贸易大国地位的贡献。

从跨境贸易人民币结算试点及至其全面开放以来的发展历程来看，跨境贸易人民币结算对贸易便利化的促进，首先来源于跨境贸易人民币结算政策措施的推动，其次是以本币计价结算的效应与作用。另外，人民币在跨境投资中的使用所产生的投资便利化效应，也通过投资对贸易的带动，促进了对外贸易的发展。

（一）政策推动效应

自 2009 年推出跨境贸易人民币结算试点以来，中国坚持市场驱动原则，根据市场主体需要不断完善人民币跨境业务政策，便利市场主体开展跨境贸易和投融资活动，帮助市场主体规避汇率风险，降低财务成本，进而促进了对外贸易的发展。

早在 2009 年 7 月，《跨境贸易人民币结算试点管理办法》开篇第一句就表明制定该办法是“为促进贸易便利化”。事实上，促进贸易便利化一直是中国推动跨境贸易人民币结算的原则和重要目标，在出台关于跨境贸易人民币结算的政策时，一般都会明确提出贸易便利化要求，并围绕相关要求出台具体措施，简化业务流程，如规定所有出口货物的贸易企业均可享受出口退税政策，包括延期付款、预收货款在内的人民币形式的对外负债不占用外债指标，以真实交易背景为依据管理跨境人民币业务，强调事后而非事前监管等等。2018 年 1 月中国人民银行发布的《关于进一步完善人民币跨境业务政策促进贸易投资便利化的通知》，更是将促进贸易便利化作为关键词直接命名，并且明确规定：凡是依法可以使用外汇结算的跨境交易，企业都可以使用人民币结算，银行应以服务实体经济、促进贸易投资便利化为导向，根据跨境人民币政策，创新人民币金融产品，提升金融服务能力，充分满足客户真实、合规的人民币跨境业务需求；对个人其他经常项目人民币跨境结算业务，银行可以在“了解你的用户”“了解你的业务”“尽职审查”三原则基础上办理；支持境外投资者以人民币参与境内碳排放权交易。这些政策的实施，有利于进一步提高贸易投资便利化水平，提升金融机构服务实体经济、服务“一带一路”建设的能力，有利于推进更深层次、更高水平的对外开放。

（二）强大的市场需求及本币结算效应

随着中国经济实力的不断增强，中国与周边国家的经贸关系紧密，人民币币值稳定，境外居民对人民币的真实需求，这些都为开展跨境人民币业务提供了坚实的基础；同时，国际金融危机的爆发和主权债务危机的蔓延，凸显了国际货币体系的内在缺陷和系统性风险，为人民币“走出去”提供了契机。[①] 随着跨境人民币业务的发展，随着市场需求的增加，人民币交易规模的扩大为降低交易成本创造了条件。

站在企业的层面，跨境人民币业务能为其提供一个自由选择结算币种的权利，便于其规避汇率风险，特别是有进出口双向业务往来的企业，既可以减少货币错配风险，也可以降低费用成本。因为，在以外币结算的情况下，企业往往需要承担套期保值费用和汇兑成本，在人民币兑部分小币种时，一般还要承担两次汇兑成本。以人民币结算时，则可以简化手续和操作流程，节省汇兑成本和为规避汇率风险所产生的费用。这是以本币结算的意义体现。

（三）贸易便利化效应与投资便利化效应

投资便利化是开展跨境人民币业务的另一个原则和目标，关于跨境贸易人民币结算的政策措施往往都会涉及投资便利化，针对跨境投资人民币业务的政策措施更少不了投资便利化。在某些时候，贸易投资便利化就是一个组合词，如在《关于进一步完善人民币跨境业务政策促进贸易投资便利化的通知》中一般，结合应用。

事实上，在贸易投资一体化的背景下，中国日益重视对外贸易和跨境投资的依存关系，强调外商直接投资和对外直接投资对对外贸易的带动作用及贸易投资的协调发展，在相关发展规划、条例规章中，通常也会对此作出明确规定，在针对跨境人民币业务的政策措施中，这样的目标和要求也十分明确。因此，跨境人民币业务对投资便利化的促进，必定产生贸易便利化效应，进而促进对外贸易发展。同时，跨境贸易人民币结算对贸易便利化的促进，也会提高投资的便利化程度，有利于跨境投资的发展。

---

① 续彩虹. 跨境贸易人民币结算对中国国际贸易的影响研究［J］. 中国商论，2018（5）：86-87.

从跨境人民币业务促生投资便利化效应的路径来看，政策的推动和本币结算的便利，也是基本的作用渠道。总体上讲，各项跨境人民币业务的发展都有利于贸易便利化效应和投资便利化效应交互作用，共同提升。实践情况也证明，各项跨境人民币业务都有效满足了实体经济的合理需求，给相关企业和金融机构带来了实实在在的好处，契合了中国提高对外开放水平的目标，有力促进了对外经济贸易平稳发展。

在未来的发展中，随着中国改革开放的全面深化，随着高水平的贸易和投资自由化便利化政策的不断完善，跨境贸易人民币结算及其他跨境人民币业务的发展，将在中国从贸易大国迈向贸易强国的进程中发挥重要推动。

本章参考文献

白钦先，徐爱田，欧建雄，2003. 各国进出口政策性金融体制比较［M］. 北京：中国金融出版社.

胡晓炼，(2019-05). 承前启后 奋发有为 为推动新时代改革开放增添助力［EB/OL］. http://www.eximbank.gov.cn/info/circus/201905/t20190529_9205.html.

刘溶沧，2002. 中国入世后的财政政策调整与政策创新［J］. 财政研究（6）：26-31.

刘郁葱，周俊琪，2019. 出口退税四十年：回顾和展望［J］. 厦门广播电视大学学报，22（1）：1-5.

潘功胜，(2019-01-21). 外汇管理改革发展的实践与思考：纪念外汇管理改革暨国家外汇管理局成立40周年［EB/OL］. http://www.safe.gov.cn/safe/2019/0121/11225.html.

石广生，2002. 中国加入世界贸易组织知识读本（二）［M］. 北京：人民出版社：321.

王廷科，2018. 不忘初心 勇于担当 为服务国家新一轮改革开放作出更大贡献［J］. 保险研究（12）：62-67.

续彩虹，2018. 跨境贸易人民币结算对中国国际贸易的影响研究［J］. 中国商论（5）：86-87.

张伦俊，祝遵宏，2005. 中国税收对出口贸易的影响分析：兼谈出口退税政策调整的效应［J］. 国际贸易问题（4）：25-29.

邹小燕，张璇，2008. 出口信贷［M］. 北京：机械工业出版社.

中华人民共和国驻保加利亚共和国大使馆经济商务参赞处，(2005-07). 中保两国出口信用保险政策简评［EB/OL］. http://bg.mofcom.gov.cn/article/ztdy/200507/20050700151451.shtml.

赵蓉，2018. 扩大经常项下跨境人民币结算［J］. 中国金融（12）：64-66.

第九章

新中国服务贸易制度的演进与发展

世界服务贸易首先是伴随货物贸易的发展而发展的。货物贸易发展，必然带动运输、通信、仓储、金融、保险、信息、咨询等为买卖双方服务的各种服务行业的发展。其次是资本过剩的国家或地区在异国他乡寻找新的投资场所，与此相关的金融、保险、会计审计、资信评估、律师事务等行业的服务贸易开始发展起来。再次是人员交往增多，特别是旅游成为富裕阶层大多数人的必须消费，因而使旅游业成为不少国家的支柱产业。最后是本国和本地区服务市场狭小，而服务生产能力大，开拓境外服务市场的活动日益增加。

世界服务贸易的产生、发展，显示了服务贸易的重要性。中国是一个贸易大国，却不是贸易强国。要从贸易大国成功转向贸易强国，服务贸易的发展至关重要。服务贸易的发展，需要多方因素合力推动，其中，制度建设与制度创新是极为重要的因素，中国服务贸易制度的不断完善为服务贸易的发展提供了有力的保障。

第一节　新中国服务贸易制度的建立与改革

服务业的现代化是一国经济现代化的重要标志，在现代经济活动中几乎成为国民经济的中心。但中国的服务业底子薄，起步晚，总体发展水平较低，以服务业发展为基础的服务贸易发展水平不高，服务贸易制度建设也相对滞后，不同时期来看呈现出不同特点，具体而言分为以下几个时期：

一、高度集中的计划经济时期（1949—1978 年）

新中国成立后，中国首先在经济领域进行了社会主义的三大改造，初步建立起社会主义的计划经济体制。对外贸易体制方面，在中共七届二中全会确立的“对内节制资本，对外统制贸易”基本政策的指导下，建立了以指令性计划为基础的对外贸易国家统制制度，把全国对外贸易活动置于国家集中领导、统一管理之下，统一地进行对外经济活动，采用贸易保护政策。同时，为了尽快恢复长期遭受战争破坏的出口商品生产，中共中央十分强调对外贸易工作要认真贯彻执行“发展经济，保障供给”的方针，立足于生产，大力促进生产发展。在此后很长一段时间，重生产、轻流通、更轻服务的小生产观念占据上风，认为服务业不创造价值，只参加社会价值的分配，第三产业这一概念被当作资产阶级概念加以批判，甚至担心服务生产多了会影响实物生产，要求各行各业支援工业，服务行业大量缩减，以服务业为基础的服务贸易发展也一直处于低谷。

1949—1978 年，中国服务进口项目主要是国内基础建设工程和技术的引进。1949—1960 年，西方资本主义国家在政治、经济和军事上封锁、孤立新中国，中国只能选择和苏联结盟，政治和经济上都实行“一边倒”的政策，这一时期引进的技术主要来自苏联和东欧地区。20 世纪六七十年代，中苏关系恶化，苏联切断了对中国的技术援助，但中国与西方国家关系有所缓和，且 1971 年中国在联合国的合法席位得以恢复。在这一阶段，中国主要引进西方的技术和服务。

在服务输出方面，1958 年 10 月 29 日，中共中央批准陈毅、李富春《关于加强对外经济、技术援助工作领导的请示报告》，并在批示中指出“认真做好对外经济、技术援助工作，是一项严肃的政治任务，也是中国人民对兄弟国家和民族主义国家的人民应尽的国际主义义务”，确立了对外经济的援助方针。这一阶段，中国的服务出口多为对亚非拉民族国家的无偿工程和技术援助。项目多为工程承包和劳务，著名的工程援助有坦赞铁路等。目的主要是打破西方等势力对中国的全面封锁。

总的来说，改革开放前，在社会主义计划经济体制下，中央高度集权的对外贸易体制使中国的对外贸易仅仅发挥了调剂国内市场余缺的职能，仅看重有利于促进工业化和发展生产的货物贸易。而在服务贸易方面，计划经济主导下的社会观念认为第三产业（服务业）主要是服务性的部门，不是生产性的部门，不创造价值，不创造国民收入。这种观念导致人们轻视第三产业，使中国第三产业长期处于落后状态，以服务业发展为基础的服务贸易也基本止步不前。仅有的工程和技术援助也主要是为政治交往和工业发展服务，并没有单独的服务贸易制度建设。

二、建立有计划商品经济制度时期（1979—1992 年）

1978 年 12 月，中共十一届三中全会在北京召开，做出把工作重点转移到社会主义现代化建设上来的战略决策，从此中国进入了改革开放和社会主义现代化建设的历史新时期。要实现社会主义现代化，就必须大幅度提高生产力，在多方面改变同生产力不相适应的生产关系和上层建筑，改变一切不适应的思想方式、经营方式和管理方式，改革经济体制，实行“有计划的商品经济”。作为中国经济体制的重要组成部分，对外贸易体制的改革既是中国整体经济体制改革的重要组成部分，又是对外开放的必然要求。中国的对外开放包括对外贸易、利用外资、引进技术、对外援助及对外工程承包等诸多内容，其中大部分都涉及了服务贸易的内容，再加上中共十一届三中全会确立了“解放思想、实事求是”的思想路线，国内因循守旧的陈腐思想开始逐渐转变。服务业在国民经济中的地位日益凸显，轻视服务业、抵制服务业发展的落后观念逐渐改变，服务贸易所涉及的领域也在逐步扩大，国际旅游、银行及保险、对外工程承包和劳务合作、技术贸易等都取得了较快的发展。因此，中国的服务贸易制度建设也被提上了日程。

20世纪七八十年代，经济全球化进程加速，国际贸易自由化趋势不断强化，大批发展中国家纷纷进行贸易自由化改革，中国为了更好地融入世界经济发展潮流，也必须推进对外贸易体制的改革和完善，推动中国贸易体制与国际规则接轨。因此，中国服务贸易制度建设的开端一方面是国内强烈的发展对外贸易以推动国民经济发展愿望的自主行为；另一方面，是在实施对外开放中，外资特别是跨国公司投资企业的进入、中国与国际经济组织联系的加强、双边及多边政府间经济协定的签署使中国的贸易体制与不同国家的法律、政策以及贸易惯例相互碰撞，从而不断调适的结果。

1979—1983年，中国先后颁布了开展来料加工、补偿贸易，兴办中外合资、合作与独资企业等改革措施，开始从根本上动摇了新中国几十年形成的对外贸易垄断经营的局面。1984年，中国明确提出对外贸易体制改革的基本原则是：政企职责分开、经贸部专门管理；外贸经营实行代理制；工贸结合，技贸结合，进出结合。[①] 1988年2月，国务院颁布《国务院关于加快和深化对外贸易体制改革若干问题的规定》，对加快和深化对外贸易体制改革作了认真的部署，推动了对外贸易体制的进一步改革。1992年10月，江泽民在中共十四大报告中指出：“深化外贸体制改革，尽快建立适应社会主义市场经济发展的、符合国际贸易规范的新型外贸体制。”这为中国对外贸易体制改革指明了正确的方向和最终目标。在这一阶段，中国采取的主要改革措施有：

第一，调整对外贸易管理机构，明确政府部门对外贸的管理关系。1982年3月，第五届全国人民代表大会作出决议，成立对外经济贸易部，统一领

① 刘恒，谢晓尧．中国对外贸易法律制度［M］．广州：中山大学出版社，1996：8.

导和管理全国的对外贸易和对外经济合作事务。1992 年，中共十四大以后，为了贯彻深化外贸行政管理体制改革的要求，中国进一步转变外贸行政管理职能，强化外贸的宏观管理，弱化微观管理。为适应行政职能的转变，外经贸部的机构也进行了适当调整，增加宏观管理的机构，减少微观管理的机构。增设的宏观管理机构有：经贸政策和发展司、经济协调司和外贸储运协调司；撤销的微观管理机构有进出口司。

第二，逐步下放外贸经营权，极大调动各地方、各微观企业经营外贸的积极性。在中央，经批准，国务院所属的工业部门先后成立了一批外贸公司和对外承包工程公司，对外从事外贸活动，打破过去由外贸部独家垄断的局面；在地方，将各外贸专业进出口总公司的业务逐步下放，扩大地方的外贸经营权，结束过去由中央一级经营外贸的历史。外贸经营权的下放增强了企业的竞争活力，使其更加积极主动地参与国际市场竞争。到 1988 年，中国开始推行对轻工业品、工艺品、服装三个行业的外贸企业实行自负盈亏的试点改革。轻工业品、工艺品、服装三个行业的出口收汇，大部分留成给外贸企业、生产企业和地方，小部分上缴国家，外贸企业实行完全的自负盈亏，这对企业扩大出口、提高效益起了积极作用。

第三，鼓励外国经营者到中国境内开办中外合营企业，扩大国际经济合作和技术交流。1979 年正式施行的《中华人民共和国中外合资经营企业法》中明确规定，允许外国经营者在中国境内同中国经营者共同举办合营企业，并鼓励外国合营者将可汇出的外汇存入中国银行。这一规定不仅有助于引进国外的先进技术和外汇资本，促进中国技术服务贸易和金融服务贸易的发展。更重要的是，外资的进入大大拓展了人们的视野，思想观念、意识形态随之发生变化，也增进了对国外先进制度安排的了解，有助于中国借鉴、学习外部先进的服务贸易制度，通过示范效应和制度效应，推动中国服务贸易的制度建设。

第四，建立海外贸易机构，扩大对外贸易销售。1980 年，对外贸易部在日本东京、英国伦敦、法国巴黎、联邦德国汉堡设立了中国进出口公司代表处，负责对外销售工作。1982—1985 年，分别在美国纽约、阿联酋迪拜、巴拿马和联邦德国汉堡设立四个贸易中心，在海外还设立了许多贸易公司，主要开展对外推销、进口订货、市场调研、建立与客户的联系等工作。海外贸易机构的设立，不仅有利于促进国内外企业的合作，扩大销售，而且有利于就地学习西方发达国家的对外贸易体系和制度，加快中国的对外贸易制度改革和完善的进程。

第五，调整对外援助政策，更加注重经济功能的发挥。20 世纪 80 年代，面对新的国际和国内形势，中国对外援助政策也进行了相应调整，开始重视对外援助的经济功能。在 1980 年的外经工作会议上提出了“平等互利、形式多样、讲求实效、共同发展”的对外援助新理念。在新理念的指导下，自 1983 年起，中国在继续给发展中国家提供无息贷款，实施承建成套项目的同时，开始和发展中国家开展多种形式的经济技术合作，如承包工程、提供劳务、技术服务、合作管理等。自 1981 年起，中国政府还与联合国计划开发署合作，在国内为发展中国家举办各种实用技术培训班，之后还扩展到学历培训、官员培训等，不断推动对外人力资源合作发展。① 对外援助的新理念推进中国对外经济技术和人力资源等方面的发展，是服务贸易制度建设在对外经济技术领域和人力资源合作方面的开端。

第六，开始重视服务业的发展和服务贸易的进出口事项。在现代社会中，市场经济的一切活动都是在社会服务的基础上运行的。商品生产和交换的整个过程，或者以社会服务为载体，或者以社会服务为条件，每时每刻都同服务经济紧密联系在一起。正是这样，没有发达的服务经济或第三产业，便没有发达的市场经济。② 1992 年 6 月，中共中央、国务院颁布《中共中央 国务院关于加快发展第三产业的决定》，这是促进服务业发展的第一个重要文件。1992 年第十四次全国代表大会明确指出“还要按照产业政策，积极吸引外商投资，引导外资主要投向基础设施、基础产业和企业的技术改造上，投向资金、技术密集型产业，适当投向金融、商业、旅游、房地产等领域”。

---

① 于欣力，郑蔚. 中国高校参与教育援非的多视角分析［J］. 学园，2010（5）：77-81.

② 白仲尧. 中国服务贸易方略［M］. 北京：社会科学文献出版社，1998：15.

1979—1992年，中国在对外贸易体制方面的改革，改变了传统对外贸易体制僵化的模式，对外贸易企业拥有更多自主经营权，对外援助也更加注重经济功能的发挥，同时逐步放开对外资进入的限制，允许外资适当投向金融、商业、旅游、房地产等服务行业，更加重视服务业的地位。这些与服务贸易息息相关的制度建设和变迁，有力地促进了中国服务贸易的发展。到1992年，中国服务贸易进出口出现了明显增长，旅游、建筑、保险、通信服务等成为中国传统优势出口项目，其中旅游服务更是多年保持了顺差。但总体来看，中国的服务贸易总额在世界服务贸易额中所占比重仍十分有限（见表9-1，表9-2）。

表9-1　1982—1992中国服务贸易进出口额及占世界比重

年份	中国进出口额			中国出口额			中国进口额		
	金额/亿美元	同比增长/%	占世界比重/%	金额/亿美元	同比增长/%	占世界比重/%	金额/亿美元	同比增长/%	占世界比重/%
1982	44	—	0.6	25	—	0.7	19	—	0.5
1983	43	-2.3	0.6	25	0.0	0.7	18	-5.3	0.5
1984	54	25.6	0.7	28	12.0	0.8	26	44.4	0.7
1985	52	-3.7	0.7	29	3.6	0.8	23	-11.5	0.6
1986	56	7.7	0.6	36	24.1	0.8	20	-13.0	0.4
1987	65	16.1	0.6	42	16.7	0.8	23	15.0	0.4
1988	80	23.1	0.7	47	11.9	0.8	33	43.5	0.5
1989	81	1.3	0.6	45	-4.3	0.7	36	9.1	0.5
1990	98	21.0	0.6	57	26.7	0.7	41	13.9	0.5
1991	108	10.2	0.6	69	21.1	0.8	39	-4.9	0.5
1992	183	69.4	1.0	91	31.9	1.0	92	135.9	1.0

数据来源：中国服务贸易指南网《中国服务贸易统计2013》。

表 9-2　1982—1992 中国各项服务贸易进出口差额

单位：亿美元

年份	1982	1983	1984	1985	1986	1987	1988	1989	1990	1991	1992
服务差额	5.63	5.81	0.4	6.22	17.5	19.52	12.54	6.92	15.03	28.58	-1.85
出口	25.87	25.75	28.97	31.45	40.26	44.37	48.58	46.02	58.55	69.79	92.49
进口	20.24	19.94	28.57	25.23	22.76	24.85	36.04	39.1	43.52	41.21	94.34
1. 运输差额	-0.74	-1.86	-2.77	-4.93	-5.09	-4.48	-6.64	-13.9	-10.2	-9.91	-26.6
出口	11.73	11.67	10.44	10.31	10.11	11.93	16.12	13.61	22.26	15.17	16.62
进口	12.47	13.53	13.21	15.24	15.2	16.41	22.76	27.52	32.45	25.08	43.25
2. 旅游差额	7.77	8.88	9.81	9.36	12.23	14.58	16.14	14.31	17.48	23.29	14.35
出口	8.43	9.41	11.31	12.5	15.31	18.45	22.47	18.6	22.18	28.4	39.47
进口	0.66	0.53	1.5	3.14	3.08	3.87	6.33	4.29	4.7	5.11	25.12
3. 通信服务差额	0.21	0.13	0.25	0.05	0.01	-0.02	0.13	1.02	1.46	2.06	2.77
出口	0.27	0.22	0.32	0.12	0.15	0.12	0.24	1.18	1.59	2.21	3.49
进口	0.06	0.09	0.07	0.07	0.14	0.14	0.11	0.16	0.13	0.15	0.72
4. 建筑服务差额	0.75	0.96	0.86	0.91	1.99	0.51	0.35	0.53	0.52	0.74	0.4
出口	0.75	0.96	0.86	0.91	1.99	0.51	0.35	0.53	0.52	0.74	0.6
进口	0	0	0	0	0	0	0	0	0	0	0.2
5. 保险服务差额	1.13	0.93	1.03	1.28	1.47	1.1	1.31	1.45	1.33	1.28	2.12
出口	2.02	2.03	2.24	1.96	2.29	2.52	3.45	3.32	2.27	3.42	4.86
进口	0.89	1.1	1.21	0.68	0.82	1.42	2.14	1.87	0.94	2.14	2.74
6. 其他商业服务差额	-2.26	-1.82	-6.83	0.88	7.25	7.29	2.65	5.38	5.75	11.81	6
出口	2.31	1.33	3.52	4.35	8.26	8.8	4.58	7.27	8.66	18.7	26.04
进口	4.57	3.15	10.35	3.47	1.01	1.51	1.93	1.89	2.91	6.89	20.04
7. 别处未提及的政府服务差额	-1.23	-1.41	-1.95	-1.33	-0.36	0.54	-1.4	-1.86	-1.32	-0.69	-0.86
出口	0.36	0.13	0.28	1.3	2.15	2.04	1.37	1.51	1.07	1.15	1.41
进口	1.59	1.54	2.23	2.63	2.51	1.5	2.77	3.37	2.39	1.84	2.27

数据来源：由国家外汇管理局《中国国际收支平衡表》整理得到。

三、建立社会主义市场经济制度时期（1993—2001年）

1993年中共十四届三中全会通过《关于建立社会主义市场经济体制的若干问题的决定》，再次明确指出："进一步改革对外经济贸易体制，建立适用国际经济通行规则的运行机制。"中国外贸法律制度体系建设进入了一个新的阶段，服务贸易制度也有了较大的发展。

市场经济是法制经济，尊重国际惯例、借鉴国外的立法经验是中国参与国际市场竞争和对外开放市场中不可忽视的一个重要方面。在服务贸易领域，已有一些国际规则和其他国家的立法可供参考。随着中国对外服务贸易的增长，服务贸易立法的必要性不断增强，服务贸易法律制度已成为中国市场经济法律制度中的一个不可缺少的重要组成部分。[①] 在中共十四大以后，中国服务贸易立法工作逐步走上正常轨道。

1994年颁布的《中华人民共和国对外贸易法》，是中国第一部比较全面、系统的对外贸易法。作为中国外贸领域的基本法，《对外贸易法》将国际服务贸易纳入了中国外贸法的调整范围。该法第二条规定："本法所称对外贸易，是指货物进出口、技术进出口和国际服务贸易。"因此，《对外贸易法》不仅调整货物进出口、技术进出口，还调整服务的进出口。从立法内容来看，《对外贸易法》将货物贸易和技术贸易合在一起，而对服务贸易进行了专门的规定。第四章（第二十二条-第二十六条）专门规定了服务贸易的原则、国家限制和禁止服务进出口等问题，而第三章则规定了货物贸易和技术贸易的原则、国家限制和禁止进出口等一系列问题。从适用原则上看，货物贸易和技术贸易是以自由进出口为原则。但对国际服务贸易，并未如同货物和技术贸易那样规定要实行自由化。第二十四条和第二十五条还规定，出于某些特殊原因，国家可以限制或者禁止国际服务贸易。从适用行业和主体上看，服务贸易涉及十几个行业，中国实行的是由各个不同部门分别管理的体制，各个行业都制定了各自不同的行业管理的法律、行政法规，办法各不相同。所以，《对外

① 孙南申. 中国对外服务贸易法律制度研究［M］. 北京：法律出版社，2000：24.

贸易法》要求不同行业的国际服务贸易企业和组织的设立要依照该行业管理的法律、行政法规的规定办理。[①]《对外贸易法》第二十六条规定："国务院对外经济贸易主管部门和国务院有关部门，依照本法和其他有关法律、行政法规，对国际服务贸易进行管理。"因此，调整国际服务贸易的法律亦不仅限于对外贸易法，还需要其他有关法律、法规来调整。《对外贸易法》用法制的形式确立了服务贸易管理的基本制度，标志着中国的服务贸易发展开始进入规范化、法制化的轨道。

为了健全服务贸易涉及的十几个行业的贸易体制，自 1992 年开始，《中华人民共和国广告法》《中华人民共和国海商法》《中华人民共和国商业银行法》《中华人民共和国证券法》《中华人民共和国保险法》等一系列法律的相继出台，推动了各类市场的发育和市场体系的形成，为加快第三产业和服务贸易的发展创造了有利条件。同时为了规范服务贸易市场主体和行为，中国还颁布了《外商投资企业法》《中外合资经营企业合营期限暂行规定》《中华人民共和国公司法》《指导外商投资方向暂行规定》《外商投资产业指导目录》《关于设立外商投资股份有限公司若干问题的暂行规定》等法律法规，这些法律、法规和规定主要是从宏观管理角度，规范市场主体的存在形式、投资方向、市场行为等一系列问题。1994 年中国还进行了计划、财税、金融、外汇、外贸以及投资体制等方面的重大改革，为中国服务业和服务贸易发展提供了良好的宏观环境和有力的保障。

区域经济组织和多边贸易组织的兴起和发展也对中国服务贸易体制的发展和改革产生了重要影响。1989 年，亚太经合组织（Asia-Pacific Economic Cooperation，APEC）在澳大利亚堪培拉正式成立，中国于 1991 年加入。亚太国家（地区）在发展水平、收入状况、供需结构、资源禀赋等方面具有明显的层次性，加入 APEC 有利于中国加强和亚太地区的经济合作和贸易往来，便于中国利用美国和亚洲"四小龙"的雄厚资金和丰富的技术经验促进产业结构的调整、管理体制的变革，实现服务业和服务贸易的跨越式发展。与此

① 孙南申. 中国对外服务贸易法律制度研究［M］. 北京：法律出版社，2000：25.

同时，全球多边贸易组织出现突破，服务贸易作为新议题之一首次被纳入乌拉圭回合多边贸易谈判，最后达成了第一套有关国际服务贸易的具有法律效力的多边协定——《服务贸易总协定》（GATS），并于1995年1月正式生效。GATS为国际服务贸易提供了一套初步的总体规则框架，并给予发展中国家适当照顾，有利于各国在服务贸易方面的合作和交流。GATS对中国服务贸易制度的发展特别是促进服务贸易的自由化产生了深远影响。中国积极配合复关和之后的入世谈判要求倒逼国内的贸易体制做出相应调整和改革，国内的服务贸易体制已经向GATS的相关条款靠拢。GATS的宗旨之一是在透明度和逐步自由化的条件下扩大服务贸易，因此中国国内根据市场化改革目标和入世的需要逐步完善了信息公布制度，不断下放服务外贸企业的自主经营权。1999年，外经贸部发布了《关于调整企业申请对外承包劳务经营权的资格条件及加强后期管理等问题的通知》，进一步放宽了企业申请对外承包劳务经营权资格条件，并将原来对外承包经营权审批制改为核准制。

邓小平的对外开放思想孕育的“走出去”战略也是中国建立社会主义市场经济制度时期服务贸易制度不断发展的重要推动力之一。2000年3月，江泽民在全国人大九届三次会议上将“走出去”战略提高到国家战略层面，服务贸易相关部门也在管理体制方面鼓励服务贸易企业“走出去”。2000年4月，国务院批准的外经贸部、外交部、国家计委、国家经贸委、财政部、人民银行等部委发布的《关于大力发展对外承包工程的意见》指出，国际工程承包已经成为货物贸易、技术贸易和服务贸易的综合载体，要把发展对外承包工程作为贯彻落实中央关于“走出去”开放战略的重要措施切实抓出成效，加大对外承包工程开拓国际市场的力度，促进工程承包和劳务合作实现跨越式发展。

1993—2001年，中国根据服务贸易市场化、法制化的要求完善服务贸易的法律法规体系，为中国服务贸易发展提供了良好的宏观环境和有力的保障。在建设社会主义市场经济的过程中，中国还特别注重尊重国际惯例、借鉴国外的制度经验，逐步促进服务贸易自由化，不断下放外贸企业的自主经营权，服务贸易制度自由化、便利化特征不断加强，开始形成了既具有中国特色又与国际规则接轨的服务贸易制度架构。这些制度变化进一步调动了服务贸易企业的积极性和创造性。从1993年起，中国第三产业发展稳步上升，中国经济政策调整对就业人员形成了一次转移，第一产业就业人员在这十年明显下降而第三产业逐渐吸收了大量就业人员，推动了中国服务业发展。在第三产业中，传统服务行业规模不断扩大，新兴服务行业亦有突破性进展。改革开放为以建筑业、交通运输及仓储、邮电通信、银行、批发和零售贸易、旅游以及餐饮业为主体的传统服务行业注入了新的活力，让这些投资少、见效快、盈利多的传统服务行业获得了前所未有的巨大发展。传统服务行业的增加值占到第三产业增加值的65%左右，就业人数占到第三产业全部就业人数的50%以上①，构成了国内服务业的主体；新兴服务行业如保险、咨询信息、科技服务与技术贸易、包装、大众传媒等从无到有，从小到大，有了突破性发展。

四、完善社会主义市场经济制度时期（2002—2013年）

2001年12月11日，中国成功加入世界贸易组织，成为世界贸易组织第143个成员，标志着对外开放进入新阶段，开启了中国全面参与国际竞争与合作的新时期。在此后的10年时间，中国全面融入多边贸易体系，深入参与国际分工与交换，中国的对外贸易、双向投资及对外经济合作快速发展，确立了中国社会主义市场经济体制。在这一时期，中国的服务贸易制度建设主要体现在降低服务市场准入门槛、减少贸易壁垒和行政干预、扩大服务业开放，完善服务贸易法律体系建设，鼓励服务业“引进来”和“走出去”。

全面放开外贸经营权，建立和完善对外贸易促进机制，进一步促进中国服务贸易蓬勃发展。根据2004年新修订的《对外贸易法》，自2004年7月起，中国政府对企业的外贸经营权由审批制改为备案登记制，所有对外贸易经营者均可以依法从事对外贸易。取消外贸经营权审批促进了国有企业、外

① 数据由国家统计局《中国统计年鉴2002》整理得到。

商投资企业和民营企业多元化外贸经营格局的形成。《对外贸易法》第九章对外贸易促进明确要求国家制定对外贸易发展战略，建立和完善对外贸易促进机制。具体要求包括：国家根据对外贸易发展的需要，建立和完善为对外贸易服务的金融机构，设立对外贸易发展基金、风险基金；国家建立对外贸易公共信息服务体系，向对外贸易经营者和其他社会公众提供信息服务；国家采取措施鼓励对外贸易经营者开拓国际市场，采取对外投资、对外工程承包和对外劳务合作等多种形式，发展对外贸易；中国国际贸易促进组织按照章程开展对外联系，举办展览，提供信息、咨询服务和其他对外贸易促进活动等。全面放开对外贸易经营权和完善对外贸易促进机制，进一步强化了中国服务贸易制度自由化、便利化特征，推动中国服务贸易制度与国际高水平要求接轨。

2007 年 12 月，商务部发布中国服务贸易领域首个发展规划——《服务贸易发展“十一五”规划纲要》，明确了“十一五”期间中国建设鼓励服务贸易发展的各项政策措施，进一步落实了《对外贸易法》中建立和完善对外贸易促进机制的要求。同年 11 月，商务部与出口信用保险公司签署了《支持服务贸易发展全面合作协议》，双方希望该协议的签订，能够为服务贸易企业“走出去”提供贸易收汇安全和融资便利的途径，防范和化解金融风险，促进服务贸易的快速健康发展。进入“十二五”发展时期，中国经济也进入了深化改革开放、加快转变经济发展方式的攻坚时期。商务部会同有关部门制定了《服务贸易发展“十二五”规划纲要》，确立了服务贸易的战略地位，并在加大金融财税支持力度、加强知识产权能力建设、建立健全服务贸易促进体系、健全服务贸易统计体系等方面提出具体的规划和指导意见，促进中国服务行业有效利用两个市场、两种资源，推动服务行业健康发展，夯实服务贸易发展的基础。

入世承诺的逐步履行推动了中国服务业全面加快开放。入世前 3 年，中国主要在关税减让、非关税措施取消和服务业市场的适度开放等方面做出了承诺。到 2004 年，中国全面认真地履行了有关承诺，清理修改了 2 300 多项法律、法规，废除了其中 800 多项；公布了所有与贸易有关的法律、法规，使各项法律规章的实施更加透明。按照《服务贸易具体承诺减让表》承诺，在金融、保险、电信、法律、会计、建筑、旅游、教育、运输等各个服务贸易领域实现了进一步开放，外国服务供应者进入上述领域的条件大大改善。在世界贸易组织服务贸易分类的160个分部门中，中国开放了100个，开放范围已经接近发达国家的平均水平。① 以金融行业为例，中国加入世贸组织时承诺逐步扩大外国银行经营本币业务的地域范围，并在入世后5年内取消地域限制。因此，中国于2002年2月1日颁布实施新修订的《外资金融机构管理条例》，允许外资金融机构在满足审慎性准入的前提下，在中国境内任何城市申请设立营业性机构。并在2003年修订《商业银行法》，将《外资金融机构管理条例》的内容写入法律，使市场准入权利得到了法律保障。到2010年，中国服务业新设立外商投资企业13 905家，实际利用外资487亿美元，占全国非金融领域新设立外商投资企业和实际利用外资的比重分别为50.7%和46.1%。

对外签署自由贸易协定提升了中国服务贸易制度开放的层级。加入世界贸易组织后，中国也在积极实施自由贸易区战略。截止到2013年年底，中国同东盟、巴基斯坦、新西兰等7个国家和地区签署了自贸协定。在自贸协定中，中国新增了娱乐服务的开放，对10大类服务领域进行了承诺。研发服务、市场调研等是主要的新增开放部门。其中，中国—巴基斯坦自由贸易协定中新增开放了12个分部门。通过提高外资持股比例等措施深化了近20个子部门的开放承诺。在一国两制下，中央政府通过与香港地区、澳门地区分别签署《关于建立更紧密经贸关系的安排》（以下称“CEPA”），进一步深化了服务业开放。在CEPA框架下的服务贸易开放措施多达四百余项，服务业承诺开放的超过140个分部门，承诺的分部门覆盖率超过90%，达到发达国家承诺开放水平。②

加入世界贸易组织后，中国服务贸易进入新的发展阶段，规模迅速扩大，

① 数据来源：《中国的对外贸易》白皮书。

② 数据来源：《中国的对外贸易》白皮书。

结构逐步优化，排名也进入世界前列。旅游、运输等领域的服务贸易增势平稳，建筑、通信、保险、金融、计算机和信息服务、专有权利使用费和特许费、咨询等领域的跨境服务以及承接服务外包快速增长。中国服务贸易占世界服务贸易的份额从 2002 年的 2.7%上升到 2012 年的 5.6%。

随着中国服务贸易制度不断完善，服务贸易结构逐步优化，服务贸易的实现形式也在不断丰富，国外服务的商业存在方式已经进入了中国的金融、保险、咨询、法律和会计、旅游、交通运输、仓储、建筑、商业等多个服务行业；而中国在境外的服务型企业的经营活动也已经涉及金融、保险、信息咨询和招商、交通运输、餐饮、文化教育和医疗卫生服务等行业；以自然人流动方式进入中国的外国服务人员和从中国输出的服务人员数量也在逐渐增多。

五、完善社会主义市场经济制度新时期（2014 年至今）

2013 年 11 月，中共十八届三中全会通过了《中共中央关于全面深化改革若干重大问题的决定》，为新的时期中国服务贸易制度建设指明了方向和道路。中共十八大以来，中国开始更加重视服务业和服务贸易的发展，发布了一系列有关促进服务贸易发展的政策文件和重大举措，有力地推动了新时期中国服务贸易市场化和便利化发展。

2013 年 9 月以来，中国同意与美国按照“准入前国民待遇+负面清单”模式开启 BIT 谈判，并在上海、天津、广东、福建等地开展自由贸易区试点，自主扩大服务业开放持续深入推进，服务贸易自由化和便利化水平不断提高，为服务贸易的发展创造了良好环境。2014 年初中央领导就服务贸易发展问题做出专门批示，2015 年初国务院发布《国务院关于加快发展服务贸易的若干意见》，提出要以深化改革、扩大开放、鼓励创新为动力，着力构建公平竞争的市场环境，促进服务领域相互投资，完善服务贸易政策支持体系，加快服务贸易自由化和便利化。在加强规划引导、完善财税政策、创新金融服务、提高便利化水平、打造促进平台方面提出了具体的政策措施。为了贯彻落实该意见精神，加强对服务贸易工作的宏观指导和部门间协调配合，2015 年 8 月，经国务院同意，建立了由国务院领导同志牵头负责的国务院服务贸易发展部际联席会议制度。该联席会议由商务部、外交部、贸促会等 39 个部门和单位组成，要求各单位要按照职责分工，深入研究服务贸易发展中的重大问题，制定相关配套政策措施或提出政策措施建议，切实发挥联席会议作用，促进产业政策、贸易政策、投资政策的良性互动，积极营造大力发展服务贸易的政策环境。

2016 年是中国经济建设“十三五”规划的开局之年，服务业和服务贸易在中国经济发展中的战略地位更加突出，服务贸易与投资合作的广度和深度也在不断拓展，再加上数字化时代服务贸易创新不断加快，中国政府愈加重视拓展服务贸易发展领域，积极推动服务贸易技术创新和商业模式创新。年初国务院常务会议通过了《国务院关于同意开展服务贸易创新发展试点的批复》，同意在天津、上海、海南、深圳、杭州、武汉、广州、成都、苏州、威海和哈尔滨新区、江北新区、两江新区、贵安新区、西咸新区等省市（区域）开展服务贸易创新发展试点。这一措施有利于充分发挥地方在发展服务贸易中的积极性和创造性，推进服务贸易领域供给侧结构性改革，健全服务贸易促进体系，探索适应服务贸易创新发展的体制机制和政策措施，着力构建法治化、国际化、便利化营商环境，打造服务贸易制度创新高地。同时为了贯彻落实《中华人民共和国国民经济和社会发展第十三个五年规划纲要》《国务院关于加快发展服务贸易的若干意见》的精神和工作部署，大力推动服务贸易创新发展，2017 年 3 月商务部还会同有关部门制定了《服务贸易发展“十三五”规划》，在优化营商环境、完善促进体系、健全合作体系、强化人才支撑、加强统计考核方面提出保障措施。

“十二五”以来，服务贸易在对外贸易总额中的比重不断提高，由 2010 年的 10.9% 上升至 2015 年的 15.3%，在货物贸易下行压力不断加大的背景下，服务贸易已经成为对外贸易新的增长点。近年来，中国的服务贸易不断发展，通过积极扩大服务业对外开放，中国服务产业基础得到不断增强。根据世界贸易组织统计，2015 年中国服务贸易出口额与进口额的全球占比分别为4.9%和9.6%，位居全球第五位和第二位。2015年中国服务业增加值占比已上升至56.9%，服务业吸收外资金额占中国实际利用外资总额的67.6%。当前，中国已经逐步进入了以服务业为主导的经济发展新常态阶段，服务贸易在国民经济和社会发展中的战略性地位进一步凸显，在世界服务贸易中的大国地位得到加强。

根据商务部统计，2014—2017年服务贸易进出口额从由6 520亿美元增长到6 957亿美元，年均增长2.2%。其中服务出口从2 191亿美元增长至2 281亿美元，年均增长1.3%，服务进口从4 329亿美元增长至4 676亿美元，年均增长2.5%。尤其是进入“十三五”以来，中国服务贸易平均增速高于全球，2018年服务贸易进出口额达到了7 918亿美元，同比增长了13.8%，已经连续五年位居世界第二（见表9-3）。服务贸易占对外贸易的比重从2012年的11.1%，提高到2018年的14.7%。

表9-3　2014—2018年中国服务贸易进出口贸易额一览

单位：亿美元

年份	中国进出口额		中国出口额		中国进口额	
	金额	同比/%	金额	同比/%	金额	同比/%
2014	6 520	21.3	2 191	5.9	4 329	30.9
2015	6 542	0.3	2 186	-0.2	4 355	0.6
2016	6 616	1.1	2 095	-4.2	4 521	3.8
2017	6 957	5.1	2 281	8.9	4 676	3.4
2018	7 918	13.8	2 668	16.9	5 250	12.3

资料来源：根据商务部公布数据整理。

2019年以来，得益于各项支持服务贸易发展的政策措施深入贯彻落实的推动，中国服务贸易稳步发展，规模持续扩大。2019年上半年，中国服务贸易总额达到26 124.6亿元，同比增长2.6%。其中，出口9 333.7亿元，增长9%；进口16 790.8亿元，下降0.6%；逆差7 457.1亿元，下降10.5%。

作为一个服务贸易有巨大发展空间和开放前景的服务贸易大国，中国需要抓住服务贸易快速发展的机会，从而转身为服务贸易强国。为此，中国加快了深化改革的步伐，加强了政策创新部署，在提高服务业发展质量和水平的前提下，把扩大服务业开放作为新一轮对外开放的重点，并取得了显著效果。一方面，扩大市场准入试点取得了新的成果，上海、广州、北京等自贸试验区都推出了金融、医疗、文化等新兴服务贸易领域的试点举措，这些举措的示范效应在贸易、产业和投资方面都有所体现，将来会在更多行业和地域进行推广；另一方面，服务业利用外资保持着良好的增速，服务业已经成为中国利用外资的主体。在未来的发展中，中国将进一步完善服务贸易制度，不断扩大市场准入，提升服务业开放质量，促进服务贸易创新协调可持续发展，使之成为中国对外贸易转型升级的重要支撑、培育经济发展新动能的重要抓手和大众创业、万众创新的重要载体。

第二节　中国传统服务贸易制度的演进与发展

一、中国旅游服务贸易制度的发展历程

（一）高度集中计划经济时期的旅游服务贸易制度（1949—1978 年）

中国的现代旅游业最早是作为外事接待工作的一部分。1949 年 10 月 17 日，以接待海外华侨为主旨的厦门华侨服务社成立，这是新中国创办的第一家旅行社，为海外华侨架起了一座连接侨居地与新中国的桥梁。此后又在泉州、深圳、汕头、拱北、广州等地成立了华侨服务社，中国旅行社的框架体系开始形成。中国政府为了促进社会主义国家间的友好交往，决定组建国际旅行社，负责接待外国来华旅行者和组织中国人出国旅行。[①] 1953 年 6 月 20

① 范铁权，王素君. 旅行、政治与外交：新中国成立初期的出国旅行（1956—1965）［J］. 河北学刊，2018，38（2）：78-84.

日，周恩来批准了中共中央国际活动指导委员会《关于筹组国际旅行社的报告》，1954 年 4 月 15 日，经政务院批准，分别在北京、上海、西安、桂林等 14 个城市成立了中国国际旅行社（CITS），负责接待访华外宾的食、住、行、游等事务，这是新中国经营国际旅游业务的第一家全国性旅行社。

1957 年 4 月，中国华侨旅行服务总社成立，由其统一领导和协调全国侨胞和港澳台同胞的接待服务。为了加强对全国旅游工作的领导，1964 年成立了中国旅行游览事业管理局（国家旅游局前身），明确旅游发展的方针是“扩大对外政治影响”“为国家吸取自由外汇”。1966 年“文化大革命”开始，由于受政治因素的影响和冲击，正在成长中的中国旅游业受到了严重的干扰和破坏，旅游接待被错误地批判为是为资产阶级服务的。举国不安定的混乱局面，直接影响了海外旅游者的入境。旅游接待成为单纯的政治接待，不计接待成本、不讲经济效益。到 20 世纪 70 年初，毛泽东提出要“着眼于人民，寄希望于人民”，要求做好国际交流工作。在周恩来的直接关心和领带下，旅游事业逐步恢复。

（二）建立有计划商品经济制度时期的旅游服务贸易制度（1979—1992 年）

1978 年的中共十一届三中全会确定将国家的工作重点向社会主义现代化建设转移，旅游业开始了从外事接待部门向经济产业的转变，中国的旅游业也因此进入了新的发展时期。转变的起点是 1978 年 3 月中共中央批转了《关于发展旅游事业的请示报告》，建议“将目前的中国旅行游览事业管理局改为直属国务院的中国旅行游览事业管理总局”，这意味着新成立的中国旅行游览事业管理总局不再隶属于外交部，也不再是准外交行政管理机构，而是旅游经济的管理部门。随后，邓小平指示：“搞旅游要把旅馆搞起来，下决心要快，第一批可以找侨资、外资，然后自己发展。”按照邓小平的指示，国务院成立了以主管副总理为首的旅游工作领导小组，各地政府也相继成立领导小组。自此中国的旅游产业走上了开放的轨道。1979 年 5 月，国务院批准北京等四个城市利用侨资、外资建造了 6 座旅游饭店。

1978—1980 年，中国入境旅游人数高速增长，但旅行社系统仍然归政府部门直接管理，无法实现自主经营和自主决策，难以满足日益旺盛的市场需求。1981 年 3 月，中央书记处和国务院提出了旅游管理体制改革的重要指导思想，要求中国旅行游览事业管理总局作为旅游管理机构，必须和国际旅行社实行政企分开，国际旅行社总社统一经营外国旅游者来华的旅游业务。1982 年 7 月 17 日，中国旅行游览事业管理总局和国际旅行社总社正式分家，标志着旅游业向着统一领导，分散经营，政企分开的管理体制迈进。

在接待外国游客的管理体制方面，1981 年以前，全国具有外联权的旅行社只有国旅总社和中旅总社两家。1984 年，国务院办公厅转发的《关于开创旅游工作新局面几个问题的报告》指出，旅行社业务要打破独家垄断的思想，允许国旅、中旅和青旅等单位开展竞争。之后，青旅被正式批准获得外联权和签证通知权。从 1985 年开始，中国的旅游贸易行业经历了一个外联权充分下放的时期。1985 年，《旅行社管理暂行条例》将中国的旅行社分为一类、二类和三类社，其中一、二类社为国际旅行社，但是只有一类社享有外联权。在这一时期，中国旅行社数量激增，批准成立了一大批一类社。1996 年 10 月 15 日，《旅行社管理条例》出台，进一步将旅行社类别调整为国际和国内两类，取消了一类社和二类社的界限，至此，外联权得以充分下放。

在居民出国游方面，改革开放后，中国逐步尝试开放中国公民边境游和出国游。1986 年 12 月 25 日，经国务院批准发布了《中国公民因私事往来香港地区和澳门地区的暂行管理办法》，为公民前往境外旅游开启了政策的一端。1989 年 9 月 23 日，国家旅游局颁布了《关于中苏边境地区开展自费旅游业务的暂行管理办法》，同日还公布了《关于与苏方联合开展第三国和港澳地区旅游团（者）跨国旅游业务的暂行管理办法》，规定开展跨国旅游业务的对象，只限于与中苏两个均有外交关系的第三国及港澳地区，这实际上是出台了公民边境旅游的政策。几乎与此同时，出国旅游的政策也在研究出台之中。1989 年 3 月 24 日，国务院批准国家旅游局《关于拟同意广东省试办中国公民赴新加坡探亲旅游业务的请示》；1990 年 10 月 30 日，国家旅游局颁布《关于组织中国公民赴东南亚三国旅游暂行管理办法》，规定赴东南亚三国旅游业务由全国 9 家指定的旅行社办理。这样，中国公民出境旅游终于艰难地迈出了第一步①。

（三）建立社会主义市场经济制度时期的旅游服务贸易制度（1993—2001 年）

1997 年 7 月 1 日，国务院批准的《中国公民自费出国旅游管理暂行办法》的发布和实施，标志着中国旅游贸易行业所面临的旅游市场开始从入境和国内的二元市场转向出、入境和国内游的三元市场。

2001 年，中国加入世界贸易组织，旅游业是中国国民经济和社会发展的重要产业，也是中国服务贸易的重要组成部分，中国入世对旅游行业的开放和旅游贸易发展产生了深远影响。在入世前夕，为了使国内法规与世界贸易组织规则接轨，国家旅游局配合国务院法制办研究修订了旅游业的相关法规。中国早在 1993 年就允许在国家旅游度假区内开办中外合资旅行社，1998 年发布的《中外合资旅行社试点暂行规定》，已不再限定合资试点的地域范围。2003 年 6 月，国家旅游局、商务部联合发布《外商控股、外商独资旅行社暂行办法》，提前兑现了允许设立独资旅行社的承诺；2007 年又提前取消对外商投资旅行社设立分支机构的限制，对外资旅行社的注册资本实行国民待遇。至 2009 年末，获得国家旅游局批准的外商投资旅行社共计 38 家，其中外商独资旅行社 21 家，外商控股合资旅行社 8 家，中方控股合资旅行社 9 家。

（四）完善社会主义市场经济制度时期的旅游服务贸易制度（2002—2013 年）

进入新世纪以后，中国更加重视旅游行业的战略地位，就加快旅游业的发展做出了一系列重大部署，出台了一系列政策。结合 2011 年 12 月 28 日发布的《国务院关于旅游业发展工作情况的报告》的内容来看，主要分为四个方面：一是把发展旅游业纳入国家战略体系。2009 年国务院召开常务会议进一步研究国际金融危机背景下加快旅游业发展问题，出台了《国务院关于加快发展旅游业的意见》，提出要把旅游业培育成国民经济战略性支柱产业和人民群众更加满意的现代服务业，并在“十二五”规划纲要中把旅游业确立为服务业发展的重点产业，将加快发展旅游业作为促进发展方式转变、推进经济结构调整的重要措施，并列出专门段落进行部署。二是优化旅游业发展环

① 高舜礼. 中国旅游业对外开放战略研究［M］. 北京：中国旅游出版社，2004：5.

境。“十一五”时期，中央财政投入90亿元，用于旅游宣传促销和支持中西部地区旅游基础设施建设。同时还提出促进旅游发展的制度安排。1999年，国家开始实行长假制度，2007年国务院调整法定节假日安排，增加了法定节假日时间，中国职工每年非工作日已达115天，同时出台了《职工带薪年休假条例》，推动落实职工带薪休假制度。三是加强法规和标准化建设。国务院公布了《旅行社条例》《中国公民出国旅游管理办法》等法规，全国31个省、自治区、直辖市都公布了《旅游管理条例》或《旅游业条例》等地方性法规。截至2011年，发布了旅游业国家标准22项、行业标准18项、地方标准200多项，标准化范围基本覆盖旅游业各主要领域和重点环节。四是提升旅游业对外开放水平，不断扩大国际旅游交流与合作。截至2011年年底，中国已批准140个国家和地区为中国公民出境旅游目的地，实施111个。“十一五”期间中国政府与外国政府共签订旅游合作协议3份，与其他国家的旅游部门签署的合作协议、协定和备忘录共53份，与美国、俄罗斯、澳大利亚、日本和韩国等多个国家和地区建立旅游合作机制；结合北京奥运会、上海世博会等重大活动，在全球广泛开展国家旅游形象宣传；还与法国、意大利、印度、韩国、俄罗斯等互办了旅游年，进一步促进中国旅游“走出去”。①

“十二五”期间，旅游业全面融入国家战略体系，走向国民经济建设的前沿，成为国民经济战略性支柱产业。2013年10月1日，《中华人民共和国旅游法》（以下简称《旅游法》）开始施行，促进旅游业现代治理体系初步建立。《旅游法》突出了规划引领作用，第十七条明确提出：国务院和县级以上地方人民政府应当将旅游业发展纳入国民经济和社会发展规划。第十八条至第二十条中对旅游发展规划的编制内容提出了细致的要求。

（五）完善社会主义市场经济制度新时期的旅游服务贸易制度（2014年至今）

为贯彻落实《中华人民共和国旅游法》，加强部门间协调配合，促进中国旅游业持续健康发展，2014年9月，国务院批准建立部际联席会议制度。同

① 姚延波．中国旅行社业发展历程回顾与展望［N］．中国旅游报，2017-09-05（003）．

时还出台了《国民旅游休闲纲要（2013—2020年）》《国务院关于促进旅游业改革发展的若干意见》等文件，各地出台了旅游条例等法规制度，形成了以旅游法为核心、政策法规和地方条例为支撑的法律政策体系。

2016年12月，国务院印发了《“十三五”旅游业发展规划》，进一步提出开放合作，构建旅游开放新格局的要求。开展“一带一路”国际旅游合作，推动建立“一带一路”沿线国家和地区旅游部长会议机制。拓展与重点国家旅游交流，推动大国旅游合作向纵深发展，深化与周边国家旅游市场、产品、信息、服务融合发展，加强与中东欧国家旅游合作，扩大与传统友好国家和发展中国家的旅游交流，推动与相关国家城市缔结国际旅游伙伴城市。完善双边、多边旅游对话机制，推动建立更多合作平台，倡导成立国际旅游城市推广联盟，引领国际旅游合作。同时有序发展出境旅游，推动出境旅游目的地国家和地区简化签证手续、缩短签证申办时间，扩大短期免签证、口岸签证范围。将旅游业“走出去”发展纳入国家“走出去”战略，制订旅游业“走出去”战略规划。推进自由贸易协定旅游服务贸易谈判，推动旅游业双向开放。

二、中国运输服务贸易制度的发展历程

运输服务贸易当中的国际空运服务贸易和国际海运服务贸易两部分统称为航运服务贸易，航运服务贸易是运输服务贸易的重要组成部分。本书以航运服务贸易为例探讨中国运输服务贸易及相关制度的发展历程。

（一）高度集中计划经济时期的运输服务贸易制度（1949—1978年）

空运贸易，又称国际空运服务贸易，是指缔约国承运人为另一缔约国客户提供航空运输及相关服务，其范围包括国际航空运输服务与空运辅助服务，一般由各国根据双边航空协约的约定，由各方指定的航空公司执行。目前，规范空运服务的国际性法规主要有国际民航组织的相关文件，其中包括1929年制定的《华沙公约》以及1999年制定的《蒙特利尔公约》。依照民航组织相关文件的规定，航空运输服务应该包括客运、货运、包机出租、飞机维修

以及空运支持服务等方面。但各国之间在国际航空运输概念的界定以及公约适用范围等基本方面还存在争议，世界贸易组织对于空运贸易概念的界定一直比较模糊，这些原因使得国际上关于空运服务的概念难以统一。各国对于空运服务的数据统计和市场管理都难以做到透明化和公开化。

新中国成立初期，中国十分重视民航事业的建设，早在中华人民共和国成立前夕召开的第一届中国人民政治协商会议制定的《共同纲领》中，就提出要"有计划、有步骤地建造各种交通工具和创办民用航空"。根据中央军委、政务院《关于整编民用航空的决定》，1952 年 7 月 7 日，新中国创办的第一个国营民用航空运输企业——中国人民航空公司在天津正式成立，这是新中国民航在创建时期实行政企分开所进行的第一次有益尝试。① 在国际航空方面，1949 年 12 月 6 日至 1950 年 3 月 4 日，毛主席第一次跨出国门，访问苏联。新中国民航建设是此次两国会谈的一个重要议题，在两国政府会谈签订的 7 个合作项目中，其中一项就是两国合资经营民用航空公司。3 月 27 日，中苏两国政府在莫斯科签订了《关于创办中苏民用航空股份公司的协定》，同年 7 月 1 日，中苏民用航空股份公司正式成立。并开辟北京—赤塔、北京—伊尔库茨克、北京—阿拉木图三条国际航线，新中国民航国际航线就此开通。民用航空股份公司的成立，不仅打破了帝国主义对新中国的对外空中交通的封锁，便利了中国与世界各国的友好往来，沟通了首都北京与东北、西北地区的航空联系，也为新中国民航初步建立了一套经营管理制度，配备了比较完善的技术设备，培养了导航、空管、维修等各类技术业务人员，对协助新中国民航事业的建设做出了一定贡献。②

新中国成立至改革开放前，中国民用航空总的管理机构共经历了 6 次大的调整，中国民航也在体制调整和权力逐步下放的过程中曲折地成长，国际航线发展、飞机机型更新和国内机场建设都取得了较大进步。1971 年 11 月 19 日，国际民航组织驱逐了国民党政权的代表，承认了中华人民共和国在国

① 李永，梁秀荣，盛美兰. 中国民航发展史简明教程［M］. 中国民航出版社，2011（7）：47.

② 中国民用航空局. 中国民航局 60 周年档案展：艰苦创业篇［EB/OL］. http://www.caac.gov.cn/website/old/ D1/60years/jkcy/rmhk/。

际民航组织的唯一合法地位。中国也在 1974 年宣布决定承认 1944 年的《国际民航公约》，加入有关修正议定书，并恢复在国际民航组织中的活动。这一决定有利于中国发展国际航空，加强与第三世界国家的团结、反对航空霸权主义、推动国际民航事业进步。到 1976 年年底，中国民航的国际航线已发展到 8 条，通航里程达 40 933 千米，占通航里程总数的 41%；国际运输总周转量达到 3 948 万吨千米，比 1970 年增长 23 倍多，由占全部运输总周转量的 3%上升到 21%。

海运贸易，又称国际海运服务贸易，是指服务提供者使用船舶或其他运输工具，通过海上航线运送货物和旅客，获取收益的运输服务方式，以及与这种运输服务方式相关的辅助活动的总称，其范围包括旅客及货物的国际班轮与租船运输服务、港口设施服务、各种辅助性服务、在境外设立船运服务机构或代理机构、海员雇佣服务等。《服务贸易总协定》规定，通常人们将海运服务贸易划分为国际海上运输服务、国际海运辅助服务和港口服务三部分。与空运服务贸易不同，海运服务贸易概念的界定已经为世界所普遍认可，《关于海运服务的附件》中已经对海运服务贸易作出了翔实的规定。同时海运服务市场自由化问题已引起了世贸组织成员国的广泛关注，海运服务贸易国际市场自由化进程已经取得较大进展。

1949—1978 年，中国海运事业缓慢发展，初具规模。新中国成立之初，由于国民党政权对海港及海运设施的大肆破坏，当时只留下 23 艘轮船，总吨位 3.4 万吨。1950 年 3 月，政务院发布《关于 1950 年航务工作的决定》，规定了海洋和内河航务工作的方针、政策和中心任务；成立全国航务机构。第一个五年计划期间，中国政府取消了海港、航运分管制度。1958 年，中国的海运管理体制进行了大调整。交通部将设在各地的管理局所属海港和海运船队分开管理，并把一大批原为交通部直属的港口、船舶及附属单位下放给地方。进入 20 世纪 70 年代后，由于内外贸易海运的发展，海港建设比例失调的情况突出地暴露出来，港口压船、压货十分严重。为此，周恩来批示外贸、交通两部“扭转这一形势”，随后在中国沿海进行了较大规模的港口建设工作。在国际航运方面，从 20 世纪 50 年代开始，中国就采取多种形式，积极开展国际合作发展远洋运输。从1951年6月中国与波兰合办中波轮船公司起，又先后与捷克、阿尔巴尼亚、坦桑尼亚等国成立联合海运公司或轮船股份公司。20世纪70年代以来，中国远洋运输公司还先后与外国私营公司合营“跨洋轮船代理公司”（鹿特丹）、“考斯菲尔航运代理公司”（安特卫普）、“五星航运代理独占股份有限公司”（悉尼）、“中铃海运服务公司”（横滨、神户）、“汉远船舶服务中心”（汉堡）等。除此以外，与中国订有“通商航海条约”的国家5个，交换“航运互惠换文”的国家5个，签订“海运协定”的国家32个。中国自开展远洋运输以来，还陆续承认并参加了国际海运公约的修约、订约，先后参加了《政府间海事协商组织公约》等公约十余个。①

（二）改革开放后到加入世界贸易组织前的运输服务贸易制度（1979—2001年）

1980年5月17日，国务院、中央军委《关于民航管理体制若干问题的决定》发布，明确提出，民航总局是国家管理民航事业的行政机构，统一管理全国民航的机构、人员和业务，逐步实现企业化的管理。随后，中国民航的企业化改革就在政企分开、减少管理层次、简政放权的原则下逐步推进。为了保障民用航空活动安全和有秩序的进行，1996年3月1日，《中华人民共和国民用航空法》（以下简称《航空法》）开始施行。此后，以《航空法》为核心，覆盖行政规则、航空器、航空人员、空中交通管理等民航业所有领域的政策体系不断完善。截止到2008年，民航法规体系已有法律1部、行政法规和法规性文件27部、规章114部。在利用外资和对外开放方面，1980年诞生了中国第一家民航运输领域的外商投资企业——北京航空食品有限公司。1994年和2002年民航总局两次颁布了外商投资民航业的相关规定，允许外资投资于除空中交通管理以外的民航业所有领域。截至2018年12月，中国批准加入26个国际民航多边条约，通过外国政府贷款、中外合资、外商独资、融资租赁、海外上市等方式，民航累计利用外资约600亿美元。中国还与126

① 彤新春. 试论新中国海运事业的发展和变迁（1949—2010）[J]. 中国经济史研究，2012（2）：127-137，145.

个国家和地区签署了双边航空运输协定，其中近 90%是在 1978 年改革开放以后新订立的。现在每周有 15 684 个定期客运航班和 1 894 个定期货运航班往返于中国与世界主要国家之间，民航企业通过加入航空联盟，开展代码共享、股权合作等方式，积极主动地参与世界航空运输的竞争。2004 年以来，中国已经连续 5 届在国际民用航空组织当选第一类理事国。

与此同时，随着改革开放政策的执行，中国经济快速增长，海运大国地位也逐渐建立。1979 年，交通部直属的几个港口增加了 42 个万吨级深水泊位，吞吐能力比 1972 年增加了 62%；远洋运输船队也有很大发展，1979 年，中国远洋船队由 1970 年居世界第 28 位，上升到第 14 位。1981 年交通部召开计划会议，提出了振兴中国水运事业的工作任务，在发展远洋船队、建设港口、开展对外经营业务、发展集装箱运输等方面提出要求和指示。到 1982 年，中国开辟了天津港、上海港至美国的全集装箱班轮航线，新开辟的国际集装箱运输航线也多达 15 条，更好地适应了中共十一届三中全会以来外贸杂货的运输需要。在此期间，中国也颁布了一系列的海运政策和法规。1990 年 3 月 2 日，为了适应发展对外贸易和国际海运的需要，交通部发布《国际船舶代理管理规定》。1992 年 7 月交通部提出了《深化改革、扩大开放、加快交通发展的若干意见》，同年 11 月，国务院发布了《国务院关于进一步改革国际海洋运输管理工作的通知》，对从事国际海洋运输业务的行业及部门的限制条件进一步放宽。1993 年 7 月 1 日，《中华人民共和国海商法》正式实施；1999 年，《海事诉讼特别程序法》颁布，为强化海上运输法制环境提供了法律保障。①

（三）加入世界贸易组织以来的运输服务贸易制度（2001 年至今）

2000 年以来，中国空运贸易发展迅速。2000—2007 年，空运贸易进口额年均增长率为 27%，出口额年均增长率为 30%，但这段时期中国空运贸易始终处于逆差状态。2007 年中国航空贸易总额为 112. 44 亿美元，其中进口额为 61. 27 亿美元，出口额为 51. 17 亿美元，贸易逆差为 10. 1 亿美元，占 2007 年

---

① 彤新春. 试论新中国海运事业的发展和变迁（1949—2010）［J］. 中国经济史研究，2012（2）：127-137，145.

总空运贸易总额的 8.9%。截至 2008 年，中国空运贸易总额为 151.32 亿美元，同比增长 34.6%。其中，空运贸易进口额为 70.67 亿美元，同比增长 15.3%，出口额为 80.65 亿美元，同比增长 57.6%，并且首次由空运贸易逆差转为贸易顺差。造成逆差的主要原因是中国航空企业对国际航线的开辟速度迟缓，国际航线数量低。由于航空运输业与国家安全紧密相关，各国对于航空业一直实行高度的政府管制。当前，国际航线开辟的主要依据为各国政府之间签订的双边航空自由化协定，且中国民用航空航线分配仍处于政府管制状态，国外企业尤其是欧美国家航线开辟能力远远高于中国企业。

在这一时期，中国也在不断向海运强国转变。中国加入世界贸易组织之后，一系列海运法规出台，海运业加快进入国际航运市场。2001 年 12 月 11 日，《中华人民共和国国际海运条例》（以下简称《国际海运条例》）发布，反映了中国加入世界贸易组织的海运服务承诺，促进了海运市场的改革与开放。2003 年，国家着手制定《中国船舶工业发展政策》，目标锁定打造第一船舶大国。2004 年 2 月 25 日，交通部、商务部联合发布《外商投资国际海运业管理规定》，作为《国际海运条例》的配套规章。2006 年 3 月，船舶工业发展列入国家"十一五"规划；8 月，国务院通过《船舶工业中长期发展规划》，再一次表明国家对船舶工业的重视和支持，对于加快中国船舶工业结构调整和产业升级，使之成为带动相关产业全面参与国际竞争的强势产业，对推进中国创建世界造船大国强国具有重大意义。"十二五"规划把发展海洋运输列为发展海洋经济的重要内容。2010 年，《国务院关于加快培育和发展战略性新兴产业的决定》将高端装备制造列入其中，其中就有海洋工程。2016 年，国务院对外公布了第二次修订的《国际海运条例》，进一步为维护国际海上运输市场秩序，保障国际海上运输各方当事人的合法权益提供法律保障。同时中国在保障国际海运安全方面也做出了很大的贡献。2008 年中国海军开始在印度洋、亚丁湾海域执行护航行动。截至 2018 年 10 月，中国海军护航行动整整十年，已完成 1 181 批次 6 573 艘船舶的护航任务。①

① 中国交通新闻网．40 年·见证：中国水运发展前所未有的四十年［EB/OL］．(2018-12)．http://guancha.gmw.cn/2018-12/19/content_32201947.htm.

第三节　中国新兴服务贸易制度的演进与发展

2017年全球服务贸易大会上，商务部副部长钱克明表示，数字化时代服务贸易创新不断加快，大数据、云计算、物联网、区块链、人工智能等技术运用，极大提高了服务可贸易性，服务贸易企业形态、商业模式、交易方式发生深刻变革。商务部国际贸易经济合作研究院在大会上发布的《中国服务贸易创新发展报告》显示，全球服务贸易新兴行业增长迅猛，通信、计算机和信息服务在2009—2016年平均增长率为6.35%，增速超过了总服务出口发展速度，也超过其他细分行业服务出口增长。

本节主要从中国文化服务贸易、信息技术服务贸易以及服务外包制度三个方面阐述中国新兴服务贸易制度的发展概况。

一、中国文化服务贸易制度的演进与发展

随着经济全球化的发展，文化贸易已经成为国际贸易的重要组成部分。联合国教科文组织的统计资料显示，过去20年间，全球文化贸易一直在以惊人的速度持续增长，其中文化服务全球贸易的增长也十分迅猛。但是，在世界贸易组织框架下，文化贸易（包括文化服务贸易）却是一块模糊不清的领域。从《1947年关税与贸易总协定》签订至今，关于贸易和文化问题的争论一直不断，特别是美欧双方在视听部门的开放问题上争斗激烈，在乌拉圭回合谈判中也未能得到解决。迄今为止，世界贸易组织协议并没有就文化产品和服务贸易达成专门的协议，只是将其列入一般产品和服务中加以考虑，并受到《1994年关税和贸易总协定》、GATS和《与贸易有关的知识产权协议》的规范。

根据《中国文化服务进出口统计目录（2015）》标准，中国文化服务的核心层类别包括出版服务、新闻服务、广播影视制作服务、广播影视授权服

务、广播影视对外工程服务、文艺创作与表演服务、文化遗产保护服务、图书馆与档案馆服务、文化艺术培训服务，互联网信息服务、电信信息服务、广播电视传播服务。

中国文化服务贸易发展历程较短，加入世界贸易组织后，中国逐步履行关于开放国内文化市场的承诺，国内文化产业的发展面临着新的机遇和挑战，中国高度重视运用政策指导文化产业发展。在文化对外贸易和文化产业“走出去”方面，中国主要是鼓励企业“走出去”，鼓励文化产业扩大出口，并在财政、金融、人才等各方面给予政策支持。2001 年 3 月，全国人大九届四次会议通过了《国民经济和社会发展第十个五年计划纲要》，其中明确提出要深化文化体制改革，整顿和规范文化市场，推动有关文化产业发展，进一步发展文学艺术、新闻出版、广播影视等各项事业。2003 年 9 月文化部颁布的《文化部关于支持和促进文化产业发展的若干意见》中明确提出文化产业实施“走出去”的发展战略，发展外向型文化产业成为中国文化产业的发展战略。2005 年 1 月，为扭转中国文化贸易逆差、推动文化产品出口，文化部发布《国家文化产品出口示范基地认定管理办法（暂行）》，文化部和各级文化主管部门将对出口示范基地实行政策倾斜。2006 年 8 月，文化部出台了《关于鼓励和支持文化产品和服务出口的若干政策》，为推动中国文化产品和服务更好地进入国际市场制定了具体政策。2009 年 7 月，国务院出台的《文化产业振兴规划》明确规定今后一个时期文化产业的重点工作之一是扩大对外文化贸易，要求落实国家鼓励和支持文化产品和服务出口的优惠政策，在市场开拓、技术创新、海关通关等方面给予支持，形成鼓励支持文化产品和服务出口的长效机制，重点扶持具有民族特色的文化产品和服务出口。2012 年 5 月，文化部发布的《文化部“十二五”时期文化改革发展规划》指出，要着力培育一批具有自主知识产权和较强国际竞争力的大型文化企业，培育外向型企业和中介机构，鼓励文化企业通过多种方式参与国际文化市场竞争，促进文化产品和服务走出去。

在利用外资方面，中国文化产业的整体特征是存在一定的限制，在维护国家文化安全的基础上逐步放开。2003 年 12 月由文化部、商务部发布的《中外合作音像制品分销企业管理办法》，规定中国合作者在合作企业中所拥有的权益不得低于51%，并对设立中外合作音像制品分销企业的程序、经营内容做了具体规定。2009年的《文化产业振兴规划》中明确提出要降低资本准入门滥，通过吸收外资、社会资本等多种成分进入文化市场，以独资、合资、合作等形式实现文化资本的多元化。2012年2月，美国动画公司“梦工厂”与华人文化产业投资基金等单位签署协议，联合上海东方传媒集团有限公司等公司在中国上海合资组建“上海东方梦工厂影视技术有限公司”，这是《国家“十二五”时期文化改革发展规划纲要》发布后的首个文化产业领域的国际合作，表明中国文化产业将以更加开放的姿态面向国际市场。

进入经济发展新常态以来，中国在加快推进中国文化产业供给侧结构性改革、推动文化产业转型升级方面加大了工作力度。2013年，中共十八届三中全会报告提出“建立健全现代文化市场体系”这一总方针，以“文化市场”取代文化产业，成为中国最高政策文件中有关文化政策部分的第一主题词，这标志着中国文化发展的基础和动力机制的转换——从以产业政策推动为主，市场内生动力为辅的阶段，走向以开放市场、调动市场内生动力为主，以产业政策干预推动为辅的新阶段。[①] 2017年12月，国务院发布《“十三五”国家战略性新兴产业发展规划》，首次将“数字创意产业”纳入其中。2018年1月，文化部出台首个专门针对数字文化产业的文件《关于推动数字文化产业创新发展的指导意见》，全面推动“互联网+文化”的新业态、新模式、新趋势的发展。

目前，中国在广播影视制作、新闻出版、互联网文化经营领域限制和禁止外资进入。另外，文化产业在利用外资方面仍存在以下三点限制：第一，在文化产业外资所占比重方面有限制。许多开放的文化产业领域外资所占比重不得超过49%。第二，文化企业外资进入形式也有所限制。除大型主题乐园和体育场馆经营、健身、竞赛表演及体育培训和中介服务外，其他鼓励或限制类的文化领域都要求外资采取合资或合作的方式。其中广播电视节目以

① 张晓明. 中国文化产业发展之历程、现状与前瞻［J］. 山东社会科学，2017（10）：44-49.

及电影制作仅限于中外合作的形式。第三，外资进入文化产业程序方面存在限制，采取特别许可制即从严发放许可证。

二、中国电信、计算机和信息服务贸易制度的演进与发展

电信、计算机和信息服务是指居民和非居民之间的通信服务以及与计算机数据和新闻有关的服务交易，但不包括以电话、计算机和互联网为媒介交付的商业服务。贷方记录本国居民向非居民提供的电信服务、计算机服务和信息服务。借方记录本国居民接受非居民提供的电信服务、计算机服务和信息服务。

中国的电信、计算机和信息服务行业基本都是在20世纪90年才开始大规模发展起来的。其中，中国电信业的发展主要是在20世纪的后20年，尤其是90年代至今才真正实现了电信的“起飞”。在这一过程中，中国不断推进了国内电信产业的市场化进程。世纪之交，为了适应技术革命和社会发展的需要，中国决定对通信管理体制进行重大调整。1998年3月，在撤销邮电部和电子部的同时，在两部的基础上组建了信息产业部。1998年4月，新成立的信息产业部下发《邮电分营指导意见》。国家邮政局正式挂牌，邮电开始分离，为下一步通信产业发展打下了基础，并对通信体制进一步市场化改革起到了基础性的作用。1999年2月，中国开始对电信行业进行“纵向切割”的拆分重组，将中国电信拆为中国移动、中国电信和中国卫星通信。2001年国务院又批准了信息产业部成立后的第二次《电信体制改革方案》，提出“打破垄断，公平竞争、优化配置、加强监管”的指导方针，将原中国电信按地域切分，重新组建了新的中国电信集团公司和中国网络通信集团公司，并为网通、吉通、铁通颁发电信运营许可证。经过改革重组，基础电信各个业务领域都同时有两家以上企业经营，市场竞争格局初步形成。

入世后，中国利用世界贸易组织的有关条款，逐步对外开放市场。1998年开始生效的世界贸易组织《全球基础电信协议》在服务领域的开放上允许成员根据其承诺的开放日程分业务、分阶段逐步开放。中国基础的电信服务

市场的对外开放也是分阶段进行的。第一阶段，2001 年以前，积极配合中国加入贸易组织的需要，明确了电信业可以对外开放，并确定了逐步开放的时间表。第二阶段，2003 年开始，中国允许外资在增值和寻呼业务服务业占 50%的股份。2005 年后允许外资在移动电话和数据服务业占 49%的股份。2006 年后允许外资在国际和国内长途电话服务业占 49%的股份，并于 2010 年完成所有的开放承诺。第三阶段是高于世界贸易组织框架的开放承诺推进阶段；第四阶段是对标国际深度开放阶段。当前，中国电信服务业开放阶段正处于第二阶段向第三阶段过渡时期，以混合所有制改革为突破口的国企改革，将在新兴业务领域、国际化扩张、产业链垂直合作、外资控股等方面进行有效探索，推动电信服务市场自内而外形成新的竞争格局。① 同时，为加强电信建设的统筹规划和行业管理，促进电信业健康、有序发展，国务院和国家工信部从 2000 年开始相继颁布了《中华人民共和国电信条例》《电信服务质量监督管理暂行办法》《电信服务规范》《电信服务质量监督管理暂行办法（2014 修正）》《工业和信息化部关于进一步规范电信资费营销行为的通知》等法律条例，确保中国电信服务业的对外开放和市场化进程。

2008 年，工信部、国家发改委、财政部三部委联合发布《三部委关于深化电信体制改革的通告》，其指导思想是以第三代移动通信为契机，重新合理配置现有电信网络资源，对市场竞争的态度是既要防止垄断，又要避免过度竞争，这轮重组形成中国电信、中国联通和中国移动三分天下的局面。②

进入 21 世纪以来，中国针对计算机和信息服务行业出台了一系列鼓励软件产业和集成电路产业发展的若干政策，软件行业步入快速发展阶段。2000 年国务院发布了《关于鼓励软件产业和集成电路发展的若干政策》，对软件产业在投融资、税收、出口、收入分配、知识产权保护以及行业管理方面的问题制定了全面、系统的鼓励性措施。相关部委出台了《软件企业认定标准及管理办法》《软件产品管理办法》《关于软件出口有关问题的通知》和《国家

---

① 汤婧. 五方面推进电信服务贸易发展［N］. 经济日报，2017-08-16（016）.

② 张麟. 纵向分权与国有基础产业部门的市场化：以国家推动电信产业改革为例［J］. 公共管理评论，2016（1）：42-56.

软件基地管理办法》等，进一步明确了国家发展软件产业的方针政策。2002年11月，国务院批准了信息化工作办公室制定的《振兴软件产业行动纲要（2002—2005年）》，明确指示中国要充分利用加入世界贸易组织的机遇，以更加积极的姿态，扩大开放，大胆吸收和借鉴符合国际惯例的生产经营方式和管理方法，增强软件产业创新能力和国际竞争力。2000—2005年，中国计算机和信息服务贸易出口从3.6亿美元提高到18.4亿美元，年均增长38.6%，占服务贸易出口额的比重由1.2%增长到2.5%；计算机和信息服务贸易进口额从2.7亿美元提高到16.2亿美元，年均增长43.1%，占中国服务贸易进口总额的比重从0.7%增长到2.0%，中国计算机和信息服务贸易2005年顺差2.2亿美元。①

2008年金融危机以后，全球经济出现放缓趋势。危机影响下企业对成本、效率的要求更高，对软件及信息服务的需求反而增加，产业面临较好的发展机遇，中国仍是全球软件和信息服务业发展的热点区域。2008年工业和信息化部成立后，中国大力推进信息化和工业化融合，加快发展信息服务业。2010年10月，国务院发布了《国务院关于加快培育和发展战略性新兴产业的决定》，将高端软件和信息服务列入战略性新兴产业，决定从科技创新、人才培养、市场培育、产业环境等方面对其给予政策支持。2011年2月，国务院发布《进一步鼓励软件产业和集成电路产业发展的若干政策》，决定从财税、投融资、研发、进出口、人才、知识产权、市场七个方面对软件业和集成电路产业发展给予政策扶持。2012年4月，按照《国民经济和社会发展第十二个五年规划纲要》的总体部署，落实《工业转型升级规划（2011—2015年）》《信息化发展规划（2011—2015）》和《信息产业“十二五”发展规划》的总体要求，做大做强软件和信息技术服务业，工业和信息化部制定了《软件和信息技术服务业“十二五”发展规划》，提出了包括信息安全软件、信息系统集成服务、服务外包、新兴信息技术服务等在内的十大重点发展领域，并在产业政策、企业创新、人才培养、产业国际化等八个方面规划了保障措施。

① 数据来源于《计算机和信息服务行业发展报告2006》。

进入“十三五”时期后，在全球新一轮科技革命和产业变革持续深入、国内经济发展方式加快转变的背景下，软件和信息技术服务业迎来了更大的发展机遇。为深入贯彻《中国制造2025》《国务院关于积极推进“互联网+”行动的指导意见》《国务院关于深化制造业与互联网融合发展的指导意见》《促进大数据发展行动纲要》《国家信息化发展战略纲要》等国家战略，2017年年初，工信部编制了《软件和信息技术服务业发展规划（2016—2020年）》，提出中国的软件和信息服务业要坚持开放创新，把握“一带一路”等实施机遇，统筹利用国内外创新要素和市场资源，加强技术、产业、人才、标准化等领域的国际交流与合作，鼓励地方从政策、资金、项目等方面加大对产业国际化发展的支持和推进力度。同时在完善政策法规体系、健全行业管理制度、加大财政金融支持等五方面制定了强有力的保障措施。

在多方因素的推动下，2011—2015年，中国电信、计算机和信息技术服务贸易出口由139亿美元增长至245亿美元，年均增长15.2%，占世界出口比重由3.6%增至5.2%（见表9-4）。

表9-4　2011—2015年中国在世界电信、计算机和信息服务出口中占比

年份	世界出口（亿美元）	中国出口（亿美元）	比例（%）
2011	3 837	139	3.6
2012	4 078	162	4.0
2013	4 407	171	3.9
2014	4 835	202	4.2
2015	4 726	245	5.2

资料来源：WTO数据库。

2016—2018年，中国电信、计算机和信息服务贸易进出口都有所增长，但顺差额呈现下降趋势。2019年一季度电信、计算机和信息服务进出口额达919亿人民币，同比增长15.8%；其中出口514亿人民币，同比增长14.8%（见图9-1）。

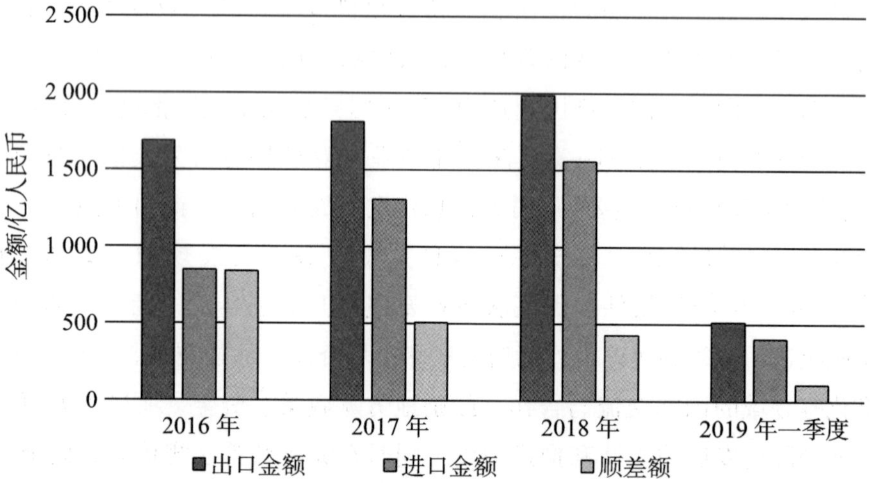

图 9-1　2016—2019 年（一季度）中国电信、计算机、信息服务贸易进出口金额及顺差额

资料来源：根据国家外汇管理局《国际收支平衡表》整理。

当然，中国电信服务贸易行业也存在一些不足。首先，电信服务业垄断现象依然较严重，技术投入较低，整体竞争力偏低。中国电信、中国联通拥有近 1.7 亿用户，并且在当地形成了一定规模的覆盖面和影响力，其垄断宽带市场的局面较难打破。在三大运营商所形成的垄断格局里，民营宽带仅发挥补充作用。在这种垄断格局下新兴电信服务业运营商的准入和发展都受到了阻碍。这种传统电信运营商的垄断与新兴电信服务业运营商发展困难的局面，影响了中国电信市场的活跃度，拉低了整体电信服务业的竞争力。其次，电信企业的创新投入强度不够，技术水平较为落后。再则，中国电信服务业法律法规不够完善。《中华人民共和国电信条例》徘徊在行政法规、部门条例的阶段，而且，电信服务业受内外管制较多。这些因素都影响了中国电信服务贸易的发展。

三、中国服务外包制度的演进与发展

服务外包指客户单位（可以是企业、政府、学校、医院、军队等各类机构）依托于信息技术将原在内部完成的某些流程或职能转移给外部的服务提供商去完成，并以合同形式为这些服务支付相应的费用；服务外包按交付方式可分为国内外包和国际（离岸）外包两类；按照国家统计局批准的《服务外包统计报表制度》，目前服务外包的统计范围为跨境服务外包。① 从发展情况来看，中国的服务外包起步较晚但发展较快，特别是近年来，中国服务外包规模和总量不断扩大，领域不断拓宽，正在逐渐成为一个新兴的全球外包中心。回顾服务外包的发展历程可以发现，制度建设在其中发挥了不可替代的作用。

2006 年，《国民经济与社会发展第十一个五年规划纲要》首次将发展服务外包列入国家规划，提出要“建设若干服务外包基地，有序承接国际服务业转移”。同年 10 月，商务部等四部委联合发布《关于实施服务外包“千百十工程”的通知》，拉开了大力推进中国服务外包产业发展的序幕。到 2007 年，商务部、信息产业部、科技部已共同认定大连、西安、成都、深圳、上海、北京、天津、南京、济南、武汉、杭州 11 个城市为“中国服务外包基地城市”。同时，为了加强服务外包人才队伍建设，2008 年商务部、教育部、人力资源和社会保障部联合发布《关于推动服务外包人才网络招聘工作的若干意见》，共同负责服务外包人才网络招聘工作的宏观指导，积极支持服务外包基地城市和示范区加快发展服务外包产业，扶持服务外包企业做大做强。

2009 年 1 月，为贯彻落实中央经济工作会议“保增长、扩内需、调结构”的精神，积极应对金融危机，大力承接国际服务外包，切实转变经济、贸易发展方式，扩大高校毕业生就业，国务院印发了《关于促进服务外包产业发展问题的复函》，公布了 19 项鼓励服务外包产业发展政策。其中包括税收减免、员工培训补贴、创业资金支持、财政贴息等优惠政策，国家有关部委也陆续制定并实施了一系列促进产业快速发展的政策和措施，地方配套政策及时跟进。2010 年，《国民经济社会发展第十二个五年规划纲要》再一次

① 中华人民共和国商务部网站. 中国国际服务外包产业发展规划纲要（2011—2015）（附录）[EB/OL].（2013-01）. http://www.mofcom.gov.cn/article/b/xxfb/201301/20130108513700.shtml

明确提出“大力发展服务外包，建设若干服务外包基地”。

2010—2013年，中国相继发布了《关于鼓励服务外包产业加快发展的复函》《中国国际服务外包产业发展规划纲要（2011—2015）》《关于进一步促进服务外包产业发展的复函》《关于促进服务外包产业加快发展的意见》等鼓励服务外包产业发展壮大的政策文件，国务院有关部委和地方政府相继出台了一系列落实国家鼓励政策的具体措施。支持服务外包发展的政策体系日趋完善，鼓励政策和措施涉及税收优惠、人才补贴培训、公共服务平台资金支持、资质认证、特殊工时、融资保险、政府采购、外汇管理、通信基础设施、出入境管理、知识产权保护、海外市场开拓等。这些政策和措施有力地推进了服务外包产业的发展壮大，使其成为新时期中国战略型新兴产业的重要组成部分。

2016年6月，为了进一步明确服务外包产业发展导向，培育对外贸易竞争新优势，商务部会同财政部、海关总署等有关部门发布《服务外包产业重点发展领域指导目录》，共涉及24个重点发展领域。其中，10个领域属于信息技术外包（ITO）范畴、6个领域属于业务流程外包（BPO）范畴，8个领域属于知识流程外包（KPO）范畴。2017年，商务部等五部门共同印发《国际服务外包产业发展“十三五”规划》（以下简称《规划》），要求根据《中共中央 国务院关于构建开放型经济新体制的若干意见》中提出的“促进服务外包升级、提升服务跨境交付能力”的建设目标，加快发展服务外包产业，推进经济结构调整，形成产业升级新支撑、外贸增长新亮点、现代服务业发展新引擎，扩大就业新渠道。《规划》主要突出了完善体制机制、政策框架、促进体系和发展模式，有利于推进服务外包向价值链高端延伸，优化国际市场和国内区域布局，培育壮大市场主体，充分发挥服务外包在现代服务业中的引领和驱动作用，为建设贸易强国作出更大贡献。

2018年3月，商务部等九部门联合印发《中国服务外包示范城市动态调整暂行办法》，规定了对示范城市进行动态调整的工作原则，强调形成主动作为、竞相发展的良好局面，充分发挥示范城市在产业集聚、引领示范、创新发展方面的积极作用，激发产业发展活力，促进中国服务外包产业实现高质量发展。

进入2019年，为贯彻中共十九大关于“培育贸易新业态新模式”的精神，落实《国务院关于促进服务外包产业加快发展的意见》（国发〔2014〕67号）关于“定期发布《服务外包产业重点发展领域指导目录》”的要求，明确服务外包产业发展导向，1月，商务部财政部、海关总署会同有关部门结合产业发展情况，在2016年发布《服务外包产业重点发展领域指导目录》（以下简称《指导目录》）基础上，又发布了《指导目录（2018年版）》，共涉及23个重点发展领域。其中，8个领域属于信息技术外包（ITO）范畴，6个领域属于业务流程外包（BPO）范畴，9个领域属于知识流程外包（KPO）范畴。最新发布的《指导目录（2018年版）》中纳入了更多信息技术外包范畴和知识流程外包范畴的重点领域，有利于引导中国服务外包向知识密集型行业和资本密集型行业转型升级，深化服务外包行业内的供给侧结构性改革。

从整体来看，中国服务外包市场规模巨大，增长稳定，以ITO为主，BPO为辅。到目前为止，中国的服务外包已经形成了以北京、上海、大连、成都、合肥等21个服务外包示范城市为样板，以大连软件园、安徽服务外包软件产业园等84个服务外包示范园区为主力，以东软、海辉、华信等企业为龙头，动漫、软件、物流、金融、生物医药等多领域同步发展的多元化、全面化发展的格局。从地方发展来看，服务外包行业已经成为各地实现产业结构调整与实现发展方式转变的重要推手。如：大连通过大力发展以软件行业为特色的服务外包行业，现在已经成为中国重要的服务外包中心和软件中心，有中国的“班加罗尔”之称；成都目前也已经走出一条以高新区为重点，以软件研发、服务外包、硬件制造等IT行业为主导的产业发展之路，使成都成为中国IT行业的第四极。中国领先的软件外包企业发展前景广阔，行业集中度将继续提高。中国领先的软件外包企业大部分都是上市公司，行业集中度提高是大的趋势，优秀服务商的内生性增长和并购式增长将同时进行，品牌效应和质量效应将日渐突出，更加有利于行业内的整合。

经过10多年的发展，服务外包从概念到商业模式在中国开始广为人知，一批优秀的服务外包企业成长起来，国际竞争力得到提升，不仅中国服务的国家品牌逐步树立，而且服务外包正成为发展数字经济和促进创新增长的重要引擎。

统计数据显示，2008—2014年，中国服务外包企业承接离岸服务外包执行额从47亿美元增加到559亿美元，在世界服务外包市场占有率从7.7%增加到接近30%。2014年，中国服务外包合同额首次超过1 000亿美元，达到1 072.1亿美元，执行金额813.4亿美元，分别同比增长12.2%和27.4%。其中，承接离岸合同金额718.3亿美元，执行金额559.2亿美元，分别同比增长15.1%和23.1%。服务外包规模的不断扩大也带动了就业的增长。2014年年底，服务外包企业共28 127家，从业人员607.2万人，达到万人及以上的企业数量16家。

2015—2018年，中国服务外包金额持续递增。2018年全年中国共签订服务外包合同金额2 028.1亿美元，同比增长8.6%；完成服务外包执行金额1 424.1亿美元，同比增长12.9%。如表9-5、图9-2所示。

表9-5　2015—2018年中国各项服务外包合同签订额与执行金额

单位：亿美元

年份	总合同额	总执行金额	离岸外包合同额	离岸外包执行金额	在岸外包合同额	在岸外包执行金额
2015	1 309.3	966.9	872.9	646.4	436.4	320.6
2016	1 472.3	1 064.6	952.6	704.1	519.7	360.5
2017	1 867.5	1 261.4	1 121.12	796.7	755.38	464.7
2018	2 028.1	1 424.1	1 203.8	886.5	824.3	537.6

资料来源：根据中国商务部公布数据整理得到。

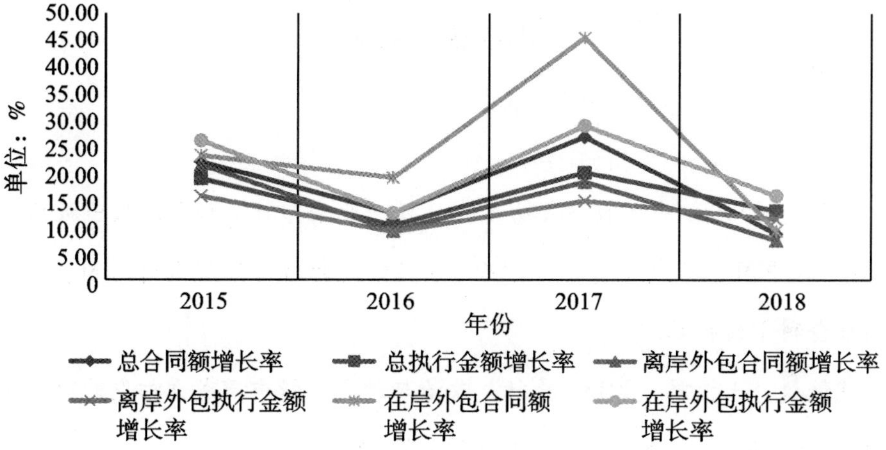

图 9-2　2015—2018 年中国各项服务外包合同签订额与执行金额增长率

资料来源：根据中国商务部公布数据整理得到。

2019 年以来，在严峻复杂的国际形势下，中国服务外包发展仍然保持了稳中向好的势头。上半年企业签订服务外包合同额 7 099. 8 亿元人民币（币种下同），执行额 4 059. 4 亿元，同比分别增长 29. 3%和 11. 5%。其中离岸服务外包合同额 4 649. 2 亿元，执行额 2 424. 7 亿元，同比分别增长 34. 6%和 7. 9%。上半年新增服务外包企业 1 800 家，新增从业人员 22. 5 万人。截至 2019 年 6 月底，服务外包产业已累计吸纳就业 1 091 万人，其中大学生以上学历 704 万人。服务外包的业务结构也在不断优化，检验检测、电子商务平台服务等生产性服务外包离岸执行额同比增长超过 40%。云计算、人工智能、大数据等服务外包新业态新模式不断涌现，有力地促进了产业数字化转型。

本章参考文献

白仲尧，1998. 中国服务贸易方略［M］. 北京：社会科学文献出版社.

《当代中国》丛书编委会，1989. 当代中国的对外经济合作［M］. 北京：中国社会科学出版社.

范铁权，王素君，2018. 旅行、政治与外交：新中国成立初期的出国旅行（1956—1965）［J］. 河北学刊，38（2）：78-84.

国务院新闻办公室，2011.《中国的对外贸易》白皮书［Z］.

高舜礼，2004. 中国旅游业对外开放战略研究［M］. 北京：中国旅游出版社.

李钢，2015. 中国对外贸易史（下）［M］. 北京：中国商务出版社.

李俊，2017. 中国服务贸易：理论、政策与实践［M］. 北京：时事出版社.

李亚亚，2013. 中国文化贸易竞争力问题研究［D］. 北京：首都经济贸易大学.

李永，2011. 中国民航发展史简明教程［M］. 北京：中国民航出版社.

刘东升，2009. 国际服务贸易概论［M］. 北京：北京大学出版社.

刘恒，谢晓尧，1996. 中国对外贸易法律制度［M］. 广州：中山大学出版社.

陆文雄，2013. 管理学大辞典［M］. 上海：上海辞书出版社.

邵望予，1999. 浅论亚太经合组织与中国对外经济贸易的发展［J］. 国际商务研究（2）：21-25.

孙南申，2000. 中国对外服务贸易法律制度研究［M］. 北京：法律出版社.

孙玉琴，2005. 中国对外贸易体制改革的效应：贸易制度创新与贸易增长、经济增长研究［M］. 北京：对外经济贸易大学出版社.

汤婧，2017－08－16. 五方面推进电信服务贸易发展［N］. 经济日报（016）.

彤新春，2012. 试论新中国海运事业的发展和变迁（1949—2010）［J］. 中国经济史研究（2）：127-137+145.

肖燕春，2012. 中国文化产业对外开放政策研究［D］. 南昌：南昌大学.

杨逢珉，2006. 中国对外贸易概论［M］. 北京：中国商务出版社.

杨李炼，等，1996. 国际服务贸易与中国第三产业［M］. 厦门：厦门大学出版社.

姚延波，2017-09-05. 中国旅行社业发展历程回顾与展望［N］. 中国旅游报（003）.

于立新，冯永晟，2011. 中国服务贸易研究报告［M］. 北京：经济管理出版社.

于维香，何宁，何茂春，1995. 国际服务贸易与中国服务业［M］. 北京：中国对外经济贸易出版社.

佚名，2005. 中国服务业发展报告 No. 4：中国服务业的对外开放与发展［R］. 北京：社会科学文献出版社.

张麟，2016. 纵向分权与国有基础产业部门的市场化：以国家推动电信产业改革为例［J］. 公共管理评论（1）：42-56.

张晓明，2017. 中国文化产业发展之历程、现状与前瞻［J］. 山东社会科学（10）：44-49.

中国民用航空局. 中国民航局60周年档案展：艰苦创业篇［EB/OL］. http://www.caac.gov.cn/website/old/ D1/60years/jkcy/rmhk/.

中国交通新闻网，(2018-12). 见证：中国水运发展前所未有的四十年［EB/OL］. http://guancha.gmw.cn/2018-12/19/content_32201947.htm.

第十章
新中国技术贸易制度的演进与发展

技术贸易有特定的内涵、内容和不同于其他商品贸易的特点，与知识产权保护密切相关，受制度影响程度较大。技术贸易是当今国际贸易的重要组成部分。技术贸易的发展推动了生产要素在国家之间的转移，缩短了经济现代化和科技现代化的进程。技术在国家之间的转移、扩散及外溢带来了科技创新的优化配置。

当前，世界经济形势正处于深刻变革之中，国家之间的综合国力竞争日益激烈，创新成为全球经济增长最重要的驱动力。中国在经历40余年的改革开放之后，经济发展方式也在发生根本性转变。中共十九大报告指出，中国经济已由高速增长阶段转向高质量发展阶段。在当前的经济发展阶段，在构建全面开放新格局的关键期，技术创新作为引领发展的第一动力，是建设现代化经济体系的战略支撑，也是推进供给侧结构性改革，推动经济发展质量变革、效率变革、动力变革的核心要素。在此背景下，回溯新中国的技术贸易制度演进，探讨与技术贸易有关的知识产权保护制度，不仅有利于推动中国的技术贸易发展，优化贸易结构，促进对外贸易提质提效，也可以在弥补中国科技短板的同时带动国内企业自主创新，进一步推动供给侧结构性改革，促进产业结构调整与建立现代化经济体系目标的实现。

第一节　技术贸易的内涵与特点

一、技术贸易的内涵与内容

国际技术贸易是指通过贸易、投资或者经济技术合作的方式，跨国界转移技术的行为。一个国家从外国购买技术即为技术进口，或称技术引进；一个国家向外国出售技术为技术出口，或称技术输出。在国际上，通常把国家之间的技术进出口活动，统称为技术转移。

技术贸易的交易对象是无形的技术知识。根据联合国技术转让行动守则会议对技术的定义，技术是关于制造一项产品，应用一项工艺或提供一项服务的系统知识，但不包括只涉及货物出售或只涉及货物出租的交易。因此，技术贸易是关于制造产品、应用生产方法或提供服务的系统知识的转让。在具体内容上，技术贸易主要包括专利权、商标权以及专有技术和商业秘密的转让。

二、技术贸易的特点

技术是没有特定形状的商品，在技术贸易行为发生之前，技术的拥有方往往不披露技术的真实内容，其技术的潜在收益具有不确定性，只有实施技术并生产出产品之后，才能最终判断技术的特性。

技术贸易通常为技术使用权以及使用该技术生产产品、销售产品权利的转移，很少发生技术所有权的转移，而商品贸易则多为所有权的转移。技术贸易往往不是一次性的简单的交易行为，而是伴随着长期的合作关系。技术贸易的双方，往往是同一技术产品的生产者、销售者，既是合作伙伴，又是竞争对手，潜伏着利益冲突。

技术贸易受技术贸易制度的影响极大，对技术的进口和出口，特别是对高端技术的出口，有的国家甚至基于政治的目的加以限制。此外，技术贸易还受诸多条件的制约，特别是技术的拥有方是否愿意提供先进技术，技术的进口方是否能够消化、掌握该技术，是实施技术贸易的先决条件。而技术的拥有方通常又处于决定性地位，还往往受到技术拥有方所在国家政策的左右，这更增加了技术贸易的难度。

第二节　新中国技术贸易制度的建立与创新

1949 年新中国成立后，中国实行高度集中的计划经济政策。在此阶段，中国否定了技术成果的商品属性和商品价值，中国的技术创新和技术转移受到了较大影响，中国的技术贸易制度建设则基本处于空白状态。

自 1978 年实行改革开放后，中国经济体制逐渐由计划经济体制转向市场经济体制。在这个过程中，中国经济建设速度不断加快，对技术进口的需求不断加大，技术贸易随之产生，技术贸易制度随之萌芽。随着改革的深入和技术贸易的发展，中国的技术贸易制度逐步完善。

一、建立有计划商品经济制度时期技术贸易制度的初步建立（1979—1992 年）

1979 年年底，中国科学技术协会组织一些科学技术人员为企业进行技术咨询服务，参与咨询的专家每月获得咨询费约30元人民币。1980年10月，中国科学学院物理研究所研究员李春先等7人在北京中关村成立了第一家民办技术贸易机构，同年沈阳市在全国率先开办了技术市场，建立了“技术服务公司”，调查技术成果供求情况，推动技术有偿转让，充当了科研与生产之间的桥梁。1981年，北京、沈阳、武汉等城市举办了最早的技术贸易洽谈，初步体现了技术成果的商品属性。上述活动被公认为中国技术贸易产生的标志。

1980年10月，国务院颁布《国务院关于开展和保护社会主义竞争的暂行规定》，指出对发明创造重要成果要实行有偿转让，并首次提出了反垄断问题，这是对技术贸易制度的初次探索。

随着中国对外开放程度加大，人们逐渐看到了国外经济发展中科学技术所起的重大作用，逐步认识到中国由于技术落后而存在的差距，进而认识到加强相关制度建设促进技术进步的重要性。1984年3月12日，第六届全国人民代表大会常务委员会第四次会议通过《中华人民共和国专利法》（以下简称《专利法》），从此揭开了中国专利事业以至整个知识产权事业发展史上的一个新篇章，推动了技术贸易制度的发展。

1985年后，国民经济的高速发展、经济体制改革以及相关的立法活动都成为了技术贸易的推动力，使得技术贸易沿着法制化轨道发展。1985年中央决定，明确技术市场“是中国社会主义商品市场的重要组成部分”，是“中国科技体制改革的突破口”。国务院提出技术市场要实行“放开、搞活、扶植、引导”的方针。为响应此号召，中国制定了一系列相关政策。1985年1月10日国务院发布了《国务院关于技术转让的暂行规定》，1月19日，国务院批准了《中华人民共和国专利法实施细则》，5月24日，国务院发布了《中华人民共和国技术引进合同管理条例》。为贯彻“经济建设必须依靠科学技术，科学技术工作必须面向经济建设”的战略方针，为加强技术市场的管理，促进技术成果转化为生产能力，按照有关法规、政策，1986年12月18日国务院发布了《技术市场管理暂行办法》。这一系列举措，使尚处在萌芽时期的中国技术市场步入了新的发展轨道。

1987年6月23日，第六届全国人民代表大会常务委员会第二十一次会议通过《中华人民共和国技术合同法》，自1987年11月1日起实施。这部具有中国特色的技术成果商品化的法律，规定了技术市场的基本准则，为中国技术市场的发展创造了重要的制度条件。1987年中共十三大报告指出“社会主义市场体系，不仅包括消费品和生产资料等商品市场，而且应当包括资金、劳务、技术、信息和房地产等生产要素市场；单一的商品市场不可能很好发挥市场机制的作用”。由此中国进一步明确了发展技术贸易、推动技术贸易制度建设的重要性。

继《中华人民共和国技术合同法》及其实施条例出台以后，中国相继出台了一系列规定。1988年2月27日，国务院批准了同年3月21日国家科委发布的《技术合同管理暂行规定》；1990年9月7日，第七届全国人民代表大会常务委员会第十五次会议通过了《中华人民共和国著作权法》（以下简称《著作权法》）；1990年12月30日，国务院批准了《技术合同仲裁机构管理暂行规定》；同年12月7日，中华人民共和国国家科学技术委员会令第10号发布施行《技术交易会管理暂行办法》；1991年6月4日，国务院第八十三次常务会议通过了《计算机软件保护条例》。与此同时，全国许多省份、自治区、直辖市政府都制定了多项政策，旨在促进科技进步，规范、协调技术市场行为，建立相关的技术合同认定登记制度。这些规定都是中国技术贸易制度规范化、专业化的助推器。

二、建立社会主义市场经济制度时期技术贸易制度的完善（1993—2001年）

1993—2001年，是中国技术市场快速发展的时期，同时也是技术贸易制度不断健全和完善的时期。主要表现在有关技术市场的法律、法规逐步修改完善，政府对技术市场的行政干预逐渐减少，市场经济及法律逐渐成为调节技术市场的主导。因此在这一时期中，技术贸易制度演进出现了规范化、专业化的特征。

1993 年 7 月 2 日，中华人民共和国第八届全国人民代表大会常务委员会第二次会议通过了《中华人民共和国科学技术进步法》，并公布自 1993 年 10 月 1 日起施行。制定科学技术法是为了促进科学技术进步，发挥科学技术第一生产力的作用，实现科技与经济相结合。同年，第八届全国人大常委会第三次会议通过了《中华人民共和国反不正当竞争法》（以下简称《反不正当竞争法》），主要内容包括界定不正当竞争行为的性质，指出凡是在市场交易中违反诚实经营的竞争关系即构成不正当竞争行为；规定从事市场交易的经营者都必须遵守《反不正当竞争法》；规定了不正当竞争行为类型和法律禁止的不正当竞争行为。《反不正当竞争法》促进了社会主义市场经济健康发展，鼓励和保护了公平竞争，同时也保护了经营者和消费者的合法权益，为技术贸易提供了良好的市场环境。

1993 年 11 月 14 日，中共十四届三中全会审议并通过了《中共中央关于建立社会主义市场经济体制若干问题的决定》，明确指出："发挥市场机制在资源配置中的基础性作用，必须培育和发展市场体系。当前着重发展生产要素市场，规范市场行为，打破地区、部门的分割和封锁，反对不正当竞争，创造平等竞争的环境，形成统一、开放、竞争、有序的大市场。"根据该决定的有关精神，1994 年 4 月 21 日，国家科委、国家体委印发的《关于进一步培育和发展技术市场的若干意见》，为进一步完善中国技术市场的规模、结构和市场秩序，对培育农村技术市场和技术市场的宏观调控管理等提出了针对性意见。文件提出，在深化改革中应当"坚持科学技术是第一生产力的战略思想"，按照"稳住一头，放开一片"的方针，在推进科技系统人才分流、机制转换和结构调整的改革过程中，把培养和优先发展技术市场放在重要的位置。同年 7 月 1 日，中国实施了《中华人民共和国对外贸易法》。该法第二条规定，对外贸易"是指货物进出口、技术进出口和国际服务贸易"；第十五条指出，"国家准许货物与技术的自由进出口"。这些规定从法律层面确定了技术进出口的地位，而且表明技术进出口将呈现自由化趋势，技术贸易制度将呈现自由贸易制度的特征。

1995 年 5 月，全国科技大会公布《中共中央 国务院关于加强科学技术进步的决定》，提出了“科教兴国”战略。1996 年的 5 月 15 日，第八届全国人大常委会第十九次会议通过了《中华人民共和国促进科技成果转化法》。这部法律是规范中国科技成果转化活动内容比较全面的一部法律，是实施“科教兴国”的需要和推动“科教兴国”的重大举措。1996 年 9 月，国务院发布《国务院关于“九五”期间深化科技体制改革的决定》；10 月，国家科委发布《“九五”全国技术市场发展纲要》，这是中国开放技术市场以来，第一部以规划的形式制定的指导性文件，对中国技术市场的发展具有较强的指导意义。

为了加强对标准出版活动的管理，保护标准出版单位的合法权益，保护知识产权，1997 年 8 月 8 日，国家技术监督局和国家新闻出版署联合制定了《标准出版管理办法》。

1999 年初，中国提出并实施了科技兴贸战略。技术引进和技术出口是科技兴贸战略的核心内容。中国的技术引进开始于 1950 年，截止到 2001 年 9 月，全国引进技术 45 344 项，合同总金额 15 877 亿美元。中国的技术出口起步于 1980 年，截止到 2000 年年底，技术出口已经超过 10 000 项，合同总金额达 44 331 亿美元。随着科技兴贸战略的实施和技术引进及技术出口的发展，为了规范技术进出口管理，维护技术进出口秩序，促进国民经济和社会发展，根据《中华人民共和国对外贸易法》及其他有关法律的规定，2001 年 10 月 31 日，国务院第四十六次常务会议通过了《中华人民共和国技术进出口管理条例》，并公布自 2002 年 1 月 1 日起施行。

三、完善社会主义市场经济制度时期技术贸易制度的发展（2002—2013 年）

2002—2013 年，中国处于加强市场的基础性作用与完善社会主义市场经济制度的时期，同时也处于履行入世承诺、提高开放型经济水平的关键期。这对中国的技术贸易制度建设提出了新的要求。在这段时期，中国根据完善社会主义市场经济制度、履行入世承诺及实现技术贸易体制改革目标和任务的需要，从加强关于技术市场调整和技术转移的相关制度建设等方面，推动了技术贸易制度的发展。

（一）关于技术市场调整的制度建设

1995—2002 年，中国技术市场成交合同金额从 268 亿元上升到 884 亿元，中国技术产权交易正变得日益活跃，不断推动技术成果的转化。为促进技术交易，维护技术市场秩序，保障技术交易当事人的合法权益，推动技术进步和经济发展。2001 年 10 月 31 日，国务院第四十六次常务会议通过了《中华人民共和国技术进出口管理条例》，自 2002 年 1 月 1 日起施行。这是中国加入世贸组织后，为了促进技术贸易发展，规范技术进出口管理而制定的一个重要的行政法规。该条例的颁布一方面鼓励了先进、适用的技术进出口，推动了国内技术市场的发展，另一方面也为后期技术市场调整的制度建设提供了有力保障。

2002 年 7 月 18 日，北京市人大常委会通过了《北京市技术市场条例》，自 2002 年 11 月 1 日起实施。该条例是在中国加入世贸组织、社会主义市场经济体制日趋完善的背景下颁布的。这个条例不仅对于北京技术市场发展具有里程碑的意义，而且也在各地技术市场地方性法规修订过程中产生了重大的影响。

随着技术产权交易的壮大，各地区纷纷召开技术市场发展研讨会，总结各地区技术市场发展的成功经验与问题，研究技术市场工作在科技体制改革不断深化、科技创新不断发展的环境中新的创新、发展思路，这一举措加快了关于技术市场规范的法律出台。2007 年 12 月 29 日，第十届全国人民代表大会常务委员会第三十一次会议修订通过《中华人民共和国科学技术进步法》（以下简称《科学技术进步法》）。其中第二十七条规定，国家培育和发展技术市场，鼓励创办从事技术评估、技术经济等活动的中介服务机构，引导建立社会化、专业化和网络化的技术交易服务体系，推动科学技术成果的推广和应用。修订《科学技术进步法》，进一步加速了中国技术市场的调整发展，不仅对于实施科教兴国战略，建设创新型国家具有十分重要的意义，同时是技术贸易制度发展法律化和规范化的重要体现。

在为实现技术贸易体制改革目标、国家加强技术市场建设的大背景下，各省市地区为响应国家号召也推出了一系列的规范条例。2008 年 7 月 11 日，成都市出台了《成都市人民政府办公厅关于加快推进成都技术市场建设若干意见》。文件提出了进一步落实国家税收优惠政策、着力打造区域网上技术市场建设、培育技术经纪人队伍等 6 项重点工作。2009 年 3 月 20 日，“武汉市技术市场工作联席会议”召开。武汉市科技局、工商局、地税局、国税局、质监局、知识产权局等八个联席会议成员单位参会。会议通过了《武汉市技术市场工作联席会议 2009 年主要工作》，对武汉市技术市场未来的发展做出了规划。2013 年，浙江省印发《培育技术市场和促进技术成果交易专项行动五年计划（2013—2017 年）》，确定了今后五年技术市场发展的总体目标、主要任务和政策举措。

（二）关于技术转移的制度建设

技术转移是中国实施自主创新战略的重要内容，是企业实现技术创新、增强核心竞争力的关键环节，是创新成果转化为生产力的重要途径。新中国成立初期是中国技术转移的萌芽时期，这一阶段主要是通过从国外引进先进的技术来实现经济的高速增长；20 世纪六七十年代是技术转移的起步时期，中国从日本、英国、美国、德国等一些发达国家进口成套设备来实现技术转移，技术转移达到了历史上新的高峰；但主要发展阶段是从 20 世纪 80 年代开始的，这一时期坚持技术引进与企业技术改造结合的方针，经过 20 多年的发展，中国已经初步建立起了相对完整的技术转移体系。

2002—2013 年，随着技术转移体系的不断发展，中国关于技术转移的制度规则也逐步完善。这段时期，中国在技术转移的发展过程中实施了一系列政策法规，这些政策包括技术创新政策、财政税收政策等，具体的一些政策法规如下：

为贯彻落实《国家中长期科学和技术发展规划纲要（2006—2020 年）》，配合“国家技术转移促进行动”的实施，开展技术转移示范工作，加强技术转移机构建设，2007 年 9 月 10 日，科技部研究制定了《国家技术转移示范机构管理办法》。该办法进一步推进了科技进步和自主创新，加速了中国的知识流动和技术转移，促进了技术转移机构的健康发展，规范了技术转移机构的管理。

长期以来，技术转移是中国国家创新体系建设中的薄弱环节，缺乏良好的体制、机制和政策环境，成为提高中国企业自主创新能力的重大障碍。为充分发挥政府、大学、科研机构、中介机构和企业等各方面的作用，努力探索和完善国家技术转移体系和技术转移的有效运行机制，加快知识流动和技术转移，2007 年 9 月 19 日，科技部颁布了《国家技术转移示范机构管理办法》。该办法贯彻落实了《国民经济和社会发展第十一个五年规划纲要》和《国家中长期科学和技术发展规划纲要（2006—2020 年）》，建立了以企业为主体、市场为导向、产学研相结合的技术创新体系，推动了技术市场的发展，为建立良好的技术转移机制奠定了基础，促进了知识流动和技术转移。

在此阶段，政府还发布了一系列的技术创新政策，进一步完善了技术贸易制度。2002 年 4 月 2 日，为规范和加强国家基础科学人才培养基金（以下简称“基金”）项目资助经费的管理，加快理科基础科学本科人才的培养，根据《科学事业单位财务制度》和《国家自然科学基金财务管理办法》的有关规定，结合国家基础科学人才培养基金管理工作的特点，财政部制定了《国家基础科学人才培养基金项目资助经费管理办法》。2005 年 3 月 2 日，为进一步规范和加强科技型中小企业技术创新基金的管理，支持科技型中小企业的技术创新，提高自主创新能力，科技部制定了《科技型中小企业技术创新基金项目管理暂行办法》。为了规范和加强国家杰出青年科学基金项目管理，根据《国家自然科学基金条例》，2009 年 9 月 27 日国家自然科学基金委员会常务会议通过了《国家杰出青年基金实施管理办法》。

随着经济体制改革的逐渐深入，中国开始意识到应强化法律手段的运用。通过对技术市场、技术转移等方面的制度建设，中国对于技术贸易相关的法律、法规的制定和完善达到了新的高度。在此阶段，中国技术贸易制度体现了多样化与专业化相融合的特点，总体来说，中国已建立起了一套相对完备、统一的技术贸易制度。

四、完善社会主义市场经济制度新时期技术贸易制度的创新（2014年至今）

2013年11月，中共第十八届中央委员会第三次全体会议提出要紧紧围绕使市场在资源配置中起决定性作用，深化经济体制改革，坚持和完善基本经济制度，加快完善现代市场体系、宏观调控体系、开放型经济体系，加快转变经济发展方式。创新驱动发展成为了中国经济发展的新的关键词。创新驱动的核心是“科技创新”。报告在论述加快完善社会主义市场经济体制和加快转变经济发展方式时，强调要适应国内外经济形势新变化，着力增强创新驱动发展新动力，实施创新驱动发展战略。“科技创新是提高社会生产力和综合国力的战略支撑，必须摆在国家发展全局的核心位置”，要坚持走中国特色自主创新道路、实施创新驱动发展战略。为此，中共中央、国务院于2015年3月13日出台了《中共中央 国务院关于深化体制机制改革加快实施创新驱动发展战略的若干意见》（以下简称《意见》），指导深化体制机制改革加快实施创新驱动发展战略。《意见》共分9个部分30条，包括总体思路和主要目标，营造激励创新的公平竞争环境，建立技术创新市场导向机制，强化金融创新的功能，完善成果转化激励政策，构建更加高效的科研体系，创新培养、用好和吸引人才机制，推动形成深度融合的开放创新局面，加强创新政策统筹协调。《意见》指出，到2020年，基本形成适应创新驱动发展要求的制度环境和政策法律体系，为进入创新型国家行列提供有力保障。《意见》要求，营造激励创新的公平竞争环境，发挥市场竞争激励创新的根本性作用，营造公平、开放、透明的市场环境，强化竞争政策和产业政策对创新的引导，促进优胜劣汰，增强市场主体创新动力。实行严格的知识产权保护制度，打破制约创新的行业垄断和市场分割，改进新技术、新产品、新商业模式的准入管理，健全产业技术政策和管理制度，形成要素价格倒逼创新机制。《意见》强调，发挥市场对技术研发方向、路线选择和各类创新资源配置的导向作用，调整创新决策和组织模式，强化普惠性政策支持，促进企业真正成为技术创新决策、研发投入、科研组织和成果转化的主体。

2014—2018 年，世界科技革命和产业变革加速推进，产业跨界融合发展愈发明显，新模式、新业态层出不穷，产品更新步伐加快，科技创新从科学到技术到市场的演进周期缩短，成果转化更加迅捷。在此阶段中，为推进技术贸易的发展，国家更加注重科技创新与科技成果的转化，并不断推动技术贸易制度的创新发展。2016 年 1 月 29 日，根据《中华人民共和国企业所得税法》及其实施条例有关规定，经国务院批准，中国科技部、财政部、国家税务总局发布了《高新技术企业认定管理办法》的通知，该办法加大了对科技型企业特别是中小企业的政策扶持，有力推动了大众创业、万众创新，培育创造新技术、新业态和提供新供给的生力军，推动技术与经济的结合。

“十二五”期间，在政策的引导和科技计划的支持下，中国实施技术标准战略取得显著成效，标准化发展进入新阶段。中国技术标准总体水平明显提升，对制定国际标准的贡献显著增加，科技和标准化互动支撑能力明显增强，技术标准在推动科技创新产业化、市场化过程中发挥着越来越重要的作用，已经成为促进中国科技和经济紧密结合、提升国际竞争力的有力抓手。进入“十三五”时期，随着技术创新和标准研制日益融合发展，世界各国纷纷利用技术、标准、专利等资源禀赋优势，加快创新布局，争夺标准制定主导权，抢占产业竞争制高点，确立竞争新优势。在此背景下，中国围绕深入贯彻落实《国家创新驱动发展战略纲要》《深化标准化工作改革方案》《深化科技体制改革实施方案》和《国家标准化体系建设发展规划（2016—2020 年）》等战略部署和政策规划，全面实施技术标准战略，并于 2017 年 6 月 23 日制定了《“十三五”技术标准科技创新规划》，提出了五方面的重点任务：一是以科技引领技术标准水平提升，加强新兴和交叉领域技术标准研制，推动基础通用与公益和产业共性技术标准优化升级，加强技术标准研制过程中的科技支撑；二是以技术标准促进科技成果转化应用，加强对科技计划中研制技术标准的服务，推动科技计划成果转化为技术标准，创新技术标准服务模式；三是培育中国标准国际竞争新优势，提高中国对国际标准的技术贡献，以科技创新推动中国标准“走出去”；四是激发市场主体技术标准创新活力，提升企业的技术标准创制能力，增强社会团体的技术标准创新活力；五是健全技术标准创新协同推进机制，健全技术创新、专利保护与标准化互动支撑机制，健全军民标准融合发展机制。

技术转移服务业是中国科技服务业的重要组成部分，是促进中国科技与经济深度融合的重要纽带。近年来，中国高度重视技术转移工作，促进科技成果转移转化“三部曲”、《国家技术转移体系建设方案》陆续出台，中国技术转移服务业呈现机构类型多元化，服务内容丰富化，服务模式多样化，服务需求个性化的良性发展态势。2017 年 9 月 29 日，国家质检总局、国家标准委批准发布《技术转移服务规范》国家标准，并于 2018 年 1 月 1 日实施。这是中国首个技术转移服务推荐性国家标准。《技术转移服务规范》以《合同法》为重要依据，按照《国家标准管理办法》和《标准化工作导则》的要求，规定了包括范围、规范性引用文件、术语和定义、一般要求、通用流程、服务评价与改进、技术转移服务主要类型等共 12 章，着重突出了两大特点：一是进一步明晰了技术转移概念，指出技术转移是指制造某种产品、应用某种工艺或提供某种服务的系统知识，通过各种途径从技术供给方向技术需求方转移的过程。技术转移的内容包括科学知识、技术成果、科技信息和科技能力等。二是规定了七类社会关注度高且已形成较成熟模式的技术转移服务类型，包括技术开发服务、技术转让服务、技术服务与技术咨询服务、技术评价服务、技术投融资服务、信息网络平台服务等，提出了差异化的服务内容、服务要求和服务流程。其中，技术评价服务、技术投融资服务、信息网络平台服务力求引导技术转移服务与互联网技术、金融资本深度融合，向专业化、市场化、高端化方向发展。国家标准的发布和实施对传播技术转移理念，指导技术转移实践，引导技术转移服务规范化发展，带动中国技术转移体系结构优化，提升技术转移体系整体效能，促进技术市场与资本、人才等要素市场加速融合，激发经济社会发展新动能具有重要意义。

第三节 新中国与技术贸易有关的知识产权保护制度

一、知识产权保护与技术贸易

（一）知识产权的概念

知识产权是指公民或法人对其在科学、技术、文化、艺术等领域的发明、成果和作品依法享有的专有权，也就是人们对自己通过脑力活动创造出来的智力成果所依法享有的权利。知识产权包括工业产权和著作权。

在世界知识产权制度的发展历程中，1970 年世界知识产权组织（WIPO）的成立和 1994 年 TRIPS 的签署是两次具有里程碑意义的重要事件。TRIPS 建立了知识产权与国际贸易融为一体的新机制，将知识产权与国际贸易挂钩，设定了成员国必须接受的知识产权保护最低标准并通过世界贸易组织争端解决机制作为实施的后盾，TRIPS 和 WIOP 管理的诸多国际条约一起构成了现行国际知识产权保护制度的基本框架。

当前的国际知识产权规则也正在发生重大升级和变革。2008 年启动的《反假冒贸易协定》（ACTA）谈判，历经三年，最终于 2011 年开放签署，这一协定弱化了现有的知识产权多边保护体系，把关注的重点从实体权利完全转移到执法实践，体现了 TRIPS-plus 的特点。此外，以美国为首的发达国家对外签署的自由贸易协定（FTA）也在逐步增加若干 TRIPS-plus 条款，比如：缔约方放弃 TRIPS 中的灵活性规定，禁止使用强制许可，禁止平行进口等条款。跨太平洋伙伴关系协定（TPP）、美欧跨大西洋贸易与投资伙伴关系协定（TTIP）以及日本-欧盟的经济伙伴关系协定（EPA）等区域协定也开始在知识产权议题上制定诸多 TRIPS-plus 标准的相关规则。

在发展中国家中，随着其知识产权保护意识的强化，对 TRIPS 的争论开始从贸易转向更大范围的公共健康、农业、公平、可持续发展和人权等方面。随着全球化进程的深入发展和发展中国家在世界经济治理体系中话语权的提高，国际知识产权制度开始向更加均衡的后 TRIPS 时代迈进。近年来，《生物多样性公约》《保护和促进文化表现形式多样性公约》等成果的缔结体现了发展中国家参与国际知识产权保护标准制定的重要作用。

（二）知识产权保护与国际技术贸易的关系

随着国际贸易的内容和方式发生越来越多的变化，知识产权的所有权和使用权的交易也已经成为国际技术贸易的重要组成部分。例如，许可贸易是技术贸易中使用最为广泛的贸易方式。通过技术许可协议等手段，知识产权所有者可以将专利、商标等的使用权转让给技术接受方，从而获得技术使用费；而通过版权许可合同，版权人就可以获得版税收入。对外技术贸易中依法进行知识产权保护，是技术的转让方与受让方的共同需要。显而易见，一国如果拥有较高水平的知识产权保护，不仅有利于提高其技术水平、促进其经济发展，还能增加其出口收入，改善其在国际贸易中的地位。

同时，在经济全球化的大背景下，国际货物贸易的正常发展也离不开对知识产权的保护。标有驰名商标，或者来自著名产地或者外观设计非常精美的商品很容易产生未经权利人允许而任意冒用该驰名商标、著名产地标志或者外观设计的现象，这些冒牌商品一旦进入贸易渠道，就会严重影响正常的贸易，使知识产权权利人的利益受到损害。

国际技术贸易在长期的实践中也形成了一些一般原则和特点：①技术和知识产权同属无形财产权范围，具有专有性、地域性、时间性等特点。②在国际技术贸易中，知识产权保护越来越受到各国重视，相关的国际公约、条约对各成员国内立法有相当广泛的影响力。③国际贸易中的贸易自由化、透明度、非歧视、公平竞争和贸易法律政策的统一性等基本原则也同样适用于技术贸易，但是技术贸易更加强调限制措施实施中的非歧视和透明度原则。④在具体限制措施方面，国际通行惯例是采取国家许可和契约许可手段。⑤在技术贸易中的知识产权保护方面则呈现保护范围逐渐扩大、保护力度逐渐增强的特点。这些原则和特点都体现在 WTO《与贸易有关的知识产权协定》以及其他国际公约中。

鉴于知识产权对各国的对外贸易利益产生了越来越多的影响，知识产权保护也开始与对外贸易挂钩。这样，知识产权领域就成为世界贸易组织在乌拉圭回合谈判中新拓展的重要领域。世界贸易组织《与贸易有关的知识产权协定》在引言中指出："认识到保护知识产权的国家体制基本的公共政策目标，包括发展和技术方面的目标；还认识到最不发达国家成员在国内实施法律和法规方面特别需要最大的灵活性，以便它们能够创造一个良好和可行的技术基础……"可见技术发展是世界贸易组织《与贸易有关的知识产权协定》的制度基础之一。世界贸易组织《与贸易有关的知识产权协定》第七条表明其目标："知识产权的保护和实施应有助于促进技术革新及技术转让和传播，有助于技术知识的创造者和使用者的相互利益，并有助于社会和经济福利及权利与义务的平衡。"第八条规定其原则为：①在制定或修改其法律和法规时，各成员可采用对保护公共健康和营养，促进对其社会经济和技术发展至关重要部门的公共利益所必需的措施，只要此类措施与本协定的规定相一致。②只要与本协定的规定相一致，可能需要采取适当措施以防止知识产权权利持有人滥用知识产权或采取不合理地限制贸易或对国际技术转让造成不利影响的做法。该协定对知识产权的范围确定为：①版权与邻接权；②商标权；③地理标志权；④工业品外观设计权；⑤专利权；⑥集成电路布图设计（拓扑图）权；⑦未披露过的信息（商业秘密）专有权。

二、新中国知识产权保护制度的演进与发展

（一）高度集中计划经济制度时期知识产权制度建设的初步尝试（1949—1978年）

新中国成立初期，虽然在高度集中的计划经济之下国家技术贸易制度还未发展，但对于知识产权的立法工作国家还是予以高度重视。

首先，在版权保护方面，早在1950年政务院出版总署第一届全国出版会议就通过了《关于改进和发展出版工作的决议》，该决议强调要保护作者的经济利益和精神利益，规定：出版业应尊重著作权及出版权，不得有翻版、抄袭、篡改等行为发生。稿酬办法应在兼顾著作家、读者及出版方三方面的利

益的原则下与著作家协商决定。之后在1953年针对河南、湖北、江西、江苏、山东、广西等地出现的侵害出版者及著作者版权现象，出版总署又发布《关于纠正任意翻印图书现象的规定》，并在该规定中强调"一切机关团体不得擅自印刷出版社出版的书籍、图片，以重版权"。虽然这些规定尚不属于著作权法规定，但是也为后期知识产权制度的建设打下了基础。

其次在商标权保护方面，1950年政务院第四十三次政务会议批准了《商标注册暂行条例》，这是中华人民共和国第一部商标法立法。《商标注册暂行条例》制定于国民经济恢复阶段，考虑到当时的国民经济中存在多种经济成分，政务院根据《中国人民政治协商会议共同纲领》确定"公私兼顾、劳资两利、城乡互助、内外交流"的新民主主义建设方针制定了该条例。《商标注册暂行条例》并不排除对私营经济的保护，如《商标注册暂行条例》规定"一般公、私、商、合作社对自己所生产、制造、加工或拣选的商品，需要用商标时，应依照条例的规定，向政务院市政经济委员会中央私营企业局申请注册"。《商标注册暂行条例》明确其立法目的是"保障一般工商业商标的专用权"。除此之外，《商标注册暂行条例》还就商标注册的具体程序作了规定。但随着社会主义改造的完成，原先的私营经济不复存在，《商标注册暂行条例》不再适用。1963年，全国人大常务委员会第九十一次会议批准《商标管理条例》的同时废止了《商标注册暂行条例》。《商标管理条例》明确其立法目的是为了加强商标的管理，促进企业提高和保证产品的质量。具体而言，《商标管理条例》明确规定"商标是代表商品一定质量的标志，工商行政机关应该会同有关部门对商品的质量进行监督和管理"。可见《商标管理条例》并非是为了保护企业的商标权，而是为了确保商品的质量。这是中华人民共和国知识产权立法硕果中仅存的商标制度，但这唯一的商标制度也未将商标看作一种"财产权"，而是将商标权看作监督商品质量的工具。

总体上讲，从1949年新中国成立到1979年改革开放前，中国曾有过知识产权的立法尝试，但并未真正建立和实施一套完整的知识产权制度。

（二）建立有计划商品经济制度时期知识产权制度的基本形成（1979—1992年）

1978年召开的十一届三中全会做出了实行改革开放的重大决策，中国从此进入了社会主义现代化建设的新时期。1979年1月，邓小平应美国总统卡特邀请，率领中国代表团赴美国访问，两国领导人签署了中美恢复邦交后的第一个政府间合作协定《中华人民共和国政府和美利坚合众国政府科学技术合作协定》。随后，中美签订了《中华人民共和国国家技术委员会和美利坚合众国能源部在高能物理领域进行合作的执行协议》和《中美贸易协定》。在这两份文件的签订过程中，美方以总统指示为由，执意在协定中加入“知识产权保护条款”。尽管中方代表对知识产权制度知之甚少，但因此萌发了研究知识产权、建立知识产权制度的意识。1979年3月，国家科学技术委员会受国务院委托成立专利法起草小组，中华人民共和国的知识产权法制建设逐步拉开了序幕。

在改革开放之初，尽管有一些不同的声音，但多数意见认为，对知识产权的保护有利于吸引国外投资、引进国外技术。但在当时，受计划经济思维和左倾思潮的影响，要将长期具有公共产品属性的知识产权纳入私法保护范畴，存在很多观念上的障碍。因而在此阶段，一方面要完善立法，另一方面更要破除既有观念。其目的是为深化改革、扩大开放进行知识产权立法。

1982年，第五届全国人大常委会第二十四次会议通过了《商标法》，这是中国在改革开放之后制定的第一部知识产权法律。尽管这部法律存在缺陷，如不保护服务商标，未对驰名商标进行特殊保护，也没有对优先权做出规定，但其一改过去重商标质量监管作用、轻经营者权益保护的错误观念，对经营者的私有权提供了保护，因此在中国知识产权立法史上有着极其重要的地位。

1982年国务院召开专门会议决定，中国应该建立专利制度。随后，第五届全国人民代表大会第五次会议批准的《关于第六个五年计划的报告》明确提出，要制定和施行专利法。1983年8月，经过二十多次研究修改的专利法草案经国务院常务会议审议通过。1984年《专利法》得以通过，《专利法》的颁布表明，中国承认了技术的商品属性，国家鼓励发明创造。这部法律对于吸引国外技术，促进改革开放，发挥了不可替代的作用。1990 年 9 月 7 日，第七届全国人民代表大会常务委员会第十五次会议通过了《中华人民共和国著作权》。

中国在 1980 年加入世界知识产权组织后，1985 年加入了《保护工业产权巴黎公约》，1989 年加入了《商标注册马德里协定》，1992 年加入了《保护文学艺术作品伯尔尼公约》《世界版权公约》。至此，在突破既有观念的基础上，中国的知识产权保护体系基本形成。

（三）建立社会主义市场经济制度时期知识产权制度的完善（1993—2001 年）

1992 年 10 月，中共第十四次全国代表大会召开，大会提出了加快改革开放，建立社会主义市场经济体制的宏伟目标。此时，随着冷战结束，全球政治经济格局发生改变，世界各国都将发展经济作为提升本国国际地位的战略手段。在此背景下，一方面，经济全球化成为国际共识，随着各国之间经济的相互依赖性增强，国际贸易成为各国经济发展的重点；另一方面，发达国家在全球一体化的进程中仍然掌握话语权，企图通过控制国际贸易规则特别是知识产权规则的制定权为本国企业争取竞争优势。于是，保护知识产权成为最敏感的问题，知识产权成为各国交往的核心问题。因此，无论是关税及贸易总协定（General Agreement on Tariffs and Trade，GATT），还是取而代之的世界贸易组织（World Trade Organization，WTO），均强调知识产权保护的重要性。中国要建设社会主义市场经济，就必须融入全球贸易，就必须加入关贸总协定或取而代之的世界贸易组织，也应该服从关贸总协定或者世界贸易组织制定的知识产权规则。

于是自 1994 年 1 月 1 日起，中国正式成为《专利合作条约》（PCT）成员国，中国专利局正式成为 PCT 的受理局、指定局和选定局、国际检索单位和国际初步审查单位，中文成为 PCT 的正式工作语言之一。从此，中国可以用中文通过 PCT 途径直接申请外国专利。《专利合作条约》是继《保护工业产权巴黎公约》之后专利领域的最重要的国际条约，是国际专利制度发展史上的又一个里程碑。该条约于 1970 年 6 月 19 日由 35 个国家在华盛顿签订。《专利合作条约》的立法宗旨，在于简化国际专利申请的手续和程序，强化对发明创造的国际保护。自此之后中国又相继签订了一系列的完善知识产权制度的条约和规定。1995 年加入《国际承认用于专利程序的微生物保存布达佩斯条约》，1996 签订《建立工业品外观设计国际分类洛伽诺协定》，1997 年签订《国际专利分类斯特拉斯堡协定》，1999 年加入《国际植物新品种保护公约（1978 年文本）》。

随着技术和知识在经济发展中的地位和作用的日益凸显，越来越多的无形产品走向国际市场，全球技术贸易蓬勃发展，知识产权转让频繁发生，大大超过一般商品贸易增长速度，即使在有形商品贸易中，涉及知识产权的内容也日趋增多，诸如商品的专利问题、商标问题以及商业秘密问题等。知识产权与国际技术贸易的紧密发展，是知识产权保护从国内走向国际化的经济基础。TRIPS 将知识产权与国际技术贸易紧密地结合起来。2001 年，中国参与 TRIPS，在 TRIPS 规则的引导和约束下，中国对知识产权的认识产生了新的飞跃，对知识产权的保护更加自律，这有利于消除国外投资者和产权所有者的疑虑，增强其产权技术输出的信心，从而促进与技术贸易有关的投资的增长。

另外，中国开始对国内的知识产权法律进行修订。中国于 1993 年通过《反不正当竞争法》，首次将商业秘密列为保护对象。2001 年，中国又对《商标法》进行了修改，增加了对地理标志的保护。同年，为解决网络环境下的版权保护问题，对《著作权法》进行了修改。此次对《著作权法》的修订细化还增设了著作权人的权利，特别是将信息网络传播权纳入著作权人的权利范围。

从复关到入世，历时 15 年。在此期间，中国对知识产权法律进行了系统的修改完善，这一系列的知识产权法律修改，尽管客观上有国际压力的原因，但总体上是为了适应建立社会主义市场经济体制的需要。通过修法，中国的知识产权保护制度进一步向国际标准靠拢，为建立社会主义市场经济体制奠定了坚实的法律基础。

（四）完善社会主义市场经济制度时期知识产权制度的发展（2002—2013 年）

改革开放后知识产权立法，一方面是西方知识产权强国影响的结果，但在另一方面也有基于中国现实的需要而主动进行立法完善。在 2005 年之后，中国的知识产权立法水平已经达到了主要知识产权国际条约的要求。2005 年 6 月 30 日，国务院副总理、国家知识产权战略制定工作领导小组组长吴仪主持召开国家知识产权战略制定工作领导小组第一次会议，正式启动国家知识产权战略制定工作。

加强知识产权制度建设，大力提高知识产权创造、管理、保护、运用能力，是增强自主创新能力、建设创新型国家的迫切需要，是完善社会主义市场经济体制、规范市场秩序和建立诚信社会的迫切需要，是增强企业市场竞争力、提高国家核心竞争力的迫切需要，也是扩大对外开放、实现互利共赢、加强技术贸易制度建设的迫切需要。因此，2006 年 12 月 29 日，第十届全国人民代表大会常务委员会第二十五次会议决定中国加入《世界知识产权组织版权条约》，该条约由世界知识产权组织于 1996 年 12 月 20 日在瑞士日内瓦召开的关于版权和邻接权若干问题的外交会议上通过。同时，中国声明：在中华人民共和国政府另行通知前，《世界知识产权组织版权条约》不适用于中华人民共和国香港特别行政区和澳门特别行政区。2007 年 3 月 6 日，中国政府向世界知识产权组织正式递交加入书。同年 6 月 9 日，《世界知识产权组织版权条约》在中国正式生效。

2008 年，《国家知识产权战略纲要》正式实施，这标志着中国的知识产权制度建设从被动接受、仓促应付转为主动创新、扬长避短，是一种积极的战略转变。同年，《专利法》修改，此次《专利法》修法不但将“相对新颖性标准”提高为“绝对新颖性标准”，赋予外观设计专利权人许诺销售权，还为保障执法加大了对违法行为的处罚力度，增加了诉前证据保全制度。2013 年的《商标法》修改也有类似的特点，除禁止抢注因业务往来等关系明知他人已经在先使用的商标外，还从完善执法的角度增加了商标侵权惩罚性赔偿的规定，加重了侵权人的举证责任。这两部法律的修改表明，中国知识产权的立法目的不再是为了引进外资技术或者符合某种国际标准，而是为了切实发挥知识产权制度的作用，通过知识产权的保护，“增强自主创新能力、建设创新型国家”。

（五）完善社会主义市场经济制度新时期知识产权制度的创新（2014 年至今）

习近平主席强调“改革开放只有进行时，没有完成时”。创新是引领发展的第一动力，是深化改革的重要保障。围绕构建开放型经济新体制，促进技术贸易的进一步发展，中国在强调发挥市场的决定性作用、完善社会主义市场经济制度时期加强了知识产权制度建设，推动了其创新发展。

在此阶段，国家对曾出台的知识产权法律作了修改。2014 年 3 月 12 日，国家知识产权局通过了关于修改《专利审查指南》的决定；2015 年 5 月 29 日，国家知识产权局决定对《专利行政执法办法》（2010 年 12 月 29 日国家知识产权局令第 60 号发布）予以修改，自 2015 年 7 月 1 日起施行；2017 年 2 月 28 日，国家知识产权局通过了关于修改《关于规范专利申请行为的若干规定》的决定，自 2017 年 4 月 1 日起施行。2017 年 2 月 28 日，国家知识产权局通过了《专利审查指南》的修改决议，自 2017 年 4 月 1 日起施行。

为深入实施知识产权战略，深化知识产权领域改革，严格知识产权保护，加强知识产权运用，提升知识产权质量和效益，扩大知识产权国际影响力，加快建设中国特色、世界水平的知识产权强国，2017 年 1 月 13 日，经李克强签批，国务院发布了《“十三五”国家知识产权保护和运用规划》（以下简称《规划》），明确了“十三五”知识产权工作的发展目标和主要任务，对全国知识产权工作进行了全面部署。这是知识产权规划首次列入国家重点专项规划。《规划》指出，到 2020 年，知识产权重要领域和关键环节的改革取得决定性成果，建成一批知识产权强省、强市，知识产权保护环境显著优化，知识产权运用效益充分显现，知识产权综合能力大幅提升。每万人口发明专利拥有量从 2015 年的 6.3 件增加到 12 件，国际专利申请量从 2015 年的 3 万件增加到 6 万件，知识产权使用费出口额从 2015 年的 44.4 亿美元提高到 100 亿美元。《规划》提出了七个方面的重点工作：一是完善知识产权法律制度。加快推动专利法、著作权法、反不正当竞争法等法律法规建设，健全完善商业模式和实用艺术品、“互联网+”、电子商务、大数据等相关法律制度和规则。二是提升知识产权保护水平。发挥知识产权司法保护作用，强化知识产权刑事保护，加强知识产权行政执法体系建设，强化进出口贸易知识产权保护，加强传统优势领域、新领域新业态和民生领域知识产权保护。三是提高知识产权质量效益。实施专利质量提升工程，实施商标战略，打造精品版权，加强地理标志、植物新品种等领域知识产权工作。四是加强知识产权强省、强市建设。促进区域知识产权协调发展，做好知识产权领域扶贫工作。五是加快知识产权强企建设。提升企业知识产权综合能力，培育知识产权优势企业，完善知识产权强企工作支撑体系。六是推动产业升级发展。推动专利导航产业发展，完善“中国制造”知识产权布局，促进知识产权密集型产业发展，支持产业知识产权联盟发展，深化知识产权评议工作，推动军民知识产权转移转化。七是促进知识产权开放合作。加强知识产权国际交流合作，积极支持创新企业“走出去”。

为深入实施国家知识产权战略，加快建设知识产权强国，推动专利代理行业专业化、规范化和国际化发展，扩大行业规模，提升行业综合服务能力，根据《国家知识产权战略纲要》《国务院关于新形势下加快知识产权强国建设的若干意见》和《“十三五”国家知识产权保护和运用规划》的总体要求，2017 年 2 月 27 日，国家知识产权局制定了《专利代理行业发展“十三五”规划》。

2017 年，中国全年发明专利申请量达 138. 2 万件，连续七年位居世界首位，全年知识产权使用费出口额 47. 86 亿美元，同比增长超过 300%。面对当前国际贸易合作形势以及推进“一带一路”建设等扩大对外开放的政策导向，无论是企业、投资人还是政府，都需要极为重视在知识产权上的战略布局，共同降低在世界经济大潮中的侵权风险。2017 年 4 月，为贯彻落实《推动共建丝绸之路经济带和 21 世纪海上丝绸之路的愿景与行动》，发挥知识产权在“一带一路”建设中的重要作用，国家知识产权局制定了《国家知识产权局推进“一带一路”建设工作方案》，旨在推动构建开放包容、和谐共赢、平等互利的知识产权国际合作关系。2017 年 5 月在“一带一路”国际合作高峰论坛期间，国家知识产权局代表中国政府与世界知识产权组织签署了加强“一带一路”知识产权合作协议，被列为论坛重要成果之一，成为中国与世界知识产权组织开展面向“一带一路”沿线国家知识产权合作的指导性文件。近两年来，中国还与塔吉克斯坦政府以及越南、老挝、菲律宾、孟加拉国、吉尔吉斯斯坦、哈萨克斯坦、亚美尼亚、阿尔巴尼亚、保加利亚、拉脱维亚、立陶宛、埃及等国知识产权主管部门签署了知识产权领域合作谅解备忘录。截至目前，中国已与沿线近40个国家建立知识产权双边合作关系，与海湾阿拉伯国家合作委员会（GCC）、东南亚国家联盟（ASEAN）、欧亚专利局（EAPO）等地区组织签订了合作协议。

2018年是中国知识产权的“强保护”元年。在2018年博鳌亚洲论坛年会上，习近平将加强知识产权保护作为扩大开放的四个重大举措之一，并强调加强知识产权保护是完善产权保护制度最重要的内容，也是提高中国经济竞争力最大的激励。2018年6月，国务院新闻办公室发表《中国与世界贸易组织》白皮书，提到中国将建立健全知识产权法律体系，执法力度不断增强。2018年9月，国务院新闻办公室发表的《关于中美经贸摩擦的事实与中方立场》白皮书中，将中国近年来保护知识产权付出的巨大努力和取得的成效做了详细说明。随着“知识产权强保护”最先而来的一系列新举措新措施，支撑着一系列改革新举措落地的则是中国作为世界知识产权大国的自信。

科技创新特别是知识产权保护是中国高质量发展的重要保障，建立“一带一路”各省（市、区）执法协作机制既是加强知识产权保护、激励创新创业的需要，也是响应“一带一路”倡议、构建知识产权大保护格局的有效举措。为此在2018年6月1日，“一带一路”沿线各省（区、市）知识产权执法协作工作研讨交流活动在广西举行。同年6月，由福建省知识产权局指导，广东—独联体国际科技合作联盟等机构参与组织的福建省“一带一路”知识产权国际合作论坛暨福建制造2025知识产权成果对接会于“6·18”首日在福州举行。活动聚焦福建省优势产业对国际人才、技术、项目、知识产权的需求，特别邀请了来自乌克兰国家科学院的高层次专家团队就新材料等领域最新知识产权成果进行推介，积极推动福建企业、高校、科研单位与“一带一路”沿线国家开展专利技术转移、科技项目和人才合作，达成了众多合作意向，这有助于促进福建省制造业创新转型、提质增效，实现双方互惠共赢。

为深化“一带一路”知识产权国际合作，由国家知识产权局、国家版权局、商务部、北京市人民政府和世界知识产权组织共同举办的 2018 年“一带一路”知识产权高级别会议于 2018 年 8 月 28 日至 29 日在北京举办。会议旨在交流当前国际知识产权发展的新态势，讨论“一带一路”沿线各国面临的知识产权问题，共同探讨未来合作愿景。会议设置了“有效利用知识产权促进产业转型升级，推动‘一带一路’沿线国家经济发展”，“发展全球知识产权体系及共同策略，应对数字时代全球知识产权体系面临的新挑战——法律、最佳实践及合作”“加强作为关键无形资产的知识产权的商业化及运用，激励创新”“加强知识产权保护，探索适合‘一带一路’沿线国家国情的知识产权保护模式，营造良好创新和营商环境”“有效保护传统知识、遗传资源、民间文艺——各国法律制度及最佳实践”“持续推进知识产权多边合作，支持创新创造”等议题，进一步推动了“一带一路”沿线国家知识产权制度建设。

在转变经济发展方式、实现创新驱动发展的新形势下，加强知识产权工作已经成为中国自身发展的需求。中国知识产权制度融入社会发展的自觉性和主动性成了这一阶段的主要特征。在此阶段，一方面，中国对曾出台的知识产权法律做出修改，紧跟时代步伐不断完善知识产权法律体系；另一方面，随着国家知识产权战略的不断深入，中国制定了一系列加强知识产权的政策规范，为实现“建设知识产权强国”的宏伟目标提供了有力支撑。

本章参考文献

曹文泽，王迁，2018. 中国知识产权法制四十年：历程、特征与展望［J］. 法学（11）：3-16.

崔艳新，2018. 创新驱动与贸易强国：基于技术贸易的视角［M］. 北京：知识产权出版社.

邓力平，张定中，2000. 入世：理性透视［M］. 合肥：安徽人民出版社.

国家统计局，2014. 2014 年中国科技统计年鉴［Z］. 北京：中国统计出版社.

李诗，李计广，2008. 中国对外经济贸易概论［M］. 北京：北京师范大学出版社.

雷庆西，张贤模，1999. 中国技术市场［M］. 武汉：湖北人民出版社.

林耕，董亮，傅正华，2016. 超越与梦想：中国技术市场发展战略研究［M］. 北京：知识产权出版社.

全毅，2001. 中国入世：体制改革与政策调整［M］. 北京：经济科学出版社.

苏科伍，2013. 新编中国对外经济贸易概论［M］. 上海：上海财经大学出版社.

王玉清，2013. 国际技术贸易［M］. 北京：对外经济贸易大学出版社.

张军旗，2002. WTO 监督机制的法律与实践［M］. 北京：人民法院出版社.

张幼文，伍贻康，2001. 跨越时空：入世后改革开放的新阶段［M］. 上海：上海社会科学院出版社 & 北京：高等教育出版社.

第十一章
新中国引进外资及对外直接投资制度的演进与发展

国际贸易与国际直接投资不仅是一国参与世界经济的两条重要途径，也是世界经济增长的两大支柱。20 世纪 90 年代以来，随着跨国公司的全球化扩张，国际投资发展迅速。作为国际投资的主体，跨国公司通过在全球范围内配置和利用资源，使国际贸易和国际直接投资，围绕着跨国公司国际生产的价值链，相互依存，共生增长。2000 年以来，跨国公司的投资额占世界投资总额的近 90%，跨国公司内部贸易额占据世界贸易额的比重也超过 60%，国际贸易与国际直接投资呈现出相互融合的趋势，贸易投资一体化逐渐成为推动经济全球化的重要力量。贸易和投资机制的完善已经成为提高国家竞争力的决定因素。

世界各国的实证分析表明，随着经济全球化和一体化的逐渐加深，贸易和投资的替代或相互竞争关系已经被逐步弱化，而贸易和投资的互补是多数国家经济国际化的出发点。各国在经济发展过程中根据不同的发展目标制定了不同的投资和贸易政策，随着国际投资在世界经济中的作用不断增强、贸易与投资一体化程度加深，各国政府也制定出许多与贸易有关的投资措施。在世界贸易组织的规则体系中，《与贸易有关的投资措施协议》直接将投资措施与贸易联系起来，成为投资与贸易政策国际协调方面最具影响力的协议。鉴于贸易与投资之间紧密的相互关系，一个国家所制定的贸易和投资政策也往往是相互关联和牵制的。若贸易政策与国际投资政策各自为政，相互矛盾，则可能导致贸易与投资相互抵消、相互起反作用。所以，协调国际直接投资和国际贸易制度具有十分重要的意义。把握中国国际直接投资制度的动态演进过程，理清中国国际直接投资政策贸易促进目标的变化趋势，有利于实现对外贸易政策和国际直接投资政策之间的相互协调，创造一个公平、统一的投资与贸易环境，推动中国的改革开放和全球经济一体化继续向更深的层次迈进。

第一节　新中国外商直接投资制度的演进与发展

自新中国成立以来，尤其是改革开放以来，随着中国综合国力增强和国际竞争力的提升，中国政府不断调整国民经济发展政策。在中国经济不断发展、结构逐渐变迁的过程中，中国吸收外资的阶段和引资目标也在不断发生改变，外商直接投资政策作为中国开放型经济政策的重要组成部分必然相应地经历不同阶段的演变。

一、高度集中计划经济时期的外资政策演变（1949—1978 年）

从新中国成立直到改革开放前，中国基本实行的是以国有和集体所有制经济为基础的计划经济体制。囿于当时的历史条件和国际政治环境，中央决定采取自力更生为主、争取外援为辅的方针。在新中国成立初期，中国对外资的利用采取了积极谨慎的态度，一方面肯定了在当时经济发展落后、外汇极度匮乏的背景下，外资对于经济发展的积极作用和重要性；另一方面又考虑到中国当时所处的国际政治环境，对外资的利用十分谨慎，尽可能避免其可能造成的危害。

（一）对外资企业的限制、清理和初步改造（1949—1952 年）

新中国成立后，中国将外资企业的生产、经营管理纳入全国统一的计划经济管理体制中。

1. 设立外资企业管理部门

1949 年，中共中央在政务院财政经济委员会下设立外资企业管理局，专门负责国内外资企业的管理问题。并且规定，凡中央有关部门和地方政府与外国洽谈或签订条约，必须事先报告中财委与外交部，不得擅自行动或签约。遵守中国法令的外资企业，受到中国政府的保护。

2. 取消帝国主义国家在华特权

新中国成立后，取消了帝国主义国家在旧中国享受的由不平等条约带来的特权，将外资企业与中国的私营企业同等对待。1949 年 1 月，中共中央颁布的《关于外交工作的指示》指出："我们对于一切资本主义国家政府的和私人的在华经济特权、工商企业和投资，均不给与正式的法律承认。"

3. 对外资企业进行初步改造

从 1949 年开始，人民政府对外国在华企业采取了"按照国籍系统、行业等各种不同的具体情况，进行个别处理和区别对待"的方针，有计划、有步骤、有重点地予以清理。①

1949—1952 年，国家工商管理部门对外资企业仿照国内私营企业的登记办法进行了临时登记注册，其税负也仿照国内私营企业。同时，中央规定：不批准成立新外资企业；外资企业不得加入工商联，不得购买土地；国营企

---

① 裴坚章. 中华人民共和国外交史（1949—1956）[M]. 北京：世界知识出版社，1994：264.

业也不得擅自收购外资企业资产；外资企业歇业与国内私营企业一样，须经过政府工商主管部门批准；外资企业的劳资纠纷须按照劳动部指定的劳资纠纷调解仲裁程序进行，政府颁布的劳动保护法令也需贯彻执行；外国在华银行的经营范围基本被限于外汇业务。

4. 朝鲜战争爆发后外资政策的变化

1950 年 6 月朝鲜战争爆发后，中美关系恶化，美国政府正式宣布对中国实行封锁禁运。对此，中国政府对美在华企业财产采取征用、代管、征购、管制，即按照轻重缓急对美国在华资产进行清理。① 但是，它们中的大多数仍被允许继续进行正当的生产和经营活动。中国政府对守法外资企业实行保护的政策，反映了新中国对守法外资企业宽容友好的态度和对在华企业的财产所有权和经营自主权的尊重。②

由于以美国为首的西方资本主义国家对中国实行封锁政策，因此中国决定把利用外资的着眼点放在与中国制度相同的苏联等东欧国家身上。1950 年 2 月，毛泽东亲自率代表团到莫斯科与苏联政府谈判，并签订了苏联贷款给中国的协定。③ 此外，中国还利用直接投资形式与苏联等东欧国家建立了合资企业。④ 在经营管理方面，这些公司没有拘泥于外国股份不超过 49%和不允许对方担任公司领导的惯例，而实行股份平等和公司领导轮换的做法。

（二）对外资企业的彻底改造（1953—1962 年）

1952 年过渡时期总路线提出后，中国将消灭资本主义私有制作为实现社会主义的重要手段，社会主义改造全面展开。

---

① 中共中央《关于处理美国在华财产的指示》，1951 年 5 月 15 日。

② 1952 年 7 月 5 日，中国外交部《就英国有关中英贸易问题的照会的声明》指出："中国政府愿与各外国的政府和人民在平等和互利的基础上恢复和发展国际间的通商贸易关系；一切遵守中国政府的法令的外侨外商，都可得到各级人民政府的保护。"对在中国境内的各英国公司厂商，"只要他们遵守中国政府的法令，各级人民政府仍当予以保护。如果他们自愿结束其业务，则不论他们采取何种方式结束，都可以向各地人民政府分别进行申请"。

③ 该协定规定：苏联政府以年利 1%的优惠条件给予中国 3 亿美元的贷款。20 世纪 50 年代，中国共从苏联获得折合 14.27 亿美元的卢布的贷款，用于引进 156 项成套设备。

④ 1950—1951 年，与苏联成立了中苏石油股份公司、中苏有色稀有金属股份公司、中苏民用航空股份公司、中苏造船股份公司，与波兰成立了中波轮船股份公司。

这一时期，朝鲜战争结束，国际局势趋于缓和，对外资企业的改造从行政命令转变为以对价转让为主。如 1953 年上海市政府确立改造外资企业的工作原则就要求根据企业的不同国别，“有理、有利、有节”地采取不同的改造方式，并认为“对我们最有利的处理方式是对价转让，此方式应成为今后处理外商企业的基本方式，必须用尽一切方法尽可能促成之”，“对未建交国家如英美法等国较大型企业以对价转让为基本处理方式，对已建交资本主义国家企业，也尽可能促成对其对价转让”。[①]通过转让，政府以一定的代价解决了企业的所有权。到 1956 年年底，美国在华产业得到全部清理，英国在华企业总资产的 93.1%得到了清理。到 1962 年，最后一批外资企业歇业。

（三）社会主义改造完成后的外资政策（1963—1978 年）

20 世纪 60 年代初，苏联单方面中断了对中国的援助、撤走专家，大批项目被迫中止。加上“大跃进”运动和严重自然灾害，中国经济发展遇到了前所未有的困难，建设资金极度匮乏。随着美、英、法、日等西方资本主义国家与中国关系的逐渐缓和，中国决定将引进先进技术设备的来源地转向西方国家，利用出口信贷和延期付款方式大规模引进外国先进技术和成套设备，但不允许利用外国贷款和外国直接投资这两种形式。

1963 年，为了完成技术和设备的引进，中共中央和国务院专门成立了成套设备进口五人小组，就各部门提出但外贸部和其他部门所不能解决的有关政策和工作问题提出意见。[②]由于农业和轻工业的生产大幅度下降，为首先解决人民的“吃、穿、用”问题，石油化工、成套化肥设备等与民生相关的项目是 20 世纪 60 年代技术引进的重点。

20 世纪 70 年代，西方发达国家纷纷同中国建交，这为中国大规模引进成套设备和技术提供了前所未有的条件和机遇。1973 年 1 月 2 日，国家计委《关于增加设备进口、扩大经济交流的请示报告》建议在三五年内引进 43 亿

① 张侃. 新中国成立初期上海外资企业改造中的转让［J］. 中共党史研究，2007（6）：88-93.

② 国家计委关于从西欧国家进口成套设备工作的进展和工作部署（1963 年 8 月 12 日）［A］//中国社会科学院，中央档案馆. 1958—1965 年中华人民共和国经济档案资料选编·固定资产投资与建筑业卷［M］. 北京：中国财政经济出版社，2011：366.

美元的成套设备，即“四三方案”。该报告提出了进口设备的六条原则：一是坚持独立自主、自力更生的方针，集中力量，切切实实地解决国民经济中几个关键问题；二是针对有人提出“一批二改三用”的“左”的做法，强调“一学、二用、三改、四创”；三是有出有进，进出平衡；四是新旧结合，节约外汇；五是当前与长远兼顾；六是进口设备大部分放在沿海，小部分放在内地。该报告还建议采取分期付款的方式和成立进口设备领导小组。这是继“一五”计划从苏联引进项目的“156工程”后第二次大规模的引进国外先进技术设备。

在这一时期，技术和设备的引进均是在中央的统一计划和部署下以中央政府为主体来完成的，主要是由国家计委协同科委等部门制定引进计划和报告、再由国务院进行批示。这一时期从西欧、日本等资本主义国家引进的大量先进技术和成套设备为中国冶金、石油、化工、机械、电子、轻工业等部门的建设奠定了坚实的基础，加快了中国的工业化和科技发展，极大地帮助了国民经济的恢复和发展。

总体说来，在改革开放前，因国内政治和国际政治环境的影响，中国经济发展以“自力更生、自给自足”为基本方针，这一时期的外资政策存在着以下问题：一是外资政策常常因为政治环境的变化而朝令夕改；二是实行了非常严格的计划审批制度，几乎所有的投资项目都要经过中央政府的审批，审批速度慢、程序复杂，外商投资发展缓慢；三是形式单一，规模有限，利用外资的方式主要就是出口信贷和延期付款；四是基于当时薄弱的工业基础和落后的经济发展水平，外资的引进目标主要是获取国内急需的技术和成套设备。这一时期的利用外资，主要是以出口信贷和外汇借款来引进国外技术和设备，在一定意义上不能算是直接利用外商投资。

二、有计划商品经济制度建设时期外商直接投资制度的建立与调整（1979—1992年）

中共十一届三中全会把对外开放确立为基本国策，其宗旨是：积极发展对外经济技术合作、交流和贸易往来，吸收利用外国资金和先进技术，发展生产力，加速中国社会主义现代化建设进程。吸收外商投资成为中国对外开放政策的重要组成部分。

在改革开放初期，中国经济基础薄弱、现代化水平低，自身积累的建设资金非常有限，外汇缺口和资金缺口非常严重。根据工业化和经济发展的阶段性要求，政府以弥补中国储蓄和外汇的双缺口为目的，积极扩大利用外商投资规模和引导鼓励出口导向型外商投资企业的进入。

1979—1992 年，中国外商直接投资政策主要发生了以下几方面的变化：第一，构建了从中央到地方的外资管理体系，建立了专门的归口部门对外资进行统合管理，提高了解决问题的效率；第二，颁布了一系列与外商投资相关的法律法规，确定了外商投资的合法地位，为外商投资提供了良好的投资环境；第三，开始逐步下放外商投资的审批权，逐步放宽对外商经营、所有权、投资领域的限制；第四，对外商提供税收等方面的优惠政策以吸引外资，鼓励多元化、全方位地引进外资。

（一）外资管理体制的建立与调整

1. 构建外资管理体系

改革开放后，为了更好地吸引外资，中国首先在外资的管理机构上进行了一系列的安排与调整。

1979 年 7 月 30 日，设立了专门负责利用外资归口管理的工作机构——外国投资管理委员会，对中国的外国投资方面的工作进行指导、监督和管理。各省、区、市也随之建立了相应机构，建立针对外资的分级管理体制，形成了从中央到地方较为完整的外资管理体系。之后，为统筹对外经济贸易发展的全面工作，外经贸系统的机构在 1982 年和 1986 年又进行了两次调整，对外资的管理工作分工更为明确。

1987 年 11 月，国家有关部门又批准成立了中国外商投资企业协会。协会由外资企业自愿参加成为会员，传送政府政策，积极为外商投资企业服务，反映外资企业的诉求，帮助它们协调解决生产经营中遇到的困难，成为各级政府与外资企业沟通的桥梁。

2. 改革外资管理机制，减少行政干预

改革开放之初，中国对外商投资项目的控制和审批非常严格，所有的项目都要上报外国投资管理委员会批准。虽然外国投资管理委员会将一部分项目委托给省市政府批准，但一般300万美元以上的项目还是要由中央政府审批，地方政府的审批权十分有限。经过1983年、1985年、1988年几次调整，国务院逐步扩大了地方政府自行审批外商投资的自主权。按有关规定：限额以上的项目，或供产销等需要全国综合平衡的项目，由国家计委、经贸部会同有关部门审批项目建议书、可行性研究报告、合同和章程；限额以下的项目分别由各省、自治区、直辖市、计划单列市、经济特区、沿海开放城市人民政府或国务院有关部门审批。地方和部门的审批权限是：生产性项目，其中天津、北京、上海、辽宁、河北、山东、江苏、浙江、福建、广东、广西、海南等沿海省市以及深圳、珠海、厦门、汕头经济特区投资总额在3 000万美元以内，其他省、自治区以及国务院各部委投资总额在1 000万美元以内。非生产性项目，除需要全国综合平衡的项目和国家限制发展的项目以外，不受投资总额的限制，由地方政府和国务院各部委自行审批。①

在下放投资审批权限的同时，对外资的其他限制也在逐步放松，行政干预大大降低。1986年，国务院制定《国务院关于鼓励外商投资的规定》及22个实施细则，对税费缴纳、补贴、出口便利化、保障外商投资企业自主权等方面做了细致规定，此后投资环境得到改善，外商投资更加法治化、便利化。1986年4月，《外商独资企业法》取消了对外资所有权的限制。1990年春，对《合资企业法》进行了修改，放松了对外资企业的限制，包括取消外国人不能担任企业经理的规定，不再规定合资企业的期限，对合资企业不实行国有化等。1992年政府放宽了对外商投资领域的限制。过去列为禁止的商业、外贸、金融、保险、航空、律师、会计等，允许开展试点投资；过去限制投资的土地开发、房地产、宾馆、饭店、信息咨询等逐步放开。②

---

① 刘向东. 中国对外经济贸易政策指南［M］. 北京：经济管理出版社，1993：926-927，932.

② 汪海波. 对发展非公有制经济的历史考察：纪念改革开放40周年［J］. 中国经济史研究，2018（3）：46-62.

管理和审批上的逐步放松、投资手续的逐步简化，有利于缩短审批时间、提高审批效率，为之后的便利化改革奠定了基础。

（二）构筑外商投资法律的基本框架

通过制定相关法律法规，构建了利用外资的制度保障，增强了外商来华投资的信心和安全感。

1979年7月8日，中国出台第一部外商投资法《中华人民共和国中外合资经营企业法》，标志着中国外商投资立法的开始，这也是中国第一部规范的涉外经济法。

1980年又先后出台《中华人民共和国中外合资经营企业所得税法》《中华人民共和国外汇管理暂行条例》以及《中华人民共和国中外合资经营企业登记管理办法》；1982年4月，第五届人大常委会把中国吸收外国投资的政策写入宪法修正草案，并在同年正式通过。从而，在根本上确立了外商投资企业在中国的法律地位，为外商企业来华投资提供法律保障。

1983年，国务院又发布《中华人民共和国中外合资经营企业法实施条例》，对合资企业申请设立、经营管理等进行明确规定。此后颁布的重要法律法规还有：1986年的《中华人民共和国外资企业法》和《国务院关于鼓励外商投资的规定》；1988年的《中华人民共和国中外合作经营企业法》和《国务院关于鼓励台湾同胞投资的规定》；1990年的《国务院关于鼓励华侨和港澳同胞投资的规定》；1992年《税收征收管理法》统一了对内外税收的征管制度，基本上实现了内外税法的统一。这些有关外资的法律法规的颁布为外资提供了一个良好的投资环境，改善了外商投资企业的生产和经营条件。

至此，中国初步形成了以《中外合资经营企业法》《外资企业法》和《中外合作经营企业法》为基础，以相关经济法、民商法为配套，以行政法规、部门规章和地方性法规为补充的体系完备的外资法律体系，适应了中国对外开放初期引进外资和对外经济、技术合作的需要。

（三）引资政策的确立与调整

由于中国多年封闭的原因，导致当时外商对中国的投资环境不熟悉，对外资政策心存疑虑，很多企业不敢贸然进行投资。为了改变这种状况，中国的外资政策以提供“超国民待遇”的优惠政策为主，且优惠水平比较高。在所得税方面，对外资企业实行了“免二减三”政策。在工商统一税和关税方面，外商投资企业享受远高于国内企业的减免税优惠，在进口机器设备和原材料以及出口产品时，还享受免税待遇。同时国家还给予外资企业外贸进出口自营权、报关权等权利，以及比国内企业多得多的经营自主权。①

1. 对外商投资企业的优惠政策

为了更好地吸收外商投资，中国在外商投资三部基本法律的基础上制定外商投资优惠政策法规，从区域和产业方面强化对外商投资的引导，最突出的是对外商投资企业的税收优惠。1986 年 10 月，国务院发布了《关于鼓励外商投资的规定》，对外商投资企业，特别是先进技术企业和产品出口企业在税收、土地使用费、劳务费、利润再投资、生产经营外部条件等方面给予特别优惠，并保障企业享有独立的经营自主权，按照国际上通行的办法进行经营管理。按照该规定，对于符合产品出口以及先进技术型外商投资企业给予特别优惠，按照现行税率减半缴纳企业所得税；已经按 15%的税率缴纳企业所得税的出口企业，符合前款条件的，减按 10%的税率缴纳企业所得税。

1991 年，国家公布《中华人民共和国外商投资企业和外国企业所得税法》，实现了外商投资企业所得税法的统一，外商投资企业的企业所得税税率统一为 30%，地方所得税税率为 3%。在此基础上，对设在经济特区、沿海经济开放区的外商投资企业，以及设在沿海经济开放区和经济特区、经济技术开发区所在城市的老市区的部分外商投资项目实行了税收减免政策，对生产性外商投资企业进行“两免三减半”的税收优惠②。

2. 全方位地利用外资

在改革开放前，中国主要局限于延期付款等一两种外资的利用形式。改革开放后的一大转变就是利用外资的形式开始多元化。但在刚刚开始改革开放之时，由于“左”的思想影响尚未肃清，中国仍不允许利用外国贷款和举

① 吴彦艳，赵国杰，丁志卿. 改革开放以来我国利用外资政策的回顾与展望［J］. 经济体制改革，2008（6）：13-16.

② 即第一年和第二年免征企业所得税，第三年至第五年减半征收企业所得税。

办合资企业这两种利用外资的形式。1978 年 4 月 22 日，中国外贸部长在讲到中国现在可以采取补偿贸易、来料加工、来样加工、分期付款、延期付款等利用外资形式之后明确指出：对于借款和合资经营两种形式，“我们是坚决不干的”①。

随着大量引进国外设备和技术，外汇不足的问题使得“两个不干”的政策迅速得到了修正。1978 年 12 月 15 日，中国外贸部长正式对外宣布：中国可以接受外国政府贷款和允许外商在中国投资，基本上国际惯用的做法都可以干。1984 年，中共十二届三中全会上更是提出要“利用外资，吸引外商来中国举办合资经营企业、合作经营企业和独资企业”②。1992 年中共十四大报告又指出：必须进一步扩大对外开放，更多更好地利用国外资金、资源、技术和管理经验。对外开放的地域要扩大，形成多层次、多渠道全方位开放的格局。利用外资的领域要拓宽。

从而，中国利用外资的形式开始灵活多样，包括外商直接投资、外国政府和国际金融机构贷款、出口信贷、补偿贸易、对外加工装备、发行国外债券，等等。在这些利用外资的形式中，外商直接投资特别是合营企业逐步成为利用外资的重点，认为这种形式既可以弥补国内建设的资金不足，又不会增加债务负担，还可以引进国外先进技术和学到国外先进管理经验，资金的来源渠道也得到拓展。1992 年，政府开始在上海、深圳试行股份制外商投资企业，批准举办了约 20 家中外双方投资的股份有限公司，一些企业获准通过发行 B 股股票来筹集资金。此外，这一时期利用外资政策的转变还体现在外资的来源地也呈现多元化、全方位发展的态势。不论是社会主义国家还是资本主义国家，不论是第一世界、第二世界还是第三世界国家，不论是外国人还是华侨，都可以成为利用外资的对象。

3. 外资政策的优化调整

1984 年下半年开始，中国出现了经济过热的迹象，国家信贷失控、基本

---

① 1978 年 4 月 22 日李强同广交会各交易团负责人谈话。

② 中国共产党第十二届中央委员会第三次会议. 中共中央关于经济体制改革的决定 [M]. 北京：人民出版社，1984：4.

建设急剧膨胀，再加上 20 世纪 80 年代初西方各国政府和金融机构为中国提供了相当数额的外债援助资金，加剧了外商在华投资的盲目性。同时，随着外资的引入和外资效益的显现，各地各部门为吸引和“争夺”外资，竞相出台各种各样的优惠政策，出现了“外资优惠的竞争”。

面对外商在华投资的盲目性和各地方政府短视、不顾效果的引资行为，1986—1992 年，我国对引进和利用外资的政策和实践进行了重大调整，调整的重点就是明确引进和利用外资的原则、目的和方式。各级政府在通过优惠政策引进外资的同时，开始利用产业政策来引导外商投资的方向，通过改善投资产业的结构，力求将外资经济的发展纳入宏观经济发展管理范围之内。

1986 年 10 月，国务院发布《国务院关于鼓励外商投资的规定》，标志着中国的外资政策由初创投资环境到有重点、有计划地吸引外资的导向性转变。自此，中国外资政策进入积极调整外资结构的初步发展阶段，即根据工业化和经济发展的总体战略目标，有步骤地、合理地吸引和引导外资流向。

1987 年 3 月第六届人大五次会议通过的《政府工作报告》提出利用外资重点是出口创汇企业、进口替代企业和先进技术企业；利用外资要讲求经济效益和注意外债结构合理；引进和利用外资的目的是要弥补资金、技术和管理缺口，要把利用外资的方式从间接引资为主转变为外商直接投资为主。①

1992 年中共十四大报告又指出，要按照产业政策，积极吸引外商投资，引导外资主要投向基础设施、基础产业和企业的技术改造，投向资金、技术密集型产业，适当投向金融、商业、旅游、房地产等领域。② 1992 年《国务院外资领导小组第十六次会议纪要》指出：“要采取以市场换技术的方针，吸引外国大企业来华兴办技术水平高、投资规模大的项目，以提高中国利用外资的整体水平。”“市场换技术”战略的提出说明中国对外资的利用水平有了更高的要求，也表现出中国对外资的需求开始从资金向技术和管理转变。

总的来说，这一阶段中国的外资政策发生了显著的变化。通过自上而下

① 中共中央文献研究室．十二大以来重要文献选编（下）［M］．北京：人民出版社，1986：1135.
② 中共中央文献研究室．十四大以来重要文献选编（上）［M］．北京：人民出版社，1996：22-23.

地制定并推行对内改革和对外开放的经济发展战略，打破了长期以来自我封闭、思想禁锢的状态。在指导思想上确立了积极利用外资的观念，由排斥外资转向积极主动地引进和利用外资，对外资的限制不断减少，允许外资进入的规模和领域不断扩展。鼓励措施和优惠政策明显增多，激励的重点由间接投资转向直接投资，逐渐形成了全国统一的外资政策体系。面对引进和利用外资过程中存在的一哄而上、不求经济效益的短期政策行为进行了必要的纠正，也为后来的引资工作打下了良好的基础。

三、建立社会主义市场经济制度时期的外商直接投资制度改革（1993—2001年）

中共第十四次全国人民代表大会上正式确立了社会主义市场经济体制的改革目标，其后，中国的改革开放和经济发展进入了一个新阶段，利用外资的实践也进入从慢行到快速发展的轨道，外商投资开始步入大规模、系统化的投资阶段。

一方面，之前存在的储蓄和外汇缺口已逐步消失，而技术、管理和人才等方面的缺口日渐突出，中国政府明确提出了“以市场换技术”的战略和政策，以达到更好地弥补技术和管理缺口，而不是资金缺口的目的；另一方面，针对在前一个阶段的外资引进中出现了力度不够、重复引进、结构不合理等问题，中国强调要“积极合理有效地利用外资，对外商投资企业逐步实行国民待遇。以吸收直接投资为重点，改善环境，拓宽领域，引导投向，优化结构，增辟融资渠道，加强国内配套。鼓励外商参与重点经济建设项目和现有企业的技术改造”①。

这一时期，外商直接投资成为中国利用外资的主要形式，外商投资政策以规范外商直接投资、优化外资结构、提高利用外资水平为重要目标。在战略思想上，中国逐步从鼓励和优惠政策向互利共赢的开放战略转变，形成互

① 资料来源于《中共中央关于制定国民经济和社会发展“九五”计划和2010年远景目标的建议》。

利双赢的战略思维，这既符合中国的根本利益，又能促进共同发展。在战略转变的过程中，一是继续积极有效地利用外资，着力提高利用外资的质量，加强对外资的产业和区域投向引导；二是对外资实行国民待遇，规范税制、公平税负，引入竞争机制，为中外企业创造平等竞争条件，即不再以各种政策优惠来吸引外商，而是按照国际惯例和建立社会主义市场经济体制的要求，创造条件逐步对外资实行国民待遇。①

（一）外资管理体制改革

1. 完善外资行政管理体系

1994 年，中国决定成立全国外资工作领导小组，任命李岚清（时任国务院副总理）为组长，小组成员单位包括国家计委、外经贸部、国家经贸委、国家体改委、财政部、劳动部、中国人民银行、国家税务总局、国家工商行政管理局、国家土地管理局、海关总署、国务院法制局、国务院特区办、国家外汇管理局。全国外资工作领导负责组织协调各部门的意见，便于对外资进行统合管理，从最高层统一配置资源，对中国的外资管理起到了一定的积极作用。

但在 1998 年 3 月，第九届全国人大一次会议又撤销了全国外资工作领导小组，其工作改由外经贸部承担。这使得外资的管理职能分散在十余个行政机关，即由多个政府部门根据各自的管理权限和规章流程对外资进行多元行政管理。

2. 制定监管措施，规范“三资”企业行为

1994 年 11 月 3 日，国家工商行政管理局、对外贸易经济合作部发布了《关于进一步加强外商投资企业审批和登记管理有关问题的通知》，主要为了解决地方举办外商投资企业过程中的几个突出问题。1995 年 6 月 9 日，对外贸易经济合作部颁布了《外商投资企业进口管理实施细则》，对外商投资企业投资额内进口的配额商品、外商投资企业为生产内销产品而进口的商品和外

① 巫云仙. 改革开放以来我国引进和利用外资政策的历史演进［J］. 中共党史研究，2009（7）：24-32.

商投资企业为生产出口产品而进口的商品的管理作了明确的规定。1997 年，对外贸易经济合作部、国家工商行政管理局、国家经贸委、财政部、国家外汇管理局、国家税务总局、海关总署七部门开始了对外商投资企业进行联合年检。

（二）加强对外资的产业引导和区域引导

随着外商投资规模的扩大，为了优化外商投资的产业结构，1995 年 6 月，国务院发布了《指导外商投资方向暂行规定》和《外商投资产业指导目录》，明确了外商投资的领域，加强了以产业、技术引进和地区为导向的“差别性优惠政策”。这两个法规的颁布标志着中国对外商投资管理思路上的转变，从单纯引进资金向技术引进和促进产业结构调整以及产业升级的方向倾斜，从行政审批为主的管理方式开始向产业指导、市场调控的方向转变。从此，对外商投资指导走向常规化。其后，《外商投资产业指导目录》又经历了几次修订，都是结合了国家宏观经济政策、产业政策的要求而做出的调整。

对外资在税收等优惠待遇的安排上，也能体现出宏观经济调控和产业结构优化的思路及目标。1996 年，随着大幅降低进口关税，中国取消了对外资企业进口设备免征进口税的优惠待遇，而只对符合产业政策和国家鼓励进口的自用设备免征进口税。1997 年年底，为抵消亚洲金融危机对中国经济的不利影响，又恢复对外商投资鼓励类项目在投资总额内进口自用设备免征关税和进口环节增值税。1999 年海关总署下发《关于进一步鼓励外商投资有关进口税收政策的通知》，对已设立的鼓励类和限制乙类外商投资企业、外商投资研究开发中心、先进技术型和产品出口型外商投资企业五类企业的技术改造，在原批准的生产经营范围内进口国内不能生产或性能不能满足需要的自用设备及其配套的技术、配件、备件，可按有关规定免征进口关税和进口环节税。2000 年，外经贸部下发《关于外商投资设立研发中心有关问题的通知》，通过税收等方面的优惠政策鼓励外商来华设立研发中心。

此外，为结合“西部大开发”的区域发展战略，中国政府还在 2000 年发布了一系列优惠政策以鼓励外资到中国中西部地区投资：发布《中西部地区外商投资优势产业目录》，纳入目录的项目可享受外商投资鼓励类优惠政策；出台《关于外商投资企业境内投资的暂行规定》，规定“外商投资企业向中西部地区投资，被投资公司注册资本中外资比例不低于百分之二十五的，可享受外商投资企业待遇。”

（三）“市场换技术”外资战略的推进和发展

通过“市场换技术”战略的实施，中国引入了大量外资，开办了大批合资企业，然而这一战略也遭到了很多质疑和反对。因为在实施过程中，一方面外方为了保持自身的技术优势通常会进行技术锁定、防止技术溢出，另一方面中方又存在技术吸收和消化能力不足的问题。实际引进中，先进技术较少，中小规模的项目居多，技术外溢作用并不显著，反而导致中国企业对国外技术形成一定的依赖性，造成了“引进——→落后——→再引进”的恶性循环状况。伴随着社会主义市场经济制度的建设，“市场换技术”战略也在实施中不断进行调整。

1993 年，中国提出“引导外资重点投向基础设施、基础产业、高新技术产业和老企业的技术改造……发挥中国资源和市场的比较优势，吸引外来资金和技术”。1994 年出台《90 年代国家产业政策纲要》将“市场换技术”与保护幼稚产业、振兴支柱产业的产业政策结合起来。可以看出，“市场换技术”的战略也开始强调对产业进行引导。1998 年，“市场换技术”战略的实施范围进一步扩大，《中共中央 国务院关于进一步扩大对外开放，提高利用外资水平的若干意见》指出：“继续实行以市场换技术的方针……通过与跨国公司的合作，引进先进适用的技术、资金、管理经验和营销方式，并进入其国际生产、销售和服务网络。”

（四）取消外商投资企业的“超国民待遇”

中共十四大的召开，要求“采取更加灵活的方式，继续完善投资环境，为外商投资经营提供更方便的条件和更充分的法律保障”，先要“创造条件对外商投资企业实行国民待遇”①，通过“对外商投资企业逐步实行国民待遇”，做到“依法保护外商投资企业的权益，实行国民待遇”。

1994 年税制改革统一了内外资企业适用的增值税、消费税和营业税条例。

---

① 资料来源于《中共中央关于建立社会主义市场经济体制若干问题的决定》。

1996 年将外商投资企业的外汇收支纳入银行结售汇体系，实现了外商投资企业经常项目下的人民币可兑换。

为适应世界贸易组织规则和履行中国入世谈判做出的承诺，1999 年年底，中国外经贸部完成对《中外合资经营企业法》《中外合作经营企业法》和《外资企业法》修正案（草案）的报告，第九届全国人大常委会会议于 2000 年和 2001 年通过上述三部法律的修正案。修订后的三部法律取消了关于外汇平衡的要求、当地化要求、出口实绩要求、企业生产计划备案等不符合国民待遇要求的内容，对在一定范围内的投资活动、投资财产保护、司法行政救济、安全生产、劳动保护、环境保护、生产质量标准、商品检验、卫生检疫等方面基本上赋予了外资国民待遇。

综上所述，20 世纪 90 年代，中国引进和利用外资的实践出现了新的变化：一是减少国家和地方政府的行政干预，市场机制的作用逐渐增强，通过《外商投资产业指导目录》积极引导外资产业结构进行调整；二是外资政策积极向国际通用规范靠拢，增加了引进外资政策的透明度，对外商投资企业实行国民待遇，为中国加入世界贸易组织作准备。

总的来说，随着外商直接投资的飞速增加和外资总量结构的日益优化，在对待外资的问题上，中国已不再单纯追求数量上的绝对增长，而是着眼于提高国民经济的质量和效益，增强综合国力和国际竞争力。把引进和利用外资看做是“充分利用国际国内两个市场、两种资源，优化资源配置。积极参与国际竞争与国际经济合作，发挥中国经济的比较优势，发展开放型经济，使国内经济与国际经济实现互接互补”的重要途径①。

四、完善社会主义市场经济制度时期外商直接投资制度改革的深化（2002—2013 年）

在社会主义市场经济制度已基本建立的基础上，2001 年年底，中国加入

① 中共中央文献研究室. 十四大以来重要文献选编（上）[M]. 北京：人民出版社，1996：539.

世界贸易组织，开启了全面融入世界经济体系的进程，中国的对外开放进入一个新的历史时期。为了适应国际国内经济形式发展的需要，中国对外商投资制度继续深化改革。一方面，中国履行开放市场的承诺，按照世界贸易组织的最惠国待遇、透明度、统一性等原则，完善一系列政策，继续扩大对外开放，放宽限制条件，为外资企业进入中国市场营造更宽松和便利的投资环境；另一方面，为了加强市场在资源配置中的基础性作用和完善社会主义市场经济制度，外资制度在改革上不断强化市场化的管理手段和实现内外资公平的市场竞争环境。进一步深化改革外资审批制，通过修订《外商投资产业指导目录》积极引导外资进行结构调整，提高外商投资的质量和效益。取消外资在中国的“超国民待遇”，中国政府主要通过营商环境的改善而不是利用税收优惠吸引外商投资，对外商直接投资便利化的改革步伐大大加快。经过这一阶段的改革，中国引进外资制度上实现了三个方面的战略转变：一是由政策优惠的吸引转为提供良好的竞争秩序和投资环境；二是由“超国民待遇”和“非国民待遇”转为“国民待遇”；三是由注重吸引资金转为注重引进技术。这些转变充分体现出中国遵守世界贸易组织规则、与国际接轨和加强市场基础作用的经济体制改革目标。

（一）外商投资审批体制改革

2002年以来，中国商务部积极推动外商投资审批体制改革，不断简化审批程序，下放审批权限。取消了外商投资企业设立境内分公司审批以及外商投资企业名称、投资者、法定地址变更的审批，将大部分商务部审批的外商投资企业变更事项和股份有限公司、创业投资企业、投资性公司的审批权以及部分服务贸易领域的审批权下放到省级和国家级经济技术开发区商务主管部门。

2009年3月，《商务部关于进一步改进外商投资审批工作的通知》在审批权限上进一步做出调整，提高了审批效率。主要措施有：一是取消对外商投资企业进口设备提前解除监管的审批许可，对外商投资企业设立境内分公司（专项规定明确需审批的除外）改为备案管理，由企业向注册地地方商务主管部门直接办理备案手续。二是鼓励类且不需要国家综合平衡的外商投资企业（含股份公司）设立、增资、合同/章程及其变更事项，交由省级商务主管部门和国家级经济技术开发区审核。三是经商务部批准设立的外商投资企业，除由国家发展改革委核准的限额以上增资事项和控股权由中方向外方发生转移的股权转让事项外，其他变更事项均由地方商务主管部门审核。

2013 年 10 月起，中国在上海自贸试验区率先试行准入前国民待遇加负面清单管理模式，大幅减少行政审批，为外资管理体制的下一步改革探索积累经验。

（二）履行入世承诺，按照《TRIMs 协议》修订外资法规

加入世界贸易组织的前后，为了使中国的外资立法、政策与国际接轨，中国在修订和完善法律法规方面做了大规模的工作，共清理与外经贸业务有关的法律法规达 2 300 多件。

《与贸易有关的投资措施协议》（Trade-Related Investment Measures，简称《TRIMs 协议》）是世贸组织就投资问题达成的第一个协议。《TRIMs 协议》严格禁止当地含量要求、贸易平衡要求、出口业绩要求等投资措施。因此，在加入世贸组织前，中国首先按照《TRIMs 协议》对三部外商投资的基本法律做出了修订，修改内容主要集中在以下方面：第一，删去外汇收支平衡的要求。修正案删去《中外合作经营企业法》第二十条“合作企业应当自行解决外汇收支平衡。合作企业不能自行解决收支平衡的，可以依照国家规定申请有关机关给予协助”。《外资企业法》也作了类似修改。第二，修改当地含量的要求。《中外合资经营企业法》修正案将原法第九条第二款“合营企业所需原材料、燃料、配套件等，应尽先在中国购买，也可由合营企业自筹外汇，直接在国际市场购买”修改为“合营企业在批准的经营范围内所需的原材料、燃料等物资，按照公平、合理的原则可以在国内市场或在国际市场购买”。《中外合作经营企业法》和《外资企业法》也作了类似的修改。第三，取消出口实绩的要求。将《外资企业法》原法第三条第一款“设立外资企业，必须有利于中国国民经济的发展，并且采用先进的技术和设备，或者产品全部出口或者大部分出口”修改为“设立外资企业，必须有利于中国国民经济的发展。国家鼓励举办产品出口或者技术先进的外资企业”。随后，国务院对

《中外合资经营企业法实施条例》《外资企业法实施细则》也作出了相应的修改。

除了按照《TRIMs 协议》对外商投资的基本法进行修订，中国还出台和完善了一系列与外商投资配套的法律法规，完善了服务贸易领域吸收外商投资的法律法规。

此外，《中美 WTO 协议》规定中央政府和地方政府的引资政策不再要求技术转让条款和从事研究与开发条款，外国公司可以分销在华制造的产品。强制性技术转移措施的取消和内销限制的取消，使“市场换技术”的战略实施也由政府主导开始转向市场引导。

（三）把利用外资同国内经济结构调整结合起来

中共十六大报告指出：“通过多种方式利用中长期国外投资，把利用外资与国内经济结构调整、国有企业改组改造结合起来。”具体调整方针为：一是坚持以拓展国际市场为目标，有选择地强化资本密集和技术密集型产业；二是坚持外向型经济发展战略，积极广泛地参与国际分工和国际投资，提高利用外资的效益；三是以服务业为重点吸引外资，促进第三产业的发展；四是鼓励外商投资高新科技产业，鼓励外商转让先进适用技术和管理手段。

为了把吸引外资同经济结构调整结合起来，2002 年，国务院颁布新修订的《指导外商投资方向规定》，以行政法规的形式明确吸收外商直接投资的产业导向。2002 年、2004 年、2007 年、2011 年中国对《外商投资产业指导目录》进行了 4 次修订，进一步增加鼓励类条目、减少限制类条目，放宽外商投资的股比限制，积极引导外资产业结构调整：一是将更多的高新技术行业加入“鼓励类”条目，鼓励外资投向中高端制造业，培育战略性新兴产业，改造和提升传统制造业；二是扩大服务业开放，引导外资投向服务业，服务外包和现代物流进入“鼓励类”；三是鼓励跨国公司增加在华研发投入，设立研发中心，与内资企业开展研发合作，促进利用外资与增强中国自主创新能力相结合；四是着力推进节能减排，资源节约型行业和新能源、环保类行业进入“鼓励类”“两高一资”类外商投资项目进入“限制类”和“禁止类”。其中，2002 年、2004 年和 2007 年的修改，主要是履行中国加入世贸组织承诺，以及结合中国国民经济发展、产业结构调整的需要，减少限制、放宽要求。2011 年的修改则紧紧围绕“十二五”规划纲要确定的总体要求，通过利用外资结构调整促进国民经济平衡发展，充分体现了积极主动的开放战略和推进服务业开放、鼓励外资参与战略性新兴产业的政策导向。可见，这一时期，引进和利用外资的目的是为了借助其独特的资金、技术和管理制度等方面的优势来调整中国的经济结构，而弥补资金缺口的目的则进一步弱化。外资政策由注重吸引资金转为注重引进技术，利用外资调整中国产业结构的目标更加明确。

此外，为促进各区域经济协调发展，鼓励外商到中西部地区投资，中国在 2004 年、2008 年修订了《中西部地区吸收外商投资优势产业目录》，促进外资投向西部地区的基础设施、矿产资源、旅游资源开发、生态环境保护、农牧业产品加工、现有生产能力的改造、新型电子元器件开发制造等科技项目，有效发挥西部地区的资源优势和经济优势。出台支持西部地区发展的税收优惠政策，将西部地区鼓励类项日享受 15%所得税优惠税率的期限延长到 2020 年。

（四）促进内外资企业公平竞争

这一时期，为了更好地遵守世界贸易组织规则和发挥市场基础作用，中国开始逐渐取消外商投资的超国民待遇，将内外资放到同等的竞争地位，增加市场竞争的公平性。2007 年中国首次将外商投资企业纳入城镇土地使用税的征收范围。同年，《中华人民共和国企业所得税法》颁布，新税法参照国际通行做法，体现了“四个统一”：内资、外资企业适用统一的企业所得税法；统一并适当降低企业所得税税率；统一和规范税前扣除办法和标准；统一税收优惠政策，实行“产业优惠为主、区域优惠为辅”的新税收优惠体系。

（五）推动国际双边和多边合作

加入世贸组织后，自由贸易区成为中国开展区域经济合作的重要形式，而自贸区的合作措施中常常也包含投资多方面的内容。2009 年，中国与东盟 10 国共同签署了中国—东盟自贸区投资协议。该协议包括 27 个条款，涉及国民待遇、最惠国待遇、投资公平公正待遇和损失补偿等方面内容，力主逐步实现投资体制自由化，加强投资领域的合作，促进投资便利化。

总的来说，加入世贸组织后，随着中国加入全球化程度的加深和国际地位的提高，中国在引进和利用外资的问题上更加自主和自信，相关的政策也更加成熟和完善；并运用统筹兼顾、和谐社会建设以及和谐世界经济秩序构建的理念，把引进和利用外资的各项政策措施上升到科学发展观的理论高度来认识；对待外资的态度由盲目引进向理性引进转变，由重视资金引进向重视产业导向和技术引进转变，强调提高利用外资的质量和水平；增强参与经济全球化和维护国家经济安全的能力。随着社会主义市场经济制度的建立与完善，市场体系更加完备和成熟，通过培育内外资公平竞争的市场环境，市场对资源配置的基础作用逐渐强化。

五、完善社会主义市场经济制度新时期外商直接投资制度的改革创新（2014 年至今）

着眼于中国适应经济全球化新形势，加快培育国际经济合作和竞争新优势，中共十八届五中全会通过的《中共中央关于制定国民经济和社会发展第十三个五年规划的建议》提出了形成对外开放新体制的新要求和新任务。该建议提出，“全面实行准入前国民待遇加负面清单管理制度，促进内外资企业一视同仁、公平竞争”，为这一时期的外商投资政策改革指明了方向。2017 年，国务院接连出台两个重要的利用外资文件：《国务院关于扩大对外开放积极利用外资若干措施的通知》和《国务院关于促进外资增长若干措施的通知》，推出了扩大开放、创造公平竞争环境、加强招商引资一共 40 多条具体的政策措施。这一时期，中国外商管理制度上做出了重大变革：从“审批制”改为了“备案制”；明确对外商投资实行准入前国民待遇加负面清单的管理制度，准入管理模式和相关法律法规与国际接轨。

（一）外商投资的备案制和负面清单制

构建开放型经济新体制，其中一个任务就是创新外商投资管理体制，完善外商投资监管体系，形成以“负面清单”为主体的外商投资管理制度，外资准入条件放宽或限制减少。负面清单通过提前列明外商投资的禁止和限制领域，显著提高了外商投资的效率。

负面清单管理模式的实施首先在自由贸易试验区内进行试验。自贸试验区负面清单的颁布和实施，完成了由正面清单向负面清单的过渡，且负面清单的开放度、透明度以及与国际通行规则的衔接度不断提高。按照自贸区负面清单的规定，所属行业不在自贸区负面清单中的项目仅需备案，限制性行业才需要取得政府审批。

为贯彻落实负面清单管理模式，兑现扩大开放的承诺，2016 年 9 月，全国人大常委会修改《外资企业法》等四部法律，将不涉及国家规定实施准入特别管理措施的外商投资企业的设立和变更，由审批改为备案管理。2016 年 10 月 8 日，商务部发布了《外商投资企业设立及变更备案管理暂行办法》，进一步细化了“备案制”的管理办法。2017 年 7 月 30 日又将不涉及特别管理措施的外资并购纳入备案范围。97%以上外商投资企业的设立或变更通过备案方式完成，办理时限由 20 多个工作日缩减到 3 个工作日以内，外商投资的便利化、规范化水平及透明度显著提升。[①] 2018 年 6 月，国家发改委和商务部公布了《外商投资准入特别管理措施（负面清单）（2018 年版）》，正式在全国范围内实行负面清单管理制度，负面清单之外的投资领域基本实行备案管理。2018 年版的负面清单将限制措施缩减近四分之一；将清单内投资总额 10 亿美元以下的外资企业设立及变更，下放至省级政府审批和管理；简化外国人才来华工作许可程序，在中国境内注册企业选聘符合条件的外国人才可在 2 个工作日内获发签证。

（二）放宽投资准入和限制

不断修订《外商投资产业指导目录》和《外商投资准入特别管理措施（负面清单）》，大幅度放宽市场准入。2015 年，国家发改委和商务部再次修订了《外商投资产业指导目录》，透明度和开放度进一步提升。首先，此前几版的目录中所列各类行业的清单要受制于其他国务院专项规定或产业政策的

① 彭森. 中国改革年鉴：深改五周年（2013—2017）专卷［J］. 北京：中国经济体制改革杂志社，2018：307.

规定，“国务院专项规定或产业政策另有规定的，从其规定”，而这一表述在2015年目录中被删除。其次，此次修订是中国放开幅度最大的一次，限制类条目从2011版的79条减少到38条，放开外资股比限制，“合资、合作”条目从2011版的43条减少到15条，“中方控股”条目从2011版的44条减少到35条。

2018年新版负面清单长度由63条减至48条，共在22个领域推出开放措施。行业开放集中在交通工具制造（特别是汽车，也包括飞机）、金融、基础设施、农业、矿产资源等，同时还取消了一些行业的外资股比限制。

（三）内外资企业平等待遇

继续在各个方面促进内外资企业公平竞争，例如“中国制造2025”政策、科技计划项目、政府采购、标准制定等方面都给予内外资企业平等待遇。

2019年3月，《中华人民共和国外商投资法》正式出台，取代了“外资三法”（《中外合资经营企业法》《中外合作经营企业法》和《外资企业法》），成为新时代中国利用外资的统一的基础性法律。该法案明确对外商投资实行准入前国民待遇加负面清单的管理制度，正式实现了与国际通行的外商投资准入管理模式的接轨，并通过多个条款落实内外资平等竞争的基本原则。该法案还设立了专门的章节规范投资促进和投资保护制度，加强了对外资企业的产权保护，尤其是知识产权保护，特别加入了不得利用行政手段强制技术转让、外商投资企业平等参与标准化工作、公平参与政府采购、平等享受国家支持企业发展等政策内容。

2018年6月，中国银行保险监督管理委员会发布《中国银行保险监督管理委员会关于废止和修改部分规章的决定（征求意见稿）》，取消中资银行和金融资产管理公司外资持股比例限制，实施内外资一致的股权投资比例规则，废止《境外金融机构投资入股中资金融机构管理办法》，遵循国民待遇原则，不对外资入股中资金融机构作单独规定，中外资适用统一的市场准入和行政许可办法。

（四）推进投资便利化

推动投资便利化是新时期中国构建对外开放新体制的重要内容。一方面，对内加强了简化行政手续、提高行政效率相关改革的步伐；另一方面，对外积极倡导国际间的投资便利化合作，提出了“投资便利化”中国方案。

首先，进一步简化外商投资企业设立的手续，2018年6月30起中国开始施行外商投资企业商务备案与工商登记“单一窗口、单一表格”受理，推动投资便利化水平进一步提升。这一政策贯彻落实了国务院关于加快推进“多证合一”改革的有关要求，通过简化外资企业设立程序来降低企业成本、刺激市场活力。进一步简化企业生产经营相关行政审批，压缩消防、环评、用地审批、水电气接入、进出口通关的时间。此外，利用自由贸易试验区试点，中国在投资便利化方面进行了一系列制度创新，为在全国范围内乃至其他发展中国家范围内推广和实施提供了有意义的借鉴。例如，实行境外投资者主体资格证明承诺制、探索差别化土地供应新模式、社会投资类建设工程项目审批管理新模式，等等。

其次，中国也是全球治理变革中投资便利化议题的积极倡导者。2016年9月，在中国的大力促成下，G20杭州峰会终于达成了多边首份关于投资政策的纲领性文件——《G20全球投资指导原则》，该原则涵盖投资便利化议题，指出投资促进政策应与促进透明的便利化举措相配合，有助于投资者开创、经营并扩大业务。在此基础上，中国在世贸组织提出投资便利化议题，创造性地融合投资、贸易和发展三大领域，并且牵头巴西、阿根廷、尼日利亚等16个发展中国家世贸组织成员组成“投资便利化之友”，联合开展推动工作。“投资便利化”中国方案建议聚焦讨论增强投资政策透明度、提升行政审批效率和加强国际能力建设合作等领域，开展非正式对话。该方案的重要意义在于，借助各方共识度较高的投资便利化问题，结合世贸组织在近年来通过谈判达成《贸易便利化协定》的积极势头，打破了世贸组织十余年来一直未能讨论投资议题的禁锢，朝着制定国际多边投资规则的目标迈出了重要一步，充分展现了大国风范与责任担当。[①] 2017年9月，在金砖国家厦门会晤中提出并通过《金砖国家投资便利化合作纲要》，纲要目标包括增强政策透明度、

① 田丰. 投资便利化：发展趋势与中国角色［J］. 中国外资，2018（15）：42-43.

提高行政效力、提升金砖五国在投资方面的合作水平。这些议题的提出为国际间投资政策的协调性起到了极大的推动作用。

总的来说，新中国外商直接投资制度的变化与中国经济体制改革的进程相适应，经历了从计划到市场、从政府主导到企业主导、从引进资金为目的到引进技术和管理为目的的循序渐进的改革过程。通过改革，外商在中国的投资规模快速增长，中国已成为世界第二大外商直接投资国。2018 年，在全球外商直接投资大幅下滑的背景下，中国实际使用外资却同比增长了 3%，达到 1 349. 7 亿美元的历史新高。产业结构得到了优化调整，服务贸易领域吸收外资的速度快速增长，高科技企业、技术附加值和资金附加值较高的企业在外商投资中的比例显著提高。同时，外资的进入极大促进了中国对外贸易的发展，到 2002 年，外资企业出口占中国总出口的比例超过了一半，达到 52. 2%。接下来，我们要继续考虑和研究过去的相关政策、实践和理论以及改革中存在的问题，全面协调外商直接投资制度与包括外贸制度在内的其他经济制度之间的关系，发挥好外贸与外资、内资与外资的互补作用，使引进和利用外资得到持续、健康和富有成效的发展。

第二节　新中国对外直接投资制度的演进与发展

新中国成立初期，由于中国生产水平较低，经济发展落后，外汇极度匮乏，对外直接投资政策体系的基本指导思想是限制中国企业进行海外投资。在改革开放以前，中国企业在海外的投资活动主要是为了给进出口贸易提供必要的支持，各专业外贸总公司先后分别在巴黎、伦敦、东京、纽约等国际大都市设立了海外分支机构。同时，中国政府批准在境外投资设立一些贸易、金融和远洋运输的企业。由于国家经济实力等原因，这些企业数量不多、业务范围非常狭窄，投资规模也不大。在外汇管理方面，对这些企业实行的是严格的外汇集中计划管理，所有的外汇收入必须售给国家，用汇实行计划分配。鉴于当时的政治和经济情况，国家在制定经济发展政策时并没有重点考虑对外直接投资。

直到改革开放后，中国才在政策上明确要发展对外直接投资，从而才开始有了真正意义上的对外直接投资。中国对外直接投资制度的演进与中国经济体制的改革开放历程一样，也是在“摸着石头过河”的原则指引下，一步步渐进式循序发展形成的。多年来，中国政府对待企业对外直接投资的政策在多次的“放开—收紧”过程中逐步形成，2000 年“走出去”战略提出并得以不断完善，最终形成了以直接投资核准制度、对外直接投资鼓励政策、对外直接投资监督与服务政策三部分组成的政策体系。从宏观来看，中国对外直接投资的制度演进随同中国经济体制的改革开放历程经历了以下发展阶段。

一、有计划商品经济制度建设时期对外直接投资制度的建立（1979—1992 年）

1979 年 8 月 13 日，中国在《关于经济体制改革十五项措施》中首次正式提出要出国办企业，明确规定“批准在国外建立公司”。之后，中国明确提出“要走出去做生意”，试图通过推动一些具有进出口经营权的专业外贸公司和省属经济技术企业跨出国门进行海外投资来促进中国出口、增加外汇收入。这是自新中国成立以后，第一次把对外直接投资的发展以政策的形式确立起来。这一时期，对外直接投资的定位是辅助国内进出口，绝大多数的对外直接投资仍由政府主导，在管理上实行了较为严格的审批制度，外汇管制也十分严格。

（一）境外投资审批制度的建立

改革开放初期，受制于国内经济水平和国家外汇储备规模，中国对境内企业开展对外投资实行了非常严格的审批制度，所有的对外直接投资要上报到国务院进行审批，投资活动受到严重的限制。这种情况一直延续到 1983

年，国务院指定要对外经济贸易合作部来管理中国企业的对外直接投资审批工作。① 其后，为了更加规范审批流程，政府又陆续颁布了一系列的政策法规——1984 年颁布了《关于在境外开办非贸易性合资经营企业的审批程序权限和原则的通知》，1985 年又颁布了《关于在境外开办非贸易性企业的审批程序和管理办法的实行规定》。之后的审批工作由国家计委和对外贸易经济合作部双牵头，会同地方综合部门负责对投资项目进行审核。根据国务院有关规定，中方投资额在 100 万美元以上的项目，以及虽在 100 万美元以下但需国家综合平衡的项目，报国家计委审批；中方投资额在 3 000 万美元以上的项目，由国家计委初审后报国务院审批；其余项目由国务院各有关部门或各省、自治区、直辖市及计划单列市指定的综合部门审批；其中前往未建交国家，港澳及其他敏感地区投资的项目，送外经贸部会同有关部门审批，报国家计委备案。在境外设立金融机构的项目，由中国人民银行审批。

1991 年，原国家计委颁布《关于加强海外投资项目管理意见》（以下简称《意见》），成为此阶段对中国对外直接投资影响最大的政策法规，为之后十余年中国对外直接投资政策定下基调。《意见》指出中国尚不具备大规模到海外投资的条件，对外直接投资工作要必须严格按规定的审批程序办理。

（二）对境外投资的外汇管理制度

这一时期，中国政府对境外投资还实施了严格的外汇管制。

1980 年 12 月，国务院发布《中华人民共和国外汇管理暂行条例》，按该条例规定，设在外国和港澳等地区的企业、事业单位从事经营所得的利润，除按照国家批准的计划可以留存当地营运者外，都必须按期调回，卖给中国银行。一切驻外机构不得自行为境内机构保存外汇。

为了加强境外投资外汇管理，1989 年、1990 年，国务院又分别批准了《境外投资外汇管理办法》和《境外投资外汇管理办法实施细则》，规定由国家外汇管理局负责对外投资的外汇风险审查和外汇资金来源审查，对企业对外直接投资所需外汇的使用、所赚外汇的管理等方面也进行了详细的规定，

① 张默含．中国对外直接投资：总体趋势与政策变迁［J］．经济研究参考，2014（64）：60-65.

要求以现汇投资的境内投资者按照汇出外汇资金数额的5%缴存汇回利润保证金，投资所得利润5年内境内投资者可全额留成，5年后依照国家有关规定计算留成；指出用于境外投资的外汇资金限于境内投资者的自有外汇；未经国家外汇管理局批准，不得使用其他外汇资金。

总的来说，改革开放后形成的对外直接投资制度，为当时企业对外直接投资及政府管理提供了基本的法律依据，初步建立起对外投资及外汇使用的管理体制，但是还很不成体系，也存在很多的问题，包括：对外投资审批速度慢、程序复杂，外汇管制严格等，使其难以有效的起到促进对外直接投资快速发展的作用。在这一阶段，中国的对外投资虽有一定发展，但增长十分缓慢。① 根据联合国贸易暨发展会议（UNCTAD）的统计资料显示：1982年，中国的对外投资额仅占世界国际直接投资流出量总额的0.161%，1991年该比例也仅仅上升到0.457%。

二、建立社会主义市场经济制度时期对外直接投资制度的战略性调整（1993—2001年）

改革开放后很长一段时间，中国面临的是储蓄短缺和外汇短缺同时并存的“双缺口”格局，从而中国在国际资本市场上的定位一直是资本输入国，国际直接投资政策以鼓励引进外资、限制对外投资为主要特征。吸引外资可以同时弥补这两个缺口，而限制对外投资可以同时防止这两个缺口扩大。20世纪90年代中后期，随着外资规模的迅速扩大和出口贸易换得的外汇大量累积，“双缺口”格局得到改变，并逐渐转变成储蓄过剩和外汇过剩的“双过剩”局面。在“双缺口”基础上形成的鼓励吸引外资和限制对外投资的逻辑均已经不存在了。② 1997年，中国限制境外投资的政策开始松动，外资政策从限制对外投资逐渐向放松管制和鼓励境外投资转变，到2000年又明确提出

① 刘利利. 改革开放以来中国对外直接投资政策与效果分析［D］. 北京：首都经济贸易大学，2013.

② 姚枝仲，李众敏. 中国对外直接投资的发展趋势与政策展望［J］. 国际经济评论，2011（2）：127-140+6.

了实施“走出去”战略。随着市场化改革的展开、对外开放进程加快和“走出去”战略的实施，为实现政府关于境外投资的政策目标，国务院下属相关各部门制定了大量的政策。

（一）明确对外投资的战略定位

1992 年，中共十四大明确提出中国建立社会主义市场经济体制的重要目标，是要“积极扩大中国企业的对外投资和跨国经营”，中国对外直接投资的地位大大提升。1997 年，中共十五大报告中进一步提出，应鼓励能够发挥中国比较优势的对外直接投资，以更好地利用国内国外两个市场、两种资源。

在以上战略思路的转变下，从 2000 年开始，中国开始实施“走出去”战略：鼓励有实力的企业到海外投资，通过境外加工装配、就地生产就地销售或向周边国家销售，带动国产设备、技术、材料和半成品的出口，扩大对外贸易。由境外加工贸易而引发的海外投资成为此后中国海外投资的一个新的增长点，这种类型海外投资的加快发展还导致海外投资主体、方式和行业结构出现新的变化。

2001 年 3 月，《国民经济和社会发展第十个五年计划纲要》正式把“走出去”战略列入国家发展规划纲要，使其上升为国家战略，国内企业对外直接投资进入一个快速增长时期；提出要健全对境外投资的服务体系，要求要为“走出去”战略创造条件，并完善与其适应的境外投资企业的法人治理结构和内部约束机制，规范对外投资的监督。

（二）境外投资外汇管理制度变革

在国家外汇管理体制改革的基础上，通过制定实施细则，明确了境外投资外汇管理的审批程序和标准，使境外投资的外汇管理更为规范。1993 年，国家外汇管理局发布了《境外投资外汇风险及外汇资金来源审查的审批规范》，明确了境外投资外汇管理的审批程序。1994 年，国家外汇管理逐步进入开放性改革阶段。为配合外汇管理体制改革，国家外汇管理局于 1995 年 9 月 14 日又发布了关于《境外投资外汇管理办法》的补充通知，规定了以人民币购汇进行境外投资的审批标准。1996 年国家外汇管理局发布的《结汇、售汇及付汇管理规定》，对境外投资的外汇管理作了更为详细的规定。

然而，这一时期在境外投资的外汇管理上依然采取的是比较严格的审批制度。1996 年发布的《中华人民共和国外汇管理条例》再一次重申：境内机构向境外投资，要由外汇管理机关审查其资金来源，经批准后，按照国务院关于境外投资外汇管理的规定办理有关资金汇出手续。1997 年，国家外汇管理局出台《境外外汇管理规定》，规定未经外管局批准不得以个人或者其他法人名义在境外开立外汇账户。

从这个阶段的中国对外投资政策的变化来看，规范性的政府管理职能和管理制度政策改革都明确表达了政府正在积极调整政策，鼓励开拓海外投资。国内企业获得了更多的经营自主权，开始有意识地实施和扩大对外直接投资。但是此阶段对外直接投资管理依然采取的是严格的高层审批制，并且大多数企业的对外直接投资受偶然因素和短期利益目标的驱动明显，缺乏清晰的投资目标和长远的战略定位。

三、完善社会主义市场经济制度时期对外直接投资制度改革的进一步深化（2002—2013 年）

在“走出去”战略的实施和中国成为 世贸组织成员的背景下，中国企业对外直接投资面临崭新的国际与国内形势，为适应对外直接投资过程中呈现的新问题，中国对外直接投资政策方面的推进工作全面而迅速地开展，国务院和相关部委出台一系列政策支持企业对外直接投资，建立了更为完备的政策框架体系。2004 年《关于投资体制改革的决定》，2006 年《关于鼓励和规范中国企业对外投资合作的意见》《关于鼓励支持和引导非公有制企业对外投资合作的若干意见》和《境外投资管理办法》等一系列政策和法规的颁布明确了中国政府鼓励、支持对外投资的态度；对境外投资企业提供的全方位服务以及相应的审批、管理办法，对加强境外投资的监管，防范投资风险，促进中国对外投资迅速增长有重要作用。

（一）境外投资管理办法上的重要变革

随着“走出去”战略的实施，中国企业境外投资的规模显著增加，对境外投资的便利化改革也逐渐提上日程。对境外投资在管理办法上的一个重大变革是从“审批制”变成了“核准制”。通过审核权限的下放、审查程序的简化和审核周期的缩短，对外投资便利化水平得到极大提升。

2004 年 10 月 1 日，商务部在总结境外投资审批改革试点的基础上，制定下发了《关于境外投资开办企业核准事项的规定》，对境外投资实施透明管理，下放和简化相关审查程序。此外，为促进内地企业赴香港、澳门投资，商务部与国务院港澳办于 2004 年 8 月 31 日下发了《内地企业赴香港、澳门特别行政区投资开办企业核准事项的规定》。这两项规定是中国对外投资的历史上第一次公开颁布的管理性文件。与以往中国政府制定的境外投资管理文件相比，上述文件具有鲜明的市场经济色彩，体现了各种所有制企业的平等原则、市场化原则、便利化原则和投资体制改革的精神，也体现了依法行政的要求、政府职能转变的要求和健全对境外投资监管机制的要求，标志着中国对外投资便利化取得突破性进展。①

根据 2004 年《境外投资项目核准暂行管理办法》规定，对中国企业的境外投资实施统一、公开、透明的“核准制”。为进一步简化审核程序，规章将境外投资者分为中央企业和其他企业，分别由商务部和省级商务主管部门核准，对外直接投资项目的审批权限方面有了很大的放宽。

2009 年 3 月，商务部又发布了《境外投资管理办法》，继续推进和完善境外投资审批改革，提升对外投资的便利化。首先，下放了核准权限。中方投资额在 1 亿美元以上的由商务部核准，1 000 万美元到 1 亿美元的地方企业投资由地方商务主管部门核准。其次，简化了境外投资核准程序和企业申报材料，缩短了核准时限，企业绝大多数境外投资只需按要求填写并提交“境外投资申请表”即可在 3 日内获得“企业境外投资证书”。最后，减少了征求驻外使（领）馆经商处室意见的境外投资事项，中央企业境外投资改由商务部征求意见，地方企业一般境外投资事项不再征求意见。

此外，在行政效率上也有很大的提升。2004 年 11 月 1 日，商务部启用了

---

① 张丽萍，朱红兵.“走出去”常见问题解答（3）[J]. 大经贸，2007（9）：74-75.

境外投资批准证书网上发放系统。通过该系统，企业利用互联网就可办理投资核准手续，凭商务部颁发的境外投资批准证书即可办理外汇、海关、外事等相关手续，极大地方便了企业，提高了政府工作效率，对外投资便利化水平得到进一步提升。2009 年颁布的《境外投资管理办法》，较 20 世纪 90 年代的政策也更注重政府的工作效率，政府批复时间由原来的 60 天缩减为 20 个工作日，对外直接投资项目审核周期大大缩短。

（二）放松境外投资外汇管制、简化审批方式和流程

首先，企业境外投资用汇限制有所放松。2002 年 11 月，国家外汇管理局在 24 个省、自治区、直辖市进行境外投资外汇管理改革试点工作，给予试点地区一定的境外投资购汇额度，优先支持国家鼓励的境外投资项目用汇。2003 年，国家外汇管理局正式取消了境外投资外汇风险审查和境外投资汇回利润保证金制度等两项行政审批，放宽了企业购汇对外投资的限制并且简化了境外投资外汇管理审批手续。2005 年，国家外汇管理局在总结 2002 年以来在部分地区开展境外投资外汇管理改革试点经验的基础上，将试点扩大到所有地区；增加境外投资的用汇额度，总额度从原有的 33 亿美元增加至 50 亿美元；扩大试点地区外管局的审查权限，其对境外投资外汇资金来源的审查权限从 300 万美元提高至 1 000 万美元①。2006 年 6 月，国家外汇管理局进一步发布《关于调整部分境外投资外汇管理政策的通知》，取消境外投资购汇额度规模限制。

其次，对境外投资的资金来源放宽了限制。2004 年 11 月，国家外汇管理局出台《关于跨国公司外汇资金内部运营管理有关问题的通知》，允许中外资跨国公司调剂区域、全球外汇资金，外汇资金境内运营可以通过自身财务公司进行，也可以由境内成员企业相互之间通过银行委托放款的方式进行，境内外汇资金境外运营可以通过自身财务公司进行，也可以由境内成员公司委托境内银行向境外成员公司提供放款。2009 年，国家外汇管理局规定外管局对境内机构境外直接投资外汇资金来源由“事先审查”改为“事后登记”。

---

① 国家外汇管理局. 关于扩大境外投资外汇管理改革试点有关问题的通知 [Z]. 2005.

且2009年出台的外汇管理政策进一步放宽了对外汇来源的限制，简化了登记及核准程序，灵活化境外直接投资项下的资金汇入及结汇。

最后，简化外汇管理审批方式和流程，增强管理办法的规范度、透明度。2008年8月新修订的《中华人民共和国外汇管理条例》，简化了对境外直接投资外汇管理的行政审批，增设境外主体在境内筹资、境内主体对境外证券投资和衍生产品交易、境内主体对外提供商业贷款等交易项目的管理原则。2009年8月，国家外汇管理局公布实施《境内机构境外直接投资外汇管理规定》和《关于境内企业境外放款外汇管理有关问题的通知》，整合了境外直接投资外汇管理政策的各项措施，结合国家外汇管理局直接投资外汇管理信息系统的上线运行，对境外直接投资外汇管理方式和程序进行了简化和规范。

到2009年，中国企业境外直接投资的用汇自由度大大提高。不过企业用汇的自主性主要体现在自有外汇资金和境外投资所得利润上，而在外汇贷款和直接用人民币购汇等方面还需要外管局核准。中国对境外直接投资的外汇需求，仍然是存在资本管制的。

（三）加强对对外投资的指导和服务工作

2004年7月，商务部、外交部联合发布了《对外投资国别产业导向目录（一）》（以下简称《目录》）。《目录》列入了67个国家有投资潜力的领域，凡符合导向目录，并经核准持有对外投资批准证书的企业，优先享受国家在资金、外汇、税收、海关、出入境等方面的优惠政策。《目录》的发布为企业开展对外投资提供了有益的指导。

2004年11月，商务部制定下发了《国别投资经营障碍报告制度》。该报告制度是指中国驻外使（领）馆经商机构、境外中资企业等，以撰写年度报告和不定期报告的形式，集中反映境外中资企业在东道国（地区）投资经营中遇到的各类问题、障碍和壁垒，商务部定期公布有关报告内容，提醒企业规避投资风险，并通过多双边机制，维护中国企业的合法权益。

2009年修订发布的《境外投资管理办法》明确了商务部的服务职能和服务内容，说明商务部不仅仅是管理部门了，而且还要为中国企业的对外投资活动提供"护航"服务。按照新办法的规定，这些护航工作主要包括：发布

《对外投资合作国别（地区）指南》，帮助企业了解东道国（地区）投资环境；发布《对外投资国别产业导向目录》，引导企业有针对性地到东道国（地区）开展境外投资；通过政府间多双边经贸或投资合作机制等协助企业解决困难和问题；建立对外投资与合作信息服务系统，为企业开展境外投资提供统计、投资机会、投资障碍、预警等信息服务。

上述变化极大体现了中国对对外投资管理的市场化特征在逐步加强。伴随着市场化改革的深入和社会主义市场经济制度的完善，对外直接投资的管理也与之相适应：逐步放松政府管制，开始发挥企业投资决策的自主性，强化政府的服务功能，强调建立服务体系和支持体系，政府功能从管理向服务逐渐转换，市场的基础作用渐渐加强，这一系列变化推动了对外直接投资的发展。

四、完善社会主义市场经济制度新时期对外直接投资制度的完善和优化（2014 年至今）

在这一时期，中国遵循深化改革、简政放权、落实企业对外投资主体地位的思路，对现有管理体制进行了大胆改革，管理模式从“核准制”转换为“备案为主、核准为辅”，在此基础上推行“鼓励发展+负面清单”的管理办法和加强事后监管，并结合企业“走出去”过程中出现的问题，加强了对企业境外投资行为的指导和规范。

（一）落实企业对外投资主体地位

2014 年 8 月 19 日商务部审议通过《境外投资管理办法》，首次明确企业开展境外投资，依法自主决策、自负盈亏，并取消了“企业应当在其对外签署的与境外投资相关的合同或协议生效前，取得有关政府主管部门的核准”的要求，切实落实了企业对外投资主体地位。

（二）境外投资管理制度的优化调整

在不断推进对外投资体制改革的进程中，根据加快培育外贸竞争新优势和构建开放型经济新体制的需要，2014 年发改委颁布实施了《境外投资项目核准和备案管理办法》及《境外投资管理办法》，对境外投资项目实行“备案为主、核准为辅”的管理模式，取消了对特定金额以上境外投资、在境外设立特殊目的公司实行核准的要求。2015 年，中国根据加快培育外贸竞争新优势和构建开放型经济新体制的需要，强调要深化对外投资管理体制改革，实行备案为主的管理模式，提高对外投资便利化水平，建立促进走出去战略的新体制。

2017—2018 年，中国政府又陆续发布《关于进一步引导和规范境外投资方向的指导意见》《企业境外投资管理办法》《对外投资备案（核准）报告暂行办法》等一系列规章制度，进一步强调要创新体制机制，深入推进简政放权、放管结合、优化服务改革，在原有管理体制基础上进一步提升了对外投资便利程度及对其的监管力度。

一方面推行“鼓励发展+负面清单”的管理办法，明确限制类投资领域，引导和规范企业境外投资方向，加强对外投资政策的透明度和引导性，便于企业对外投资业务的开展；另一方面，坚持以备案制为主的境外投资管理方式，通过建立分级分类管理体制、实行对投资最终目的地备案（核准）、规范对外投资企业备案（投资）后定期报告制度、采用“重点督查”加“双随意、一公开”的事后监管，并结合同期对信息服务平台的建设，全面提高对对外直接投资活动的管理力度和效率。①

（三）境外投资外汇管理的简化和改进

2015 年，国家外汇管理局下发《国家外汇管理局关于进一步简化和改进直接投资外汇管理政策的通知》，对境外直接投资的外汇管理在以下方面做出了调整：

（1）取消了境内直接投资项下外汇登记核准和境外直接投资项下外汇登记核准两项行政审批事项。

（2）简化部分直接投资外汇业务办理手续，包括简化境内直接投资项下外国投资者出资确认登记管理，取消境外再投资外汇备案，取消直接投资外汇年检，改为实行存量权益登记。

① 郭凌威，卢进勇，郭思文. 改革开放四十年中国对外直接投资回顾与展望［J］. 亚太经济，2018（4）：111-121.

（3）强化事后监管，外汇管理局对银行办理直接投资外汇登记合规性及内控制度的执行情况开展事后核查和检查。

可以说，中国对外直接投资是经济发展到一定阶段的产物，在中国经济发展的不同阶段，中国对外直接投资制度经历了从改革开放初期的限制、到20世纪90年代中后期的逐渐放松和鼓励、再到现阶段的规范和大力推进的循序渐进的调整过程，中国对外直接投资制度的每一次变革都与相应的经济发展变革相关联。随着中国改革开放的不断深入和对外直接投资的迅速发展，中国对外直接投资的管理政策逐步细化和规范，下放了境外投资审批权限、简化了审批手续，放宽了境外投资外汇管理限制，出台了一系列的鼓励政策，政府的服务和指导功能不断加强。但由于改革开放之初的战略目标是扩大出口和利用外资，使得对外直接投资制度的改革一直相对滞后于外贸制度和外商投资制度的改革，对外投资的发展与外贸、外资的发展极度不匹配，从而造成资本项目和经常项目"双顺差"，国际收支失衡。在继续深化改革开放，加快实施"走出去"战略的过程中，中国对外直接投资制度和政策变革仍存在滞后现象，政策与法制管理有待进一步健全，管理制度有待进一步优化，服务体系也需要不断完善。因而，在未来的改革中，还需要大力推动中国企业走出去，缓解中国国际收支不平衡的状况；进一步完善监督管理，加强对外直接投资法制建设；改善服务和保障，提高财税金融政策扶持的效率，完善海外投资保险制度；更加主动地参与和发起双边或者多边投资协定的谈判和签订，保护中国企业的对外投资，获得市场准入，促进投资的便利化。

第三节　新中国引进外资及对外投资制度改革的贸易促进目标

综观中国引进外资及对外投资制度的演进历程，促进对外贸易一直是引进外资及对外投资制度建设的重要目标，只是在不同的历史阶段这个目标的具体表现有所不同。改革开放之初，引进外资为中国的工业生产解决了资本匮乏的问题，从而为对外贸易的快速发展奠定了良好基础，外资的产业结构也极大影响了中国的对外贸易商品结构。随着改革开放进入新的阶段，中国的国际直接投资政策转变为“引进来”与“走出去”并重，引进外资、对外投资与对外贸易一起，成为中国对外开放和经济交流的重要渠道。在中国经济体制改革不断深化的过程中，引进外资和对外投资制度的贸易促进目标随着经济发展阶段的演进经历了“带动出口”到“产业结构优化”再到“进出口平衡发展”的转变。

一、引进外资制度改革的贸易促进目标

（一）以出口为导向的外资政策

改革开放初期，中国外汇储备极度缺乏，从而采取了出口导向的发展战略以解决巨大的外汇缺口。相应的，在引进外资制度上也采取了“奖出限入”的出口导向政策，鼓励外资企业出口、限制进口。1986 年《中华人民共和国外资企业法》明确规定，“设立外资企业，必须有利于中国国民经济的发展，并且采用先进的技术和设备，或者其产品全部出口或者大部出口”。1986 年，国务院发布的《关于鼓励外商投资的规定》也明确表示对先进技术和产品出口的外商投资企业，在税收、土地使用费、劳务费、利润分配、生产经营的外部条件等方面给予特别优惠。1987 年 3 月，第六届人大五次会议通过的《政府工作报告》强调利用外资一定要用在生产建设上，重点是出口创汇企业、进口替代企业和先进技术企业。这些政策的颁布都充分体现了中国以外资促出口的战略思路。

改革开放之初，通过大力推进加工贸易使得中国实现了在外资政策和外贸政策目标上的统一。1979 年，中国开始正式实施“三来一补”的加工贸易政策，既扩大出口、同时又充分利用了中国低成本的劳动力优势吸引外资。在外资政策上，对外商投资企业给予出口免税优惠政策以促进出口、换取外汇；在外贸政策上，则对外资企业实施鼓励来料加工和进料加工的贸易政策以吸引外资。

在出口导向型外资政策和加工贸易优惠政策的鼓励下，外商直接投资快速增加，而这些以利用中国廉价劳动力为目的的成本导向型的外资又迅速带动了中国进出口贸易，特别是加工贸易的发展。在 20 世纪 90 年代，外商投资企业的进料和来料加工贸易成为其对外贸易的主要方式，以中国企业为主体的加工贸易渐渐转变为以跨国公司和外商投资企业为主。据海关统计资料计算，1995 年外商投资企业加工贸易出口占其总出口比重为 89.7%，占中国加工贸易出口比重为 57.1%。同年，外商投资企业加工贸易进口占其总进口比重为 58.9%，占中国加工贸易进口比重为 63.5%。中国加入世贸组织以后，随着进出口贸易壁垒降低和市场经济环境改善，外资继续大量涌入，“三资”企业、尤其是外商独资企业的加工贸易业务量更是迅速增长，在中国对外贸易总量中占据了绝对优势。到 2004 年，外商投资企业加工贸易进、出口总额占中国全部加工贸易进、出口的比重甚至超过了 80%，并一直维持在这一水平之上（见图 11-1）。

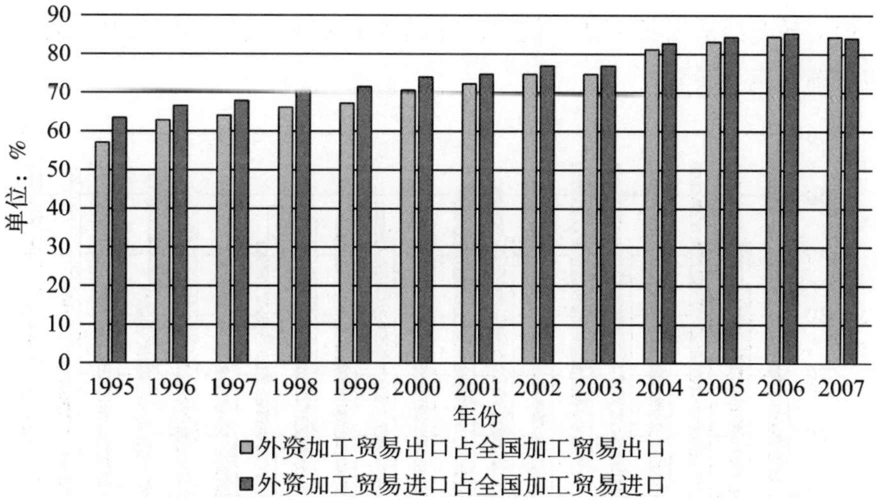

图 11-1　外资加工贸易出（进）口占全国加工贸易出（进）口比重（1995—2007 年）

数据来源：根据历年中国海关统计整理得出，转引自黄晓玲（2009）。

外商投资企业的贸易方式之所以以加工贸易为主，有其必然性。首先，到中国大陆投资的企业大多是来自日本及东南亚等国家和地区的中小企业，它们在其资本输出源地本来就是出口加工型的——从国际和本地市场购置原材料和零部件，加工装配后再出口到北美、欧洲市场。这些企业因本地劳动力、土地成本的上升而转移到中国东南沿海地区后，仍然以出口加工为主。其次，由于中国的产品结构、生产运输条件、生产技术水平以及体制和政策上的障碍，原材料、零部件的供应在技术标准、质量和交付时间等方面尚不能满足外商投资企业出口加工的需要，所以，它们不得不从其原来的供货渠道进口原材料和零部件，从而使进料、来料加工贸易成为其主要贸易方式，形成一种“两头在外”的格局，并由此导致中国大陆从这些企业的投资源地的进口大量增加。

改革开放后，以外资为主导的加工贸易对于推动中国对外贸易发展、促进经济增长和解决劳动就业，发挥了重要的作用。从图 11-2 可以看出，加工贸易出口在 2011 年之前一直是中国出口的最主要的形式，其占比在 2011 年以后才被一般贸易出口超过。到 2018 年，加工贸易出口占比仍然超过 30%。但是，随着加工贸易规模的扩大，这一贸易方式存在的一些问题，如附加值低、相关产业带动作用有限、“两高一资”项目比较普遍等，也逐渐暴露出来。面对转变经济增长模式、优化产业结构的要求，引进外资的贸易促进目标也逐渐发生了转变。

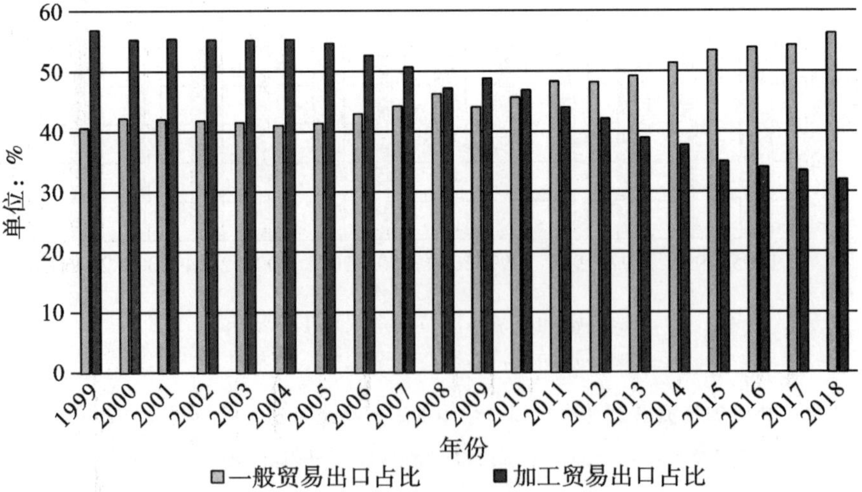

图 11-2　一般贸易和加工贸易出口占比（1999—2018 年）

数据来源：根据历年《中国对外贸易形势报告》整理所得。

（二）从“带动出口”到“促进出口产业升级”的目标转变

从20世纪90年代中后期开始，中国外资政策的目标开始转向优化外资结构、提高利用外资水平。1995年国务院发布的《指导外商投资方向暂行规定》和《外商投资产业指导目录》开始加强以产业、技术引进和地区为导向的“差别性优惠政策”，体现出外资的贸易促进目标开始从单纯的“带动出口”向“促进出口产业升级”进行转变。并且，加入世贸组织前后，中国根据《TRIMs协议》的原则在外商直接投资的相关法律中也取消了出口实绩的要求，将设立外资企业必须“产品全部出口或者大部分出口”修改为“国家鼓励举办产品出口或者技术先进的外资企业”。

按照科学发展观和“十一五”规划的要求，中国开始“转变对外贸易发展方式”，与此相对应，中国外资政策的首要任务就是推动利用外资从“量”到“质”的根本转变，引导外商投资产业结构优化和升级。规划要求，“通过引进先进适用技术、设备和管理改造国内传统产业，引进外资发展中国具有比较优势的劳动密集型产业、出口加工业”。同时，为推动中国服务贸易发展，在外资政策上积极稳妥地推进服务业开放，发挥外资在先进经营理念、管理经验和服务手段等方面的溢出效应，提升中国服务产业的国际竞争力，推动服务贸易发展。

（三）“外资外贸良性互动”和“进出口平衡发展”的新目标

2012年的《对外贸易发展“十二五”规划》，提出要增强外贸与外资、外经的互动发展，“加强政策引导，提升利用外资质量和水平，促进中国出口产业升级”。此后外资制度的贸易促进目标进一步向促进外资外贸良性互动、产业升级、进出口平衡的方向转变。在此基础上，2016年的《国务院关于促进加工贸易创新发展的若干意见》提出要“稳定外资政策预期，支持外资企业扎根中国。加大招商引资力度，着力吸引先进制造业和新兴产业，进一步扩大服务业开放，鼓励外资企业在华设立采购中心、分拨中心和结算中心，发展总部经济”“延长产业链，提升加工贸易在全球价值链中的地位”，进一步强调了引进外资在促进产业升级等方面的作用，同时显示出引进外资在促进货物贸易与服务贸易协调发展方面的重要目标。

为贯彻落实中国关于推进互利共赢开放战略的决策部署，2017 年《对外贸易发展“十三五”规划》和 2018 年《关于扩大进口促进对外贸易平衡发展的意见》强调要“提高利用外资的质量和水平”“持续发挥外资对扩大进口的推动作用。完善外商投资相关管理体制，优化境内投资环境。积极引导外资投向战略性新兴产业、高技术产业、节能环保领域，进一步发挥外资在引进先进技术、管理经验和优化进口结构等方面的作用。促进加工贸易转型升级和向中西部地区转移。”

综上，中国引进外资制度在改革开放之初，是单纯的出口导向型的外资制度，这一目标维持了 20 多年。到 20 世纪 90 年代中后期，随着中国外贸发展加快，对外贸易中的结构性问题日渐暴露，引进外资的制度改革也开始向促进产业结构的优化升级方向深化。而长期的出口导向战略实施结果和入世后中国外贸规模的急速扩大，使进出口贸易发展不平衡所引发的严重的国际收支失衡以及货物贸易和服务贸易发展速度不匹配等成为中国外贸发展中的新问题。为了更好发挥外资对外贸的促进作用，外资制度针对上述失衡问题又做出了新的调整，包括发挥外资对扩大进口的推动作用，发挥外资对提升服务贸易竞争力、促进服务出口的作用等，由此体现出中国引进外资制度在促进外资与外贸良性发展、促进对外贸易平衡发展等方面重要性。

二、对外直接投资制度改革的贸易促进目标

从中国对外直接投资制度的演进过程可以看出，中国对外直接投资的制度设计明显体现出对贸易促进目标的重视，且伴随对外贸易的不同发展阶段呈现出不同的特征。

中国的对外直接投资是在国家经济体制改革的大背景下，伴随着经济开放以后才有的现象。但在中国第一次把对外直接投资的发展以政策的形式确立起来之时，就明确体现出促进出口的目标。1979 年 8 月，国务院颁布《关于大力发展对外贸易增加外汇收入若干问题的规定》，其中第八条明确提出“要走出去做生意”，而走出去的主要形式则是“在主要市场逐步建立贸易公

司的常驻机构”，强调通过推动一些具有进出口经营权的专业外贸公司和省属经济技术企业跨出国门进行海外投资来促进中国出口、增加外汇收入。以1979年设立中国国际信托投资公司为标志性事件，中国有了自己专业的对外投资企业。在当时，对外投资企业的经营范围主要就是对外出口商品，为国家赚取外汇。之后，在改革开放的前20多年里，中国对外直接投资主要都是作为服务出口、便利出口的重要手段而存在与发展的，其对中国对外贸易尤其是对出口的促进作用不言自明。

到20世纪末，由于储蓄和外汇“双缺口”的消失，中国对境外投资的政策从限制转变成鼓励，提出了“走出去”战略。在2001年的“十五”规划纲要中，强调实施“走出去”战略，就要“鼓励有竞争优势的企业开展境外加工贸易，带动产品、服务和技术出口”。这意味着，“带动出口”是当时实施“走出去”战略的一个主要理由和目的。

事实上，对外直接投资的快速发展进一步带动了中国对外贸易规模扩大和结构优化。2005年以后，对外直接投资政策不再单纯地突出“带动出口”的重要性。2006年，中国政府在“十一五”规划纲要中指出，“支持有条件的企业对外直接投资和跨国经营，以优势产业为重点，引导企业开展境外加工贸易，促进产品原产地多元化”。将开展境外加工贸易“带动出口”改为开展境外加工贸易“促进产品原产地多元化”。这一变化包含了两层含义：一是仍然把国内加工贸易生产转移至国外当作对外投资的主要方式之一；二是将加工贸易转移当作带动出口的手段改为了替代出口的手段。到2010年的政府工作报告中，则只谈对境外转移产能，而不强调这种转移是不是加工贸易，更不强调这种产能转移是带动出口还是替代出口。

当前，对外直接投资与对外贸易的互动发展变得更加重要，通过对外直接投资发挥中国产业竞争优势、带动出口和进口双向增长、推动中国对外贸易稳步发展，成为中国对外直接投资与对外贸易互动关系的重点。2017年，商务部发布的《对外贸易发展“十三五”规划》明确提出要“推动对外投资合作和贸易相结合”“大力推动中国装备‘走出去’，推进国际产能合作，带动中国产品、技术、标准、服务出口”“深化国际能源资源开发和加工互利合作，稳步推进境外农业投资合作，带动相关产品进口和出口”。在这次的规划要求中，不仅明确了对外直接投资对出口的带动作用，还明确了对外直接投资对进口的带动作用，对外投资促进对外贸易平衡发展的目标更加凸显。

三、引进外资及对外投资制度改革的贸易促进作用

（一）引进外资的贸易促进作用

外商直接投资对中国对外贸易的促进作用主要体现在两点：一是使中国迅速进入全球分工体系，利用中国劳动力资源优势带动出口增长，促进了中国对外贸易规模的迅速扩大。二是提升了中国出口商品的国际竞争力。外商直接投资一方面推动了中国产业结构升级、提升了出口商品结构；另一方面通过其带来的先进技术和管理经验形成外溢效应，推动中国企业技术进步、产品升级和提升效率，从而提高了中国产品的国际竞争力。

1. 促进了对外贸易规模迅速扩大

由于国家实行鼓励出口的外资政策，外商直接投资是中国改革开放后出口增长的重要源泉。如图 11-3 所示，1989 年以前，外商投资企业的出口占全国出口总额的比重不到 10%，当时，全国出口的增长，主要依赖国营外贸公司收购国内货源出口。1989 年以后，国营外贸企业出口增长率明显降低，而随着港资、台资企业的大量涌入，外商投资企业的出口急剧上升，其在当年全国出口增量中的比重在 40%以上。相应地，其在全国出口中的地位也迅速提高，从 1989 年的 9.12%升至 1993 年的 27%，每年上升 5 个百分点。到 2005 年，外资企业出口占全国出口的比重甚至达到了 58.3%；同年，外资企业进出口总额占全国进出口总额的比重为 58.49%。这充分表明，外商投资企业的进出口贸易对中国外贸发展的促进作用已经超过了国有企业。虽然随着民营外贸企业的快速发展，外资企业出口在全国的占比从 2005 年后开始逐渐下降，但是到 2018 年该比重仍高达 41.65%，外资企业依然是中国对外贸易的一支主要力量。

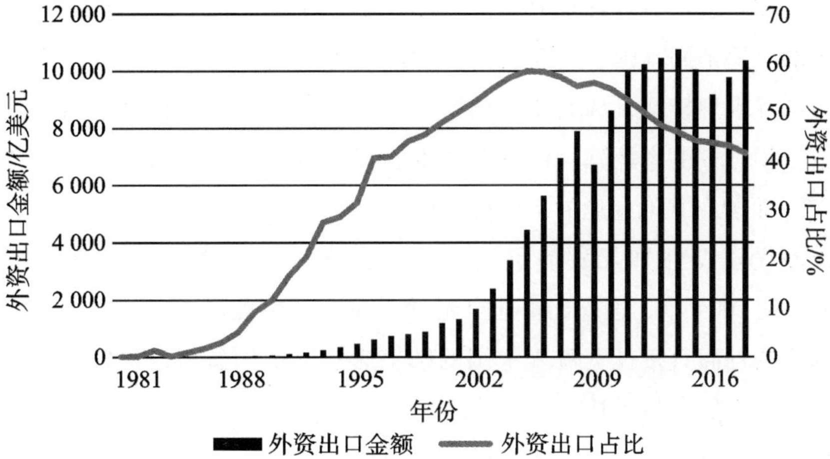

图 11-3　外资企业出口金额及其占全国出口的比重（1981—2016 年）

数据来源：根据历年《中国统计年鉴》和《中国对外贸易形势报告》整理所得。

外商直接投资的大量流入之所以能带动中国进出口贸易的发展，这与外商直接投资动机偏向市场寻求型和成本寻求型有关。一般而言，国际直接投资的动机可分为以下几类：一是市场寻求型动机，这类直接投资以巩固、扩大和开辟新市场为主要目的；二是成本寻求型动机，这类直接投资以利用东道国相对廉价生产要素、优惠引资政策，降低生产成本，提高经营效率，增强国际竞争力为主要目的；三是资源寻求型动机，此类直接投资以获取长期稳定的战略性资源的供应地为主要目的；四是技术知识寻求型动机，该类直接投资则以获取和利用东道国的先进技术、高效管理模式、新型生产工艺和新产品设计等方面为目的。①

实践中，跨国公司会根据东道国的特定比较优势分割产品生产链，在全球范围内优化与整合其资源，以达到利润最大化的战略目标。中国外资的来源地高度集中于周边国家和地区，这些国家和地区由于本土资源匮乏，劳动力价格偏高，而中国又有广阔的市场空间和大量鼓励加工贸易发展的开放政策，于是这些投资国的跨国公司便把中国作为其海外生产基地和加工车间，

① 陈鑫. 我国国际贸易与外商直接投资相互影响研究［D］. 苏州：苏州大学，2013.

先把生产和组装环节转移至中国，然后再以中国为出口口岸向欧美地区输出，最后少部分返销回本国。这表明流入中国的外商直接投资明显具有成本寻求型和市场寻求型特征，从而使外商投资企业的出口比率远远高于国内其他企业。按当年官方汇率计算，1993 年外商投资企业的出口额占其工业生产总值的 48%，而国内其他企业的出口比率仅为 7.67%。① 尤其在加工贸易上，1994 年，外商投资企业加工贸易进出口总额占全国加工贸易进出口的比重为 56.1%，到 2004 年，这一比重甚至超过了 80%。由此可见，成本寻求型和市场寻求型的外商直接投资流入中国的结果必然是中国贸易进出口总量，特别是贸易顺差额的大量增长。

但需要注意的是，亚洲地区的外资总体上技术含量有限，对中国技术引进吸收和贸易结构优化的促进作用较小，长期依赖于此类外资可能会陷入贫困化增长的困境。因此，积极探索吸引来自欧美发达国家和地区高技术密集型直接投资的方法与途径，是中国未来利用外资工作的长期目标。

2. 提升了对外贸易商品竞争力

首先，就出口结构而言，全国出口商品的结构变动与外商投资企业出口商品的结构变动呈现出高度的一致性。在中国的出口结构中，机电产品、服装纺织和皮革、文化用品、家用电器、塑料及金属制品和电子通信设备等所占比重上升较快，而这些行业也正是外资进入较密集、外资企业出口比重高的行业。在引进外资制度的改革中，推动外资企业进入技术含量和附加值相对较高的行业，有力地拉动了中国经济快速增长，在一定程度上促进了中国产业的更新换代。

其次，外商直接投资带进的先进技术和管理经验，通过发挥外溢效应，促进了中国企业的技术进步和产品升级，提高中国企业出口产品的国际竞争力。如外资企业提高了国内配套及相关产业产品的标准和质量，提高相关产品出口的国际竞争力；为国内企业提供营销经验和示范效应；帮助拓展国内产品出口的国际市场规模和销售渠道，等等。但需要注意的是，外资企业为

---

① 隆国强. 外资企业在我国进出口贸易中的地位 [J]. 国际贸易，1994 (12)：25-28.

保持自己的所有权优势地位，通常会极力阻止外溢作用的发生，特别是以市场寻求和成本寻求为目的的外商直接投资，外溢作用非常有限。

最后，外商投资企业进出口的发展强化了外贸领域的竞争。它的贸易份额不断扩大，使国有外贸企业等有了越来越强烈的危机感。这种竞争和危机感会迫使国有外贸企业和其他经营进出口业务的国内企业深化自身改革，改进经营管理，提高商品和服务质量，降低成本费用，形成优胜劣汰之势。①

总的来说，在中国外向型外资制度的作用下，外商直接投资为推动中国外贸发展贡献了巨大的力量。随着经济转型升级，外商直接投资制度也引入了产业结构和出口结构升级的目标，在这样的目标驱动下，外资推动了中国外贸商品结构升级、提高了对外贸易的商品竞争力。在新的发展阶段，我们还需要认识到不同动机的外商直接投资对贸易和经济结构的不同作用，从而对外资制度做出进一步的优化调整，培育国际竞争新优势。

（二）对外直接投资的贸易促进作用

1. 规避贸易壁垒，确保出口持续增长

通过“走出去”战略的实施，中国企业在境外开办企业，开展生产和销售活动，扩大了中国的出口规模。境外投资企业的经营能够较为有效地绕过多种形式的贸易壁垒，促进中国出口发展。

经过改革开放40余年来的实践和变革，中国的投资格局目前处于流向发展中东道国的顺梯度对外直接投资和流向发达东道国的逆梯度对外直接投资并存，资源寻求、市场寻求、效率寻求和战略资产寻求等多种投资动机共生的阶段。在这一阶段，就中国对外直接投资而言，不同类型对外直接投资对中国对外贸易规模的影响不尽相同。其中，以寻求东道国自然资源为主要目的的中国对外直接投资不仅有助于扩大资源进口贸易规模、保障中国国内能源与矿产的供给安全，而且有利于带动中国相关配套机器设备、零部件及相关实用新型技术出口到东道国，扩大有关产品出口贸易规模；以寻求海外市场为目标的对外直接投资则有助于增加中国原材料、中间产品、半成品和相关机器设备的出口，对扩大中国的出口贸易规模作用显著；战略资产寻求型

① 李健. 外资企业：中国外贸出口新的增长源［J］. 国际贸易，1996（10）：4-6.

对外直接投资通过寻求海外先进技术、设备、管理经验、资源等有形和无形资产，将提升中国技术贸易和服务贸易的发展，增加国际技术许可数量，提升国内企业和产品的竞争力，并将最终带动国内出口贸易规模的增大，同时对丰富国内资源供给有重要作用；效率寻求型对外直接投资有助于在转移国内已经或即将失去竞争力的产业的过程中带动中国相关机械设备和部分生产要素的转移，然后又以制成品的形式由东道国再度出口至本国，因此效率寻求型对外直接投资可以同时带动国内出口和进口贸易发展，提升中国的对外贸易规模。在实证研究中，中国对外直接投资与中国对外贸易的互补关系在宏观层面已经得到了广泛证实。[①] 即使从微观层面来看，具有不同投资动机的对外直接投资对企业出口的作用路径和具体作用效果虽然不同，但大多数企业的对外直接投资，尤其是中国企业的商贸服务型对外投资和对高收入东道国的投资，对扩大企业出口均具有重要作用[②]。

2. 优化了对外贸易结构

中国对外直接投资通过产品结构、市场结构和主体结构作用于中国对外贸易结构。

（1）中国对外直接投资对优化外贸产品结构的作用

贸易结构的升级路径与产业结构的升级路径密切相关。当产业结构变化表现在产业间的结构转化与升级时，进出口产品结构往往表现出跨行业的变化。当产业结构变化发生在产业内部时，出口的产品可能会向技术或资本密集的制成品方向扩大，也可能增加生产中所需的中间产品的进口，此时贸易结构的变化表现为同一行业内部不同产品进出口结构的变化，并呈现出产品质量垂直向上的发展路径。[③] 因此，实现中国对外贸易产品结构升级的关键在于国内产业结构升级，即推动国内主体产业由劳动密集型逐渐向资本和技术密集型转变，实现生产要素由劣势产业逐渐向新兴优势产业聚集。

在这一过程中，中国对外直接投资发挥作用的路径主要有两个：一是借

---

① 张春萍. 中国对外直接投资的贸易效应研究［J］. 数量经济技术经济研究，2012（6）：74-85.

② 蒋冠宏，蒋殿春. 中国企业对外直接投资的“出口效应”［J］. 经济研究，2014（5）：160-173.

③ 隋月红. “二元”对外直接投资与贸易结构：机理与来自中国的证据［J］. 国际商务（对外经济贸易大学学报），2010（6）：66-73.

助战略资产寻求型对外直接投资，带动相关专利技术和高新技术产品进口，提升中国对外贸易的进口产品结构，同时通过引进战略性资产提升国内研发、制造处于价值链较高层次产品的能力，进而推动中国的产业结构升级并促进对外贸易产品结构的高级化；二是通过效率寻求型对外直接投资，将国内逐渐丧失成本优势的传统产业转移至成本更具竞争优势的东道国，这样不仅可以延长相关产业的生命周期，增加相关企业的利润，而且有利于促进国内生产要素向更具比较优势的传统产业和新产业聚集，提升要素配置效率，带动中国产业结构调整和贸易结构优化。

（2）中国对外直接投资对优化外贸市场结构的作用

与中国对外贸易市场主要集中于发达市场的状况不同，中国对外直接投资所在的东道国市场目前主要聚集在发展中经济体。《2013 年度中国对外直接投资统计公报》的数据显示，2013 年中国流向发展中经济体的投资达到 917.3 亿美元，占当年流量的 85.1%；2013 年末，中国对发展中经济体的投资存量也占到存量总额的八成以上，达到 83.2%。这意味着对外直接投资对中国大力开拓新兴市场，优化对外贸易市场结构有重要作用。

一方面，中国在发展中国家的直接投资多以寻求资源、市场和提升自身的经营效率为主，这些类型的投资本身具有带动中国与发展中经济体中间品进出口贸易发展的特征，有助于提升中国与发展中经济体的贸易联系；另一方面，由于对外直接投资是一种更高层次参与国际分工、进入东道国市场的形式，它对东道国市场的嵌入更具有长期性和稳定性，也更容易加深对东道国市场的熟悉程度和提升建立生产与销售网络的便利度，因此中国对外直接投资在发展中市场的聚集有助于增强中国投资者和贸易者对发展中东道国市场的信心，有利于更多企业建立或强化自身与东道国市场的贸易联系，提升发展中国家和新兴市场在中国对外贸易市场结构中的地位。

实际上，伴随着中国对外直接投资的高速、持续发展，中国对外贸易市场结构已开始稳步改变。如 2014 年中国在对欧盟和美国进出口贸易保持稳定的同时，进出口企业开拓新兴市场取得新成效。其中，中国对东盟、印度、俄罗斯、非洲和中东欧国家进出口增速均快于整体增速，中国对东盟的进出口额达到4 803.9亿美元，占比11.2%。中国进出口市场结构更趋平衡。

（3）中国对外直接投资对优化外贸主体结构的作用

对外直接投资有助于中国加快形成在全球范围内配置要素资源、布局市场网络的具有跨国经营能力的综合型贸易企业，提升对外贸易企业整体竞争优势，优化对外贸易主体结构。

对外直接投资是中国企业直接接触国际市场的重要方式，更是培育中国跨国公司的必由之路。一方面，通过对外直接投资，企业将自身置于竞争激烈的国际环境之中，面临更为复杂多样的产品和服务要求，这种来自国际经营环境中的竞争压力和动力有助于倒逼企业不断提升自身的生产、经营能力和国际竞争力；另一方面，在对外直接投资过程中，企业可以接触国际先进技术、经营理念与管理方式，并在学习、模仿、消化和吸收的基础上提升技术水平和管理能力，进而增强国际竞争能力。此外，通过示范效应和溢出效应，实施对外直接投资的企业在国际市场积累的知识、技术、管理经验可以惠及相关行业内大企业和一些创新型、创业型及劳动密集型中小微企业，从而带动更多企业提升自身现代化水平，激发企业活力和竞争力。这样，通过对外直接投资，中国可以加快形成以跨国公司为重要载体的资本流动和商品流动格局，加速形成以跨国公司为主、多种所有制类型的企业共同发展的对外贸易主体新结构。

在当前全球经济一体化进入深层次发展的阶段，贸易与投资呈现出相互融合的趋势。通过回顾新中国国际直接投资的制度改革历程及其对贸易的促进目标变革过程，我们不难发现，中国的对外制度和国际投资制度是不可割裂来看待的。在未来的改革中，我们也应当继续注重贸易制度和投资制度的协调性。根据当前中国经济的发展阶段和建立开放型经济新体制的要求，在国际直接投资制度的改革上，应当继续发挥双向投资对贸易的促进作用，提高利用外资的质量和水平，加快对外贸易与对外投资有效互动。

本章参考文献

陈俊聪，黄繁华，2014. 对外直接投资与贸易结构优化［J］. 国际贸易问题（3）：113-122.

陈鑫，2013. 我国国际贸易与外商直接投资相互影响研究［D］. 苏州：苏州大学.

程振声，2004. 李先念与七十年代初的大规模技术设备引进［J］. 中共党史研究（1）：75-80.

邓敏，顾磊，2019. 中国对外贸易概论［M］. 英文版. 北京：清华大学出版社.

郭凌威，卢进勇，郭思文，2018. 改革开放四十年中国对外直接投资回顾与展望［J］. 亚太经济（4）：111-121+152.

郝红梅，2016. 我国外商投资管理体制改革历程回顾及深化改革的思考［J］. 对外经贸（9）：35-38.

黄晓玲，2009. 中国对外贸易概论［M］. 2 版. 北京：对外经济贸易大学出版社.

黎青平，1989. 对党和国家利用外资政策的历史考察［J］. 中共党史研究（2）：74-79.

李健，1996. 外资企业：中国外贸出口新的增长源［J］. 国际贸易（10）：4-6.

李津津，2016. 外资负面清单管理模式与中国产业结构转型升级研究［M］. 上海：上海人民出版社.

李敬，冉光和，万丽娟，2006. 中国对外直接投资的制度变迁及其特征

[J]. 亚太经济 (6): 81-84.

李述晟, 2013. 制度视角下的中国对外直接投资促进机制研究 [D]. 北京: 首都经济贸易大学.

刘利利, 2013. 改革开放以来中国对外直接投资政策与效果分析 [D]. 北京: 首都经济贸易大学.

刘敉舒, 2013. 中国对外直接投资的政策演变研究 [D]. 沈阳: 沈阳工业大学.

隆国强, 1994. 外资企业在我国进出口贸易中的地位 [J]. 国际贸易 (12): 25-28.

聂平香, 2016. 我国外商投资负面清单管理模式研究 [M]. 北京: 中国商务出版社.

牛建立, 2016. 二十世纪六十年代前期中国从西方国家引进成套技术设备研究 [J]. 中共党史研究 (7): 46-56.

祁春凌, 2015. 中国对外直接投资: 基于投资动因、制度因素以及政治经济学视角的分析 [M]. 北京: 对外经济贸易大学出版社.

桑百川, 钊阳, 2019. 中国利用外资的历史经验与前景展望 [J]. 经济问题 (3): 1-7.

商务部研究院, 2008. 中国吸收外资 30 年 [M]. 北京: 中国商务出版社.

佘少峰, 2006. 我国外资立法政策导向的回顾和反思 [A] //海大法律评论. 上海: 上海社会科学院出版社: 413-441.

宋仲福, 1990. 建国初期党和国家对外资在华企业的政策 [J]. 中共党史研究 (4): 39-46.

孙文善, 2010. 贸易投资一体化趋势下的我国外经贸政策研究 [D]. 太原: 山西财经大学.

孙玉琴, 2012. 建国初期我国对西方在华企业的政策演变及其效应 [J].

国际商务（对外经济贸易大学学报）(6)：5-12.

田丰，2018. 投资便利化：发展趋势与中国角色［J］. 中国外资（15）：42-43.

王子先，2008. 中国对外开放与对外经贸 30 年［M］. 北京：经济管理出版社.

吴彦艳，赵国杰，丁志卿，2008. 改革开放以来我国利用外资政策的回顾与展望［J］. 经济体制改革（6）：13-16.

巫云仙，2009. 改革开放以来我国引进和利用外资政策的历史演进［J］. 中共党史研究（7）：24-32.

姚枝仲，李众敏，2011. 中国对外直接投资的发展趋势与政策展望［J］. 国际经济评论（2）：127-140+6.

曾华群，2001. 我国对外资实行国民待遇原则的法律实践［J］. 厦门大学学报（4）：77-80.

张弛，程君佳，2018. 关于中国对外直接投资管理模式的思考［J］. 西南金融（6）：18-27.

张国胜，2015. 中国对外直接投资战略与政策研究［M］. 北京：经济科学出版社.

张丽萍，朱红兵，2007. "走出去"常见问题解答（3）［J］. 大经贸（9）：74-75.

张默含，2014. 中国对外直接投资：总体趋势与政策变迁［J］. 经济研究参考（64）：60-65.

张琼，2009. 改革开放以来我国外资政策调整研究［D］. 武汉：湖北大学.

张旭东，2008. 新中国成立初期我党对外资经济的认识及政策［J］. 湖湘论坛（4）：91-93.

中国·深圳综合开发研究院，2017. 中国对外直接投资战略、机制与挑战［M］. 北京：中国经济出版社.

赵云英，2004. 论国际贸易与国际直接投资的相互融合趋势［D］. 长春：吉林大学.

第十二章 新中国特殊经济功能区的贸易投资制度演进

从经济特区到自由贸易试验区的稳步推进，新中国特殊经济功能区诠释着中国改革开放路径与对外贸易制度变迁的演绎逻辑。作为中国对外开放的先行区，各类特殊经济功能区相继落地，主导中国对外开放战略持续深化，引领着对外贸易制度由追求规模和数量发展方式向稳抓质量和效益方式转变。经济发展由先富带动后富的错位发展转向缩小地区差距的均衡发展，是新中国特殊经济功能区进一步深化改革开放的发展形势。

第一节　新中国特殊经济功能区的发展及其贸易投资制度

特殊经济功能区是经国家政府部门授权或批准，设立在本国国境内、具备特定经济功能、享受特殊优惠政策的区域。新中国特殊经济功能区是自新中国成立以来设立的特殊经济功能区，包括经济特区、经济技术开发区、国家级新区、保税区、自由贸易试验区（简称“自贸试验区”）等形式。从制度演进脉络来看，总体呈现由贸易投资制度的改革突破口（经济特区）向改革开放进一步推进（国家级新区）和政策洼地（开发区、保税区）迈进，再打造改革开放前沿高地（自由贸易试验区），改革不断深化，开放程度不断提高，贸易投资制度不断完善。

一、新中国经济特区的发展及其贸易投资制度

经济特区是新中国特殊经济功能区的第一种形式，开启了新中国贸易投资制度改革的新征程。国际经验表明，设立经济特区是各国探寻经济发展突破点的重要方式，并且成为全球性的主要实践和共同路径。① 最初，特殊经济功能区带有侵略性，主要是为了实施制度与经济的强制输出。但是，与国际上的特殊经济功能区截然不同，新中国的经济特区主要起源于中国经济体制由计划经济探索向社会主义市场经济改革转轨的关键期②。中国围绕着自身发展重大问题，设立经济特区，探索并制定包含经济、社会制度等内容的重要战略决策。

（一）经济特区的发展历程

中国经济特区诞生于20世纪70年代末，成长于20世纪90年代，在改革

① 袁易明. 中国经济特区建立与发展的三大制度贡献［J］. 深圳大学学报（人文社会科学版），2018，35（4）：31-36.

② 袁易明. 中国经济特区开放发展范式对“一带一路”国家的启示价值［J］. 深圳大学学报（人文社会科学版），2016，33（6）：30-34.

开放40余年中逐步形成具有广泛启示意义的经济发展范式，是中国自主制定方案的重要内容之一。从发展历程来看，经济特区的设立经历了三个不同阶段，俗称经历“三代”：第一代经济特区诞生于建立有计划商品经济制度时期（1979—1992年），为1980年设立的深圳、珠海、汕头、厦门特区和1988年设立的海南岛；第二代经济特区形成于建立社会主义市场经济制度时期（1993—2001年），包括上海浦东新区和滨海新区；第三代是加强市场作用与完善社会主义市场经济制度时期（2002—2017年）设立的新疆喀什特区等。

1. 建立有计划商品经济制度时期设立的经济特区（1979—1992年）

20世纪80年代，中国设立第一代经济特区——深圳、珠海、汕头、厦门、海南五个特区，成为新中国对外开放的突破口，分别对接地理毗邻的中国香港、中国澳门、中国台湾以及其他海外地区。其中，深圳开展与香港的经贸合作，珠海主要负责与澳门的经贸互通，厦门加强海峡两岸的经贸联系，汕头负责对接有着广大潮汕移民的海外地区，海南遥相呼应菲律宾、文莱和马来西亚等东南亚国家。

但是，第一代经济特区并未局限于空间地理区位的选择，而是要通过不断试错为中国改革开放探索实践样本。深圳、珠海、汕头、厦门、海南五个特区作为新中国改革开放的试验田，按照“无论黑猫白猫，抓到老鼠的猫就是好猫”的理念，选择“试验—推广—创新”的渐进式改革路径。第一代经济特区的设立，并非只是推进深圳、珠海、汕头、厦门、海南五个特区的局部区域发展，而是要通过贸易、投资、金融等领域的大胆试验最终形成全国可复制推广的经验，推动中国建立和完善全局性的经济制度。

2. 建立社会主义市场经济制度时期设立的经济特区（1993—2001年）

进入20世纪90年代，中国工业化实践迅速开展，落后面貌基本得到改善，第一代特区政策红利逐渐消失，建立社会主义市场经济制度已成为共识，建设功能型经济特区是主要改革方向。① 第二代经济特区虽然延续了第一代经济特区的地理区位选择逻辑，但并不局限于制度功能，而是更加侧重发展功

① 方宁生. 进入第二代的中国经济特区［J］. 特区经济，1996（9）：10-12.

能。上海浦东新区、天津滨海新区从第一代经济特区的制度功能向发展功能演变，从单项改革转向系统改革，从初步改革向深入、配套、综合、全面方向发展。①

3. 完善社会主义市场经济制度时期设立的经济特区（2002 年至今）

2000 年以后，中国改革开放的范围向纵深发展，越来越多地关注中西部地区社会经济发展中的重要战略问题。第三代经济特区建立于 2000 年以后，以问题为导向，其地理区位选择呈多样性特征。例如，以城乡协同发展为主题的成渝，以资源环境协同发展为主题的武汉—长株潭良性发展试验区，以经济、社会、文化、政治协同发展为主题的新疆喀什特区。②

第三代经济特区建立与发展的依据在于前两代经济特区难以进行针对中西部地区发展过程中矛盾的试验，亟需根据特定区域的具体问题设立经济特区，以探寻解决问题的方向、思路，以及全局性问题、区域性问题的解决路径。

可见，新中国经济特区的发展呈现阶段明显的动态演化过程：在空间区域选择上，由制度试验导向到区域发展导向再到发展问题导向；在期望功能设定上，产生了全局性——战略区域性——特定局部性的变化；从本质内涵上，形成了制度试验——综合实践——路径探索的演进过程。

（二）经济特区的特征

中国不同时期设立的经济特区具有不同的特征。由于第一代经济特区对中国经济体制转变和改革开放具有先导性的重大战略意义和历史影响，通常直接称为新中国经济特区，而随后产生的第二、第三代经济特区通常采用上海浦东新区、天津滨海新区和新疆喀什特区等特定称谓。这里主要探讨第一代经济特区的特征及其贸易投资制度。

1. 经济实力在曲折中快速增长

从图 12-1 中可以看到，五大经济特区的 GDP 快速增长，虽然受到 2008

① 孙长学. 深圳经济特区的体制改革探索及其示范价值 [J]. 改革，2018，291（5）：18-26.

② 袁易明. 中国经济特区的动态演化与实践使命 [J]. 特区实践与理论，2015（4）：46-50.

年经济危机的影响增速稍微有所下降，但是总体增长势头仍然强劲，尤其是深圳，无论 GDP 总量还是增速，深圳都远强于其他四个经济特区。

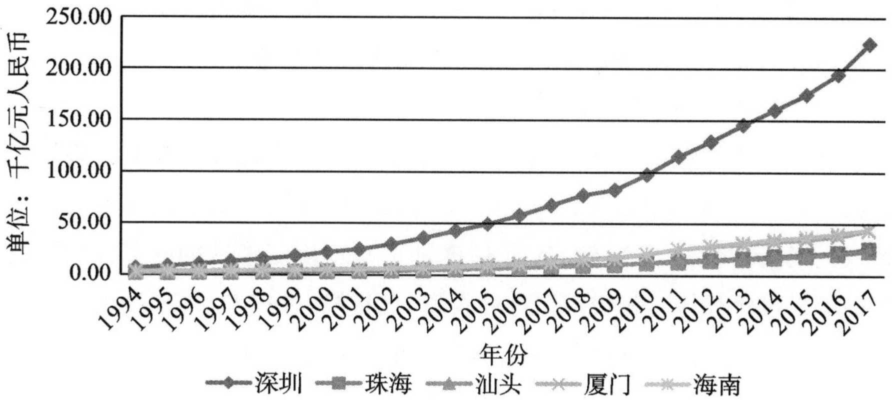

图 12-1　五大经济特区 GDP 增长趋势

数据来源：国家统计局。

2. 产业结构渐趋优化

改革开放以来，五大经济特区的产业结构处于快速优化之中，如图 12-2 所示，第一产业的比重逐步减少，第三产业的比重逐步增加。

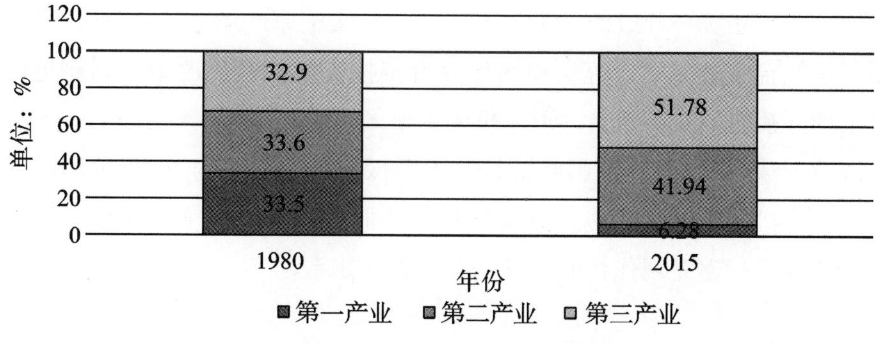

图 12-2　五大经济特区产业结构

数据来源：国家统计局。

3. 形式多样，新旧并存

五大经济特区作为中国首批进行对外开放的排头兵，其发展模式为国家级新区、经济技术开发区、高新技术产业开发区以及自由贸易试验区等特殊功能区的相继设立提供了重要的经验借鉴。在空间布局上，三代经济特区设立呈现由沿海到内陆，从东部向西部逐步深入的过程，形成以点连线、以线带面的宽领域发展路径；在时间演进上，各经济特区体现由注重单一优势集中开发向综合优势集成发展方向转变等多层次发展轨迹。

（三）经济特区的贸易投资制度

中共十一届三中全会提出以经济建设为中心，实行改革开放，确立了经济特区“以经济体制创新为先导，以吸引和利用外资为需求，注重发展外向型经济”的历史使命。经济特区通过推进贸易、投资领域的改革，加快营造良好的贸易投资环境，积极吸引外商投资、引进先进技术和管理经验。

在建立初期，经济特区的各项体制改革集中于土地制度、用工形式和企业所有制等领域，到 20 世纪 90 年代才逐渐扩大到贸易、投资等领域，尤其是中国加入 WTO 以后，经济特区更加重视对接 WTO 的贸易投资规则。

中国经济特区的贸易投资制度主要体现在对入驻区内外资企业和银行实施经营所得和产品进出口税收减免等优惠政策，包括“15%企业所得税优惠税率”“地产地销产品减免税政策”等特区税收优惠政策；对标国际投资贸易规则，探索国际贸易“单一窗口”试点，按照信息互换、监管互认和执法互助的要求，构建统一开放的“大通关”平台；实施原产地签证清单管理制度；开展口岸综合监管方案研究；加快外商直接投资审批制度改革，制定更加开放、与国际接轨的负面清单，形成短清单模式。

改革开放 40 余年，中国经济特区不断探索优惠政策与 WTO 等国际通行规则的兼容机制，逐步从优惠政策优势向体制机制优势转变，对接国际高标准的经贸规则，建立现代化的经济制度和服务体系。

二、新中国经济技术开发区的发展及其贸易投资制度

经济技术开发区是中国吸引投资、增加就业、促进出口和经济增长的重要载体，在发挥窗口、辐射、示范和带动作用等方面效果显著，在促进区域经济发展和产业空间结构演进中发挥着重要作用。经济技术开发区更多发挥

“政策洼地”功能，以政策优惠为主，主要围绕体制机制改革推进贸易投资制度的完善。

（一）经济技术开发区的发展历程

1984 年，邓小平视察深圳、珠海、厦门经济特区后提出进一步开放沿海 14 个港口城市，并在有条件的地方兴办第一批国家级经济技术开发区，推广经济特区的部分特殊政策。

1992 年，邓小平再次视察南方特区并发表重要讲话，提出中国实施扩大开放战略。自此以后，经济技术开发区在地域上从沿海地区逐渐扩展到沿江、沿边和内陆省会城市，在开放领域上从生产领域扩大到金融、贸易等服务领域，逐步形成全方位对外开放态势。

1999 年，中国开始实施西部大开发战略，批准了中西部地区省会、首府城市设立国家级开发区，使国家级开发区和享受国家级开发区政策的工业园区增加到 53 个。

中共十六大以后，特别是科学发展观提出以来，国家级经济技术开发区开始步入科学发展阶段。中国将开发区的发展方针调整为“三为主、二致力、一促进”，即“以提高吸收外资质量为主，以发展现代制造业为主，以优化出口结构为主，致力于发展高新技术产业，致力于发展高附加值服务业，促进国家级经济技术开发区向多功能综合性产业区发展”。

2016 年，中国仅国家级的经济技术开发区已达 219 个，其中东部地区 107 个，中部地区 63 个，西部地区 49 个，区域分布渐趋平衡。

2017 年，中共十九大报告提出，“深化科技体制改革，建立以企业为主体、市场为导向、产学研深度融合的技术创新体系，加强对中小企业创新的支持，促进科技成果转化”。国家级经济技术开发区认真贯彻领会习近平新时代中国特色社会主义思想，大力实施创新驱动发展战略，全面深化改革扩大开放，已经迈出了坚实步伐，取得了转型升级攻坚战的阶段性成果。

（二）经济技术开发区的特征

经济技术开发区是中国经济发展的重要空间载体。实践经验表明，经济技术开发区在产业基础、科技创新、利用外资、对外贸易、生态环保等方面成效显著，并且成为外商投资的热点地区和外贸出口的主力军。① 概括来讲，中国经济技术开发区的特点主要体现在以下几个方面②：

1. 对外开放的主要载体

经济技术开发区作为中国对外开放的前沿，率先融入全球产业分工体系，是中国承接国际产业转移的主要载体。中共十八大召开以来，南通经济技术开发区作为中国最具投资价值的十大开发区之一，实际利用外资年均超过 7 亿美元，累计达 38 亿美元。到 2018 年，开发区内外商投资企业增加到 800 多家，总投资超过 180 亿美元。

2. 经济发展的重要引擎

改革开放 40 余年，国家级经济技术开发区在中国经济增长中扮演着非常重要的角色，地区生产总值、税收收入等主要经济指标保持较快增长速度，并且大多高于全国平均增幅。2016 年，219 家国家级经开区的地区生产总值 8.2 万亿元人民币，同比增长 8.5%，占国内生产总值的 11%。国家级经开区税收收入占所在设区市税收收入的比重为 11%，同比上升 1.4 个百分点。

3. 产业集聚的重要平台

经济技术开发区通常以资金密集型企业和新兴产业为主，产业结构层次相对高于周边地区。依托已有的产业基础和资源禀赋，经济技术开发区积极承接国内外产业转移，产业集聚效应日益明显，形成了以电子信息、汽车、装备制造、化工、食品等产业为主导的产业体系，以及新能源、新材料、生物医药、节能环保等新兴产业集群。例如，截至 2017 年，广西—东盟经济技术开发区已形成食品加工、机械制造、生物医药三大主导产业，并且大力发展节能环保、清洁能源、新材料等产业，建立新材料产业链。

4. 体制改革的试验区域

经济技术开发区积极推进体制机制创新，逐步完善管理模式，逐步优化营商环境。截至 2016 年年末，219 家国家级经济技术开发区中，171 家建立

---

① 张晓平. 中国经济技术开发区的发展特征及动力机制 [J]. 地理研究，2002，21（5）：656-666.

② 国务院办公厅.《关于完善国家级经济技术开发区考核制度促进创新驱动发展的指导意见》解读 [J]. 中国外资，2016（9）：14-19.

了一站式政务服务大厅在线审批平台，147 家通过了 ISO9001 质量管理认证，分别占到全部国家级经济技术开发区的 78%和 67%。

5. 转型发展的示范基地

经济技术开发区加快培育创新主体，大力推动科技创新，成为创新资源的重要载体和高新技术研发及成果转化基地。截至 2016 年年末，国家级经济技术开发区拥有 1. 4 万多家高新技术企业，占全国的 13. 7%；创造高新技术产品进出口贸易额占全国的 24%；培育国家级孵化器和众创空间超过 320 家，仅 2016 年新增发明专利授权就将近 2. 8 万件。经济技术开发区重视创新驱动发展的同时，注重强化节能环保。2016 年，国家级经济技术开发区规模以上工业企业单位工业增加值能耗、水耗和主要污染物排放量均明显好于全国平均水平。截至 2016 年年末，219 家国家级经济技术开发区有超过 1. 1 万家企业通过 ISO14000 认证。

（三）经济技术开发区的贸易投资制度

经济技术开发区的目标是增加区域经济发展总量，积极吸引外资，进一步适应对外开放。改革开放 40 余年来，中国经济技术开发区积极推动体制机制创新，并且在推动贸易投资便利化方面陆续制定了一些政策安排。

1. 深化体制机制改革

（1）加大政府权力下放力度。推行权力清单制度，推进各级行政审批和政务服务平台建设，积极推行网上审批、并联审批和集中审批政策，提高办事效率。

（2）进一步扩大市场准入。实行负面清单管理制度，对接国际通行规则，积极吸引外资。例如，取消或放宽交通运输、商贸物流、专业服务等领域外资准入限制。

（3）强化事中事后监管。转变监管理念，监管方式以抽查为主，通过信息共享加强部门间协同监管，保障投资者合法权益。

（4）探索实行同型经济区管理体制整合模式。打破行政壁垒，对称谓不同、功能相近的经济区域，采取多区融合的行政管理模式，撤并、整合职能相同、相近的行政管理部门，营造区域内简明、便利、通用、高效的体制机制环境。①

（5）推动经济技术开发区立法。明确国家级经济技术开发区管理机构的法律地位、执法主体资格、管理职能、管理权限，赋予开发区管委会对区域内的土地依法进行管理的权力。

2. 制定金融财政政策

（1）提供融资便利。做优做强投融资平台，提供园区开发建设资金保障。支持符合条件的国家级经济技术开发区开发、运营企业上市和发行债券。引导经济技术开发区整合政策性金融、开发性金融中长期融资优势和投资、贷款、债券、租赁、证券等综合金融服务优势，加快区内主导产业发展和城市地下综合管廊等基础设施建设。

（2）强化财政支持。政府财政直接投入基础设施建设，以支持经济技术开发区内高新技术产业发展。制定投资于经济技术开发区的企业所得税减免政策，对区内部分高新技术企业在生产经营或限价经营过程中给予价格补贴，或对经营亏损企业给予一定幅度的亏损补贴。

3. 优化产业政策

（1）扶持区内企业提升自主创新能力。支持企业高新技术的研究开发，技术引进、革新，以及确立技术标准。扶持企业设立研发中心，着重提升企业原始创新能力、集成创新能力和引进消化吸收再创新能力。努力推动引进外资、引进技术与自主创新相融合。

（2）不断完善知识产权保护。推进专利法等相关法律法规的修订工作，提高知识产权侵权法定赔偿上限。严厉打击侵权假冒行为，加大对知识产权侵权违法行为的惩治力度。

4. 完善公共服务

（1）创新公共服务平台建设。建设有助于企业研发的孵化器及相关公共服务平台；引进第三方公共服务检测平台；加大科教文卫、社区服务和公共交通等生活公共服务配套的建设力度。

---

① 张俊. 改革创新行政体制机制　再造开发区发展新优势 [J]. 中国行政管理，2016（1）：150-152.

（2）完善基础设施建设。积极完善区域道路交通、供水、供气、供电、通信、网络等公用服务设施，推动中国物流网络建设与跨国企业投资要求相适应，以及完善配套生活设施和公共管理服务系统。

三、浦东新区的发展及其贸易投资制度

浦东新区是中国设立的第一个国家级新区，也是由国务院批准设立的以相关行政区、特殊功能区为基础，承担着重大发展和改革开放战略任务的综合功能区。浦东新区围绕国际金融中心和国际航运中心的功能定位大胆改革探索，成为中国全面深化改革开放的先锋，在贸易监管、投资管理等领域的改革探索取得了一定的成绩，为中国深化贸易投资制度改革贡献了鲜活的样本。

（一）浦东新区的发展历程

1990 年，随着改革开放的推进，党中央决定进一步开发开放上海浦东。1992 年，党中央确定了浦东新区“一个龙头，三个中心”的国家战略目标地位。2005 年，国务院批准在浦东新区进行国家首个综合配套改革试点，上海市委、市政府明确了浦东新区“一个作用、三个区”的功能定位，标志着浦东改革开放进入了新阶段。2013 年，中国（上海）自由贸易试验区（简称“上海自贸试验区”）在浦东新区挂牌成立，着力推进投资、贸易、金融、事中事后等领域的制度创新。随着经济持续快速地发展，浦东新区逐步建立了外向型、多功能、现代化的新城区框架，并且形成了以服务经济为主体的产业结构和创新驱动为主导的发展模式，是促进上海经济快速发展的重要驱动力。

自浦东新区成立以来，经济保持持续快速发展的势头。1990—2016 年，浦东新区国内生产总值由 60.24 亿元人民币上升至 8 731.84 亿元人民币，GDP 占上海市的比重由 8.3%上升至 31.8%（图 12-3）。全社会固定资产投入额由 1993 年的 164.56 亿元上升至 2016 年的 1 825.74 亿元（图 12-4）。随着改革开放的持续深入，浦东新区不断加大改革开放力度，探索发展了上海自

贸试验区和“四个中心”，即金融中心、航运中心、贸易中心和科创中心。

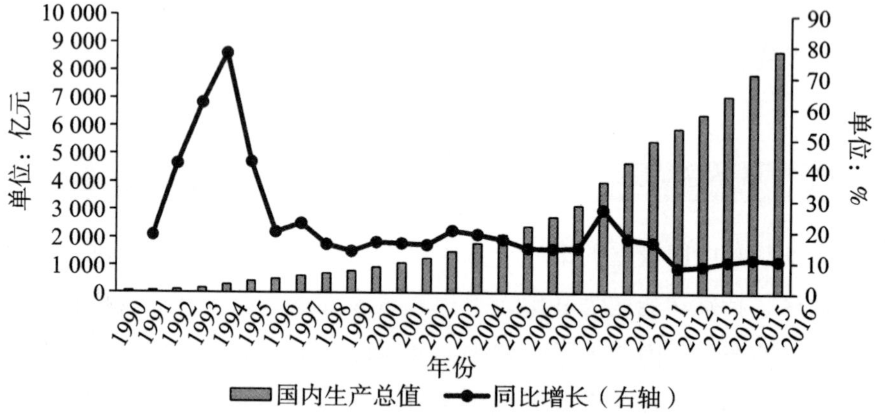

图 12-3 浦东新区国内生产总值及增速

数据来源：国家统计局。

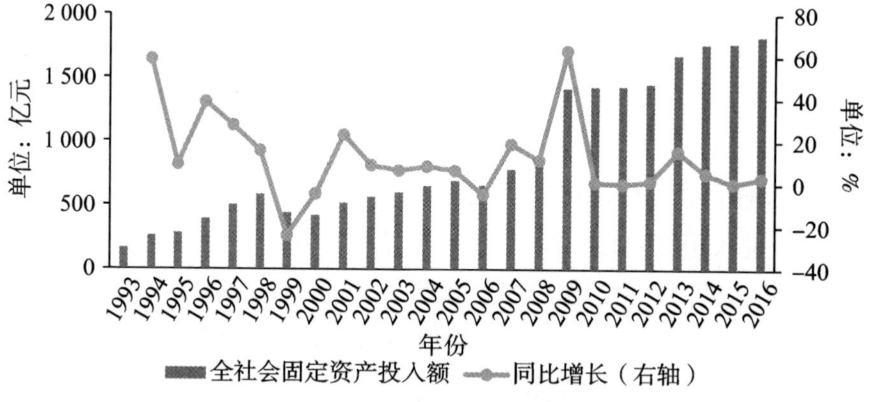

图 12-4 浦东新区全社会固定资产投入

数据来源：《上海浦东新区统计年鉴》。

（二）浦东新区的特征

1. 始终体现发展战略内涵的系统性

浦东新区开发开放 28 年来，其战略与建设中国特色社会主义的需要密切联系在一起，与中国融入经济全球化的过程密切联系在一起，与中国探索工业化与城镇化发展模式密切联系在一起，与长江流域的经济发展密切联系在一起。浦东新区一直是市场监管、知识产权两个“三合一”等重点改革领域的领头羊。例如，全力打造高度开放的自由贸易试验区，着重在投资、贸易、金融、事中事后等领域进行制度创新；全面贯彻国家创新驱动发展战略，率先出台“科创中心核心功能区 2020 行动方案”；围绕产城融合、人才建设、功能创新、制度创新、科研结果转化等方面，推动张江从高科技园区向科技城转型升级。

2. 形成以服务经济为主的产业结构

在国家级新区中，目前只有浦东新区已经形成以服务经济为主的产业结构。第三产业成为拉动浦东新区经济发展的主导力量，占浦东新区地区生产总值的比重已经超过第一产业和第二产业。在“十二五”期间，第三产业增长值占浦东新区 GDP 比重持续上升，到 2010 年为 56. 1%，而 2015 年则上升至 72%，超出 2010 年约 16 个百分点（图 12-5）。

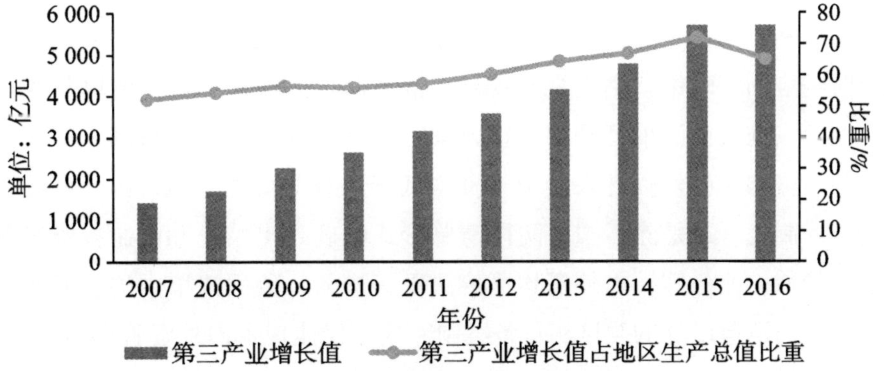

图 12-5　浦东新区第三产业增长值

数据来源：《上海浦东新区统计年鉴》。

3. 突出发展重点区域，优化完善生产力布局

28 年来，浦东新区肩负着国家战略的历史使命、龙头功能、窗口作用。结合区域特点和优势，重点建设发展了陆家嘴金融贸易区、金桥经济技术开发区、张江高科技园区、保税区、国际旅游度假区、临港地区、世博前滩地区、航空城。依托一批功能各异、特色鲜明的国家级开发区和一批功能性、

重量级的大项目，不断优化完善生产力布局，积极促进城市功能的转型和提升，有力地推动了上海“四个中心”建设，发展形成了陆家嘴、金桥、张江等成熟区域，并不断强化主导功能、完善配套功能，增加公共空间、提升文化内涵。

（三）浦东新区的贸易投资制度

浦东新区开创性地探索并试点“土地实转、资金空转”的土地开发模式、生产要素市场化配置、服务业领域对外开放、改革行政审批制度以及推动自由贸易试验区。浦东新区的改革逻辑从要素领域到体制机制再到贸易投资领域，为全国全面深化改革和扩大开放探路。浦东新区的贸易投资制度主要体现在2013年上海自贸试验区设立后围绕贸易监管、投资管理等领域的制度创新举措。

1. 持续深化以负面清单管理为核心的投资管理制度创新

2015年10月15日，国务院印发并对外公布《国务院关于实行市场准入负面清单制度的意见》，全国实施外商投资设立及变更备案管理模式。浦东新区及时响应国家政策，率先全面实行“准入前国民待遇加负面清单”管理制度，制定实施负面清单管理的具体方案。一是对外商投资试行准入前国民待遇，即引资国应就外资进入给予外资不低于内资的待遇，实行内外资统一的市场准入制度。二是除了国务院以清单形式明确列出禁止和限制投资经营的行业、领域、业务等，内外资均可依法平等进入，负面清单内的领域实行审批制、负面清单以外的领域实行备案制。这不仅体现了内外资管理的一致性，还增强了投资领域的透明度。三是持续深化以负面清单管理为核心的境外投资管理方式创新，完善境外投资备案管理制度，进一步推进境外投资便利化。

2. 积极探索以贸易便利化为重点的贸易监管制度

浦东新区致力于推动自贸试验区成为企业走出去的平台，坚持创新贸易监管、贸易流通等制度框架，切实提高事中事后监管的针对性、有效性，持续“一线放开、二线安全高效管住、区内自由”的贸易监管制度改革。建立健全企业信用档案，实施以企业信誉评级制度为核心的差别化监管制度，促进完善行业信用体系。加快实施货物状态分类监管模式，主动适应物流、加工等不同类型企业和各类新兴业态的发展需求，扩大试点范围和增加试点类型。尽量简化贸易投资过程中的监管流程，积极探索贸易监管制度创新，创建具有国际先进水平的贸易监管制度。

3. 形成并不断创新国际贸易“单一窗口”监管服务模式

上海国际贸易“单一窗口”由上海市口岸办牵头，并且在保税区内率先实行。在口岸监管和国际贸易管理各环节，贸易运输企业可通过“单一窗口”向监管部门一次性提交申报，监管部门通过“单一窗口”向企业反馈共享结果信息，实现一站式互联互通。上海“单一窗口”在国内首创货物报关报检大表录入方式，实现了申报模式的改革创新。2013—2018 年，“单一窗口”模式进行过三次升级，目前 3.0 版已上线运行，实现了仓储物流企业货物状态分类监管。

四、滨海新区的发展及其贸易投资制度

滨海新区依托京津冀、服务环渤海、辐射“三北”、面向东北亚，致力于建设成为中国北方对外开放的门户、高水平的现代制造业和研发转化基地、北方国际航运中心和国际物流中心。滨海新区在深化贸易投资制度改革尤其是促进投资和贸易便利化方面，为新中国贸易投资制度变迁贡献了丰富的改革经验。

（一）滨海新区概况

滨海新区位于天津东部沿海，地处环渤海经济带和京津冀城市群的交汇点，是亚欧大陆桥最近的东部起点。目前，滨海新区下辖开发区、保税区、高新区、东疆保税港区、生态城 5 个经济功能区，内陆腹地广阔，辐射西北、华北、东北，优越的地理位置与良好的基础设施建设使之成为连接国内外、联系南北方的重要枢纽。自成立以来，滨海新区的经济实力不断增强。1994—2004 年，地区生产总值由 168.66 亿元增加到 1 250.18 亿元，再到 2014 年地区生产总值增加到 8 760.15 亿元，可见滨海新区经历了二十多年的经济腾飞时期。而从地区生产总值的同比增速来看，在 2012 年之前，滨海新

区的经济发展平稳，增速都保持在20%左右（图12-6），之后几年经济增速逐渐放缓。

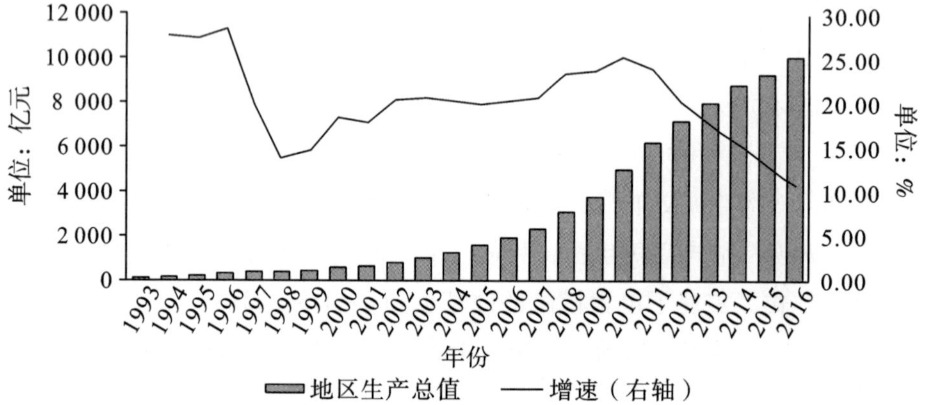

图12-6　滨海新区地区生产总值变化

数据来源：天津市滨海新区统计局。

（二）滨海新区的发展历程

1984年，天津被批准成为首批对外开放城市。经中央批准，天津经济技术开发区作为第一批国家级经济技术开发区在天津东部沿海建立。作为国内最大人工港，天津港的区位优势愈发明显，港口附近的产业集聚逐渐形成。

1986年，《天津市城市总体规划方案（1986—2000）》明确提出天津“两极一轴”的空间结构。“两极”即市区和滨海地区，“一轴”即海河，与近郊的卫星城镇及远郊县镇组成规模不等、功能不同、布局合理的卫星城镇。与此同时，市区原有工业开始转向港口，强化了港口的转运职能，推动形成了港城互动的经济模式。1994年，滨海新区正式成立，天津市委、市人民政府提出“用十年左右时间基本建成滨海新区”的要求，并且计划到2010年，把滨海新区建设成为中国北方经济发展的龙头。港区的扩张引发了周边地区的资源集聚效应，大大提升了滨海新区在整个区域中的经济地位。

2005年10月，中共十六届五中全会通过“十一五”规划，把滨海新区正式纳入国家发展战略。2006年5月，国务院颁布《国务院关于推进天津滨海新区开发开放有关问题的意见》，批准滨海新区为国家综合配套改革试验区，明确了滨海新区的发展目标和功能定位：依托京津冀、服务环渤海、辐射“三北”、面向东北亚，努力建设成为中国北方对外开放的门户、高水平的现代制造业和研发转化基地、北方国际航运中心和国际物流中心，逐步成为经济繁荣、社会和谐、环境优美的宜居生态型新城区。

2014 年 12 月，滨海新区获批自由贸易试验区，积极承担制度创新工作，新形势下发挥先行先试优势，抢抓深化改革开放发展的重要“窗口期”，以开放的视野追求全面高质量发展，融入“一带一路”建设。

（三）滨海新区的贸易投资制度

近年来，滨海新区积极开展综合配套改革试验，在汇聚资源、扩大对外开放等方面先行先试了一些重大举措，推出“促进投资和贸易便利化”相关举措，努力发挥增长极的辐射带动作用。

1. 完善涉外经济体制

滨海新区依托东疆保税港区的龙头作用，不断深化涉外经济体制改革，促进贸易投资便利化。例如，滨海新区实行国际船舶登记制度、国际航运税收、国际金融业务和租赁业务试点；天津海关出台保税货物自行运输、统一备案清单、内销选择性征税等支持政策。在检验检疫方面，第三方检验结果采信、检验检疫通关无纸化、动植物及其产品检疫审批负面清单等 12 条新政策，为滨海新区外贸货物通关过检提供更加便捷的通道。与此同时，创新型贸易模式也在滨海新区得到广泛运用。东疆进口商品直营中心已在全国授权设立 30 家，覆盖中国华北、西北、华东、西南等地区。东疆保税港区成为中国唯一经国务院批准享受汽车转口贸易进区保税政策的区域，区内平行汽车可享受 3 个月保税仓储。这些体制改革促进了国际中转、国际转口贸易和进出口加工的发展，也吸引了更多的外商直接投资进入。

2. 金融创新助推投资便利化

滨海新区围绕促进投资、聚集资源等方面积极开展金融创新。在融资租赁业方面，滨海新区不断深化发展，推动租赁产业创新和落地。在股权投资基金发展方面，滨海新区设立了全国第一支渤海产业投资基金，并且成立了滨海国际股权交易所、股权投资基金协会以及为中小企业服务的“创投之家”

等第三方服务机构。在外汇管理体制方面，开展了小额归还特许业务试点、进口付汇核销与外资小额贷款公司资本金结汇试点、放宽个人持有境外上市公司股权外汇管理等业务。这些创新较好地发挥了金融支持经济增长和促进结构调整的先导作用，提高了贸易投资便利水平，进而推动了滨海新区的经济发展。

五、保税区的发展及其贸易制度

保税区是经国务院批准设在中国境内的、由海关实施封闭监管的特定区域。[①] 中国保税区侧重于贸易监管制度，是在借鉴国际上通行的自由贸易区做法的基础上，结合中国国情形成的对外贸易特殊监管区域，属于“有限的自由贸易区”[②]。保税区有狭义和广义之分，狭义的保税区主要指保税仓库区，广义的保税区除包括保税仓库区，也涵盖综合保税区、保税港区和保税物流园区等海关特殊监管区域，本部分主要探讨广义的保税区。

（一）保税区概况

保税区通常具有国际贸易、出口加工和保税仓储三大功能。目前中国保税区功能由传统“保税仓储”向“现代物流”转变，且后者逐步成为主导方向。随着经济全球化的深入推进，中国保税区积极参与全球价值链分工，形成包括国际贸易、转口贸易、过境贸易和区内贸易等多种形式的贸易活动。由于保税区与出口加工区在出口加工功能方面有一定的重合，当前两者竞争愈加激烈。

综合考量保税区的开放层级和功能定位，将保税区从低到高划分为四种类型，具体如下：

（1）保税仓库区

保税仓库区，也即狭义的保税区，是由中国海关批准设立，受中国海关监督和管理且能较长时间存储商品的海关特殊监管区域，是保税制度的一种

① 张皖生. 海关保税监管［M］. 北京：中国海关出版社，2010：135.

② 杨建文，陆军荣. 中国保税港区：创新与发展［M］. 上海：上海社会科学院出版社，2008：14.

应用形式。保税仓库专门用于存放保税货物及未办结海关手续的货物，有公用型保税仓库和自用型保税仓库之分。

（2）保税物流园区

保税物流园区是指经国务院批准，在保税区规划面积或者毗邻保税区的特定港区内设立的、专门发展现代国际物流业的海关特殊监管区域。保税物流园区是依托“区港联动”发展现代国际物流业的一类海关监管区，有机整合港区优势形成良性互动。在发展现代物流业上同保税物流园区类似的区域——保税物流中心（A、B型）实质上属于保税监管场所，在区位上对“区港联动”的保税物流园区向内陆和不具备“区港”条件地区进行弥补和延伸。

（3）保税港区

保税港区是指经国务院批准，设立在国家对外开放的口岸港区和与之相连的特定区域内，具有口岸、物流、加工等功能的海关特殊监管区域，是目前国内开放层次最高、政策最优惠、功能最齐全的特殊监管区。保税港区的设立有机整合了保税区、出口加工区的政策、功能优势和港区的区位优势，实现“区港一体”发展。中国于2005年批准设立第一个保税港区——上海洋山保税港区。

（4）综合保税区

综合保税区是设立在内陆的具有保税港区功能的海关特殊监管区域，尽管区位差异的影响使两者具体监管模式略有不同，但两者都属于目前国内开放层次较高、政策较优惠、功能较齐全的海关特殊监管区域，共同肩负着中国进一步对外开放的责任。中国于2006年批准设立了第一个综合保税区——苏州工业园综合保税区。

（二）保税区的发展历程

自1990年国务院批准设立上海外高桥保税区以来，中国已设立112个保税区（四类），包括综合保税区84个，保税港区14个，保税物流园区4个，保税区10个。[①] 根据中国保税区的功能集成和完善情况，将保税区发展历程

① 资料来源：中华人民共和国海关总署办公厅官网，http://www.customs.gov.cn。

分为以下四个阶段：

1. 单一功能的探索阶段（1990—1997 年）

这一时期的保税区处于探索初期，功能定位尚不够清晰，但在国际贸易和出口加工功能方面初显发展势头。由于港口吞吐量不足、国际航线缺乏，保税区依托港口发展国际贸易优势有限，进出口贸易总额不大。出口加工成为该时期的发展主流，尤其是 1997 年区外企业进口设备不免税的规定为出口加工赢得良好发展契机。

2. 多元发展的拓展阶段（1998—2006 年）

1998 年以后，随着港口的兴起和发展，大多数保税区开始发展现代物流和保税仓储产业，区内产业结构加快调整，各保税区根据自身特色有所侧重地拓展部分或全部功能，总体由单一的出口加工为主逐步转变为综合功能开发为主的多元化发展态势。2003 年，国务院正式批复同意上海外高桥保税区和外高桥港区联动试点，发展现代国际物流产业，形成港区良性互动。

3. 功能整合的转型阶段（2007—2012 年）

2007 年全国保税区规范管理与发展部际联席会议的召开，为保税区下一步发展提供了思路和模式，通过将保税区纳入区域发展框架进行总体规划，对保税区的功能定位进行再思考，积极探索保税区向自由贸易区转型的条件和路径。这一时期保税区发展注重强化国际贸易对开放型经济的引领作用，推动依靠比较优势的出口导向型模式向具备竞争优势的贸易平衡战略模式转变。①

4. 体制创新的协同阶段（2013 年至今）

2013 年，国务院批准设立了中国第一个以制度创新为核心，以可复制推广为基本要求的自由贸易试验区——上海自贸试验区，为保税区发展提供多项可复制推广制度经验，使得保税区改革创新活力迸发。自贸试验区借助保税区区位、功能优势，形成在政府职能转变、贸易投资等方面的监管制度创新，为保税区业务开展提供新思路和新方法，不断完善制度保障，积极营造

---

① 胡侠参. 发挥保税区功能 推进宁波进口贸易转型升级［J］. 港口经济，2013（11）：33-36.

更加优质的营商环境，协同推进中国深化改革和扩大开放。

（三）保税区的贸易制度安排

第一，实施封闭式管理。遵循“一线放开、二线管住”的原则，保税区与非保税区有严格清晰的界限，一般在保税区内建立有卡口、物理围网进行阻隔，防止货物在保税区与非保税区间无限制流动。

第二，实行“境内关外”运作方式。由海关在中国境内划出一个特殊区域，货物从境外进入保税区视同进口，货物从境内关外进入保税区视同出口。保税区货物享有关税豁免和简化海关监管等优势，尤其是中国保税区具备保税优势，保留对国外货物入区时征收关税的权利，对未确定最终流向的货物暂缓征收关税，有利于加快货物流转，更加方便货物进出。

第三，采取功能拉动型发展模式。中国保税区同经济特区、经济开发区和高技术产业区等一样，均是中国对外开放的一种具体形式。然而，中国保税区受海关监管且肩负向自由贸易区转型的历史使命，在发展模式上应摒弃一味地由国家优惠政策驱动经济发展，而更多依靠功能定位和制度创新提升国际竞争力，为经济特区、经济开发区乃至全国经济发展创造优质的营商环境，成为开放型经济发展新的增长极。自 2013 年设立自贸试验区以来，根据国家对保税区和自贸试验区发展总体要求及战略部署，中国保税区积极对接自贸试验区发展，复制推广自贸试验区成熟经验，陆续推出国际贸易“单一窗口”“批次进出、集中申报”“保税展示交易”“通报、通检、通放”一体化等改革事项，极大集成和推进国际贸易制度创新，不断完善国际贸易服务体系。

第二节　新中国自由贸易试验区的发展及其贸易投资制度

有别于其他特殊经济功能区作为改革突破口或政策洼地，自贸试验区是新时代中国主动适应国际经贸规则变迁，瞄准国内经济发展面临的深层次矛盾，贯彻落实创新、协调、绿色、开放、共享的新发展理念，以制度创新为核心，以可复制可推广为基本要求，以推进供给侧结构性改革为主线，在境内自主深化投资、贸易、金融等领域改革开放和推动区域协调发展的开发开放型综合试验平台，致力于探索形成面向全球的高标准贸易投资制度。

一、新中国自由贸易试验区的发展概况

（一）自由贸易试验区的建设背景

2008 年国际金融危机以来，“逆全球化”思潮涌动，单边保护主义抬头，贸易摩擦频繁。美国放弃 WTO 多边谈判，转向更高标准的双边、区域投资贸易体制，引发各国之间激烈的规则博弈，进而导致大量的双边贸易协定交织在一起呈现“意大利面碗”特征，并涌现出 TPP、TTIP、TISA 等新型区域贸易投资协定。与此同时，中国进入改革攻坚期和深水区，土地、劳动力等资源要素的成本优势逐步弱化，市场体系不完善、政府行政效率偏低等引发的制度性交易成本却居高不下，这极大影响了中国经济增长的动力。由此，中国亟待加快构建法治化、国际化、便利化营商环境，进一步深化改革挖掘动能，扩大开放激发活力，形成全面开放新格局。

（二）自由贸易试验区的功能定位

国际经贸规则重构和营商环境优劣竞争，实质都是规则之争。为了有效适应新形势变化，在全球治理格局重构中赢得先机，中国主要采取两项战略举措：一是提出“一带一路”倡议，力求突破以发达国家为主导的全球治理体系，倡导深度融合、互利共赢，构建广泛利益共同体；二是加快实施自由

贸易区战略，并将自贸试验区作为其保障体系的一部分，鼓励自贸试验区先行先试，承担中国深化改革和扩大开放的压力测试功能，也为中国积极参与双边、区域贸易投资协定谈判积累经验。

自贸试验区设立，从沿海地区逐步延伸到中西部内陆地区，从改革的碎片化创新到集成化创新，致力于服务“一带一路”建设、京津冀协同发展、长江经济带发展、西部大开发等国家战略，通过点线面相结合，形成陆海内外联动、东西双向互济的对外开放新格局。

（三）自贸试验区的发展历程及现状

设立自贸试验区是党中央、国务院在新形势下做出的重大决策。截至2019年8月底，中国自贸试验区已经形成“1+3+7+1+6”的空间布局。根据自贸试验区的设立及其向全国复制推广改革试点经验的情况，中国自贸试验区的实施范围由小到大、由东部到中西部，改革任务不断深化，开放程度不断提高。总体发展历程可分为以下三个阶段：

1. 自贸试验区1.0版（2013—2015年）

2013年9月，为适应国际经贸规则变化，中国第一个自贸试验区成立，坐落在开放最前沿的上海，以28.78平方千米承载着“国家试验田”的重要使命，开启了开放倒逼改革的新征程。自2013年9月设立至2015年4月底扩区的上海自贸试验区，是自贸试验区1.0版，对接长江经济带发展，主要承担国际经贸规则探索和对外开放风险压力测试的试验任务。

经过历时一年多的制度创新探索，上海自贸试验区取得阶段成效。2015年1月29日，国务院印发《国务院关于推广中国（上海）自由贸易试验区可复制改革试点经验的通知》，将上海自贸试验区在贸易、投资等领域的制度创新经验开始向全国复制推广。自设立以来，上海自贸试验区以简政放权、放管结合的制度创新为核心，加快政府职能转变，探索体制机制创新，在建立以负面清单管理为核心的外商投资管理制度、以贸易便利化为重点的贸易监管制度、以资本项目可兑换和金融服务业开放为目标的金融创新制度、以政府职能转变为核心的事中事后监管制度等方面，形成了一批可复制、可推广的改革创新成果，参见表12-1。

表 12-1 国务院推广上海自贸试验区可复制改革试点经验（2013—2015 年）

改革类别	改革事项	负责部门	推广范围
投资管理（9 项）	企业设立实行“单一窗口”	各省（区、市）人民政府	全国
	外商投资广告企业项目备案制	工商总局	
	涉税事项网上审批备案	税务总局	
	税务登记号码网上自动赋码		
	网上自主办税		
	纳税信用管理的网上自动赋码		
	组织机构代码实时赋码	质检总局	
	企业标准备案管理制度创新		
	取消生产许可证委托加工备案		
贸易便利化（5 项）	全球维修产业检验检疫监管		
	中转货物产地来源证管理		
	检验检疫通关无纸化		
	第三方检验结果采信		
	出入境生物材料制品风险管理		
海关监管制度创新（3 项）	期货保税交割海关监管制度	海关总署	海关特殊监管区域
	境内外维修海关监管制度		
	融资租赁海关监管制度		
检验检疫制度创新（3 项）	进口货物预检验	质检总局	
	分线监督管理制度		
	动植物及其产品检疫审批负面清单管理		

从表 12-1 可见，上海自贸试验区的贸易投资制度创新包括外商投资广告企业项目备案制、涉税事项网上审批备案、税务登记号码网上自动赋码、网上自主办税、纳税信用管理的网上信用评级、组织机构代码实时赋码、企业标准备案管理制度创新、取消生产许可证委托加工备案、企业设立实行“单一窗口”等投资管理领域的改革经验 9 项；全球维修产业检验检疫监管、中转货物产地来源证管理、检验检疫通关无纸化、第三方检验结果采信、出入境生物材料制品风险管理等贸易便利化领域的改革经验 5 项。在海关特殊监

管区域复制推广的经验共 6 项，其中，海关监管制度创新成果 3 项，包括期货保税交割海关监管制度、境内外维修海关监管制度、融资租赁海关监管制度等措施；检验检疫制度创新成果 3 项，涵盖进口货物预检验、分线监督管理制度、动植物及其产品检疫审批负面清单管理等措施。

2. 自贸试验区 2.0 版（2015—2017 年）

2015 年 4 月，上海自贸试验区扩区，广东、天津、福建自贸试验区统一揭牌，至此自贸试验区建设进入 2.0 版，实施范围大约 120 平方千米，试验版图拓展到东部三个沿海省市，对接长江经济带、京津冀协同发展、粤港澳深度合作、两岸经济合作，改革任务不断深化，对外开放程度逐步提高，如投资管理制度由正面清单和审批管理转向负面清单和备案管理，贸易管理制度逐步实现一线放开、二线管住、区内不干预的国际公认标准规范。

2016 年 11 月 10 日，国务院印发《国务院关于做好自由贸易试验区新一批改革试点经验复制推广工作的通知》，总结上海自贸试验区扩区和天津、广东、福建自贸试验区运行一年来在投资、贸易、金融、事中事后监管等方面取得的改革创新成果，参见表 12-2。其中，在全国范围内复制推广的改革事项 12 项，包括"负面清单以外领域外商投资企业设立及变更审批改革""税控发票领用网上申请""企业简易注销"等投资管理领域的改革经验 3 项和"依托电子口岸公共平台建设国际贸易单一窗口，推进单一窗口免费申报机制""国际海关经认证的经营者（AEO）互认制度""出境加工监管""企业协调员制度""原产地签证管理改革创新""国际航行船舶检疫监管新模式""免除低风险动植物检疫证书清单制度"等贸易便利化领域的改革经验 7 项。

2017 年 7 月 26 日，国务院公布了自贸试验区第三批改革试点经验，参见表 12-3。上海、广东、福建、天津 4 省市和有关部门按照党中央、国务院部署，持续加快政府职能转变，探索体制机制创新，主动服务国家战略，加大压力测试和风险防控，推动自贸试验区在投资、贸易、金融等方面大胆探索，包括"会展检验检疫监管新模式""海事集约登轮检查制度"等贸易便利化改革事项 2 项和"市场主体名称登记便利化改革"等投资管理领域改革试点经验 1 项，将向全国范围内复制推广。

表 12-2 国务院推广四个自贸试验区可复制改革试点经验（2015—2016 年）

改革类别	改革事项	负责部门	推广范围
投资管理（3 项）	负面清单以外领域外商投资企业设立及变更审批改革	商务部	全国
	税控发票领用网上申请	税务总局	
	企业简易注销	工商总局	
贸易便利化（7 项）	依托电子口岸公共平台建设国际贸易单一窗口，推进单一窗口免费申报机制	海关总署	
	国际海关经认证的经营者（AEO）互认制度		
	出境加工监管		
	企业协调员制度		
	原产地签证管理改革创新	质检总局、海关总署	
	国际航行船舶检疫监管新模式	质检总局	
	免除低风险动植物检疫证书清单制度		
海关监管创新（7 项）	入境维修产品监管新模式	商务部、海关总署、质检总局、环保部	全国海关特殊监管区域
	一次备案，多次使用	海关总署	
	委内加工监管		
	仓储货物按状态分类监管		
	大宗商品现货保税交易		
	保税展示交易货物分线监管、预检验和登记核销管理模式	质检总局	
	海关特殊监管区域间保税货物流转监管模式	海关总署	实行通关一体化的海关特殊监管区域

表 12-3 国务院推广四个自贸试验区可复制改革试点经验（2016—2017 年）

改革类别	改革事项	负责部门	推广范围
贸易便利化（2 项）	会展检验检疫监管新模式	质检总局	全国
	海事集约登轮检查制度	交通运输部	
投资管理（1 项）	市场主体名称登记便利化改革	工商总局	

3. 自贸试验区 3.0 版（2017—2019 年）

2017 年 4 月 1 日，辽宁、浙江、河南、湖北、重庆、四川、陕西自贸试验区正式挂牌，至此，自贸试验区 3.0 版形成。自贸试验区建设由东部向中西部拓展，兼顾东北振兴、中部崛起、西部大开发等区域发展战略，其中，东部沿海自贸试验区 6 个，涵盖上海、天津、广东、福建、浙江、辽宁自贸试验区；内陆自贸试验区 5 个，包括中部地区的湖北、河南自贸试验区 2 个和西部地区的四川、重庆、陕西自贸试验区 3 个。自贸试验区 3.0 版在 2.0 版本基础上更加强调区域协调发展，对内、对外开放不断深化，改革开放向纵深发展，更加注重改革的系统集成，致力于加快探索形成更多差异化的制度创新成果。

经过 1 年多的改革探索，国务院于 2018 年 5 月 23 日公布了自由贸易试验区向全国复制推广的第四批改革试点经验，参见表 12-4。中国 11 个自贸试验区所在省市和有关部门结合各自贸试验区功能定位和特色特点，加快推进贸易投资制度创新实践，形成 17 项可复制推广经验。其中，“跨部门一次性联合检查”“保税燃料油供应服务船舶准入管理新模式”“先放行、后改单作业模式”“铁路运输方式舱单归并新模式”“海运进境集装箱空箱检验检疫便利化措施”“入境大宗工业品联动检验检疫新模式”“国际航行船舶供水‘开放式申报+验证式监管’”“进境保税金属矿产品检验监管制度”“外锚地保税燃料油受油船舶‘申报无疫放行’制度”等贸易便利化领域共计 9 项；“船舶证书‘三合一’并联办理”“国际船舶登记制度创新”“对外贸易经营者备案和原产地企业备案‘两证合一’”“低风险生物医药特殊物品行政许可审批改革”“一般纳税人登记网上办理”“工业产品生产许可证‘一企一证’改革”等投资管理领域试点经验共计 6 项；“海关特殊监管区域‘四自一简’监管创新”“‘保税混矿’监管创新”等在海关特殊监管区域复制推广的试点经验共计 2 项。

表 12-4 自由贸易试验区第四批改革试点经验复制推广（2017—2018 年）

类型	改革事项	负责单位	推广范围
投资管理领域	船舶证书“三合一”并联办理	交通部运输部	全国
	国际船舶登记制度创新	交通部运输部	
	对外贸易经营者备案和原产地企业备案“两证合一”	商务部、海关总署、中国贸促会	
	低风险生物医药特殊物品行政许可审批改革	海关总署	
	一般纳税人登记网上办理	税务总局	
	工业产品生产许可证“一企一证”改革	国家市场监督管理总局	
贸易便利化领域	保税燃料油供应服务船舶准入管理新模式	交通部运输部	
	跨部门一次性联合检查	海关总署	
	先放行、后改单作业模式	海关总署	
	铁路运输方式舱单归并新模式	海关总署	
	海运进境集装箱空箱检验检疫便利化措施	海关总署	
	入境大宗工业品联动检验检疫新模式	海关总署	
	国际航行船舶供水“开放式申报+验证式监管”	海关总署	
	进境保税金属矿产品检验监管制度	海关总署	
	外锚地保税燃料油受油船舶“申报无疫放行”制度	海关总署	
海关监管创新	海关特殊监管区域“四自一简”监管创新	海关总署	全国海关特殊监管区域及保税物流中心
	“保税混矿”监管创新	海关总署	
	先出区、后报关	海关总署	

2019 年 4 月 14 日，国务院公布了自由贸易试验区向全国复制推广的第五批改革试点经验，参见表 12-5。各自贸试验区结合自身的功能定位和特色特点，积极推进改革探索，形成 18 项可复制推广经验。其中，投资管理领域涉及“公证‘最多跑一次’”“自然人‘一人式’税收档案”“网上办理跨区域涉税事项”“优化涉税事项办理程序，压缩办理时限”“企业名称自主申报制度”5 项；贸易便利化领域涵盖“海运危险货物查验信息化，船舶载运危险

货物及污染危害性货物合并申报”“国际航行船舶进出境通关全流程‘一单多报’”“保税燃料油跨港区供应模式”“海关业务预约平台”“生产型出口企业出口退税服务前置”“中欧班列集拼集运模式”6项；事中事后监管措施包括“审批告知承诺制、市场主体自我信用承诺及第三方信用评价三项信用信息公示”“公共信用信息‘三清单’（数据清单、行为清单、应用清单）编制”“实施船舶安全检查智能选船机制”“进境粮食检疫全流程监管”“优化进口粮食江海联运检疫监管措施”“优化进境保税油检验监管制度”6项；以及在自贸试验区复制推广的改革1项。

表12-5 自由贸易试验区第五批改革试点经验复制推广（2019年）

类型	改革事项	负责单位	推广范围
投资管理	公证“最多跑一次”	司法部	全国
	自然人“一人式”税收档案	税务总局	
	网上办理跨区域涉税事项	税务总局	
	优化涉税事项办理程序，压缩办理时限	税务总局	
	企业名称自主申报制度	市场监管总局	
	推进合作制公证机构试点	司法部	自贸试验区
贸易便利化	海运危险货物查验信息化，船舶载运危险货物及污染危害性货物合并申报	交通运输部	全国
	中欧班列集拼集运模式	中国国家铁路集团有限公司	
	国际航行船舶进出境通关全流程“一单多报”	交通运输部、海关总署、移民局	
	保税燃料油跨港区供应模式	交通运输部、海关总署	
	海关业务预约平台	海关总署	
	生产型出口企业出口退税服务前置	税务总局	
事中事后监管	审批告知承诺制、市场主体自我信用承诺及第三方信用评价三项信用信息公示	发展改革委、人民银行、市场监管总局	全国
	公共信用信息“三清单”（数据清单、行为清单、应用清单）编制	发展改革委	
	实施船舶安全检查智能选船机制	交通运输部	
	进境粮食检疫全流程监管	海关总署	
	优化进口粮食江海联运检疫监管措施	海关总署	
	优化进境保税油检验监管制度	海关总署	

2019 年 8 月 2 日，《国务院关于印发 6 个新设自由贸易试验区总体方案的通知》提出在山东、江苏、广西、河北、云南、黑龙江新设 6 个自贸试验区，确定了各有侧重的差别化改革试点任务。此次自贸试验区扩容形成“1+3+7+1+6”的雁阵格局，覆盖全部沿海省份，同时拓展到内陆、沿边地区，将在更大程度上推动区域经济协调发展。

4. 自贸试验区 4.0 版（2019 年至今）

2019 年 8 月 6 日，国务院正式批复同意设立中国（上海）自由贸易试验区临港新片区，标志着自贸试验区建设进入 4.0 版时代。区别于 3.0 版，自贸试验区 4.0 版将面向 2035 年，致力于将其打造成为具有较强国际市场影响力和竞争力的特殊经济功能区。自贸试验区 1.0 版、2.0 版和 3.0 版都侧重贸易投资便利化改革，而自贸试验区 4.0 版侧重金融自由化改革，探索资本自由流入流出和自由兑换，致力于解决中国资本账户开放难题，为推动金融国际化和加快探索人民币国际化新路径。

二、自贸试验区的贸易投资制度

（一）自贸试验区贸易投资制度的特征

与作为改革开放突破口的经济特区不同，自贸试验区是改革开放的全面深化，是对经济特区改革的深化和进一步发展，是中国在经济全球化的市场竞争中主动展开的一场攻守兼备的试验。

与经济技术开发区、保税区等新中国特殊经济功能区侧重特殊政策优惠安排不同，自贸试验区的核心是制度创新，以可复制推广为基本要求，在守住风险可控底线的同时，为扩大开放开展压力测试，形成在全国复制推广的经验，打造法治化、国际化、便利化的营商环境。

中国自贸试验区的主要内容是以贸易便利化为重点的贸易监管制度创新和以准入前国民待遇加负面清单为核心的投资管理制度创新，具有以下一些特征（参见表 12-6）：

表 12-6　国务院向全国复制推广自贸试验区改革试点经验的负责单位分布①

<table>
<tr><th colspan="2">负责单位</th><th>第一批</th><th>第二批</th><th>第三批</th><th>第四批</th><th>第五批</th></tr>
<tr><td colspan="2">海关总署</td><td>3</td><td>11（2）</td><td>0</td><td>13（1）</td><td>4（2）</td></tr>
<tr><td rowspan="2">国家市场监督管理总局</td><td>（原质检总局）</td><td>11</td><td>3（2）</td><td>2</td><td rowspan="2">1（1）</td><td rowspan="2">1（1）</td></tr>
<tr><td>（原工商总局）</td><td>1</td><td>1</td><td>1</td></tr>
<tr><td colspan="2">税务总局</td><td>4</td><td>1</td><td>0</td><td>1</td><td>4</td></tr>
<tr><td colspan="2">交通运输部</td><td>0</td><td>0</td><td>1</td><td>10</td><td>2（2）</td></tr>
<tr><td colspan="2">公安部</td><td>0</td><td>0</td><td>0</td><td>2</td><td>0</td></tr>
<tr><td colspan="2">司法部</td><td>0</td><td>0</td><td>0</td><td>1</td><td>2</td></tr>
<tr><td colspan="2">最高人民法院</td><td>0</td><td>0</td><td>0</td><td>（1）</td><td>0</td></tr>
<tr><td colspan="2">中国人民银行</td><td>1</td><td>0</td><td>0</td><td>0</td><td>（1）</td></tr>
<tr><td colspan="2">国家外汇管理局</td><td>3</td><td>0</td><td>1</td><td>0</td><td>0</td></tr>
<tr><td colspan="2">商务部</td><td>4</td><td>1（1）</td><td>0</td><td>（1）</td><td>0</td></tr>
<tr><td colspan="2">中国国际贸易促进委员会</td><td>0</td><td>0</td><td>0</td><td>（1）</td><td>0</td></tr>
<tr><td colspan="2">文化部</td><td>1</td><td>0</td><td>0</td><td>0</td><td>0</td></tr>
<tr><td colspan="2">生态环境部（原环境保护部）</td><td>0</td><td>（1）</td><td>0</td><td>0</td><td>0</td></tr>
<tr><td colspan="2">中国国家铁路集团有限公司</td><td>0</td><td>0</td><td>0</td><td>0</td><td>1</td></tr>
<tr><td colspan="2">国家发展和改革委员会</td><td>0</td><td>0</td><td>0</td><td>0</td><td>1（1）</td></tr>
<tr><td colspan="2">移民局</td><td>0</td><td>0</td><td>0</td><td>0</td><td>（1）</td></tr>
<tr><td colspan="2">省、市、区人民政府和行业监管部门</td><td>6</td><td>0</td><td>0</td><td>0</td><td>0</td></tr>
<tr><td colspan="2">两部门</td><td>0</td><td>1</td><td>0</td><td>1</td><td>1</td></tr>
<tr><td colspan="2">三部门</td><td>0</td><td>0</td><td>0</td><td>1</td><td>2</td></tr>
<tr><td colspan="2">四部门</td><td>0</td><td>1</td><td>0</td><td>0</td><td>0</td></tr>
<tr><td colspan="2">总计</td><td>34</td><td>19</td><td>5</td><td>30</td><td>18</td></tr>
</table>

1. 集中于改革的核心领域

中国自贸试验区制度创新主要集中于贸易便利化、投资管理等事项，约占改革事项总数的 50%，属于改革的核心领域。中国自贸试验区贯彻落实中

① 第一至四批整理于中国商务部官网“自由贸易试验区专栏”，第五批整理于中国政府网。表中括号内数字指该负责单位参与多部门协同改革的总项数。

共十八大报告中“推动贸易和投资自由化便利化”和中共十九大报告中“促进贸易和投资自由化便利化”的重要精神，加快贸易、投资领域的体制机制改革，切实转变政府职能，积极探索开放型世界经济的运行模式，是习近平经济全球化新理念的重要体现。

2. 海关特殊监管创新缺乏连续性

中国自贸试验区的海关特殊监管区域重点探索保税物流、加工和服务等业务方面的创新，但第三批自贸试验区，尤其是内陆自贸试验区片区，如四川自贸试验区的川南临港片区和青白江铁路港片区、湖北自贸试验区的襄阳片区等，仅有保税物流中心（B 型），其海关监管的自由度等级明显偏低，导致海关特殊监管领域的制度创新受到既有权限的约束，缺乏良好的连续性成果。

3. 海关和质检“挑大梁”

海关总署、质检总局取得的制度创新成果最多，其次是市场监督局（工商总局）和税务总局。其他部门虽有所斩获，但大多欠缺连续性，成果取得均有所间断。部门改革的成效取决于其如何对待改革开放问题。

4. 参与部门日益增多

第二批、第三批、第四批、第五批可复制推广经验中纷纷涌现出新的部门斩获制度创新成果。第三批经验中，交通运输部首次取得复制推广经验，并在第四批经验中斩获丰硕成果，涵盖“外锚地保税燃料油受油船舶便利化海事监管模式”“保税燃料油供油企业信用监管新模式”“船舶证书三合一并联办理”等 10 项制度创新举措。第四批经验中，公安部、司法部、最高人民法院、中国贸促会均首次取得可复制推广的制度创新举措。其中，公安部首次突破 2 项可复制推广经验：“边检服务掌上直通车”和“简化外锚地保税燃料油加注船舶入境手续”。这些现象表明，越来越多的部门积极参与深化改革开放的试验工作。第五批经验中，中国国家铁路集团有限公司、国家发展和改革委员会首次取得制度创新举措，分别为“中欧班列集拼集运新模式”“公共信用信息‘三清单’编制”。

5. 多部门协同创新呈增长趋势

第一批经验中，各负责部门均独立取得制度创新成果。其后，多部门协同改革取得的制度创新成果逐步显现：第二批经验中，两部门和四部门协同创新各1项；第四批经验中，两部门和三部门协同创新各1项；第五批经验中，两部门、三部门协同创新分别1和2项。可见，中国自贸试验区的碎片化改革正在逐步向集成化改革转变。

6. 深度参与“一带一路”建设

自贸试验区作为“一带一路”倡议的重要节点，具有深化改革和扩大开放的功能，既可促进中国与“一带一路”沿线国家和地区的国际经贸合作，也可为“一带一路”建设提供改革试验平台，为探索和建立“一带一路”沿线经贸规则提供经验参考。

由若干自贸试验区形成的“点”并联融入丝绸之路经济带和21世纪海上丝绸之路这两条“线”，服务于中国深化改革与扩大开放的总体战略布局，通过点、线、面共同发力，对外衔接国际经贸通行规则和对内扩大可复制推广经验的覆盖面，既加快全面构建开放型经济新体制，探寻中国经济高质量发展的新模式，也畅通国际国内两种资源要素的流动渠道，有效激发中国经济可持续增长新动能。

（二）不同地区自贸试验区贸易投资制度

截至2019年8月底，中国自贸试验区已经形成“1+3+7+1+6”的新格局，在国际市场空间越来越有限的背景下，结合各自区位优势、资源禀赋和产业结构主动布局，各有侧重地对接区域发展战略。其中，上海自贸试验区对接长江经济带，发挥创造经验、引领和辐射的作用；广东自贸试验区立足于粤港澳大湾区合作；天津自贸试验区对接京津冀协同发展，带动华北地区；福建自贸试验区重点开展闽台合作；浙江自贸试验区定位于大宗商品；河南对接“一带一路”建设，致力于国际物流分拨；湖北对接中部崛起和长江经济带；四川、重庆和陕西自贸试验区侧重内陆开放和对接西部大开发战略；辽宁则重点打造东北老工业基地开放新引擎；山东自贸试验区侧重对接日本、韩国，牵手辽宁、黑龙江自贸试验区推动东北亚区域经济一体化。

各自贸试验区在深度对接"一带一路"与区域发展战略的同时，积极结合自身制度演进阶段，持续聚焦痛点堵点，围绕贸易投资便利化自由化推动贸易投资制度改革。由于上海、天津、广东、福建等沿海省市在发展经济特区、国家级新区以及保税区等其他特殊经济功能区过程中围绕贸易投资制度做了不少改革探索，已经形成较高的贸易投资便利化水平，因而相比于中西部地区的自贸试验区聚焦于贸易投资便利化，沿海地区自贸试验区同时要在贸易投资自由化领域（如外商投资负面清单制度等）承担更多先行先试的改革试验任务。

1. 上海自贸试验区贸易投资制度

上海自贸试验区以建设成为投资贸易自由、规则开放透明、监管公平高效、营商环境便利的国际高标准自由贸易园区为目标，致力于建立对外开放风险压力测试区和打造提升政府治理能力的先行区，服务"一带一路"和长江经济带建设。

（1）投资制度

积极探索更加开放透明的市场准入管理模式，全面深化商事登记制度改革，建成具有国际先进水平的国际贸易"单一窗口"，建立安全高效便捷的海关综合监管新模式，形成检验检疫风险分类综合监管综合评定机制，以及健全知识产权保护和运用体系。为全面实现"证照分离"，上海市人民政府办公厅印发了《浦东新区"证照分离"改革试点深化实施方案》；构建"自主通关、自动核放、重点稽核"和"十检十放"等新模式；单一窗口实现了"一个平台、一次提交、结果反馈、数据共享"。

（2）贸易制度

在货物放行与结关、进口货物移动两个条款上，试点内容已超过世界贸易组织《贸易便利化协定》明确的贸易便利化程度。上海自贸试验区浦东机场综合保税区内进口服装质量诚信企业试行质量安全监管新模式，提升了查验效率，缩短了放行时间。建立国际贸易"单一窗口"制度，打造自由贸易账户体系和大宗商品交易中心，深入推进通关一体化改革，为企业提供便捷服务。

（3）监管制度

着重以政府职能转变为核心，确立以规范市场主体行为为重点的事中事后监管制度，建设开放、协同、高效的服务型政府；创新政府管理体制，拓展综合执法改革领域和范围；以综合监管为基础、专业监管为支撑，形成信息互联共享的协同监管机制和风险分类监管模式；推进“六个双”监管创新机制，不断完善制度体系建设。

2. 天津自贸试验区贸易投资制度

天津自贸试验区以制度创新为核心任务，以可复制推广为基本要求，努力成为京津冀协同发展高水平对外开放平台、中国改革开放先行区和制度创新“试验田”、面向世界的高水平自由贸易园区。

（1）投资制度

改革外商投资管理模式，实施外商投资准入前国民待遇加负面清单管理模式，对负面清单之外的领域实行外商投资备案制，降低投资准入门槛。积极构建对外投资合作服务平台、“一站式”服务平台和“走出去”服务联盟，推动境内企业走出去，到全球开展经贸活动。

（2）贸易制度

创新通关监管模式，实现京津冀区域检验检疫“通报、通检、通放”，实行“进口直通、出口直放”，大幅提高通关效率；深化国际贸易“单一窗口”建设，通过互联网实现免费报关和港口服务；大力发展以汽车平行进口为代表的新兴贸易业态，推进跨境电子商务、保税展示交易、期货保税交割、汽车平行进口等业态的发展。

3. 广东自贸试验区贸易投资制度

广东自贸试验区定位于粤港澳深度合作示范区、21世纪海上丝绸之路重要枢纽和全国新一轮改革开放先行地，营造国际化、市场化、法治化营商环境，构建开放型经济新体制，实现港澳深度合作。

（1）投资制度

进一步完善投资管理体制，完成“证照分离”2.0版本改革试点任务，推出“5+N”改革举措，制定海事便利举措“42条”，优化提升保税区和洪湾片区现有的“保税+跨境+通关+港口+物流”的经济功能。

（2）贸易制度

形成国际贸易“单一窗口”“互联网+易通关”、全球质量溯源体系、“智慧海事”“CII 易检”等贸易制度改革，有效提升贸易便利化水平。创新企业登记“一口受理”模式，实行“二十证六章联办”的市场准入模式，搭建“一站式”海外企业服务平台，开展“政策兑现”综合服务，让所有产业扶持资金实行“统一受理、内部流转、限时办结、集中拨款”模式。

4. 福建自贸试验区贸易投资制度

福建自贸试验区定位于深化两岸经济合作的示范区，通过先行先试不断改革开放，推进政府职能转变、投资管理体制改革、贸易方式转变，率先推进大陆与台湾地区投资贸易有益的探索，对深化两岸经济合作、建设“21 世纪海上丝绸之路”中发挥引领和促进作用。

（1）投资制度

实施产业用地“先租后让”模式、投资项目“一站式”、对企业营业执照与外商投资企业备案证明实行“二合一”，不断优化企业设立和审批的工作效率。以“负面清单”管理制度为基础和起点，探索从企业登记到项目投资审批、企业经营服务、企业注销推出的全链条便利化措施。

（2）贸易制度

积极培育新型贸易业态和产业，推动“21 世纪海上丝绸之路”沿线国家和地区的合作，推出“拓展保税租赁制度功能”“创新监管模式”“互联网+保税展销”模式等保税创新举措。出台“船舶进出境‘一单四报’和数据共享”“入境大宗工业品联动检验检疫新模式”“口岸检疫处理前置模式”等一系列全国首创的通关便利化创新举措。

（3）闽台融合发展

进一步扩大对台优势，积极推动台湾的先进制造业、战略性新兴产业和现代服务业落地自贸试验区，形成两岸产业融合发展新模式。通过对台试行“台商协会总担保制度”扩大开放程度，率先实行“源头管理、口岸验放”快速通关模式，为两岸往来提供更大的便利。

5. 辽宁自贸试验区贸易投资制度创新

辽宁自贸试验区顺应加快市场取向体制机制改革、推动结构调整的要求，着力打造提升东北老工业基地整体竞争力和对外开放水平的新引擎，加快老工业基地结构调整和加强东北亚区域开放合作。

（1）投资制度

建立投资准入放宽与外资管理模式，加强对区内企业投资项目监管，配合国家商务部、发展改革委员会开展外商投资国家投资安全审查和经营者集中反垄断审查；探索建立投资便利化体制机制，推行“政银合作”“26证合一”“一照一码”等便利措施，建立起“一处违法、处处受限”的信用监管格局。

（2）贸易制度

加快国际贸易“单一窗口”建设，上线国际贸易“单一窗口”2.0版本，开通国际贸易“单一窗口”自贸专区板块，积极建立贸易监管制度体系，推行“双随机+风险预警+失信惩戒”的三位一体监管模式，多维举措促进贸易便利化，将“批次进出、集中申报”与汇总纳税政策叠加使用，建立“海关归类智能导航”数据库，基本实现原产地证签证检企“零见面”，检验检疫部门创新“1+2+3”改革。

6. 浙江自贸试验区贸易投资制度

浙江自贸试验区为东部地区重要的海上开放门户示范区、国际大宗商品贸易自由化先导区和具有国际影响力的资源配置基地。与《浙江舟山群岛新区发展规划》中的“东部地区重要的海上开放门户”“长江三角洲地区经济发挥着你的重要增长极”“海洋综合开发试验区”等一脉相承。

（1）投资制度

拓展新型贸易投资方式领域，实施“投资项目承诺制+标准地”改革试点，建立起内资项目负面清单管理制，推行“区域评价+区块标准”制度节约审批时间；制定油品新标准，打破了几十年来只有“5+1”企业垄断经营的坚冰，出台船舶燃料油加注系统计量技术规范，全面对标国际标准的同时又符合中国国情。

（2）贸易制度

推进进口铁矿石“直卸直装”作业监管模式，加快进口货物的流转，不再需要进入港区堆场储存等待检验结果，进而提高港区货物堆场有效使用率。2017 年浙江自由贸易试验区特殊监管区域进出口平均通关时间大幅减少，在全国率先实行船舶、货物、舱单等报关功能全覆盖，先后创造了运输工具申报总量第一、原始舱单和船舶进境动态申报率先首票成功、船舶全流程首次尝试申报成功“三个全国第一”。

（3）监管制度

搭建保税燃油加注“一口受理”监管平台，实现企业保税油出库、加注环节注销，加快推动受油船舶进出境“一单四报”功能实现，最终达成全流程只需跑一次窗口的目标；创新进口铁矿石“直卸直装”作业监管模式，创新进境保税油检验监管模式、进境保税金属矿产品检验监管模式；推进口岸港航通关服务一体化“4+1”模式特色应用，对船舶代理企业办理国际航行船舶进出境通关手续、港务调度、引航申请等业务申报数据实现“一次录入”，实现通关信息物流信息充分共享，打造通关监管和港口业务网上一体化服务。

7. 河南自贸试验区贸易投资制度

河南自贸试验区落实中央关于加快建设贯通南北、连接东西的现代立体交通体系和现代物流体系，着力建设服务于“一带一路”建设的现代综合交通枢纽。

（1）投资制度

推进“投资项目承诺制”“多证合一”“多规合一、多评合一”“跨境电子商务人民币结算”等 53 项改革，积极推进“一次办妥”“一网通办”服务，率先实施投资项目承诺制，提交材料压缩 80%，政府审批时限缩短 90%。

（2）贸易制度

依托河南跨境电商综合试验区，积极发展新型贸易业态和商业模式，落实海关特殊监管区内自行运输、加工贸易工单式核销等业务流程，推行“通报、通检、通放”等促进贸易便利化的新举措。

8. 湖北自贸试验区贸易投资制度

湖北自贸试验区定位于中部有序承接产业转移示范区、战略性新兴产业和高技术产业集聚区、全面改革开放试验田和内陆对外开放新高地，沿着“开放先导、创新驱动、绿色引领、产业聚集”的总体思路，在中部崛起战略和长江经济带建设中发挥示范作用。

（1）投资制度

深化负面清单管理模式，着力构建外商投资全周期监管模式；推进投资自由化，探索保税展示交易、跨境电商、国际检测维修、生物医药保税等贸易新业态，加快“东湖陆港”口岸作业区建设和制定口岸建设。

（2）贸易制度

深化商务领域“放管服”改革，推动内外贸新业态发展，促进服务贸易创新业态快速发展；设立“出口退税专窗”，实现全部出口企业出口退税事项“区内办、就地办、网上办”；海关特殊监管区域全面实施“一线放开”“二线高效管住”服务模式；培育跨境电商新型贸易模式，发展跨境电商公共服务平台和保税展示交易中心，建立全国性跨境电商集散运营中心，启动跨境电商保税备货模式进口业务，与国际著名汽车厂商对接，推动湖北汽车零部件企业加快融入全球汽车产业供应链体系；推进口岸大通关建设。

9. 重庆自贸试验区贸易投资制度

重庆自贸试验区全面落实党中央、国务院关于发挥重庆战略支点和连接点的重要作用，加大西部地区门户城市开放力度要求，推动内陆开放，带动西部大开发战略深入实施。

（1）投资制度

降低教育、医疗、金融等领域准入限制，实现有序开放。实施对外投资管理备案制，创新对外投资方式，带动进出口 43 亿美元，释放对外直接投资逆向技术溢出效应，提升了企业的研发与创新能力，增强了品牌和专利优势。

（2）贸易制度

推进“五个一”改革，促进审批流程简化，实现申报直通、系统联通、信息互通、业务通畅，完善“整机+核心零部件+研发设计+品牌”的全流程产业链，不断推动服务贸易产业壮大。依托“渝新欧+贸易功能区”的叠加优势，形成国内最大的咖啡交易中心。

10. 四川自贸试验区贸易投资制度

四川自贸试验区立足内陆、承启东西，服务全国、面向世界，成为西部门户城市开发开放引领区、内陆开放战略支撑先导区，打造国际开放通道枢纽区、内陆开放型经济新高地，建设内陆与沿海沿边沿江协同开放示范区。

（1）贸易制度

优化监管通关流程，推广“一次申报，分步处置”的通关模式；实施关检联合查验区“一次查验”模式；全面推行执法领域“双随机”机制，探索开展“顺势监管”“先期机检”等改革，有效提升查验环节作业效率；推广“总担保”制度，创新口岸服务机制，促进服务要素的自由流动。

（2）投资制度

推进“负面清单”模式的改革试点，进一步放宽外商投资准入。实施“国际顶级科技园合伙人计划”，构建“业界共治+社区自治+法定机构”协同发展架构，深化园区国际合作。着力打造“西部对外交往中心”。

11. 陕西自贸试验区贸易投资制度

陕西自贸试验区是西北内陆地区首个自由贸易试验区，积极融入“一带一路”建设，担当西部地区经济发展的重要引擎。

（1）投资制度

全面落实外资准入负面清单管理模式，结合产业发展规划和功能定位，加快推行投资项目审批试点，研究出台系列招商引资、招才引智、产业培育、产业扶持政策。制定《推进“一带一路”国家执法网络建设工作方案》，为企业对外投资提供全方位服务。

（2）贸易制度

融合“通丝路”、出口水果电子监管及质量追溯系统两个特色应用服务功能，上线运行国际贸易“单一窗口”，由海关和检验检疫部门创新推出“货站前移”“舱单归并”等24项贸易监管服务措施，大大提高了通关效率，促进贸易便利化。

12. 海南自贸试验区贸易投资制度

海南全岛建设自贸试验区，致力于打造成为中国面向太平洋和印度洋的重要对外开放门户。

（1）投资制度

对外资全面实行准入前国民待遇加负面清单管理制度，并且大幅放宽外资市场准入，如允许设立外商投资文艺表演团体（中方控股）；放宽人身险公司外资股比限制至51%；允许外商投资国内互联网虚拟专用网业务（外资股比不超过50%）。

（2）贸易制度

拓展暂时进口货物单证制度适用范围，延长单证册的有效期。支持发展跨境电商、全球维修等业态。支持开展跨境电商零售进口网购保税。支持在海关特殊监管区域设立国际文化艺术品交易场所，依法合规开展面向全球的保税文化艺术品展示、拍卖、交易业务。试点实施进口非特殊用途化妆品备案管理。

13. 山东自贸试验区贸易投资制度

山东自贸试验区全面落实关于建设海洋强国的要求，重点加快发展海洋经济。

（1）投资制度

深入推进投资自由化便利化，支持外商投资企业参与氢能源汽车标准制定；支持外商独资设立经营性教育培训和职业技能培训机构；支持“走出去”企业以境外资产和股权、采矿权等权益为抵押获得贷款。

（2）贸易制度

探索食品农产品等检验检疫和追溯标准国际互认机制，扩大第三方检验结果采信商品和机构范围。创新出口货物专利纠纷担保放行方式。大力发展过境贸易。支持依托现有交易场所依法依规开展棉花等大宗商品交易。支持设立食品农产品进口指定监管作业场地，打造食品农产品、葡萄酒进出口集散中心。

14. 江苏自贸试验区贸易投资制度

江苏自贸试验区着力打造实体经济创新发展和产业转型升级示范区。

（1）投资制度

探索允许外商投资企业将资本项目收入划转或结汇并依法用于境内股权投资。支持外商独资设立经营性教育培训和职业技能培训机构。支持外商投资设立航空运输销售代理企业。

（2）贸易制度

建立完善服务贸易创新发展跨部门协调机制，探索服务贸易行政审批及服务事项集中办理改革。探索建设服务贸易境外促进中心，构建中小微服务贸易企业融资担保体系。打造以数字化贸易为标志的新型服务贸易中心。推动中医药服务贸易创新发展。推进人民币在服务贸易领域的跨境使用。

15. 广西自贸试验区贸易投资制度

广西自贸试验区着力建设西南中南西北出海口、面向东盟的国际陆海贸易新通道，形成21世纪海上丝绸之路和丝绸之路经济带有机衔接的重要门户。

（1）投资制度

支持外商投资设立航空运输销售代理企业。支持将无船承运、外资经营国际船舶管理业务备案下放给广西。深化国际文化创意和体育赛事合作，依托现有交易场所开展演艺及文化创意知识产权交易。

（2）贸易制度

优先审理自贸试验区相关口岸开放项目。支持依法依规建设首次进口药品和生物制品口岸。研究开展贸易调整援助试点。

16. 河北自贸试验区贸易投资制度

河北自贸试验区全面落实关于京津冀协同发展战略和高标准高质量建设雄安新区要求，积极承接北京非首都功能疏解和京津科技成果转化，着力建设成为新时代改革开放的新高地。

（1）投资制度

允许取得中国一级注册建筑师或一级注册结构工程师资格的境外专业人

士作为合伙人，按相应资质标准要求设立建筑工程设计事务所。支持外商独资设立经营性教育培训和职业技能培训机构。支持外商投资设立航空运输销售代理企业。

（2）贸易制度

发展国际能源储配贸易，允许商储租赁国有企业商业油罐，支持开展成品油和保税燃料油交割、仓储，允许自贸试验区内企业开展不同税号下保税油品混兑调和。支持建设液化天然气（LNG）储运设施，完善配送体系。

17. 云南自贸试验区贸易投资制度

云南自贸试验区全面落实关于加快沿边开放的要求，着力打造“一带一路”和长江经济带互联互通的重要通道，建设连接南亚东南亚大通道的重要节点，推动形成我国面向南亚东南亚辐射中心、开放前沿。

（1）投资制度

推动知识产权运营服务体系建设。实施公平竞争审查制度。

（2）贸易制度

创新出口货物专利纠纷担保放行方式。实施“一口岸多通道”监管创新。鼓励建设出口产品公共海外仓和海外运营中心。依法依规开展跨境电商人民币结算，推动跨境电商线上融资及担保方式创新。

18. 黑龙江自贸试验区贸易投资制度

黑龙江自贸试验区全面落实关于推动东北全面振兴全方位振兴、建成向北开放重要窗口的要求，着力深化产业结构调整，打造对俄罗斯及东北亚区域合作的中心枢纽。

（1）投资制度

鼓励金融机构提高对境外资产或权益的处置能力。支持自贸试验区内企业开展出口信用保险项下贸易融资，在风险可控、商业可持续前提下，对效益好、资信良好的企业免抵押、免担保。

（2）贸易制度

加快建设具有国际先进水平的国际贸易“单一窗口”，探索拓展至技术贸易、服务外包、维修服务等服务贸易领域，待条件成熟后，逐步将服务出口退（免）税申报纳入“单一窗口”管理。

（三）自贸试验区建设的效应

自贸试验区是新时期中国深化改革开放的排头兵和创新发展的先行者，围绕贸易投资便利化、自由化等方面大胆试、大胆改，积极对接高标准的国际经贸规则，在贸易投资制度创新方面取得了突出的成绩，为新中国贸易投资制度的高阶演进贡献了智慧和样本，拓展了中国对外贸易投资的空间，激发了中国贸易投资的活力，为中国经济增长提供了新的动能。

1. 建立高标准贸易投资制度

围绕贸易监管效率问题，大胆开展国际贸易“单一窗口”、货物状态分类监管、信用监管等贸易监管制度创新，在自贸试验区海关特殊监管区域稳步实施“一线开放、二线安全高效管住、区内自由流动”的监管模式，不断提高贸易便利化水平。

针对投资管理制度的痛点堵点，一是积极探索以准入前国民待遇加负面清单为核心的投资管理制度，提高投资自由化水平，逐步提高市场透明度和可预见性；二是深化商事登记制度改革，形成“投资项目承诺制”等先进规则，有效降低企业制度性交易成本。

2. 有效激发贸易投资潜力

中国经济进入新常态后，局部地区外贸出口增速放缓、下滑甚至出现负增长，吸收外商直接投资增速也放缓，而自贸试验区通过体制机制改革，提高贸易投资便利化自由化水平，有效激发贸易投资潜力，既压缩贸易监管程序，提高贸易通关效率，也明显降低外商直接投资的市场准入门槛。自贸试验区释放的制度红利进一步激发了市场的创新活力和经济发展的动力，吸引大批企业入驻自贸试验区。截至 2018 年年底，11 个自贸试验区（不包括海南自贸试验区）累计新设立企业 61 万家，其中外资企业 3.4 万家。

3. 持续释放辐射带动效应

形成可复制推广的经验，推动中国改革开放红利共享是自贸试验区担任的使命之一。自 2013 年以来，中国各个自贸试验区深入探索、大胆尝试，形成了投资管理制度、贸易监管制度、金融创新制度、以政府职能转变为核心的事中事后监管制度等一大批可复制推广经验，进一步彰显了全面深化改革和扩大开放的“试验田”作用。先进制度范式的改革试点经验复制推广，持续释放出巨大的制度红利和明显的辐射带动效应，推动全国加快优化营商环境，建立现代化市场经济体系，形成全面开放新格局。

本章参考文献

邓富华，张永山，姜玉梅，等，2019. 自由贸易试验区的多维审视与深化路径［J］. 国际贸易（7）：51-59.

方宁生，1996. 进入第二代的中国经济特区［J］. 特区经济（9）：10-12.

国务院办公厅，2016.《关于完善国家级经济技术开发区考核制度促进创新驱动发展的指导意见》解读［J］. 中国外资（9）：14-19.

胡侠参，2013. 发挥保税区功能 推进宁波进口贸易转型升级［J］. 港口经济（11）：33-36.

孙长学，2018. 深圳经济特区的体制改革探索及其示范价值［J］. 改革，291（5）：18-26.

杨建文，陆军荣，2008. 中国保税港区：创新与发展［M］. 上海：上海社会科学院出版社.

袁易明，2015. 中国经济特区的动态演化与实践使命［J］. 特区实践与理论（4）：46-50.

袁易明，2016. 中国经济特区开放发展范式对“一带一路”国家的启示价值［J］. 深圳大学学报（人文社会科学版），33（6）：30-34.

袁易明，2018. 中国经济特区建立与发展的三大制度贡献［J］. 深圳大学学报（人文社会科学版），35（4）：31-36.

张俊，2016. 改革创新行政体制机制　再造开发区发展新优势［J］. 中国行政管理（1）：150-152.

张皖生，2010. 海关保税监管［M］. 北京：中国海关出版社.

张晓平，2002. 我国经济技术开发区的发展特征及动力机制［J］. 地理研究，21（5）：656-666.

第十三章 参与全球经济治理与新中国贸易投资制度演进

全球经济治理是全球治理体系的重要内容。积极参与全球经济治理，既关系着中国特色社会主义建设目标的实现，也与建设开放型世界经济体制紧密相连。自1949年以来，中国参与全球经济治理的路虽然坎坷，但是如今中国已经日益走近世界舞台中央。在这个历程中，中国始终坚持独立自主、平等互利、和平发展的方针，不断深化改革开放，成功加入世界贸易组织，提出并加快实施自由贸易区战略，提出并积极践行“一带一路”倡议，倡导构建人类命运共同体，坚持正确义利观，在不断提高中国的开放型经济水平，推动对外贸易和投资自由化便利化的同时，坚持维护多边贸易体制，积极推动世界贸易和投资自由化便利化，在改革和完善全球治理体系的进程中发挥了中国作为负责任大国的作用，贡献了中国的智慧和力量。

第一节　新中国参与全球经济治理情况概览

从基本情况来看，在改革开放前，中国参与全球经济治理的探索是有重要意义的。改革开放后，为了顺应世界发展趋势以及推动中国经济增长，中国逐步加快了积极参与全球经济治理的步伐，逐渐实现了从全球经济治理规则的接受者到建设者的转变，为当今全球经济治理体系改革提供了“中国方案”。

一、中国参与全球经济治理的背景

（一）全球经济治理兴起的背景

全球经济治理的概念目前尚未统一，2011 年联合国秘书长报告以及相关文献认为全球经济治理是指在没有政治权威干涉的情况下，主权国家和各类国际组织等主要行为体对全球经济事务与经济政策进行协调、指导、管理和干预，从而保障合理、有序的国际政治经济秩序规范，并实现经济短期稳定与长期增长。全球经济治理源于 20 世纪 90 年代兴起的全球治理（全球化理论），同时也是全球治理的主体和核心。进入 21 世纪后，全球经济治理从全球治理话语体系中分离出来，并在 2008 年全球金融危机以后成为理论研究的热点。实际上，全球经济治理同步于经济全球化进程的发展。经济全球化一方面加速了全球的经济发展，增强了世界各国的联系，但另一方面也扩大了全球性的经济风险和问题。而这种风险与问题日益超出了单一国家力量的掌控，在此背景下，经济全球化亟需与此相适应的制度安排来协调、规范跨国经济活动，以减少和应对经济全球化带来的不确定性乃至经济金融危机带来的冲击。因此，全球经济治理成为了必然的选择。

（二）全球经济治理的历程与现状

第二次世界大战结束后，起始于美国主导下的以国际货币基金组织

(IMF)、世界银行（WB）和世界贸易组织（WTO）前身关贸总协定（GATT）为代表的布雷顿森林体系是现代意义上的最为成熟的全球经济治理体系。随后，20 世纪 70 年代，美元危机致使该治理体系的有效性受到质疑，使得以固定汇率制为特色的布雷顿森林体系解体。之后诞生的七国集团（G7）的核心作用逐步在国际宏观经济政策协调中凸显。西方国家凭借自身的强大实力在全球事务中占据了主导地位，增强了对全球经济事务的掌控。经济全球化的深入发展、新兴国家的崛起以及 20 世纪 90 年代以后爆发的多场经济金融危机，如石油危机、经济危机、债务危机、粮食危机等，均表明 G7/G8 国家对全球经济的协调能力下降，而一些新兴国家独特发展模式的优势日益凸显，新的全球经济治理机制开始出现。二十国集团（G20）最早诞生于 1999 年亚洲金融危机期间建立的二十国财长与央行行长联席会议，其致力于解决全球面临的重大经济问题。2008 年爆发的全球金融危机彻底打破了西方国家可以单独主导全球经济治理的幻想，G20 正式超越 G7/G8 成为国际经济合作新的主要平台，全球经济治理体系正从 G7/G8 主导向发达国家和发展中国家共同主导转变。

近几十年来，全球经济治理的各项制度在美国主导的布雷顿森林体系建立后呈体系化发展，并在 G20 机制产生后呈南北共治的特征。随着经济全球化深入发展，全球经济治理体系不断发展演变，逐渐形成以贸易投资自由化为主流价值观、治理规则涵盖广泛、治理机制具有多层次性、治理主体多元、治理行为强制性较弱、治理体系具有演进性六大特征。① 而当前全球经济治理处于深度变革期和过渡期，主要表现在治理机构缺乏合法性与有效性、治理机制区域化与碎片化以及逆全球化等方面。

（三）中国积极参与全球经济治理的实践

首先，1978 年 12 月，中国开始实行对内改革、对外开放的政策。中国积极参与全球经济治理，例如恢复了在世界银行、国际货币基金组织的合法席位以及加入世界贸易组织等，一方面有利于突破封闭和孤立状况，积极融入

---

① 隆国强. 全球经济治理体系变革的历史逻辑与中国作用［J］. 南方企业家，2017（9）：42-45.

国际经济体系，从而为中国的改革开放和经济建设创造良好的外部环境；另一方面有利于顺应经济全球化的发展趋势，更好地了解国际经济规则，从而为中国未来的发展奠定基础。

其次，新兴经济体的崛起以及中国在全球经济治理中的地位转变。2008年金融危机后，新兴经济体崛起带动权力转移，引发世界秩序和国际经济格局变动，进一步引发全球经济治理变革，使全球经济治理制度性权力分配格局开始发生变化。而中国作为新兴经济体的“领头羊”，正逐渐由全球经济治理规则的接受者转变为该体系的建设者。作为世界第二大经济体和最大的发展中国家，积极参与全球经济治理变革既有自身的利益要求，又有国际义务要求。

二、中国参与全球经济治理的历程

从具体的发展历程来看，中国从规则接受者到治理体系建设者的地位与作用转变，是在改革开放后逐步实现的，这个过程可以分为两个阶段。

（一）参与全球经济治理的起步阶段（1978—2001 年）

1978—2001 年是中国参与全球经济治理的初始阶段，在这期间，中国更多的是全球经济治理规则的接受者和外围参与者。中国是世界银行和国际货币基金组织的创始国之一，新中国成立后，中国在世界银行的席位长期为台湾当局所占据。1980 年 5 月 15 日，中国在世界银行的合法席位得到恢复。同年 9 月 3 日，该行理事会通过投票，同意将中国在该行的股份从原来的 7 500 股增加到 12 000 股，中国在世界银行拥有投票权。同年 4 月，中国恢复了在 IMF 的合法席位。同年 9 月，IMF 通过决议将中国份额从 5. 5 亿特别提款权增加到 12 亿特别提款权；同年 11 月，中国份额又随同 IMF 的普遍增资进一步增加到 18 亿特别提款权，但总体上中国在 IMF 的份额与投票权依旧较低①。1986 年 7 月 10 日，中国正式提出申请，要求恢复其在关贸总协定中的缔约方

① 数据来源：IMF 百度百科. https://baike.baidu.com/item/国际货币基金组织/386540? fromtitle=imf&fromid=102924&fr=aladdin；WB 百度百科. https://baike.baidu.com/item/WB/70945? fr=aladdin。

地位，经过15年的努力，2001年12月10日，中国成功加入世界贸易组织。中国的入世对中国经济的发展产生了深远影响，也是中国进一步融入全球经济治理体系的里程碑。

（二）参与全球经济治理的发展阶段（2001年至今）

2001年是中国参与全球经济治理的历史分水岭和转折点。2001年之后，中国全方位、多层级地积极参与到全球经济治理中，不断融入全球治理体系，开始从规则的参与者转向体系的建设者。从世界贸易组织、G20、自由贸易区建设再到“一带一路”倡议，中国在全球经济治理中的地位与作用不断凸显。

世界贸易组织是中国积极参与全球经济治理的理想平台。中国从世界贸易组织的新成员到成为核心成员之一，对于世界贸易组织规则从接受到履行，从履行到参与规则制定，地位已经发生了显著的变化。[①] 中国全面参与多哈回合各项议题谈判，提出和联署谈判建议百份以上。自2012年9月以来，中国一直在积极参与信息技术协定（ITA）扩围谈判，截至2014年年底，为推动各方就取消201项信息技术产品的关税达成协议做出了重要贡献。2015年9月4日，国务院同意接受世界贸易组织《贸易便利化协定》议定书，推动成员就取消农产品出口补贴等重要议题达成一揽子协议做出重要贡献，是中国加入世界贸易组织后参与并达成的首个多边货物贸易协定。总体来看，中国已经成为贸易第一、经济总量第二的世界贸易组织成员，其巨大的国内市场对世界经济产生了较大辐射力和贡献力，在多边贸易谈判中居于主导地位。此外，中国与发达国家和其他发展中国家均具有交叉利益，能较好地协调双方利益。因此，中国的复关入世以及在世界贸易组织地位的转变有助于协调全球经济治理中不同主体间的利益关系，推动全球贸易制度的发展，从而更好地缓解全球经济治理体系变革中的逆全球化问题。

中国在以G20为平台的全球经济治理中的地位正由参与者转变为建设者。作为G20的创始成员国，中国积极参加历次G20财长和央行行长会议，并于

① 杜娟，王秋蓉. 世界贸易组织成为中国参与全球经济治理的理想平台［J］. 世界贸易组织经济导刊，2016（12）：35-37.

2005 年首次成为 G20 轮值主席国，成功举办了第七届 G20 财长和央行行长会议。2008 年金融危机后，经济格局发生改变，原有的 G7 集团无法解决全球经济危机问题，进而推动了 G20 财长和央行行长会议升级为领导人峰会。2008 年 11 月，G20 领导人在华盛顿举行了第一次峰会，中国首次成为全球治理平台的核心创始成员。中国借助 G20 平台，增加了在世界银行和国际货币基金组织中的份额和投票权。2016 年，中国首次成为 G20 主席国并成功举办了 G20 杭州峰会，标志着中国开始成为全球经济治理的主要贡献者和领导者。① 在峰会上，习近平首次全面阐释了中国的全球经济治理观并成立了“二十国集团数字经济工作组”，出台了《二十国集团数字经济发展与合作倡议》《二十国集团创新增长蓝图》《二十国集团新工业革命行动计划》等相关文件。

自由贸易区战略，是中国积极参与国际经贸规则制定、争取全球经济治理制度性权力的重要平台。2012 年召开的中共十七大明确提出要实施自由贸易区战略。中共十八大提出要加快实施自由贸易区战略。中共十八届三中全会提出要以周边为基础加快实施自由贸易区战略，形成面向全球的高标准自由贸易区网络。2014 年 12 月，在自由贸易区建设第十九次集体学习中，习近平指出当今全球贸易体系正经历自 1994 年乌拉圭回合谈判以来最大的一轮重构。中国是经济全球化的积极参与者和坚定支持者，也是重要建设者和主要受益者。要加快实施自由贸易区战略，逐步构筑起立足周边、辐射“一带一路”、面向全球的自由贸易区网络，积极同“一带一路”沿线国家和地区商建自由贸易区②。截至 2018 年 9 月底，中国已与 25 个国家和地区达成了 17 个自贸协定，自贸伙伴遍及欧洲、亚洲、大洋洲、南美洲和非洲，目前还正在与多个国家进行自贸协定谈判或升级谈判。推进自贸协定谈判或者升级谈判，建设新的自贸区或推动一些现有的自贸区升级，正日益拉紧中国与经贸伙伴间的关系。经过近二十年的发展，中国自由贸易区建设呈现出以发展中国家合作为主、开放进程循序渐进，灵活降税、原产地规则更加细化和复杂、投资保护

① 黄薇. 全球经济治理与 G20 [J]. 领导科学论坛，2016 (22)：43-62.

② 资料来源于《国务院关于加快实施自由贸易区战略的若干意见》。

和投资促进并举、服务贸易开放进程逐步扩大的特征。加快实施自由贸易区战略一方面可以更好地帮助企业开拓国际市场，为中国经济发展注入新动力、增添新活力、拓展新空间，另一方面可以成为有利于中国通过发展良好的外交关系，积极参与国际经贸规则制定、争取全球经济治理制度性权利的重要平台。

“一带一路”倡议顺应了新兴经济体参与全球经济治理的需求，同时也是中国参与全球经济治理的极为重要的切入点，为全球经济治理变革提供了“中国方案”。“一带一路”（The Belt and Road，缩写 B&R）是“丝绸之路经济带”和“21 世纪海上丝绸之路”的简称。2013 年 9 月、10 月，习近平分别提出建设“新丝绸之路经济带”和“21 世纪海上丝绸之路”的合作倡议。“一带一路”摒弃了原有的地缘博弈，提出了一种开创合作共赢的新模式，成为中国在国际经济格局重塑的趋势下，深度参与并推动全球经济治理转型的必由之路。[①]“一带一路”倡议作为一种全球经济治理机制，首先，在全球经济治理的主体方面，它突破现存国际机制以主权国家和共建立的国际组织作为治理主体的合作模式，开创了“双边、区域和多边治理”的新模式，参与者涵盖了国际、地区和国别合作框架及倡议，如亚太经合组织等。其次，在全球经济治理的客体方面，“一带一路”倡议通过基础设施建设带动贸易便利化，通过投资和贸易联动带动沿线地区发展，为全球经济发展提供物质基础，充分发挥了基础设施对经济发展的培育性作用，连结发展中国家和发达国家的合作，打破了“中心—边缘”结构。最后，在制度层面上看，“一带一路”倡议是中国参与全球经济治理的顶层制度设计，不同于美国搞单边主义，它倡导平等与包容的全球经济治理秩序，旨在倡导人类命运共同体的全球价值观，促进各国积极开展协调与对话、合作应对问题与挑战、共谋发展和共享发展红利。[②] 因此，中国提出的“一带一路”倡议，一方面可以增加中国的制度话语权，增强中国的国际影响力；另一方面为全球经济治理提供了一种新路径，有利于全球经济的共同发展。

---

① 隋广军，查婷俊. 全球经济治理转型：基于“一带一路”建设的视角 [J]. 社会科学，2018 (8)：3-12.

② 任琳，孙振民. “一带一路”倡议与全球经济治理 [J]. 党政研究，2019 (3)：74-80.

三、中国参与全球经济治理对贸易和投资自由化的影响

2015年5月，中共中央、国务院关于构建开放型经济新体制的若干意见强调，要全面参与国际经济体系变革和规则制定，在全球性议题上，主动提出新主张、新倡议和新行动方案，增强中国在国际经贸规则和标准制定中的话语权。

一方面，中国通过参与全球经济治理提升在经贸领域的制度话语权，有利于统筹双边、多边、区域性谈判的资源和筹码，优化谈判进程，减少各种形式的贸易保护，从而推进贸易和投资的自由化进程，这对中国的贸易和投资制度建设有重大影响。

另一方面，在全球经济治理中，特别是在经贸领域，中国坚决推动改革全球经济治理体系中不公正不合理的安排，力推多哈谈判、加快自贸区谈判，支持对世界贸易组织进行必要改革；在APEC和G20等国际平台发出中国声音，提出关于世界贸易组织改革的“三个基本原则”和“五点主张”，发表首个《中国与世界贸易组织》白皮书，支持开放、透明、包容、非歧视性的多边贸易体制，并且在G20杭州峰会上就贸易和投资领域，尤其是就支持多边贸易体制议题达成多种有实质性价值的共识，这对世界贸易投资制度有重要影响。

总体来看，中国参与全球经济治理，一方面可以提升中国在全球经贸投资领域制度话语权，引领国际经贸规则的制定；另一方面通过维护世界贸易组织在全球贸易和投资中的核心地位，有利于推动世界贸易和投资的自由化便利化。由此，中国贸易制度与国际贸易制度之间的联系与相互影响必定加强。

（一）中国参与全球经济治理对中国贸易投资制度的影响

改革开放以来，中国通过主动加入已有的国际经济组织，如世界贸易组织、IMF、WB、APEC等，积极融入全球经济治理体制，变革全球经贸规则。一方面促进了国内开放性贸易政策的发展；另一方面促使其在国内投资领域不断加快市场化改革进程，提高市场准入程度，从而推动中国投资制度的不断完善。

在贸易领域，自正式加入世界贸易组织以来，中国的对外开放已经逐渐变为世界贸易组织制度框架下的开放。中国在享受多边贸易自由化的同时，也按世界贸易组织的非歧视、透明度、公平竞争、可预见性等原则，不断推动贸易、投资等领域的自由化。1994 年中国颁布《对外贸易法》，为中国贸易政策制定奠定了法律基石。该法确保了中国贸易法律法规的透明度，并直接促使中国的贸易政策取向由贸易保护转向贸易中性。事实证明，2001 年中国的成功入世，推动了中国贸易制度的开放性变革。2002—2012 年，中国对外贸管理制度进行了重大改革，由数量控制型制度转向规制型制度，即进一步加快内外贸一体化进程，形成稳定、透明的涉外经济管理体制，建立与世界通行贸易规则全面接轨的管理型自由贸易制度。2013 年以后，中国构建了中性开放型贸易制度，大力推进贸易投资自由化便利化改革，创建区域合作机制模式，推进形成全方位开放新格局。①

在投资领域，中国逐步由计划经济体制下的高度集中的投资管理体系转化为市场经济体制下投资主体多元化、资金来源多渠道、投资形式多样化、投资范围和领域扩大化的新模式。1994 年中国开始了以市场为导向的财税改革，统一了国有企业、集体企业和私营企业所得税，给予外商投资企业优惠税率。2001 年加入世界贸易组织对中国投资制度提出了更严格、更规范的国际标准要求。2000—2001 年，中国相继修改了《外资企业法》《中外合作经营企业法》以及《中外合资经营企业法》。2002 年中国颁布修订版《指导外商投资方向规定》和《外商投资产业指导目录》。2004—2008 年，中国又先后出台了《外商投资商业领域管理办法》《外商投资项目核准暂行管理办法》和《外商投资广告企业管理规定》等相关外商投资管理办法，这一系列管理办法和规定的出台与修订标志着中国投资制度愈加成熟和完善。② 2013 年，随着中国自由贸易实验区的建立，确立了自贸区内准入前国民待遇和负面清单管理的外商投资准入制度、商事登记备案制度和事中事后监管制度等投资制度。

---

① 杨艳红，卢现祥. 中国对外开放与对外贸易制度的变迁 [J]. 中南财经政法大学学报，2018 (5): 12-20，162.

② 任春杨. 中国自由贸易区投资制度优化研究 [D]. 长春：吉林大学，2017.

2016年G20杭州峰会后，中国人大常委会通过了修改外资相关法律的决议，在全国范围内对外资企业的设立和变更实施“准入前国民待遇和负面清单”的管理模式，取消了以前较为繁琐的外商投资的逐案审批制度，改为备案制度。

（二）中国参与全球经济治理对世界贸易投资制度的影响

全球贸易治理，作为全球经济治理的一部分，正面临着经济全球化与民族利益的冲突、多边贸易体制与区域贸易协定的冲突、发达国家与发展中国家的冲突、贸易自由化与贸易保护的冲突等诸多困境。作为全球经济治理体系中具有强制约束力的法律体系——世界贸易组织规则，其协调全球性事务的能力逐渐减弱，亟需变革。而全球投资治理，一直以来由发达国家主导，国际直接投资也大多来自于发达国家。然而，新兴经济体的崛起逐渐改变了国际直接投资的世界格局。反观国际现有的投资制度，由于发达国家与发展中国家在“投资保护”与“投资自由化”之间的分歧，因此目前多以双边、多边以及区域投资制度为主，并没有形成综合性的全球多边投资规则。

在全球贸易制度方面，中国作为世界第一大货物贸易国，在全球贸易治理中发挥着引领作用。中国提出的“一带一路”倡议有利于打破现存贸易制度的碎片化，协调现有的贸易体系，反对逆全球化下的贸易保护主义和民粹主义。此外，“一带一路”倡议衍生的AIIB和丝路基金也推动了全球贸易治理体系的改革，促使全球贸易治理体系更加完善。中国参与全球经济治理有助于推动国际经贸发展、反对贸易保护主义、忠实履行多边贸易规则、努力协调多边贸易谈判以及全球贸易制度的改革。

在全球投资制度方面，中国作为目前世界第二大投资国，在调整和加强各国宏观经济政策的合作与协调方面，起到了一定的引导作用。2016年G20杭州峰会通过的《G20全球投资政策指导原则》是国际社会首次在多边机制内就全球投资规则达成共识，为各国投资政策的制定以及国际投资协定的谈判提供了政策指引。在全球投资体制缺失的情况下，这无疑有助于推动全球投资政策的协调与合作，建立一个更加开放、透明、有利于可持续发展的国际投资政策环境。

（三）中国贸易制度与国际贸易制度的相互影响

中国参与全球经济治理对中国及世界贸易投资制度的影响，包含了中国贸易制度与国际贸易制度的相互影响。从形成机制来看，这种相互影响主要产生于全球经济治理中的多边及双边和区域性的贸易制度国际协调。

一般而言，一方面，在贸易制度国际协调框架下，经济体需要根据协调机制的规则要求改革其贸易制度，由此，贸易制度国际协调的影响将延伸至经济体的经济、法律甚至政治领域；另一方面，经济体也可以通过参与贸易制度国际协调，将自身的利益诉求融入贸易制度国际协调机制。这样，不同经济体的贸易制度之间及经济体的贸易制度与国际贸易规则之间就会形成相互影响，而且，这种影响的必然结果是，各经济体的贸易制度将呈现出与居于主流地位的国际贸易规则相一致的同化趋势。从现实的情况来看，由于世界贸易组织规则及世界贸易组织框架下的区域贸易安排都是以推动贸易自由化为主旨的，因此，在世界贸易组织机制及双边、区域性机制的协调下，相关经济体的贸易制度都呈现出一定的自由贸易制度特征。

就中国的情况而论，作为世界贸易组织成员，依据世界贸易组织规则要求开展的改革必定加速中国的贸易自由化便利化进程，从而使中国的贸易制度更加开放、更加规范。同时，作为世界第二大经济体、最大的发展中国家和贸易大国，中国可以通过参与世界贸易组织的制度建设体现中国的利益诉求和维护世界贸易组织主渠道地位、推动多边贸易体制改革、反对贸易保护主义的主张和价值观念，并借助世界贸易组织机制加强与发达国家的政策沟通和协调，在维护自身权益的同时维护发展中国家的利益，维护多边贸易体制的合法权与有效性。同理，在双边的、区域性的贸易制度协调中，中国与有关经济体的贸易制度会趋同化发展，同时，中国也可以在维护自身利益的同时致力于推动共商共建共享机制建设。

从中国正逐步从国际事务的旁观者转为全球经济治理的参与者、建设者、贡献者的实际行动来看，中国在对外贸易制度方面的改革、创新及坚持贸易自由化的理念，中国积极参与全球经济治理的立场和原则，必定会推动中国特色社会主义自由贸易制度建设，推动多边贸易体制改革，促进国际贸易制度变革。

第二节　加入世界贸易组织与中国贸易投资制度演化

中国虽然经历了复关入世的艰辛历程才成为世界贸易组织成员，但是，在复关入世过程中的改革特别是入世之后对承诺的履行，却对中国的贸易投资自由化便利化产生了重要影响。同时，中国坚持维护世界贸易组织主渠道作用，这无论是对中国还是对世界，都意义重大。

一、中国复关入世的历程

中国是关贸总协定的创始国之一。但是，由于西方大国阻挠等原因，中国在关贸总协定的缔约国身份一直没有得到恢复。世界贸易组织成立后，经过艰辛的入世谈判，中国才成功加入世界贸易组织。从具体进程来看，中国复关入世的历程可以分为三个阶段。

（一）复关的前期准备工作（1979—1986 年）

中国力求恢复在关贸总协定中合法地位的准备工作始于改革开放后。自1980 年起，应中国政府的要求，关贸总协定开始向中国常驻联合国日内瓦代表团提供关贸总协定文件资料；1981 年，中国代表列席了关贸总协定纺织品委员会第三个《多种纤维协议》的谈判；1984 年 1 月，中国正式参加了第三个《多种纤维协议》，并成为关贸总协定纺织品委员会的成员；1982 年 11月，中国第一次派代表团以观察员身份，列席了关贸总协定第 36 届缔约国大会；1984 年 11 月，作为观察员，中国获准出席关贸总协定理事会及其附属机构的会议；此后，中国每年都列席关贸总协定缔约方大会。[①] 在此期间，随着与关贸总协定的联系越来越密切，中国逐步认识到恢复关贸总协定缔约国地位对于中国经贸发展的重要性，加之中国已经获得关贸总协定观察员身份，

① 资料来源于 http://edu6.teacher.com.cn/tkc136a/kcjj/wtjx/7503.html。

因此，提出复关申请便成为一件顺理成章的事情。

（二）正式申请复关与复关谈判（1986—1994 年）

1986 年 7 月，中国政府正式提出恢复关贸总协定缔约国地位的申请，这标志着中国的复关进程进入到了新的阶段，开始了漫长的复关谈判。[①]

1986 年之后，围绕“中国经济体制是市场经济还是计划经济”这一核心问题，中国开始和美国等关贸总协定主要缔约国开展了数轮谈判，在很多重要问题上达成了共识，尤其是 1993 年 3 月第八届全国人民代表大会第一次会议通过了宪法修正案，明确规定中国实行社会主义市场经济，承诺可以遵守市场经济的基本规则。至此，中国解决了“复关”的核心问题，即市场经济问题，中国复关指日可待。但是，在这期间，由于国际局势的变化，美国等西方国家从 1989 年开始对中国实施经济制裁，暂时搁置了中国的复关申请，使中国的复关陷入了僵局。1991 年元旦，台湾当局提出了加入关贸总协定的申请，这使中国复关问题进一步复杂化。因此，在这一阶段，虽然中国的复关谈判取得了一定进展，解决了中国经济体制的定位问题，但是由于各种政治因素的卷入，中国的复关不仅是一个经济问题，更涉及了国家之间的政治博弈。

（三）从复关谈判到入世谈判（1994—2001 年）

1994 年 4 月 15 日，乌拉圭回合部长会议决定成立更具全球性的世界贸易组织，以取代成立于 1947 年的关贸总协定。1995 年 1 月 1 日，世界贸易组织成立，开始负责管理和维护世界经济和贸易秩序。由于中国的复关谈判进展不利，再加上关贸总协定向世界贸易组织转变，因此中国开始转变思路，从复关谈判变为入世谈判。

在乌拉圭回合谈判中，中国全程参与并在《最后文件》上签字，显示了中国“入世”并准备承担义务的决心。[②] 但是，由于这一时期中国经济的迅速发展以及贸易规模的不断扩大，很多国家出于利益的考量认为中国应该以

① 罗银鹤. 中国复关入世艰难历程及其原因分析 [J]. 广西民族学院学报（哲学社会科学版），2001 (S1)：113-115.

② 廖奕，张伟. 中国“复关”“入世”历程回顾及其反思 [J]. 桂海论丛，2000 (4)：18-21.

发达国家的身份而不是发展中国家的身份加入世界贸易组织，以承担起更多的义务和责任。围绕这一问题，中国与世界贸易组织重要成员展开了多轮谈判。1996 年 11 月在菲律宾的亚太经合组织峰会上江泽民与克林顿会晤，两国高层决意推动谈判进程；1996 年 3 月 20 日至 1997 年 12 月，在世界贸易组织中国工作组第 1 次至第 3 次会议上，中国代表团与 37 个世界贸易组织成员举行了双边市场准入磋商，同 20 多个成员进行了关税减让谈判，同 7 个成员签署了有关协议；1999 年 11 月 10 日开始，中、美两国在北京进行了紧张艰苦的谈判，并最终达成协议，从而为中国加入世界贸易组织扫除了最大的障碍；到 2000 年年底，与中国举行双边谈判的世界贸易组织成员共有 37 个，其中 36 个已经结束谈判，只有墨西哥尚未与中国达成协议；自 2001 年 12 月 11 日开始，中国正式加入世界贸易组织，终于结束了从复关到入世的艰苦卓绝的谈判，圆满达成了入世目标。①

从复关到入世的这一历程，充分体现了中国坚持不断完善自身的贸易投资制度，更加深入参与到全球经贸治理当中，为世界各国的共同发展做出积极贡献的决心。中国加入到世界贸易组织当中，不仅仅有利于中国贸易投资的发展，同时也有利于世界各国的发展与进步。

二、复关入世与中国贸易投资自由化

加入世界贸易组织的过程是一个非常艰苦的过程，从 1986 年正式提出复关申请到 2001 年成功加入世界贸易组织，中国付出了 15 年的艰辛努力。在这 15 年中，中国根据复关、入世的需要，积极推动改革开放，启动并推进了中国贸易投资自由化进程。但是，正式成为世界贸易组织成员并不意味着中国可以高枕无忧，更不表明中国的改革开放已大功告成。中国在 2001 年加入世界贸易组织时，作出了以下两个方面的承诺：一是开放市场，二是遵守规

---

① 朱雅华. 中国复关和入世的艰难历程 [J]. 中国统计，2001 (4)：21-22.

则。[①] 因此，中国要如何履行入世承诺，以及如何根据履行入世承诺的要求和自身发展的需要持续推进改革开放和贸易投资自由化，便成为非常关键的问题。

2018 年 6 月 28 日，国务院新闻办公室发表的《中国与世界贸易组织》白皮书指出，为了切实履行加入世贸组织承诺，2001 年加入世贸组织以来，中国不断完善社会主义市场经济体制，全面加强同多边贸易规则的对接，切实履行货物和服务开放承诺，强化知识产权保护，对外开放政策的稳定性、透明度、可预见性显著提高，为多边贸易体制有效运转作出了积极贡献。由此可见，中国履行入世承诺主要体现在完善社会主义市场经济体制和法律体系、履行贸易领域开放承诺、履行知识产权保护承诺以及履行透明度义务这几个方面。

从完善社会主义市场经济体制和法律体系方面来看，中国加入世界贸易组织之后始终坚持社会主义市场经济改革方向，不断健全社会主义市场经济法律体系。在此期间，政府各部门大规模开展法律法规清理修订工作，中央政府清理法律法规和部门规章 2 300 多件，地方政府清理地方性政策法规 19 万多件，覆盖贸易、投资和知识产权保护等各个方面。[②] 这对于建立和健全中国的贸易投资制度以及促进贸易投资自由化有着积极的推动作用。

从履行贸易领域开放承诺方面来看，早在 2010 年的时候中国的降税承诺就已全部履行完毕，2015 年中国的贸易加权平均关税已降至 4.4%，非常接近美国 2.4%和欧盟 3%的水平；与此同时，中国还在显著削减非关税壁垒，减少不必要的贸易限制，促进了贸易透明畅通。[③] 并且，中国在切实履行贸易领域开放承诺的同时还自我施压，目前达到的开放程度已经远远超出了入世时承诺的标准。在与贸易领域相关的投资方面，按照世界贸易组织的要求，中国取消了一些与对外投资相关的外汇平衡要求、贸易平衡要求、当地含量要

① 屠新泉. 世界贸易组织与中国对外开放 [J]. 领导科学论坛，2019 (6)：77-86.

② 资料来源：《中国与世界贸易组织》白皮书。

③ 佚名. 中国“入世”17 年，履诺开放惠及世界 [J]. 对外传播，2018 (8)：69.

求、出口实际要求等，与此同时，在投资方面中国还采取了很多自主扩大对外开放的措施。[①] 此外，中国还在不断加强贸易政策的合规性，例如在 2014 年国务院办公厅印发的《国务院办公厅关于进一步加强贸易政策合规工作的通知》中，要求国务院各部门、地方各级人民政府及其部门制定的贸易政策，应当符合世贸组织规则和中国加入世贸组织的有关承诺。加强贸易政策合规工作，对于进一步提高贸易领域的开放度、推动贸易投资自由化和便利化，完善法治化国际化营商环境，具有重大的战略和现实意义。中国作为全球性的贸易大国，履行贸易领域开放承诺以及加强贸易政策的合规性，不仅仅有利于中国对外贸易和投资的进一步发展，同时也能够促进全球贸易与投资自由化和便利化，有力推进世界经济全球化的发展进程。

从履行知识产权保护承诺方面来看，加入世贸组织后，中国不断建立健全知识产权法律法规，与多个国家建立知识产权工作机制，积极吸收借鉴国际先进立法经验，构建起符合世贸组织规则和中国国情的知识产权法律体系。修改后的著作权法、商标法以及专利法大致达到了《与贸易有关的知识产权协议》的要求，基本上与《与贸易有关的知识产权协议》保持了一致，完成了中国加入世界贸易组织之后关于知识产权方面的承诺。[②] 这也使得中国国内的营商环境得到了进一步的优化，有力地推动了中国贸易与投资的发展和贸易投资自由化。

从履行透明度义务方面来看，中国明确提供法律制度保障，全面履行世贸组织通报义务。中国国内的相关部门定期发布中国的贸易发展情况，并且还定期向世界贸易组织通报国内相关法律、法规和具体措施的修订调整和实施情况，这使得世界各国能够更加清晰准确地了解中国的贸易发展现状以及相关的政策法规，为完善世界贸易投资制度、促进贸易投资自由化和便利化以及构建更加稳定的世界贸易投资秩序做出了重要贡献。

截至 2010 年年底，中国加入世界贸易组织的所有承诺全部履行完毕。在

① 屠新泉. 世界贸易组织与中国对外开放 [J]. 领导科学论坛，2019 (6)：77-86.
② 吴道霞. 中国加入世界贸易组织与知识产权保护 [J]. 技术经济，2002 (3)：2-3.

2006年、2008年、2010年、2012年、2014年、2016年和2018年，中国政府接受了世界贸易组织的七次贸易政策审议，中国认真履行承诺的实际行动得到世界贸易组织大多数成员的肯定。中国加入世界贸易组织后积极履行入世承诺，一方面使得中国的贸易投资制度得到了不断的加强与完善，有力地推动了本国贸易投资自由化以及本国经济的发展；另一方面，中国也通过对外贸易与双向投资造福了世界各国，拉动了世界经济复苏和增长，促进了世界范围内的贸易投资自由化和便利化。与此同时，通过履行入世承诺，也推动中国不断融入到世界经贸体系当中，并且在其中发挥着越来越重要的作用。

此外，正如《中国与世界贸易组织》白皮书所说的那样，中国的对外开放不会止步于履行加入世界贸易组织承诺。中国将主动扩大进口，未来15年，中国预计将进口24万亿美元商品；将继续优化监管方式方法，进一步压缩进出口环节和成本；将继续推进简政、降税、减费改革，继续加强同国际经贸规则对接，增强透明度，强化产权保护。由此可见，中国在未来还会更加积极地推动更高水平对外开放，以更大力度推进自主开放，以开放促改革、促发展，不断完善贸易投资制度，促进贸易投资自由化和便利化，进而推进经济全球化深入发展。

三、中国坚持维护世界贸易组织主渠道作用的意义

长期以来，中国一直坚持维护世界贸易组织所代表的多边贸易规则的主渠道作用，并以对入世承诺的切实履行，对世界贸易组织规则的遵循，从行动上证明了中国支持世界贸易组织、推动多边贸易体制发展的决心。中国在世界贸易组织规则与框架之下发展了本国对外贸易与双边投资，推动了世界经贸秩序的平稳运行。可以说，中国坚持维护世界贸易组织主渠道作用，一方面有利于中国经济发展，另一方面对于完善多边贸易体制、推动世界贸易投资自由化也有积极影响。

（一）中国坚持维护世界贸易组织主渠道作用对中国的意义

具体分析，坚持维护世界贸易组织主渠道作用对中国经济发展的积极意

义，主要表现为以下几个方面：

首先，中国坚持维护世界贸易组织主渠道作用推动了国内改革的进一步深化。加入世界贸易组织之后，中国国内关于市场经济还是计划经济的争论基本销声匿迹，并且为了符合世界贸易组织的规则与框架，中国开始推动国内三大改革（包括行政改革、金融改革和国企改革）。如今，行政改革已基本完成；金融改革也较此前有了很大进步；而国企改革目前正在发展过程中，需要一段时间才可完成。① 这使得中国社会主义市场经济体制得到了进一步完善。

其次，中国坚持维护世界贸易组织主渠道作用促进了本国对外贸易迅速发展。受益于世界贸易组织的最惠国待遇规则，中国在加入世界贸易组织之后凭借低廉的产品生产成本迅速发展成为“世界工厂”，向世界各国提供着价格低廉的商品与服务。此外，随着国内经济的发展，中国也开始从世界各国大量进口商品和服务。到目前为止，中国的进出口总额已经跻身世界前列。

再次，中国坚持维护世界贸易组织主渠道作用有利于双边投资的发展。一方面，由于中国加入世界贸易组织之后开始加快市场化改革，使得外资对中国国内市场有了一个稳定的预期，使他们觉得中国的对外开放、市场经济政策从此锁定，进一步增强了他们对华投资的信心，由此推动了外来投资的大幅增加，对于中国的工业与外贸发展作出了非常重要的贡献②；另一方面，加入世界贸易组织之后，中国在坚持维护世界贸易组织主渠道作用的过程中开始逐渐了解到世界各国的经贸政策与环境，使得中国企业开始大规模“走出去”，有力地推动了中国的经济增长，增强了中国在全球经济中的影响力。

最后，中国坚持维护世界贸易组织主渠道作用有利于本国企业在竞争中发展。加入世界贸易组织之后，为了切实履行入世承诺，中国开始加大国内市场的开放程度，这使得中国国内各个领域的竞争加剧。很多中国企业在开放的市场环境中开始逐渐成长起来，与外国企业展开了激烈的竞争，使得中

① 陶红. 世界贸易组织让中国受益更让世界得利 [J]. 中国外资，2018（19）：46-47.
② 屠新泉. 世界贸易组织与中国对外开放 [J]. 领导科学论坛，2019（6）：77-86.

国国内涌现出一大批具有很高世界知名度的大型企业，如海尔、华为等企业。

总的来说，坚持维护世界贸易组织主渠道作用有效地促进了中国的改革开放和经济发展，使得中国在全球经济中的地位不断提升，让中国参与了世界贸易规则和全球经济治理规则的制定。

（二）中国坚持维护世界贸易组织主渠道作用对发展和完善全球贸易投资制度的意义

中国坚持维护世界贸易组织主渠道作用不仅促进了本国的经济发展，同时也有利于完善多边贸易体制、推动世界贸易投资自由化、构建更加公平公正的世界贸易投资规则，对世界经济发展有着重要的意义。

首先，中国坚持维护世界贸易组织主渠道作用有利于完善多边贸易体制。《中国与世界贸易组织》白皮书中提到，单边主义和保护主义与世界贸易组织基本原则背道而驰，多边贸易体制是顺应世界经济发展的历史选择。而世界贸易组织倡导以规则为基础，秉持开放、透明、包容、非歧视等基本原则，因此作为世界贸易组织主渠道作用的坚决维护者，中国一直以来都旗帜鲜明地反对单边主义和保护主义。加入世界贸易组织以来，中国通过亚太经合组织领导人非正式会议、金砖国家领导人会议、二十国集团领导人峰会等多边协商会议，有效地促进了各国经贸合作，并且帮助更多发展中国家融入世界多边贸易体制当中，促进了全球多边贸易体制的完善。

其次，中国坚持维护世界贸易组织主渠道作用有利于推动世界贸易投资自由化。在单边主义和保护主义体制下，各国之间通过关税与非关税壁垒以及严格的投资限制措施严重阻碍了世界贸易与投资自由化。加入世界贸易组织之后，中国致力于坚持维护世界贸易组织主渠道作用，不断推动构建公正、合理、透明的国际贸易投资规则体系，促进了全球生产要素有序流动、资源高效配置、市场深度融合，有效推动了世界贸易投资自由化。

最后，中国坚持维护世界贸易组织主渠道作用有利于构建更加公平公正的世界贸易投资规则。中国加入世界贸易组织以来，国内经济得到了迅速发展，在世界经济中的地位得到了迅速提升，成为全球经贸治理和世界贸易投资规则制定的重要参与者。中国一直以来始终坚持维护广大发展中国家的利益，在世界贸易投资规则的制定中竭力保障发展中国家的在世界贸易投资中应得的利益，推动了公平公正的世界贸易投资规则的构建。

综上所述，中国坚持维护世界贸易组织主渠道作用对于世界经济的发展同样有着积极的促进作用，有力地推动了世界经济朝着合作共赢、公平公正的方向发展。

第三节　实施自由贸易区战略与中国贸易投资制度建设

中国商务部、海关总署《关于规范“自由贸易区”表述的函》指出，根据世界贸易组织的有关解释，自由贸易区是指两个或两个以上的主权国家或单独关税区通过签署协定，在世界贸易组织最惠国待遇基础上，相互进一步开放市场，分阶段取消绝大部分货物的关税和非关税壁垒，改善服务和投资的市场准入条件，从而形成的实现贸易和投资自由化的特定区域；自由贸易区所涵盖的范围是签署自由贸易协定的所有成员的全部关税领土，而非其中的某一部分。①

自由贸易区是世界贸易组织最惠国待遇的一种例外，是对世界贸易组织机制的补充，也是区域经济一体化的重要组织形式。区域经济一体化的迅速发展过程中伴随的是新贸易规则和投资规则的确立，而国际贸易规则的变革使得自由贸易区等国际经济合作政策工具的内涵又有了新的变化。作为推动投资便利化和贸易自由化的有效工具和参与全球经济治理的重要机制和平台，中国十分重视自由贸易区战略的发展。

---

① 见商务部、海关总署2008年5月9日发布的《关于规范“自由贸易区”表述的函》。此函特别区分了自由贸易区和自由贸易园区，强调“自由贸易区”对应的英文是FREE TRADE AREA（FTA），自由贸易园区对应的英文为FREE TRADE ZONE（FTZ）。

一、中国自由贸易区战略的提出和实践历程

（一）中国自由贸易区战略的提出

20 世纪 90 年代以来，经济全球化和区域经济一体化的发展趋势和特征越来越明显。尤其是 1995 年世界贸易组织的成立将大多数国家和地区市场的资源配置和利用活动纳入了全球一体化的体制中，推动了国际贸易、投资等领域的自由化进程。但是，以世界贸易组织为代表的多边贸易自由化体系存在诸如缔约方数量众多，致使多边贸易体制谈判受阻，难以推动国际贸易规则的进一步发展的问题，刺激了区域经济一体化、特别是自由贸易区的蓬勃兴起。由于在贸易自由化方面谈判协商成本相对较低且更容易达成深度合作，故而自由贸易区受到越来越多国家和地区的青睐。在自由贸易区迅猛发展的浪潮中，中国充分认识到参与其中的重要性和紧迫性。2001 年中国-东盟自贸区谈判启动，且在取得早期成果后，相继签署了《货物贸易协议》，为中国自由贸易区战略的提出积累了宝贵经验。2005 年 10 月 11 日，《中共中央关于制定国民经济和社会发展第十一个五年计划的建议》指出，中国将积极参与多边贸易谈判，推动区域和双边经济合作，促进全球贸易和投资自由便利化。2007 年，中共十七大报告明确提出要“实施自由贸易区战略，加强双边多边经贸合作”，将自由贸易区建设上升为国家战略。这有利于中国在各大贸易集团的激烈竞争中争取主动，促进经济社会健康发展，实现国家整体利益。

（二）中国自由贸易区战略的实践历程

中共十八届三中全会通过的《中共中央关于全面深化改革若干重大问题的决定》中明确提出“加快自由贸易区建设。坚持世界贸易体制规制，坚持双边、多边、区域次区域开放合作，扩大同各国各地区利益汇合点，以周边为基础加快实施自由贸易区战略”。截至 2019 年 7 月底，中国已初步形成了以周边国家和地区为基础，面向全球的自由贸易区网络。纵观中国自由贸易区建设历程，大致可以分为三个阶段：

1. 起步阶段（2001—2005 年）

2002 年 11 月 4 日，在柬埔寨首都金边举行的第六次中国-东盟领导人非

正式会议上，中国与东盟签署了《中国-东盟全面经济合作框架协议》，提出在10年内建成中国-东盟自由贸易区。为了尽快享受到自贸区设立带来的成果，中国与东盟决定从2004年1月1日开始实施“早期收获计划”，同年年底，双方达成了《货物贸易协议》与《争端解决机制协议》，于2007年和2009年分别签署了《服务贸易协议》和《投资协议》，全面放开了区域内的贸易和投资限制，标志着中国-东盟自由贸易区协定的主体框架已经成形。尽管第一个自由贸易区协定采取了“早期收获”——“过渡时期”——“全面建成”的分布式协议，仍给后续自由贸易区协定的谈判奠定了坚实的基础。

2. 快速发展阶段（2005—2010年）

此阶段共建成了中国-智利、中国-巴基斯坦、中国-新西兰和中国-新加坡四个自由贸易区。2005年11月18日，中国和智利两国政府代表在韩国釜山签署了《中华人民共和国政府和智利共和国政府自由贸易协议》，这一协议于2006年7月1日生效，随后于2008年4月13日签订了“中国-智利自由贸易区服务贸易协议”，于2010年8月1日生效，2012年9月9日，双边政府签订了“自由贸易区投资协议”，标志着中国-智利自由贸易区建设全面完成，这一协定是中国与拉美国家签订的第一个自由贸易协议。

中国和新西兰两国在历时3年的谈判后，于2008年4月4日正式签署了《中华人民共和国政府和新西兰政府自由贸易协议》，协议从2008年10月1日起生效，宣告中国第一个与发达国家之间的自贸区成功建立，而且该协议一改之前分布式的做法，采用了标准的一揽子协议形式。

该阶段的自由贸易区伙伴以南南合作，发展中国家或者是开放型发达小国为主，谈判难度较低。

3. 后金融危机时期发展新阶段（2010年至今）

2008年金融危机爆发，全球贸易保护主义抬头，贸易摩擦加剧，世界贸易组织多哈回合谈判陷入僵局，中国及时把握时机，积极参与区域经济合作，加快实施自由贸易区战略。

这一阶段，中国的自贸区战略以全面、高质量和利益平衡为目标，引入“高水平，高标准二十一世纪议题”与国际规则接轨，扩大自由贸易协定涵盖范畴与规模，谋求中美、中欧双边 BIT 谈判等，初步形成了周边自贸平台和全球自贸区网络。这一时期自由贸易区的新发展以在东北亚地区建立的第一个自由贸易区——中韩自由贸易区和首次与经济总量较大发达经济体的自由贸易区——中澳自由贸易区为代表。

这两个自由贸易区协议不仅涵盖了传统的货物贸易、服务贸易、投资、原产地规则等议题，还涉及了电子商务、竞争政策、知识产权、政府采购以及环境等贸易新规则中的议题，大大提高了中国自贸区建设的深度和广度，也为中国今后自贸区建设提供了有益的参考和借鉴，特别是为中国今后对外区域贸易协定谈判设定了基调，有利于中国的贸易体制制度与国际“高标准”贸易投资规则实现对接。中韩和中澳自贸区的建立充分表明，中国有信心、有能力与各贸易伙伴建立更加紧密的贸易关系，继续坚定不移地深化改革，推进对外开放。特别是中国和澳大利亚两个国家都是亚太地区的重要国家，中澳自由贸易协定将成为亚太自由贸易区的坚实基础，有助于推动亚太经济一体化进程，促进亚太地区各经济体的深度融合和共同发展。

二、中国自由贸易区战略的实践成效

（一）中国自由贸易区建设成效

中国自由贸易区战略经过十几年的发展，逐渐从数量少、水平低、渐进型的初始阶段步入发展壮大的新阶段，发展至今，不仅突破量的积累，更看重质的提高，以更高水平的开放、更广的涵盖范围为发展目标。

有关数据显示，截至 2019 年 7 月，中国已签署并生效的自由贸易协定 19 个，涉及 25 个国家和地区，在谈判的自由贸易协定 13 个，涉及 30 个国家，在研究的自由贸易协定 10 个。此外，截至 2019 年 6 月底，中国还同 149 个国家签署了双边投资协定，其中 128 个已生效。[①] 相关情况见表 13-1。

---

① 数据来源：UNCTAD 网站. http://investmentpolicyhub.unctad.org/IIA/IiasByCountry#iiaInnerMenu。

表 13-1　中国自由贸易区建设成果

进程	自由贸易协定/自由贸易安排	涉及领域
已签署协议的自贸区	1. 内地与香港更紧密经贸关系安排（CEPA，2004 年 1 月 1 日生效）	货物贸易、服务贸易、投资便利化、投资贸易促进、产业合作、知识产权保护和品牌合作等
	2. 内地与澳门更紧密经贸关系安排（CEPA，2005 年 1 月 1 日生效）	货物贸易、服务贸易、投资便利化、投资贸易促进、产业合作、知识产权保护和品牌合作等
	3. 中国-东盟 FTA（2002 年 11 月 4 日签署《中国-东盟全面经济合作框架协议》；2004 年 1 月 1 日早期收获计划实施；《货物贸易协议》2005 年 7 月开始实施；《服务贸易协议》2007 年 7 月起实施；2010 年全面启动）	货物贸易和服务贸易
	4. 中国-东盟（"10+1"）升级 FTA（2015 年 11 月 22 日签署《中华人民共和国与东南亚国家联盟关于修订〈中国-东盟全面经济合作框架协议〉及项下部分协议的议定书》，是中国在已有自贸区基础上完成的第一个升级协议）	货物贸易、服务贸易、投资和经济合作等
	5. 中国-智利 FTA（2006 年 10 月 1 日生效）	货物贸易和服务贸易
	6. 中国-巴基斯坦 FTA（早期收获协定于 2006 年 1 月 1 日起施行；自由贸易协定于 2007 年 7 月起实施；服务贸易协定于 2009 年 2 月 21 日签署）	货物贸易和服务贸易
	7. 中国-新西兰 FTA（2008 年 10 月 1 日生效，这是中国与发达国家签署的第一个自由贸易协定）	货物贸易、服务贸易、人员流动和投资
	8. 中国-新加坡 FTA（2009 年 1 月 1 日生效）	货物贸易、服务贸易、人员流动、海关程序等
	9. 中国-秘鲁 FTA（2010 年 3 月 1 日生效）	货物贸易、服务贸易、投资、知识产权、贸易救济、原产地规则、海关程序及贸易便利化、技术性贸易壁垒、卫生和植物卫生措施等
	10. 中国-哥斯达黎加 FTA（2011 年 8 月 1 日生效）	货物贸易、服务贸易、知识产权、贸易救济、原产地规则、海关程序、技术性贸易壁垒、卫生和植物卫生措施、合作等
	11. 中国-冰岛 FTA（2014 年 7 月 1 日生效，是中国与欧洲国家签署的第一个自由贸易协定）	货物贸易、服务贸易和投资等
	12. 中国-瑞士 FTA（2014 年 7 月 1 日生效）	货物贸易、服务贸易、投资、知识产权、竞争、环境等
	13. 中国-韩国 FTA（2015 年 12 月 20 日生效）	原产地规则、海关程序及贸易便利化、卫生与植物卫生措施、国民待遇与市场准入、技术性贸易壁垒、贸易救济、服务贸易、金融服务、投资、电子商务、知识产权、经济合作等
	14. 中国-澳大利亚 FTA（2015 年 12 月 20 日生效，在服务贸易领域，澳大利亚是首个对中国以负面清单方式作出服务贸易承诺的国家）	货物贸易、服务贸易、原产地规则和实施程序、海关程序及贸易便利化、卫生与植物卫生措施、技术贸易壁垒、贸易救济、投资、透明度、自然人移动、电子商务、知识产权等
	15. 中国-格鲁吉亚 FTA（2017 年 5 月 13 日签署，2018 年 1 月 1 日生效，是中国与欧亚地区第一个签署自由贸易协定的国家）	货物贸易、服务贸易、原产地规则、海关程序和贸易便利化、卫生与植物卫生措施、技术性贸易壁垒、贸易救济、知识产权等

表13-1(续)

进程	自由贸易协定/自由贸易安排	涉及领域
已签署协议的自贸区	16. 中国-马尔代夫 FTA（2017 年 12 月 7 日签署）	货物贸易、服务贸易、投资、经济技术合作、原产地规则、海关程序和贸易便利化、贸易救济、技术性贸易壁垒、卫生与植物卫生措施等
	17. 中国-新加坡自贸协定升级（2018 年 11 月 12 日签署《自由贸易协定升级议定书》）	服务贸易、投资、原产地规则、海关程序、贸易救济、经济合作、电子商务、竞争政策和环境等
	18. 中国-智利自贸协定升级［2017 年 11 月 11 日签署《中华人民共和国政府与智利共和国政府关于修订（自由贸易协定）及（自由贸易协定关于服务贸易的补充协定）的议定书》，2019 年 3 月 1 日正式生效］	货物贸易、服务贸易、原产地规则、经济技术合作、电子商务、竞争、环境与贸易
	19. 中国-巴基斯坦自贸协定第二阶段谈判［2015 年 11 月《中华人民共和国政府和巴基斯坦伊斯兰共和国政府自由贸易区服务贸易协定银行业服务议定书》正式生效；2019 年 4 月 28 日中巴两国签署《中华人民共和国政府和巴基斯坦伊斯兰共和国政府关于修订（自由贸易协定）的议定书》］	货物贸易、服务贸易、原产地规则、贸易救济、投资、海关合作等
正在谈判的自贸区	1. 中国-海合会 FTA（2005 年 5 月首轮自贸区谈判，2016 年 1 月中国与海合会恢复自贸协定谈判，实质性结束货物贸易谈判；2016 年 12 月第九轮谈判结束，15 个谈判议题中的 9 个结束谈判）	货物贸易、服务贸易、投资、电子商务
	2. 中国-挪威 FTA（2007 年 6 月进行可行性研究，2008 年 9 月正式启动自贸区谈判，2019 年 6 月 24—27 日进行了第十五轮自贸协定谈判）	货物贸易、服务贸易、投资、技术性贸易壁垒、环境、竞争政策、电子商务、政府采购、卫生与植物卫生措施、贸易救济、争端解决和法律等
	3. 中日韩 FTA（2012 年 11 月正式启动，2019 年 4 月 12 日进行第十二轮谈判）	货物贸易、服务贸易、投资、规则等
	4. 区域全面经济合作伙伴关系协定（RCEP，2013 年 5 月正式启动，2017 年 11 月首次领导人会议并发表联合声明，2019 年 6 月 25 日至 7 月 3 日举行第 26 轮谈判）	货物贸易、服务贸易、投资、原产地规则、贸易救济、金融、电信、知识产权、电子商务、法律与机制等
	5. 中国-斯里兰卡 FTA（2013 年 8 月中斯自贸区联合可行性研究，2014 年 9 月进行首轮谈判，2017 年 1 月进行第五轮谈判）	货物贸易、服务贸易、投资、经济技术合作、原产地规则、海关程序和贸易便利化、技术性贸易壁垒和卫生与植物卫生措施、贸易救济等
	6. 中国-以色列 FTA（2016 年 3 月正式启动自贸协定谈判；2019 年 5 月 20-23 日进行第六轮谈判）	货物贸易、服务贸易和自然人移动、贸易救济、投资、经济技术合作、知识产权、竞争政策、电子商务、争端解决和其他法律问题
	7. 中国-韩国自由贸易协定第二阶段谈判（中韩自贸协定于 2015 年 12 月 20 日正式生效，2018 年 3 月 22 日中韩自贸协定第二阶段首轮谈判，2019 年 3 月 29 日举行第二阶段第四轮谈判，首次使用负面清单方式进行服务贸易和投资谈判的自由贸易协定谈判）	原产地规则、海关程序及贸易便利化、卫生与植物卫生措施、国民待遇与市场准入、技术性贸易壁垒、贸易救济、服务贸易、金融服务、投资、电子商务、知识产权、经济合作等

表13-1(续)

进程	自由贸易协定/自由贸易安排	涉及领域
正在谈判的自贸区	8. 中国-毛里求斯 FTA（中毛自贸协定 2017 年 12 月正式启动，2018 年 8 月 30 日结束谈判，是我国与非洲国家商签的第一个自由贸易协定）	货物贸易、服务贸易、投资、经济合作等
	9. 中国-摩尔多瓦 FTA（2017 年 12 月 28 日，中摩两国正式启动自贸协定谈判，2018 年 3 月 5—6 日进行了第二轮谈判）	货物贸易、服务贸易、投资、经济技术合作、机制条款和争端解决等
	10. 中国-新西兰自贸协定升级谈判（2017 年 4 月启动升级谈判，2018 年 11 月 28—30 日进行第六轮谈判）	技术性贸易壁垒、海关程序与贸易便利化、原产地规则、服务贸易、投资、竞争政策、电子商务、农业合作、环境、政府采购等
	11. 9. 中国-巴拿马 FTA（2018 年 6 月 12 日，中巴两国正式启动自贸协定谈判，2019 年 4 月 24—26 日进行了第五轮谈判）	货物贸易、服务贸易、金融服务、投资、原产地规则、海关程序和贸易便利化、贸易救济、贸易经济合作和法律等
	12. 中国-巴勒斯坦 FTA（2019 年 1 月 30 日，中巴启动自贸区谈判）	谈判基本原则、协定领域范围、谈判推进方式等
	13. 中国-秘鲁自贸协定升级谈判（2019 年 4 月 1—4 日启动升级谈判，2019 年 6 月 17—19 日进行第二轮谈判）	服务贸易、投资、海关程序与贸易便利化、原产地规则、卫生与植物卫生措施、知识产权、电子商务和竞争政策等
正在研究的自贸区	1. 中国-尼泊尔 FTA（2016 年 3 月 21 日启动自贸协定联合可行性研究并签署谅解备忘录）	暂无
	2. 中国-哥伦比亚 FTA（2012 年正式启动两国自贸区联合可行性研究）	暂无
	3. 中国-摩尔多瓦 FTA	暂无
	4. 中国-斐济 FTA	暂无
	5. 中国-巴新 FTA	暂无
	6. 中国-加拿大 FTA（2016 年 9 月正式启动可行性研究，2017 年 9 月进行第四次会议）	暂无
	7. 中国-孟加拉 FTA	暂无
	8. 中国-毛里求斯 FTA	暂无
	9. 中国-蒙古 FTA（2017 年 5 月正式启动可行性研究）	暂无
	10. 中国-瑞士自贸协定升级联合研究（2017 年 1 月正式启动升级研究，2018 年 3 月 27 第二次会议）	暂无

资料来源：邓敏，顾磊. 中国对外贸易概论［M］. 成都：西南财经大学出版社，2016：71-72；中国自由贸易区服务网，http://fta.mofcom.gov.cn/index.shtml。

（二）中国自由贸易区建设的特点

1. 从南南合作向全球网络覆盖发展

早期自由贸易协定的谈判多从周边国家着手，具有明显的“南南型”合作特征。涉及的国家多数为发展中国家和地区，后期则拓展了欧洲、拉丁美洲等国家的贸易关系，逐渐将自由贸易区网络织向全球。

2. 合作领域不断拓展加深

早期签订的自由贸易区协定多数只涉及传统贸易和投资议题，规则也主要涉及贸易自由化、贸易救济、原产地规则、技术性贸易壁垒等。后金融危机时期签订的自由贸易协定不仅涉及传统议题，而且将传统规则进一步进行细化和深化，拓展到深度一体化议题如法规监管和透明度等，将发达国家自贸区协定（如 TPP、TTIP）的内容如环境规则、知识产权、政府采购、电子商务、竞争政策等纳入，合作领域的拓展加深，是中国自由贸易区建设的重要特点和趋势。

三、中国自由贸易区战略对贸易投资制度的影响

在总结过去十多年自由贸易区战略实施经验的基础上，2015 年，国务院发布《国务院关于加快实施自由贸易区战略的若干意见》，明确提出中国将来建立立足周边，辐射“一带一路”，面向全球的高标准自由贸易区网络，进一步指出深度参与国际规则的制定是中国实施自由贸易区战略的重要目标。所以，加快实施自由贸易区战略，一方面可以促进中国深度参与国际经济新规则的制定，以开放促改革，使中国深度融入经济全球化；另一方面也是中国参与全球经济治理，搭建全球经贸新规则框架体系的重要途径。

（一）中国自贸区战略对中国贸易投资制度的影响

通过对后金融危机时代签署的自由贸易协定文本的总结发现，中国自由贸易协定涉及的规则正在努力同国际经贸新规则相接轨，市场准入开放水平、自由化程度、涵盖内容与之前的自由贸易协定相比都有了明显的进步，可以说是对自由贸易协定框架下经贸新规则的试行和突破。

1. 公平竞争规则：知识产权和竞争政策

后金融危机时期签订的中国-秘鲁、中国-哥斯达黎加、中国-瑞士、中国-韩国、中国-澳大利亚和中国-格鲁吉亚自由贸易协定都单独成章，拟定了知识产权议题，充分体现了中国对新形势下国际经贸新规则的关注和积极

参与的态度。特别是中国-韩国和中国-澳大利亚自由贸易协定中关于知识产权的条款除了基本遵循 TRIPS 以外，协定还包括特定贸易方式涉及的知识产权问题、网络侵权问题等。此外，协定还规定双边的知识产权合作应该保证行政机关知识产权政策交换信息；提供技术协助和培训课程；对本国知识产权制度执行方面的改变和发展予以通知。这些内容对中国知识产权保护制度的改革和监管具有很好的窗口效应，也为中国主动参与国际知识产权新规则谈判提供了经验，有助于提高知识产权领域对外合作水平。

中国-韩国和中国-格鲁吉亚自由贸易协定提出“反竞争商业行为”，规定应当遵循中国的《反垄断法》（及其修正案）以及韩国和格鲁吉亚国内竞争法。但是与欧美发达国家上百年的竞争政策经验相比，中国在运用竞争政策方面尚处在起步阶段。中国企业在竞争政策规制领域的法律意识相对淡薄，自由贸易区协定涉及的竞争政策规则有利于倒逼国内加快建立健全竞争政策和竞争立法，进而促进中国积极参与竞争政策的国际协调，提高中国市场化改革的效率。

2. 贸易便利化措施与政策协调

中国-韩国、中国-秘鲁、中国-澳大利亚和中国-马尔代夫自由贸易协定都含独立的“海关程序与贸易便利化”章节，承诺监管政策的一致性、透明性和海关合作以及相关风险管理，都设定了海关委员会，确认双边有关便利化的贸易改进完善领域。中国-秘鲁自贸协定还单列了“无纸化环境下自动化系统的应用”，以支持无纸化贸易环境，应用低成本、高效率的信息技术加快货物放行程序；中国-澳大利亚自由贸易协定针对澳大利亚对中国出口产品的特殊性，加入了对易腐货物优先安排查验，最短时间内允许放行以及放行前的适当储存安排。这充分体现了中国依据不同国家国内法律、监管制度上的差异而做出的政策协调，有利于自贸区协定的谈判。作为全球第二大经济体及最大货物贸易国，推进贸易便利化必然会带来诸如通关效率提高、降低贸易成本、提高企业竞争力、增加对外贸易量、带动收入与就业、增加政府收入以及促进跨境电子商务新兴贸易业态发展等效应。

3. 外商投资和服务贸易新规则：准入前国民待遇与负面清单管理制度

在中国-韩国自贸协定第二阶段的谈判中，中国首次加入准入前国民待遇和负面清单管理模式，同时中国国内的自由贸易试验区也试行服务贸易和投资准入前国民待遇和负面清单管理模式。这样，通过国内经济体制改革和涉外经济体制改革，促进国内政策与国际经济新规则的对接，有利于中国改革完善服务业和投资的管理模式，为中国服务业发展和外商直接投资发展创造良好的政策环境，促进更高水平的对外开放和贸易投资的自由化。

（二）中国自贸区战略对世界贸易投资制度的影响

由于中国是最大的发展中国家，与广大的发展中国家、新兴市场有着共同的利益诉求和出发点，通过积极参与当前国际经贸新规则的调整与变动，加入到规则体系的改革中，不仅可以改变自身被以美国为代表的发达国家排挤在规则制定之外的状况，而且通过充分利用国际谈判，提出中国的利益诉求，学习规则、运用规则、最终实现参与规则制定的目标，还能够为维护广大发展中国家的国家利益发出中国的声音，为广大发展中国家谋取发展。

中国作为广大发展中国家的代表，通过双边、多边自贸区谈判等渠道和途径，建立大国新型关系的合作对话机制，增强互相理解与信任，争取道义支持；在提高话语权的基础上，倡议和主导适合发展中国家的贸易新规则，如当前亚太地区 APEC 合作机制下，提倡以全球价值链视角解读亚太生产链和区域生产网络，构建亚太地区价值链数据库，便是中国倡议和主导的一项贸易新规则。[①]

① 张琳. 国际经贸新规则：中国自贸区的实践与探索［J］. 世界经济与政治论坛，2015（5）：140-157.

第四节 践行“一带一路”倡议与中国贸易投资制度建设

“一带一路”（The Belt and Road，B&R）是“丝绸之路经济带”和“21世纪海上丝绸之路”的简称，是中国为推动全人类的进步，实现中华民族的伟大复兴而提出的伟大倡议。2013年9月，习近平访问哈萨克斯坦，在纳扎尔巴耶夫大学发表演讲时提出共建“丝绸之路经济带”倡议。同年10月，在亚太经合组织领导人的非正式会议期间，习近平又提出了建设“21世纪海上丝绸之路”的倡议。这两个倡议合称“一带一路”倡议。

一、“一带一路”倡议的提出

“一带一路”倡议的理念是高举和平发展的旗帜，谋求合作与发展，旨在促进经济要素有序自由流动，资源高效配置和市场深度融合，推动“一带一路”各国实现经济政策协调，开展更大范围、更高水平、更深层次的合作，共同打造政治互信、经济融合、文化包容的利益共同体、责任共同体、命运共同体。“一带一路”倡议的提出，有着深刻而特殊的背景。

（一）“一带一路”倡议提出的背景

1.“一带一路”倡议提出的历史渊源

古代“陆上丝绸之路”由中国西汉使者张骞（公元前2世纪至公元前1世纪之间）首次开拓，其出使西域，开辟了一条以长安（今陕西西安）为起点，连接西亚、中东、东欧直到欧洲的陆上通道。陆上丝绸之路的最初作用是运输中国古代生产的丝绸、茶叶和瓷器等商品，并将欧洲、中东、西亚的商品输入中国，是东西方贸易往来的重要通道。

古代海上丝绸之路，指古代中国与世界其他国家和地区进行经济、政治、文化交流的海上通道。海上丝绸之路从中国的广州、泉州、杭州和扬州等港口出发，形成三条不同的航线：东洋航线由中国海港至朝鲜、日本；南洋航线由中国海港至东南亚国家；西洋航线由中国海港至南亚、阿拉伯和东非沿海国家。海上丝绸之路起始于秦汉时期，发展于三国至隋唐时期，繁荣于唐宋时期，明初达到顶峰，是目前已知的最早的海上航线。

“一带一路”倡议包含“丝绸之路经济带”和“21 世纪海上丝绸之路”，正好对应古代中国的陆上丝绸之路和海上丝绸之路。21 世纪“一带一路”倡议的提出就是要挖掘古代丝绸之路经济文化交流的重要历史价值。

2.“一带一路”倡议提出的时代背景

（1）经济全球化进程中错综复杂的国际形势

随着科学技术的进步，经济发展速度不断加快，世界各国之间的联系日益紧密，相互依存日益加深，世界经济政治的复杂变化既给各国的政治经济发展带来了机遇，又使各国面临严峻的考验。国际金融危机导致各国经济遭受严重损失，金融领域仍然存在较多风险，整体复苏艰难曲折、发展分化，导致各种形式的保护主义抬头，国际贸易投资格局和多边投资贸易规则酝酿深刻调整。“一带一路”刚好为各经济体、各区域提供合作平台，以应对复苏乏力的全球经济形势，力争实现共赢，为人类和平发展做出更大的贡献。

（2）区域经济深化发展和全方位开放新格局

改革开放以来，中国与中亚、东南亚等周边国家和地区的经济贸易往来不断深入和频繁，经济联结更加紧密，相互依存度不断提高。

“一带一路”倡议可以使中国充分利用自身优势与中亚、东南亚周边国家地区不断加强经济联系与合作，扩大沿海地区开放，加快西部和东北亚地区的开放步伐，形成多层次、全方位的开放新格局。而且中亚、东南亚等地区基础设施建设较为落后，投融资缺口巨大等问题已经开始掣肘这些地区经济的长期可持续发展，“一带一路”倡议致力于进一步推动基础设施建设，对推动这些地区的发展有重要作用。

（3）大国经济治理制度主导权的挑战和威胁

发达国家经济实力虽然相对下降，但在短期内其主导和影响世界经济的能力仍未发生根本变化，仍是控制全球经济治理的主要力量。美国为了维持其全球霸权的需要，提出构建“新丝绸之路”，并主导 TPP 和 TTIP 等区域贸易协定的谈判，企图掌握和影响全球经济治理新规则制定的主导权，遏制中国的发展。而且国际间和大国间的竞争和矛盾日趋激烈，不断发生新的变化。中国要有长期与之和平共处的理念，不断提高中国应对国际市场的能力。“一带一路”倡议包容、开放的理念，有利于促进经济要素有序自由流动、资源高效配置和市场深度融合，推动沿线国家经济政策协调，不断提高应对全球经济发展中的风险的能力。

（二）“一带一路”倡议的提出和确立

“一带一路”倡议是中国在经济全球化新形势下为建立开放型世界所提出的倡议，也是中国新时期形成全方位开放新格局的一个重要战略部署。

从世界经济态势与政治格局发生新变化的客观形势出发，习近平总书记于2013年4月出席博鳌亚洲论坛年会时提到，“中国将加快同周边地区的互联互通建设，积极探讨搭建地区性融资平台，促进区域内经济融合，提高地区竞争力”①。

如何稳定周边、实现沿线繁荣，提升区域整体竞争力？中国政府的答案是以共同发展、公平发展、和平发展、开放发展和可持续发展为理念，以共商、共建、共享为原则引领新一轮世界经济社会发展的浪潮。随后，习近平总书记外出访问时在讲话中提出了“丝绸之路经济带”和21世纪“海上丝绸之路”战略构想。

2013年9月7日，习近平在哈萨克斯坦纳扎尔巴耶夫大学发表题为《弘扬人民友谊 共创美好未来》的演讲时表示：“为了使各国经济联系更加紧密、相互合作更加深入、发展空间更加广阔，我们可以用创新的合作模式，共同建设丝绸之路经济带。”②

2013年10月3日，习近平在印度尼西亚国会发表重要演讲时表示，中国愿同东盟国家加强海上合作，使用好中国政府建设的中国-东盟海上合作基金，

① 习近平．共同创造亚洲和世界的美好未来［J］．中国产业，2013（4）：28-29.

② 习近平．弘扬人民友谊 共创美好未来：在纳扎尔巴耶夫大学的演讲（全文）［N］．人民日报，2013-09-08（1）.

发展好海洋合作伙伴关系，共同建设21世纪“海上丝绸之路”。[①]

2013年11月2日，中共十八届三中全会通过了《中共中央关于全面深化改革若干重大问题的决定》，指出推进丝绸之路经济带、21世纪海上丝绸之路建设，形成全方位开放新格局。此次会议将“丝绸之路经济带”和21世纪“海上丝绸之路”战略构想正式合并为“一带一路”倡议，上升为国家级重大战略。

“一带一路”倡议自提出开始，就成为中国领导人不遗余力、亲自推动的重大工程。从首次提出丝绸之路经济带到2014年10月，习近平和李克强的13次出国访问中有11次涉及了对“一带一路”建设的推介与期待。这意味着“一带一路”倡议并非中短期的合作项目，也不仅仅是中国“西向发展”的区域性规划，而是中国国家重大战略中对外战略的重要组成部分。

2014年11月4日，中共中央财经领导小组第八次会议研究丝绸之路经济带和21世纪海上丝绸之路规划、发起建立亚洲基础设施投资银行和设立丝路基金。习近平强调要集中力量办好这件大事，秉持亲、诚、惠、容的周边外交理念，近睦远交，使沿线国家对中国更认同、更亲近、更支持。2015年3月5日，政府工作报告提出要把“一带一路”建设与区域开发开放结合起来，加强新欧亚大陆桥、陆海口岸支点建设。

2015年3月28日，中国国家发展与改革委员会、外交部和商务部联合发布《推动共建丝绸之路经济带和21世纪海上丝绸之路的愿景与行动》文件，对“一带一路”倡议做出了相对完整和明确的界定。文件指出“一带一路”建设是一项系统工程，要坚持共商、共建、共享原则，积极推进沿线国家发展战略的相互对接。共建“一带一路”旨在促进经济要素有序自由流动、资源高效配置和市场深度融合，推动沿线国家实现经济政策协调、开展更大范围、更高水平、更深层次的区域合作，共同打造开放、包容、均衡、普惠的区域经济合作架构。文件进一步对践行“一带一路”倡议的原则、合作领域、

---

① 习近平. 携手建设中国-东盟命运共同体：在印度尼西亚国会的演讲［OB/OL］.［2013-10-03］. http://cpc.people.com.cn/n/2013/1004/c64094-23104126.html.

合作框架等内容进行详细规划，至此，中国主导的“一带一路”倡议正式进入实践阶段。

二、“一带一路”倡议的发展与成就

“一带一路”倡议提出六年（2013—2019）来，从顶层设计、政策沟通、设施联通、贸易畅通、资金融通、民心相通等方面入手，加强与沿线国家的沟通磋商，推动沿线国家的务实合作，初步取得阶段性成果。

（一）“一带一路”倡议的发展

“一带一路”建设，是一项宏大系统工程，涉及面广、跨越时间长、建设任务重，需要加强组织和领导，统筹做好对内、对外两方面工作。为此，中国政府成立了推进“一带一路”建设工作领导小组，指导和协调推进“一带一路”建设。截至 2019 年 2 月底，推进“一带一路”建设工作领导小组共召开 9 次会议，梳理总结过往工作并督促后续事项有规划的实施。

2015 年 2 月 1 日，推进“一带一路”建设工作会议明确要贯彻落实习近平提出的“一带一路”倡议，同时要求高举和平、发展、合作、共赢旗帜，秉承亲、诚、惠、容的外交理念，以政策沟通、设施联通、贸易畅通、资金融通、民心相通为主要内容，积极推进“一带一路”建设。在此基础上，会议安排部署了 2015 年及后期推进“一带一路”建设的重大事项和重点工作，强调“一带一路”建设是一项宏大系统工程，要有力有序有效推进，确保“一带一路”建设工作开好局、起好步。要把握重点方向，陆上依托国际大通道，以重点经贸产业园区为合作平台，共同打造若干国际经济合作走廊；海上依托重点港口城市，共同打造通畅安全高效的运输大通道。要强化规划引领，把长期目标任务和近期工作结合起来，加强对工作的具体指导。要抓好重点项目，以基础设施互联互通为突破口，发挥推进“一带一路”建设的基础性作用和示范效应。要畅通投资贸易，着力推进投资和贸易便利化，营造区域内良好营商环境，抓好境外合作园区建设，推动形成区域经济合作共赢发展新格局。要拓宽金融合作，加快构建强有力的投融资渠道支撑，强化

"一带一路"建设的资金保障。要促进人文交流，传承和弘扬古丝绸之路友好合作精神，夯实"一带一路"建设的民意和社会基础。要保护生态环境，遵守法律法规，履行社会责任，共同建设绿色、和谐、共赢的"一带一路"。要加强沟通磋商，充分发挥多边双边、区域次区域合作机制和平台的作用，扩大利益契合点，谋求共同发展、共同繁荣，携手推进"一带一路"建设。① 此次会议为后续"一带一路"建设定下了基调，突出抓重点方向、重点国家、重点项目，对实现货物、服务、要素和资金等在区域内自由流通，实现共建共享有重要意义。

2015 年 7 月 21 日，"一带一路"建设推进工作会议第 2 次会议在总结前一段工作的基础上，围绕重点方向、重点国家、重点项目，进一步研究部署了下一阶段工作。强调要着力推进新亚欧大陆桥、中蒙俄、中国-中亚-西亚、中国-中南半岛、中巴、孟中印缅六大国际经济走廊建设。要聚焦重点国家，积极推动长期友好合作，共同打造互信、融合、包容的利益共同体、责任共同体、命运共同体。要加强重点领域，以互联互通和产业合作为支点，促进国际产能合作和优势互补，推动务实互利合作向宽领域发展。要抓好重点项目，打造一批具有基础性作用和示范效应的标志性工程，抓紧建立权威、规范、全面的"一带一路"重大项目储备库。要加强指导和协调，突出重点地区，明确各省区市的定位，发挥各地比较优势，加强东中西合作，实现良性互动，在参与"一带一路"建设中形成全国一盘棋。这些部署为"一带一路"建设各项工作有力有序有效推进奠定了基础。

2016 年 1 月 15 日，"一带一路"建设推进工作会议在总结 2015 年"一带一路"建设工作的基础上，研究了 2016 年总体工作思路，部署了下一步重点工作。强调要牢固树立和贯彻落实创新、协调、绿色、开放、共享的发展理念，瞄准重点方向、重点国家、重点项目，推动"一带一路"建设取得新的更大成效；要加强战略对接，通过商签合作协议等合作方式，与沿线国家形

① 中国一带一路网. 关于历次推进"一带一路"建设工作领导小组会议汇总 [EB/OL]. (2019-02-21) [2019-06-28]. https://www.yidaiyilu.gov.cn/sy/zlbw/80193.htm.

成利益“最大公约数”；要以基础设施互联互通为先导，陆上依托国际大通道，共同打造国际经济合作走廊，海上以重点港口为节点，共同建设运输大通道。要深化经贸务实合作，与有关国家签署投资保护协定，提高投资、贸易、人员往来便利化水平；要推动人文交流，保护生态环境，共同建设绿色、和谐、共赢的“一带一路”；要健全保障体系，完善财税、金融、海关、质检等方面政策，强化对“一带一路”建设的支撑；要完善和用好各类交流合作平台，为“一带一路”建设营造良好的政治、舆论、商业、民意氛围。此次“一带一路”建设推进工作会议提出重点工作即为战略对接、设施互联互通和贸易流通建设，为后续全面深入合作打造了良好基础。

为了保证建设工作顺利实施，2016 年 9 月 13 日，“一带一路”建设推进工作会议在总结前期建设进度的基础上，提出要加强顶层设计、规划引领，适应沿线国家发展要求，进一步研究出台推进“一带一路”建设的政策措施，尽快形成“一带一路”建设规划实施体系和政策保障体系。强调要加强战略对接，落实好已签署的 30 多个共建“一带一路”政府间合作备忘录，建立“一国一策”互利共赢的合作方式；要加强统筹协调，坚持陆海统筹、内外统筹、政企统筹，推动形成全方位对外开放、东中西联动发展的局面。

2016 年是“一带一路”建设全面推进之年，取得了超出预期的建设成果。在此基础上，2017 年 2 月 10 日召开的“一带一路”建设推进工作会议强调要深入贯彻习近平在推进“一带一路”建设工作座谈会上的重要讲话精神，坚持稳中求进工作总基调，力争在一些重点领域取得新的重要突破，推动“一带一路”建设取得更大进展。此次会议规划并实施的第一届“一带一路”国际合作高峰论坛于 2017 年 5 月 14 日成功举行，为沿线各方提供了重要的沟通交流平台。论坛取得了丰硕成果，进一步明确了未来的合作方向，规划了“一带一路”建设的具体路线图，确定了一批重点项目。

2017 年 6 月 16 日，“一带一路”建设推进工作会议提出要正确把握高峰论坛创造的机遇，以建设和平、繁荣、开放、创新、文明之路为前进方向，扎实做好推进“一带一路”建设的各项工作。强调要加强同沿线国家的发展战略对接，全面提高中国境外安全保障能力，营造共建共享的安全格局，打造和平丝绸之路；要聚焦发展这个根本，继续把互联互通和产业合作作为“一带一路”建设合作的重点领域，打造繁荣丝绸之路；要坚定不移维护多边贸易体制，深化投资合作，促进贸易和投资便利化，打造开放丝绸之路；要坚持创新驱动发展，加强互联网、大数据、云计算、数字经济、人工智能、纳米技术等领域合作，积极开展环境保护、生态修复、循环经济等领域合作，打造创新丝绸之路；要加强多层次、宽领域的人文交流合作，搭建更多合作平台，开辟更多合作渠道，打造文明丝绸之路。会议还强调要全力以赴抓好高峰论坛成果的落实，着眼于重点方向、重点国家、重点项目，聚焦“五通”，力争早日收获更多新成果。

基于前期工作情况，2018 年 1 月 6 日，“一带一路”建设推进工作会议强调要凝聚更加广泛的合作共识，加强战略对接、规划对接、机制平台对接，增强共建“一带一路”的国际感召力。要加强互联互通合作，大力推进基础设施“硬联通”和政策规则标准“软联通”，继续实施好一批示范项目。要提升经贸投资合作水平，深化国际产能合作，增添沿线国家共同发展新动力。要创新金融产品和服务，发挥好各类金融机构作用，提高金融服务“一带一路”建设的水平。要拓展人文交流合作，夯实“一带一路”建设的民意基础。要积极履行社会责任，加强生态环境保护，共同建设绿色丝绸之路。要继续做好风险评估和应急处置等工作，强化“一带一路”建设安全保障。会议指出，下一步要认真贯彻中共十九大和中央经济工作会议精神，以习近平新时代中国特色社会主义思想为指导，推动“一带一路”建设取得新的更大进展。

2018 年 5 月 24 日，“一带一路”建设推进工作会议在肯定“一带一路”建设取得显著成效、指出“一带一路”建设进入新阶段的基础上，强调要准确把握共建“一带一路”进入全面实施新阶段的新形势新任务，高质量高水平推进“一带一路”建设。要深入推进发展战略对接和政策沟通，凝聚各方共识，促进协同联动发展。聚焦“六廊六路多国多港”主骨架建设，扎实推进基础设施“硬联通”和政策规则标准“软联通”。提升经贸投资合作水平，统筹做好国际产能合作，增添共同发展新动力。深化人文交流，加强科学、教育、文化、卫生等领域合作，筑牢“一带一路”建设民心基础。

围绕构建人类命运共同体，更好造福各国人民，“一带一路”建设有序深入。2019年1月31日，“一带一路”建设推进工作会议提出要坚持问题导向，聚焦重点工作，推动共建“一带一路”向高质量发展转变。强调要强化底线思维，加强对形势的预判研判，有效应对外部环境变化带来的挑战；要做好重大项目评估论证，提高项目所在国人民的获得感。

综观各次会议内容可以发现，随着相关工作不断推进，“一带一路”建设所涉领域日益广泛，建设规划实施体系和政策保障体系逐步完善，建设成效不断显现。

（二）“一带一路”建设的成就

截至2019年4月30日，中国已经与131个国家和30个国际组织签署了187份共建“一带一路”合作文件。中国在谋求自身发展的同时，为其他国家发展贡献了顺应历史潮流的中国智慧，成绩斐然。

1. 战略对接

截至2018年年底，各国政府根据本国国情，积极与“一带一路”倡议进行相关战略对接。“一带一路”与欧盟“容克计划”、俄罗斯“欧亚经济联盟”、蒙古国“发展之路”、哈萨克斯坦“光明之路”、波兰“琥珀之路”等众多发展战略实现对接。

“一带一路”建设已成为魅力无穷的“集体舞”。战略对接协议的达成，将为“一带一路”建设提供更广阔的发展空间，为世界繁荣与和平发展提供更强劲的动力。

2. 设施联通

“一带一路”沿线国家大多基础设施薄弱、产能不足、潜在需求强劲，但许多国家地理环境复杂，且没有足够的资金实力以及技术基础支持基础建设的投资。

中国和沿线国家在港口、铁路、公路、电力、航空、通信等领域开设了大量合作，有效提升了这些国家的基础设施建设水平。截至2018年年底，中国港口已与世界200多个国家、600多个主要港口建立航线联系，海运服务已覆盖“一带一路”沿线所有沿海国家，参与希腊比雷埃夫斯港、斯里兰卡汉班托塔港等 34 个国家 42 个港口的建设经营。以中老铁路、中泰铁路、匈塞铁路、雅万高铁等合作项目为重点的区际、洲际铁路网络建设取得重大进展。泛亚铁路东线、巴基斯坦 1 号铁路干线升级改造、中吉乌铁路等项目正积极推进前期研究，中国-尼泊尔跨境铁路已完成可行性研究。中欧班列初步探索形成了多国协作的国际班列运行机制。中国、白俄罗斯、德国、哈萨克斯坦、蒙古国、波兰和俄罗斯七国铁路公司签署了《关于深化中欧班列合作协议》。

截至 2018 年年底，中欧班列已经联通亚欧大陆 16 个国家的 108 个城市，累计开行 1.3 万列，运送货物超过 110 万标箱，中国开出的班列重箱率达 94%，抵达中国的班列重箱率达 71%。与沿线国家开展口岸通关协调合作、提升通关便利，平均查验率和通关时间下降了 50%。

“一带一路”基础设施一旦联通，就会在物流、贸易、信息等领域产生巨大的溢出效应，促进沿线国家经济要素有序流动、资源高效配置，以及市场深度融合。

3. 贸易畅通

“一带一路”合作是多领域的合作，涉及外交、经济、社会、文化、旅游等方方面面，贸易投资合作是其中重要的切入点。经贸合作不仅符合沿线各国的实际愿望和诉求，最容易达成共识，也是建设区域利益共同体的重要基础和纽带。

有关数据显示，中国对“一带一路”国家贸易和投资总体保持增长态势。2013—2018 年，中国与“一带一路”沿线国家进出口总额达 64 691.9 亿美元，为当地创造 24.4 万个就业岗位，新签对外承包工程合同额超过 5 000 亿美元，建设境外经贸合作区 82 个，对外直接投资超过 800 亿美元。

贸易畅通有利于让区域内各国人民尽早获得实实在在的好处，增强区域内成员国之间深度合作的信心和决心。

4. 资金融通

资金融通是“一带一路”建设的重要支撑。金融合作方面，目前中国与沿线的阿联酋、巴基斯坦、俄罗斯、哈萨克斯坦、韩国、泰国等 16 个国家合作进展良好。截至 2018 年年底，亚投行成员已经达到 93 个，超 6 成沿线国家为亚投行成员；中国出资 400 亿美元成立丝路基金，2017 年获增资 1 000 亿人民币，已签约 19 个项目；24 个国家设立中资银行各类机构 102 家，人民币跨境支付系统覆盖 40 个沿线国家 165 家银行。

5 年来，投融资体系不断推进，开发性和政策性金融支持力度持续加大，多双边投融资机制和平台发展迅速，为“一带一路”建设提供了强有力的支撑。

5. 民心相通

“一带一路”秉持的是共商、共建、共享原则，无论国际还是国内，要真正为世人所接纳，都必须打破沿线国家民众之间的隔阂，形成一个相互欣赏、相互理解、相互尊重的“一带一路”朋友圈。民心相通可以形成新的更紧密的朋友圈。①

截至 2018 年 4 月底，中国与 61 个沿线国家共建了 1 023 对友好城市，占中国对外友好城市总数的 40. 18%。教育部统计数据显示，2017 年，中国出国留学人数首次突破 60 万，出国留学规模持续增长，这与中国的努力分不开。中国设立了“丝绸之路”中国政府奖学金，每年资助 1 万名沿线国家新生来华学习或研修；与 24 个沿线国家和地区签署了高等教育学历学位互认协议。除欧美发达国家和地区外，“一带一路”国家成为新的留学目的地。中国在“一带一路”国家设立了 17 个国家文化中心、173 所孔子学院和 184 个孔子课堂，约占全球孔子学院和课堂总数的 1/4。2016 年注册学员达到 46 万人，开展各类文化活动近 8 000 场，受众高达 270 万人。

除了语言的互学互鉴以外，中国与“一带一路”国家在签证服务方面也加大了联通力度。截至 2018 年年底，与 29 个“一带一路"国家实现了公民免签或落地签，与阿联酋、塞尔维亚已实现互免签证，范围扩大到西亚等地区。②

“得道多助，失道寡助。”在中国大力推动、各伙伴国及友善国际组织积

① 梁红军.“一带一路”战略的民心相通研究［J］. 黄河科技大学学报，2015，17（6）：48-52.
② 本小结所有数据和官方文件都来自中国一带一路网，https://www.yidaiyilu.gov.cn/index.htm。

极参与下，“一带一路”建设将在促进沿线国家繁荣、维护地区稳定、捍卫世界和平及推动人类文明进步等方面发挥更大作用。[①]

三、“一带一路”建设与贸易投资自由化

作为“一带一路”建设的“五通”之首，政策沟通是开展各方面务实合作的基础，也是共建“一带一路”的重要保障。“一带一路”沿线各国政治特点不同，发展方式不同，文化传统各异，如何实现联动发展，首要在政策沟通及其协调。

2017 年 5 月的首届“一带一路”国际合作高峰论坛上，各参与国达成共识，同意支持加强经济政策协调和发展战略对接，努力实现协同联动发展。加强经济、金融、贸易、投资等领域宏观政策协调，支持构建开放型世界经济，推动自由贸易区建设，促进贸易和投资自由化便利化。

在推动实现贸易投资自由化的过程中，如果没有政策沟通和协调，国家间的经贸政策博弈必然导致帕累托无效率结果，如果存在政策沟通，各国的政策协调会带来效率的提升和福利的改进。“一带一路”倡议的实施可以通过加强国际经贸领域的政策协调，来降低贸易投资高度融通中的阻力。

中国与沿线国家经贸政策的沟通与协调，不仅影响“一带一路”国家的贸易投资制度的建设，更重要的是通过其实践影响贸易和投资的自由化发展。

（一）“一带一路”建设对中国和沿线国家贸易投资政策的影响

得益于“一带一路”倡议的有序落实，中国与“一带一路”国家的贸易和投资发展迅速。近年来，中国坚持对外开放，降低关税的同时，逐渐深入与沿线国家的贸易投资自由化、便利化政策的协调。

在贸易政策协调方面，尽管中国在推进“一带一路”沿线贸易政策协调方面存在一定阻碍，但基于沿线各地区现有的贸易政策，与中国的双边贸易

① 国务院发展研究中心对外经济研究部部长、综合研究室主任. 一带一路建设的理论探索与实践成就［N］. 人民日报，2017-05-11（7）.

关系，中国仍积极谋求与沿线各国的政策协调，尤其是在贸易便利化方面争取更大的进展。一方面，通过与沿线国家加强在海关、质检、电子商务、过境运输等方面的相互合作机制建设，利用落实 WTO《贸易便利化》的有利时机，有步骤有计划地督促各国简化通关手续，提高通关效率，降低贸易成本；另一方面，通过构建真正符合“一带一路”国家需要的国际贸易争端解决机制，如进一步深化中国与沿线国家在技术规范、产品标准、金融监管等方面的合作，将合作理念物化到实体规则中；建立完善磋商沟通机制和快速反应通道，提高争议解决效率；将调解、调停程序制度化、规范化；完善仲裁制度，建立仲裁员名录、规范统一的裁判标准，建立仲裁裁决复核制度，保证仲裁裁决的规范协调；设置专门的争端解决机构等，妥善解决贸易过程中的争端，促进贸易的便利化和自由化发展。

在投资政策协调方面，尽管“一带一路”投资环境复杂，投资风险较大，中国仍积极谋求与沿线各国的政策协调。一方面，创新中国现行投资协调规则，如自由贸易区谈判中不断纳入投资新议题，并针对不同国家实施不同协调规则，充分体现了因地制宜，共商共建的原则，实现利益的共同增长；另一方面，构建投资争端解决机制和风险防范机制，在现有投资争端解决机制和风险防范机制上进行创新，构建符合我国和“一带一路”投资情况的投资协调机制，促进“一带一路”沿线国家投资的可持续发展。①

综上所述，现有国际贸易投资制度框架对中国和“一带一路”沿线国家的贸易和投资制度的建设具有一定的指导作用，但是，保证“一带一路”深入发展需要对现有贸易投资制度进行创新，创新结果必然使贸易投资制度具有“中国特色”。

（二）“一带一路”建设对贸易投资自由化的影响

1.“一带一路”建设对中国和沿线国家贸易投资自由化的影响

近年来，中国坚持对外开放，在降低关税的同时，逐步深入贸易投资自

① 唐宜红. 全球贸易与投资政策研究报告（2018）：中国与“一带一路”国家经贸互通的政策协调［M］. 北京：人民出版社，2018.

由化、便利化政策协调。

（1）自由贸易区战略提升双边贸易投资自由化

中国与沿线国家本着相互尊重、平等互信、互惠互利、合作共赢的精神，加快自由贸易区建设，有利于提升双边货物贸易水平，双边彻底取消货物贸易关税壁垒和非关税壁垒，在开放包容的环境下实现互利共赢；按“负面清单”和“准入前国民待遇”原则进行开放安排，有利于提升双边投资和服务领域的开放水平。

（2）基础设施建设助推贸易投资便利化

目前“一带一路”沿线国家存在部分铁路路段宽窄不同轨情况，大大增加了换装成本，延长了运输时间，再加上沿线国家关税机制复杂，标准化程度低，严重降低了贸易效率。“一带一路”建设中的高铁皆采用国际标准轨距，大大减少了运货时间。随着“一带一路”同轨化建设的完成和沿线国家贸易机制的国际化，“一带一路”将会成为欧亚间贸易的主动脉。

（3）政策沟通支持贸易投资便利化

党和国家领导人通过访问等方式与沿线国家共商国家发展战略，宣传“一带一路”互利共赢的宗旨，促进沿线国家对贸易便利化的深入理解，通过建立政府间便利化政策的长效沟通机制，使各国政府和相关管理机构就便利化的发展战略和关键领域进行交流与对接，共同制定促进便利化的规划和措施，协商解决推进便利化面临的问题，为贸易投资便利化提供了政策支持。

（4）海关合作加强，提升贸易投资便利化的能力

“一带一路”建设进程中通过海关程序的交流与合作，制定统一的检验标准，促进“一带一路”沿线国家加快“单一窗口”建设，无纸化交易等便利的通关办法。在将来的建设中极有可能在沿线国家实现监管互认和信息交换、海关数据联网，搭建海关跨境合作平台和电子通关系统，实现数据共享，提高沿线国家通关效率。

2.“一带一路”建设对世界贸易投资自由化的影响

（1）“一带一路”倡议有助于实现区域经济一体化发展

中国的经济实力和对世界经济的影响力，为“一带一路”倡议提升区域

间合作质量提供了条件。经过30余年的高速经济增长，中国已经成为世界经济第二大国，货物贸易第一大国，外商直接投资第一大国和对外直接投资第二大国，中国对周边地区国家乃至世界的经济影响力已经显著增强；而且“一带一路”倡议的开放、多元与包容的特征，开辟了一条亚洲区域合作发展的现实路径。“一带一路”倡议不仅能够做到与现有的区域经济合作机制并行不悖，而且有可能成为推动全球贸易投资自由化的一种新路径。与发达国家区域性发展组织相比，“一带一路”倡议无疑更具包容性，是构建适应亚洲发展多样性的，能够覆盖整个地区的新型合作机制。

（2）“一带一路”倡议开创区域间新型合作模式

“一带一路”倡议致力于寻求多元化合作机制。包括：以自由贸易区为基础的合作机制，推动贸易投资自由化；以次区域为基础的合作机制，依托跨国界河流、跨国园区等实现某一领域的深度合作；以互联互通为基础的合作机制，助推贸易投资便利化；以产业园区为载体的合作机制，构建沿途国家的经济走廊；以区域金融合作为基础的合作机制，推动贸易投资便利化；以社会与人文合作为基础的合作机制，促进“民心相通”，加强人员等要素流动。

将打造利益共同体、责任共同体和命运共同体作为“一带一路”倡议的目标，充分体现了“一带一路”倡议与现有发达国家的区域贸易协定等目标的差异。“一带一路”本身并不对成员国有强制约束力，它所体现的是和平合作、开放包容、互学互鉴、互利共赢的理念与政治互信、经济融合、文化包容的发展方向，这是一个具有中国特色、亚洲特色的新型区域经济合作安排。

本章参考文献

布仁门德，2018.“一带一路”背景下我国国际经济合作与发展问题研究［M］. 长春：吉林大学出版社.

陈伟光，蔡伟宏，2019. 大国经济外交与全球经济治理制度：基于中美经济外交战略及其互动分析［J］. 当代亚太（2）：67-94+157-158.

陈伟光，2017.“一带一路”建设与提升中国全球经济治理话语权［M］. 北京：人民出版社.

陈志阳，2015. 中国自由贸易区战略研究［D］. 武汉：武汉大学.

邓纯东，2019.“一带一路”倡议研究［M］. 北京：人民日报出版社.

丁工，2018. 中国参与全球经济治理的历史沿革和现实举措［J］. 江南社会学院学报，20（2）：48-52.

杜娟，王秋蓉，2016. 世界贸易组织成为中国参与全球经济治理的理想平台（访谈嘉宾：对外经济贸易大学教授薛荣久）［J］. 世界贸易组织经济导刊（12）：35-37.

冯并，2016.“一带一路”全球经济的互联与跃升［M］. 北京：中国民主法制出版社.

冯维江，徐秀军，2016.“一带一路”迈向治理现代化的大战略［M］. 北京：机械工业出版社.

何金蔚，2017. 负面清单模式对中国外商投资准入制度的影响研究［D］. 深圳：深圳大学.

胡伟，2016.“一带一路”打造中国与世界命运共同体［M］. 北京：人民出版社.

黄薇，2016. 全球经济治理与 G20 [J]. 领导科学论坛（22）：43-62.

雷雪蓉，2018. 中国与 G20 全球投资新规则的制定和践行 [D]. 杭州：浙江大学.

李春顶，2014. 国际贸易协定谈判的新发展与新规则 [J]. 金融评论（6）：75-87.

李光辉，2017. 中国自由贸易区战略 [M]. 北京：中国商务出版社.

廖奕，张伟，2000. 中国“复关”“入世”历程回顾及其反思 [J]. 桂海论丛（4）：18-21.

林毅夫，2018. “一带一路”2.0：中国引领下的思路新格局 [M]. 杭州：浙江大学出版社.

隆国强，2017. 全球经济治理体系变革的历史逻辑与中国作用 [J]. 南方企业家（9）：42-45.

罗银鹤，2001. 中国复关入世艰难历程及其原因分析 [J]. 广西民族学院学报（哲学社会科学版）(S1)：113-115.

权衡，2018. “一带一路”建设与沿线自由贸易区发展 [M]. 上海：上海社会科学院出版社.

任琳，孙振民，2019. “一带一路”倡议与全球经济治理 [J]. 党政研究（3）：74-80.

盛斌，高疆，2018. 中国与全球经济治理：从规则接受者到规则参与者 [J]. 南开学报（哲学社会科学版）(5)：18-27.

隋广军，查婷俊，2018. 全球经济治理转型：基于“一带一路”建设的视角 [J]. 社会科学（8）：3-12.

唐宜红，2017. 全球贸易与投资政策研究报告（2016)：国际贸易与投资新规则的重构［M］. 北京：人民出版社.

唐宜红，2018. 全球贸易与投资政策研究报告（2018）：中国与“一带一路”国家经贸互通的政策协调［M］. 北京：人民出版社.

陶红，2018. 世界贸易组织让中国受益更让世界得利［J］. 中国外资（19）：46-47.

屠新泉，2019. 世界贸易组织与中国对外开放［J］. 领导科学论坛（6）：77-86.

王力，2016. 中国自贸区发展报告（2016）［M］. 北京：社会科学文献出版社.

王灵桂，2017. “一带一路”：理论构建与实现路径［M］. 北京：中国社会科学出版社.

王义桅，2017. “一带一路”：中国崛起的天下担当［M］. 北京：人民出版社.

吴道霞，2002. 中国加入世界贸易组织与知识产权保护［J］. 技术经济（3）：2-3.

徐绍史，2016. “一带一路”双向投资研究与案例分析［M］. 北京：机械工业出版社.

徐照林，朴钟恩，王竞楠，2016. “一带一路”建设与全球贸易及文化交流［M］. 南京：东南大学出版社.

杨艳红，卢现祥，2018. 中国对外开放与对外贸易制度的变迁［J］. 中南财经政法大学学报（5）：12-20+162.

于立新，王寿群，陶永欣，2016. 国家战略：“一带一路”政策与投资［M］. 杭州：浙江大学出版社.

赵汕琳，2019. 基于NAFTA的视角探讨中国自由贸易区战略［J］. 现代商贸工业，40（12）：45-46.

朱伟婧，2018. 全球经济治理制度性话语权的中国视角研究［D］. 北京：中共中央党校.

朱雅华，2001. 中国复关和入世的艰难历程［J］. 中国统计（4）：21-22.

第十四章 新中国对外贸易制度变迁的效应、规律与趋势

新中国成立以来的70年是中国外贸易制度建立以及自我完善的70年，对外贸易制度演进为中国开放型经济的可持续发展提供了良好的制度保障。新中国成立70年来，在各项方针政策指引下，中国对外贸易制度建设朝着市场化、自由化、便利化、国际化、法制化与公平化的方向发展与演进，踏着积极稳妥的步伐逐步展开，在对外贸易战略、对外贸易体制、对外贸易法律制度、货物贸易管理制度、货物贸易促进制度、服务贸易制度、技术贸易及知识产权制度、引进外资及对外直接投资制度、特殊经济功能区的试验与实践等各方面取得了显著的成果，并有力地保障了各项社会主义经济建设的顺利进行，为中国走向贸易强国奠定了制度基础。当前中国特色社会主义进入了新时代，内外部机遇与挑战交互并存，不确定性环境为中国未来创新对外贸易制度、参与全球治理提供了空间。

第一节　新中国对外贸易制度演进的成果与成效

一、新中国对外贸易制度演进的成果

综观新中国对外贸易制度的根本转变，在前文分析计划经济制度框架下的高度集中的、内向型的贸易制度转为中国特色社会主义市场经济制度框架下的中国特色社会主义自由贸易制度的基础上，沿着对外贸易制度的逻辑层次，从战略转型、体制转轨、法律建设及政策创新等方面具体分析，可以充分显示各层次制度演进的成果。

（一）战略转型：制度属性由封闭型转变为开放型

新中国成立以来，中国对外贸易战略依据国内外政治经济环境进行调整，总体来看，其实现了三大方面的重要转变：

第一，在战略属性上，实现了从近乎封闭向全方位开放的转变。中国对外贸易战略由过去的全面进口替代战略逐步调整为融合进口替代和出口导向两种战略成分的相对中立的综合战略，并进一步调整扩展了开放的领域、层次，推进形成了多层次的全面开放对外贸易战略总体格局。①

第二，在战略手段上，实现了从保护主义向有管理的自由贸易的转变。这体现为两个方面：一是关于进出口贸易关系、货物贸易与服务贸易关系为代表的贸易政策中性化的转变；二是政府与市场关系为代表的价格机制和政府干预机制的转变。

第三，在战略目标上，实现了从单一向多元目标的转变。从新中国成立初期以排斥进口、优先发展重工业为目标的进口替代战略到进口替代战略与出口导向战略相结合的混合发展战略，到强调商品进出口贸易基础上的资金、

① 殷德生，金培振. 改革开放40年中国对外贸易变革的路径、逻辑与理论创新［J］. 上海经济研究，2018（10）：116-128.

技术、服务等多种对外贸易形式融合发展的“大经贸”战略，到注重“引进来”与“走出去”双向并重、国内利益与国外利益协调发展的互利共赢战略，再到创新驱动战略、积极进口促进战略、全面开放战略等齐头并进、相互协作的多元化对外贸易战略目标，中国对外贸易战略总体目标的范围由商品拓展至服务、技术、资本，由规模延伸至质量、效益、创新，由国内利益拓展至国际利益，从而由单一目标转变为了涵盖多层次、多领域的多元目标体系。

以上三个方面的转变相互交织，共同推动新中国建立以来尤其是改革开放以后中国对外贸易的快速发展及贸易结构的逐步优化，并形成了具有自身特色的演进规律。

中国对外贸易战略的转变，体现在中国不遗余力地削减贸易保护措施。新中国成立后至改革开放前，中国一直在关税壁垒和非关税壁垒并重的多重保护下，平均关税水平一直维持在高水平上。非关税壁垒以强有力的直接行政干预为特征，方法简单，管理措施严格。这一时期中国采取的对外贸易管理措施主要有：制定保护性税则、税率；对进出口商品实行许可证制度（1956 年前）；编制和执行对外贸易计划，对外贸易计划成为对外贸易管理的核心、集中调节对外贸易活动的单一杠杆；对进出口商品实行分类经营和管理；统一制定商检政策，管理全国进出口商品检验工作；设立海关，实行货运监管等。①

关税总水平是体现中国贸易开放程度的重要指标之一。1978 年以前，与经济体制相适应，基于内向型的保护关税政策，总体关税水平较高，以 1951 年制定的第一部《海关进出口税则》为例②，算数平均关税水平为 52.9%。进入改革开放后，为适应扩大开放的形势需要，中国逐步降低关税水平，1985 年第二部关税税则下的平均关税水平为 38%；直到 1992 年开始大幅度自

① 石广生. 中国对外经济贸易改革和发展史［M］. 北京：人民出版社，2013：45-46.

② 新中国成立以来至 1978 年，中国只有一部税则，也是新中国第一部税则，制定于 1951 年。其商品目录是根据中国传统的进出口商品结构和当时国际联盟的商品分类目录编制，实施了 34 年。1985 年，中国制定了第二部关税税则；中国第三部税则从 1992 年 1 月 1 日起正式生效。

主降低关税，经过多轮调整，截至 1997 年年底，中国算数平均关税税率降至 17%①，基本达到发展中国家的平均水平。1998—2019 年，中国总体关税水平（见图 14-1）② 由 1998 年的 17.46%下降到 2019 年的 7.5%，略高于欧盟，低于大多数发展中国家，处于中等偏低水平，与中国发展中国家地位和发展阶段基本匹配。从新中国成立到“中国开放的大门越开越大”，中国对外贸易制度呈现出逐步完善和规范的演变过程。

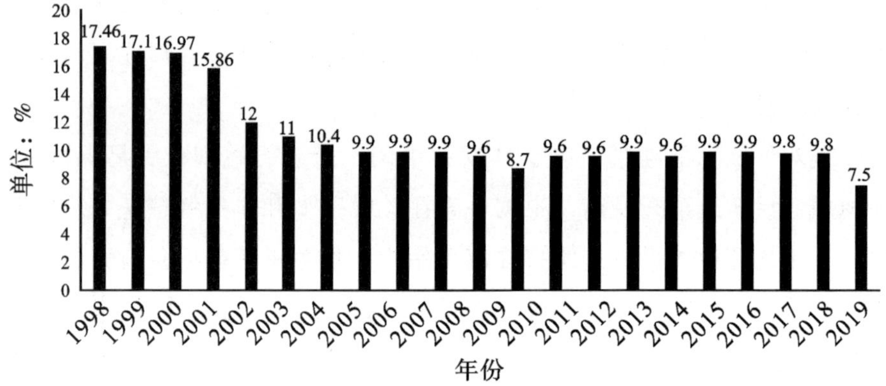

图 14-1　1998—2019 年中国关税水平变化趋势图

数据来源：1998—2001 年数据根据 WITS（World Integrated Trade Solution）数据库测算得出；2002—2018 年数据来源于 WTO（https://www.wto.org/english/res_e/reser_e/tariff_profiles_e. htm）；2019 年数据来源中华人民共和国关税税则委员会（http://gss.mof.gov.cn/zhengwuxinxi/ zhengcefabu/201812/t20181229_3111629.html）。

再来看中国的非关税措施改革。自改革开放以来，中国积极推进非关税措施改革，向着自由化、便利化的制度方向进行，对中国对外贸易的发展起到了重要作用。根据 UNCTAD 维护的 TRAINS 数据库提供的数据，自 1949 年以来中国累计实施 7 323 项非关税措施，时间分布趋势（见图 14-2）来看，1978 年之前中国并没有实施非关税措施，近两年所实施的非关税措施也降低

① 裴涞烨. 论中国关税制度改革［D］. 北京：对外经济贸易大学，2000.

② 连续的关税水平年度数据始于 1998 年，不论是国际组织如 WTO 维护的数据库还是《中国财政统计年鉴》，因此图 14-1 中只给出了 1998 年以来总体关税数据的年度数据。

到较低水平。

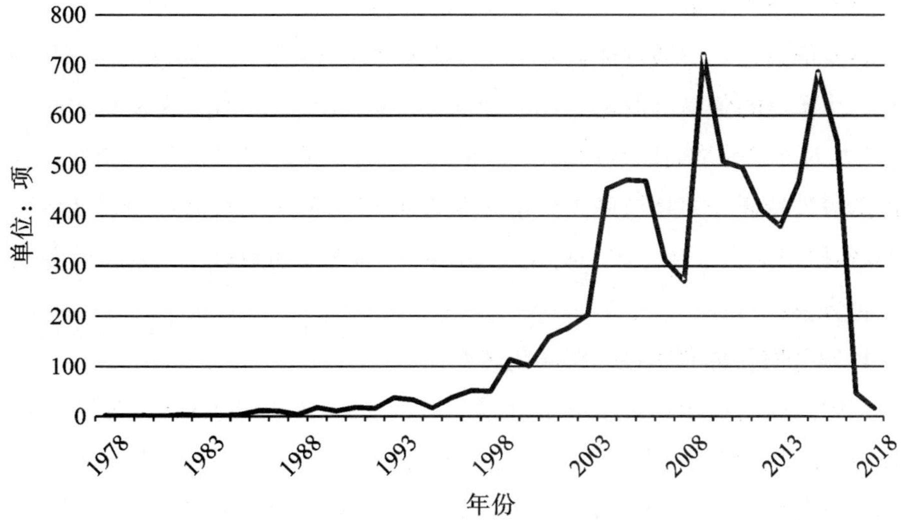

图 14-2　中国 1949—2018 年非关税措施

数据来源：UNCTAD TRAINS 数据库。

总体来看，中国的非关税措施改革是在 2001 年之前，以加入世界贸易组织为契机大幅度推进的。自从 1992 年第一次自主取消产品进口非关税措施以来，到 2001 年 11 月加入世界贸易组织前共经历了八次非关税措施削减[①]。截至 2005 年 1 月 1 日，除加入世界贸易组织承诺中允许采用的非关税措施外，中国取消了其他所有的非关税措施，这是中国加入世界贸易组织各项承诺中最早整体完成的部分[②]。由此其成为中国对外贸易体制发展史上一个标志性的事件，把中国对外开放事业推向了更广阔的领域。2018 年 11 月 1 日前，中国将进出口环节需验核的监管证件从 86 种减至 48 种；推动降低合规费用，年内集装箱进出口环节合规成本比上年降低 100 美元以上，沿海大港有更大幅度降低。

① 华瑞. 中国再次削减关税和非关税措施 [J]. 中国经贸，2001 (3)：64.

② 图 14-2 的数据显示，2009 年之后中国实施的非关税措施数量达到新的峰值，初步估计是这期间中国在强调绿色可持续发展背景下，实施了符合 WTO 例外规则的非关税措施。

（二）体制改革：对外贸易管理体制实现由计划性向市场化转变

对外贸易体制是对外贸易战略得以实施的重要载体，是新中国对外贸易制度转变的关键。中国对外贸易制度改革的经济环境是高度集中的计划经济，不是一个单纯的贸易自由化问题，而必须顺应总体经济体制改革的次序与步骤。[①] 与对外贸易战略转变的阶段性特征相吻合，中国对外贸易体制变迁也呈现出阶段性特征，并且与中国经济体制改革相互联系。中国对外贸易体制经过 70 年的变革，已经完成了从计划体制向市场化体制的转变。具体体现在以下三个方面：

1. 对外贸易体制属性的市场化转变

新中国成立初期到改革开放之前，即高度集中的计划经济时期（1949—1978 年），中国实行的是高度集中、国家垄断的对外贸易体制，国家集对外贸易的经营与管理于一体，通过各类指令性计划和行政手段管理对外贸易。1979—1992 年处于建立有计划商品经济制度时期，伴随着改革开放拉开大幕，中国对外贸易制度改革的方向是把外贸经营管理权、进出口经营权、外汇使用审批权、进出口机构设置审批权等逐步下放到各地方和各部门，并辅以出口退税、外汇留成等办法，调动各地方、部门对外贸易的积极性。

随着中国的对外开放开始进入全面加速推进的时期，1994 年 1 月，国务院决定进一步深化对外贸易体制改革，改革的目标是：统一政策、开放经营、平等竞争、自负盈亏、推行代理制，建立符合社会主义市场经济要求和适应国际经济通行规则的运行机制。在建立社会主义市场经济制度时期（1993—2001 年），中国连续对关税和非关税壁垒进行大幅度削减，使市场机制的作用逐渐取代数量限制手段，中国对外贸易制度的市场化自由化进程不断加速。在加强市场的基础性作用与完善社会主义市场经济制度时期（2002—2013 年），中国加入世界贸易组织之后，承诺对外贸管理制度进行重大改革，加快内外贸一体化进程，形成稳定、透明的涉外经济管理体制，建立与世界通行

① 杨艳红，卢现祥. 中国对外开放与对外贸易制度的变迁［J］. 中南财经政法大学学报，2018（5）：12-20.

贸易规则全面接轨的管理型自由贸易制度。转变政府管理职能，进一步深化对外贸易制度改革。全面放开对外贸易经营权（2004 年），实行对外贸易经营依法登记制，推进管理体制市场化进程。2013 年，中共十八届三中全会对全面深化改革做出系统部署，强调“构建开放型经济新体制”，这为对外贸易体制创新指明了方向，即建立中国特色社会主义市场经济下的自由贸易体制。

2. 对外贸易管理手段的市场化转变

改革开放前，对外贸易政策的目标偏向于保护国内经济和产业，因而采用指令性计划实行单一的直接计划管理。改革开放后，中国开始逐步承认并致力于发挥市场的作用，在对外贸易的管理手段上，逐步缩小进出口商品指令性计划的范围，扩大指导性计划和市场调节的范围，直至 1994 年取消了所有进出口贸易的指令性计划，国家只对对外贸易企业的进出口总额、出口收汇和进口用汇下达指导性计划，自此，中国政府管理对外贸易的手段发生了从命令到指导的根本性转变。中国加入世界贸易组织后，为了遵循世界贸易组织的基本原则，政府对对外贸易的管理进一步强调市场的作用，建立以市场为基础的对外贸易调控体系。以出口退税、出口信贷、出口信用保险等为主要内容的对外贸易促进体系日趋完善，行政许可事项明显减少，许可证、配额、国营贸易等管理手段不断完善，深化财政、税收、金融、外汇等体制改革加强对对外贸易的间接调控，对外贸易管理逐步从行政手段为主到以法律和经济手段为主、行政手段为辅转变，管理目标从保护贸易、“奖出限入”到促进对外贸易平衡发展，推动贸易自由化、便利化转变，从内外贸分离、贸易投资割裂到促进内外贸一体化、促进对外经济协调发展转变。

3. 对外贸易主体结构的市场化转变

改革开放前，中国对外贸易业务掌握在十几家国有的专业外贸总公司手中。改革开放后，顺应商品经济的要求，对外贸易领域引入了其他所有制成分，各类外贸企业发展起来，对外贸易单一的所有制结构发生显著的转变，三资企业和民营企业在对外贸易中开始取得发展。在中国加入世界贸易组织之后，原有的对外贸易审批制度被备案登记制度所取代，且以法律形式规定自然人也可以是对外贸易的经营主体，对外贸易经营渠道进一步拓宽。随着备案登记制的实施和对外贸易经营权的全面开放，居民个人及企业经备案登记后可以自由开展对外贸易。

综上，中国外贸管理体制的变革使得对外贸易活动建立在以市场为轴心的基础上，让市场的作用最大限度地涵盖对外贸易领域，中央政府实施宏观调控，由市场引导企业，实现以横向的市场经济联系取代纵向的行政推动关系，因此提高了行政效率以及资源配置效率。

（三）法律建设：政策性变革到制度性演进

尤其改革开放后，中国经济从封闭走向全方位开放，中国对外开放从政策性开放走向有选择的制度性开放，再到全面制度性开放。中国对外贸易制度也跟随对外开放的步伐，由初步形成到规范发展，再到自主优化。

经过 1978—2013 年的对外开放，中国开始步入大国全面开放阶段。作为世界经济大国、贸易大国和投资大国，中国的国际影响力大幅度提升，但仍存在许多不平衡不协调的地方。为此，中国开始从顶层设计角度创新对外开放模式，从根本上推动形成全面开放新格局。在发挥市场在资源配置中的决定性作用与完善社会主义市场经济制度（2014—2018）这一时期，中国的对外开放举措主要包括：一是通过自由贸易试验区、开放型经济新体制综合试点、服务业扩大开放综合试点等措施促进高水平对外开放；二是提出“一带一路”倡议。自 2013 年习近平提出“一带一路”倡议以来，已与 103 个国家（地区）和国际组织签署了合作协议，创办了亚洲基础设施投资银行，设立了丝路基金，贸易投资合作不断扩大，推动构建人类命运共同体；三是外资准入限制不断减少。2015 年和 2017 年两次修订《外商投资产业指导目录》，大幅度减少限制性措施，进一步放宽行业准入限制；四是主动扩大进口，包括近年来多次以暂定税率方式大幅自主降低进口关税税率。截至 2017 年年底，中国已调减了 900 多个税目产品的税率；五是推进多边、区域经贸合作等全面开放，相应的贸易制度改革也进入强调系统性、协同性、平衡性，推进各项改革的系统集成、协同配合步伐。按照世界贸易组织的要求，中国构建了一个与国际贸易规则接轨的统一、透明的对外贸易法律体系。

（四）政策创新：创新中国对外开放模式，推动形成全面开放新格局

作为世界经济大国、贸易大国和投资大国，中国的国际影响力大幅度提升，与发达国家的制度差异与贸易摩擦也日益凸显。中国的对外开放还存在许多不平衡不协调的地方，如内陆沿边与沿海开放不协调、进口与出口不平衡、制造业与服务业开放不匹配等。为此，中国自 2013 年开始从顶层设计角度创新中国对外开放模式，推动形成全面开放新格局。这些政策创新体现在：

1. 通过自由贸易试验区、开放型经济新体制综合试点、服务业扩大开放综合试点等促进高水平对外开放

自由贸易试验区（简称“自贸试验区”）是中国新一轮开放的重要平台。自由贸易试验区设立的初衷和核心任务是制度创新。与保税区提供仓储和物流保税区的单一功能相比，自贸试验区是更高级别的开放形态，除了为贸易提供便利的功能外，还提供商事服务、建设法律保障体系等。因此，在当前“1+3+7+1+6”[①] 的自贸区试点格局下，各试验区均致力于通过制度创新，形成可复制、可推广的经验及案例成果，成为探索商事制度改革、推动行政职能转变“再造政府”、创造更加国际化、市场化、法治化的公平、统一、高效的营商环境，推动中国经济全面适应并逐渐引领世界经济全球化发展的开放高地和试验田。2019 年 7 月 27 日，国务院印发《中国（上海）自由贸易试验区临港新片区总体方案》，设立中国（上海）自由贸易试验区临港新片区，要求建立以投资贸易自由化为核心的制度体系、建立全面风险管理制度、建设具有国际市场竞争力的开放型产业体系、加快推进实施等五个部分。

构建开放型经济新体制综合试点试验区[②]与自贸试验区“两条线”各自推进，开放型经济新体制综合试点的探索更侧重于开放配套的改革，形成与

① “1+3+7+1+6”格局指的是 2013 年第一批设立的上海自贸区；2015 年第二批设立的天津、广东、福建自贸区；2017 年第三批设立的辽宁、浙江、河南、湖北、重庆、四川、陕西自贸区以及 2018 年批准设立的海南自由贸易港；2019 年 8 月 30 日，山东、江苏、广西、河北、云南、黑龙江 6 个新设自贸试验区正式挂牌成立。

② 2016 年 5 月，经党中央、国务院同意，济南市、南昌市、唐山市、漳州市、东莞市、防城港市，以及浦东新区、两江新区、西咸新区、大连金浦新区、武汉城市圈、苏州工业园区 12 个城市及区域，被列为开展构建开放型经济新体制综合试点试验地区。

开放相适应的新体制新机制，两者相互联系、相互补充又各有侧重。自贸试验区开放力度大、试验程度深、不少内容涉及21世纪开放新规则等，对接国际高标准经贸规则，做好了敏感领域关键环节开放的压力测试。而开放型经济新体制综合试点更具多样性，考虑到了不同地域的发展水平不同，以及不同程度的需求，有助于多梯度推进构建开放型经济新体制。

为构建服务业扩大开放格局，《北京市服务业扩大开放综合试点总体方案》批复通过，其建设目标是经过三年试点，通过放宽市场准入、改革监管模式、优化市场环境，努力形成与国际接轨的北京市服务业扩大开放新格局，积累在全国可复制可推广的经验，使服务业扩大开放综合试点成为国家全方位主动开放的重要实践。

2. 借力"一带一路"建设，推动开放型经济高质量发展

自2013年"一带一路"倡议提出以来，中国已经与103个国家（地区）和国际组织签订了合作协议①，设立了亚洲基础设施投资银行和丝路基金。"一带一路"建设是中国经济外交的顶层设计，也是中国推动全球治理体系变革的重要平台和推动中国新一轮开放的动力。"一带一路"本质上是通过提高有效供给催生新的需求，实现世界经济的再平衡，解决当前全球治理的困境。"一带一路"的关键是制度创新，通过"一带一路"这一国际合作平台，构建"一带一路"的全球价值链合作机制、多边投资框架、贸易规则体制重大的制度与规则创新②，中国不断改善自身的规则、标准、制度、治理，持续提升核心竞争力，推动开放型经济实现高质量发展。

二、新中国对外贸易制度演进的成效

（一）对外贸易制度改革与中国特色社会主义制度及体制机制自我完善

为了贯彻落实中共十八大关于全面深化改革的战略部署，2013年11月

① 杨艳红，卢现祥. 中国对外开放与对外贸易制度的变迁［J］. 中南财经政法大学学报，2018（5）：12-20.

② 张茉楠. "一带一路"倡议须重大制度与规则创新［J］. 现代商业银行，2017（11）：45-47.

15 日公布了《中共中央关于全面深化改革若干重大问题的决定》，是新形势下全面深化改革的纲领性文件。其中指出“改革开放最主要的成果是开创和发展了中国特色社会主义，为社会主义现代化建设提供了强大动力和有力保障”，“全面深化改革的总目标是完善和发展中国特色社会主义制度，推进国家治理体系和治理能力现代化”。

具体到对外贸易制度改革，回顾近 70 年的发展历程，在以开放促改革、以改革促发展的过程中，对外贸易制度演进的成效之一便是在其自身变革中促进了中国特色社会主义制度的自我完善。

第一个层面的成效体现在对外贸易制度改革完善了中国特色社会主义基本经济制度。

“公有制为主体、多种所有制经济共同发展的基本经济制度，是中国特色社会主义制度的重要支柱，也是社会主义市场经济体制的根基。公有制经济和非公有制经济都是社会主义市场经济的重要组成部分，都是中国经济社会发展的重要基础。必须毫不动摇巩固和发展公有制经济，坚持公有制主体地位，发挥国有经济主导作用，不断增强国有经济活力、控制力、影响力。必须毫不动摇鼓励、支持、引导非公有制经济发展，激发非公有制经济活力和创造力。”[①] 开放带来先进的技术、先进的管理经验，在对外贸易体制改革和制度创新中，倒逼和加快了国有企业改革，减少了因产权关系不顺和治理结构不完善引起的扭曲行为，推动国有企业完善现代企业制度。对外贸易的蓬勃发展，催生国内经济大环境的调整，包括企业分类改革、混合所有制改革、国有资本投资运营公司改组等在内的改革事项，进一步优化和完善了中国以公有制为主体，多种所有制共同发展的基本经济制度。辅以行政管理体制改革的深化，逐渐形成了统一开放、竞争有序的市场体系。

通过引入大量的外商投资企业和多种所有制投资者，完善了中国的所有制结构和公司治理结构；改变政府管理方式和手段，提高了政府管理调控经济社会的效率，也增强了政府提供公共服务和社会管理的能力；在对外经济

① 选自《中共中央关于全面深化改革若干重大问题的决定》。

领域，建立和完善了市场决定资源配置的市场经济体制，进一步发挥市场机制的作用，增强资源利用效率和资源配置效率。

第二个层面的成效是促进了其他领域制度的改革与完善。

（1）对外贸易制度改革促进了劳动市场制度的完善。贸易开放以及贸易制度变迁涉及国际比较优势的变化、专业性的国际分工、跨国直接投资的选址等投资决策，促使中国劳动力市场的主体诉求朝着多元化和差异化的方向发展，与就业市场的制度变迁息息相关。随着中国对外开放与贸易往来的不断深化，外来的经济波动通过替代效应（substitution effect）和规模效应（scale effect）传导到国内劳动力市场，加强了就业波动和短工化趋势①，呼唤中国就业保护立法的与时俱进。就业保护立法是为构建稳定的劳动关系而形成的关于雇用和解雇的劳动合同规定，它可以通过影响贸易开放的格局以及经济体系中企业主体的行为进一步影响劳动力市场。其中，一方面需要充分发挥就业保护立法的稳定性作用，使得劳动力市场的公平公正具有法律保障；另一方面也基于 OECD 国家僵化的过度保护的劳动市场规制导致失业加剧的前车之鉴，使得就业保护立法需要充分考虑的劳动力市场灵活性所带来的更高的资源配置效率。由此，在当前劳动力市场转型和法治社会建设的背景下，中国的就业保护法律法规也逐渐进行调整。根据国际劳动组织维护的就业保护立法数据库（Employment Protection Legislation Database - EPLex）的统计，截至 2013 年，中国的就业保护法律法规包括五项：1994 年制定的《劳动法》、2007 年先后颁布实施的《劳动合同法》《劳动合同法实施条例》《就业促进法》和《劳动争议调解仲裁法》。其中 2007 版《劳动合同法》（自 2008 年 1 月 1 日起执行）是就业保护立法体系中的核心，被称为“近二十年来中国劳动市场法规最重要的改革”。②

---

① BERGIN P R, FEENSTRA R C, HANSON G H. Volatility due to offshoring: Theory and evidence. Journal of International Economics, 2011, 85 (2) : 163-173; MITRA D, SHIN J. Import protection, exports and labor - demand elasticities ; Evidence from Korea. International Review of Economics & Finance. 2012, 23: 91-109.

② COONEY S, BIDDULPH S, ZHU Y, et al. China's New Labour Contract Law: Responding to the Growing Complexity of Labour Relations in the PRC [J]. University of NSW Law Journal, 2007, 30(3): 788-803.

（2）对外贸易制度改革促进了农业制度的完善。Huang 等（2009）对中国农业贸易改革和农村繁荣研究的实证结论——入世前学者关于贸易政策对中国农村收入负面冲击的担忧并未实现。相反，在过去的 20 年中，中国农业部门的表现好于任何一个亚洲国家的农业部门，一个主要的原因在于对农业制度扭曲的矫正改变了贸易的影响方向。

（3）对外贸易制度改革推动了中国金融体制的改革。中国入世以来，对外贸易的发展促进了货币的集中与再分配、资本的流动，相应地也推动了中国金融体制的改革，不断提高金融体系的抗风险能力和国际竞争力。一是建立新的金融监管制度，2018 年 4 月，将中国金融业原“一行三会一局”分业监管体制改革为“一行一委一局两会”监管体系[①]。二是改革农村金融体制，建立商业性金融、合作性金融、政策性金融相结合，各种金融机构同时并存的新格局[②]。三是建立、改革政策性贸易金融体制，使对外贸易促进制度进一步发展完善。四是全面扩大金融业开放。金融业开放包括银行、保险公司、证券和基金管理等。其中，在银行业方面，取消银行业外资股比限制，引入市场竞争机制，增加国际金融资本流入，改善中国银行资本结构。在证券业方面，合格境外机构投资者（QFII）制度和合格境内机构投资者（QDII）制度应运而生，允许合格境内外机构投资者开展境内外的证券投资业务，促进境内外资本双向流动。而今，在进一步扩大开放的基调下，为建立高标准投资和贸易体系，中国设立了多个自由贸易试验区，自贸区的金融制度改革创新则更为深入和彻底。2017 年 3 月 30 日，《全面深化中国（上海）自由贸易试验区改革开放方案》要求，以加快资本项目可兑换、人民币跨境使用、金融服务业开放等多项自贸试验区金融开放创新试点。[③]

---

① 巫云仙. 新中国金融业 70 年：基于制度变迁和改革开放的历史逻辑［J］. 政治经济学评论，2019，10（4）：61-87.

② 温涛，王煜宇. 改革开放 40 周年中国农村金融制度的演进逻辑与未来展望［J］. 农业技术经济，2018（1）：24-31.

③ 支园. 中国（上海）自由贸易试验区金融创新法律制度研究［D］. 徐州：江苏师范大学，2018.

（二）对外贸易制度改革实践推动了中国特色社会主义对外贸易思想的创新发展

新中国成立到改革开放不断深化的历史进程中，中国对外贸易制度先后经历了统制贸易制度、发展外向型经济到推动对外贸易运营模式市场化、发展开放型经济、确立全面提高开放型经济水平、构建开放型经济新体制的实践，并结合中国社会主义建设实践推动了中国对外贸易思想由内向型经济的对外贸易思想到开放型经济条件下的科学发展思想的根本转变，形成了中国特色社会主义自由贸易思想——既体现自由贸易理论一般性，又坚持中国特色社会主义原创，从理论上回答了中国“为谁”“为何”“如何”发展对外贸易这个根本问题。

制度改革实践与思想演进相辅相成、相互促进。习近平新时代中国特色社会主义思想是在中国改革发展实践经验基础上提炼、升华而成的，同时又是指导全面深化改革实践、破解改革发展难题的指导思想。同理，中国特色社会主义自由贸易思想是指导中国对外贸易制度改革的思想基础，也在对外贸易制度改革的实践中不断丰富、完善。

（三）对外贸易制度改革促进中国贸易强国建设

中共十九大报告指出，要推动形成全面开放新格局，推进贸易强国建设。新中国成立以来，中国对外贸易经历了多个阶段的改革历程，持续保持了进出口的数量扩张，并推动了进出口结构的质性改善，形成了贸易量变与质变的有机结合和良性互动，使得自身成长为全球贸易大国，在向贸易强国发展的道路上取得了实质性进展。

1. 中国对外贸易制度演进下的出口商品结构改进

在贸易的产品结构上，改革开放之前，中国的进出口结构与工业的成长路径相一致（如图 14-3 所示）。在这一时期，中国的出口以初级产品及资源密集型制成品为主，制成品的比重不断上升。新中国成立初期，与农业国的发展特质一致，中国出口中农副产品占据半数以上，其中农副产品加工品的份额超过了 30%，而工矿产品不足 10%。随着中国工业体系的逐步建立，农副产品加工品和工矿产品一度出现了明显的上升态势，1962 年达到了这一时期的峰值，即 45.9%和 34.7%。但在此之后，由于国内政治经济形势发生了变化，正常的生产组织活动受到了冲击，农副产品及其制成品再次成为出口换汇的主力，而工矿产品的份额下降，直至 1974 年后才再度进入上升轨道。同期，在进口方面，为了实现外汇和生产的平衡，中国以工业原材料作为优先进口产品，生产资料始终是主导性的进口产品，在改革开放前的中国进口中平均占到了 80.4%，而生活资料作为调剂余缺的主要方向，在进口中的比重多数情况下不足 20%，仅在三年经济困难时期（1959—1961 年）后出现过短暂扩大，最高时仅为 44.8%（1962 年）。

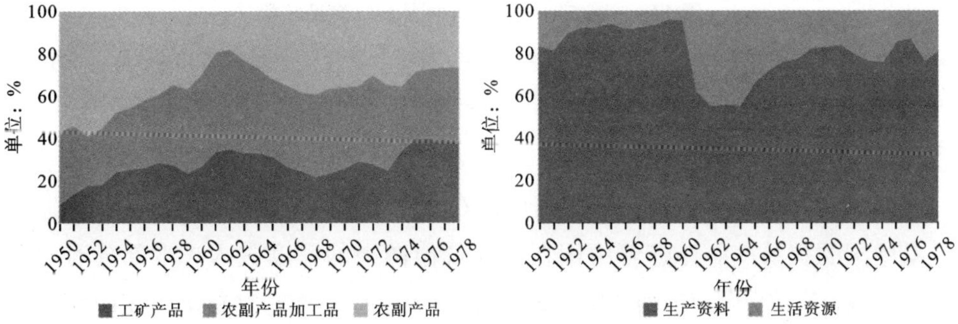

图 14-3　1950—1978 年中国出口商品结构

数据来源：《中国统计年鉴》（1981）。

2002 年以来，中、高技术产品在中国出口中的份额超过了 50%，高技术产品超过劳动密集型产品，成为第一大类出口产品（见图 14-4），中国出口复杂度与规模的提升呈正相关关系，表明改革开放之后，量变推进了中国出口的质变，带来了出口结构的主动改进[①]。

---

① 岳云霞. 量质并进——中国对外贸易 70 年 [J]. 中国经济学人，2019（4）：40-65.

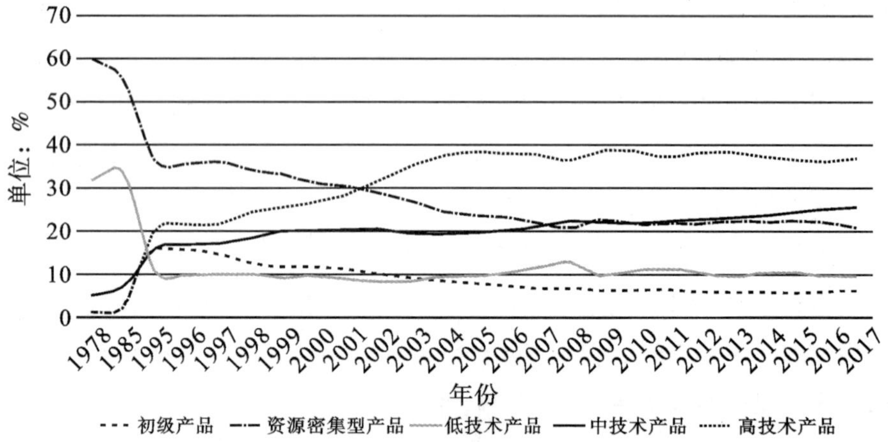

图 14-4　1978—2017 年中国出口商品结构

数据来源：1985 年前数据来自“1962—2000 年美国国家经济研究所-联合国贸易数据”，https://cid.econ.ucdavis.edu/nberus.html；1985 年以后数据来自世界银行 WITS 数据库，http://wits.worldbank.org/。

2. 中国对外贸易制度演进促进中国在全球价值链中的深度嵌入

中国的贸易扩展伴随着中国在全球价值链中的深度嵌入。本部分通过计算 GVC 地位指数①分析中国在全球价值链中的嵌入情况的变化。我们根据世界银行发布的 2017 年各国或者地区出口贸易额，选取了除中国以外的排名前九的国家或地区作为参照，包括美国、日本、英国、德国、法国、意大利、荷兰、韩国。美国和日本主要依靠自主研发、自主生产等模式参与全球生产网络，处在全球价值链的“上游”。虽然与排名前三的国家相比，全球价值链的嵌入度还有一定的差异，但是中国 GVC 地位指数呈现上升趋势。例如，中国 GVC 地位指数在 2005 年排名第九，仅高于韩国，在 2015 年排名第四，名次提升了 4 名，指数上涨了 1 倍，说明中国通过参与国际贸易，逐步实现了产业链的升级（见表 14-1）。

① 指数构建说明见附录。

表 14-1 各国 GVC 地位指数对比 单位:%

国家	年份										
	2005	2006	2007	2008	2009	2010	2011	2012	2013	2014	2015
韩国	6	4	4	-4	0	-2	-7	-6	-3	0	6
荷兰	18	18	17	18	20	18	15	15	15	14	12
意大利	15	13	12	11	15	11	9	10	12	12	13
法国	16	14	14	14	18	15	14	14	15	15	17
德国	20	18	17	17	21	16	14	14	15	16	17
中国	10	10	11	14	17	14	14	15	15	17	21
英国	28	27	28	26	26	24	23	23	23	25	26
日本	32	29	28	25	32	29	27	27	25	25	28
美国	28	28	27	26	30	28	27	27	28	28	30

数据来源：根据 TiVA 数据库整理及计算得出（https://stats.oecd.org/#）

（四）新中国对外贸易制度改革与人类命运共同体构建

世界各国的命运是一个交织体，“你中有我”“我中有你”。习近平高瞻远瞩地提出构建人类命运共同体的重要思想，这是新时代坚持和发展中国特色社会主义的基本方略之一，是中国在全球治理话语体系中独树一帜的重要标志，也是中国为世界和平与人类进步贡献的中国智慧和中国方案。

对外贸易制度改革推动了中国更加积极参与全球治理，发挥更大的作用。

1. 新中国对外贸易制度致力于推动全球经济的自由化与便利化，这是构建人类命运共同体重要因素之一

（1）中国以身作则降低自身贸易与投资壁垒，建立更为市场化和自由化的对外贸易制度

在逆全球化的背景下，中国坚持反对贸易保护主义，敢于公开主张推进自由贸易而不是公平贸易，推进平等而不是对等，推进透明合理的投资审查而不是投资障碍。①

（2）中国坚定维护多边贸易体制，推进全球贸易治理

在中共十八大报告、十八届三中全会决议以及十九大报告中，均提到支

① 张燕生. 十八大以来中国积极推动全球治理体系变革［J］. 当代世界，2017（10）：4-8.

持多边贸易体制是中国对外开放国策的重要内容，也是中国为促进全球治理所做的重要承诺。世界贸易组织仍是全球贸易治理体系的中心，世界贸易组织的独特优势在于其建立在一整套经谈判达成、得到全体成员认可的国际法体系之上，世界贸易组织的贸易政策审议机制和争端解决机制又从外部进一步增强了其可信度。[①] 中国坚定维护世界贸易组织的多边贸易治理规则，按照加入世界贸易组织的承诺，成为接受国际规则、融入国际秩序的典范。

2. 新中国对外贸易制度提升中国制度质量，进而提升中国全球治理能力

全球贸易治理话语权的竞争归根到底取决于所提倡或设计的机制是否反映人类经济和社会发展的基本规律。当今贸易和投资自由化已经不再单纯聚焦于关税等进入壁垒，而是更深入地关注国内市场规则的一致性和标准的兼容性。基于中国对外贸易制度改革的进程轨迹，可以看到，除了贸易与投资进入壁垒的削减，中国对外贸易制度更多地在对接国际高标准贸易投资规则、所有权改革、国内贸易与投资法律规制环境、行政效率等方面进行改进，制度质量明显提升，体现出较为显著的制度优势。对外开放越来越取决于国内改革，这使得在全球治理中制度优势的作用更加凸显。

（五）新中国对外贸易制度改革与经济效率提升

中国渐进式的、分阶段的对外贸易体制改革使中国由保护贸易制度逐步转向有管理的自由贸易制度。这一变革大大减少了传统贸易体制造成的商品市场、要素市场的扭曲，显著提高了资源配置效率及全要素生产率水平，增强了中国企业的国际竞争力，带来中国对外贸易的高速增长，并经由对外贸易增长的传导及贸易体制改革对整体经济体制改革的推动促进了国民经济的增长。

新中国对外贸易制度改革，促进了政府职能的转变，更好地发挥市场机制的作用。政府不断减少对外贸的行政干预，转为运用经济、法律等手段，辅以必要的行政手段来加强外贸的宏观管理，弱化微观管理。推动形成统一

① 屠新泉. 以开放促改革：中国与多边贸易体制 40 年［J］. 人民论坛·学术前沿，2018，159（23）：66-73.

开放、竞争有序的市场体系，保证各类经济主体平等、公开、公平、公正地参与市场竞争，同等受法律保护，同样受法律监管，从而让市场在资源配置中起决定性作用。

就目前文献来看，贸易开放以及贸易制度演进可以通过以下途径提升经济效率：

1. 新中国对外贸易制度改革提升要素以及资源配置效率

（1）贸易开放及对外贸易制度改革改善了劳动力市场配置效率

制度学派认为，制度变迁与社会转型是一国经济发展的根本原因，有效的产权制度是劳动生产率提升的决定因素，资源配置的市场化程度、政府的公共决策、贸易国际化等对经济发展的作用机理都能通过“制度因素”加以诠释。将“贸易开放程度”作为制度变迁指标，实证研究表明贸易开放会通过知识与技术外溢效应来促进人力资本积累，从而提升劳动生产率。[①]

（2）贸易开放为资本配置带来了积极影响，提升资本配置效率

改革开放初期，中国企业普遍存在“融资难”的问题，存在相当大的资本供给扭曲。具体表现为对不同主体企业实施的歧视性政策、对资本市场监管不力以及市场主体融资渠道狭窄等。一方面，资本供给很不正常。改革开放初期，为了吸引外商直接投资，中央政府及各地方政府都制定了诸多针对外资企业的优惠政策，从贷款手续、贷款利率到贷款服务，外资企业都要优于中国本土企业；国有企业能够较为方便地从银行手中获得融资，但这些资本在国有企业中的使用效率十分低下；而市场最具活力的民营企业则无法享受到这种优惠政策，导致其在“起跑”时就落后于外资企业和国有企业。另一方面，资本价格存在扭曲。鉴于银行等金融机构实施的歧视性政策，民营企业为了获得资金，不得不付出更多利息，直接加大了其融资成本，使得民营外贸企业无力进行技术研发与产业升级。

贸易开放通过以下机制缓解资本误配、提升资本配置效率：

---

① 许和连，元朋，祝树金. 贸易开放度、人力资本与全要素生产率：基于中国省际面板数据的经验分析［J］. 世界经济，2006（12）：3-10.

第一，通过引入外来资本缓解融资约束、提升资本配置效率。张国富通过门限回归模型实证分析行业的开放程度等因素对资本配置效率行业差异的影响，结果发现行业的外资企业比重以及开放程度的提高均能显著地提高资本配置效率。①

第二，贸易开放制度通过影响金融市场以及促进金融深入来提升资本配置效率。外商直接投资的流入有利于资本配置效率的提高，除了直接作用外，外资还会和金融发展交互作用对资本配置效率产生影响，两者对资本配置效率的影响彼此加强，金融发展水平越高，外资对资本配置效率的促进作用就越明显。②

2. 新中国对外贸易制度改革影响企业生产率与创新能力

贸易开放及贸易制度改革作用于微观企业主体是近年来国际经济学研究领域的主流和前沿。新新贸易理论认为自由贸易加剧要素市场竞争，迫使生产率低的企业退出市场，同时由于贸易的存在，生产率较低的企业收缩，生产率较高的企业扩张，行业平均生产率得以提高。

基于中国具有发展中大国等特色的制度特征，国内外学者开始考察中国的贸易开放及贸易制度改革如何影响企业生产率，贸易自由化提升企业生产率得到了实证支持。例如，国际市场竞争加剧时，企业会更多选择集中于核心产品的出口，这一途径将提升企业生产率，企业可通过改变内部出口产品配置来应对国际市场竞争进而提升生产率。③

基于中国的贸易开放研究，虽然在模型选择、研究样本与数据、研究方法上不同，但得出的结论都基本一致，即贸易开放度提升所带来的技术扩散和外溢效应促进了中国全要素生产率水平的提高。

① 张国富，王庆石. 中国资本配置效率的地区差异及影响因素：基于 1991—2007 年省际面板数据的经验分析 [J]. 山西财经大学学报，2010，32 (S2)：53-55.

② 赵奇伟. 金融发展、外商直接投资与资本配置效率 [J]. 财经问题研究，2010 (09)：47-51.

③ 桑瑞聪，韩超，李秀珍. 出口市场竞争如何影响企业生产率：基于产品配置视角的分析 [J]. 产业经济研究，2018 (5)：41-53.

第二节　新中国对外贸易制度演进的内在逻辑

新中国对外贸易制度演进在战略转型、体制改革、法律建设、政策创新等方面取得了丰硕的成果，同时对中国特色社会主义制度自我完善、促进中国贸易强国建设、人类命运共同体构建及提高中国参与全球治理的能力、提升中国经济效率起到了关键作用。新中国对外贸易制度演进之所以卓有成效，在于其自身与时俱进地遵循了一系列科学的变迁规律。

一、新中国对外贸易制度演进始终坚持社会主义道路，遵循社会主义制度体系建立与自我完善的变迁轨迹

中共十九大报告指出："我们党团结带领人民完成社会主义革命，确立社会主义基本制度，推进社会主义建设，完成了中华民族有史以来最为广泛而深刻的社会变革，为当代中国一切发展进步奠定了根本政治前提和制度基础。"新中国对外贸易制度的建立与演进也以社会主义基本制度作为大前提和根本基础，依据社会主义的本质，社会主义国家的对外贸易制度建设必须以坚持社会主义方向为基准，以促进生产力发展、推动共同富裕目标达成为宗旨，这是新中国对外贸易制度变迁的基本特征。同时，与社会主义制度的建立与自我完善相适应，中国对外贸易制度也与时俱进地进行自我完善。

在社会主义制度确立和建设阶段，围绕确立社会主义制度的中心任务，当时的对外贸易制度建设目标是建立独立统一的社会主义对外贸易制度，促进国民经济恢复，捍卫新中国的政治经济独立。进入社会主义建设时期后，基于当时的国际环境和中国社会主要矛盾的变化等因素，中国在探索自己的社会主义建设道路的曲折过程中以局部调整的方式进行了对外贸易制度建设，并坚持在平等互利、自力更生的基础上发展对外贸易的原则，同时以服务生产发展、推动工业体系建设为主要目标。在对外贸易制度建设等因素的推动

下，这段时期的对外贸易得到了一定程度的发展，对外贸易制度建设和对外贸易发展在中国社会经济发展中的促进作用得到了体现，社会主义制度的优越性，坚持中国共产党的领导、坚持社会主义道路的重要性，也得到了体现。这一时期对外贸易的范畴包括自力更生为主，外援为辅，互通有无等。此外，相应的对外贸易制度服务了这一时期的社会主义建设目标。

中共十一届三中全会确立了中国特色社会主义的道路，中国特色社会主义制度体系在确立社会主义基本制度的基础上，经历漫长的建设过程逐步形成、不断完善。在这个过程中，新中国对外贸易制度的演进和创新发展构成中国特色社会主义制度体系演进发展的重要部分，中国特色社会主义的根本制度、基本制度、法律体系和具体制度层面的体制机制与新中国对外贸易制度演进的紧密联系日益显现。在建设中国特色社会主义过程中，创建出中国特色社会主义对外经贸交往的一些范畴，如外向型经济、开放型经济、开放型经济体系、大经贸、分工协作、优势互补、经济特区、加工贸易、合资、一国两制、互利共赢、公正合理的国际经济秩序、开放的地区主义等，创建性地提出对外经贸发展的基本原则、对外经贸发展模式、经济特区建设的要素，提出经济全球化的发展目标，确定中国进入多边贸易体制的原则、区域经济合作应坚持的指导原则、利用好外资的关键要素、开放型经济机制的内涵、“一带一路”倡议、自由贸易试验区等，[①] 并形成了与上述范畴相关的对外贸易制度体系。

中国特色社会主义制度的本色决定了中国对外贸易制度在演进过程中与时俱进地坚持马克思列宁主义、毛泽东思想、邓小平理论、“三个代表”重要思想、科学发展观一直到习近平新时代中国特色社会主义思想。马克思列宁主义一直是中国对外贸易理论研究、思想发展、制度建设和实践创新的理论基础，马克思列宁主义与中国具体实践的结合，形成了毛泽东思想和中国特色社会主义理论体系，为中国对外贸易理论研究、思想发展、制度建设和实

① 薛荣久，杨凤鸣. 对中国特色社会主义国际经贸理论构建的思考 [J]. 国际贸易，2014 (4)：4-10.

践创新奠定了思想基础，对外贸易制度则是这些思想与理论体系在对外经济领域的具体化，成为指导改革与实践的传动纽带，为中国开放型经济发展注入了生机和活力。①

二、新中国对外贸易制度演进遵循以开放促改革，形成对外开放与经济体制改革的良性互动

以开放促改革、促发展是中国特色社会主义建设不断取得新成就的重要法宝②，对外开放与体制改革相互推动，是中国对外贸易制度改革的一项重要经验。结合 70 年来的发展历程，这一规律包含以下三个方面的内涵：

（一）开放倒逼中国对外贸易制度演进

开放具有“倒逼”效应和“锁定”效应，“倒逼”就是借用外部压力促使内部调整③，有“推动前进”的作用；“锁定”就是承诺的国际规则必须遵守，否则面临违约指控和制裁，起到“防止后退”的作用④。开放倒逼、促进中国对外贸易制度改革的历程可以归纳为：

第一波开放倒逼对外贸易制度改革出现在 1979—1987 年（中共十三大）。1978 年 12 月，十一届三中全会确定了中国开始实行的对内改革、对外开放的政策，1979 年邓小平说“杀出一条血路来”⑤，通过引入市场经济，倒逼着对外贸易体制机制的不断改革。1980 年，深圳特区成为中国率先开放的试验田，也是新中国第一代经济特区。经济特区是新中国特殊经济功能区的第一种形

① 侯德芳，俞国斌．十一届三中全会以来我国对外开放理论发展的回顾：纪念改革开放 30 周年［C］// 改革开放与当代世界社会主义学术研讨会暨当代世界社会主义专业委员会年会，2008：71-81.

② 中国宏观经济研究院课题组．做好以开放促改革的大文章［EB/OL］.（2019-02-21）［2019-07-11］. http://paper.ce.cn/jjrb/html/2019-02/21/content_384384.htm。

③ 中国的改革可以分为两种类型。一种是“内源性”的改革，如以家庭联产承包责任制为核心的农村改革；另一种是“外源性”，即倒逼式的改革，如开放倒逼式改革。

④ 霍建国．以开放倒逼国内深层面改革和体制创新［EB/OL］.（2014-05-27）［2019-07-11］. http://theory.people.com.cn/n/2014/0527/c40531-25068219.html.

⑤ 在 1979 年 4 月中央工作会议上，当广东省委负责人提出在邻近港澳和沿海地区划出一些地方，设置类似海外的出口加工区的设想时，邓小平同志立即给予支持并提出要求。

式，中国围绕着自身发展重大问题，依托经济特区，探索并制定包含经济、社会制度等内容的重要战略决策。经济特区确立了“以经济体制创新为先导，以吸引和利用外资为需求，注重发展外向型经济”的历史使命，通过推进贸易、投资领域的改革，加快营造良好的贸易投资环境，积极吸引外商投资和引进先进技术和管理经验。

第二波开放倒逼对外贸易制度改革高潮在 20 世纪 90 年代初期。中国工业化实践迅速开展，落后面貌基本得到改善，第一代特区政策红利逐渐消失，建立社会主义市场经济制度已成为共识，建设功能型经济特区是主要改革方向[①]。浦东是中国第二轮改革开放的先行者。第二代经济特区虽然延续了第一代经济特区的地理区位选择逻辑，但并不局限于制度功能，而是更加侧重发展功能。上海浦东新区、天津滨海新区从第一代经济特区的制度功能向发展功能演进，从单项改革转向系统改革，从初步改革向深入、配套、综合、全面方向发展。

第三波开放倒逼对外贸易制度改革高潮是 2001 年中国加入世界贸易组织之后。中国开始纳入经济全球化的轨道，改革不仅依靠国内“内生”的改革力量，而且利用了外部由于加入世界贸易组织所引发的开放倒逼的力量。[②] 世界贸易组织规则的核心是市场经济的基本运行规则，中国按照世界贸易组织规则修改了 3 000 多条法律法规，带动了不少实际性的改革举措，经济、政治、文化、社会等领域有显著变化。例如，在货物贸易管理制度领域，根据世界贸易组织的非歧视原则和可预见性、透明度原则，中国进行了货物贸易相关法律法规规章的清理、修订与制定。《对外贸易法》（2004 年）及《货物贸易管理条例》（2002 年 1 月 1 日起施行）等一系列其他货物管理制度的有关规定构成了中国政府如期履行入世承诺和严格依法执行世界贸易组织规则的法律基础，并组成了中国货物贸易管理的基本法律框架；在服务贸易制度领域，加入世界贸易组织后，中国按照《服务贸易具体承诺减让表》承诺，

---

① 方宁生. 进入第二代的中国经济特区 [J]. 特区经济，1996（9）：10-12.

② 常修泽. 以开放倒逼改革：中国（上海）自由贸易试验区之我见 [N]. 中国青年报，2013-09-24（2）.

在金融、保险、电信、法律、会计、建筑、旅游、教育、运输等各个服务贸易领域实现了进一步开放，外国服务供应者进入上述领域的条件大大改善。在世界贸易组织服务贸易分类的160个分部门中，中国开放了100个，开放范围已经接近发达国家的平均水平。① 技术贸易制度领域，2002年7月18日，北京市人大常委会通过了重新修订的《北京市技术市场条例》（以下简称“新《条例》”），自2002年11月1日起实施。新《条例》是在中国加入世贸组织、社会主义市场经济体制已经建立的背景下颁布的。这个条例不仅对于北京技术市场发展具有里程碑的意义，而且在各地技术市场地方性法规修订过程中产生了重大的影响。

第四波高潮以设立自由贸试验区为里程碑。自贸试验区设立的背景包括美国放弃世界贸易组织多边谈判，转向更高标准的双边、区域投资贸易体制，引发各国之间激烈的规则博弈，进而导致大量的双边贸易协定交织在一起呈现“意大利面碗”特征，并涌现出TPP、TTIP、TISA② 等新型区域贸易投资协定；与此同时，中国进入改革攻坚期和深水区，土地、劳动力等资源要素的成本优势逐步弱化，市场体系不完善、政府行政效率偏低等引发的制度性交易成本居高不下，中国亟待加快构建法治化、国际化、便利化营商环境，进一步深化改革挖掘动能，扩大开放激发活力，形成全面开放新格局。基于这样的开放格局与国家战略需求，中国自贸试验区有两个基本定位，一是强调先行先试，二是争创中国在全球竞争中的新优势。这是中国在经济全球化的新形势下面向世界的主动试验，承担中国深化改革和扩大开放的压力测试功能。

（二）对外贸易制度的市场化、便利化、国际化、法制化演进为开放经济发展提供保障

以对外贸易制度改革促进开放型经济发展，主要体现在三个方面：“一是不断建立和完善市场决定资源配置的市场经济体制的过程也是一个开放的过

① 数据来源：《中国的对外贸易》白皮书。

② TTP指跨太平洋伙伴关系协定（Trans-Pacific Partnership Agreement）；TTIP指跨大西洋贸易与投资伙伴协定（Transatlantic Trade and Investment Partnership）；TISA指国际服务贸易协定（Trade in Service Agreement）。

程，进一步发挥市场机制的作用，增强了资源利用效率和资源配置效率；二是改变了政府管理方式和手段，提高了政府管理调控经济社会的效率，也增强了政府提供公共服务和社会管理的能力；三是促进了国有企业改革，减少因产权关系不顺和治理结构不完善引起的扭曲行为。”① 这些改革举措都有利于中国开放型经济体制的建立。

（三）开放经济下形成对外贸易制度与其他经济社会制度的良性互动

对外贸易制度的改革是开放倒逼的最直接效应，或称为第一波传导效应。第二波传导效应，则是由对外贸易制度改革进一步带来了或倒逼了经济领域的制度改革。

1. 倒逼国有企业改革

从历史发展进程来看，一是开放带来的竞争效应，倒逼国有垄断企业不得不改进所有权结构、管理方式、经营制度。二是与国际规则的对接迫使对国有企业保护的政策逐步取消。例如改革开放后，中国打破对外贸易国有企业垄断经营，逐步放开对外贸易经营权，通过对外贸易企业审批制，对符合条件的企业赋予外贸经营权。1994 年开始，中国积极推进了外贸企业股份制改革试点。自加入世界贸易组织之后，原有的审批外贸代理制带有计划经济色彩，无法适应新的外贸环境，也有违入世承诺与世贸组织规则。2001 年 7 月 10 日，外经贸部发布了《关于进出口经营资格管理的有关规定》，对进出口经营资格实行登记和核准制，对各类所有制企业进出口经营资格实行统一的标准和管理办法，并根据登记或核准的经营范围，将企业的进出口经营资格按外贸流通经营权和生产企业自营进出口权实行分类管理。2004 年 7 月，为了履行入世后 3 年内全面放开对外贸易经营权的承诺，中国实施了《对外贸易经营者备案登记办法》，将外贸企业的经营权由审批制改为备案登记制，这意味着中国长期实行的外贸经营权审批制度的终结和对外贸易经营权的完全放开。

此外，当前由发达国家主导的 TTIP、CPTTP 等一系列高标准、严要求的国际投资贸易规则正在加快制定，其中重要的一条是针对国有企业的条款。

① 江小娟. 中国开放三十年的回顾与展望［J］. 中国社会科学，2008（6）：66-85.

发达国家认为，以中国为代表的新兴经济体的国有企业所形成的竞争优势主要来源于政府的支持，这种源自政府扶持的非中立的竞争优势不仅造成了资源配置的扭曲，还严重威胁了国际经济秩序，破坏了原有的公平竞争环境。对此，以美国为代表的发达国家极力在双边、多边贸易协定中倡导设立了剑指中国国有企业的竞争中立规则。对竞争中立规则的提出旨在为国有企业和私营企业创造一个公平的竞争环境，减少市场经济的低效率。① 竞争中立规则本身符合市场经济的发展规律，有利于增强市场活力，是国际市场的大势所趋，是中国参与国际竞争不可回避的国际市场新规则②。中国央行行长易纲在 2018 年 G30 国际银行业研讨会上发言时声明，为解决中国经济中存在的结构性问题，中国将考虑以“竞争中立”规则对待国有企业，这进一步明确了中国对执行竞争中立政策的态度。“竞争中立”规则将引致中国国有企业进行新一轮改革。

2. 倒逼金融体制改革

贸易开放引致金融业开放以及金融管理体制改革。在汇率制度上，1994 年 1 月，实现汇率并轨，实行以市场供求为基础的、单一的、有管理的浮动汇率制；1996 年年底，实现了人民币经常项目兑换。1997 年亚洲金融危机爆发后，中国保证了人民币币值的稳定，之后则稳定盯住美元。中国加入 WTO 的首要前提是在金融领域中开放市场③，全面参与国际竞争，面对加入世界贸易组织后金融市场激烈的竞争挑战，中国金融体制持续改革以适应经济全球化、金融一体化的发展趋势。例如中国历来实施分业经营、分业监管，但为应对金融服务业开放后的激烈竞争，适应国际金融业发展趋势，相关政策保障了银行、保险、证券业之间开展大面积合作，混业经营正在悄然成为潮流。2001 年 6 月，中国人民银行发布实施了《商业银行中间业务暂行规定》，其中

① 刘笋，许皓. 竞争中立的规则及其引入 [J]. 政法论丛，2018，186（5）：54-66.

② 唐宜红，姚曦. 竞争中立：国际市场新规则 [J]. 国际贸易，2013（3）：54-59.

③ 按其加入 WTO 的承诺，中国金融业开放领域和开放进程是：第一，银行业：入世 2 年后，允许外资银行经营本地人民币业务；入世 5 年后，将允许外资银行经营人民币零售银行业务。第二，证券业：入世后，允许外国金融公司在基金管理企业中持股达 33%，3 年后增至 49%，外国股票分销商可在合资承销公司中占有 33% 股份。第三，保险业：入世 5 年内，逐步扩展外资保险机构的业务范围，可承保团体险、健康险和养老险；同意外资可在中外合资的人寿保险公司中拥有 50% 的所有权。

明确规定商业银行在经过中国人民银行的审批后，可以开办金融衍生业务、信息咨询、财务顾问，投资基金托管等银行业务。2003 年 12 月修改后颁布的《商业银行法》也有相关的规定，即国有商业银行可以经营经过国务院银行业监督管理机构批准的其他业务，为银行业务参与混业经营留下了余地和空间。2018 年 4 月 8 日，将中国银行业监督管理委员会和中国保险监督管理委员会的职责整合后的中国银行保险监督管理委员会（以下简称“银保监会”）正式挂牌，这是中国金融监管体制的一次重大改革，标志着中国金融混业监管迈出重要一步。

同时，金融体制改革也是当前自贸试验区制度创新的亮点之一，其核心是把自贸区办成金融创新试验区，包括先行先试人民币资本项目下开放，在风险可控前提下，实行人民币可自由兑换试点等金融创新；在区内实现金融市场利率市场化；金融机构资产价格实行市场化定价；探索境内离岸金融业务以及推动其他金融业对外开放等。

3. 倒逼财税体制改革

开放后各级政府致力于推动税收创新，如采用低税率，以降低企业税负，形成更具国际竞争力的税收政策。2007 年《中华人民共和国企业所得税法》颁布。新税法参照国际通行做法，体现了“四个统一”：内资、外资企业适用统一的企业所得税法；统一并适当降低企业所得税税率；统一和规范税前扣除办法和标准；统一税收优惠政策，实行“产业优惠为主、区域优惠为辅”的新税收优惠体系。

4. 倒逼劳动市场改革

劳工标准是国际贸易摩擦的高频领域之一。欧美等发达国家指责发展中国家凭借较低的劳工标准获取出口价格竞争优势，对发达国家进行“劳动力倾销”，因而要求将劳工标准纳入各种双边和多边贸易体系。美国近年来签订的所有双边贸易协定中，都包含了较高的劳工标准。国际上有 200 多家跨国公司在国际采购中要求供应商承担社会责任条款，影响最大的是纺织业、服装业、玩具业和鞋业等劳动密集型消费品行业。① 同时，跨国公司的劳工问题也引起消费者、投资者、非政府组织、大众媒体和社会公众的高度关注。在

① 王红霞. 用开放的眼界解读《劳动合同法》及其冲击波［J］. 对外经贸实务，2008（6）：9-11.

此背景下，2007 年中国出台《中华人民共和国劳动合同法》（2008 年 1 月 1 日起施行），健全劳动市场法律体系，从根本上改善中国的劳工状况和用工标准，全面促进企业对劳动者权益的保护。

（四）开放带来的第三波传导效应，倒逼中国进行了更深层次的改革

1. 倒逼政府自身体制改革

伴随对外贸易制度的变迁，政府自身管理体制也出现很大变化。新中国成立初期中国实行的是政府主导的经济发展模式，政府过多采取行政许可、审批制度，在很大程度上导致政府和市场的边界不清。按照自贸实验区新的规则，遵循“法无禁止即自由”的原则，实行“负面清单”管理，并暂停实施某些法律法规。所有这些都将倒逼政府改革，推动其由管制性政府向“中立型政府”和“服务型政府”转变。

2. 倒逼社会体制改革

随着自贸实验区新规则的建立，以保障劳工权益为标志的公民权利问题进一步凸显，这就推进了社会管理体制创新，包括培育和创新社会组织、推进社区自治、建立公民利益表达协调机制、用“对话”替代“对抗”等。在自贸区范围内，随着新规则的实行，使多样化价值理念之间碰撞和融合。

三、新中国对外贸易制度演进始终服务于开放型经济发展战略

中国开放型经济是植根于中国特色社会主义市场经济的制度性的开放经济，根据市场经济规律和国际规则开展制度建设，是开放型经济的重要内容，也是发展开放型经济的基本条件。因此，中国坚持推动贸易自由化改革，同时“坚决反对任何形式的保护主义，积极推动建立均衡、共赢、关注发展的多边经贸体制”“坚定不移发展开放型世界经济，在开放中分享机会和利益、实现互利共赢”“坚定不移发展全球自由贸易和投资，在开放中推动贸易和投资自由化便利化”①。新中国对外贸易制度的演进方向即为不断促进贸易与投

① 中共中央文献研究室. 习近平关于社会主义经济建设论述摘编［M］. 北京：中央文献出版社，2017：305，287，309.

资自由化、便利化的变革。

（一）对外贸易制度演进与贸易自由化便利化

在促进贸易自由化与便利化方面，通过改革对外贸易管理体制、改革外贸经营权制度、削减关税与非关税措施、改革海关报关管理制度、规范出口补贴制度、调整出口退税政策、建立健全服务贸易促进制度体系、加强知识产权保护促进技术贸易发展等提升贸易的自由化程度与便利化水平。

中国对外贸易制度建设由封闭走向开放的过程中，最直观的效果是中国的贸易便利化程度持续改进，贸易便利化指数大幅上升。根据世界经济论坛（World Economic Forum）提供的数据《全球贸易促进报告》（The Global Enabling Trade Report），中国贸易便利化指数 2015 年排名 61 位，处于中等偏上的水平，如图 14-5 所示。

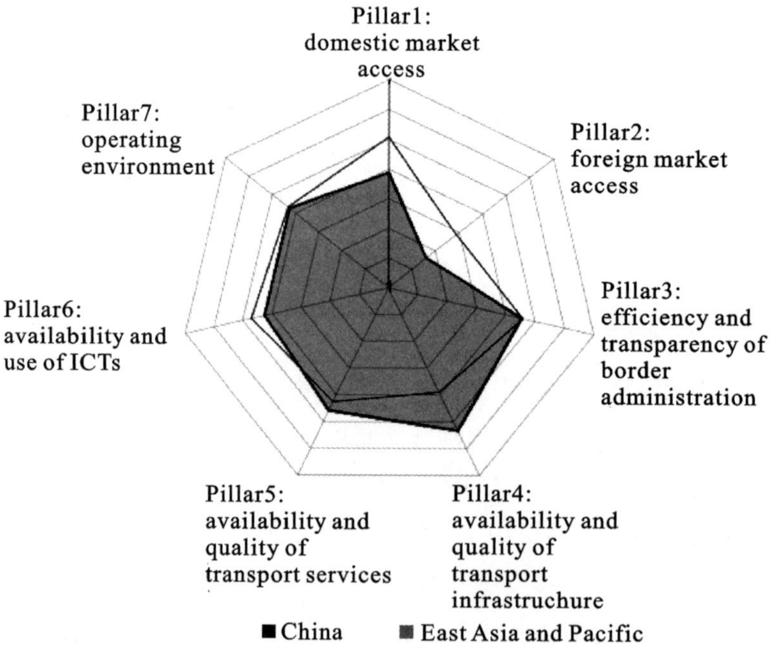

图 14-5　2015 年中国贸易便利化指数

数据来源：《全球贸易促进报告》（The Global Enabling Trade Report）2016。

（二）对外贸易制度演进与投资自由化便利化

在促进投资自由化与便利化方面，中国注重营商环境的改善，改革外资管理机制，减少行政干预，构建与国际投资规则一致的制度体系。例如1979—1992年，中国构建了从中央到地方的外资管理体系，建立了专门的归口部门对外资进行统合管理，提高了解决问题的效率；颁布了一系列与外商投资相关的法律法规，确定了外商投资的合法地位，为外资提供了良好的投资环境；逐步下放外商投资的审批权，逐步放宽对外商经营权、所有权、投资领域的限制；对外商提供税收等方面的优惠政策以吸引外资，鼓励多元化、全方位地引进外资。加入世界贸易组织之后，中国在引进外资制度上实现了战略转变——由政策优惠的吸引转为提供良好的竞争秩序和投资环境。

在建设社会主义新时代，中国主动对接国际高标准，实行高水平的投资自由化与便利化政策。2018年6月30起开始施行外商投资企业商务备案与工商登记“单一窗口、单一表格”受理，推动投资便利化水平进一步提高。2019年3月15日，中共十三届全国人大二次会议表决通过了《中华人民共和国外商投资法》，自2020年1月1日起施行，取代之前的“外资三法”[①]，成为外商投资领域的基础性法律。该法实施后，中国将全面实行准入前国民待遇加负面清单管理制度，大幅度放宽外资企业市场准入，同时也完善了对外商投资的促进、保护和管理制度。

根据世界银行《全球营商环境报告》数据[②]，中国营商便利度排名呈逐渐上升趋势，从2006年的第108位上升至2019年的190个经济体的第46位（见图14-6），上升62个位次，较2018年上升32位。其中开办企业便利度排名较2018年大幅上升65位，排名28位，5年来累计上升130位。目前，中国成为营商环境改善力度最大的经济体之一（见表14-2）。

① 指《中外合资经营企业法》《外资企业法》《中外合作经营企业法》。

② 世界银行营商环境（Doing Business）报告是目前全球规模最大、影响力最强的调查体系之一，2004年首次报告含5项一级指标覆盖全球133个经济体。经过15年发展，2019年最新报告含11项一级指标覆盖全球190个经济体。

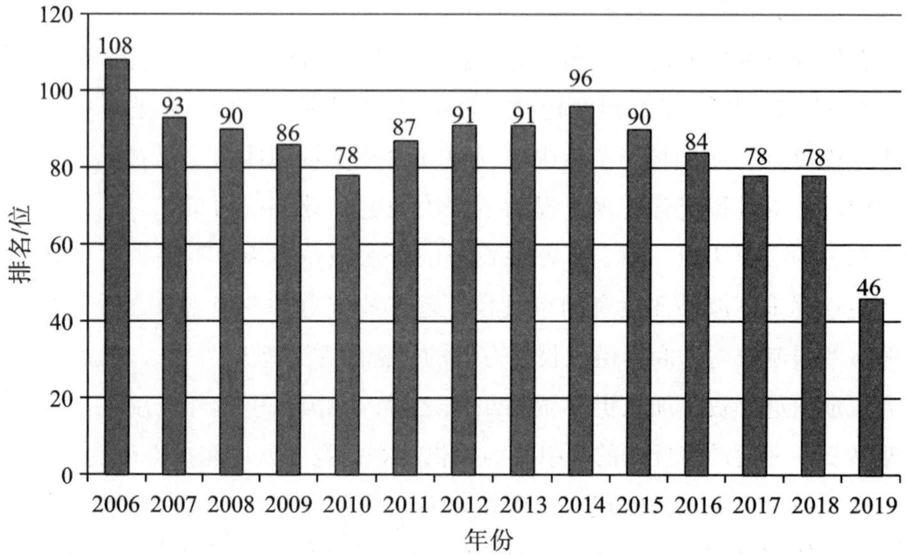

图 14-6 2006—2019 年中国营商便利度排名

数据来源：世界银行《营商环境报告》2007—2019 年。

表 14-2 2019 年与 2018 年中国营商环境便利度对比

维度	2019 年排名	2019 年营商环境便利度分数/分	2018 年营商环境便利度分数/分	营商环境便利度分数变化/百分点
总体指数	46	73. 64	65	8. 64
开办企业	28	93. 52	85. 47	8. 05
办理施工许可	121	65. 16	41. 21	23. 95
获得电力	14	92. 01	65. 71	26. 30
登记财产	27	80. 8	74. 99	5. 81
获得信贷	73	60. 00	60. 00	–
保护少数投资者	64	60. 00	55. 00	5
纳税	114	67. 53	62. 9	4. 63
跨境贸易	65	82. 59	69. 91	12. 68
执行合同	6	78. 97	78. 97	–
办理破产	61	55. 82	55. 82	–

数据来源：世界银行《营商环境报告》2019。

四、新中国对外贸易制度演进遵循贸易互利共赢、多元平衡发展的规律

中共十八大报告指出，要完善互利共赢、多元平衡、安全高效的开放型经济体系。纵观新中国对外贸易制度演进轨迹，也始终遵循着互利共赢、多元平衡的发展规律。

（一）遵循国际贸易互利共赢的基本规律

中共十七大报告强调：中国将始终不渝奉行互利共赢的开放战略。这显示了中国在推动建设和谐世界的旗帜下，以自己的发展促进地区和世界的共同发展，在开展多双边经贸合作时会更多考虑到对方特别是发展中国家的利益。"互利"是国际贸易的基础，体现了国际贸易中资源配置效率提升带来的非零和博弈的结果，强调贸易双方能够公平的分享国际贸易红利，是贸易双方愿意长期交易的经济保障。"共赢"则是在互利基础上更进一步，是从全球的角度出发，要求一国将自身对外贸易可持续发展和全球的可持续发展统一起来，实现全球协调发展的目标。①

互利共赢是完善开放型经济体系必须秉持的时代理念。新中国成立 70 年以来，中国同世界的关系发生了历史性变化，对外贸易制度在互利共赢这一原则与理念下也呈现出与时俱进的特征变化。

新中国成立之初，对外贸易制度具有突出的内向型经济特征。由于实行单一的计划调控，对外贸易活动的所有环节，包括收购、出口、进口、调拨、外汇收支等都纳入指令性计划管理，指令性计划价格，国内外市场的分割，统负盈亏的财务管理体制，极大地约束了对外贸易的发展。

国门开启后，对外贸易制度变革的着力点是如何抓住外部世界提供的发展机遇，而互利共赢更多强调的是中国同外部世界的良性互动，更多关注的是在实现自身发展的同时尊重和支持对方发展，这是中国开放理念、开放思

① 陈继勇，胡渊．中国实施互利共赢的对外贸易战略［J］．武汉大学学报（哲学社会科学版），2009，62（5）：634-638.

维的重大转变。[①] 一方面，中国积极参与全球经济治理，例如恢复其世界银行、国际货币基金组织等国际经济合作组织的合法席位[②]，突破封闭和孤立状况，积极融入国际经济体系，为中国的经济建设创造良好的外部环境；另一方面，顺应经济全球化的发展趋势，逐步开放自己的市场，吸引外资以及进口商品，分享中国经济的市场红利。

近年来，尤其2008年金融危机后，新兴经济体崛起带动权力转移，引发世界秩序和国际经济格局变动，进一步引发全球经济治理变革，使全球经济治理制度性权力分配格局开始发生变化。而中国作为新兴经济体的"领头羊"，正逐渐由全球经济治理规则的接受者转变为该体系的建设者。中国着力推进二十国集团合作，推动世界银行和国际货币基金组织改革进程，如期建成中国-东盟自由贸易区，坚决反对各种形式的保护主义，都是坚持互利共赢取得的成果。"一带一路"倡议顺应了新兴经济体参与全球经济治理、实现互利共赢的需求，为全球经济治理变革提供了"中国方案"。自由贸易试验区战略，是中国积极参与国际经贸规则制定、争取全球经济治理制度性权力的重要平台，也蕴含各自由贸易试验区结合自身优势、开展区域合作的时代任务，例如广东自由贸易试验区围绕打造开放型经济新体制先行区、高水平对外开放门户枢纽和粤港澳大湾区合作示范区，提出了建设公正廉洁的法治环境、建设金融业对外开放试验示范窗口和深入推进粤港澳服务贸易自由化等方面的具体举措；天津自由贸易试验区围绕构筑开放型经济新体制、增创国际竞争新优势、建设京津冀协同发展示范区，提出了创新要素市场配置机制、推动前沿新兴技术孵化和完善服务协同发展机制等方面的具体举措；福建自由贸易试验区围绕进一步提升政府治理水平、深化两岸经济合作、加快建设21世纪海上丝绸之路核心区，提出了打造高标准国际化营商环境、推进政府服务标准化透明化和加强闽台金融合作等方面的具体举措。

---

① 《新思想 新观点 新举措》编写组. 新思想·新观点·新举措［M］. 北京：红旗出版社，2012.

② 1980年4月17日，国际货币基金组织正式恢复中国的代表权；1980年5月15日，中国在世界银行和所属国际开发协会及国际金融公司的合法席位得到恢复。

在开放型经济建设过程中，中国更加自觉地把互利共赢理念落到实处，从国家全局和长远利益出发，坚持以开放换开放，不断拓展经济发展外部空间和良好国际环境。

（二）遵循贸易多元平衡发展的规律

多元平衡是完善开放型经济体系必须始终把握的内在特征。基于历史轨迹来看，中国深刻把握贸易发展中的多种需要平衡与协调的关系，并围绕这些需要平衡的方面，促进对外贸易制度的和谐演进。

1. 促进出口和进口平衡的对外贸易制度演进

作为一个开放型经济大国，一定是内外需兼顾、协调、平衡，才能获得稳定持续发展。根据国际、国内形势与环境的变化，中国对外贸易政策经历了以进口替代政策——→扩大出口为目标的出口导向型的外贸政策——→出口促进与进口促进同等重要的历史变迁轨迹。

随着资源环境约束日益强化、人民生活水平不断提高和对进口的积极作用认识不断加深，中国关于促进进口的思想逐渐形成。"十五"时期，中国提出要扩大消费品进口，"十一五"时期中国提出要积极扩大进口，发挥进口贸易在国内经济发展和产业结构调整中的带动作用，提升产业竞争力，以促进出口贸易新优势的培育和提升。"十二五"时期，中国强调要发挥进口对宏观经济平衡和结构调整的重要作用，优化贸易收支结构。根据《关于加强进口促进对外贸易平衡发展的指导意见》的有关精神，加强进口，促进对外贸易平衡发展，对于统筹利用国内外两个市场、两种资源，缓解资源环境瓶颈压力，加快科技进步和创新，提高居民消费水平，减少贸易摩擦，具有重要的战略意义，是实现对外贸易科学发展、转变经济发展方式的必然要求；在促进进口的过程中，要遵循的基本原则是坚持进口与出口协调发展，促进对外贸易基本平衡，保持进出口稳定增长，坚持进口与国内产业协调发展，促进产业升级，维护产业安全，坚持进口与扩大内需相结合，推动内外贸一体化，促进扩大消费，坚持进口与"走出去"相结合，拓宽进口渠道，保障稳定供应，坚持市场机制与政策引导相结合，充分发挥市场主体作用，完善促进公平竞争的制度和政策。

中共十八大以来，为了全面提高开放型经济水平，促进国内经济转型和产业结构升级，中国一再重申进出口协调发展的重要性。2014 年 11 月，《国务院办公厅关于加强进口的若干意见》明确提出要实施积极的进口促进战略。2018 年经国务院同意批准，商务部等部委发布的《关于扩大进口促进对外贸易平衡发展的意见》指出从四个方面扩大进口促进对外贸易平衡发展的政策举措：一是优化进口结构促进生产消费升级；二是优化国际市场布局；三是积极发挥多渠道促进作用；四是改善贸易自由化便利化条件。2018 年 11 月 5 日至 10 日，首届中国国际进口博览会在国家会展中心（上海）举行，这是迄今为止世界上第一个以进口为主题的国家级博览会。

中国在扩大出口的同时，更加关注进口与出口贸易的平衡发展，不仅重视出口市场多元化，也强调进口市场多元化，发挥进口对国民经济的促进作用，保持内需与外需的平衡、协调发展。

2. 促进货物贸易与服务贸易平衡发展的对外贸易制度演进

中国对外贸易制度体系兼顾货物贸易和服务贸易促进与发展。1994 年以前，中国对外贸易制度基本以货物贸易制度体系为主，服务贸易制度体系在 1994 年之前处于缺位状态。1994 年，中国“大经贸”战略将商品、资金、技术、服务相互渗透、协调发展作为重要目标，标志着从对外贸易战略的角度明确了发展服务贸易的重要性。在“九五”时期，中国提出要有步骤地开放金融、商业、旅游等服务领域。从此，货物贸易制度与服务贸易制度并驾齐驱共同发展。

中国在制定服务贸易制度体系方面起步较晚，但发展较快。在关于服务贸易的规划中，不仅有明确的数量目标，还有相应的质量目标和富有创新的发展理念，这进一步体现出中国对外贸易制度体系的多元化特征和战略重点的调整。

3. 促进双边、多边及区域合作平衡发展的对外贸易制度演进

双边、多边和区域作为中国对外经贸合作的“三大支柱”，中国注重三者之间的协调平衡发展，以推进贸易自由化进程，获取更多的由贸易自由化产生的红利。一方面加快实施自由贸易区战略，逐步构筑起高标准的自由贸易

区网络（见表 14-3），带动区域合作与发展；另一方面，中国始终把维护全球多边贸易规则和秩序作为自己行动的准绳，在世界贸易组织的规则框架内扩大开放，发展开放型经济并构建开放型世界经济。

表 14-3　中国自由贸易区发展情况

状态	贸易区
已签订协议的自由贸易区	中国-马尔代夫、中国-澳大利亚、中国-瑞士、中国-哥斯达黎加、中国-新加坡、中国-智利、中国-东盟、中国-东盟升级、中国-新加坡升级、中国-格鲁吉亚、中国-韩国、中国-冰岛、中国-秘鲁、中国-新西兰、中国-巴基斯坦、内地与港澳更紧密经贸关系安排、中国-智利升级、中国-巴基斯坦第二阶段
正在谈判的自由贸易区	区域全面经济伙伴关系协定（RCEP）、中国-海合会、中日韩、中国-斯里兰卡、中国-以色列、中国-挪威、中国-新西兰自贸协定升级谈判、中国-毛里求斯、中国-摩尔多瓦、中国-巴拿马、中国-韩国自贸协定第二阶段谈判、中国-巴基斯坦、中国-秘鲁自贸协定升级谈判
正在研究的自贸区	中国-哥伦比亚、中国-斐济、中国-尼泊尔、中国-巴新、中国-加拿大、中国-孟加拉国、中国-蒙古国、中国-瑞士自贸协定升级联合研究

资料来源：中国自由贸易区服务网，http://fta.mofcom.gov.cn/。

第三节　新时代中国对外贸易制度创新发展的趋势与路径

一、新时代中国对外贸易制度创新的趋势

总结新中国对外贸易制度变迁的历史，可以看到，中国对外贸易制度走过了一条从管制到放松管制、从集权到分权、从计划到市场的创新之路。那么中国未来对外贸易制度创新发展将呈现什么样的趋势？根据诺斯制度变迁的路径依赖理论，利益诱致是制度变迁的根本动因，一种制度如果能使各方

的利益达到最大化，人们就不会有改变这种制度的动机和要求；反之，社会对新制度的需求就会变得十分强烈。而这种利益，又将国家利益、国际利益、民众利益交织在一起，因此研判未来中国对外贸易制度创新发展的趋势，需要综合国际环境、国家战略需求、人民需求等方面的新形势，以此作为战略决策的基础。

（一）中国特色社会主义新时代新要求背景下的对外贸易制度发展趋势

中共十九大报告作出“中国特色社会主义进入了新时代”这一重大政治论断，以坚持和发展中国特色社会主义为主题，从历史、国家、人民、民族、世界等多维宏大视野深刻阐明了中国特色社会主义新时代的实质内容和重大意义。新时代是中国特色社会主义顺应历史大势主动作为并不断夺取中国特色社会主义伟大胜利的时代；是全面建成富强、民主、文明、和谐、美丽的社会主义新时代强国的时代；是中国共产党人领导中国人民以“坚持和发展什么样的中国特色社会主义，怎样坚持和发展中国特色社会主义”为时代课题，“不忘初心、继续前进”，不忘本来、开辟未来，开创新时代中国特色社会主义事业新局面，实现中华民族伟大复兴的时代；是全国各族人民同力同心、团结奋斗，不断走向共同富裕并创造美好生活的时代；是中国日益走近世界舞台中央并为人类作出更大贡献的时代。① 这个“新时代”包含了丰富的内涵，对对外贸易制度创新发展提出了新的要求。

1. 中国特色社会主义新时代与中国对外贸易制度发展趋势

在世界社会主义发展史上，这个新时代就是进入到在新的历史条件下继续夺取中国特色社会主义伟大胜利的时代，是中国特色社会主义新时代。它意味着中国特色社会主义道路、理论、制度、文化不断发展，在世界上高高举起中国特色社会主义伟大旗帜，科学社会主义在21世纪的中国焕发出强大生机活力。这就要求中国对外贸易制度的创新发展需要在坚持中国特色社会主义道路的基础上进行，坚持习近平新时代中国特色社会主义思想，并服务于“2020年全面建成小康社会，2035年基本实现社会主义现代化，本世纪中

① 韩庆祥，方兰欣. 论习近平新时代观［J/OL］. 阅江学刊，2019（4）：5-19+121［2019-08-11］.

叶建成富强民主文明和谐美丽的社会主义现代化强国”这一战略目标。

2. 人民创造美好生活、实现共同富裕与中国对外贸易制度发展趋势

这个新时代是人民创造美好生活、实现共同富裕的时代。所以，中国特色社会主义进入新时代的重要标志和基本依据就是中国社会主要矛盾发生了深刻变化。中共十九大报告指出：“中国社会主要矛盾已经转化为人民日益增长的美好生活需要和不平衡不充分的发展之间的矛盾。”之前关于中国社会主要矛盾是“人民日益增长的物质文化需要同落后的社会生产之间的矛盾”的表述，说明中国那时面对的问题主要是“生产、生活资源”等“有没有”的问题，解决的是“短缺问题”，是“怎么发展起来”的问题；中共十九大关于中国社会主要矛盾的表述则说明中国当今面对的问题主要是“生产、生活资源”等“好不好”的问题，解决的是“品质问题”，是“怎样更好地发展”的问题。无论是社会还是个人，事情起初都并非如“从海洋中诞生的维纳斯”那般完美，而总是有一个“先有后好”的过程。只有解决了“有没有”问题，才谈得上“好不好”问题。因此，中国特色社会主义新时代是“全国各族人民团结奋斗、不断创造美好生活、逐步实现全体人民共同富裕的时代”。这就要求中国在满足人民创造美好生活、实现共同富裕需求的基础上推进对外贸易制度创新，注重平衡内需与外需，促进进口与出口的协调发展。

3. 主动参与和推动经济全球化进程、发展更高层次开放型经济与中国对外贸易制度发展趋势

这个新时代要求中国更主动参与和推动经济全球化进程，发展更高层次的开放型经济。新中国成立 70 年来，中国特色社会主义事业取得了举世瞩目的伟大成就，中国大踏步赶上时代，实现了从“跟跑”到“并跑”和“领跑”的华丽转身。中共十八大以来，中国经济持续保持中高速增长，经济总量稳居世界第二，对全球经济增长的贡献率每年均超过 30%，居世界第一位，成为推动全球经济增长的重要力量；习近平提出人类命运共同体理念和“一带一路”倡议，积极推动“和平、发展、合作、共赢”的时代潮流，受到国际社会和“一带一路”沿线国家的热烈呼应，中国成为维护世界和平秩序、推进全球治理体系改革和全球生态文明建设的重要参与者、贡献者、引领者。

中国特色社会主义拓展了发展中国家走向现代化的途径，给世界上那些既希望加快发展又希望保持自身独立性的国家和民族提供了全新选择，为解决人类问题贡献了中国智慧和中国方案。因此，中国特色社会主义新时代是“中国日益走近世界舞台中央、不断为人类作出更大贡献的时代”。①

这就要求中国未来应继续不遗余力地建设开放型经济，推动构建人类命运共同体。坚持共享发展理念实现对外贸易制度的互利共赢；坚定不移发展开放型世界经济，大力推进多边和自贸区合作并参与全球经济治理；对外贸易制度的演进应服务于加快构建周边自由贸易区和扎实推进“一带一路”建设的实际需要；不断深化与所有毗邻国家和地区经贸关系，形成“你中有我、我中有你”的密切局面，共商共建共享，打造开放型合作平台，推进经济全球化。

（二）全球治理和世界贸易格局新趋势下的机遇、挑战与对外贸易制度发展趋势

1.“一带一路”倡议下的机遇、挑战与对外贸易制度发展趋势

2008 年金融危机爆发以后，各主要经济体均采取了一系列促进经济恢复增长的措施，但是这些措施收效甚微，一些主要经济体国家甚至开始出现单边主义、贸易保护主义抬头的政策倾向。② 在逆全球化趋势日益显著的背景下，中国政府于 2013 年提出了“一带一路”倡议，力图以此维护全球化发展的态势，并为全球低迷经济注入“强心剂”。截止到 2018 年 4 月，中国已与 80 多个国家（地区）和国际组织签署了合作协议，建立了 75 个经贸合作区，累计投资 270 亿多美元。在五年时间里，中国与“一带一路”沿线国家的货物贸易额已累计超过了 5 万亿美元，OFDI 高达 700 多亿美元。③

然而，中国推进“一带一路”建设的道路并非一帆风顺。面对当前全球

① 荆世群，雷春梅. 中国特色社会主义新时代的时代内涵［EB/OL］.（2017-11-16）［2019-07-11］. http://www.qstheory.cn/zhuanqu/bkjx/2017-11/16/c_1121967753.htm.

② 李伟. 坚定信心 主动作为 在深化合作中不断创造“一带一路”发展新机遇［J］. 管理世界，2017（1）：2-4.

③ 金辉.“一带一路”新起点要有新重点［N］. 经济参考报，2018-04-11（005）.

经济的颓势，尽管西方发达国家无力扭转，但由于其长期处于世界经济体系中的核心位置，在世界经济体系未完成改革之前，发达经济体仍可以凭借其特殊地位发挥重要作用。因此，在推进“一带一路”倡议的过程中，中国受到了西方发达国的极力阻扰，其中，一些国家试图通过宣扬“中国威胁论”，让“一带一路”倡议流产。除此之外，“一带一路”沿线国家的意识形态、社会制度和宗教风俗各异，各国关系复杂难解，这也给“一带一路”倡议的实施带来了巨大的挑战。①

看到困难的同时，也应该看到“一带一路”建设所带来的各种机遇。“一带一路”沿线国家大多处于城市化的进程中，而基础设施落后严重制约着这些国家的经济发展。与此同时，在过去的二三十年里，中国培育了一批在基础设施建设方面具有显著竞争优势的国内企业。因此，在“一带一路”倡议下，中国可推动国内基础设施建造企业走出国门。除此之外，“一带一路”沿线国家的工业化水平普遍偏低，而且，近年来，这些国家重视工业化水平提高和产业结构多元化的意愿在不断上升。

在这样的背景下，中国可凭借改革开放以来工业化水平不断攀升的经验，与这些沿线国家加强合作，以把握机遇、应对挑战，同时加强与“一带一路”沿线国家的政策互通和制度协调，促进中国对外贸易制度的改革创新，推动贸易投资自由化便利化。这样，中国对经济贸易政策的自由化、便利化水平必将提高。

2. 中美经贸摩擦背景下的机遇、挑战与对外贸易制度发展趋势

特朗普自上任后就提出了以“美国优先”为主线的一系列经贸政策，意图以贸易保护主义的方式，不顾一切地维护美国既得的国家利益。

特朗普“美国优先”的一系列经贸政策表现为以下四大方面：

第一，退出多个双边或多边贸易协定。特朗普政府认为，美国在已有的多个双边或多边贸易协定中吃了“亏”，如果这些贸易协定的相关国家不与美

① 陈健，龚晓莺．“一带一路”战略开启具有“人类命运共同体”意识的全球化发展的新时代［J］．经济学家，2017（7）：73-79.（编者注：“一带一路”战略现称为“一带一路”倡议）

国重新协商具体条款，美国将退出这些贸易协定。比如，特朗普上台后，立即就把退出或重新协商北美自由贸易协定（NAFTA）纳入其“百日计划”。此后，美、加、墨三方决定对 NAFTA 进行重新协商。经过一年多的谈判协商，三方贸易部长于 2018 年末对新北美自由贸易协定的相关文件进行了签署。①

第二，指出多国为“汇率操纵国”，迫使其货币升值。2017 年 2 月，美国指责中国、德国、日本等国存在“操纵”汇率，以获取对美贸易优势的行为，并凭借其国内法《2015 年贸易便捷与贸易促进法案》②，意图通过财政部与上述国家进行谈判，督促这些国家升值货币。

第三，对多国输美商品威胁或实质征收惩罚性关税。2018 年 3 月 23 日，特朗普宣布将对价值 600 亿美元中国商品加征 25%的关税，同时限制中国企业对美国投资并购，中国随即拟定反击措施，由此标志着“中美贸易摩擦”正式开始。截至 2019 年，由于特朗普政府多次“毁约”，中美双方仍未达成协议，中美贸易摩擦还在持续。

第四，实施减税加息政策，促进制造业回流。美国方面认为，长期以来巨大的贸易逆差导致美国大量的工作岗位流失，产业受到冲击。③ 因此，特朗普政府试图通过两种政策，即对外实施贸易保护政策和对内实施减税加息政策，吸引制造业回流美国，促进就业。④

受特朗普政府以“美国优先”为主线的一系列经贸政策的影响，中美贸易摩擦强度增大，中美双方经贸关系不确定性显著增强，全球贸易秩序重构过程中也蕴含着机遇。在这样的背景下，中国应依据世界贸易组织的规则规范，对美国借由国内法任意执行贸易保护措施的行为，进行合理反击。中国可由中美贸易摩擦倒逼国内全面深化改革，进一步促进国内产业转型升级，同时扩大对外开放，完善市场准入相关法律法规的建设，切实提高自身营商

① 资料来源：http://www.ccpit.org/Contents/Channel_4114/2018/1204/1096988/content_1096988.htm。
② 该法案英文名称为 Trade Facilitation and Trade Enforcement Act of 2015（H. R. 644/S. 1269）。
③ 蔡兴，刘子兰. 美国产业结构的调整与贸易逆差［J］. 国际贸易问题，2012（10）：68-76.
④ 陈继勇，陈大波. 特朗普经贸保护政策对中美经贸关系的影响［J］. 经济学家，2017（10）：96-104.

环境水平。除此之外，中国可以通过积极推动“一带一路”建设，逐渐减少中国对美贸易的顺差，降低中国经济对美国市场需求的依赖性，并进一步优化中国对外贸易布局。① 这些方面的举措，将促进中国对外贸易制度沿着符合世界贸易组织规则和中国深化改革开放要求的方向，进一步改革创新。

3. 多边贸易体制改革背景下的机遇、挑战与对外贸易制度发展趋势

世界贸易组织自成立以来，在推动贸易自由化、促进世界贸易增长和推动发展中国家的经济增长等方面，都做出了卓越的贡献。1994—2018 年，全球货物贸易出口额增长了 3. 5 倍，而同期世界经济增长速度仅上升了 2. 1 倍。与此同时，新兴经济体和发展中国家的对外贸易也取得了突出的成果，其出口额占全球出口总额的比重从 27. 3%跃升至 48. 4%。②

但是近年来，以美国为首的多个主要经济体，在国家对外贸易政策上，呈现出贸易保护主义抬头的趋势，世界贸易组织的权威性受到一定程度的冲击。当前，世界贸易组织主要面临以下两大困难：第一，上诉机构可能无法及时处理案件。世界贸易组织是世界各国解决贸易争端的重要场所。然而，2017 年以来，受美国阻挠，其上诉机构无法启动增补新成员的程序，而在任的 3 名成员中，2 名成员的任期于 2019 年年末结束。如果上述情况得不到改善，那么，世界贸易组织上诉机构就很可能无法正常处理案件。第二，多哈回合谈判举步维艰。随着新兴经济体的崛起和发展中国家经济的增长，以往世界贸易组织经过谈判所设立的规则规范显然已不适应于当下，对此，世界贸易组织启动了新一轮的贸易谈判——多哈回合。然而，由于谈判参与者较多，各方诉求各异，多哈回合一直难以取得实质性进展。③ 由此可见，世界贸易组织在现行体制下难以良好运转，其规则规范在一定程度上也不适应当下情形。因此，世界贸易组织迫切地需要对其多边贸易体制进行改革。

2018 年 9 月，欧盟针对多边贸易体制改革提出了自己的方案。具体来看，

① 陈继勇，陈大波. 特朗普经贸保护政策对中美经贸关系的影响 [J]. 经济学家，2017 (10)：96-104.

② 姚铃. 世贸组织的欧盟改革方案及我国应对策略 [J]. 国际贸易，2019 (5)：4-9.

③ 同②。

欧盟所提出的方案聚焦于以下三大方面：第一，明晰《补贴和反补贴措施协定》中“公共机构”的具体定义，并扩大禁止性补贴的种类。第二，改善各国市场准入水平，加强知识产权保护。第三，世界贸易组织针对发展中国家的优惠待遇应引入毕业机制。同年 11 月，中国商务部发布了《中国关于世贸组织改革的立场文件》，阐明基本立场，即“在世界经济深刻调整，单边主义和保护主义抬头，多边贸易体制遭受严重冲击的情况下，中方支持对世贸组织进行必要改革，以增强其权威性和有效性，推动建设开放型世界经济，构建人类命运共同体。”具体包括三个基本原则和五点主张。三点原则强调世界贸易组织改革应维护多边贸易体制的核心价值，保障发展中成员的发展利益。五点主张分别是：世界贸易组织改革应维护多边贸易体制的主渠道地位，优先处理危及世贸组织生存的关键问题，解决贸易规则的公平问题并回应时代需要，保证发展中成员的特殊与差别待遇，尊重成员各自的发展模式。[①]

可见，世界贸易组织多边贸易体制改革对中国对外贸易制度发展演变即是挑战也是机遇。从世界贸易组织的未来发展方向来看，世界贸易组织规则空白主要涉及与投资、竞争、电子商务等新自由化议题相关的边境后措施，而这些边境后措施正成为世界贸易组织未来的规制重点。[②] 在完成关税及配额减免等边境措施谈判之后，与全球价值链的深度发展相适应，开放进入更深的层次，开放领域的自由化议题已不再局限于关税及市场准入等传统的边境前措施，而是包括创新技术、可贸易的服务业和数据保护等新问题，因此非关税壁垒、特定投资条款、不同的知识产权制度和有差别的竞争规则等诸多边境后的规则变得越来越重要。[③] 中国对外贸易制度亟需在这些方面进行突破创新，对接高标准的国际规范。中国探索未来新型世界体系中的改革开放，直接关系到中国对未来国际规则的参与权和话语权问题，也必将对中国自身

① 资料来源：商务部《中国关于世贸住址改革的立场文件》，http://www.mofcom.gov.cn/article/i/jyjl/k/201812/20181202818736.shtml。

② 屠新泉. 以开放促改革：中国与多边贸易体制 40 年［J］. 人民论坛·学术前沿，2018，159（23）：66-73.

③ Bagwell K，Bown C P，Staiger R W. Is the WTO Passe?［Z］. Policy Research Working Paper，2015.

以及国际社会产生重大影响。

(三) 中国经济发展的内在需求与对外贸易制度发展趋势

在中国经济步入新时代、新常态阶段，供给侧改革、人民群众对美好生活的向往、环境保护等经济社会发展新主题，成为中国对外贸易制度未来创新发展所需遵循的战略重点。

1. 经济发展新常态下的供给侧结构性改革与对外贸易制度发展趋势

经过30年的高速增长，2010年以后，中国经济发展“增速换挡”的特征日趋显著，中国经济开始步入新常态。这一变化既受到国际金融危机后全球经济体系变化的影响，更受到中国内部因素综合变化的合力作用。① 在经济新常态下，经济增长速度将由高速转为中高速，经济增长动力将由要素驱动向创新驱动转变，经济发展主线则变成了经济增长方式的转变，即如何在粗放型经济增长方式难以为继的情况下，尽快向集约型经济增长方式转变。②

此外，中国供给侧呈现出比较显著的矛盾与冲突。例如，在消费品领域，旅游购物、海外代购在中国迅速发展，很大程度上反映了当前国内的供给无法满足人们日益多样化的需求的情况。

针对新常态阶段宏观调控与管理，当前需求侧管理手段边际效应递减。改革开放以来，随着中国社会主义市场经济体制的建立并日趋完善，中国通过需求侧进行宏观调控的能力不断提升。但是，随着需求侧调控措施的广度和深度不断增加，这些政策的边际刺激效果正迅速降低，迫切需要基于供给侧管理的宏观调控手段。由此，中国的对外贸易制度建设将根据供给侧结构性改革的要求，不断创新。

2. 人民群众对美好生活的向往与对外贸易制度发展趋势

“人民对美好生活的向往，就是我们的奋斗目标”“内需是中国经济发展的基本动力，也是满足人民日益增长的美好生活需要的必然要求。”随着中国居民收入的提高，人们对美好生活的追求越来越强烈，扩大市场准入，可以

① 王一鸣. 中国经济新一轮动力转换与路径选择 [J]. 管理世界，2017 (2)：1-14.

② 曾宪奎. 经济发展新常态下的供给侧结构性改革 [EB/OL]. (2017-04-25). http://www.qstheory.cn/dukan/hqwg/2017-04/25/c_1120868047.htm.

增加高质量的商品供给，提高居民福利。同时，随着人民群众收入水平的提高，人民对产品的多样性需求，对产品质量、品质的需求越来越高，中国不可能生产出满足中国消费者所有需求的所有产品。因此，中国将根据人民群众对美好生活的向往，加强对外贸易制度建设，如降低关税给国内消费者创造更好的条件，满足人民需求。

3. 环境保护约束加强下的经济主体行为变革与对外贸易制度发展趋势

改革开放以来，过于强调经济增长，中国在一段时间内降低了环境保护的优先次序。中国以往粗放型的经济发展模式迫切地需要转型为环境友好型的高质量经济发展模式。

中共十八大以来，习近平总书记对生态文明建设作出了许多重要指示和批示，逐步形成了关于生态文明建设的系统部署。把生态文明建设的战略思想凝聚到了两个基点上：一是把生态文明建设与中国特色社会主义内在联系起来，把它作为建设中国特色社会主义“五位一体”和“四个全面”重大布局的重要内容；二是把生态文明建设中的最重要也最难处理的关系——保护环境与发展经济的关系——用“绿水青山就是金山银山”的对立统一辩证法贯通起来。①

在环境约束条件下，开放型经济发展也将面临挑战与调整。例如，在引进外资时，需将环境保护作为政策考量，之前“逐底竞争”的吸引外资政策将面临调整；环境污染型的外贸企业也将面临着转型发展。由以环境污染为代价的发展走向以绿色为支撑的发展，需要在对外贸易制度的发展中注入生态文明的历史基调。

（四）中国开放型经济发展的更高要求与对外贸易制度发展趋势

中共十九大报告明确了新时代的开放理念、开放战略、开放目标、开放布局、开放动力、开放方式等，规划了今后一个时期对外开放的路线图，推出了一系列新任务新举措，“推动形成全面开放新格局”“发展更高层次的开放型经济”，这是中国对外开放理论的重大创新，是习近平新时代中国特色社

① 夏光. 深刻领会习近平生态文明战略思想［N］. 中国环境报，2016-12-06（003）.

会主义思想和基本方略的重要内容。[①]

全面开放的基本内涵和基本要求包括坚持引进来与走出去更好地结合，拓展国民经济发展空间；坚持沿海开放与内陆沿边开放更好地结合，优化区域开放布局；坚持制造领域开放与服务领域开放更好地结合，以高水平开放促进深层次结构调整；坚持向发达国家开放与向发展中国家开放更好地结合，扩大同各国的利益交汇点；坚持多边开放与区域开放更好地结合，做开放型世界经济的建设者贡献者。

在新时代全面开放要求下，推动形成全面开放新格局的主要任务包括：

扎实推进“一带一路”建设，具体包括加强同沿线国家发展战略对接；聚焦发展这一根本；提高贸易和投资自由化便利化水平；抓住新一轮科技革命和产业变革的机遇；建立多层次的人文合作机制。

加快贸易强国建设，即加快货物贸易优化升级、促进服务贸易创新发展和培育贸易新业态新模式。

改善外商投资环境，加强利用外资法治建设；完善外商投资管理体制；营造公平竞争的市场环境；保护外商投资合法权益。

优化区域开放布局，包括加大西部开放力度；赋予自贸试验区更大改革自主权；探索建设自由贸易港。

创新对外投资合作方式，一是促进国际产能合作，带动中国装备、技术、标准、服务走出去；二是加强对海外并购的引导，重在扩大市场渠道、提高创新能力、打造国际品牌，增强企业核心竞争力；三是规范海外经营行为。

促进贸易和投资自由化便利化。实行高水平的贸易和投资自由化便利化政策。这不仅要求中国不断提高自身开放水平，也要求中国更加主动塑造开放的外部环境。一是支持多边贸易体制，落实世贸组织《贸易便利化协定》；二是稳步推进自由贸易区建设；三是提高双边开放水平。[②]

综上，中国未来将在习近平新时代中国特色社会主义思想指导下，围绕

---

① 汪洋. 推动形成全面开放新格局［N］. 人民日报，2017-11-10（004）.

② 同①。

以上战略要求和基本任务，在新时代和新环境中探索和促进对外贸易制度创新发展。在上述分析基础上，研判未来中国对外贸易制度的创新发展方向，主要包括：围绕建设新时代中国特色社会主义、服务于贸易强国建设、在满足人民美好生活需求基础上进行创新，平衡内需与外需，促进进口与出口的平衡发展，推进贸易与投资便利化与自由化，维护多边贸易体制的核心价值并对标国际高标准贸易投资规则，注入生态文明的历史基调。

二、新时代中国对外贸易制度创新应遵循的基本规律

（一）坚持市场决定资源配置的规律

新中国成立 70 年来，中国实现由计划经济向中国特色社会主义市场经济的伟大转型，并且成就了“增长奇迹”。这也充分证实了市场对资源配置起决定性作用是市场经济的客观规律。中共十八届三中全会审议通过的《中共中央关于全面深化改革若干重大问题的决定》，明确提出要紧紧围绕使市场在资源配置中起决定性作用，深化经济体制改革，坚持和完善基本经济制度，加快完善现在市场体系、宏观调控体系、开放型经济体系，加快转变经济增长方式、加快建设创新型国家，推动经济更有效率、更加公平、更可持续的发展。

从对外开放角度看，应通过国内国外两个市场优化配置资源，加快各类高端要素自由高效地跨行业、跨境流动。未来中国对外贸易制度的发展也应遵循这一规律。

（二）充分顺应经济增长阶段变化的规律

近年来，中国经济步入从高速增长转为中高速增长，经济结构不断优化升级，从要素驱动、投资驱动转向创新驱动的经济新常态阶段。这是由中国社会主义初级发展阶段的阶段性特征所决定的，也是符合中国乃至国际经验所支持的经济发展规律。因此，新时代中国对外开放制度的战略设计、政策制定与发展理念必须充分尊重并主动顺应经济增长阶段变化规律。

三、新时代中国创新对外贸易制度的路径

（一）由便利化向自由化推进的新时代中国对外贸易制度创新

2019年8月6日，国务院印发《中国（上海）自由贸易试验区临港新片区总体方案》（以下简称《总体方案》），标志着上海自贸区新片区的设立。《总体方案》提出到2025年，建立比较成熟的投资贸易自由化便利化制度体系，并最终建立以投资贸易自由化为核心的制度体系，因此新片区承载着新时期上海乃至全国进一步实施对外开放战略的使命，尤其是在功能上，新片区将由“投资贸易便利化”向“投资贸易自由化”突破。

具体实施中，以投资自由、贸易自由、资金自由、运输自由、人员从业自由等为重点和抓手，推进投资贸易自由化便利化。如果说投资贸易便利化是从“程序”环节上简化贸易投资的环节、提高效率，投资贸易自由化则是从“实体”内容上促进各市场要素的自由流动，不断释放增长活力。

（二）基于协调发展的新时代中国对外贸易制度创新

1. 促进要素和商品双向流动开放格局的对外贸易制度创新

要素和商品的双向流动意味着“引进来”与“走出去”相结合。利用外资绝非权宜之计抑或简单地引进资金，而是通过外资流入掌握先进技术、经营理念、管理经验，寻求更多的市场机会，带动中国企业嵌入全球产业链、价值链、创新链，充分发挥外资流入的技术溢出效应、产业升级效应，推动创新领域的多种形式合作，促进经济迈向中高端水平。在提高“引进来”的质量同时，支持企业积极稳妥地“走出去”，不仅带动商品和服务输出，而且获取创新资源和创新网络，为国民经济提质增效升级扩展空间。产业层面，要素和商品双向流动开放的重点领域是先进制造业与高端服务业，以高水平开放促进深层次结构调整。因此，中国未来的对外贸易制度发展应围绕促进要素和商品“引进来”与“走出去”过程中如何吸纳创新要素、推动产业升级而进行。

2. 促进陆海内外联动格局的对外贸易制度创新

沿海开放与内陆沿边开放相结合是优化区域开放水平的重要基础。中国

对外开放从沿海起步，由东向西渐次推进。西部大开发和“一带一路”建设加快推进，中西部地区逐步从开放末梢走向开放前沿，在优化沿海开放的同时，提升了内陆和沿边地区的开放水平和层次。因此，未来中国对外贸易制度创新应致力于如何促进中西部协调发展、陆海内外协同并进，弥补短板，实现 1+1>2 的协同效应。

3. 促进东西双向开放格局的对外贸易制度创新

中国的东向是发达国家，西向是发展中国家，以“一带一路”沿线国家为代表，东西双向开放意味着向发达国家开放与向发展中国家开放相结合。发达国家是中国的主要经贸伙伴，巩固与发达国家的经贸合作，是中国开放型经济的基本盘。同时，中国与广大发展中国家的经贸联系也日益密切。中国未来对外贸易制度创新发展应致力于全面发展同发达国家和发展中国家的平等互利合作，实现出口市场多元化、进口来源多元化、投资合作伙伴多元化。

4. 实现进出口贸易平衡发展的对外贸易制度创新

当前及今后一段时期中国从出口战略转向进出口平衡发展战略，因此未来中国对外贸易制度也应围绕促进出口平衡而展开。在优化鼓励高新技术、装备制造、品牌产品出口、打造“中国制造”及“中国服务”国家品牌的制度体系的同时，还应着力构建扩大先进技术设备、关键零部件和优质消费品等商品进口的制度体系，促进货物贸易进出口优化升级和服务贸易创新发展。

（三）加强对外贸易制度协调机制，提升国际经贸规则话语权

作为世界最大的贸易国，在迈向贸易强国的发展道路中国际摩擦在所难免。有效的防治路径是建立健全应对贸易摩擦部门协调机制，加强贸易摩擦和贸易壁垒预警机制建设，强化贸易摩擦预警信息公共服务，积极提供法律技术咨询和服务，指导相关行业和企业应对贸易摩擦。维护世界贸易组织在全球贸易投资中的主渠道地位，积极推动多边贸易谈判进程，促进多边贸易体制均衡、共赢、包容发展，形成公正、合理、透明的国际经贸规则体系，充分利用世界贸易组织规则，有效化解贸易摩擦和争端，坚定反对各种形式的贸易保护主义。分析评估国外贸易投资法律、政策及措施，调查涉及中国

的歧视性贸易壁垒措施并开展应对。依法发起贸易救济调查，维护国内产业安全和企业合法权益。推进全球经济治理体系改革，推动引领多边、区域、双边国际经贸规则制定。继续深入参与多边贸易体制运作，广泛参与出口管制国际规则和管制清单制定。积极参与全球价值链合作，加强贸易增加值核算体系建设，建立健全全球价值链规则制定与利益分享机制。

（四）完善对外贸易政策协调机制

加强财税、金融、产业、贸易等政策之间的衔接和配合，完善对外贸易促进政策和体系。根据安全标准、环保标准、社会责任等要求，依法完善商品进出口管理。加强外贸行政审批事项下放后的监管体系建设，强化事中事后监管。优化通关、质检、退税、外汇管理方式等，加快海关特殊监管区域整合优化，支持跨境电子商务、外贸综合服务平台、市场采购贸易等新型贸易方式发展。

（五）健全对外贸易知识产权制度

1. 制定对外贸易知识产权制度

目前，中国已经颁布并实施了《国家知识产权战略纲要》，很多行业根据其核心思想并结合本行业的实际情况，制定了适用于具体行业的知识产权战略。但是，在对外贸易领域还没有明确的知识产权战略，这与对外贸易在中国经济发展中的重要地位极不相称。因此，可由商务部以及各知识产权主管部门，在遵循《国家知识产权战略纲要》的基础上，根据对外贸易发展的实际需要，科学制定对外贸易知识产权战略，以此来保障知识产权为对外贸易发展提供良好服务。

2. 推动形成有利的国际知识产权制度

近年来，发达国家逐渐将国内与知识产权有关的立法转化为有利于本国的国际规则，使其追求利益最大化的目标得以实现。中国可借鉴发达国家的经验，利用世界贸易组织的相关规则，推进国内对外贸易知识产权制度朝国际化方向发展。注重与有共同诉求的国家建立相关的机构，联合推动知识产权制度的国际化进程，从而建立有利于中国的国际知识产权制度。

（六）开启绿色对外贸易制度的建设之路

全球多边体制正在孕育新的贸易规则，以便贸易和环境目标相互支持，推动贸易可持续发展。粗放的贸易增长方式不但导致经济效益低下，同时也加剧了环境的恶化。在严峻的现实下，加快转变经济发展方式和转变贸易发展方式，走低碳经济、绿色贸易之路，已刻不容缓。

1. 促进对外贸易和投资活动绿色化

当前，一方面，支撑中国出口导向型贸易政策的低成本劳动力、资源、环境等要素的比较优势正在迅速变化，加工贸易的出口产品正在逐步萎缩；另一方面，与环境相关的贸易保护主义倾向越来越多地影响到中国的对外贸易。中国对外贸易面临转型的临界点，急需通过发展绿色贸易促进经济发展方式转变及产业结构调整，实现经济效益、生态效益和社会效益的多赢目标。

制度与法制保障是生态文明建设的重要手段，要加大生态文明的国际化内涵，必须强化中国“走出去”过程中生态文明建设的法制化、制度化建设。要加快建立贸易与投资活动中的环境保护与经济发展相协调的制度，开展环境绩效评估，提高绿色化门槛。从区域合作的角度，加强建立与国际接轨、符合国际合作的绿色化引导政策和相关可操作的指南，为绿色贸易与投资提供制度保障。

2. 遵循与加强绿色投资、绿色贸易规则，创新绿色金融机制

国际贸易中的绿色标准不断提高，在国际经贸合作中，要重视协调经贸合作拓展与环境标准之间的关系，遵循与完善绿色投资与贸易规则。要适应国际贸易中绿色环保标准的要求，完善绿色标准应对体系。应抓住中国制造2025的重大机遇，将环境标准和绿色转型的升级要求内化嵌入到中国制造的过程中。重点提升绿色生产技术，增强纺织、成衣、化妆品、日用品、家具和家用电器等劳动密集型或技术水平比较落后的出口行业适应绿色标准的能力和要求。与开展经贸合作的国家推广环境标志理念，推进环境标准制度和环境认证，促进中国技术标准、产品和产业走出去。

创新绿色金融机制，加强相关金融机构与国际金融机构在生态环境保护保障政策、绿色金融等方面的合作，借鉴“赤道原则”等绿色银行规则，推

动绿色信贷准则，投融资项目采取与国际接轨的环境标准。

（七）赋予自由贸易试验区更大改革自主权的制度创新

2013 年以来，中国自贸试验区建设取得多方面重大进展，形成了一批改革创新重要成果。未来应着眼于提高自贸试验区建设质量，对标国际先进规则，强化改革举措系统集成，鼓励地方大胆试、大胆闯、自主改，形成更多制度创新成果，进一步发挥全面深化改革和扩大开放的试验田作用。

探索建设自由贸易港。自由贸易港是设在一国（或地区）境内关外、货物资金人员进出自由、绝大多数商品免征关税的特定区域，是目前全球开放水平最高的特殊经济功能区，中国香港、新加坡、鹿特丹、迪拜都是比较典型的自由港。中国海岸线长，离岛资源丰富。探索建设中国特色的自由贸易港，打造开放层次更高、营商环境更优、辐射作用更强的开放新高地，对于促进开放型经济创新发展具有重要意义。

本章参考文献

BAGWELL K, BOWN C P, STAIGER R W, 2015. Is the WTO Passe? [Z]. Policy Research Working Paper.

COONEY S, BIDDULPH S, ZHU Y, et al., 2007. China's New Labour Contract Law: Responding to the Growing Complexity of Labour Relations in the PRC [J]. University of NSW Law Journal, 30 (3): 788-803.

蔡兴，刘子兰，2012. 美国产业结构的调整与贸易逆差 [J]. 国际贸易问题 (10): 68-76.

常修泽，2013-9-24. 以开放倒逼改革：中国（上海）自由贸易试验区之我见 [N]. 中国青年报 (002).

陈继勇，陈大波，2017. 特朗普经贸保护政策对中美经贸关系的影响

[J]. 经济学家 (10): 96-104.

陈继勇, 胡渊, 2009. 中国实施互利共赢的对外贸易战略 [J]. 武汉大学学报 (哲学社会科学版), 62 (5): 634-638.

陈健, 龚晓莺, 2017. “一带一路”战略开启具有“人类命运共同体”意识的全球化发展的新时代 [J]. 经济学家 (7): 73-79.

方宁生, 1996. 进入第二代的中国经济特区 [J]. 特区经济 (9): 10-12.

韩庆祥, 方兰欣, [2019-08-11]. 论习近平新时代观 [J/OL]. 阅江学刊 (4): 5-19+121.

侯德芳, 俞国斌, 2008. 十一届三中全会以来我国对外开放理论发展的回顾: 纪念改革开放 30 周年 [C] // 改革开放与当代世界社会主义学术研讨会暨当代世界社会主义专业委员会年会: 71-81.

华瑞, 2001. 中国再次削减关税和非关税措施 [J]. 中国经贸 (3): 64.

霍建国, (2014-05-27). 以开放倒逼国内深层面改革和体制创新 [EB/OL]. http://theory.people.com.cn/n/2014/0527/c40531-25068219.html.

江小娟, 2008. 中国开放三十年的回顾与展望 [J]. 中国社会科学 (6): 66-85.

金辉, 2018-04-11. “一带一路”新起点要有新重点 [N]. 经济参考报 (005).

荆世群, 雷春梅, (2017-11-16). 中国特色社会主义新时代的时代内涵 [EB/OL]. http://www.qstheory.cn/zhuanqu/bkjx/2017-11/16/c_112196 7753.htm.

李伟, 2017. 坚定信心 主动作为 在深化合作中不断创造“一带一路”发展新机遇 [J]. 管理世界 (1): 2-4.

厉以宁, 2015-03-07. “一带一路”关键是制度创新 [N]. 中国青年报 (03).

刘笋, 许皓, 2018. 竞争中立的规则及其引入 [J]. 政法论丛, 186 (5): 54-66.

裴洙烨，2000. 论中国关税制度改革［D］. 北京：对外经济贸易大学.

石广生，2013. 中国对外经济贸易改革和发展史［M］. 北京：人民出版社.

唐宜红，姚曦，2013. 竞争中立：国际市场新规则［J］. 国际贸易（3）：54-59.

屠新泉，2018. 以开放促改革：中国与多边贸易体制40年［J］. 人民论坛·学术前沿，159（23）：66-73.

王红霞，2008. 用开放的眼界解读《劳动合同法》及其冲击波［J］. 对外经贸实务（6）：9-11.

汪洋，2017-11-10. 推动形成全面开放新格局［N］. 人民日报.

王一鸣，2017. 中国经济新一轮动力转换与路径选择［J］. 管理世界（2）：1-14.

温涛，王煜宇，2018. 改革开放40周年中国农村金融制度的演进逻辑与未来展望［J］. 农业技术经济（1）：24-31.

巫云仙，2019. 新中国金融业70年：基于制度变迁和改革开放的历史逻辑［J］. 政治经济学评论，10（4）：61-87.

中共中央文献研究室，2017. 习近平关于社会主义经济建设论述摘编［M］. 北京：中央文献出版社.

夏光，2017-06-03. 深刻领会习近平生态文明战略思想［N］. 中国环境报.

《新思想 新观点 新举措》编写组，2012. 新思想·新观点·新举措［M］. 北京：红旗出版社.

薛荣久，杨凤鸣，2014. 对中国特色社会主义国际经贸理论构建的思考［J］. 国际贸易（4）：4-10.

杨艳红，卢现祥，2018. 中国对外开放与对外贸易制度的变迁［J］. 中南财经政法大学学报（5）：12-20.

姚铃，2019. 世贸组织的欧盟改革方案及我国应对策略［J］. 国际贸易（5）：4-9.

殷德生，金培振，2018. 改革开放40年中国对外贸易变革的路径、逻辑与理论创新［J］. 上海经济研究（10）：116-128.

岳云霞，2019. 量质并进：中国对外贸易 70 年［J］. 中国经济学人（4）：40-65.

曾宪奎，(2017-04-25). 经济发展新常态下的供给侧结构性改革［EB/OL］. http://www.qstheory.cn/dukan/hqwg/2017-04/25/c_1120868047.htm.

张茉楠，2017. “一带一路”倡议须重大制度与规则创新［J］. 现代商业银行（11）：45-47.

张燕生，2017. 十八大以来中国积极推动全球治理体系变革［J］. 当代世界（10）：4-8.

支园，2018. 中国（上海）自由贸易试验区金融创新法律制度研究［D］. 徐州：江苏师范大学.

中国宏观经济研究院课题组，(2019-02-21)［2019-07-28］. 做好以开放促改革的大文章［EB/OL］. http://paper.ce.cn/jjrb/html/2019-02/21/content_384384.htm.

附录 1

GVC 地位指数构建

从附加值的角度测算全球价值链主要有两种方法：Koopman 等（2008，2012）提出了 KPWW 总出口分解法①，重新将国内外附加值进行划分，并进一步细化国内附加值；Koopman 等（2014）又在附加值贸易数据库（The Trade in Value Added database，以下简称 TiVA）分解附加值的基础上定义了 GVC 参与指数（GVC_Participation）和 GVC 地位指数（GVC_Position）。前者衡量一国参与全球价值链的程度，后者表示一国在全球价值链的地位。由于 KPWW 方法主要关注如何更精确地区分国内外附加值，本书第十四章使用 GVC 参与指数（GVC_Participation）和 GVC 地位指数（GVC_Position），比较相同参与度下两国的价值链地位或者相同地位下两国全球价值链参与度，从多个维度来分析中国在全球价值链中的现状。

GVC 参与指数主要衡量一国某产业参与全球生产网络的程度，其计算公式如下：

$$\text{GVC\_Participation}_{ir} = \frac{IV_{ir} + FV_{ir}}{E_{ir}} \qquad (附 1)$$

① 分解附加值的一种方法：将总出口分解为国内附加值出口与国外附加值出口，进一步将国内附加值部分分解为被进口国直接消费的最终产品与服务部分、被进口国用来直接生产本国所需中间产品的国内附加值部分、被进口国用来生产出口品的部分、被进口国用来生产并返销回本国产品的附加值部分。

IV_{ir} 表示 r 国 i 产业出口的国内中间品价值，是由 r 国进行加工并出口到第三方国家的部分；FV_{ir} 则表示 r 国 i 产业出口的国外中间品价值，由 r 国进口并成为最终产品的部分；E_{ir} 代表 r 国 i 产业的总出口额。根据公式，$\text{GVC\_Participation}_{ir}$ 表示 r 国 i 产业参与全球生产网络的程度，该指数越大则一国某产业出口的产品中由国内直接加工创造和从国外间接进口创造的增加值越多，产业参与的生产环节越多，嵌入全球价值链的程度越深。

GVC 地位指数是对一产业出口最终产品中的国内外增加值进行比较。Koopman 等（2014）通过分析认为，如果一国某产业处于全球价值链的高端环节，则该国相对于其他国家参与了更多的生产过程，国内的增加值占总出口的比例（$\frac{IV_{ir}}{E_{ir}}$）高于国外进口增加值占总出口的比例（$\frac{FV_{ir}}{E_{ir}}$）；反之，如果一国某产业处于全球价值链的低端环节，则其更多地依赖其他国家提供中间品来生产最终产品，总出口中的国内增加值比率（$\frac{IV_{ir}}{E_{ir}}$）低于国外增加值的比率（$\frac{F_{ir}}{E_{ir}}$）。根据上述定义，设计的公式如下所示：

$$\text{GVC\_Position}_{ir} = \ln\left(1 + \frac{IV_{ir}}{E_{ir}}\right) - \ln\left(1 + \frac{FV_{ir}}{E_{ir}}\right) \tag{附 2}$$

GVC_Position_{ir} 指数大于 0，则说明一国某产业 GVC 地位越高，获得的国内增加值越多；反之，则越低。

附录 2

新中国对外贸易政策概览（1949.10—2019.08）

附表 1

政策名称	实施年份	制定部门
《中国人民政治协商会议共同纲领》	1949	中国人民政治协商会议第一届全体会议
《对外贸易暂行管理条例》	1950	政务院
《关于对外贸易必须统一对外的决定》	1958	中共中央
《关于大力发展对外贸易增加外汇收入若干问题的规定》	1979	国务院
关于大力发展对外贸易增加外汇收入若干问题的规定》	1979	国务院
《中华人民共和国外汇管理暂行条例》	1980	国务院
《中华人民共和国中外合资经营企业所得税法》	1980	第五届全国人民代表大会
《中华人民共和国外汇管理暂行条例》	1980	国务院
《中华人民共和国中外合资经营企业登记管理办法》	1980	国务院
《中华人民共和国外汇管理暂行条例》	1980	国务院
《海关对加工装配和中小型补偿贸易进出口货物监管和征免税实施细则》	1982	海关总署
《中华人民共和国中外合资经营企业法实施条例》	1983	国务院
《中华人民共和国进口货物许可制度暂行条例》	1984	国务院

附表1(续)

政策名称	实施年份	制定部门
《关于在境外开办非贸易性合资经营企业的审批程序权限和原则的通知》	1984	对外经济贸易部
《对外经济贸易部关于外贸体制改革意见的报告》	1984	对外经济贸易部
《进出口关税条例》	1985	国务院
《中华人民共和国海关进出口税则》	1985	海关总署
《进出口关税条例》《海关进出口税则》(1985年修订)	1985	国务院
《关于在境外开办非贸易性企业的审批程序和管理办法的实行规定》	1985	对外经济贸易部
《关于进口货物原产地的暂行规定》	1986	海关总署
《中华人民共和国海关关于进口货物原产地暂行规定》	1986	海关总署
《关于鼓励外商投资的规定》	1986	国务院
《国务院关于加快和深化对外贸易体制改革若干问题的规定》	1988	国务院
《境外投资外汇管理办法》	1989	国务院
《境外投资外汇管理办法实施细则》	1990	国务院
《国务院关于进一步改革和完善对外贸易体制若干问题的决定》	1990	国务院
《关于加强海外投资项目管理意见》	1991	国家计委
《中国人民共和国海商法》	1992	第七届全国人民代表大会常务委员会
《关于赋予生产企业进出口经营权有关意见的通知》	1992	对外经济贸易部、国务院
《纺织品出口配额管理办法》	1992	海关总署
《出口商品暂行管理办法》	1992	对外经济贸易部
《海关进出口税则》(1992年修订)	1992	国务院
《中华人民共和国出口货物原产地规则》	1992	国务院
《出口商品管理暂行办法》	1992	对外经济贸易部
《关于出口商品计划配额管理的实施细则》	1993	对外贸易经济合作部

附表1(续)

政策名称	实施年份	制定部门
《机电产品进口管理暂行办法》	1993	国家经济贸易委员会、对外贸易经济合作部
《中共中央关于建立社会主义市场经济体制若干问题的决定》	1993	中共十四届三中全会
《进口商品经营管理暂行办法》	1994	对外贸易经济合作部、国家计划委员会
《关于进一步深化对外贸易体制改革的决定》	1994	国务院
《一般商品进口配额管理暂行办法》	1994	国家计划委员会、对外贸易经济合作部
《中华人民共和国对外贸易法》	1994	第八届全国人民代表大会常务委员会
《关于进一步深化对外贸易体制改革的决定》	1994	国务院
《中华人民共和国知识产权海关保护条例》	1995	国务院
《关于出口商品主动配额管理暂行规定》	1995	对外贸易经济合作部
《中华人民共和国外汇管理条例》	1996	国务院
《关于设立中外合资对外贸易公司试点暂行办法》	1996	对外贸易经济合作部
《关于经济特区企业外贸经营权问题的批复》	1996	国务院
《关于设立中外合资对外贸易公司试点暂行办法》	1996	对外贸易经济合作部
《关于进一步推动生产企业自营进出口工作有关问题的通知》	1997	国家经贸委、对外贸易经济合作部
《中华人民共和国反倾销和反补贴条例》	1997	国务院
《关于调整企业申请对外承包劳务经营权的资格条件及加强后期管理等问题的通知》	1999	对外贸易经济合作部
《关于进一步鼓励外商投资有关进口税收政策的通知》	1999	海关总署
《关于大力发展对外承包工程的意见》	2000	对外贸易经济合作部、外交部、国家计委、国家经贸委、财政部、中国人民银行
《关于进出口经营资格管理的有关规定》	2001	对外贸易经济合作部
《关于适应中国加入世界贸易组织进程清理地方性法规、地方政府规章和其他政策措施的方案》	2001	中共中央办公厅、国务院

附表1（续）

政策名称	实施年份	制定部门
《中华人民共和国货物进出口管理条例》	2001	国务院
《国务院关于组建中国出口信用保险公司的通知》	2001	国务院
《中国银行出口卖方信贷办法》《中国银行出口买方信贷办法》	2001	中国人民银行
《关于进出口经营资格管理的有关规定》	2001	对外贸易经济合作部
《关于进出口经营资格管理的有关规定》	2001	对外贸易经济合作部
《中华人民共和国进出口商品检验法》	2002	第九届全国人民代表大会常务委员会
《外资金融机构管理条例》	2002	国务院
《外商控股、外商独资旅行社暂行办法》	2003	国家旅游局、商务部
《关于设立中外合资对外贸易公司暂行办法》	2003	商务部
《内地企业赴香港、澳门特别行政区投资开办企业核准事项的规定》	2004	商务部、国务院港澳办
《关于跨国公司外汇资金内部运营管理有关问题的通知》	2004	国家外汇管理局
《对外投资国别产业导向目录（一）》	2004	商务部、外交部
《中华人民共和国进出口货物原产地条例》	2004	国务院
《对外贸易经营者备案登记办法》	2004	商务部
《关于调整部分境外投资外汇管理政策的通知》	2006	国家外汇管理局
《关于推进天津滨海新区开发开放有关问题的意见》	2006	国务院
《支持服务贸易发展全面合作协议》	2007	商务部
《国务院关于加快发展旅游业的意见》	2009	国务院
《商务部关于进一步改进外商投资审批工作的通知》	2009	商务部
《境内机构境外直接投资外汇管理规定》	2009	国家外汇管理局
《关于境内企业境外放款外汇管理有关问题的通知》	2009	国家外汇管理局
《境外直接投资人民币结算试点管理办法》	2011	中国人民银行
《关于加快转变外贸发展方式的指导意见》	2012	商务部、国家发展改革委、财政部、中国人民银行、海关总署、税务总局、质检总局、银监会、保监会、外汇局

附表1(续)

政策名称	实施年份	制定部门
《国务院关于加强进口促进对外贸易平衡发展的指导意见》	2012	国务院
《关于出口货物贸易人民币结算企业管理有关问题的通知》	2012	中国人民银行、财政部、商务部、海关总署、国家税务总局、中国银行业监督管理委员会
《服务贸易外汇管理指引》	2013	外汇管理局
《服务贸易外汇管理指引实施细则》	2013	外汇管理局
《征信业管理条例》	2013	国务院
《落实“三互”推进大通关建设改革方案》	2014	国务院
《贸易政策合规工作实施办法（试行）》	2014	商务部
《贸易政策合规工作实施办法（试行）》	2014	商务部
《落实“三互”推进大通关建设改革方案的通知》	2014	国务院
《关于加强进口的若干意见》	2014	国务院
《关于进一步加强贸易政策合规工作的通知》	2014	国务院
《关于进一步加强贸易政策合规工作的通知》	2014	国务院
《社会信用体系建设规划纲要（2014—2020年）》	2014	国务院
《外商投资产业指导目录》	2015	国家发改委、商务部
《关于实行市场准入负面清单制度的意见》	2015	国务院
《贸易便利化协定》	2015	国务院
《关于促进跨境电子商务健康快速发展的指导意见》	2015	国务院
《关于构建开放型经济新体制的若干意见》	2015	国务院
《关于加快发展服务贸易的若干意见》	2015	国务院
《关于对海关高级认证企业实施联合激励的合作备忘录》	2016	国家发展改革委、中国人民银行、海关总署、中央宣传部、中央文明办和商务部等40个中央部门
《外商投资企业设立及变更备案管理暂行办法》	2016	商务部
《中外合资经营企业法》《外资企业法》和《台湾同胞投资保护法》	2016	第十二届全国人民代表大会常务委员会

附表1（续）

政策名称	实施年份	制定部门
《服务外包产业重点发展领域指导目录》	2016	商务部、财政部、海关总署
《关于促进外贸回稳向好的若干意见》	2016	国务院
《关于促进外贸综合服务企业健康发展有关工作的通知》	2017	商务部、海关总署、税务总局、国家质检总局、外汇管理局
《关于进一步推进开放型经济新体制综合试点试验的若干意见》	2017	商务部、国家发展改革委、中国人民银行、海关总署、国家质检总局
《服务贸易发展“十三五”规划》	2017	商务部、中央宣传部、国家发展改革委员会等13个部门
《关于聚焦企业关切进一步推动优化营商环境政策落实的通知》	2018	国务院
《优化口岸营商环境促进跨境贸易便利化工作方案》	2018	国务院
《关于扩大进口促进对外贸易平衡发展的意见》	2018	商务部
《深化服务贸易创新发展试点总体方案》	2018	商务部
《中华人民共和国海关企业信用管理办法》	2018	海关总署
《关于取消打印报关单收、付汇证明联的公告》	2019	海关总署、国家外汇管理局
《国务院关于促进服务外包产业加快发展的意见》	2019	国务院
《中华人民共和国外商投资法》	2019	第十三届全国人大二次会议

后记

撰写《新中国对外贸易制度变迁》，经历了较长时间的酝酿。西南财经大学出版社的同志第一次和我们谈起相关计划，是在2014年的秋季。当时，基于对“新中国经济社会制度变迁丛书”的构想，我们就《新中国对外贸易制度变迁》的写作思路做了初步交流。随后，在编著《中国对外贸易概论》的过程中，《新中国对外贸易制度变迁》的总体框架基本成型。在“新中国经济社会制度变迁丛书”成功入选“十三五”国家重点图书、音像、电子出版物出版规划项目（新广出发〔2016〕33号）后，西南财经大学正式组织启动了各分册的编著工作，我们团队也开始了辛苦而富有意义的写作。

在回溯新中国对外贸易发展之路的过程中，我们心中的骄傲油然而生。曾经，中国的对外贸易在西方国家的封锁禁运中艰难前行；如今，中国已经开启从贸易大国迈向贸易强国的征程！曾经，中国历尽艰辛才加入世界贸易组织；如今，中国已经日益走近世界舞台中央并为人类做出贡献！

新中国对外贸易的发展、对外贸易制度的变迁，包含了许多奇迹，承载着厚重的思想积淀和实践经验。中国特色社会主义的对外贸易思想，明确回答了“为谁”“为何”“如何”发展对外贸易的问题，强调人民群众在对外贸易领域的获得感，坚持与贸易伙伴共享发展。中国的自由贸易制度，兼具自由贸易制度一般特点和中国特色，肩负服务中国特色社会主义建设、符合国际经贸规则要求双重目标，强调共同富裕，坚持开放合作。

研究新中国的对外贸易制度变迁，具有实践和理论层面的重要意义。在实践层面，研究新中国的对外贸易制度变迁，不仅可以为中国在新时代背景下创新对外贸易制度、促进对外经济贸易持续发展提供历史经验的借鉴和有价值的建议，进而为中国持续推进社会经济发展、实现中华民族伟大复兴的中国梦助力，而且可以为世界其他国家和地区尤其是为广大发展中国家提供经验借鉴，为推动国际经贸规则和治理体系改革提供中国经验。在理论层面，探索中国对外贸易制度变迁所蕴含的理论思想及中国特色对外贸易思想的发展轨迹和创新成果，可以为研究、构建中国特色对外贸易理论体系奠定文献基础，为研究、发展国际贸易理论，特别是为广大发展中国家对外贸易理论的发展，提供理论参考。

整体而论，探究新中国对外贸易制度变迁的脉络，研究新中国对外贸易理论和实践的发展规律，诠释中国建设开放型世界经济、构建人类命运共同体的思想和实际努力，可以彰显中国特色社会主义道路、理论、制度、文化对中国、对世界的重大意义，彰显中国特色社会主义道路自信、理论自信、制度自信和文化自信的伟大意义。对于站在理论前沿的教育工作者、专家学者来讲，潜心于这些论题的研究，既是提升学术造诣的需要，也是一种使命担当。所以，我们相信，致力于相关领域研究的学者会越来越多，团队的力量会越来越强。正如我们的团队，就是基于这样的使命，基于研究的意义，在学校和学院的组织、支持下，在几代“国商人”的坚持、努力下成长起来的。

我们的团队成员主要包括西南财经大学国际商学院的邓敏、姜玉梅、逯建、孙楚仁、王珏、姚星六位教授，李娟、刘媛媛两位副教授，邓富华博士，以及西南交通大学公共管理与政法学院的李东坤博士，共十位教师。在项目研究的过程中，团队成员不辞劳苦，分工合作，齐心协力，反复讨论，数易其稿。我们的团队成员中有两位年轻的妈妈和一位准妈妈，她们克服重重困难，主动承担工作，为我们团队助力。此外，我们的团队成员还包括西南财经大学国际商学院的黄俊、江慧、徐锦强、易正容四位博士研究生，陈凌卿、陈诺、范芸芸和瑶婕、蒋琴、兰佳瑶、李梦、李顺利、李灵杰、刘莹、刘再菲、刘锦桥、屈甜、陶冶、唐尚酽、汤英仪、吴嘉钰、韦小铀、王译影、熊洁、杨懿恩、杨雯二十二位硕士研究生。在团队老师们的指导下，他们的研究能力得到了较大提升，同时也为编著本书做出了贡献。特别是在文献整理、数据收集方面，他们的付出富有成效。在撰稿分工方面，邓敏承担了协调、统稿工作，刘媛媛承担了规范书稿格式的工作，李娟承担了附录编写工作；书稿第一章、第二章、第三章由邓敏撰写，第四章由李东坤撰写，第五章由刘媛媛撰写，第六章由姜玉梅、黄俊撰写，第七章由李娟撰写，第八章由逯建、邓敏撰写，第九章、第十章由姚星撰写，第十一章由刘媛媛、王珏撰写，第十二章由邓富华、姜玉梅撰写，第十三章由孙楚仁、易正容、江慧、徐锦强撰写，第十四章由李娟撰写。

本书的出版，得到了“新中国经济社会制度变迁丛书”项目经费、西南财经大学“中央高校基本科研业务费专项资金”专著出版经费的支持，西南财经大学出版社的高玲、林伶编辑为本书的出版付出了辛勤的劳动，提供了许多帮助，学者们已有的研究成果为我们提供了富有价值的文献参考，在此一并致谢！

鉴于笔者水平有限，书中可能存在疏漏之处，敬请读者提出宝贵意见！

王 珏

2019 年 9 月